Das Leben der Anaïs Nin war eine Provokation. Sie war das brave, fromme Kind und die Rebellin, die reizende kleine Ehefrau eines Bankiers und die Muse großer Männer. Sie inszenierte ihr Leben im Grenzbereich von Kunst und Sexualität. Mit ihren Romanen und Erzählungen, vor allem aber mit ihren Tagebüchern, hat sie die Frauenliteratur unseres Jahrhunderts nachhaltig geprägt. Ihr Name steht für eine rastlose Suche nach einer spezifisch weiblichen Identität jenseits patriarchalischer Normen.

Linde Salber erzählt die wahre Geschichte der Anaïs Nin. Sie verfolgt ihren aufregenden, ja geradezu atemberaubenden Prozeß der Selbstfindung, der in wesentlichen Momenten auch ein Leidensweg war, eine Passion, die Opferbereitschaft und unerhörten Mut erforderte.

«Eine Vita, in der sich das Jahrhundert spiegelt. Linde Salber bewältigt ein enormes Pensum an Fakten und Deutungen mit dem ungezügelten Temperament einer Erzählerin.» («Die Welt»)

Linde Salber, geboren 1944 in Tütz/Pommern, ist promovierte Psychologin und Psychotherapeutin und arbeitet als Akademische Oberrätin an der Universität Köln. Ihr Forschungsschwerpunkt: die Zusammenhänge zwischen Lebensgeschichte und dem künstlerischen Schaffen. Sie ist Autorin der Monographien «Lou Andreas-Salomé» (rororo mono Nr. 463) und «Anaïs Nin» (rororo mono Nr. 482). Linde Salber lebt in Bergheim bei Köln.

Linde Salber

TAUSENDUNDEINE FRAU

Die Geschichte der Anaïs Nin

Rowohlt

Für ΟΥΤΙΣ

Veröffentlicht im
Rowohlt Taschenbuch Verlag GmbH,
Reinbek bei Hamburg, August 1996
Copyright © 1995 by Rowohlt Verlag GmbH,
Reinbek bei Hamburg
Alle Rechte vorbehalten
Quellennachweis der Abbildungen s. S. 634
Umschlaggestaltung Susanne Heeder
Gesamtherstellung Clausen & Bosse, Leck
Printed in Germany
2490-ISBN 3 499 13921 9

Inhalt

... an einem einzigen Knoten wollte ich zupfen, als ich den aber aufhatte, da gab die ganze Geschichte nach...

Henrik Ibsen

VON EINER, DIE AUSZOG, DAS FÜRCHTEN ZU LERNEN
(1903–1930)

1. Würfelwurf:
Virtuosentum und Alltag

ANGEFANGEN HAT DIESE Geschichte in einer ganz anderen Welt – ohne Atombombe, Fernsehen, Computer und Raumstation, vor den Weltkriegen, vor der Umweltzerstörung. In den Städten sieht man noch Pferde und Kutschen. Am Abend glimmt das warme Licht der Laternen in den Straßen. Die Herren haben einen steifen Kragen und tragen einen Hut. Die Damen bedecken den Kopf mit phantastischen Gebilden und sind in lange Gewänder gehüllt; unziemlich wäre es, das entblößte Bein zu zeigen. Ein enges Mieder hält die Figur zusammen. Ende der Belle Époque. Sigmund Freuds «Traumdeutung» ist bereits erschienen, auch seine «Psychopathologie des Alltagslebens». In einem Text Guillaume Apollinaires findet sich 1903 das Eigenschaftswort «sur-real». Das zwanzigste Jahrhundert hat gerade begonnen.

Ein junger Künstler, «kalt, bleich, aristokratisch, steif», läßt sein Töchterchen posieren. Photographieren ist noch eine Beschäftigung weniger gestaltungsbewußter Menschen. Es wird nicht einfach auf den Knopf gedrückt. Ein Bild wird komponiert. Der Vater schaut durch den Apparat, dann hebt er den Kopf und betrachtet prüfend das Objekt, nähert sich ihm und ordnet Dekor, Hintergrund und Haltung des Kindes. Es soll ein schönes Bild werden, das er als sein eigenes Produkt vorzeigen kann. Das kleine Mädchen darf sich nicht bewegen. Den Anordnungen des Vaters folgend, verharrt es in einer bestimmten Position. Der Vater schaut noch einmal durch die Kamera, nähert sich noch einmal dem Objekt, um ein paar Kleinigkeiten zu verändern, überprüft Belichtung und Entfernung und drückt schließlich auf den Auslöser. Ob es sich wieder bewegen dürfe, fragt das kleine Mädchen, hopst aus dem Bild und möchte wissen, ob es seine Sache gut gemacht hat. Es werde ein schönes Bild sein, wiederholt der Vater. Der Wunsch des kleinen Mädchens, sich zu zeigen, harmoniert mit dem Interesse des Vaters, zu schauen und abzubilden. Nähe und Distanz, die dazu erforderlich sind, bestimmt er.

«... wie er mich immer wieder photographiert hatte. Er machte gern Photos von mir im Bad. Er wollte immer, daß ich nackt war. Alle seine Komplimente erreichten mich durch die Kamera. Seine Augen waren zum Teil hinter schweren Gläsern verborgen (er war kurzsichtig) und dann noch einmal hinter der Linse der Kamera. Ich fand es herrlich. Herrlich. Wie oft, an wie vielen Orten habe ich für ihn gesessen, für zahllose Bilder... Und das war die einzige Zeit, die wir miteinander verbrachten.»

Das kleine Mädchen gewöhnt sich daran, den Regieanweisungen des Vaters zu folgen. Was es bedeutet, zum Objekt für ein schönes Bild gemacht zu werden, kann es noch nicht ermessen. Doch die Würfel sind gefallen. Anaïs spürt, daß sich ihr Leben glücklich gestaltet, wenn sie die Forderung nach Schönheit erfüllt. «Seine Augen mußten beschworen oder, wie die Augen eines fordernden Gottes, freundlich gestimmt werden.» Stolz signiert der Vater später seine Photographie und präsentiert sie Verwandten und Freunden. Das Kind bemerkt, daß es vorgezeigt wird. Es ahnt jedoch nicht, daß der Vater, wenn er das Kind durch die Kamera sieht, eine Wirklichkeit wahrnimmt, die auf dem Kopf steht, auch das kleine Mädchen. Alles erscheint ihm verkehrt herum.

Der Vater gefällt dem kleinen Mädchen, er sieht gut aus, «dunkelhaarig, blauäugig, mit zartem Teint, schmaler, gerader Nase, schönen, regelmäßigen Gesichtszügen, schönen Zähnen, und er hatte feine Manieren».

1899 war José Joaquin Miguel Nin y Castellanos, kaum zwanzig Jahre alt, aus Barcelona in seine Geburtsstadt Havanna geflohen, um dem spanischen Militärdienst zu entgehen. Nach einer anderen Version hatte er in Barcelona eine Affäre mit einer jungen Schülerin, mit der er durchbrennen wollte. Im streng katholischen Spanien der Jahrhundertwende war das eine Angelegenheit, die die Familienehre des Mädchens tangierte. Deren Bruder sann auf Rache und drohte, den verwegenen Liebhaber zu erschießen, was diesen veranlaßte, in Begleitung seiner Mutter das Weite zu suchen.

Joaquin Nin y Castellanos ist nicht irgendwer. Von Beruf ist er Musiker. Er spielt Klavier und komponiert auch. Schon in jungen Jahren stellt er seine Forderungen an das Leben.

In Havanna gerät er in die mißliche Lage eines mittellosen Künstlers. Er hofft, Konzerte geben zu können. Dafür braucht er aber zunächst gute Beziehungen zur besseren Gesellschaft. Im Hinterzimmer der Musikalienhandlung von Anselmo Lopez darf er immerhin auf dem Klavier üben. Dort gehen Kunden aus der Upperclass ein und aus. Der Klang der Mondscheinsonate lockt Rosa, die älteste Tochter des dänischen Konsuls, in das Hinterzimmer. Señor Lopez macht sie mit dem jungen Künstler bekannt und legt damit dessen Schicksal in ihre Hände. Rosa Culmell ist Sängerin. Sie liebt diese Musik – und sie verliebt sich in den jungen Mann mit langem Haar, der aussieht wie ein Prinz und so gut zu spielen versteht. Sie ist bereit, ihm den Weg in die High-Society Havannas zu ebnen, und lädt ihn ein in das Haus ihres Vaters. Das bringt den Künstler in Schwierigkeiten. Ihm fehlt die angemessene Kleidung für Besuche dieser Art. Im übrigen gefällt ihm die jüngere Schwester Edelmira auch recht gut. Zudem wird bald deutlich, daß der Konsul die Verbindung seiner Tochter mit diesem mittellosen Spanier für eine Mesalliance hält.

Rosa war bereits achtundzwanzig Jahre alt. Sie trug «Schnürkleider mit langen Spitzenärmeln, einen Spitzenkragen bis zum Kinn, der von Fischbeinstangen hochgehalten wurde. Die Schultern waren gepufft, die Taille gräßlich schmal… Sie trug einen weißen Spitzenschirm … war üppig, temperamentvoll, lebhaft, heiter.» Der Widerstand des Vaters fordert sie zu einem Unabhängigkeitskampf heraus. Von ihrem sechzehnten Lebensjahr an hat sie ihren beiden Brüdern und den drei Schwestern die Mutter Anaïs, geborene Vaurigaud, ersetzen müssen, die mit einem Liebhaber auf und davon gegangen war. Wie lange soll Rosa noch darauf warten, daß ihr eigenes Leben beginnt?

Ob der junge Künstler aus der Alten Welt sie wirklich liebt, läßt sich kaum klären. Jedenfalls ist er überwältigt vom Lebensstil des Hauses Culmell. Kuba war seit 1511 eine reiche spanische Kolonie, die in einem gerade beendeten Krieg zwischen Spanien und den USA unabhängig zu werden beginnt. Das Haus des Konsuls liegt am Malecon, einer breiten Strandavenue der im spanischen Stil erbauten alten Stadt. Rosa ist durchaus das, was man eine gute Partie nennen kann. Darüber hinaus ist sie eine selbständige und gebildete Frau, die einen Haushalt zu führen weiß, viel von Musik versteht und offenbar das Können des Pianisten bewundert.

Er schreibt ihr bezaubernde Briefe der Liebe und Verehrung, die Rosa, mit einem farbigen Band zusammengehalten, noch viele Jahre später, nachdem ihre Ehe längst geschieden ist, aufbewahrt als Erinnerung an den Höhepunkt ihres Lebens. Joaquin ruft sie an, bittet um ein Rendezvous. Er möchte sie um jeden Preis wiedersehen. Rosa geht für einige Zeit nach Matanzas, in eine andere Stadt, vermutlich auf Betreiben der Familie. Joaquin schreibt Briefe der Sehnsucht, zärtlich werbend. Als Rosa zurückkehrt, bittet er sie, ihn zu heiraten. Rosa gibt ihr Jawort und präsentiert der entrüsteten Familie das Ganze als Fait accompli. Sie hat schon manchen Antrag reicher kubanischer Männer zurückgewiesen. Die Vorstellung von einem Künstlerleben, das sie über den vertrauten Kreis ihres bisherigen Lebens hinauszuführen verspricht, ist offenbar reizvoller. Sie hat sich entschieden, ihren Künstler-Prinzen mit allen zur Verfügung stehenden Mitteln zu fördern. Joaquin Nin y Castellanos heiratet am 18. April 1902 eine Frau, die als Mitgift ein Klavier in die Ehe mitbringt und einen monatlichen Wechsel, der ihren Lebensunterhalt sichert. Das verspricht ihrem Mann die Erfüllung seiner Ansprüche an ein Leben auf hohem Niveau.

«Wann beginnt das Schicksal eines Lebens? Ist es der Moment, in dem sich die Augen dem Licht der Welt öffnen? Irgendwie glaube ich, daß es viel früher beginnt... im Goldenen Zeitalter von Mutter und Vater; es muß mit einer Liebesromanze zu tun haben, als hätte das Unsichtbare Wesen zwei getrennte Lebensfäden zusammengewunden und durch diese Vereinigung drei weitere Leben dazu veranlaßt, in demselben Akt ihre Rolle zu spielen... Im ersten Jahr ihrer Ehe lebte Mutter in der Rue du Four, mitten im Quartier Latin, der Pariser Welt der Dichter und Wahnsinnigen. Vielleicht bin ich deshalb eine geborene Dichterin. Die ganze Atmosphäre dieser

Umgebung formte den wichtigsten Tatbestand meines Lebensschicksals, denn wäre ich nicht Dichterin, so erschiene mir die ganze Welt von einer anderen Seite, als sie mir gegenwärtig erscheint.» Das schreibt Anaïs Nin mit siebzehn Jahren. Als Kind trug sie den Spitznamen «Linotte», eine Anspielung auf ihre «Unbesonnenheit» und auf ihr Verhalten, das einem «Hänfling» ähnelte. «Mademoiselle Linotte wurde dann in Neuilly, in der Rue Henrion Berthier, im Appartement eines Hauses aus weißen Steinen, am 21. Februar des Jahres 1903 um acht Uhr abends geboren.»

Natürlich war der Vater enttäuscht, daß sein erstes Kind ein kleines schreiendes Mädchen war – «ein Junge hätte nicht geschrien». Ein Mädchen würde niemals in der Lage sein, seinen Entwurf vom Leben fortzusetzen.

Nachzuweisen, daß er sich in diesem entscheidenden Punkt geirrt hat, wird zum Programm ihres Lebens, sobald Rosa Juana *Anaïs* Edelmira Antolina Angela den Zustand eines kleinen, schreienden Mädchens überwindet.

Als junges Mädchen glaubt sie noch, daß sich die Mutter in ihrer unendlichen Liebe über ein Töchterchen gefreut habe. Später, als das Verhältnis zur Mutter spannungsreicher wird, ist sie sich dessen nicht mehr sicher. Und es mag wohl so gewesen sein, daß auch eine Mutter in der patriarchalisch verfaßten europäischen Kultur der Jahrhundertwende es als größeres Verdienst einschätzte, wenn es ihr gelang, einen sogenannten Stammhalter auf die Welt zu bringen.

Zwei Jahre später, am 12. März 1905, gelingt das. Anaïs' Bruder Thorvald wird geboren, als sich die Familie noch einmal für kurze Zeit in Havanna aufhält. Der Vater gibt Konzerte. Die Mutter ist als Trauzeugin bei der Hochzeit ihrer Schwester Edelmira gefragt.

«Thorvald, der in der ganzen Familie am wenigsten von einem Aristokraten hat, wurde in Großvaters Haus, in einem richtigen Palast, geboren! ...Vater muß außerordentlich glücklich gewesen sein (stelle ich mir vor). Er wünschte sich einen Jungen, und nun war er da. Er wird sich über Thorvalds gesegnete Wiege gebeugt und die zarten kleinen Finger geküßt haben. Thorvald war nicht allein ein Junge, er hatte auch blaue Augen, das Blau der stolzen Augen des Vaters! Thorvald war Vaters Lieblingskind (glaube ich jedenfalls) für viele Jahre, auch das Lieblingskind von Mutter – bis ich beinahe vor den Augen meiner Eltern starb und dann, als ich bei ihnen blieb, damit belohnt wurde, genauso geliebt zu werden wie Thorvald.»

1906 nach Frankreich zurückgekehrt, lebt die Familie in dem Pariser Vorort St-Cloud in einem verwunschenen kleinen alten Haus, das ganz von Efeu überwuchert im Schutz hoher Bäume steht. Anaïs' früheste Erinnerungen beziehen sich auf Dinge, Plätze, Personen aus dieser Zeit. Anaïs' Patentante Juana, eine Schwester der Mutter, die Anaïs wie eine gute Fee erscheint, lebt bei ihnen. Aus Juanas Erzählungen erfährt Anaïs später, daß sie ein lebhaftes Kind war, das Mutter und Tante auf Schritt und Tritt folgte. Wie eine große Dame der Zeit soll die kleine Anaïs beim Überqueren der Straße den Saum ihres Kleidchens hochgerafft haben, als hätte es eine Schleppe. Ein erstes Lieblingsspielzeug sind Hüte und Federn. Wie eine Schneiderin drapiert sie die Hüte mit Federn und trägt sie voller Stolz in Haus und Garten. Diese kindliche Lust am Verkleiden und Kostümieren wird sie behalten.

Mit zwei kleinen Kindern läßt sich das freie Künstlerleben, das die Eltern zu Beginn ihrer Ehe führten, nicht einfach fortsetzen. Der Vater fühlt sich beeinträchtigt durch die Forderungen des Familienlebens. Überempfindlich reagiert er auf Störungen. Kindliches Ungestüm, Kindergeschrei, Geräusche und Gerüche aus der Küche verursachen ihm Pein, wie alles banal Alltägliche. Seine sexuellen Vergnügungen mit Hausmädchen und Verehrerinnen stehen sozusagen auf einem anderen Blatt und vollziehen sich im geheimen. Im übrigen entspricht er damit dem Bild des Mannes, besonders des Künstlers, der Jahrhundertwende.

Seine Aventüren mit den Hausmädchen haben manchmal gefährliche Konsequenzen. So läßt eines von ihnen zum Beispiel Anaïs und Thorvald auf den Gleisen vor einem heranbrausenden Zug stehen. Der Beherztheit eines Bahnwärters ist es zu verdanken, daß das Leben der Kinder in letzter Sekunde gerettet wird. Ein anderes Mädchen gibt den Kindern Wasser aus einem bekanntermaßen verseuchten Brunnen zu trinken, woraufhin Anaïs an Typhus erkrankt, ihr Haar verliert und vom Vater als häßlich abgelehnt wird.

Die Mutter läßt die Familie für längere Zeit allein, um ihrem an Krebs leidenden Vater in Havanna zu helfen. Sie ist couragiert ge-

nug, seinem Leiden mit einer Überdosis Morphium ein Ende zu
setzen. Anaïs erinnert später das beängstigende Bild einer schwarz
gekleideten Mutter, deren Gesicht sich hinter einem schwarzen
Schleier verbirgt.

Die Engagements des Vaters führen die Familie 1908 in eine weitere europäische Metropole, in das kaiserliche Berlin. Während dieser Zeit scheint sich das Verhältnis der Eltern wieder glücklicher zu
gestalten. Sie leben in Charlottenburg, Luhmeierstraße, in einer
großzügig geschnittenen Wohnung mit Geranien vor den Fenstern.
Anaïs und Thorvald erhalten eine strenge Gouvernante. Die Mutter
möchte ihren künstlerischen Neigungen wieder stärker nachgehen
können, und sie genießt es, in Gesellschaft beachtet und bewundert
zu werden, ganz ähnlich wie in Havanna.

Anaïs' erste Erinnerungen an den Vater stammen aus der Berliner
Zeit. Es ist das Bild eines ernsten und strengen Mannes, der stets mit
etwas Wichtigem befaßt zu sein scheint und mit seinen kleinen Kindern nichts Rechtes anzufangen weiß. Mehr Zeit als ihnen widmet
er zwei weißen Mäusen, die er aus Interesse an irgendwelchen medizinischen Fragen beobachtet. Zu Beginn des Jahrhunderts begegnen
Kinder dem Vater generell nur in besonderen Situationen, wenn
sichergestellt ist, daß sie sich manierlich benehmen, sauber und
hübsch zurechtgemacht. Die Lebenswelt von Mutter und Kindern
ist den Belangen des Familienoberhaupts nachgeordnet, besonders
in der spanischen Kultur gilt das als selbstverständlich. Diesen Vater
interessieren seine Kinder, solange sie klein sind, als ästhetisches
Objekt oder im Rahmen der Frage, ob sie Anzeichen zeigen für eine
künstlerische Begabung. Wenn sie ihn stören, erhalten sie Schläge.
Einmal packt die kleine Anaïs in aller Heimlichkeit ihre Sachen und
verläßt die elterliche Wohnung, um mit einem Spielfreund eine Welt
zu suchen, in der Kinder von ihren Eltern nicht geschlagen werden.

Am 5. September 1908 wird Anaïs' zweiter Bruder, Joaquin, geboren. Damit enden die gemeinsamen Auftritte der Eltern als
Künstler zunächst einmal. Ein weiteres Engagement des Vaters
führt die Familie erneut an einen anderen Ort, nach Brüssel, wo sie
in der Rue Beau Séjour ein Haus mit vier Etagen bewohnen. 1908
wird der Vater Honorarprofessor an der Schola Cantorum in Paris
und an der Universität Brüssel. Anaïs' Bild vom Vater, wie sie es im

Tagebuch beschreibt, wird nun konturierter. Sie erinnert sein stundenlanges Klavierspiel im Salon und sein Absorbiertsein vom Lesen und Schreiben. Inzwischen hat Anaïs auch begriffen, daß sie mit ihren kindlichen Interessen bei ihm nichts ausrichten kann. So sondern sich für das Kind zwei verschiedene Welten. Die eine Welt teilt sie mit den kleinen Brüdern, wenn sie barfuß durch den Garten laufen, Sandkuchen backen und Burgen bauen. Das macht viel Spaß und fühlt sich gut an – aber es zählt nicht. Es ist nur Kinderkram, banal, alltäglich. Die andere Welt ist die Welt des Vaters, in die Anaïs begierig überwechseln möchte.

Sehr interessiert ist Anaïs daher daran, daß die Mutter beginnt, Thorvald und sie im Schreiben und Lesen zu unterrichten. Die Mutter bringt ihnen auch das Lesen von Noten bei; Thorvald erhält Geigenunterricht, und Anaïs soll Klavier spielen lernen. Wider Erwarten erweist sich das als problematisch. Die Klavierstunden führen regelmäßig zu Verzweiflung, Tränenergüssen und Wutausbrüchen. Anaïs erträgt es nicht, daß ihr eigenes Klavierspiel, verglichen mit dem des Vaters, so stümperhaft ist. Sie möchte am liebsten mit einem Sprung in die Welt des großen Könnens hinein. Schnell gibt sie auf und tut kund, sie habe sich entschieden, Malerin zu werden, bewegt von der Hoffnung, auf diesem unbesetzten Terrain etwas Eigenes zu schaffen, das nicht an der Perfektion des großen Vorbilds scheitern kann.

Mit Thorvald ist sie in dieser Zeit besonders verbunden. Er folgt den Anweisungen der «großen» Schwester wie ein sanftes Lämmchen. Nach ihren Vorstellungen bauen sie ihr eigenes Reich, zum Beispiel unter dem mit einem grünen Tuch zugehängten Tisch, wo sie in ihrem eigenen Haus leben. Dort spielen sie heile Welt.

Wenn sie aus ihrem Haus hervorkriechen, werden sie konfrontiert mit dem alltäglichen Drama: Vater und Mutter sind in heftige Streitereien verwickelt. Einmal muß das Ganze so beängstigend gewirkt haben, daß sich Anaïs zwischen den Eltern in einem hysterischen Anfall auf den Boden wirft, um die Aufmerksamkeit des Vaters von der Mutter abzulenken, der er andernfalls vielleicht etwas angetan hätte. Zwischen den Eltern herrscht eine Art Kriegszustand. Anaïs begreift nicht, worum es geht. Aber sie wird erschüttert durch die Hoffnungslosigkeit wechselseitiger Ablehnung. Wahrscheinlich geht es um die Großzügigkeit des Vaters im Umgang mit Geld wie im Umgang mit Frauen. Anaïs wächst in einer explosiven Atmosphäre auf und strengt sich maßlos an, nicht selbst zum Anlaß von Zornesausbrüchen zu werden.

Häufig versucht die Mutter, den Vater daran zu hindern, daß er eines der Kinder schlägt. Manchmal geht er so weit, die Mutter in ein Zimmer zu sperren, damit sie ihn bei seinen Züchtigungen nicht stören kann. Offenbar provoziert das kindliche Ungestüm, das ihn umgibt, seine eigene Unbeherrschtheit. Jedenfalls erinnert Anaïs den Vater als außerordentlich leicht erregbar und gereizt. Mit seinen Bemerkungen und Urteilen kann er Frau und Kinder zutiefst verletzen. Darüber hinaus ist sein Verhalten oft zwanghaft. Während der Mahlzeiten ereifert er sich über Bazillen am Silber, das er regelmäßig über einer Spirituslampe sterilisiert, bevor er es benutzt. Reinlichkeitszwänge verbieten ihm, Fleisch zu essen oder auch nur einen Keks, den er mit den eigenen Fingern berühren müßte. Bei Anaïs entsteht der Eindruck, alles außer destilliertem Wasser sei gefährlich.

Den Strafaktionen des Vaters sucht Anaïs häufig durch Schauspielerei und exaltiertes Verhalten zu entkommen. Sie fällt vor ihm auf die Knie, schlägt die Hände zusammen und fleht unter Tränen mit gebrochener Stimme: «Bitte, bitte, tu's nicht!» Sie hätte alles angestellt, um ihn daran zu hindern, ihr Kleid hochzuheben und sie zu züchtigen. Zugleich sind diese leidvollen Szenen jedoch auch eine Form dramatisch gesteigerter Nähe. In verdrehter Weise ermöglichen sie ein Gefühl ekstatischer sinnlicher Verbundenheit.

Der kleine Joaquin ist der einzige, der wirklich rebelliert. Er reagiert ohne Rücksicht auf Verluste mit eigenen Wutausbrüchen auf die übertriebenen Forderungen nach nicht kindgemäßem Verhalten. Im übrigen interessieren ihn Ordnung, Ruhe und Reinlichkeit nicht, wenn er herausfinden will, wie sich das Spielzeug benimmt, das er mit einem Hammer in Einzelteile zertrümmert. Es verdrießt ihn, daß die beiden älteren Geschwister Unternehmungen teilen, bei denen er keine Rolle erhält. Fünf Jahre jünger als Anaïs, zwei Jahre jünger als Thorvald, steht er häufig als der Dumme da, den man zu nichts gebrauchen kann. Und die älteren Geschwister sehen ihrerseits mit Mißbehagen, wie Mutter und Tanten gerade diesen kleinen Unhold bewundern und verwöhnen.

Neben dem Vater, der in seinen exzessiven Zusammenstößen Anaïs außer Fassung bringt, existiert für das Mädchen noch ein ganz anderer Vater: das Ideal eines geliebten und bewunderten Künstlers, dessen Nähe sie sucht und dessen Liebe sie ersehnt. Er wird zum Vorbild für ihren eigenen Lebensentwurf. Die häßlichen Szenen verschwinden für viele Jahre aus ihrer Erinnerung. Es bleibt die Qualität des Intensiven, und es erhält sich auch das nicht gestillte Verlangen.

Das Leben auf hohem Niveau, die wirklich wichtigen Dinge spielen sich nach Anaïs' Einschätzung hinter der meist verschlossenen Tür des väterlichen Arbeitszimmers ab. Sehr früh bemüht sich das Mädchen, sein Vergnügen an kindlich ausgelassenen Spielen zu überwinden, sehr schnell wird es reinlich. Es gelingt Anaïs schon bald, sich am Umgang mit Papier und Bleistift zu erfreuen, während sie still und ordentlich an einem Tisch sitzt. Wenn die Tür zum väterlichen Arbeitszimmer einmal nicht geschlossen ist, sieht sie einen Vater, der am Schreibtisch sitzt und schreibt – über Schönheit. 1909 erscheint sein Buch «Pour l'Art» in Paris.

Kaum daß Anaïs lesen kann, sind es die Bücher, welche den Weg in die Welt des Vaters zu ebnen versprechen. Vom Vater erhält sie Bücher, die speziell für Kinder geschrieben wurden: «Bibliothèque Rouge pour Les Enfants». Aber was soll sie mit Kinderbüchern, da gerade die Bücher mit dem Versprechen verbunden sind, in die Welt kultivierter Erwachsenheit, die der Vater repräsentiert, hineingelangen zu können? Wenn der Vater in der oberen Etage am Klavier sitzt, stiehlt sie sich heimlich in sein Arbeitszimmer. Über Kinderbücher geht sie bald mit Ungeduld hinaus und wählt in seiner Bibliothek nach Gutdünken. Ganz oben auf der Leiter hockt sie vor dem Bücherregal und liest, voller Angst, im Allerheiligsten erwischt zu werden. Anaïs liest Bücher, die sie gar nicht versteht. Aber sie spürt, daß darin Welten der Schönheit verborgen sind, geheimnisvoll. Sie wird schon noch dahinterkommen. Was das Enträtseln der Botschaft dieser Bücher angeht, ist Anaïs beharrlich. Anders als beim Üben am Klavier kann niemand die Mißklänge ihres Verstehens wahrnehmen. Allmählich wächst der Wunsch, selbst Texte zu produzieren. Sie will nicht mehr Malerin, sondern Schriftstellerin werden.

An der Mutter beobachtet Anaïs einen merkwürdigen Wechsel des Verhaltens. Sie kann weich, liebevoll und fürsorglich sein. Im Umgang mit dem Vater wirkt sie jedoch oft bitter, enttäuscht und sehr streng. Sie führt das Regiment im Haus, weist Hausmädchen und Gouvernanten an und ist doch dem Vater dienend ergeben. Der Erfüllung seiner Ansprüche ordnet sie alles andere nach.

Vermutlich hat die Mutter vom Beginn der Ehe an befürchtet, ihr acht Jahre jüngerer Mann werde sie verlassen, wenn das Erbe aufgebraucht ist. Es bleibt ihr nicht verborgen, daß der Klaviervirtuose, der auf den großen Bühnen der Welt auftritt, von den wohlhabenden Damen der High-Society umschwärmt wird. Sie spürt, daß der Künstlerprinz, den sie geheiratet hat, sich mehr und mehr zu einem Don Juan stilisiert. Außerdem registriert die Mutter, daß ihre eigenen künstlerischen Aktivitäten immer seltener über den Rahmen von Hauskonzerten hinausreichen. Bereits als Kind erlebt Anaïs die Mutter als tragische Gestalt, als würde sie spüren, daß die Mutter darunter leidet, ihre künstlerischen Fähigkeiten nicht voll entfalten zu können. Ihr Gesang berührt das Kind Anaïs so sehr, daß es weinen muß.

Mit neun Jahren verwandelt sich Anaïs in ein anderes Mädchen. Sie leidet an einer mysteriösen Krankheit; der behandelnde Arzt spricht von Rückenmarktuberkulose. Auch bei den Eltern ruft diese Auskunft Angst und ein verändertes Verhalten hervor. Für Monate liegt Anaïs still und voller Angst im Bett. «Was für Gedanken mich bewegten, als man mir sagte, ich würde nie wieder laufen können! Papa gab plötzlich alles auf, was ihn beschäftigte und von mir fernhielt, und überlegte sich den ganzen Tag, was mir Freude machen könnte. Er kaufte mir Bücher, Zeichenstifte und einen Kompaß mit allem Drum und Dran. Mama sah mich den ganzen Tag so angstvoll an, wie ich es seither nie wieder gesehen habe. Alle Nachbarn besuchten mich und schenkten mir Bücher. Ich begann, unmäßig zu lesen und Geschichten zu schreiben. Jeden Tag ging es mir schlechter. Ein- oder zweimal mußte Mama den ganzen Tag fortgehen, und Papa brachte seine Schreibarbeit in mein Zimmer und arbeitete, während er auf mich aufpaßte. Ich war damals schrecklich glücklich. Ich werde nie vergessen, wie er mit mir all meine Medizin trank, um mir zu zeigen, daß sie nicht schlecht schmeckte. Es war das einzige Mal, daß Papa seine Liebe zeigte. So wurde mir durch meine Krankheit Papas und Mamas stille, *gemeinsame* Liebe zuteil.»

Eine seltsame Erfahrung ist das. Wenn sie an die Grenze des Lebens gerät, wird plötzlich ihr Wunsch nach Liebe und Einheit erfüllt, was sie mit aller Anstrengung des Wohlverhaltens nicht hat herstellen können. Später werden es die ekstatischen Verfassungen sein, die auf Anaïs einen besonderen Reiz ausüben.

Mit der Situation ihrer Krankheit sieht Anaïs rückblickend ein zentrales Motiv ihres Schreibens verbunden. «Meine sofortige Reaktion war, Bleistift und Papier zu verlangen und Charakterskizzen meiner ganzen Familie zu entwerfen, Gedichte zu schreiben. Ich setzte auf das Titelblatt dieser Notizen sogar den Zusatz ‹Mitglied der Französischen Akademie›, was für mich die höchste Ehre war, die einem Schriftsteller erwiesen werden konnte… hierin lag der Ursprung meines Schreibens: in der dramatischen Lösung, die der Künstler für die Hindernisse des Lebens findet.»

Nach der Visite begegnet der behandelnde Arzt eines Abends zufällig einem Nachbarn und teilt ihm mit, daß Anaïs in dieser Nacht sterben werde. Daraufhin ruft dieser drei andere Ärzte herbei, die übereinkommen, Anaïs müsse sofort am Blinddarm operiert werden. Das geschieht noch in derselben Nacht. Dann dauert es drei weitere Monate, ehe Anaïs, die nicht wieder zu Kräften kommt, das Krankenhaus endlich verlassen kann. Die Mutter hat den Einfall, Anaïs in einem Rollstuhl durch das Krankenhaus zu fahren und sie Orangen und Süßigkeiten an arme Patienten verteilen zu lassen. Anaïs' Lebenswille scheint durch diese Erfahrung wieder geweckt worden zu sein. Als sie nach Hause kommt, ist die Straße mit Fähnchen geschmückt, und alle Nachbarn winken ihr zu. Anaïs erfährt, daß sie den Menschen wichtig ist.

Der Vater ist inzwischen nach Arcachon in Südfrankreich abgereist. Die Familie folgt ihm bald nach. Dort feiert Anaïs ihren zehnten Geburtstag zum letzten Mal im Kreis der ganzen Familie. Sie leben in der «Villa Les Ruines». Die Burg mit diesem symbolischen Namen wird zu dem Ort, wo das dramatische Verhältnis zum Vater seinen Höhepunkt erreicht. Offiziell heißt es, er würde, wie schon oft, zu einer Konzerttournee aufbrechen. Aber Anaïs fühlt genau, daß dieses kein einfacher Abschied ist. Sie klammert sich hysterisch schluchzend an den Vater, der mehrmals zurückkommen muß, ehe sie ihn gehen läßt. In Wirklichkeit hat er sich entschieden, die Familie zu verlassen. Am 14. Mai 1913 fährt er nach Brüssel und nimmt alle Dinge aus dem Haus mit, die ihm lieb und teuer sind. Die Mutter folgt wenig später, um die Dinge sicherzustellen, die übriggeblieben sind. Anaïs bleibt mit den Brüdern in der Obhut einer reichen kubanischen Familie zurück – es ist ausgerechnet die Familie der Frau, um derentwillen sich der Vater von ihnen trennt und die er später heiraten wird: Maria Luisa Rodriguez. Seit einigen Jahren beglückt sie die Kinder der Nins mit teuren Geschenken.

Von Arcachon geht die Mutter mit den Kindern nach Barcelona zu den Eltern des Vaters. Während sich der Großvater streng und unnahbar zeigt, ist die Großmutter den Kindern liebevoll zugetan. In Barcelona leben sie während des nächsten Jahres in einer kleinen Wohnung. Für die Mutter beginnt nun ein ganz anderes Leben. Sie erteilt Gesangsunterricht an der Musikakademie des Komponisten Enrique Granados. Anaïs und Thorvald besuchen eine Montessori-Schule; auch das Schulgeld muß verdient werden. Rosa fühlt sich wohl in Barcelona wegen der wiedergewonnenen Selbständigkeit. Sie ist durchaus in der Lage, ihre kleine Familie in eigener Verantwortung zu versorgen, wenn auch die finanzielle Lage schwierig ist.

Eine Schwester der Mutter, Antolina, kommt zu Besuch, sieht die finanziellen Schwierigkeiten und empfiehlt, auch wegen der bedrohlichen wirtschaftlichen und politischen Lage in Europa, die Emigration. Nach Havanna will Rosa nicht wieder zurückgehen. Es graust ihr bei dem Gedanken, mit ihren Kindern in die Rolle der armen Verwandten zu geraten – beschämend genug, daß ihre Ehe, den Vorhersagen ihrer Familie entsprechend, gescheitert ist. Rosa Nin y Culmell spricht fließend Englisch, sie weiß auch, daß man in den Vereinigten Staaten kein Schulgeld bezahlen muß, und einige Freunde leben dort. So entscheidet sie sich, mit den Kindern nach New York überzusiedeln.

Während all der Zeit schreibt Anaïs kleine Geschichten, und sie beschreibt die Dinge, die um sie sind, so genau, als wollte sie sie festhalten. Auch Gedichte entstehen.

In einer kosmopolitischen Welt der Kunst hat Anaïs ihre Kindheit verlebt. Wie schön das klingt. Wer würde nicht meinen, es sei ein Glück, bereits in der Kindheit an so vielen interessanten Plätzen leben zu können: Havanna, Paris, Berlin, Brüssel, Barcelona. Aus der Perspektive des Kindes Anaïs sieht es jedoch ganz anders aus. Eine schmerzhafte Erfahrung ist mit dieser Lebensform verbunden. «Selbst Geschenke zu lieben fiel ihr schwer, denn sie wußte, daß sie ihr bald wieder entrissen würden, wie der Vater ihr entrissen worden war, als sie ihn so leidenschaftlich liebte; genau wie jedes Zuhause, das sie als Kind hatte, zerschlagen, verkauft wurde, verlorenging. Jedes Land wurde mit einem anderen vertauscht, sobald sie Wurzeln geschlagen hatte. Ihre ganze Kindheit hatte nur aus Verlust, Veränderung, Unsicherheit bestanden.»

Daraus zieht das Kind die Lehre, es dürfe sein Herz an nichts binden. «Ich habe beschlossen, keinen Freund und nichts außer meiner Familie zu haben, dem ich nachtrauere, das ist ganz einfach, ich darf mich eben nur für niemanden zum Freund machen; die Gründe sind folgende: Man ist nicht sicher zu bleiben, und wenn man geht, siehe Barcelona und Brüssel, gibt es zuviel Traurigkeit, es ist mir lieber, nur meiner Familie nachzutrauern, nicht wahr?»

Anaïs' wiederholte Erfahrung, daß jeder Versuch, sich in einem Ganzen heimisch zu fühlen, mißglückte, führt darüber hinaus zu der unbewußten Annahme, sie werde dem Leben nur gerecht, wenn nichts bleibt, wie es war.

2. Riß im Ganzen:
Alte und Neue Welt

IM SOMMER 1914 SPITZT sich die politische Lage in Europa, die zum Ausbruch des Ersten Weltkrieges führt, weiter zu. Am 25. Juli 1914 tagt in Krasnoje Selo der Russische Kronrat und trifft die Entscheidung, Serbien mit Mobilmachung und, falls notwendig, auch mit Kriegshandlungen zu unterstützen, wenn die Truppen Österreich-Ungarns über Serbiens Grenze marschieren sollten. Das Gefüge der Alten Welt, das europäische Gleichgewicht, ist im Begriff zusammenzubrechen: «Les Ruines». Am 26. Juli 1914 läuft aus dem Hafen von Barcelona die «Montserrat» aus, ein Überseedampfer. Er bringt Anaïs mit Mutter und Brüdern aus der vertrauten Alten Welt in die fremde Neue Welt, nach New York. Das Gefüge einer Familie ist zerbrochen.

Meer, Wasser, Überfahrt, das sind für Anaïs nicht nur Wörter, sie werden in ihren Texten die Bedeutung zentraler Symbole erhalten, die ihre Lebensansicht zum Ausdruck bringen; Nachtmeerfahrt: eine verzweifelte, kleine Heldin wird geboren, die ein ganzes Leben des Schreibens brauchen wird, um Trennung, Zurücklassen, Verlassenwerden begreifen zu können. Transformation wird zur Zauberformel ihres Lebens, und die Kunst des Schreibens wird das Zaubermittel sein.

Während Anaïs von der hohen Reling aus zur Großmutter hinunterwinkt, spürt sie, wie in ihr etwas zu zerreißen droht. In Spanien lebte Anaïs noch in der Welt des Vaters. Sie «schien nur aus Zuneigung und Wärme zu bestehen. Enrique Granados beschützte uns... Das Dienstmädchen Carmen sang den ganzen Tag, die Nonnen beugten sich immer zu uns herab, um mich zu umarmen. Abends, bevor ich schlafen ging, hörte ich den Sereno, einen alten

Mann, der die Schlüssel für alle Häuser hatte, eine Laterne trug und ein beruhigendes, kleines Lied sang: ‹Geht schlafen, alles ist in Ordnung, ich wache.›... Spanien war die Fortsetzung meiner Beziehung zum Vater. Wir waren ihm nahe, lebten bei seinen Eltern, trafen mit seiner Schwester, seinem Neffen zusammen. Vielleicht habe ich nicht an den Verlust geglaubt. Aber nach Amerika zu gehen bedeutete den Bruch...»

Die Großmutter wird immer kleiner, ist nur noch die kaum wahrnehmbare Bewegung eines hellen Tuches und verschwindet schließlich. Wenig später beobachten Mitreisende ein kleines elfjähriges Mädchen, das aus einem strohgeflochtenen Täschchen ein dickes Heft herausnimmt, in welches es mit großen Buchstaben Sätze hineinschreibt, die wie Bänder sein Leben zusammenhalten sollen, Altes und Neues verbindend:

«Letzter Blick auf Barcelona und letzte Gedanken. Die Berge ragen empor in majestätischer Schönheit. Die untergehende Sonne zeigt ihren letzten, blassen Schimmer. Der blaue Himmel ist hier und da mit kleinen, weißen Wolken gesprenkelt. Inmitten dieser Landschaft kommen scharenweise verschiedene Gedanken. Wir werden Barcelona verlassen, diese so hübsche Gegend. Wir werden diesen blauen Himmel, der mich so entzückt, nicht mehr sehen. Ich werde meine Lippen nicht mehr auf das sanfte Gesicht meiner geliebten Großmama legen. Ich werde diese wunderschöne Landschaft nicht mehr in aller Muße betrachten können. Ich werde mich nicht mehr meinen namenlosen Gedanken hingeben können, die mich abends immer erfaßten, wenn ich, am Balkon lehnend, in der Stille der Nacht, mich ihnen hingab.»

Das ist nicht der Stil eines kleinen Mädchens. Man merkt es dem Text an, daß Anaïs mit ihren elf Jahren keine naive Schreiberin ist. Aufmerksam und mit der heimlichen Frage, wie sich die Erfahrungen des Menschen sprachlich gestalten lassen, scheint sie mit den Texten ihrer Schriftstellerkollegen umgegangen zu sein.

Die Überfahrt dauert etwa zwei Wochen. In dieser Zeit wird Anaïs gut Freund mit dem Zahlmeister, auch mit dem Zweiten Offizier, in dessen Kajüte sie eine Schreibmaschine entdeckt. Gern würde sie ihre Tagebucheintragungen abtippen, aber die Mutter achtet darauf, daß Anaïs ihre «schriftstellerische» Tätigkeit nicht zu ernst nimmt und sich nicht gänzlich in ihr Schreiben einspinnt. Sie sieht es nicht gern, daß das Kind in melancholischen Zuständen versinkt und sich von den Menschen zurückzieht, um in seinem Kummer schreibend aufzugehen. Sie hat es lieber, wenn Anaïs auf der Überfahrt an einem Schal strickt und sich einer praktischen Aufgabe widmet. Aber für Anaïs ist auch diese Tätigkeit eine Produktionsstätte für Phantasien. Als würde sie einen Ariadne-Faden in der Hand halten, spinnt sie aus, zu welchem wesentlichen Punkt ihres Lebens das aus dem Faden gefertigte Produkt sie hinführen soll. Zurück? – Dann wäre der Schal ein Geschenk für die Großmutter in Barcelona. Voraus? – Dann erhielte ihn die Patentante, welche sie in New York erwartet. Zum Status quo? – Das hieße das Strickwerk der Mutter überreichen.

Die Bewegung des Meeres und des Schiffes auf den Wellen lädt zum Träumen ein, zum Erinnern und zur phantasierenden Vorwegnahme des Kommenden, aber auch zu einer Besinnung auf Fixpunkte in ihrem Leben. Für das Kind sind das die Menschen, an die es sich liebevoll gebunden fühlt:

«Hier ist mein Papa, mein geliebter Papa,
Hier ist der Kopf des größten Pianisten,
Den es gibt auf der Welt.
Er spielt einmal sanft,
Einmal kraftvoll.
Sein Spiel ist eine Sprache:
Sie ist traurig oder fröhlich,
Es ist großartig zu beobachten,
Wie seine Hände den Noten gehorchen.
Alle Welt ist entzückt.

Jedes Konzert ist ein Kranz des Erfolgs, seine Stirn trägt Tausende von Lorbeerkränzen, von Ruhmeskränzen, die er erntet und die er verdient. Sein Name ist in aller Munde, man spricht von ihm wie vom Gott der Musik, denn es stimmt, niemand kann mit meinem Papa verglichen werden, niemand kann ihn nachahmen.»

Und dieser Gott hat das Kind verlassen...

Schreibend umkreist Anaïs jahrelang immer wieder diesen wunden Punkt. Sehr stark ist auch die Bindung an ihre Mutter. Obwohl sie Künstlerin ist, verläßt sie die Kinder nicht. Damit das immer so bleibt, bemüht sich Anaïs übermäßig, dem Bild, das die Mutter von einem liebenswerten kleinen Mädchen hat, gerecht zu werden.

«Mama
liebliche Sängerin
zärtliche Mutter
liebende
Mama
ihren Kindern
ergebene Mutter.»

Es folgt ein Portrait der Mutter in Prosa. «Vor Ihren Augen sehen Sie eine große Sängerin, es ist Mama. Sie hat überall großen Erfolg, wie Papa trägt sie auf ihrer Stirn manche Kränze, die sie für ihre Mühen auszeichnen. Außer einer großen Sängerin ist sie auch eine zärtliche Mutter, sie opfert sich für uns wie keine andere Mutter... diese geliebte Mama weiß nicht, was sie für uns noch alles tun soll, um uns Freude zu machen, diese ganzen Opfer sind für uns, sie arbeitet einzig und allein für unser aller Zukunft;... keine Mutter auf dieser Erde hat mehr als Mama getan. Liebe, Liebe für meine Mama, mein lieber, geliebter Engel.»

Mit der Musik verbindet sich für Anaïs der Zauber einer anderen, einer verwandelten Welt. Mit der «Stunde der Musik wurde es friedlich im Haus... Streichquartette kamen zu uns nach Hause, und als Kinder glaubten wir: Jetzt beginnt das Wunder. Alles ist friedlich und schön. Ich lernte sehr früh im Leben, daß Musik transformieren, transfigurieren, ein Leben, einen Streit in Schönheit verwandeln konnte.» Musik bedeutet für Anaïs Sehnsucht nach Einheit, Aufhebung von Widerspruch, von Streit und Kampf.

Einen anderen Halt seines Lebens hat das Kind in der katholischen Religion. Die Mutter ist ein gläubiger Mensch. Mit den Kindern besucht sie regelmäßig die Messe; Kommunizieren, Beten und Beichten sind selbstverständliche Handlungen. Das Tagebuchschreiben des Kindes Anaïs erhält auf diesem Hintergrund eine weitere Ebene der Bedeutung: es dient der Besinnung und Besserung. Ein heiligmäßiges Leben will Anaïs führen. Das christliche Symbol des Pelikans, der seinen Jungen alle Lebenskraft opfert, scheint auch das Bild zu sein, nach welchem Anaïs ihre Mutter beschreibt.

Daß der Vater die Familie endgültig verlassen hat, kann Anaïs sich noch lange nicht eingestehen. Die ganze Traurigkeit des Abschieds wird daher um die Mutter des Vaters zentriert.

«AM HORIZONT
Dort drüben, weit, weit am Horizont
Erkenne ich noch, so scheint mir,
Einen Menschen, den ich lieb habe:
Es ist Großmama.
Dort drüben, weit, weit am Horizont,
Erblicke ich noch dieses sanfte Gesicht,
Es ist das Gesicht meiner Großmama.
Dort drüben, weit, weit am Horizont,
Fühle ich eine warme Hand, die mich streichelt:
Es ist Großmamas Hand.
Dort drüben, weit, weit am Horizont,
Spüre ich noch, wie sich jemand zu mir neigt,
Um mich zu umarmen:
Es ist Großmama.
Beim Abschied habe ich eine Träne fallen sehen:
Es ist Großmama: sie weint.»

Natürlich ist die Schiffsreise für Anaïs auch ein Abenteuer, auf das sie wie alle Kinder reagiert. Sie hockt durchaus nicht nur besinnlich über ihrem Tagebuch, sondern erkundet zusammen mit Thorvald die entlegensten Winkel des Schiffes. Sie beobachtet die anderen Passagiere, ist amüsiert, wenn die Damen erster und zweiter Klasse der Seekrankheit erliegen, und findet das Ganze unglaublich aufregend.

Am 11. August erreichen sie den Bestimmungsort der Reise. «Alle sind froh, wir kommen in New York an. Ich bin auch froh, aber ganz ehrlich, ich würde gern nach Barcelona zurückkehren.»

Die Ankunft gestaltet sich dramatisch. Die Skyline ist von Nebel und Gewitterwolken verhüllt, und auch der theatralische Donner fehlt nicht. Eine spannungsvolle Zeit von fünf Stunden zögert die Ankunft hinaus.

«Das Meer war grau und schwer, oh, welch ein Unterschied zum Meer in Spanien. Ich war sehr gespannt auf die Ankunft, aber ich war auch traurig, ich spürte die Kälte in meinem Herzen, ich sah die Dinge ganz schief. Plötzlich wurden wir von dichtem Nebel umhüllt, ein sintflutartiger Regen setzte ein, es donnerte, elektrische Strahlen durchblitzten den tiefhängenden, schwarzen Himmel, die Leute eilten in den Salon, um Schutz zu suchen. Alle spanischen Passagiere hatten noch nie ein solches Wetter erlebt: Die Frauen fürchteten sich und weinten, die Männer beteten leise vor sich hin. Wir hatten keine Angst, Mama hatte bereits Schlimmeres erlebt, ihre Ruhe machte uns Mut, und wir waren dann auch die ersten, die wieder auf das klatschnasse Deck stiegen... Es war vier Uhr, als sich das Schiff langsam wieder in Bewegung setzte, als ob es sich voller Furcht diesem großen New York nähern wolle. Nun stützte ich mich mit den Ellbogen an dem Geländer auf und hörte nichts mehr, meine Augen starrten auf die näher kommenden Lichter, ich sah die hohen Häuser, ich hörte das Pfeifen der Maschinen, ich beobachtete heftige Bewegung, große Hotels zogen an mir vorbei; ich haßte schon im voraus diese Häuser, die mir das vorenthalten würden, was ich am meisten liebe: die Blumen, die Vögel, die Felder, kurz, die Freiheit... ‹O ja, ich werde nach Spanien zurückkehren!› Mama zog mich mit, und wir gingen an Land...

Die Leute laufen, schreien und gestikulieren, ich befinde mich an einem großen Kai. Da umarme ich Marraine, Rafael, Carlos und Coquito, die gekommen waren, um uns abzuholen. Kurz danach kam auch Onkel Gilbert. Es wurde beschlossen, daß Thorvald und ich die Nacht bei Tante Antolina verbringen würden und daß wir Mama und Joaquinito am nächsten Morgen wiedertreffen sollten, die zu Tante Edelmira gingen.»

Die Stadt New York ist der Mutter nicht fremd. In der Zeit des um Kuba geführten Spanisch-Amerikanischen Krieges 1898/99 lebte sie in New York mit ihren Schwestern Juana, Edelmira und Antolina und erhielt im Katholischen Konvent Brentwood eine Ausbildung. Antolina de Cardenas besitzt eine Wohnung in der 72. Straße West, Nr. 166, und Edelmira lebt mit ihrem Mann Gilbert Chase in Kew Gardens auf Long Island.

Beeindruckt und eingeschüchtert von Wolkenkratzern, von der U-Bahn, die gelegentlich über hohe Brücken fährt, von einer Treppe, welche «von allein hinuntergeht», erreichen sie schließlich das Haus der Tante, wo sich wieder ein Kinderleben mit Schaukel, Spielzeug und Fahrrad entfalten kann. Die Zuneigung von Onkel, Tanten, Nichten und Neffen ermöglichen ein Gefühl der Geborgenheit – trotz allem. Die Mutter scheint in den Schoß ihrer Familie zurückgekehrt zu sein.

Manchmal vergißt Anaïs ihren Kummer und verliert sich im kindlichen Spiel. Aber davor hat sie auch Angst. Sie kann und will den Schmerz des Verlassens nicht überspielen. Im Schmerz spürt sie sich selbst. Anaïs steht früher als die anderen auf und sinniert schreibend über ihre Situation. Die Patentante lädt Gäste ein und gibt zum Empfang der Mutter eine Party. «Mama hat eine *Tonadilla* gesungen, ich weiß nicht warum, aber ich habe angefangen zu weinen, wahrscheinlich hatte ich das Gefühl, in Barcelona zu sein. Ich verstehe selbst nicht, warum ich weinen mußte, während Mama sang und alle lachten.»

Dieses Ich-verstehe-selbst-nicht wird zum treibenden Motor des Tagebuchschreibens. Das verwunderte Mädchen verwandelt sich in ein Sätze bildendes, seine Befremdlichkeit beschreibendes und erklärendes Kind und hat auf diese Weise ein verständnisvoll zuhörendes und beurteilendes Etwas in Gestalt des Tagebuches ständig bei sich. Das kommt einer Verdoppelung gleich. Immer sind zumindest zwei Akteure an ihrem Seelenleben beteiligt.

«MEIN VERIRRTES HERZ
In der Dunkelheit der Nacht,
Während die Glocken Mitternacht schlagen,
Ging ich und versuchte, einen Schatten zu fangen,
Aber er wurde immer dunkler.
Es war mein Schatten, der floh.
Ich wollte ihn einfangen,
Ich wollte noch nicht sterben.
Darüber konnte ich nicht lächeln.
Aber während ich lief,
Hörte ich im Gebüsch ein Geräusch.
Ich schaute, und was sah ich?
Mich selbst!
Es war nur ein Spiel
Meines verirrten Herzens.»

In verschiedenen Versionen versucht sich Anaïs dichtend der Erfahrung zu nähern, daß ein kompaktes, umgrenztes Ich nach dem Prinzip einer Drehtür mit schattenhaft sich anzeigenden Möglichkeiten eines anderen – vergangenen oder zukünftigen – Ich verbunden ist. Später wird Anaïs fasziniert sein vom Thema des Doppelgängers.

Meist ist es eine Verfassung der Unruhe, eine Erfahrung, daß sich ihr Leben verzweigt und in seinen Divergenzen zu entziehen droht, die das Kind Anaïs zum Tagebuchschreiben bringt. In den frühen Jahren ist das Schreiben ein Mittel zur Bewältigung erlebter Unruhe.

Nach zwei Seiten sucht Anaïs ihr Entwurzeltsein zu bewältigen: sie macht die Mutter zum Garanten von Kontinuität und den Vater zum Repräsentanten des Verlorenen, dem ihre Sehnsucht gilt. Dabei geschieht etwas Aufregendes. Das Kind Anaïs nimmt, ohne es zu merken, eine Umwertung seiner Vergangenheit vor. Es löscht aus seiner Erinnerung die leidvollen Erfahrungen von Streit, Ablehnung und Mißvergnügen und gestaltet die Zeit in Europa zum Paradies um, das verlorenging. Es erfindet eine Kindheit, die es so nicht gegeben hat, und wächst auf diese Weise aus seiner Kindheit heraus.

Wie ein gestürzter kleiner Engel fragt Anaïs nach ihrer Schuld. Das Tagebuch in den ersten New Yorker Jahren wird zum Tribunal, vor dem sie immer neu eine Art Selbstinquisition vornimmt. In ungeheurer Überschätzung seiner Person gelingt es dem Kind nicht, einen Standpunkt einzunehmen, von dem aus sein Schicksal als Begleiterscheinung des Bruches zwischen den Eltern begreiflich würde. Statt dessen spinnt sich Anaïs in die Phantasie ein, der Vater habe sie, seine Tochter, verlassen. Wäre sie attraktiver gewesen, hätte das alles nicht geschehen können. Das Fortgehen des Vaters begreift sie als «Niederlage in der Liebe, als sexuelle Niederlage».

Weil das Mädchen Anaïs zu häßlich, zu mager, zu uninteressant, zu dumm, zu verträumt, zu unbeholfen schreibend, körperlich nicht belastbar und möglicherweise verrückt ist, hat sich der Vater anderen Frauen zugewandt. Ergebnis der Selbstinquisition ist das Bild eines unzulänglichen, nicht liebenswerten kleinen Mädchens.

Auf dem Hintergrund dieser «Bestandsaufnahme» entwirft Anaïs ihr Bild der Zukunft. Mit allen Mitteln soll es gelingen, das imaginierte Paradies liebevoller Einheit wiederzugewinnen. Es kommt alles darauf an, schön und attraktiv, klug und interessant, eben: besser als die wohlparfümierten Damen zu werden, die des Vaters Zuneigung gewinnen konnten.

Anaïs errichtet ein Ideal ihrer selbst. Eine Fassung erhält das im Bild der Künstlerin. Bereits als kleines Mädchen setzt sie darauf, einmal eine große Schriftstellerin zu werden, die jeder würdigen muß.

Damit entsteht ein neues Bündel von Schwierigkeiten. Beim Vater an erster Stelle zu stehen bedeutet auch, den Platz der Mutter einnehmen zu wollen, der es nicht gelungen war, den Vater zu binden. So erhält die Strategie, als Künstlerin attraktiv zu werden, von Anfang an etwas Verbotenes. Es bedeutet, in Rivalität zur Mutter zu gelangen.

Das macht dem kleinen Mädchen angst. Es lebt in einem unlösbaren Zwiespalt. Auf die Zuneigung der Mutter kann und darf es nicht verzichten. So ergibt sich eine zweite Zielsetzung für die Zukunft. Es gilt, dem Bild gerecht zu werden, das die Mutter als Frau repräsentiert. Sie ordnet ihr Leben dem Wohlergehen der Kinder unter, als fürsorgliche Mutter, die in einer feindlichen Welt ihre kleine Familie am Leben erhält. Für Anaïs heißt das, sie müßte in der wirklichen Welt Fuß fassen, indem sie banal-alltägliche Aufgaben meistert wie abwaschen, aufräumen, sticken, stopfen, nähen, kochen, die Sachen der kleinen Brüder in Ordnung halten und Geld verdienen.

Nach zwei Seiten muß sie sich über Kindliches hinwegsetzen und übermäßig schnell erwachsen werden. Das Mädchen Anaïs wird zu einer Miniatur-Erwachsenen, frühreif, altklug, sorgenbeladen einerseits – und voller Träume andererseits.

Indem sie zur Vertrauten der Mutter wird, deren Sorgen sie mitträgt, deren Entscheidungen sie auch kontrolliert, wächst sie nun, merkwürdig genug, in die Rolle eines Vaters hinein. Halb gewählt und halb erlitten, gerät sie in die Position eines Menschen, der den Vater aus dem Felde geschlagen und die Liebe der Mutter für sich gewonnen hat.

Was sie auch anstrebt und tut, in jedem Fall wird sie schuldig.

Das Spiel mit den Brüdern, ihre gemeinsamen kindlichen Unternehmungen sind demgegenüber ein Refugium der Freiheit und Entlastung. Mit ihnen kann sie manchmal unbedacht fröhlich sein und eine Führungsrolle nach eigenem Maß genießen, nicht nach dem Maß der Erwachsenen.

Eine Miniaturausgabe der lebensfrohen und leichtsinnigen Frau Ludwigs XVI. posiert in schwarzem Gewand und mit dem typischen Marie-Antoinette-Hütchen der kleinen Anaïs versehen auf einer Kiste im Kinderzimmer. Auf die Anklage des Revolutionstribunals, bestehend aus Joaquin und Thorvald, entgegnet Marie-Antoinette: «Sie haben der Königin den Thron genommen; Sie haben der Frau den Mann gemordet; Sie haben der Mutter die Kinder geraubt. Was verlangen Sie noch von mir? Ich habe nur noch mein Leben, fordern Sie auch das?» In heroischer Gebärde und stolz schlägt sich die kostümierte kleine Gestalt gegen die Brust. Thorvald und Joaquin erschauern. Noch besser gefällt es den kleinen Brüdern, wenn Anaïs, als Marat verkleidet, aus vollem Halse schreit: «Einhunderttausend französische Köpfe!» Manchmal inszenieren Anaïs und Thorvald so traurige Geschichten, daß Joaquin wirklich zu schluchzen beginnt.

Auch für Anaïs selbst sind die Übergänge zwischen aktueller und phantasierter Realität fließend. Niedergeschlagen sitzt sie häufig am Fenster und schaut hinaus. Dann sieht sie nicht den grauen Hinterhof mit vertrockneten Pflanzen, sondern imaginiert eine Landschaft mit wunderschönen Blumen. Ihr Blick fällt nicht auf eine häßliche rote Mauer, sondern sie «sieht» die goldene Pforte, welche zu einem zauberhaften Schloß führt. Gern verliert sich Anaïs in solchen phantastischen Umbildungen der dinglichen Realität, sie liebt diese Umkehrungen, Erweiterungen und Steigerungen.

Tagebuchschreibend betrachtet und beurteilt Anaïs, in welchen Zustand sie beim Träumen gerät, und fragt sich gelegentlich, ob sie vielleicht verrückt sei. Wenn schon, denkt sie dann mit gemischten Gefühlen, aber auf diese Verfassungen will und kann sie nicht verzichten. Meist wird sie von anderen herausgerissen, die ihr alltägliche Aufgaben übertragen. Doch Anaïs' Trachten geht in Richtung Wiederkehr der träumerischen Verfassung.

Aber Anaïs träumt nicht nur. Malblöcke und Schreibblöcke, welche die Mutter den Kindern zum Geschenk macht, werden angefüllt mit Zeichnungen und Geschichten. Auf diese Weise wird die imaginierte Wirklichkeit dann auch anschaulich. Mit dreizehn Jahren trägt Anaïs ihre eigenen Geschichten ordentlich in Hefte ein. Auf der ersten Seite steht, dem Muster der Bücher der Zeit entsprechend, in schwungvoller Schrift:

«Anaïs Nin et Culmell
Auteur de Cœur d'or, Ma tante Marie,
Louise l'Orpheline etc.
La maison fermée
Suivis de l'Aveugle:
(durchgestrichenes Wort)
Tragédie
1916»

Dann folgt eine Vielzahl von Geschichten, die sich über zweihundert Schulheftseiten erstrecken. Das deutet darauf hin, daß Anaïs ihren Traum, eine Schriftstellerin zu werden, zu realisieren beginnt. Schreiben ist nicht allein Zwiesprache mit dem zweiten Ich im Tagebuch. Bereits in dieser frühen Zeit zielt es darauf, sich mit dem eigenen Namen als Schriftstellerin einer imaginierten Leserschaft zu zeigen.

Im selben Jahr gestaltet sie eine ganze Zeitschrift; zehn Hefte sind erhalten. Der sprechende Titel lautet «Le Compagnon de l'Oublie» (Der Freund des Vergessens). Anaïs macht das Layout, manche Nummern haben eine Handzeichnung als Cover, andere ein ausgeschnittenes Bild, und im Inhaltsverzeichnis ist deutlich vermerkt, daß Anaïs Nin verantwortlich ist für Illustrationen, für Poesie, für Fortsetzungsgeschichten und abgeschlossene Erzählungen, und schließlich ist sie es auch, welche ein Gespräch mit dem Leser führt, in einer eigenen Rubrik – wenn das nicht artistisch ist! Jede Nummer hat zwischen fünfundzwanzig und fünfzig handgeschriebene Schulheftseiten. Das zeigt immerhin Beharrlichkeit.

Anaïs lebt in allernächster Nachbarschaft der großen Gestalten der Kultur. Sie inkarniert diese im eigenen Spiel, oder sie läßt ihre Idole auf der privaten Bühne ihrer Tagträume auftreten, um ihnen mit Gefühlen der Wahlverwandtschaft zuzuschauen, und sie imitiert sie in ihrem Schreiben.

Es sind die großen Leidenden, die vom Schicksal Geschlagenen, die Märtyrer und Heroen. In Opfergängen oder in der Gestaltung unsterblicher Werke haben sie, die Verlorenen, dem Schicksal die Stirn geboten. Das Kind Anaïs weiß, daß es ihre Nachfolge antreten wird. Dem Geschick der großen Gestalten entleiht Anaïs Visionen der eigenen Zukunft. Wie im Vergleich mit dem bewunderten Können des vergötterten Vaters wird Anaïs aber auch die Distanz schmerzlich bewußt.

Dem Heer der Idole voran steht Jeanne d'Arc mit ihrem außerordentlichen Opfergang zur Rettung Frankreichs. Das im Ersten Weltkrieg durch Deutschland bedrohte Vater-Land Frankreich braucht zu seiner Rettung eine Heldin, die wie einst Jeanne d'Arc in Männerkleidern in den Krieg zieht, es braucht Anaïs, aber ach, sie ist zu schwach und zu klein, das vertraut sie ihrem Tagebuch immer wieder an:

«Ach, wenn ich stark wäre!
Wenn ich ein Mann wäre!
Wenn ich groß wäre!»

Anaïs bewundert und verehrt auch die Nonnen, die in Frankreich als Krankenschwestern auf dem Schlachtfeld die Verwundeten versorgen. Der Vater versieht Anaïs mit patriotischen Broschüren und Informationen über den Krieg, und die Mutter bewegt sich im Kreis französischer Emigranten, die Benefizveranstaltungen für Frankreich organisieren. Anaïs begleitet sie und belebt das Thema wiederum in ihrem Spiel mit den Brüdern. «Ach, wie viele Dinge möchte ich sein…! Eitle Illusionen, ich, ein Mädchen, ich, so klein und Frankreich retten, das sind Dinge, die so albern sind wie ich selbst, leider.» Im Spiel kann sie sich dann als Krankenschwester kostümieren und aus den kleinen Brüdern salutierende Soldaten machen.

Anaïs lebt im Zwischenland. Kindlich spielt sie in aller Ernsthaftigkeit mit den Brüdern die großen, nicht realisierbaren Szenen nach, und vorzeitig erwachsen benimmt sie sich, wenn sie die Mutter begleitet.

Das Träumen ist eine Art Vermittlung von Kleinsein und Großsein. Aus den Träumen gehen zumeist kurze Geschichten hervor, die sie den Brüdern erzählt, die wie sie selbst neugierig auf die Fortsetzung sind. «Ich träume jeden Abend, manchmal auf so angenehme Weise, daß ich tagsüber ungeduldig werde, weil ich erfahren will, was ich nachts träume. Heute abend ist es spät, und Mama ist ausgegangen. In diesem Augenblick fällt mir am meisten ein, denn dann läßt die Stille diese innere Stimme reden, die mich immer an der Hand führt.»

Wie das Träumen ist auch das Lesen geeignet, die Kluft zwischen Groß- und Kleinsein zu verringern, ebenso das Betrachten von Filmen. Dieses neue Unterhaltungsmedium beginnt in Amerika eine große Rolle zu spielen. Noch sind die Filme stumm, aber ihre Wirkung erreicht aufgrund der expressiven Gebärdensprache eine ganz besondere Intensität. Die Zwischentexte entwickeln in ihren verdichtenden Erläuterungen einen eigenen Lyrismus. Häufig besuchen Anaïs und ihre Brüder in Begleitung der Mutter oder von Verwandten die «Nickel Odeons» am Broadway. Der Eintrittspreis beträgt einen Nickel, das sind fünf Cents. «Wir haben ‹Das Leben von Edgar Poe› gesehen. Oh, ich habe geweint, ganz aufrichtig geweint über dieses traurige Leben. Ich habe seinen Schmerz verstanden, als er Virginia, seine Frau, verlor, und mir scheint, daß dieses Leben voller Illusionen und Träume, das er geführt hat, auch mein Leben sein wird. Ja, ich werde von Träumen leben, denn die Wirklichkeit ist zu grausam für mich. Mir scheint, daß ich zu denen gehören werde, die niemand versteht, wie Edgar Poe, aber er wurde dann verstanden, danach, während ich niemals verstanden werde. Ich denke entgegengesetzt von allen Leuten.»

Beobachtend ist Anaïs auf ihr eigenartiges Gefühlsleben gerichtet. Sie beginnt, sich mit Kindern ihres Alters zu vergleichen, um herauszufinden, ob die anderen auch diese gemischten Gefühle von Schmerz und Wohlbehagen, von Trauer und Beseligung kennen.

Eine Horde kleiner Mädchen jagt in einem Garten einem wild hin und her springenden Ball nach. Anaïs gehört dazu, wird geschubst und zerrt an den anderen, um den Ball zu bekommen. Die ganze Situation verwandelt sich unvermittelt, als Anaïs ein Lied hört, das aus einem geöffneten Fenster erklingt. «Sie vernahm es und fuhr plötzlich zusammen. Das Lied glitt ganz still in den Garten, und die Kinder fuhren fort, zu lachen und zu lärmen. Nur sie überkam eine merkwürdige Traurigkeit. Das Lied wehte an ihr vorüber, zog über die Hecke und verweilte dort geraume Zeit. Mit einer Süße drang es in sie ein und mit Schmerz.» Indem sie das Lied vernimmt, verspürt Anaïs etwas, um das zu weinen sich lohnt. «Spiel und Lärm wurden unterbrochen; alle kleinen Mädchen versammelten sich um sie: ‹Bist du gefallen?› – ‹Hast du dir das Knie gestoßen?›»

Anaïs muß feststellen, daß andere Kinder ihr Erleben nicht teilen. Wenn sie weinen, dann aus anderen Gründen, aus greifbaren und benennbaren, während Anaïs selbst von etwas Unbegreifbarem und mit der Sprache kaum zu Fassendem berührt wurde. Voller Erstaunen und durchaus mit Stolz bemerkt sie, für Zwischentöne einer Wirklichkeit empfänglich zu sein, die über das Triviale hinausreicht. «Ich weiß, daß ich außergewöhnlich feinfühlig bin.»

Die Erfahrung des Beichtens unterstützt Anaïs' Neigung zum Abhorchen seelischer Regungen, zur Gewissenserforschung und zur Kontrolle ihrer Wünsche und Handlungen. Gottgefällig sollen sie sein, und mit Gottvater führt sie auch in ihrem Tagebuch ausführliche Gespräche. Könnte es nur den Anschein haben, daß etwas an ihrem Verhalten zu mißbilligen wäre, verfaßt sie Rechtfertigungen und Erklärungen und bittet um Verständnis, wie sie auch ihr Tagebuch immerfort um Verständnis bittet.

Die Gewissensbildung ist begründet in der Möglichkeit, sich aus einem Handlungsverlauf herauszulösen, um ihn betrachten, befragen, kritisieren zu können. Der Riß im Ganzen, die Auflösung der Familieneinheit, der Zerfall ihres Lebens in eine unerreichbare «Alte Welt», repräsentiert durch den Vater, und eine fremde «Neue Welt» nötigen das Kind Anaïs, genau hinzuschauen und einzuschätzen, ob und wie sich das Zerfallene vielleicht doch wieder zu einer Einheit fügen ließe. Diese Sehnsucht nach Wiederherstellung eines imaginierten Ganzen und nach der Geborgenheit in diesem Ganzen macht das Kind Anaïs über die Maßen «bewußt».

Die Selbstkontrolle des Kindes wie des jungen Mädchens geht häufig auf Kosten seiner naiven Selbstentfaltung. Die unerträgliche Strenge der Form (Moral) wird daher auch zu mindern gesucht: einmal im Tagtraum, zum anderen im ästhetischen Genuß an den sinnlichen Ausdrucksformen der katholischen Religion. In einem Akt der Selbstbefreiung schreibt Anaïs einmal: «Für mich ist Religion einfach Schönheit. Manchmal ist es der Gesang in der Kirche, manchmal der Weihrauch, der Glockenklang, die Lichter, die anderen Menschen in kniender Haltung, die vergoldeten Standbilder, die Blumen, die Sonnenstrahlen, welche durch regenbogenfarbene Fenster fallen, oder die Stille des Gewölbes, nachdem sich die Kirche geleert hat, die kleine rote Flamme, welche Tag und Nacht brennt, das Geheimnisvolle, das mich bewegt und mit Gefühlen versieht, die unmöglich zu beschreiben sind und die meine Vorstellung von Religion ausmachen.»

Für andere, beobachtet Anaïs, scheint Religion nur den Charakter der Pflicht zu haben, und wenn ihre Mutter rügt, daß Anaïs ihr Gebetbuch und ihren Rosenkranz nicht zur Kirche mitgenommen hat, spürt sie, daß sie ihre eigenen Auffassungen der Mutter nicht verständlich machen kann. Dann wendet sie sich an Gott.

«Es ist schon so, während des Gottesdienstes habe ich viel über die schönen Kletterpflanzen, die durch das geöffnete Fenster in die Kirche Eingang gefunden hatten, nachgedacht und über deren Schatten, die sich hinter den geschlossenen Fenstern bewegten. Ich bin so sehr in der Schönheit dieser Szenerie aufgegangen, in meinen Betrachtungen über die erhabene Kunst dessen, der dieses Universum erschaffen hat, daß ich während der Messe kein einziges Mal ‹gebetet› habe. Aber hätte Gott nicht dieses Gebet verstanden, das in meiner tiefen Bewunderung für etwas Schönes besteht, das ihm gehört, wie all die anderen schönen Dinge auf der Welt? Nun, siehst du», sagt sie dem Tagebuch, «ich weiß nicht, ob ich die Religion auf den Kopf stelle, aber selbst wenn das der Fall wäre, die verkehrte Seite von allem ist doch die schönere Seite! Ich habe gerade die Antwort auf die Frage nach einer Verordnung für das Glück gefunden: Kehr die Innenseite der Welt nach außen!»

Im Alter von sechzehn Jahren formuliert Anaïs Nin eine Devise, die ihr weiteres Leben bestimmt. Als erwachsene Frau wird sie davon sprechen, man müsse vom Traum, von der Innenseite der Wirklichkeit ausgehen und dann die Wirklichkeit im Sinne des Traums «umkrempeln» («turning inside out»).

Auf dem Hintergrund dieser Haltung erscheinen ihre amerikanischen Freundinnen, die offenbar in einer heileren, «ganzen» Welt leben, ihr zumeist banal, kindlich und uninteressant. Auch deren

Tagebuchschreiben, muß Anaïs feststellen, unterscheidet sich von dem ihren. Wenn ihre Freundin Frances Schiff Tagebuch führt, trägt sie triviale Ereignisse und Kümmernisse ein, nichts, das irgendwie vergleichbar wäre mit ihrem eigenen Beschreiben, Befragen und Analysieren rätselhafter Empfindungen. In den Büchern dagegen findet Anaïs ähnliches beschrieben. Es muß wohl eine Besonderheit der Schriftsteller sein, denkt das junge Mädchen und fühlt sich in seinen schriftstellerischen Ambitionen bestärkt.

Die Erfahrung, daß es offenbar zwei Wirklichkeiten gibt, bestätigt die Vermutung des kleinen Kindes, der Vater halte sich in einer anderen, wichtigeren Wirklichkeit auf. Es kommt darauf an, wie der Vater Erfolg und Bewunderung als Künstler zu erreichen. Für viele Jahre wird Anaïs' Leben bestimmt vom Schicksal der an den Vater gebundenen Tochter.

«Eines Tages sah ich von meinem Fenster, da ich so viel geweint hatte, da so viele bittere Tränen geflossen waren, plötzlich den einen, den ich liebe, den ich anbete. Voller Liebe lief ich in die offen ausgebreiteten Arme. Oh, welche Wonne! Oh, welche Seligkeit! Die Süße eines Kusses vom Vater! Oh, Seligkeit! Ich konnte es nicht fassen! An jenem Tag spürte ich Seligkeit durch den Kuß meines Vaters.» Aber das ist nur «ein Traum von Anaïs».

Das Mädchen, das ganz durch die Liebe seiner Mutter zu leben scheint und seine Bedeutung in der Rolle einer Erzählerin findet, die ihre kleinen Brüder unterhalten und beeindrucken kann, gewinnt seine Lebensenergie aus einer ganz anderen Quelle: aus der Sehnsucht nach dem verlorenen Vater, aus dem Traum von seiner Wiederkehr.

Oft kniet Anaïs nieder und verweilt in der Zwiesprache des Gebets mit der Heiligen Jungfrau Maria, mit Jesus, mit Gottvater; sie mögen ihren Traum wirklich werden lassen! Die anderen Kinder leben doch geborgen in der sinnlichen Nähe ihrer Väter, in ihrem eigenen Vater-Land. Wenn Anaïs sieht, wie Onkel Gilbert sein Töchterchen Nuna in die Arme nimmt, wie er es zärtlich küßt, dann fragt sie sich: «Wie lange werde ich auf diesen Kuß, der so weit entfernt ist und vielleicht niemals kommen wird, noch warten müssen, und die unterdrückten Tränen fallen in meine Seele, brennend und bitter.»

Unverrückbar und widerständig scheint die Wirklichkeit zu sein; aber das betrifft nur ihre triviale Seite. Anaïs spürt, daß darunter eine ganz andere Realität existiert: In ihrem Herzen trägt sie den Vater mit sich, und wenn ihr Herz übervoll ist von Traurigkeit und Verlangen, drängen Worte daraus hervor, die diese andere Wirklichkeit bekunden. Die unverbrüchliche Einheit mit dem Vater lebt in der «Literatur». In der Welt fühlt sich Anaïs unversehrt – in einem Ganzen geborgen. Indem sie dem Vater in vielen Briefen auch von den alltäglichen Ereignissen ihres Lebens berichtet, von Wohnungen, von der Schule, vom Verhalten der Brüder, vom Ärger mit Nachbarn, von Ausflügen, von Spielgefährten, von der neuen Sprache, von den Verwandten, von Festen und vielem mehr, gelingt es ihr, die triviale Realität mit der Phantasiewirklichkeit zu verbinden. Für kurze Zeit geht sie ganz im alltäglichen Geschehen auf, wenig später jedoch nimmt sie die Position eines Beobachters ein, der die Innenseite des Geschehens, ihre seelische Befindlichkeit beschreibt. Sie stellt ihre Unternehmungen unter den Blick eines anderen, unter den Blick des Vaters etwa oder den ihres personifizierten Tagebuchs. Anaïs scheint beständig zu fragen, ob sie diesem anderen wohl gefallen werde. So ist sie seelisch niemals allein, ist nicht wirklich vom Vater getrennt.

Anaïs nimmt auch für den Vater eine besondere Bedeutung an: sie ist die Brücke zu seiner Vergangenheit. Indem er ihr schreibt, zerfällt auch sein Leben nicht in zwei disparate Teile. Er berichtet von den grauenhaften Ereignissen des Krieges in Europa, der sein Leben bedroht. Er muß Paris verlassen, geht nach Arcachon, dann nach Barcelona, aber nirgendwo scheint es mehr sicher zu sein. Gefährlich, entbehrungsreich und schwierig ist sein Leben geworden. Die Deutschen werfen Bomben, sie bringen Frauen und Kinder um, sie setzen Kirchen, Statuen, Kunst und Reliquien in Brand, sie verletzen alle Regeln, selbst die der Kriegführung.

Anaïs ist beeindruckt vom Schicksal des Vaters, der sich nun, wie sie selbst, in einer veränderten Welt zurechtfinden muß. Anaïs geht in die Kirche und betet für Vater und Vaterland. Sie tröstet sich mit der Phantasie, ein gemeinsames Schicksal mit dem Vater zu teilen, und spinnt weiter an dem Traum, daß alle Probleme gelöst wären, wenn nur der Vater wieder zu ihr zurückkäme.

Anaïs bemerkt, daß Mutter und Brüder ihre melancholischen Stimmungen weder teilen noch verstehen und schon gar nicht schätzen. Sie scheinen die Alte Welt nicht im Bild des verlorenen Paradieses zu konservieren und sind daher imstande, die Möglichkeiten, die die Neue Welt bietet, zu ergreifen.

«Gibt es jemanden, der je in der Lage sein wird, mich zu verstehen? Ich verstehe mich ja selbst nicht», teilt sie ihrem Tagebuch voller Verzweiflung mit. So beschließt Anaïs, dem Blick der anderen weitgehend verborgen, ein Seelenbündnis mit dem Vater, oder genauer: mit der Phantasiegestalt, zu der sie ihren real erfahrenen Vater umformt. Sie wird ihm immer in der Sprache ihrer früheren Kindheit schreiben, Französisch mit spanischen Ausdrücken der Zärtlichkeit vermischt. Der Vater spricht nicht Englisch. Bis zum Jahr 1919 benutzt Anaïs die französische Sprache auch in ihrem Tagebuch; in der französischen Sprache konserviert sie ihre Kindheit.

Die Briefe an den Vater sind für Anaïs eine Möglichkeit, mit der schriftstellerischen Darstellung ihrer Unternehmungen vor dem Blick des Vaters zu posieren, wie sie es in der frühen Kindheit mit ihrem Körper vor dem Objektiv seiner Kamera getan hat. Neben dem Wunsch, den Vater am eigenen Leben teilhaben zu lassen, besteht die Hauptbotschaft der Briefe im Medium der Mitteilung, im Schreiben selbst. Von Anfang an ist sich Anaïs der Tätigkeit des Schreibens bewußt, und man kann wohl sagen, daß sie sich von klein auf darum bemüht, besonders «schön» zu schreiben. Es schreibt nicht irgendein Kind von seinen Kümmernissen, sondern es schreibt eine Tochter, die ihren Vater dringend davon überzeugen muß, daß sie etwas von der Kunst des Schreibens versteht. Wie sich der Vater im Medium der Musik als Künstler entfaltet, so will die Tochter sich im Medium der Literatur als Künstlerin entfalten. Nur als Wesen von seiner Art glaubt sie, liebenswert werden zu können.

Mit vierzehn Jahren hat Anaïs einen ersten Auftritt in der Öffentlichkeit, zwar noch nicht als Schriftstellerin, aber immerhin als Schauspielerin. Sie darf, als lothringisches Mädchen kostümiert, in dem Stück «Jeanne d'Arc à Domremy» tanzen, das im Union Square Theatre aufgeführt wird. Als sie es wagt, einmal von der Bühne in den Zuschauerraum zu blicken, sieht sie «Beifall klatschende Hände. Als wir abgingen nach dem Gebet, verfolgte mich dieses Geräusch des Beifalls noch lange. Es war nicht für mich, es war für uns alle, aber eine innere Stimme flüsterte mir zu: ‹Diesen Beifall möchtest du für dich haben!› Wieder einmal wurde mir klar, daß ich geschaffen bin, um Beifall zu hören, ich mag das…» Die Mutter meint, sie habe nun ihr Debüt gehabt, und fragt, ob es ihr Spaß gemacht hat. «‹O ja!› Ich habe das einfach so dahingesagt, denn ich dachte noch immer an den Augenblick, als ich mich zum erstenmal auf der Bühne befand, taub, blind, betäubt, gefühllos, außer für diesen großen schwarzen Abgrund mit Händen, die applaudierten. Geliebtes Tagebuch, ist das nicht wieder ein Zeichen dafür, daß meine Berufung mich dazu führt, den Beifall zu suchen? Ich glaube schon, und ich habe wieder angefangen zu träumen…» Größe, das hat Anaïs an den Eltern beobachtet, beweist sich besonders dann, wenn der Auftritt von großem Publikum mit Beifall aufgenommen wird.

Noch muß sich Anaïs meist mit kleinem Publikum zufriedengeben. Wenn sie Thorvald und Joaquin Geschichten erzählt, unterstreicht sie das Geschehen mit expressiver Mimik und beobachtet genau, wieweit es gelingt, die Brüder in Bann zu schlagen; wenn es gelingt, ist sie selig. Sie möchte so gern eine die anderen beeindruckende Rolle spielen. Sensibilisiert für die Vielschichtigkeit des Seelenlebens durch die Erfahrung, Regisseur und Kritiker, Handelnder und Zuschauer in einer Person sein zu können, nimmt Anaïs den Alltag wie ein inszeniertes Geschehen wahr. Szenen, die eine besondere Komik, einen «Witz» haben, trägt sie in ihr Tagebuch ein, als wären sie ein Ausschnitt aus einem Theaterstück.

«*Unterhaltung:*
Mama: ‹Joaquinito, bist du das gewesen, der mit einer Rasierklinge oder etwas Ähnlichem den Vorhang und die Bettdecke zerschnitten und den Tisch oben im Schlafzimmer zerkratzt hat?›
Joaquinito: ‹Ja, Mama.›
Thorvald: ‹Phantastisch.›
Anaïs: ‹Wundervoll.›
Mama: ‹Du wirst bestraft werden, so wie du es verdient hast. Du wirst von Tag zu Tag ungezogener, und später wird dich vielleicht der liebe Gott dafür bestrafen.›

Joaquinito (spöttisch): ‹Da Jesus den Männern vergeben hat, die ihn ans Kreuz geschlagen haben, wird wohl auch mir vergeben, da ich ja wohl nichts *sehr* Schlimmes getan habe, oder?›

(Allgemeine Verwunderung. Thorvald kommt als erster zu sich und weist auf die falsche Logik hin): ‹Die Männer, die Jesus gekreuzigt haben, wußten nicht, was sie taten, aber du wußtest das ganz genau!›

Joaquinito (in aller Ruhe): ‹Ich wußte das nicht ganz genau, ich bin noch zu klein.›

Anaïs: ‹Du bist sehr dumm, Joaquinito.›

Darauf weiß keiner etwas zu entgegnen. Stille für zwei Minuten, dann schlägt die Unterhaltung eine andere Richtung ein, ruhiger und interessanter. Joaquinito, dem nichts anderes einfällt, streut Salz in Mamas Glas, was sie nicht bemerkt. Tragikomischer Ausgang: Joaquinito erhält keinen Nachtisch.»

Joaquin nimmt sich als Jüngster einiges heraus und entfaltet sich ganz anders als die brave große Schwester. Aber er ist auch beharrlich, was das Klavierspiel angeht. Seit Jahren erhält er Unterricht bei der Pianistin Emilia Quintero, die Sänger von der Metropolitan Opera begleitet. Sie steht den Kindern nahe, als gehörte sie zur Familie; Anaïs gibt sie das Gefühl, daß sie das Ziel, eine Schriftstellerin zu werden, durchaus erreichen kann.

Anaïs ist besonders empfänglich für Zwischentöne, für Handlungsverläufe, die vom Üblichen abweichen. Manchmal geht das in Richtung Melodrama, oft hat es aber auch den Charakter des Komischen oder Absurden. In ihren frühen Erzählungen «Waste of Timelessness» wird sie diese Beobachtung des Verqueren zu einer eigenen Sichtweise ausbauen.

Diese Art der Sensibilität ist nicht gerade geeignet, aus Anaïs eine erfolgreiche Schülerin in einer amerikanischen Schule zu machen. In Barcelona hatte sie mit Thorvald eine Montessori-Schule besucht. In New York muß sie sich in streng katholisch geführten Schulen auf eine andere Atmosphäre einstellen und auf die englische Sprache. Ihre ganze Schullaufbahn wird durch die gegenläufigen Neigungen des Kindes bestimmt, sich einerseits auf etwas Fremdes einzulassen und andererseits seine Besonderheit zu retten.

Dem Schulbeginn in New York Anfang Oktober 1914 sieht Anaïs mit Angst und sehr gemischten Gefühlen entgegen: «Tomorrow... we... start... school... in English. I am scared. Br-r-r-r-r-r.» Die Mitschüler lachen, wenn Anaïs die neuen englischen Wörter in französischer Manier ausspricht. Sie muß sich jedesmal neu überwinden, wenn sie am Geschehen des Unterrichts wirklich teilnehmen will. Es ist schwierig, mit der merkwürdigen Diskrepanz umzugehen, daß sie einerseits aufgrund ihrer eigentümlichen Geschichte sehr viel mehr zu sagen hätte als die anderen, meist behütet aufgewachsenen Kinder, daß andererseits ihre Beiträge aufgrund der sprachlichen Schwierigkeiten so ungelenk wirken. Diese Spannung trägt dazu bei, daß sie sich in Tagträume zurückzieht. Dennoch erlebt sie die Ordnung, die der Tag durch den Schulbesuch erhält, auch als stabilisierend.

«Es läuft immer besser. Um 7.30 stehe ich auf, wasche mich und kleide mich an, so daß ich um 8.00 fertig bin. Frühstück bis 8.30. Dann habe ich 15 Minuten Ruhe und verlasse das Haus Viertel vor neun. Um 12.00 komme ich zurück zum Lunch, um Viertel vor eins gehe ich wieder. Um 15.00 Uhr komme ich zurück, übe eine halbe Stunde am Klavier und spiele danach oder lese, und um 19.00 Uhr decke ich den Tisch. Ich helfe Mutter, und wir essen um halb acht. Dann spült Mutter das Geschirr, während ich die Betten baue. Manchmal, wenn Mutter zu müde ist, wasche ich ab. Das mache ich gern. Ich liebe unser kleines Hauswesen, wie ich es nenne.»

Die Lehrerinnen gehen streng mit den Kindern um, so wird die Schule zuweilen für Anaïs zum Alptraum. Sie haßt die Schule schließlich – abgesehen von den Möglichkeiten, mit ihrem Schreiben zu brillieren. Algebra gefällt ihr gar nicht. Einen Ausweg findet sie, indem sie ihren Freund, das Tagebuch, in die Schule mitnimmt, das Unterrichtsgeschehen an sich vorbeifließen läßt und statt dessen das Klassenzimmer beschreibt – als würde sie erst im Dokumentieren der Realität gewahr, in der sich ihr Leben jeweils abspielt. Zunächst charakterisiert sie ganz sachlich den Raum: quadratisch, mit einer Glastür und roten Vorhängen vor einem großen Schrank. «...Die Lehrerin macht ‹bing› mit der Glocke, und wir stehen auf und sprechen ein Gebet, das eine Abwandlung des Vaterunsers, Ehre sei Gott und Gelobt sei Maria ist, dann gibt es den Segen für den

Tag. Danach rezitieren wir den Katechismus, dann gibt's Geographie und bis Mittag Arithmetik. Um eins geht's wieder los mit Diktat, Aufsatz, Lesen und Grammatik. Um 15.00 Uhr ist Schluß. In der Klasse sind 24 Jungen und 12 Mädchen. Die Lehrerin ist streng, aber nicht schlecht, doch es geschehen unfaire Dinge, da sie ihren Liebling hat – ausgerechnet das gemeinste Mädchen der Klasse, das andere unfair verpetzt.» Während Anaïs diese Eintragung macht, beobachtet die Lehrerin sie, so daß die Beschreibung abbricht.

Anaïs steht dem Geschehen beobachtend gegenüber und zieht das schriftliche Fixieren unleidlicher Situationen dem handelnden Umgestalten vor. Sie registriert alles und denkt auf ihre Weise darüber nach, zumeist ohne es den anderen mitzuteilen.

Die Schule langweilt sie und macht sie müde. Manchmal möchte sie ihrer Lehrerin Miss Jing am liebsten die Bücher ins Gesicht schleudern. Aber das zeigt sie nicht. Dann wieder macht ihr das Lernen Spaß, aber die Mitschülerinnen kann sie nicht leiden. Sie versteht nicht, daß sie so leben und reden können, wie sie es tun. Anaïs denkt über anderes nach. Es beeindruckt sie die Aussage des Lehrers Villemin, der gesagt hat, wer nur eine Sprache spricht, ist nur ein Mann, derjenige aber, der zwei Sprachen beherrscht, ist zwei Männer. Anaïs möchte wenigstens zehn starke Männer sein – aber sie verkörpert nur zwei Kinder, und noch dazu weibliche. Verzweifelt fragt die Zwölfjährige, wann sie soviel wert sein wird wie ein Mann.

Den Mitschülerinnen bringt sie Französisch bei anhand der Broschüren über das Schicksal Frankreichs, die der Vater ihr gesandt hat.

Bruby ist ihre Lieblingspuppe. Sie war in Belgien während der Krankheit bei ihr, auch bei der Trennung von der Großmutter – aber das Tagebuch steht ihr doch näher. Zudem beschließt sie, daß Bruby ihr einziges Kind bleiben wird, da sie frei sein will, um sich ganz der Poesie und dem Schreiben von Geschichten widmen zu können – was das bedeutet, begreifen die amerikanischen Mitschülerinnen natürlich nicht.

Anaïs ist stolz und leidet zugleich unter ihrem Anderssein. Vielleicht ist sie wirklich verrückt? Mit diesem Gedanken kokettiert sie – nicht nur. Ein kleines zwölfjähriges Mädchen, das häufig krank ist, das als Älteste die Sorgen der Mutter teilt und die kleinen Brüder beaufsichtigt, das aber auch mit Puppen spielt, das Bücher liest wie die Erwachsenen, das in Briefen selbstlos seinen Vater tröstet und ihm Empfehlungen gibt, wie er sein Leben zu gestalten habe – kurz, ein Kind, das weder Kind ist noch Erwachsener und aus diesem Grund seine Zuflucht zur beschreibenden Selbstzergliederung im Tagebuch nimmt, möchte um jeden Preis über sich hinauswachsen.

Die Mutter wird gelegentlich von ihren wohlhabenden Schwestern in Havanna unterstützt. Sie schicken Kleidung für sie und die Kinder. Das ist hilfreich und beschämend zugleich. Anaïs bemerkt, wie es der Mutter mißfällt, abhängig zu sein. Sie will helfen, gut sein. Unbedingt will sie gut sein, dann wird der liebe Gott helfen. Und Hilfe brauchen sie alle. Das Leben der Familie ohne Vater braucht die Unterstützung von Gottvater. So ist Anaïs glücklich, wenn sie das Ziel der Klasse erreicht und versetzt wird. Das ist immer auch ein Beitrag zum Wohlergehen von Mutter und Familie. Kleine Erfolge in der Schule, ein erster Preis im Aufsatzschreiben werden unmittelbar dem Vater mitgeteilt. In Arithmetik muß sie sich sehr anstrengen.

Dem lästigen und unseligen Schulleben wie auch dem Familienleben stellt sie ihr Leben «im Unendlichen» gegenüber. Da ist alles eitel Freude – «kein leerer Platz im Familienkreis, immer vollständig». Sie lebt zwei Leben. Gedanken dieser Art vermischen sich mit religiösen Vorstellungen, welche die Lehrerinnen, fromme Schwestern, den Kindern vermitteln: es gibt ein Leben im Himmel, in der Ewigkeit, und eines auf der Erde. Für Anaïs entspricht das dem Vergleich des Lebens in der Vergangenheit mit der aktuellen Situation. Ganze Bücher könnte man füllen mit ihren Beschreibungen, wie sie tagträumend immer wieder in den «Himmel» der Vergangenheit zurückgeht.

Dann fragt sie sich, warum sie eigentlich lernen muß. Weiß sie nicht genug? Sie weiß doch so viel über das Leiden. Muß man mehr wissen, um mit diesem «grausamen und unfreundlichen Leben» umgehen zu können? Nein, sie wird wohl doch nicht als Nonne leben – sie wird Jesus dienen, indem sie den Kampf mit der Welt aufnimmt, entscheidet sie mit dreizehn Jahren.

Sonntags besucht die Mutter mit den Kindern die Messe, und

nachmittags gehen sie häufig ins Kino. Spielfilme sehen sie alle gern. Der Wechsel zum Montag, zur Schule, ist meist hart: Hinter den geschlossenen Türen verschwindet die Freiheit. Unterricht, Bestrafungen, strenge Gesichter, die ganze Atmosphäre führt dazu, daß Anaïs in der Schule wenig Interesse für das Lernen aufbringt. Einer der kleinen Jungen ist nach ihrem Geschmack. Wie sie selbst scheint er in einer zweiten, anderen Welt zu Hause zu sein, und phantasierend macht sie einen kleinen Prinzen aus ihm – bemerkt aber schließlich ihren Tagtraum und belächelt sich selbst.

Im Oktober 1916 liest Anaïs George Sand und träumt von der idealen Liebe, sie gibt «ihm» den Namen André, denn mit diesem Namen kennt sie niemanden; er ist ein zerbrechliches Ideal, auf Erden gewiß nicht zu finden, befürchtet sie. Sie macht einen Helden aus ihm, einen Helden der Französischen Revolution; und zugleich weiß sie, daß es ihr kleiner Freund in einer Schulklasse ist.

Im September 1916 erreicht sie die Klasse 7 A – ein neues Klassenzimmer mit einem Kreuz und zwei großen Skulpturen, die Heilige Jungfrau und Herz Jesu. Darunter das Pult des Lehrers, so daß er die Klasse überblicken kann.

Eine neue Lehrerin, eine neue strenge, ungerechte, strafende Gestalt. «Ach, meine Schuljahre werde ich gewiß nicht als die besten Jahre meines Lebens beschreiben!... Wenn ich auf meine Weise lernen kann, gefällt es mir, es ist interessant, aber in der Schule wird das Lernen zu einer schweren Last, einem endlosen Alptraum, einer Pflicht, einer Tyrannei. Ich hasse das und freue mich auf einen Tag, an dem ich durch mein Lesen lernen kann, nicht reglementiert, eingeschüchtert und unter Androhung von grausamen und sinnlosen Strafen. Man bringt uns etwas bei, als wären wir Esel, aber ich persönlich ziehe es vor, wie ein Mensch zu lernen, ohne geschlagen und abgerichtet zu werden.»

Im Unterricht spielt Anaïs die Rolle eines stillen, braven Mädchens. Ihre Lehrerin wäre gewiß überrascht, wenn sie von Anaïs' innerer Revolte erführe: «Warum muß denn unser Leben eine lange Kette von Gehorsam sein. Ich frage mich oft, warum Gott uns zum Gehorsam geschaffen hat. Die ganze Welt gehorcht unentwegt – den Gesetzen Gottes, den Gesetzen der Natur. Nichts als Gesetze und Befehle. Warum?... Man muß gehorchen, jetzt gehorchen, später gehorchen, immer gehorchen, überall gehorchen, im Himmel wie auf Erden. Kann denn die Welt nicht ohne Gehorsam existieren ... warum nicht? Was würde geschehen? ... Ich muß eine Antwort darauf finden.»

Im April 1917 faßt die Mutter den Plan, ein Haus zu mieten, so daß sie Zimmer untervermieten und auf diese Weise Geld verdienen kann. Anaïs bewundert ihre Mutter – sie handelt nach Sentenzen, die Anaïs kürzlich gelesen hat: «Ideen machen den Menschen.» Ihre Mutter ist eine wunderbare Frau, meint Anaïs, besser als ein Mann. Sie ist voller Energie und Freundlichkeit, voller Mut und Schönheit, Strenge und Sanftmut – wie ein Schutzengel für ihre Kinder. Und was für ein Haus das ist, fünf Etagen, es liegt in der 75. Straße. Alles ist großzügig, Einbauschränke, Spiegel, wunderschöne Lampen und Teppiche. Auch ein Garten gehört dazu – die Kinder sind begeistert. Einige Räume werden an Musiker vermietet, die aus Spanien emigriert sind. So erweitert sich das gesellschaftliche Leben. Häufig wird Hausmusik gemacht. Ein Schulwechsel ist mit dem Umzug ebenfalls verbunden. Anaïs freut sich über die vielen Veränderungen. Jeden Tag will sie neue Eintragungen ins Tagebuch machen, denn «in einem so großen Haus werden auch meine Ideen größer sein...» Mit einer Tasche voller Bücher unter dem einen Arm und einer Blechdose voller Butterbrote unter dem anderen geht Anaïs den Broadway entlang. Dann steht sie vor dem einschüchternden roten Ziegelbau der neuen Schule und fragt sich, was man ihr da wohl beibringen kann. Das Wichtigste, meint Anaïs, lernt sie doch von ihren Freunden, den Büchern.

Es gibt auch Sternstunden, doch sind sie selten. Endlich erkennt einmal eine der Lehrerinnen ihr schriftstellerisches Talent und läßt Anaïs einen Aufsatz vorlesen, was zu großem Applaus führt. Das macht Mut, sie meint nun ernsthafter lernen zu wollen. Neue Fächer kommen hinzu, Handarbeit, Gymnastik, Kochen, Zeichnen, aber Algebra und englische Grammatik stellen ihr weiter schier unüberwindliche Schwierigkeiten in den Weg.

Eine Algebralehrerin spricht Anaïs, die nun sechzehn Jahre alt ist, jede Form von gesundem Menschenverstand ab. Anaïs ist erschrocken und befürchtet, dem Leben niemals gewachsen zu sein. Dann macht sie einen Siebenmeilensprung und stellt sich in eine Reihe mit

Philosophen und Dichtern. Wie jene wird wohl auch sie ihr Leben ohne «common sense» bewältigen können. Unterricht und Schulleben mißfallen ihr immer mehr. Als Klassensprecherin ist sie entrüstet über die kindlichen Verhaltensweisen ihrer Mitschüler. Zugleich ist sie verzweifelt, daß es ihr nicht gelingt, sich durchzusetzen und Respekt zu verschaffen. Als ihre Leistungen im April 1919 einen Tiefpunkt erreichen, bedrängt Anaïs die Mutter mit dem Wunsch, die Schule verlassen zu dürfen – es gebe wichtigere Aufgaben. Anaïs glaubt dadurch Freiheit zu gewinnen und eine Chance, ihr Anderssein zu erhalten. Alles in ihr wehrt sich dagegen, so normal werden zu sollen wie ihre amerikanischen Mitschülerinnen.

Es ist ein offenes Geheimnis, daß Schule durch strenges Bevormunden gleichmachen und auch verdummen kann. Aber Schule als Lebensform hat noch andere Wirkungen. Sie kann bei den Schülern Kräfte mobilisieren, die ihnen helfen, gleichsam gegen die Schule zu «überleben». Schule ist auch ein Erfahrungsraum für Auseinandersetzung mit Grenzen, mit unangenehmen Menschen, mit Gleichgültigkeit, mit ganz banal-menschlichen Problemen. Vor der Auseinandersetzung mit diesen Problemen läuft das junge Mädchen Anaïs davon. Wenn sich die Wirklichkeit ihren Wünschen nach einem schöneren, idealeren, harmonischen Leben nicht fügt, geht sie meist nicht zum Angriff über. Sie versucht gar nicht erst herauszufinden, wieweit es gelingen kann, Wirklichkeit den eigenen Vorstellungen entsprechend umzugestalten. Anaïs entscheidet, das sei nicht ihre Welt, und kultiviert statt dessen eine Art «Naturschutzpark der Phantasie». Ungerechtigkeit, Strenge, Eifersucht, Überforderung, Scheitern kommen darin vielleicht als Unglück und trauriges Schicksal vor, nicht jedoch als etwas, dem gegenüber man sich behaupten könnte.

Dennoch wünscht Anaïs, den Alltag wie ein Erwachsener bewältigen zu können. Sie will etwas ausrichten, will Geld verdienen und sehnt sich danach, zu etwas nütze zu sein. Aber was kann ein sechzehnjähriges Mädchen, das zu Höherem geboren ist, im banalen Alltag bewerkstelligen? Wäre die Familie in Europa geblieben und wäre die finanzielle Lage anders, dann hätte Anaïs wahrscheinlich eine Schule für musisch begabte höhere Töchter besucht. Daß sie auch einen «weltlichen» Beruf erlernen könnte, paßt nicht zum Bild einer höheren Tochter. Anaïs' Leben im Land der unbegrenzten Möglichkeiten wird noch ganz durch die Vorstellungen der Mutter bestimmt.

Anaïs hat den Eindruck, daß die Mutter sie braucht. Sie will ihr helfen und übernimmt die Buchführung über Ausgaben und Einnahmen. Was die Geschäfte mit den kubanischen Schwestern angeht, meint sie, die Mutter geradezu kontrollieren zu müssen. Sie sind ein gutes Team, Anaïs und die Mutter, die ihrem ältesten Kind von ihren Problemen erzählt, wie man es normalerweise mit einem erwachsenen Partner täte. Es ist praktisch, Anaïs den ganzen Tag im Hause zu haben. Außerdem ist die Mutter bestrebt, Anaïs aus ihren Tagtraum-Visionen zu lösen. Die Vorstellung, mit Schreiben Geld zu verdienen, das sind doch wohl Flausen. Eine gute Frau, die einmal ihren Sinn in der Ehe finden wird, muß zwar eine interessante Gesprächspartnerin sein, aber an erster Stelle sollte sie etwas vom Haushalt verstehen.

3. Extreme: Hausmädchen, Schriftstellerin oder ästhetisches Objekt?

DIE HÄNDE IM lauwarmen Abwaschwasser, steht Anaïs in der Küche und träumt vor sich hin. Was alles noch werden kann, geht ihr durch den Sinn. Thorvald und Joaquin sind nach dem Essen gleich wieder ins Freie gegangen. Sie leben ganz anders, besonders Thorvald, der überhaupt keine künstlerischen Ambitionen zu haben scheint. Ständig ist er unterwegs und macht mit seinen zahlreichen Freunden die Gegend unsicher, erprobt seine Kräfte beim Fußballspielen oder Schlittschuhlaufen. Er wird ihr ganz fremd. Wie kommt das? Was bedeutet das? Was sucht er draußen? Worauf ist er eigentlich aus? Auch er wird seine Träume von der Zukunft haben. Aber anders als bei Anaïs sondern sie sich nicht vom Alltag ab. Wenn er mit den Pfadfindern zelten geht und seine kleinen Abenteuer erlebt, scheinen sich seine Träume zu realisieren. Ein richtiger amerikanischer Junge, stellt Anaïs verwundert fest. Thorvald entzieht sich dem Einfluß der großen Schwester, die ihm mit ihren feingeistigen Interessen allmählich auf die Nerven geht.

Mitten aus diesen Gedanken heraus formuliert Anaïs die Frage, warum eigentlich Thorvald und Joaquin ihr Glück draußen suchen und sie selbst lieber im Haus ist mit ihren Büchern und ihrem Schreiben. Das Geschirrtuch in der Hand, antwortet die Mutter: «Weil du eine Frau bist, mein Mädchen, denn Frauen brauchen recht wenig, um glücklich zu sein, nur sehr schlechte Frauen verbringen ihr Leben außerhalb ihres Heims!» Die Mutter weiß allerdings nicht, daß Anaïs häufig zu Hause bleibt, weil sie meint, die Mutter nicht allein lassen zu dürfen. Ach, die Jungen, denkt Anaïs, sie sind eben anders. Wenn sie den Tisch abräumen und das Tischtuch abnehmen, dann findet man es irgendwo zusammengeknüllt in einer Ecke wieder. Rücksichtslos gehen sie ihrem Vergnügen nach und kümmern sich um nichts, das mit dem gemeinsamen Leben im Haus zu tun hat.

Wenn sie ein Junge wäre, denkt Anaïs manchmal, dann könnte sie vielleicht auch ganz anders sein, leichter, freier, verwegener. So aber… Eine «schlechte Frau» also kann man werden, wenn man sich in die Wirklichkeit hinauswagt. Das will Anaïs natürlich nicht. Die Mutter mag wohl recht haben, es ist besser, die eigenen Wünsche nach Entfaltung im Zaum zu halten, oder? Im Zwiegespräch mit dem Tagebuch sagt sie: «Weißt du, was ich jemandem antworten würde, der mich bittet, eine kurze Beschreibung von mir selbst zu geben? Folgendes:

??!!

Mein Leben ist nämlich wirklich ein einziges Fragezeichen – mein Hunger nach Büchern, meine Angewohnheit, Menschen zu beobachten – durch all das versuche ich, meine große, allumfassende Sehnsucht zu stillen: zu wissen, zu begreifen und eine Antwort auf tausend Fragen zu finden. Und nach und nach ergeben sich Antworten, viele Dinge werden klarer, und vor allem werden viele Dinge benannt und *beschrieben*, so daß meine Ruhelosigkeit sich legt. Dann werde ich zu einer ausdrucksstarken Person, applaudiere den immensen Überraschungen, die die Welt für mich bereithält, und falle von einer Ekstase in die nächste. Ich habe die Angewohnheit, zu beobachten, herumzuschnüffeln, zuzuhören und zu suchen – leidenschaftliche Neugierde und Erwartung. Doch ich habe auch die Angewohnheit, *überrascht* zu sein, die Angewohnheit, *jedesmal*, wenn ich über etwas Merkwürdiges stolpere, erstaunt und zufrieden zu sein. Die erste Angewohnheit könnte mich zu einem Philosophen oder Zyniker oder vielleicht zu einem Humoristen machen. Die andere jedoch zerstört alle zarten Anfänge, und ich komme jeden Tag wieder zu der Erkenntnis, daß ich eben nur eine Frau bin!»

Ihren künstlerischen Ambitionen und ihrer Wißbegier treu, wählt Anaïs nach Verlassen der Schule, dem die Mutter zustimmt, als Laie mit fachmännischem Ehrgeiz ihre Lehrmeister selbst. In «Heroes und Hero-worship» von Thomas Carlyle liest sie: «Der Held ist derjenige, welcher in der inneren Sphäre der Dinge lebt, im

Wahren, Göttlichen und Ewigen, das, den meisten verborgen, unter dem zeitlich Trivialen immer existiert.» Anaïs, die seit der Trennung vom Vater die Gegenwart meist für trivial hält, da sie lediglich Aufschub und Verzögerung der ersehnten ganzen Lebensgestalt bedeutet, hat sich schon früh auf die «innere Sphäre der Dinge» verlegt. In ihren Entwürfen ist sie dem «Wahren, Göttlichen und Ewigen» nahe. Carlyle hebt ihr Schicksal der an den Vater gebundenen Tochter über die Trivialität der Scheidung ihrer Eltern hinaus in die Sphäre des Heldenhaften. Man kann also ein Held sein, auch wenn man nicht, wie einst Jeanne d'Arc, große geschichtliche Ereignisse mitformt. Das ist tröstlich und herausfordernd zugleich. Ja, «es bedarf eines Helden, eines mutigen und starken Herzens, um über das Triviale hinausgelangen zu können», notiert sie im Tagebuch.

Zum Bekanntenkreis der Mutter gehören vorwiegend Künstler und Intellektuelle. Mit ihnen kann Anaïs ganz anders über Literatur sprechen und das Leben aus einer höheren Perspektive betrachten, als das in der Schule möglich war. Von ihnen erhält sie Anregungen. Im Umgang mit ihnen ist keine Gefahr, auf einen Esel reduziert zu werden, den man voranzerren oder -schubsen müßte. Im Gegenteil, sie wundern sich, was so ein zartes, junges Mädchen alles schon weiß und wissen möchte. Wenn über Kunst und Literatur gesprochen wird, könnte Anaïs mithalten. Allerdings mischt sie sich nur selten in das Gespräch ein. Sie nimmt als stumme, schüchterne Zuhörerin teil. Anaïs ist nicht vorlaut. Ihre klugen und altklugen Gedanken sowie ihre Redseligkeit entfalten sich vorwiegend im stillen Zwiegespräch mit ihrem Tagebuch. Aber man merkt es ihr an, ihre weit geöffneten Augen verraten es, daß sie am Gespräch innerlich intensiv teilnimmt.

Anaïs träumt nicht nur von einer Karriere als Schriftstellerin, sie arbeitet auch daran: sie schreibt Geschichten. «Plötzlich kommen mir viele Ideen, völlig unerwartet; ich habe sie mit Freude aufgenommen, denn sie kommen nicht oft… Am Abend bin ich eingeschlafen und habe geträumt, ich hätte sie zu einem Verleger gebracht, vor dem ich sehr Angst hatte und der mir sagte, das sei nicht das Beste, wozu ich fähig sei.» Sie schreibt auch Gedichte, die sie an Zeitschriften sendet, und ist ganz aus dem Häuschen, wenn wirklich einmal eines abgedruckt wird. Aber die Brüder lachen sie neuerdings aus, wenn sie ihnen ihre Geschichten vorliest, und die Mutter, meint Anaïs, höre gar nicht richtig hin, so daß sie deren Begeisterung für «höchst zweifelhaft» hält.

«Ich habe nie Unterricht genommen, um Geschichten schreiben zu lernen, ich war nicht viel in der Schule; ja, ich bin manchmal recht entmutigt; es gibt Dinge, die mich an meiner Karriere zweifeln lassen, aber dann gibt es auch wieder diese unerklärliche Sache, mit der ich geboren wurde: man lernt nicht zu schreiben, es entsteht, und nach und nach wird die Erfahrung, die ich sammle, mir alles beibringen, was mir fehlt.» Sie schwankt zwischen geringem Selbstvertrauen und Größenphantasien. Beim Lesen kommt es ihr oft so vor, als wäre alles Wesentliche bereits von anderen geschrieben worden. «Ja. Aber... ich kann nicht aufhören zu schreiben.»

Wie es denn mit dem Heiraten wäre, fragt sie sich dann. Aber wenn sie wieder an ihre «Schriftsteller-Karriere» denkt, kommt ihr das Heiraten nicht wie etwas Ideales vor, sondern eher wie eine Niederlage. «Es wäre so schön, so wunderbar, wenn ich mich für mein eigenes Glück nicht auf einen Mann verlassen müßte! Mama hat von dem männlichen Geschlecht eine so schlechte Meinung, und selbst bei meinen Brüdern lohnt sich eine Studie des ungeheuerlichsten Egoismus...» Doch bald schwankt sie wieder und schreibt, lange bevor sie etwas von der Psychologie eines C. G. Jung weiß: «Oh, ich habe eine neue Idee über meinen Schatten. Er könnte ein großer Schriftsteller sein, und ich würde ihm ein bißchen helfen bei den phantastischen, poetischen, erfundenen Kapiteln; ja, ich werde ihm helfen, wenn er über die Illusion schreibt.» – «Aber», geht es dann weiter, «vielleicht wäre es besser, wenn ich das Buch selbst schreibe, und er korrigiert es.»

Körperlich ist Anaïs nicht sehr belastbar. Sie ist häufig krank und muß für ein paar Tage das Bett hüten. Sie leidet an Appetit- und Schlaflosigkeit. Die Mutter ist besorgt und schickt Anaïs im September 1919 zum Arzt. Der untersucht sie mit dem Verdacht auf eine Lungen- oder Lebererkrankung. Ergebnis: Anaïs ist gesund, sie macht sich nur zu viele Sorgen, daß sie nicht kräftig genug ist. Anaïs beginnt körperlich darunter zu leiden, daß sie keinen Weg findet, ihren Phantasien von einer Schriftstellerkarriere gerecht zu werden. Das macht sie nervös und unruhig, so sehr, daß sie die Nahrung nicht richtig verwertet. Anaïs sucht gegenzusteuern, so gut sie kann. Das nennt sie Erziehung ihrer Willenskraft und Selbstdisziplin.

Merkwürdigen Ausdruck gewinnt das zuweilen. Auf ihren Streifzügen durch die New Yorker Buchhandlungen oder wenn sie in Kaufhäusern wie Macy's auf Bücher-Sonderangebote stößt, möchte sie am liebsten jedes Buch haben. Aber Bücherkaufen ist mit Gewissensbissen verbunden. Anaïs schätzt sich selbst als egoistische Bibliomanin ein. Dahinter steckt eine Moral, die sie im Grunde nicht teilt: Geld darf man nur für etwas Nützliches ausgeben; Bücher gehören nicht in diese Kategorie. Aber da stehen so viele preisgünstige Bücher: «Irving, Thackeray, Hawthorne, Dickens, Shakespeares Stücke; Abhandlungen über den Spiritismus, die zur Zeit sehr beliebt sind, und Gedichtbände» führen sie in Versuchung. Aus reiner Neugier möchte sie ein Buch von Prosper Merimée erwerben, dann findet sie etwas von Bulwer Lytton. Endlich erregt Ralph Waldo Emerson ihr Interesse und ein dickes Wörterbuch. Dann steht sie vor Scott, Eliot, Ruskin, Addison und Austen. Die modernen Erzählungen reizen sie nicht. Schließlich sieht sie ein Kochbuch – ungefähr das letzte, was sie reizen könnte. Nur eines von den vielen Büchern kann sie kaufen, nur eines – und sie diszipliniert sich und erwirbt das Kochbuch, da es nützlich ist. Sie tröstet sich mit der Phantasie, all die anderen Bücher würden später einmal in ihrer eigenen Bibliothek stehen, einem Raum, der bis zur Decke mit gefüllten Bücherregalen versehen ist – und das Kochbuch wird sie dann ihrer eigenen Tochter geben...

Ein kurioser Vorgang, wenn man daran denkt, wie viele Eltern vergeblich versuchen, ihre Kinder zum Lesen zu ermuntern. Anaïs' Neigungen laufen nach zwei kontrastierenden Richtungen auseinander. Sie sieht sich selbst als eine kleine, mütterliche Person, die in den Alltagssorgen der Familie aufgehen sollte; doch zugleich ist sie eine ambitionierte junge Frau, die alles verschlingen will, was mit Kultur, Philosophie, Literatur verbunden ist. Dazwischen verharrt Anaïs wie in einer Lähmung. Sie findet nicht den gesellschaftlich-kulturellen Rahmen, der entweder eine Integration oder eine Schwerpunktsetzung erlaubte.

Sie selbst versucht, dieses Doppelte zu begreifen, indem sie die

Haltungen um Vater und Mutter zentriert. Sie liebt beide, formt aus beiden ein Ideal. Den Vater bewundert sie als schreibenden, künstlerisch tätigen Menschen – aber er ist ein Egoist, der seine Familie im Stich gelassen hat, eben ein typischer Mann. Die Mutter bewundert sie, weil sie sich der Familie opfert und sich mit den damit verbundenen alltäglichen Schwierigkeiten auseinandersetzt. Es gefällt ihr auch die Art, wie sich die Mutter als Frau in der Gesellschaft bewegt.

Würde sich Anaïs auf eine Seite schlagen, verfehlte sie notwendig die andere. So erstaunt es nicht, daß sie immer wieder unter einem Mangel an Selbstvertrauen leidet. Ihr Leben lang wird sie an der Erfindung und Gestaltung eines sogenannten Selbst laborieren, das beides umschließt.

Experimentieren mit Rollen sei zeitgemäß für den jungen Menschen der Adoleszenz, schreibt die neuere Psychologie in aller Schlichtheit und behauptet, daß daraus ein «Selbst» oder eine «Identität» hervorgeht, wenn der Entwicklungsgang gesund verläuft. Man kann in diesem Zusammenhang auch an das Konzept von der Ambivalenz allen Verhaltens und Erlebens denken. Anaïs' Not zeigt allerdings in aller Deutlichkeit, daß damit kein innerer Vorgang charakterisiert wird. Es ist die Gebrochenheit der Kultur, die sich in Anaïs' Geschichte spiegelt, ein Mangel an Rahmung und Kontinuität. Das mag mancher für beklagenswert halten. Die Geschichte der Anaïs Nin zeigt jedenfalls, welche neuen Probleme aufkommen, wenn das Erwachsenenbild einer Kultur fragwürdig wird, und welche neuen Chancen zugleich damit eröffnet werden.

Jahrhundertelang waren Kultur und Gesellschaft bemüht, die phantastischen Entwürfe vom Leben dadurch realisierbar zu machen, daß sie ein umgrenztes Bild vom Menschen als verbindlich setzten. Dadurch wurde festgelegt, was geht und was nicht geht, was «man» tut und was «man» besser läßt. Jede umgrenzte Kultur gestaltet nur eine der möglichen Welten aus. Sie sichert ihr jeweiliges Bild gegen die Übergriffe des Ausgeschlossenen, indem sie auf vielen Ebenen Grenzen setzt und Tabus errichtet. Religion, Recht, Moral mit ihrer Erfindung des jeweils als «falsch», «böse» oder «krank» Ausgegrenzten formen das Verhalten und Erleben des einzelnen – für manchen so nachhaltig, daß er naiverweise meint, es gebe überhaupt nur diese eine «richtige» Lebensform.

Die westliche Kultur hat ihr Bild vom Menschen lange Zeit gesichert, indem sie einem männlichen Hauptbild kompensatorisch ein weibliches Nebenbild an die Seite stellte.

Mit der Lockerung der Grenzen zwischen verschiedenen Kulturen und mit dem Scheitern des maßgeblichen Bildes der westlichen Kultur (Rationalität, Aktivität, Vernunft, Planung, Technologie) entwickelte sich das demokratische Ideal der Gleichberechtigung einer Vielzahl von Lebensbildern. Die Kunstrichtung Dada, eine Begleiterscheinung des Ersten Weltkriegs, erhob Nichtkausalität und Zufall zum Gesetz, die eine tiefere Wahrheit offenbaren sollten als die der gescheiterten Vernunft. In seinen Kunstspektakeln kultiviert Dada den Zweifel als Methode. Zweifeln bedeutet, die Vorstellung zu überwinden, daß Gegensätze einander ausschließen. Dada übt seine neue Kunst als unendliche Bewegung zwischen Gegensätzen aus und führt den im alten Bild Verhafteten vor, daß alles gleichberechtigt und zur gleichen Zeit im Spiel ist. Der Dadaist gerät über die wechselnde Bedeutung von Werten in derselben Sekunde nicht in Verzweiflung; er würde sonst bewegungslos, und diese dynamische Statik ist für ihn das «Lebenselement» (Raoul Hausmann). Was «man» tut als Mann oder Frau, steht nicht mehr fest.

Der amerikanische Philosoph Ralph Waldo Emerson, dessen Essays Friedrich Nietzsche so gern las, wird für Anaïs Nin ein wichtiger Lehrmeister. Seine Art des Nachdenkens wird zur Grundlage ihrer Lebensphilosophie. Seine Gedanken, lange vor dem Dadaismus entstanden, helfen, mit den Ambivalenzen und Unsicherheiten umzugehen. Emerson und ganz ähnlich auch Robert Louis Stevenson schätzt Anaïs, weil sie ihrem eigenen Denken Freiheit gewähren. Sie vermitteln ihr das Gefühl, daß allein aus der eigenen Lebensbewegung eine verläßliche Sicherheit hervorgehen kann. Auf dem Hintergrund der deutschen Philosophie der Romantik entwickelt Emerson seine Aussagen über die Stellung des Menschen im Universum. Er beschreibt die Untrennbarkeit von Universum und geschichtlicher Existenz des einzelnen. Der Mensch wird geformt von Kräften, die gleichsam quer durch alles hindurchwirken. Im Göttlichen, in der Natur und in der Seele wirken dieselben Prinzipien. Auf dem Grund dieser verläßlichen Totalität kann der einzelne seine Geschichte in eigener Regie in die Hand nehmen – als wäre er, Kind der ganzen Schöpfung, ein bedeutender Mittelpunkt. Den Menschen charakterisiert Emerson als goldene Unmöglichkeit, und sich selbst nennt er einen endlosen Sucher ohne Vergangenheit hinter sich. Der Mensch muß alles selbst und neu aus eigener Perspektive erfinden. Kein System, keine verbreitete Maxime bedeuten eine Eingrenzung für das individuelle Bild vom Leben. Die Seele ist Ursprung aller Werte und Wahrheiten. Alles kommt darauf an, ein «repräsentativer» Mensch zu werden, ein Mensch, der alles Menschliche vollkommen in sich verkörpert.

Was Emerson zum Problem des Selbstvertrauens sagt, interessiert Anaïs ganz besonders. «Deinen eigenen Gedanken Glauben zu schenken», schreibt Emerson, «zu glauben, daß das, was für dein persönliches Herz wahr ist, für alle Menschen wahr ist, das ist Genius.» Nichts lieber als das, denkt Anaïs. Das entspricht ganz dem Wunsch der Siebzehnjährigen. «In jedem Werk des Genius erkennen wir unsere eigenen zurückgestoßenen Gedanken wieder: sie kommen zurück zu uns mit einer gewissen entfremdeten Majestät.» Ja, das kennt Anaïs auch. Emerson bestätigt sie zudem in ihrem Grundgefühl, daß nichts bleibt, wie es einmal war, wenn er vom Wandel der Formen schreibt. Die Schriftstellerin Anaïs Nin wird später ihre Vorliebe für Worte bekunden, die mit «trans-» beginnen. Emerson schreibt: «Wer ein Mensch sein will, der muß Nonkonformist sein»; oder: «kein Gesetz kann mir heilig sein, außer demjenigen meiner eigenen Natur»; «was ich tun muß, ist alles, was mich angeht, und nicht das, was die Leute denken».

Solche Sätze sind ermutigend. Anaïs braucht sie, um ihr Begehren, sich aus der herkömmlichen Rolle der Frau hinauszubewegen, rechtfertigen zu können. Anaïs spürt, daß sie davon noch weit entfernt ist. Immer noch versucht sie, sich selbst zu finden, indem sie Vater oder Mutter als Vorbild wählt. Die Mutter versteht es so gut, sich in Gesellschaft zu bewegen, charmant, intelligent, von den anderen umringt. Unwillig nimmt Anaïs zur Kenntnis, daß sie das nicht kann. Sie sei eben wie der Vater, sagt sie sich dann. Sie zieht sich gern zurück, um in Einsamkeit zu leben und zu schreiben.

Miguel Jorrín, ein kubanischer Verwandter, der Anaïs sehr gern mag, ist erstaunt über Anaïs' gegensätzliche Interessen. «Er kann nicht verstehen, wie ich als Dichterin *fühlen* kann und wie als Philosoph reden, wie ich das Tanzen und Lachen lieben kann und dennoch Bücher und Ernsthaftigkeit schätze, wie ich mein Zuhause liebe, mich um den Haushalt kümmere und doch exzentrische Aktionen liebe und seltsam handele.» Schlagfertig ist sie auch: «Du bist ein Kubaner», sagt sie, «und doch bist Du kein Ignorant.»

Mit Emersons Philosophie sucht Anaïs sich selbst zu erziehen. Er lehrt sie «gesundes Denken, ruhiges Betrachten und Selbst-Kontrolle». Sie bemüht sich um Befreiung aus der «Sklaverei der Gefühle, unkontrollierter Gefühle». Das liegt ganz auf der Linie der Mutter, die Anaïs sagt, sie müsse einfach leben und zuversichtlich sein, nicht so neugierig und alles in Zweifel ziehend. «Ich geriet in die unendliche Uferlosigkeit unablässiger Selbstinquisition, die ich jetzt für einen grundlegenden Akt von Egoismus halte», schreibt sie im Mai 1921. Grübelei und Weltabwendung sollen nun endlich ein Ende haben. Emerson sagt ihr auch, sie solle sich nicht in Extremen verlieren. «Es gibt einen Zustand der Mitte; auf Selbst-Kontrolle gegründet ermöglicht er ein bewußt und sensibel gestaltetes Leben.» Die achtzehnjährige Anaïs sitzt manchmal auf dem Sofa und versinkt in Gedanken. Ihre Ideen sollen sich eine eigene Fassung geben. Aus einem konfusen Ansturm hebt sich allmählich etwas Klares und Vernünftiges heraus. Dann nimmt sie das Buch auf, liest einen weiteren Essay von Emerson und stellt in einer Mischung aus Stolz und Enttäuschung fest, daß wiederum alles bereits gedacht und gesagt wurde.

Aber Emerson leitet sie dennoch an, ihre Ideen auszuformulieren. Die offene Form der Essays, ihre Einfachheit, ihr assoziativer Gang, der Einfall um Einfall aufeinanderfolgen läßt, ermutigen Anaïs, ihre eigenen Anschauungen zu entdecken, sprachlich zu gestalten und zu vertiefen. Emerson rekonstruiert nicht irgendeinen abstrakten Begriff des Selbstvertrauens, sondern behandelt das Phänomen so, daß Anaïs beim Lesen spürt, wie sich ihr Selbstvertrauen entwickelt. Da spreche einfach etwas von Herz zu Herz, meint Anaïs.

Im Juni 1921 erwirbt die Mutter ein Haus in Richmond Hill. Damit ändert sich allerlei; das gesellschaftliche Leben mit Intellektuellen und Musikern kann sich dort ganz anders entfalten. Joaquin ist mit seinen dreizehn Jahren als Pianist ein kleines Wunderkind.

Häufig gibt er Hauskonzerte. Eine Zeitlang lebt ein junger spanischer Violinspieler, Enric Madriguera, bei ihnen. Er verliebt sich in Anaïs. Er liest viel und ist für Anaïs ein guter Gesprächspartner. Etwas unbegreiflich findet sie seine Zuneigung. Schüchtern kokettiert Anaïs nicht so sehr mit dem jungen Mann, sondern mit der Frage, ob es wirklich möglich sei, daß er an ihr Gefallen findet. Seine Komplimente lassen sie erröten und bringen sie in Verlegenheit. Daß sie auch für ihn schwärmt, vertraut sie nicht ihm an, sondern dem Tagebuch.

Anaïs trägt zwar den Haarschnitt der Zeit, einen Bubikopf, von der Ausgelassenheit der zwanziger Jahre gerät allerdings nichts in ihre Lebenswelt. Liebe ist etwas Hohes, Ideales, und Verliebtsein bedeutet sehnsüchtiges Schwärmen. Ein Verse schreibender Freund, Marcus Anderson, der beim Abschied einmal um einen Kuß bittet, ist für Anaïs ein unverschämter, verdorbener Mensch. Mit seiner Bitte zerstört er Anaïs' Träumerei und fällt vom Sockel, auf den sie ihn gestellt hatte. Idealisieren und Intellektualisieren sind die Methoden, mit denen Anaïs ihre Träume und ihre Sehnsucht nach Nähe kontrolliert. Man kann sie geradezu prüde nennen. Junge Männer, die ihr gut gefallen, müssen gebildet und belesen sein. Am besten ist es, wenn sie sich selbst künstlerisch betätigen. Sie müssen einen Traum vom Leben haben, für den sie kämpfen.

Vetter Eduardo, der Sohn ihrer Tante, deren Vorname ebenfalls Anaïs ist (eine Schwester der Mutter), nimmt unter allen anderen eine besondere Stellung ein. Eduardos Vater ist sehr reich, aber Eduardo ist der einzige in seiner Familie, der nach Anaïs' Einschätzung seelischen Reichtum entwickelt hat. Anaïs entdeckt in dem feminin wirkenden jungen Mann ihren Märchenprinzen. Was seine Augen zum Ausdruck bringen, liebt Anaïs: Träume, Sanftmütigkeit, Höflichkeit, Entschiedenheit, Ambitionen, jungenhafte Sehnsucht; kurz: Eduardo ist ein gebildeter Gentleman. Anaïs sieht ihn manchmal in den Ferien. Ihre Liebe entfaltet sich in Briefen. In der Form konnte sich auch Anaïs' Liebe zum Vater äußern. Photos, die sie vom Vater hat, zeigen ihn als jungen Mann mit langem Haar, was ihn ebenfalls feminin wirken läßt. Eduardo schreibt zärtliche Briefe, in denen er Anaïs idealisiert. Als Vetter bleibt er zugleich in einer gewissen Distanz. Phantasierend macht Anaïs eine Zwillingsgestalt aus ihm. «Wir haben den gleichen Geschmack, und der Einfluß, den wir aufeinander haben, ist wirklich komisch, da jeder von uns im anderen das Gegenstück seiner eigenen Verrücktheit und phantastischen Neigung findet.» Das Frauenbild der Mutter läßt Anaïs' Selbstentwurf als Künstlerin nur geringen Spielraum. So ist es das Bild des Vaters als junger Mann, das sie als Vorbild wählt und das sie in ihrem männlichen Zwilling liebt.

Aber Eduardo ist wankelmütig, so sieht ihn die Mutter, und er scheint noch für andere junge Mädchen zu schwärmen. Das macht Anaïs traurig. Denn wenn Eduardo zu Besuch kommt, hat Anaïs das Gefühl, mit niemandem so sprechen zu können wie mit ihm. Von Emerson ist dann die Rede und von der Notwendigkeit, sich aus dem gewöhnlichen Leben herauszulösen. Sie bestätigen einander immer wieder ihre Andersartigkeit. Daß Eduardo später seinen homophilen Neigungen nachgehen wird, wissen beide zu diesem Zeitpunkt noch nicht.

Sie schreiben, und sie lieben den Gedanken, mit ihrem Schreiben später einmal Geld verdienen zu können. Anaïs' Mutter macht sich darüber lustig. Anaïs bewundert Eduardo, der sie auch in seinem Tagebuch lesen läßt. Sie meint, daß er die Menschen versteht, während sie selbst häufig so distanziert und blind an ihnen vorbeigeht. Niemals würde sie ihrem Bruder Thorvald Einblick in ihr Tagebuch geben. Eduardo ist ganz anders, sensibel und mit derselben Liebe zum Schönen begabt wie sie. Etwas befremdlich findet es Anaïs, als Eduardo sie einmal unvermittelt fragt, ob sie etwa eine Suffragette werden wolle. «Gott bewahre!» ruft Anaïs aus. «Allein die Idee finde ich furchtbar.» Eduardo atmet erleichtert auf, als Anaïs hinzufügt, sie teile die altmodische Auffassung, daß eine Frau in das Haus gehöre. Sie lachen über Eduardos Bemerkung, eine emanzipierte Frau würde er nicht lieben können.

Bei allen Freiheitsgelüsten und der Begeisterung für alternative Ideen vom Leben bleibt das Frauenbild der Mutter offenbar unangetastet. Die jungen Männer sind unsicher. Wie ist Anaïs denn einzuschätzen? Sie sieht hübsch, zart und zerbrechlich aus. Aber man kann sich mit ihr so gut über Kunst, Philosophie und über das Schreiben unterhalten wie mit dem besten Freund. Doch sie kümmert sich auch mit Interesse um den Haushalt. Also, was ist sie, ein ästhetisches Objekt, ein Hausmädchen, eine angehende Schriftstellerin? Sie werden nicht klug aus ihr. Eduardo lehnt Anaïs' Phantasie ab, eine Geschäftsfrau zu werden, wenn sich herausstellen sollte, daß ihr schriftstellerisches Talent nicht ausreicht. Aber vielleicht, meint Anaïs, wird sie ihre «selbstsüchtige Karriere» auch ohne Talent fortsetzen.

Wie weit ihr schriftstellerisches Talent reicht und ob sie es nicht gezielt verbessern könnte, möchte Anaïs nun wirklich wissen. Sie will sich an der Columbia University für einige Kurse anmelden. Anaïs besucht die Sprechstunde von Frau Dr. Glass. Eine gescheite, mütterliche Frau betrachtet Anaïs aufmerksam, während sie ihr Interesse am Studium vorträgt. «‹Warum, mein Liebes›, sagte sie schließlich. ‹Du bist doch beinahe noch ein Kind. Wenn du meine Tochter wärst, würde ich dich nicht ins College schicken, in deinem Alter.› ‹Aber ich bin siebzehn›, machte Mademoiselle Linotte geltend. ‹Ja, das weiß ich. Aber du bist doch noch ein halbes Kind und kannst in einer solchen Gruppe von erwachsenen und erfahrenen Studenten nicht auf dich aufpassen, in einer so freien und großen Schule, wo so viele ein und aus gehen.›» Anaïs ist erschrocken und empört. Warum wird sie nicht nach Pascal und Sokrates gefragt? An Anaïs' Antworten hätte Dr. Glass leicht feststellen können, was wirklich in ihr steckt. Anaïs scheint wie ein verzogenes Mutterkind zu wirken. Dr. Glass empfiehlt eine teure Privatschule, etwas für höhere Töchter. Anaïs ist entrüstet. Inquisitorisch betrachtet sie zu Hause ihr Spiegelbild.

«Da stand ich nun, eine siebzehnjährige kleine Lady und doch ein *Kind*. Ich starrte mich an. Ja, gewiß, meine Augen sind merkwürdig und groß, und was in aller Welt läßt sie aussehen wie zwei riesige Fragezeichen? Kein bißchen Rouge – wie dumm von mir...» Sie hätte sich eben ein bißchen damenhaft zurechtmachen sollen. «Ich starrte immer noch auf mein Spiegelbild und fragte mich, ob ich je klug und sophisticated aussehen würde. Ein halbes Kind. Oh, oh. Und noch dazu ein aristokratisches Kind, wenn ich doch in eine extravagante Privatschule gehören soll und nicht in eine einfache öffentliche Institution.»

Doch am 9. Februar 1921 teilt sie Eduardo voller Stolz mit: «Columbia hat mich angenommen! Montag haben sich mir die hohen

Türen des College geöffnet.» Sie will den Dozenten zeigen, daß das zu junge, allzu zarte kleine Mädchen gigantische Ambitionen hat und daß die Leute, die über ihren Akzent lächeln, sie respektieren müssen, wenn sie ihre Texte kennenlernen. «Jeder ist überrascht, daß ich so leicht die lange genossene Freiheit aufgebe – Freiheit und schönes Leben, sagen sie –, um zu studieren. Enric ist völlig perplex. Allein mein Tagebuch weiß, daß Studieren meine Lieblingsbeschäftigung ist.»

In der Universität fühlt sich Anaïs wie eine Blume, die aus dem Topf in einen großen Garten, ins Freie verpflanzt worden ist. Sie meint, bereits in den ersten Stunden neue Wurzeln geschlagen zu haben, und fragt sich, welche Blüten und Blätter auf diesem Grund entstehen, die andernfalls nie gewachsen wären. Sie belegt Kurse in englischem Aufsatz, in Grammatik, in Übersetzung aus dem Französischen und in Konversation; Religion und Psychologie interessieren sie auch, aber die Kurse müssen bezahlt werden, und es steht nicht genug Geld zur Verfügung. Die jungen Studenten öffnen ihr die Türen, begleiten sie zur Bibliothek, tragen ihre Bücher. Wie leicht man an der Universität Menschen kennenlernt, wundert sich Anaïs.

Ihrer früheren Klassenkameradin Frances Schiff schreibt Anaïs im März 1921, wie angenehm die Freiheit der Studenten sei. Die Pflicht, ihre Schreibübungen anders als bisher zu einem Ergebnis führen zu müssen, erlebt sie zunächst als hilfreich. Zweimal in der Woche müssen die Studenten bestimmte Themen vorbereiten, etwas Erzählendes, Charakterskizzen, beschreibende Essays. «Wir studieren die Nuancen der Andeutungen im Schreiben – kurz, die Dinge, die ich vergeblich allein zu lernen versuchte.» – «Aber», setzt sie fort, «ich habe die heiligen Gesetze gebrochen: 1. Wahnsinn ist Poesie, 2. Der Dichter ist ein Wahnsinniger.» Nicht das Handwerk, sondern die künstlerische Lebenshaltung des Schriftstellers sind entscheidend, lautete früher die Devise, als Anaïs mit Frances Schiff und anderen Freundinnen einen kleinen Club von Dichterinnen unterhielt. Ihr Bild des Dichters orientiert sich am Ideal des romantischen Genies. Dessen Qualität kann man nicht durch Studieren erlangen. Mit Zeichensetzung und Grammatik führt sie einen ständigen Kampf; sie sei, was das Schreiben angeht, eine Gesetzlose.

Schon bald jedoch erlebt Anaïs die Universität als Pflicht und als Hetzerei. Auf die Zeit nach der Schule zurückschauend, ist sie «dankbar für die Jahre des Aufschubs – als mein Herz wachsen konnte wie eine wilde Blume, ungebunden, frei. Ich hätte die Schule all diese Jahre hindurch nicht ertragen können; allein der Gedanke daran erstickt mich.» Es fällt ihr auch jetzt wieder schwer, sich auf umgrenzte Aufgaben zu konzentrieren. Die weiten, alles versprechenden Tagträume gehen einfach nicht durch dieses Nadelöhr.

Mitte Mai notiert sie, sie habe vier Sachen gründlich studiert: «Aufsatz, Grammatik, Französisch und junge Männer». Daß sie Grammatik und junge Männer mit Ende der Kurse, Ende Mai 1921, wieder fallenlassen kann, scheint sie zu freuen. Keiner der Kommilitonen reicht an Eduardo heran, denn Eduardo existiert vornehmlich in ihren Tagträumen.

Anaïs' Erfahrungen an der Universität ähneln der frühen Einschüchterung des kleinen Mädchens, das mit den ersten Versuchen des Klavierspiels nicht sogleich etwas Großartiges produzierte. Anaïs ist verunsichert in ihrem Können. Niemand sagt, daß sie ein Wunderkind ist. «Ich kniete mich vor meine Manuskript-Schublade und warf den Inhalt auf den Boden... Geschichten und Skizzen...» Weniges hebt sie auf als Erinnerung an die Kinderzeit, das meiste zerreißt sie. «In diesen Tagen habe ich viele Gedanken in meinem Kopf herumgewälzt und bin zu dem Schluß gekommen, daß in meinem Fall das Schreiben nicht vernünftig ist. Es wäre Egoismus, auf einer solchen Illusion zu beharren. Hätte ich ein außergewöhnliches Talent, so wäre das etwas anderes. Aber so wie es ist, habe ich nur die Leichtigkeit in der Formulierung und die Liebe zum Schreiben, die mir vererbt wurden. Großvater war ein Gelehrter, ... Papa ist ein Kritiker und meisterlicher Musikkenner und ist daran gewöhnt, den Federhalter zu gebrauchen, wenn er nicht gerade am Klavier sitzt. Ich habe Tinte im Blut... Doch Columbia hat mich gelehrt – in einer Weise, die ich nicht erklären kann –, daß ich möglicherweise irgendwelche Gaben besitze, doch keinesfalls die, andere Menschen zu amüsieren und zu unterhalten. Niemand hat es mir gesagt, doch ich weiß, daß mein Stil langweilig, gespreizt und weitschweifig ist. Ich weiß, daß ich zum Moralisieren neige, was in Verbindung mit meinem Alter die Geduld älterer Menschen sehr auf die Probe stellt. Darum verschloß ich für eine Weile meinen Ehrgeiz in dieser Schublade...»

Anaïs schreckt davor zurück, das Schreiben wie ein Handwerk zu erlernen, wie etwa ein Musiker das Komponieren durch die bewußte Auseinandersetzung mit Formen und Konstruktionen erlernt. Die Qualität des Tagträumens darf nicht verlorengehen. Sie kann und will auf die intensivierende Wirkung, die das Schreiben auf ihr Gefühlsleben hat, nicht verzichten. Wenn sie sich mit dem Tagebuch in ihr Zimmer zurückzieht und die Ereignisse des Tages noch einmal aufleben läßt, kommt das einer Steigerung gleich. Schlafwandelnd scheint sie sich durch die Realität des Tages zu bewegen. Erst in Rückblick und vorauslaufender Phantasie kommt sie zu sich. Im beschreibenden Umspielen scheint sie sich selbst zu spüren, und schreibend verleiht sie dem Erspürten Ausdruck. Indem sie in diese Spiralbewegung eintritt, entstehen ihre Texte. Später wird sie das «transformieren» oder auch «überhöhen» nennen.

In mancher Hinsicht erinnern Anaïs' frühe Tagebücher an die Selbstbeschreibung und -analyse des Karl Philipp Moritz in seinem psychologischen Roman «Anton Reiser». In dieser Autobiographie zeigt Moritz, wie der kleine Anton, da man ihm keine angemessene Rolle im Leben zuerkennt, zum Beobachter seiner selbst wird. Anaïs wie Anton entwickeln sich zum Zuschauer ihres eigenen Schicksals. Beide versuchen, das beobachtete Leben literarisch zu überformen. Beschreibend suchen sie ihre Geschichte im Fluß zu halten. Sie träumen von ihrer eigenen Großartigkeit, die durch das Schreiben erreicht werden soll. Sie sehnen sich nach Geborgenheit in einem Ganzen. Auch die Selbstinquisition auf religiösem Hintergrund, den Wunsch, besonders gut zu sein, haben sie miteinander gemein.

Die Ästhetik des ausgehenden achtzehnten Jahrhunderts hätte ihr Schreiben unter das Verdikt des bloßen Selbstausdrucks gestellt. Von «falschem Kunsttrieb» war die Rede, wenn jemand, der seinen Wirkungskreis im Alltag nicht findet, sein Interesse auf das eigene Seelenleben zurückwendet und auch im übrigen den Posten eines Beobachters einnimmt. Auf diesem Hintergrund entwickeln Anton wie Anaïs ein besonderes Verhältnis für seelische Zusammenhänge. Die klassische Psychoanalyse würde Anaïs' Schreiben als Ausdruck von Narzißmus sehen, als Versuch, die Gefahr des Überfremdet-werdens durch Teilaktivitäten abzuwehren. Schüchtern scheut sie davor zurück, sich an das Tagesgeschehen zu verlieren. Sie greift gerade so viel Erfahrungsmaterial auf, wie sie braucht, um einen Kokon von Problemen und Ansichten darum herumspinnen zu können. Über das Leben des Schriftstellers denkt sie oft nach. Er darf dem Leben in der prosaischen Realität nur die Hälfte seiner Zeit widmen. Die andere Hälfte braucht er, um die gesammelten Erfahrungen, Ideen und Gefühle zu beschreiben, zu vergegenwärti-gen und zu klären. Das hat etwas Luxuriöses, dessen ist sich Anaïs bewußt. Vor der Bodenlosigkeit einer solchen Lebensform schreckt sie manchmal zurück. Dann besinnt sie sich auf die Aufgaben des alltäglichen Lebens, an erster Stelle auf die Notwendigkeit, den Le-bensunterhalt zu verdienen.

Mit einer Freundin der Mutter, Rosetta Norman, spricht Anaïs über andere Möglichkeiten des Geldverdienens, denn als Schrift-stellerin scheint es aussichtslos zu sein. Anaïs erinnert sich an das Angebot eines Malers, den sie in der Aufsatzklasse kennengelernt hatte. «‹Wenn Sie mir eines Tages die Ehre machen würden, mein Atelier zu besuchen, würde ich Sie überzeugen, daß kein Antlitz dieser Welt so sehr dazu geschaffen ist, einen Maler zu inspirieren, wie das Ihre – wie Ihr Madonnengesicht…› Er streckte mir seine Hand so höflich und galant entgegen, daß ich irgendwie Mut fand, zu lächeln und die Geste zu erwidern. Anstatt meine Hand zu drük-ken, begann er, sie zu betrachten! ‹Die Hand einer Träumerin, einer Dichterin.›» Anaïs muß lachen – wenn er wüßte – und denkt an das Aufwischen, Abwaschen, Strümpfestopfen, das diese zarten Hände verrichten.

Jeden Tag sehnt sich Anaïs nach Abenteuer, Liebe, Freundschaft und Leben. Im März 1921 begegnet sie endlich einem «richtigen» Mann mit markanten Gesichtszügen, ernsthaftem Ausdruck, athle-tischem Körper, größer als ihre Brüder und deren Freunde. Er heißt Hugh Parker Guiler. Sie tanzen und reden und tanzen einen ganzen Abend lang, bis sie über dem Reden ganz und gar das Tanzen ver-gessen. Denn Hugh Guiler, der von seiner Familie Hugo genannt wird, gesteht ihr, daß er Gedichte schreibt. Anaïs verliebt sich in ihn und spinnt den jungen Mann, der nach seinem Studium von Literatur- und Wirtschaftswissenschaften als Bankkaufmann arbeitet, mehr und mehr in ihre Träume ein. Allerdings bleibt auch Eduardo noch lange Zeit im Spiel ihrer Phantasien und ihrer Zuneigung. Eduardo schenkt Rosen, er schreibt (ach, zu selten), er schenkt ihr ein Tagebuch. Rosenblätter und Briefe von Eduardo verwahrt Anaïs wie einen Schatz. Die Mutter sieht diese Verbindung nicht gern. Sie hält Eduardo für unreif und flatterhaft. Die Verbindung mit Hugh Guiler paßt besser in ihre Vorstellungen von Anaïs' Zukunft.

«…wird dieser Jemand, mein Schatten, mein geheimnisvoller Fremder, in mein Leben treten? Er wird nur ein klein wenig anders als Eduardo sein. Anders in seiner Liebe zu mir, anders in seinem Alter, mit mehr Stärke, mehr Treue und ohne Bewunderung für Schönheit (von der ich so wenig besitze). Es muß jemand sein, zu dem ich sagen kann: ‹Ich besitze nichts. Willst du mich trotzdem?› Mein armer, unmöglicher Ehemann!»

In Hugh Guiler, der Emerson in der Tasche trägt, Stevenson liebt und Tagebuch schreibt, meint Anaïs, kommt alles, was sie an Eduardo liebte, in einem anderen zu ihr zurück; «…in einem älteren Menschen, und zwar vermischt mit noch mehr Ernsthaftigkeit und *Weisheit*». Er kommt ihr stark, vertrauenswürdig, männlich vor und scheint doch das Herz eines Dichters zu haben. Das ist einerseits vertrauenerweckend; Anaïs wird sich an ihn anlehnen können. Aber damit ist auch ein Problem verbunden. «Weißt du», teilt sie ihrem Tagebuch mit, «ich glaube, Hugo kontrolliert und bezwingt vieles, das impulsiv in ihm ist. Wenn ich nicht seine Augen gesehen hätte, ihre Tiefe, und die weichen, aber fest zusammengepreßten Lippen, und wenn ich nicht Seiten aus seinem Tagebuch gehört hätte, hätte ich ihn vielleicht für die genaue Verkörperung des achtbaren, vernünftigen, praktischen, phlegmatischen, kaltblütigen Mannes der heutigen Zeit gehalten – entsetzlich! Aber weil seine Gefühle ihn nicht überwältigen, weil sie nicht aus seiner ganzen Haltung sprechen oder in Strömen von Worten und Taten überfließen, weil er sie nicht zur Schau stellt, spüre ich, daß sie seltener und edler sind als eine versteckte Perle in einer Muschel.»

Sie sprechen über Literatur und über ihre Lebensanschauungen, und Hugo beeindruckt sie offenbar auch intellektuell. Er sieht etwas Angelsächsisches in Anaïs, beispielsweise wenn sie Tugend und Klugheit einer Frau höher einschätzt als ihre Schönheit. Das hat sie der Literatur entnommen, meint Hugo, nicht ihrem eigenen Naturell. So wird Anaïs erneut darauf aufmerksam, daß in ihr zwei gegensätzliche Bilder gleichzeitig wirksam sind. Einmal spürt sie die intensive Neigung zu herzensbrecherischen Aktionen nach dem Muster des Don Juan. Vor dem Spiegel steht sie in roten Slippern, verwandelt durch ein farbenprächtiges Phantasiekostüm, und kokettiert mit ihrem Spiegelbild. Ihre Schultern hat sie entblößt, das Haar ist drapiert mit Kamm und Blumen; sie trägt Ohrringe, Armbänder und Halsketten. Majestätisch schreitet sie auf und ab oder verfällt in wilde Tanzerei. Dann glaubt sie, frivol zu sein. Doch plötzlich verschwindet der ganze Spuk, und sie fühlt sich wie Cinderella, die mit den schönen Kleidern ihre gehobene Stimmung ablegt. Unglaubliche Verwandlung. Anaïs versinkt in ernste, philosophische Gedanken – und freut sich darüber ebenso.

Anaïs ist selbst verblüfft über die verschiedenen Seiten, die in ihr stecken. Liebe für menschliche Schwächen steht neben der ungeheuren Anstrengung, etwas Besonderes zu vollbringen, und daneben wiederum existiert die praktische Französin mit Haushaltsführung, Nähen und extravaganter Kleidung. Sie verachtet weibliche Schönheit und bemüht sich doch, außerordentlich schön auszusehen.

Manchmal fragt sie sich, ob eine Ehe sie domestizieren wird, was sie halb wünscht und halb befürchtet.

Seit der Begegnung mit Hugh Guiler wird Anaïs häuslicher. Sie kümmert sich mehr um Thorvalds Socken und um Joaquins zerrissene Hosen als um Pascal und Shelley. Auf das Demütige und Einfache dieser Haltung ist sie wiederum stolz. Eine Art vernünftiger Resignation sieht sie selbst darin. Sie sei eben eine Frau und wolle von nun an auch immer nur eine Frau sein. All das andere, Bücher, Philosophie, Wissen machten einen Menschen aus ihr, mit dem man zwar gut reden, aber keineswegs zusammenleben könne. Anaïs spaltet ihre Zukunft auf in zwei einander ausschließende Entwürfe: die gelehrte, kluge Schriftstellerin steht einer besorgten, liebevollen Ehefrau gegenüber. Das hat mit dem Frauenbild der spanischen Kultur zu tun; die intellektuelle Richtung muß sie zudem als Egoismus des Vaters abwerten und das Nur-Frauliche als Altruismus der Mutter moralisch höherstellen. Man könnte sich eine produktive Ergänzung vorstellen, aber Anaïs' Seelenleben scheint eher zum Schauplatz eines kräftezehrenden Krieges zwischen beiden Richtungen zu werden.

Mit dem Beginn der Liebe zu Hugh Guiler ist Anaïs bemüht, ihre Selbstentfaltung als Schriftstellerin zur Nebensache zu machen. Das kleine, liebevoll zugewandte, um Aufmerksamkeit bittende Mädchen, das vor dem Blick des Vaters posiert hat, das ästhetische Objekt gerät wieder in den Vordergrund. Gleichzeitig bemüht sie sich, eine Möglichkeit des Geldverdienens zu finden.

Im Februar 1922 besucht Anaïs in Begleitung Rosetta Normans einen Women's Art Club, wo man ihr ein weißes Satinkleid voller Spitzen und Rüschen gibt, um ihre Qualität als Künstlermodell einzuschätzen. Anaïs tänzelt wie eine kleine Prinzessin nach dem Muster der Watteauschen Frauengestalten vor dem Blick vieler Maler und Malerinnen auf und ab. Ein Tagtraum wird Realität. Anaïs meint, dafür geboren zu sein, im Glanz von Scheinwerfern und in einer Atmosphäre sanften Parfums Huldigungen, Handküsse und Höflichkeiten entgegenzunehmen. Ob es die Maler wohl merken, daß sie sich nicht nur ein Kostüm übergehängt hat, sondern daß ihr eigener seelischer Zustand ganz und gar zum Kostüm paßt?

Jedenfalls genießt sie es sehr, daß die Maler sie mit Komplimenten überschütten und Termine vereinbaren. Anaïs ist stolz, endlich zu den Erwachsenen zu gehören, die Geld verdienen, die Termine einhalten müssen, die arbeiten. Zwar kann sie beim Posieren ihren Träumen nachhängen – aber stärker ist das Gefühl, sich mit dem Eilen von Atelier zu Atelier auf die Realität einzulassen. «Realität» ist für Anaïs das Wort, in dem sich alles verdichtet, das mit Disziplin zu tun hat. «Keine Träumereien mehr, kein Verschwenden der Zeit. Ich trage meinen Kopf hoch, sehe den Menschen direkt ins Gesicht, ignoriere meine Gefühle, weigere mich, durch das, was ich sehe und höre, verletzt zu werden. Die Welt ist, wie sie ist. Lange bin ich davon verschont geblieben und konnte sie nach meinem Gutdünken modeln. Und jetzt habe ich mich in den Kampf gestürzt. Ich setze mich mit den Tatsachen auseinander, modifiziere meine rosaroten Ideen von dieser Welt und bin bereit, sie hinzunehmen, wie sie ist.»

Sie besucht Ateliers von wohlhabenden Malern und auch Ateliers im Village, am Washington Square. «Der größere Teil New Yorks ist so seelenlos wie ein Warenhaus; Greenwich Village hingegen hat Erinnerungen wie Ohren, die angefüllt sind mit verstummter Musik, und Hoffnungen wie blicklose Augen, die bestrebt sind, einen Blick auf die himmlische Vision zu erhaschen», schreibt Djuna Barnes. Anaïs bewegt sich allerdings ängstlich durch die Stadt, sie besucht nicht die Cafés, sitzt nicht – wie zwanzig Jahre später – selbst als Künstlerin mit anderen Künstlern zusammen. Wenn die Maler freundlich mit Anaïs umgehen, verlangt sie kein Geld, sondern ist mit einem Kaffee zufrieden; andere treten ihr zu nahe, sie erhalten eine Ohrfeige. Anaïs begegnet ihrem eigenen Gesicht auf dem Cover von Zeitschriften, sie besucht Ausstellungen mit Bildern, für die sie Modell gestanden hat. Sehr genau schauen die Maler Gesicht und Körper an, gehen um sie herum, bis sie meinen, die richtige Pose, den richtigen Ausdruck gefunden zu haben. Sie wird mit Blicken gestreichelt. Als sie einmal in einer Jungenschule posiert, fühlt sie sich als Göttin verehrt. Oft muß sie Aktionen mimen – eine vom Pferd gestürzte Frau zum Beispiel. Das Theatralische gefällt ihr. Sie genießt das Zusammensein mit Künstlern, wenn sie in einer gepflegten Atmosphäre berühmten Menschen und interessanten Gesprächspartnern begegnet. Dann ist es ihr peinlich, Geld anzunehmen. In Wirklichkeit sehnt sie sich danach, als Gleiche mit ihnen umgehen zu können. Für Werbeanzeigen und Covers posiert sie nicht gern. Mit den wahren Künstlern dagegen arbeitet sie produktiv zusammen, macht Vorschläge, sucht selbst neue Kostümierungen aus – und ist bald ein gefragtes Modell. Sie steht Modell für Illustrationen, liegt auf persischen Tüchern, hat eine Opiumpfeife in Händen, hält einen Vogel auf dem Finger, wie auf persischen Drucken, betrachtet die Sterne, liest in dicken Büchern.

Es bedrückt sie nur, daß ihr Körper so schnell ermüdet und daß sie keine Zeit mehr hat, die Fülle der Erfahrungen und Beobachtungen im Tagebuch noch einmal Revue passieren zu lassen. Sie meint «Stoff» für mehrere Bücher zu erleben. In aller Kürze notiert sie: «Ich liebe meine Arbeit. Ich liebe die Künstler und ihr Leben.

Ich liebe das Atelierleben mit seinem Pathos und Humor. Ich liebe das Lächerliche und das Bewundernswerte. Wenn man das Große und Kleine, das Edle und Niedrige, das Erhabene und den Schein zusammenzählt, hat man das Leben. Wenn man ein wenig mehr von der Schönheit, von Genialität und Talent und vom Charme des Überraschenden hinzufügt, zeigt sich das Künstler-Leben. Alle Züge des gewöhnlichen Lebens gehören dazu, doch in doppelter Intensität und doppeltem Ausmaß. Und es ist seelenvoll. Ich will sagen, wenn man sich unter ihnen bewegt, fühlt man die Anwesenheit des geistigen Elans.» Wenn sie verzagt ist, besinnt sie sich auf Emerson und spricht sich selbst gut zu: Selbstvertrauen ist das Wesen des Heroismus; oder: Eine große Seele muß vor Ungereimtheiten nicht zurückschrecken. Ihr zweiter Romanversuch wird dieser Zeit gewidmet sein und den Arbeitstitel «Posing Novel» erhalten.

Die Mutter hätte Anaïs am liebsten aus ihren Händen in die Obhut eines Ehemannes gegeben. Sie sieht es nicht gern, daß Anaïs als Modell arbeitet und von Atelier zu Atelier eilt. Anaïs befürchtet, daß Hugos Familie ihre Arbeit abschätzig beurteilen könnte. Immerhin geht einem Modell kein guter Ruf voraus, zudem scheinen die Guilers, durch den englischen Puritanismus geprägt, ein altväterliches Bild von einer möglichen Schwiegertochter zu haben. Und Anaïs ist im katholischen Glauben erzogen, auch das ist für sie ein Problem.

Am 8. Juni 1922 kommt Anaïs von einem Ausflug mit Hugo nach Woodstock im Staat New York zurück, verwirrt und blaß, und gibt auf die Frage der Mutter zur Antwort: «Es ist passiert,... wir haben uns geküßt... wir lieben uns.» Sie haben sich verlobt. Das heißt, Hugo ist noch nicht soweit, er liebt sie zwar, bittet aber um Geduld, sie soll auf ihn warten. Er fühlt sich müde und ausgebrannt. Das wird im September 1922 der offizielle Grund, sich für drei Monate von Anaïs zu trennen und eine Europa-Reise anzutreten. Hugo ist einem Nervenzusammenbruch nahe, er braucht Ruhe. Beide haben nun Zeit zu überdenken, ob sie sich wirklich binden wollen. Beide sind nicht ganz sicher. Anaïs überspielt das meistens, sie gefällt sich in der Rolle der Alles-Verstehenden. Aber sie zweifelt, ob sie Hugos Nervosität, seine Zurückgezogenheit, seinen Egoismus akzeptieren kann. Ihm fällt es oft schwer, aus sich herauszugehen, er ist wie eingekapselt und manchmal von Anaïs nicht zu erreichen. Das erträgt sie nicht gut.

In solchen Situationen ist sie genauso enttäuscht wie in der Kinderzeit, wenn es nicht gelang, den Vater zu überzeugen, daß seine Zuwendung zu ihr wichtiger war als alles andere.

In der Welt der Künstler hat sie die Erfahrung gemacht, daß man sie nicht nur wegen ihres Aussehens, sondern auch wegen ihrer eigenen Einfälle schätzt. Frauen wie Männer arbeiten gern mit ihr zusammen. Sehr allmählich stellt sich ein Hauch von Selbstvertrauen ein und ein Vorgefühl, daß sie möglicherweise nicht angewiesen ist auf die seelische Unterstützung ihrer Familie. Anaïs fährt mit einigen Künstlern nach Woodstock und genießt es, ohne Aufsicht einmal selbst Regie in ihrem Leben zu führen. Auf die Angebote von Aventüren läßt sie sich nicht ein. Die gierigen Blicke der Maler machen ihr ein wenig angst.

Sie bittet die Mutter, für ein paar Tage zu kommen. Sie sprechen über das Schicksal der Mutter, die nach der Enttäuschung in der Ehe, für die sie alles aufgegeben hatte, nur für ihre Kinder gelebt hat. Diese Kinder werden nun groß und unabhängig. Doch die Mutter hat ein Bild von der Zukunft, daß sie weiterhin alle unter einem Dach leben werden. Den Gedanken findet Anaïs unerträglich. Natürlich will sie ihre Mutter nicht im Stich lassen, aber sollte sie Hugo heiraten, will sie allein mit ihm leben. «Ich kann meinen Lebensentwurf ihrem Plan nicht einfügen; bei der bloßen Vorstellung rebellierte ich mit jeder Faser. Eine unermeßliche Sehnsucht, brennend und absolut, meinem Willen entzogen... scheint mich zu bestimmen: der Wunsch, mein eigenes Leben selbst zu gestalten... Ein göttliches Gesetz zwingt die Frau, im Augenblick ihrer Eheschließung alles hinter sich zu lassen.»

Für Anaïs ist die Vorstellung von der Ehe gerade wegen des Versprechens attraktiv, daß sie ihr Leben dann selbst in die Hand nehmen kann. Sie will beweisen, daß sie ihr Leben durchaus ohne Hilfe der Mutter, die liebevoll um Anaïs besorgt ist, gestalten kann. Denn es ist eine erstickende Liebe, die die Mutter ihr entgegenbringt. Braucht die Mutter die Hiflosigkeit, das Zarte, Träumerische ihrer Tochter, weil sie sich diese Seiten selbst versagt? Ist ihr Leben nur komplett, wenn Anaïs als Ergänzung um sie ist? Anaïs fühlt sich zwischen kindlicher Pflicht und eigener Entwicklung hin und her gerissen. Sie braucht die Mutter nicht. Denn Hugo wird deren Fürsorge für sie übernehmen.

Anaïs möchte ihre Neugier auf ein eigenes Leben nicht länger bremsen. Ihr Zögern und Überlegen, das Hin und Her ihrer Gefühle während Hugos Europa-Aufenthalt mag darüber hinaus auch mit der heimlichen Frage verbunden sein, ob es nicht einen dritten Weg für sie gibt. Sie könnte auch wagen, selbständig als Künstlerin zu leben. Davor schreckt sie allerdings mit neunzehn Jahren zurück. Sie traut ihrem schriftstellerischen Talent nicht.

Die Geschäfte der Mutter mit den kubanischen Kunden, für die sie teure Kleidung einkauft, laufen schlecht. Nach dem plötzlichen Fall des Zuckerpreises zahlen manche Kunden überhaupt nicht mehr, so daß die Auslagen der Mutter nicht gedeckt sind.

Aus Liebe zur Mutter und zu den Geschwistern übernimmt Anaïs einen weiteren Job. In schwarzen Satinslips sitzt sie in einem engen dunklen Hinterzimmer, liest Romain Rolland und folgt mit halbem Ohr dem Gespräch der anderen jungen Frauen. Wenn der Aufruf erfolgt: «Schnell, ziehen Sie Nummer 409, 410, 411, 412 an», springen vier von ihnen auf, werfen geschwind eines der Kleider über und präsentieren es vor den Blicken der Käufer, die Anaïs als gierig und ungeniert erlebt. Anaïs meint, das seien andere Blicke als die der Künstler. Sie fühlt sich erniedrigt und beleidigt. Tritt man ihr zu nahe, wehrt sie sich und schlägt um sich. Das wirkliche Leben meint sie nun kennenzulernen. Die anderen Modelle scheinen in diesem Leben zu Hause zu sein. Sie nehmen Verabredungen an, erhalten Geschenke für eine Nacht und sind zufrieden.

Abends besucht Anaïs weiterhin die Künstler und steht Modell. An Tagebuchschreiben und Lesen in Muße ist gar nicht zu denken – aber, so tröstet sie sich, anders als Vetter Eduardo, der sich um nichts kümmern muß, macht sie doch eine große Erfahrung mit dem wirklichen Leben, und nur daraus kann schließlich einmal Kunst hervorgehen. Eine Mischung aus Stolz über ihr Tun und wütender Abwehr der prosaischen Wirklichkeit bestimmt ihre Gefühle. Was sie wahrnimmt, ist ganz überschattet von der Häßlichkeit ihres «Sklavenlebens»: mißtönende Geräusche, das Hupen und Pfeifen des Straßenverkehrs, Gerüche, Staub, Arbeiter, die in der

Mittagspause an den Ecken herumstehen. Es gelingt ihr plötzlich nicht mehr, daraus – wie bisher – den schönen Tagtraum einer kleinen Prinzessin zu machen. Und noch weniger ist es ihr möglich, einen modernen künstlerischen Standpunkt einzunehmen und in den Kräften der Straße eine kunstvolle Dynamik am Werk zu sehen. Anaïs wirkt eher wie eine schöne Seele der Romantik, die mit der Zeitmaschine übergangslos in ein fremdes Jahrhundert – mitten in die Roaring Twenties in New York – versetzt worden ist. Sie ist irritiert.

Innerlich kocht Anaïs vor Wut über ihre eigene Hilflosigkeit und Weltfremdheit. Als der Chef des Kaufhauses Anaïs' «Zimperlichkeit» bemerkt, erklärt er, daß er von einem Malermodell wohl erwarten könne, daß es sich den Kunden gefällig erweist. Andernfalls könne sie ihre Sachen packen. Anaïs packt.

Darauf erhält sie einen Job in der Schönheitsabteilung von Jaeckel's. Jetzt sieht sie sich die anderen Modelle etwas genauer an. Sie beobachtet deren Verhalten, als handelte es sich um eine fremde Tiersorte. Sie nennt sie «die Mädchen der ärmeren Klasse». Zu ihrer Überraschung stellt Anaïs fest, daß sie eigentlich sehr nette Seiten haben. Sie sind viel direkter und hilfsbereiter. Sie haben Herz. Sie reden nicht lange um die Dinge herum, sondern handeln, sie leben ein weniger kompliziertes Leben. Aber, stellt die Neunzehnjährige fest, für sie selbst schickt es sich nicht, in dieses primitive Stadium zurückzufallen.

Das einfache, nicht stilisierte Leben macht Anaïs angst. Sie spürt gerade eben, daß ihr Lesen und Schreiben, womit sie die kurzen Mittagspausen füllt, dazu dienen, das einfache Leben nicht an sich heranzulassen.

Die Mutter schickt Anaïs nach Havanna, zur reichen Schwester Antolina. Anaïs glaubt, daß die Mutter wünscht, sie möge einen reichen Kubaner heiraten. Seit langer Zeit leidet die Mutter unter der Last von Schulden.

Hugo hat sich am 13. September 1922 mit einer Kränkung verabschiedet. Ohne jeden Sinn für Anaïs' Traurigkeit über den Abschied gab er seiner Freude über seine Europa-Reise Ausdruck. Anaïs ist entschlossen, sich in Havanna von der körperlichen Strapaze der Arbeit zu erholen und dann wirklich «den reichen Kubaner» zu heiraten, so daß die Familie Nin in Zukunft nie wieder Geldsorgen haben wird. Ihre Liebe zur Mutter hält sie für so groß und wichtig, daß sie ihr dieses Opfer bringen will. Wochenlang schneidert und näht Anaïs, bis sie am 7. Oktober 1922 mit der Garderobe einer kleinen Lady nach Havanna abreisen kann.

4. Idylle: Das verheiratete Kind
in den Roaring Twenties

IN HAVANNA FINDET Anaïs eine Gesellschaft vor mit den alten
Rollenverteilungen zwischen Mann und Frau. Das luxuriös eingerichtete Haus der Tante Antolina und das durch tradierte Formen
stilisierte Leben erinnern Anaïs an ein Märchenland. Der «Palast»
inmitten weiter Felder, der immer blaue Himmel, die milde Luft,
die spanische Sprache, die spanisch gekleideten Menschen, die höflichen Aufmerksamkeiten der Kavaliere geben ihr das Gefühl, die
alte Welt wiedergefunden zu haben, die sie in der Beengtheit des
New Yorker Lebens schmerzlich vermißt hat. Stets unsicher, ob sie
hübsch aussieht, wird Anaïs, jung, zart, heiter, von den Männern
umschwärmt. Der Zauber des Südens hat sie gefangengenommen,
schreibt sie an Hugo. Sie braucht nur in die großen dunklen Augen
der Menschen zu schauen, schon fühlt sie sich ihnen nahe. Wenn sie
mit Vetter Carlos ausreitet und die Sonne farbenreich hinter Palmen
untergeht, meint sie, in den arabischen Nächten zu leben.

Und doch verläßt ein Grundton der Traurigkeit sie auch hier
nicht. Sie braucht Martyrium und Opfer, teilt sie Eduardo in einem
Brief mit, das gewöhnliche Glück bedeutet ihr nicht viel. Anaïs ist
auf etwas aus, das anders, größer ist als menschliches Glück. Sie
braucht das Leiden, so ahnt sie mehr und mehr.

Beunruhigt durch Anaïs' Berichte über ihr Leben in Havanna,
gibt Hugo ihr zu verstehen, daß er in seiner Liebe sicherer wird. Wie
Anaïs will er sein Leben dem Schreiben widmen, sie sollte also den
Gedanken an eine gemeinsame Zukunft nicht aufgeben. Darauf verleiht Anaïs ihrem Leben eine melodramatische Note. Die «joy of
grief», den insgeheimen Genuß am Leiden, stellt sie höher als den
Gedanken an eine Realisierung ihrer Liebe. Es ist, ach, zu spät. Sie

hat entschieden, ihr eigenes Glück dem Glück der Familie zu opfern. Sie kann nicht Hugos Frau werden. Bewußt oder unbewußt, es ist ein geschickter Schachzug dem wankelmütigen Europa-Reisenden gegenüber. Hugo ist alarmiert.

Elegant und ihren Kummer hinter einer Maske der Fröhlichkeit verbergend, tritt Anaïs in Gesellschaft auf. In ihrem Tagebuch allein spricht sie es deutlich aus, daß sie dann nur eine Rolle spielt. «Was für ein merkwürdiges Leben! Welch merkwürdiger Seelenzustand! Und was wird daraus werden? Werde ich mich in diesen Labyrinthen der Personen (die ich spiele) verlieren?» Leidenschaft, Sinnlichkeit, körperliche Schönheit faszinieren sie genauso wie die «Tiefen des Intellekts». «Ja, tausend Leben,... Vergnügen – leichtfertig, künstlerisch, geistig; Schmerzen, Entdeckungen, Schlußfolgerungen... Die Jugend verlangt auch ihr Recht; sie würzt Experimente und Beobachtungen mit der Aufregung des Aktuellen.» Und spielt nicht die traurige Anaïs vielleicht auch nur eine Rolle? Gibt es vielleicht nur Rollen?

Anaïs gerät in eine beunruhigende Verfassung, in der sie die Richtigkeit jeder Entscheidung anzuzweifeln beginnt. Als sie schließlich doch der Ehe mit Hugo zuneigt, fühlt sie sich schlecht. Denn nun hat sie die Liebe zur Mutter verraten. Auch scheint ihr, daß sich ihre Liebe zu Hugo in dem Augenblick zu verlieren beginnt, als sie das Leben mit ihm wählt. Unvermittelt steht sie verzweifelt da. So sehr darauf versessen, Glück zu verbreiten, befürchtet sie, die ihr wichtigen Menschen doch nur unglücklich machen zu können. Durch ihr Grübeln, Denken und Tagebuchschreiben wird alles noch schlimmer. «Analyse und Kritik, gegen sich selbst gerichtet, bedeuten Selbstzerstörung.» Jeder natürliche Impuls droht verlorenzugehen. Anaïs wird von einer regelrechten Zweifelsucht gequält. Sie spürt, daß sie selbst der dienstbare Geist ist, der jeden Tag die Flasche öffnet, um die Dämonen herauszulassen.

Besorgt ist sie wegen ihres großen Interesses an den Männern. «Mein Herz scheint sich jedem zuzuwenden, den mein Geist für wert erachtet; ich kann auf tausend verschiedene Weisen lieben, loyal und aufrichtig; ich kann diese Wärme und Weite des Gefühls nicht unterdrücken, die so schnell Sympathie und Interesse an mir erwecken. Aber wenn das für andere ein Anlaß zur Traurigkeit ist, muß es falsch sein, und diese natürlichen und unschuldigen Gefühle müssen auf andere Weise Ausdruck suchen.» Ein gewisser Ramiro Collazo verliebt sich ernstlich in sie und möchte sie heiraten. Anaïs wird selbst überrascht von den Wirkungen ihres verführerischen Könnens, das sie offenbar nicht bewußt ins Spiel bringt. Ihre Entscheidung für die Ehe erscheint auf diesem Hintergrund wie eine Flucht vor den tausend Möglichkeiten der Liebe, in denen sie sich verlieren könnte.

Wenn sie die Nachmittagsgesellschaften an den Sonntagen beschreibt, den Tanz im Freien, in der warmen Luft, die elegant gekleideten Menschen, das Rascheln von Seide, das Glitzern des Lichts im Wasser des Springbrunnens, die sich spiegelnden Lichter, die Musik, die roten Wangen der Tänzer, dann spürt man die Atmosphäre des Verführerischen und Erotisierenden. Für Anaïs ist das verwirrend. Sie muß erfahren, daß es eine Sache ist, von diesen Situationen im Tagebuch zu träumen, und eine andere, wenn sie mit Leib und Seele durchlebt werden. Dann haben sie Konsequenzen. Dagegen wehrt sie sich, indem sie die ganze Welt kurzerhand als oberflächlich abwertet. Von der Ehe erwartet sie, was dieses gesellschaftliche Glück ihr nicht bieten kann und soll: die ideale Form eines wesentlichen, tiefempfundenen Lebens.

Doch Angst und Unsicherheit beschleichen sie am Vorabend der Ankunft Hugos in Havanna, am 18. Februar 1923. «Kenne ich das Leben *jetzt*? Weiß ich, was Liebe ist, Liebe in der Ehe? ... Und während die Wissenden flüstern: ‹Die Liebe vergeht, die Ehe ist ein Fehlschlag, der Mensch ist selbstsüchtig›, so bin ich doch entschlossen, voller Erwartung, und meine Seele ist voller Bilder, die mich über mich selbst hinaustragen.»

Am 3. März 1923, kurz nach ihrem zwanzigsten Geburtstag, heiratet Anaïs Nin den jungen Banker Hugh Guiler in Havanna. Beide begegnen den Bedenken ihrer Familien gegenüber dieser Verbindung durch vollendete Tatsachen. Obwohl Anaïs' Mutter vor einundzwanzig Jahren genauso vorgegangen ist, reagiert sie betroffen. Sie befürchtet, mit ihrer Tochter ihren erwachsenen Partner und die in Entwicklung begriffene Seite ihres eigenen Lebens zu verlieren. Anaïs hat mit gegenläufigen Gefühlen zu kämpfen – mit Schuld, Wut, Mitleid, Angst, Verbitterung und Selbstvorwürfen. Sie wird zwischen Mutter und Mann hin und her gerissen. «Hunger nach Einigkeit, meine unentwegte Suche nach Harmonie…»

Es ist schwer zu ertragen, daß Einigkeit mit Hugo Spannung und Zerwürfnis mit der Mutter zur Folge hat. In den ersten Monaten leben Anaïs und Hugo in verschiedenen Appartements in New York und schließlich mehrere Monate im Haus der Mutter, in Anaïs' Mädchenzimmer. Eben noch glücklich mit ihrem Mann, betritt Anaïs das Zimmer der Mutter. Weinend liegt sie da und klammert sich an die Tochter. Bislang hat sie mit ihrer Tochter in demselben Zimmer geschlafen. Die Mutter scheint allen Lebensmut zu verlieren. Sie erträgt nicht, daß Anaïs sie verläßt. Anaïs leidet unter der Macht, die die Verzweiflung der Mutter über ihr eigenes Gefühlsleben hat. «Mutter sieht in unserer Trennung nur den Zusammenbruch all ihrer Träume, ihrer Hoffnungen, ihrer Wünsche, ihres ganzen Lebens.» Anaïs fühlt sich schuldig, als würde sie, wie einst der Vater, die Mutter im Stich lassen.

Wenig später stellt Anaïs fest, daß die Mutter in erster Linie ungehalten darüber ist, daß Anaïs sich ihren Bestimmungsversuchen widersetzt. Harmonie mit der Mutter ist offenbar nur möglich, wenn sich Anaïs ihrer Dominanz unterwirft. Das hat sie immer getan. Jedenfalls sieht sie sich als unterwürfige Tochter während all der Jahre. Seit sie verheiratet ist, hat sie den Wunsch, der Mutter auf einer Ebene der Gleichheit zu begegnen. Außerdem kann sie ihr materiell wie geistig mit Hugos Hilfe viel wirkungsvoller unter die Arme greifen. Doch die Mutter ist mit ihr nicht mehr zufrieden.

Anaïs leidet, trägt sich sogar mit Selbstmordgedanken. Sie sucht sich mit der Idee zu helfen, daß sie nur ihrem Mann verpflichtet ist, so wie sie früher der Mutter verpflichtet war. Es fällt ihr gar nicht ein, daß sie, wie die beiden, ebenfalls ein Mensch ist, der ein Recht auf die Realisierung der eigenen Interessen und Entwürfe hat. Unter dem Druck dieses Loyalitätskonflikts beginnt Anaïs ihre Ehe zu gestalten. Irgendwo findet sie eine Definition des Genies: «Übermaß an Lebenskraft, Gefühl und Einbildungskraft.»

Das gilt auch für jemanden wie sie, die «ohne Talent unter dem Zwang eines namenlosen Drucks» schreibt, meint Anaïs; jedenfalls ist ein Übermaß an Gefühl und Einbildungskraft nicht zu leugnen. Und wenn es überfließt, muß sie schreiben. Am 1. August 1923 beginnt sie mit einem Roman, der nacheinander die Titel «Metamorphose», «Posing Novel» und «Aline's Choice» («Verwandlung», «Roman vom Modellstehen», «Alines Wahl») erhält. Am 24. August hat er bereits den Umfang von 184 Seiten. Nun fühlt sich Anaïs schuldig, daß sie in der Zeit ihr Tagebuch vernachlässigt hat. Auch ihm ist sie untreu geworden – keine Eintragung von Mitte März bis Ende August. Seit geraumer Zeit betrachtet sie allerdings ihr Tagebuchschreiben mit Mißtrauen, bittet Hugo sogar, er möge sie davon befreien. Der hält es jedoch für eine gute Übung und Vorbereitung auf das nachfolgende Schreiben von Erzählungen und Romanen. Anaïs ist glücklich, daß sie darüber hinausgelangt und endlich einen richtigen Roman schreibt.

An den Anfang setzt sie eine Szene aus der Zeit ihres Modellstehens in den Ateliers der New Yorker Maler. «‹Ist es wirklich wahr, Aline, daß du nie zuvor Modell gestanden hast?› fragte Arturo Zanelli, indem er sich dem Mädchen auf dem Podest zuwandte.» Eine Grundsituation im Leben der Anaïs Nin. Aline wird von den Blicken eines Künstlers gestreichelt, wie die kleine Anaïs vom Blick des Vaters umspielt worden ist. «Seine schwarzen Augen taxierten sie, und er lächelte, wie er es getan hatte, als sie das erste Mal zu ihm gekommen war... ‹So große Augen habe ich ewig nicht gesehen und eine Haut, so weiß›...»

Es entwickelt sich ein Gespräch zwischen dem betrachtenden Maler und seinem Modell, in dem Aline erzählt, daß ihr Vater Schriftsteller ist und daß sie Modell stehen muß, um mit dem verdienten Geld ihren kleinen Bruder unterstützen zu können. Eine fiktionale Mischung aus phantasierter Erinnerung und der aktuellen, finanziell bedrohlichen Lebenssituation der Familie Nin. Die Mutter hat das Haus in Richmond Hill mit Krediten finanziert, und die Kreditgeber bedrängen sie nun so sehr, daß Joaquins Ausbildung zum Pianisten bedroht zu sein scheint.

Indem Anaïs diesen Roman schreibt, wendet sie sich noch einmal dem Leben zu, das sie vor ihrer Ehe geführt hat, als würde sie selbst fragen, welche Entwicklungsrichtungen auf der Strecke geblieben sind. Genußvoll schildert sie, wie sich die Künstler über Konventionen hinwegzusetzen wagen. Mit Aline hat sich Anaïs Nin selbst im Blick. Auch die Atmosphäre, die Art der Fragen und Probleme, die mit dem Komplex der vielen Möglichkeiten verbunden sind, sowie die Not von Entscheidung und Wahl erinnern an ihre eigene Geschichte.

Häufig sind die Maler Träger der Gedanken, die Anaïs durch den Sinn gehen. «Wissen Sie, es gibt Menschen, die träumen, und was sie in ihren Träumen sehen, macht sie unzufrieden mit dem, was sie in der wirklichen Welt finden.» Aline wird diese Arbeit nicht lange verrichten müssen, läßt Anaïs einen der Maler sagen. «Es gibt immer einen Mann, der so ein hübsches Gesicht heiraten möchte.» Ein merkwürdiges Bild habe er von den Männern, meint Aline.

Interessant ist auch die Gestalt von Alines Vater. Er möchte sie vor einer Welt beschützen, die seiner Ansicht nach voller Bitterkeit ist – eine Vatergestalt, wie Anaïs sie nie erfahren hat. «‹Du hast gewählt zwischen dem Greifbaren und dem Ungreifbaren›, sagt er. ‹Du bist nicht wie die anderen.›» Vater und Tochter im Roman sind sich einig, daß allein das Ungreifbare zählt.

Im Leben der Anaïs Nin rückte «das Ungreifbare» an die Stelle des nicht greifbaren Vaters.

Der Roman ist gegliedert in kleinere Einheiten, die jeweils mit einer Sentenz, einem Motto eröffnet werden, das die Lesefrüchte der Anaïs Nin zeigt. «Der Mensch kann in Träumen leben und doch unvorbereitet sein auf ihre Verwirklichung» (Stevenson). Im Verlauf des Textes bahnt sich eine mögliche Beziehung zwischen dem in der Liebe enttäuschten Maler «Sterling» – der Name verweist auf das Material, mit dem sich Hugo in der Bank beschäftigt! – und Aline an. Für ihn, der es ganz aufgegeben hat, Frauen zu malen, wird Aline zu einem großen Versprechen. Unausgesprochenes entfaltet seine Dynamik. Daneben findet sich in den Gesprächen eine Fülle von Aussagen über das Leben der Künstler. Anaïs zieht keine scharfe Trennungslinie zwischen Künstlern und anderen Menschen, sie teilen dieselben Schwächen, dieselbe Sehnsucht und dasselbe Ideal, allerdings folgen sie einer eigenen Besessenheit.

Aneinandergereihte Situationen des Modellstehens für verschiedene Maler gliedern den Verlauf des Textes. Alle Personen des Romans *wollen* etwas und sich selbst zum Ausdruck bringen, im Malen, Schreiben, Schauspielern, Komponieren, Modellieren, Dichten.

Die Schönheit Alines wird immer neu bewundert. Sie wird als Kindfrau gesehen, als Hexe, und es erhebt sich die Frage: Was ist das – eine Frau? Was schätzt man an einer Frau – ihre Schönheit? Auch ihre Klugheit?

Und was ist das für eine Frau, die Modell steht? Wollen alle Künstler mit ihr schlafen? Es eröffnen sich Möglichkeiten, sie werden jedoch nicht realisiert, sondern bleiben in der Schwebe des Werbens um Alines Liebe. Aline ist vom Schönen besessen. Sie versucht herauszufinden, was sie so empfänglich macht für alles Schöne. Aber mit einer Denkanstrengung läßt sich das nicht ermitteln. Aline weiß nur, daß sie irgend etwas antreibt, ein intensives, viel intensiveres Leben zu führen. Es folgt die fiktionale Verarbeitung von Anaïs Nins Aufenthalt in der Künstlerkolonie in Woodstock. Auch im Roman reißen sich die Maler um das Modell: Sterling – sonnenverbrannt, lebendig, übernimmt Aline für die erste Woche. Er kauft ihr Knabenkleidung. Alles bleibt schön, solange man nicht aus den Höhen der Kunst in die betrüblichen Niederungen des «Du und ich» herabsteigt – meint Aline –; mit der Liebe wird alles nur kompliziert.

Während Aline in der sinnlichen Verbundenheit mit der Natur aufgeht, wird sie unversehens vom Gefühl des Vergänglichen bedroht. Verlust, Veränderung, Vorübergehen. Sie kann nicht ertragen, daß in Welt und Leben alles vorübergeht – es soll so bleiben, ewig, in der Schwebe des liebevoll Betrachtetwerdens und des unschuldigen Zögerns. «Vergötterung des Alten! Liegt darin nicht der wesentliche Grund allen Schreibens?» fragt sie sich selbst – «ist nicht auch in uns ein Verlangen, unsere Vision vom vorübergehenden Augenblick mit uns zu nehmen und zu bewahren, um in leeren Stunden davon zehren zu können?»

Im Schreiben kann Aline diesem Gefühl Gestalt geben – sie meint, ihre Ausstrahlung der Ruhe sei darin begründet, daß sie ihre Sorgen, ihre Unruhe, ihre feurigen Rebellionen im Tagebuch zum Ausdruck bringt. Wenn sie es schließt, ist sie wieder stark und ruhig.

Sterlings Ansinnen, Aline nackt zu protraitieren, erschreckt und verwirrt Aline. Nur wenn die Frau ihre Schönheit ganz der Kunst widmen will, kann sie das tun, nicht, wenn sie eine Ehefrau werden will, ist ihr Gedanke.

Allenthalben droht die Gefahr, das bewundernde Betrachten

könnte in sexuelle Annäherung übergehen. Das würde Untreue gegenüber dem Unfaßbaren (Unberührbaren) bedeuten. Voller Stolz hatte Anaïs Nin ihrem Tagebuch anvertraut, daß Hugo der erste Mann in ihrem Leben war, der sie umarmen und küssen durfte, sie sei «rein, unbefleckt» zu ihm gekommen.

Aline verläßt Woodstock unvermittelt, flieht vor der Gefahr, ihre Arbeit als Modell könnte sich in eine Liebesbeziehung zu Sterling verwandeln. Aline gibt das Modellstehen für die Künstler auf und übernimmt, wie ihre Autorin Anaïs Nin für kurze Zeit, einen Job in der Modebranche.

Ganz der Lebensgeschichte der Anaïs Nin folgend, geht es weiter mit der Station «Havanna 1922». Aline hat ihren Auftritt auf der gesellschaftlichen Bühne Havannas: «Tausend neugierige Blicke» sind auf sie gerichtet. Alle jungen Männer, «gute Partien», bewundern ihre Schönheit. Aline redet sich selbst ein, ihr Kokettieren und Flirten diene nur dem einen Zweck, Tatsachen zu finden, aus denen sich eine Geschichte spinnen läßt. Mit dem Interesse einer Geschichtenerzählerin studiert sie die Neugier, die man ihr von allen Seiten entgegenbringt, achtet auf Anfänge, Entwicklungen und Höhepunkte. «Sie ging sogar so weit, die Rolle einer koketten Frau mit verwundbarem Herzen zu spielen, und dem konnte niemand widerstehen... Doch es verwirrte sie, wenn sich ihr plötzlich ein Gesicht ganz zuwandte, dessen Augen die ihren suchten und Worte, Stimme und Ausdruck ihr vermittelten: ich liebe dich!»

Wenn jemand näherzukommen beginnt, zieht sich Aline zurück. Flirt, verführerische Blicke, das Ausspinnen und Erzählen von Geschichten dienen, wie bei Scheherazade in «Tausendundeiner Nacht», der Sicherung ihres Überlebens. Jede Vereindeutigung würde den Verlust von Entwicklungsspielraum bedeuten.

Übergehend in die Geschichte der Anaïs Nin, kann man wohl sagen, daß sie Angst hat vor der Vernichtung der tausend Möglichkeiten. Etwas unfaßbar Fernes lockt, das sich tagträumend ideal ausgestalten läßt und die ganze Weite seiner Verwandlungsspielräume behält.

Nach der Havanna-Episode folgt ein kurzer Bericht über zwei Schwestern, die ausgezogen sind von zu Hause, um etwas Besonderes zu werden; mit der Kunst können sie ihren Lebensunterhalt nicht verdienen. Beschämt kehren sie zu den Eltern zurück. Anaïs kann sich zu diesem Zeitpunkt ihres Lebens nicht vorstellen, daß sie unabhängig von Familie oder Mann ihr Bild der Künstlerin realisieren könnte.

Sorgen, unerfüllte Wünsche, Schmerz und Unruhe beschreibt Anaïs Nin als Grundgefühl der Menschen. Dem stellt sie das Verlangen nach Freiheit gegenüber. Die unendliche Sehnsucht nach Liebe steht zwischen Schmerz und Freiheit.

Ein weiteres Montagestück des Romans bringt den Maler Sterling wieder in den Blick. Traurig folgt er den Straßen, durch die Aline mit ihm gewandert war. Mit dem Maler Sterling, der zweifelt, ob er Aline glücklich machen könnte, erfindet Anaïs eine Wunschgestalt: Hugh Guiler als Künstler. Der Freund Hudson versucht, David Sterling zu überzeugen, daß es besser ist, nicht abzuwarten, ob Aline sich in Havanna gegen oder für ihn entscheiden wird, er soll handeln, zu ihr fahren. Sterling reagiert nicht, sieht nur Probleme, kann sich nicht entscheiden, befürchtet, Aline würde ihn nur aus Mitleid heiraten, wenn er ihr seine Liebe offenbart.

Szenenwechsel: Havanna. Aline lebt in einem Rausch des Tanzes mit allen Möglichkeiten, die in Gestalt verliebter Männer um sie kreisen. Manchmal zieht sie sich jedoch zurück und besinnt sich auf ihr früheres Leben: «Vor langer Zeit, so schien ihr, war sie reich beschenkt mit allen ungreifbaren Gaben des Lebens, Liebe, Verständnis, Talent, Klugheit. Und jetzt – Flüchtigkeit und Oberflächlichkeit ihres aktuellen Lebens rufen eine Flut von sehnsuchtsvollen Erinnerungen wach –...» Sie wünscht, Sterling würde kommen... – und dreiundzwanzig Seiten vor dem Ende der Geschichte ist er plötzlich da, in Havanna, zur Karnevalszeit! Gerade rechtzeitig, denn Aline war kurz davor, einen reichen Kubaner zu heiraten.

Die Vision einer alten Frau, die ihr sagt, daß allein die Liebe wirklich zählt, bringt Aline zehn Seiten vor dem Schluß zu der Entscheidung, die auch Anaïs getroffen hat. Sie wählt Sterling als Ehemann. Die Malerfreunde kommentieren: «Eine Frau wie Aline ist ganz dafür geschaffen, einen Mann wie Sterling zu heiraten, der nicht viel hat.» Sie wird für ihren Mann Modell stehen, beide werden glauben, sie führten ein glückliches Leben, Kinder werden geboren – und dann? «Tiefe Liebe», kommen sie überein, «tiefe Liebe ist das einzige, was zählt. Wenn es dieser jungen Frau Aline, von der wir sprechen, gelingt, sich an einer tiefen Liebe zu erfreuen, dann wird sie glücklich sein.» Der folgende Satz bringt den Roman mit einer überraschenden Wendung zum Ende: «Das trifft die Sache. Während sie sprachen, hatte Aline in einem anderen Teil der Stadt anderes zu tun. Sie setzte sich an den Tisch und begann, ihr Buch zu schreiben.»

Ja, das trifft die Sache – einerseits strengt sich Anaïs Guiler sehr an, ihre Zufriedenheit und Erfüllung in der Gestaltung des ehelichen Glücks zu finden, und andererseits drängen die «tausend Möglichkeiten». Es wird immer dieses «Einerseits» und «Andererseits» in ihrem Leben geben. In den ersten Jahren der Ehe sucht sie die tausend Möglichkeiten im Schreiben, im Schutzraum des Tagebuches sowie im Entwurf von Romanen und kleinen Erzählungen unterzubringen. Was sich im realisierten Alltag nicht entfalten läßt, irgendein Überschuß, ein Mehr an Erinnerung und Zukunftsentwurf, etwas Geheimnisvolles, vielleicht Unmögliches – kurz, etwas, das sich schwer fassen läßt und nur als Unruhe spürbar ist, drängt auf Ausdruck im Schreiben. Würde es handlungsführend in der Gestaltung des Alltags, müßte Anaïs wahrscheinlich ausbrechen.

Das erlebt sie zu Beginn der Ehe als Gefahr, die gebannt werden muß. Immer noch verfolgen sie Erinnerungen, erwachsen mit einer unerklärbaren Macht. Sie verwandelt sie in Literatur, aber sie leben immer noch. Vor der Entscheidung für die Ehe mit Hugo in Havanna hat sie mit der Liebe von Ramiro Collazo gespielt. Aber man darf nur einen Mann lieben, sagt die Moral der Zeit.

«Eines Tages werde ich eine Erzählung darüber schreiben, wie es möglich ist, daß eine Frau zwei Männer lieben kann; wie sie den Kuß des einen erhält, während sie von den Lippen des anderen träumt; wie sie voller Liebe in ein Gesicht schaut, während sie ein anderes erinnert; wie sie in den Armen des einen einschlafen und von dem anderen träumen kann. Wie ein Brief die größte Liebe in ihr wachrufen kann und sie einen Moment später die Tür dem anderen öffnet und ihn voller Zärtlichkeit empfängt. – So etwas ist möglich», notiert Anaïs am 31. August 1923, ein halbes Jahr nach der Hochzeit.

Hugo, sein Freund Eugene und Vetter Eduardo sind Anaïs' Leser, Bewunderer und Kritiker. Hugo achtet auf die korrekte Handhabung der englischen Sprache. Alle drei melden Wünsche an: Anaïs soll die Menschen «in der wirklichen Welt auftreten» lassen. «Gib uns mehr konkret und anschaulich Beschriebenes, ... Gib uns einen greifbaren Zusammenhang.» Anaïs hat auch Bedenken, die in dieselbe Richtung gehen: «Trotz all meiner sehr genauen Beschreibungen habe ich mir doch selbst erlaubt, in höchst ästhetischer Manier über den Seiten zu schweben. Allem Anschein nach esse ich niemals, habe auch kein Bett, in dem ich schlafe. Niemand weiß, wo ich lebe oder ob ich so lebe wie ein menschliches Wesen. Seele, nur Seele scheint sich entwickelt zu haben und zu kämpfen.» Ist daran das exzessive Tagebuchschreiben schuld? Es bietet zwar die «beste Spiegelung ihres sich wandelnden Selbst», und in seinem fragmentarischen Charakter paßt es zu ihrem Tageslauf, der ununterbrochenes Schreiben nur selten zuläßt; es verführt aber auch dazu, Seelenregungen zum Nabel der Welt zu machen und die Wirklichkeit der Außenwelt zu vernachlässigen. Beim Lesen von Carlyle's «Sartor Resartus» ist ihr das Problem schon vor längerer Zeit deutlich geworden: die Ausdrucksformen, die «Kleider» des Seelischen, gehören dazu, und Schriftsteller, die allzu schnell abstrakt werden, verpassen grundlegende Qualitäten des menschlichen Lebens.

Aus zwei Perspektiven hat Anaïs Nin die ersten Ehejahre in ihren Tagebüchern dargestellt. Einmal aus der Perspektive des situativen Geschehens, zum anderen aus der Retroperspektive. Die Beschreibung aus dem Blickwinkel der jeweils aktuellen Situation zeigt ihren Hang, die Mutter sowie Hugo, Joaquin und Thorvald auf die Höhe ihres Ideals zu bringen. Was Hugo angeht, erfährt sie eine besondere Enttäuschung, da es ihr nicht wie im Roman gelingt, einen Künstler aus «Mr. Sterling» zu machen. Auf intensives Bitten beginnt er immerhin im Juni 1924 noch einmal mit einem Tagebuch. Aus dem Rückblick, viele Jahre später, berichtet Anaïs, daß es Hugos Probleme mit der Sexualität waren, die zu Enttäuschungen führten; auch er ist «rein» in die Ehe gegangen. In den ersten Ehejahren scheint er zudem ein Hypochonder mit schweren Verdauungsproblemen gewesen zu sein, der eine besondere Diät, besondere Rücksichtnahme auf seinen Körper brauchte.

Ende 1923 beziehen Anaïs und Hugo einen Bungalow, nicht weit entfernt vom Haus der Mutter. Dem Vetter Eduardo teilt Anaïs mit, daß sie nun das in den Romanen Gelesene als eigene Geschichte mit Kulissen, Hintergrund und Kostümen auf ihre Weise gestalten kann. Endlich können sie für sich leben. «Dort gibt es nun alles: einen Mann, ein Haus, einen Hund und einen Kamin – alles sehr konkret, anschaulich, substantiell, irdisch –, eine herzerfrischende Seite für diejenigen, die sich über meine unausgeglichenen Beschreibungen von Menschen und Dingen beklagen.»

Auch Anaïs hat Probleme körperlicher Art. Alle Kräfte setzt sie ein beim Renovieren und Einrichten des Hauses. Voller Zorn muß sie, wie schon in der Kinder- und Mädchenzeit, Grenzen ihrer körperlichen Belastbarkeit hinnehmen; ihr ist dann, als könne sie nichts festhalten. Umfassende Schwäche zwingt sie, für ein, zwei Tage das Bett zu hüten. Das Kranksein, das Liegenmüssen genießt sie allerdings auch, denn jetzt darf sie hemmungslos Tagebuch schreiben.

Hugo verläßt in aller Frühe das Haus und geht seiner Arbeit bei der First National Bank nach. Anaïs ist sich selbst überlassen und der Hausarbeit. «An der Hausfrauenarbeit ist überhaupt nichts Schönes, und ich kann die Unruhe und Unzufriedenheit verstehen, die so viele Frauen erleben, nachdem sie einmal an der unabhängigen Arbeit Geschmack gefunden haben, die sie von der Plackerei befreit hat. Sie waren glücklicher im Beruf oder in der Kunst als in der Küche.» Jede halbwegs intelligente Hausfrau, meint Anaïs, werde früher oder später begreifen, daß ihre Arbeit sinnloses Vergeuden von Energie ist. Denn jede Frau hat ein Recht auf eine interessante Tätigkeit. Anaïs wäre es lieber, sie würde Geld verdienen, so daß sie für die grobe Arbeit eine Hilfe einstellen könnte. Brav jedoch schneidet Anaïs aus Zeitschriften Rezepte aus, kocht, putzt Hugos Schuhe, träumt und macht sich Sorgen wegen der unklaren Zukunft.

Eine schöne Abwechslung ist es daher, als sie im Oktober 1923 Richard Maynard, einen der Künstler, für die sie Modell gestanden hat, noch einmal besucht. Auf keinen Fall will Anaïs, wie die Mutter, an erster Stelle Frau und erst an zweiter Stelle Künstlerin sein. Maynard hat ein Buch veröffentlicht, er malt und modelliert. Während Maynard eine kleine Skulptur von der sitzenden Anaïs modelliert, sprechen sie über Kunst. Anaïs bemerkt, daß Maynard sich streng an Konventionen hält und ein sehr diszipliniertes Konzept hat. Kunst scheint für ihn – anders als für sie – nicht Formung von Ungreifbarem zu sein. Wenn er Hugo und sie zu Hause besucht und die geschmackvolle Einrichtung und Dekoration bewundert, ist sie für einen Moment mit ihrem Hausfrauendasein versöhnt. Maynard ist es auch, der ihr etwas über Schreiben als professionelles Handwerk vermittelt, über verschiedene literarische Techniken. Er befürchtet, Anaïs vernachlässige die Disziplin bei der Herstellung ihrer Texte, sie arbeite nicht genügend daran, und es falle ihr – weil sie ganz auf Individualität setzt – offenbar schwer, in diesem Bereich wirklich zu lernen. Wenn das stimmen soll, meint Anaïs, dann hätte sie von ihm doch auch nichts lernen können, was nicht der Fall sei.

Im Juni 1924, bei einem Ferienaufenthalt mit Hugo in Woodstock, begegnet Anaïs zum ersten Mal Hugos Hochschullehrer John Erskine, Schriftsteller und Professor der Anglistik an der Columbia University, New York. Anaïs ist so stark beeindruckt, daß sie in seiner Gegenwart weder sprechen noch essen kann. Für ihn wird sie ihren Roman noch einmal überarbeiten, er will ihn begutachten.

Im Januar 1924 geht die Mutter, von Joaquin begleitet, für ein halbes Jahr nach Havanna, um ihrer Schwester bei der Einrichtung einer Tagesschule für die Kinder der Armen zu helfen. Anaïs bemüht sich, das Haus der Mutter in Ordnung zu halten und durch Vermietung einzelner Zimmer Geld herbeizuschaffen. Im Juni 1924 muß das Haus dann doch verkauft werden. Die Mutter ist untröstlich.

Sie schmieden Pläne, alle zusammen nach Paris zu gehen. Die Mutter, Joaquin und Thorvald reisen schon bald ab, am 13. August 1924. Die Mutter flieht vor den Gläubigern; sie nimmt wieder ihren Mädchennamen Culmell an. Joaquin wird das Konservatorium in Paris besuchen, um seine Karriere als Pianist fortzusetzen und die Kunst des Komponierens zu studieren. Hugo und Anaïs begegnen dem Plan mit gemischten Gefühlen. Nur ungern verlassen sie die Freunde Eugene, Richard Maynard, Hugos Bruder Johnnie und Anaïs' alte Schulfreundin Frances Schiff. Ihren Bungalow, der durch Anaïs' Gestaltung seinen eigenen Charakter erhalten hat, lassen sie ebenfalls nicht gern zurück. Wieder denkt Anaïs, man sollte sein Herz nicht an weltliche Dinge hängen. Außerdem möchte sie für dieses Land schreiben, in englischer Sprache – aber: «die Wahrheit ist, daß ich mir nicht eingestehe, wie rasend toll ich die Vorstellung finde, dorthin zu gehen – in das Paris von Balzac, Flaubert und Anatole France, in das Paris der Dichter Dumas und Victor Hugo.» Ob sie das amerikanische Leben liebt? Sie weiß es nicht, sieht nur, daß sie anders lebt als die Nachbarsfrauen, die entweder in Haushalt und Wäschewaschen aufgehen oder berufstätig sind.

Ende November 1924 verlassen Anaïs und Hugo ihren Bungalow und leben kurze Zeit mitten in New York, 102 West 75th Street. In Hugos Schutz entdeckt sie erneut das Leben der Großstadt. Die Vielfalt der Restaurants aus aller Welt, die Fifth Avenue mit ihren eleganten Geschäften, das Interesse der Menschen vor den Bildern einer Ausstellung in der National Academy, das Hinein- und Herausgehen der vielen Menschen an der Universität, bei den Konzerthallen, an den U-Bahnen. «...ein Buch, wäre es so wandlungsreich, würde uns wohl zufriedenstellen», notiert Anaïs im Tagebuch. «Aber die künstlerischen, intellektuellen und kulturorientierten Menschen wenden sich nach Europa, um zu finden, was es hier nicht gibt. Sie packen und segeln davon und geben vor, das geschehe aus beruflichen Gründen. Wir, die wir uns nach Europa gesehnt haben, sind die Ungeduldigen – die nicht auf die Kunst warten können, die gerade hier geboren wird. Die Pioniere bleiben, und welch großes Werk nehmen sie in Angriff! Aber wir, die in ein paar Jahren von Europas Schönheit und Kunst übersättigt sein werden, vielleicht gelangweilt von Europas Vollkommenheit, beim Anblick von Dingen, die so unendlich fein gebildet sind, so hoffnungslos zu Ende geführt, wir, glaube ich, werden zum halbmodellierten Ton, zur unvollendeten Arbeit zurückkehren.» Die Erinnerung an den perfektionsbesessenen Vater mag für diese Ansicht von Europa als Modell gedient haben.

Am 17. Dezember 1924 verlassen die Guilers an Bord der «La France» das gerade erst entdeckte New York. Hugos Schwestern Edith und Ethel, seine Mutter, Freund Eugene, Richard Maynard und andere stehen am Pier und winken; Maynard bleibt sehr lange. Anaïs sieht ihn, bis er nur noch ein winziger Punkt ist. Dasselbe

Gefühl der Verzweiflung überkommt sie wie vor zehn Jahren in Barcelona, als die Großmutter ebenso aus dem Blick verschwand.

Die Überfahrt. Viel lieber möchte Anaïs zurück nach New York, das ihr in all den Jahren vertraut geworden ist. Angst vor der Wiederbegegnung – mit der fremd gewordenen Sprache, mit dem Vater. Erlesene Tischnachbarn: Schauspieler, Maler, ein Comte Guicciardi. Anaïs hat sich angekleidet zum Abendessen, geht eine Treppe hinunter und weiß, daß sie von allen betrachtet wird. Die Blicke der Männer schmeicheln ihr. Das genießt sie. Die Damen finden sie «süß» oder zu «skinny». Das erinnert an Havanna, das Leben in feiner Gesellschaft. Gespräche um nichts findet sie schwierig. Sie möchte lieber etwas tun, etwas Sinnvolles tun – Tagebuch schreiben zum Beispiel oder Briefe an die zurückgelassenen Freunde. Maynard hat ihr Papier geschenkt – für ihr nächstes Buch. Sie weint.

Am 24. Dezember 1924 erreichen sie Paris. Wie klein alles ist! Das Hupen der Taxis erinnert an Karnevalstrompeten in Amerika. Die Mutter, Thorvald und Joaquin leben in einer der typischen Pariser Mansardenwohnungen. Es ist dunkel, kalt, ärmlich. Thorvald wird nach Havanna gehen. Die Mutter und Joaquin reisen bald in den Süden, Joaquin leidet an Tuberkulose.

Nach zehn Jahren der Trennung sieht sie den Vater wieder. «Ja, er war Paris – das geistreiche, hinterlistige, kultivierte Paris. Doch ich zeigte mich nicht von meiner nettesten Seite bei dieser Begegnung, denn ich konnte ihn schneller durchschauen als er mich. Und ich war im Vorteil, obwohl er doch so gut und wunderschön versteht, die Worte zu wählen und zu setzen. Aber ich als seine Tochter kann auch schauspielern, wenn es sein muß, und ich verstellte mich durch meine Ruhe, durch das Abwägen seiner sprachlichen Wendungen, durch meine Gelassenheit während ich in Wirklichkeit innerlich aufschrie vor Verwunderung, Zweifeln und Ängsten. Dieser Fremde, mein Vater, mit dem ich nun zu rechnen und umzugehen habe, hat mich über Nacht alt gemacht … Während ich früher so viel Zeit vergeudet habe, geweint habe wie ein Kind, weil ich das alles nicht begreifen konnte, kann ich es jetzt betrachten und mich damit auseinandersetzen.»

Es hilft ihr, daß sie mit Thorvald über den Vater sprechen kann. Sie haben das Gefühl, ihn durchschaut zu haben. Er ist von der Mutter geschieden und kurz davor, die reiche Erbin Maria Luisa Rodriguez, «Maruca», zu heiraten. Der Vater scheint sich in der Öffentlichkeit mit seinen Kindern zeigen zu wollen, damit jeder sehen kann, daß er an der Trennung keine Schuld trägt; als Künstler braucht er wohl diese Sicherheit, wenn sein Publikum ihn prüfend betrachtet, denken Thorvald und Anaïs.

Anaïs meint, beim Vater Eigenschaften wiederzufinden, die sie selbst mit viel Mühe zu unterdrücken gelernt hat. Deshalb bemerkt sie diese Züge wie sonst niemand. «Er posiert, wirkt gelangweilt, spielt den Gefühlvollen, er lügt, wenn es seiner Glorie dient, er gibt an mit seiner Güte und spielt mit falscher Bescheidenheit vor, daß seine Arbeit nichts Besonderes ist. Ich fühle mich nicht glücklich in seiner Nähe. Die Atmosphäre ist falsch, unmoralisch und auf subtile Weise erniedrigend. Er ist genau, was zu werden ich bekämpft habe. Ich glaube, daß Mutter recht hatte, als sie uns, gegen die Vernunft, bat, Vater nicht zu besuchen.» Joaquin ist der Bitte der Mutter gefolgt.

In den ersten Monaten leben Anaïs und Hugo in einer Pension. Kalt und feucht. Häßliche, billige Möbel. Hugo verläßt gegen acht Uhr das Zimmer, Anaïs schläft bis zehn Uhr. Erst wenn die Sonne scheint im winterlichen Paris, geht sie durch die Straßen, drückt sich die Nase platt an den Fenstern der Antiquitätengeschäfte, sieht voller Mitgefühl in den Buchhandlungen noch nicht aufgeschnittene Bücher, denen sich niemand bisher zugewandt hat. Sie ist eifersüchtig auf Hugos Kollegen, fürchtet, daß er sich ihr in der Welt der Geschäftsleute entfremdet. Hugo seinerseits ist eifersüchtig auf Anaïs' Freiheit – wohin geht sie, wem wird sie begegnen, wenn er nicht mit ihr zusammen ist? Sie versprechen einander, ihre freie Zeit niemals ohne den anderen zu verbringen. Sie beschwören ihre Liebe. Sie benehmen sich wie Zwillinge, die traurig und handlungsunfähig sind, wenn der andere nicht dabei ist. Beide sind voller Angst der neuen Alten Welt gegenüber. Anaïs setzt Hugo unter Druck, weigert sich, Einladungen anzunehmen zu Leuten, in deren Gesellschaft sie Hugo nicht gern sieht. Hugo will allein gehen, es ist wichtig für seinen Beruf... Krisen einer Ehe. Sie verstehen einander, sie weinen zusammen, und Anaïs stellt beunruhigt fest: «Ich suche Frieden in der Ehe, aber es gibt ihn nicht.»

Wenn die Mutter sie für ein paar Tage in der kleinen Wohnung besucht, fühlt sich Anaïs besser. Sie gehen zusammen auf den Markt, die Mutter kocht mit Anaïs, fertigt Handarbeiten an. Wenn die Mutter wieder fort ist, bleibt Anaïs nichts als die Hausarbeit und die Frage, worüber sie schreiben könnte. Sie fühlt sich allein gelassen. Hugo ist besorgt – woher kommt diese Veränderung – reicht denn ihre Liebe nicht mehr aus, um glücklich zu sein?

Wenn Hugo von der Arbeit kommt, abends gegen acht Uhr, spricht er über Probleme, die mit seinem Beruf verbunden sind. Anaïs erzählt dann, was sie gelesen hat, oder liest ihm vor, was sie geschrieben hat. Das Leben in Paris, die Sinnlichkeit dieses Lebens beobachten sie nur. Erschrocken wie Kinder fragen sie sich, ob Anatole France viele Affären gehabt hat, und ebenso verwundert und neugierig lesen sie d'Annunzios Beschreibung eines «gesetzlosen Lebens». Anaïs fühlt in all ihrer Zurückgezogenheit, daß sie anders leben möchte, intensiver, sie spürt «das Fieber des Lebens in sich». Sie möchte alles sehen, wissen und werden. Anaïs ist mit den Problemen konfrontiert, die jeder freischaffende Künstler zu lösen hat. Während Hugo seine Aktivität in dem für einen Angestellten einer Bank festgesteckten Rahmen organisieren kann, muß sie ihre Pläne selbst entwerfen, verantworten und realisieren. Hugo wäre schwach, hätte er diese Disziplin nicht, die sein Beruf ihm abverlangt. Anaïs muß diese Disziplin selbst finden. Tausend Wege sind offen, einen muß sie wählen. Niemand kann wissen, welches der ihre ist.

Im März 1925 beginnt sie mit einem Büchlein über das Tagebuchschreiben. «Durch mein Schreiben verstehe ich etwas von den höheren Augenblicken des menschlichen Lebens.»

Sollte Hugo ganz in seiner Arbeit aufgehen, wird Anaïs sich einen anderen «companion» suchen – das ist eine scherzhafte Drohung, hinreichend gefährlich jedoch für Hugo, so daß er sich wieder stärker auf seine Ehe und Anaïs' Interessen am Schreiben und Lesen besinnt. Anaïs meint, die finanzielle Sicherung ihrer Zukunft dürfe nicht auf Kosten ihres gemeinsamen Lebens, ihrer Jugend gehen. Häufig holt sie Hugo von der Bank am Boulevard Haussmann No. 41 ab, nimmt eine schnelle Zwischenmahlzeit im Café du Dôme im Künstlerviertel am Montparnasse mit ihm ein, geht nach

Hause, um gleich wieder aufzubrechen und in einem Park Stendhals «Rot und Schwarz» zu lesen.

Ein Gedanke aus ihrem Roman «Aline's Choice» geht ihr durch den Sinn, belebt durch Pirandellos Stück «Henri IV.» und ihre Erinnerung an Ibsens Dramen: «Weißt du, es ist immer so. Jeder hält den anderen für verrückt, weil er nicht dasselbe sucht und glaubt, was der andere sucht und glaubt.» Im Grunde hält sie sich für undankbar, weil sie mehr will als die vermeintlich idyllische Symbiose mit dem in sich verschlossenen Mann, der in die feindliche Arbeitswelt geht, um sie vor dieser Welt da draußen schützen zu können. Sie lebt in derselben Unzufriedenheit wie nach dem Verlassen der Schule: «Thorvald verläßt das Haus mit seinen Büchern unter dem Arm. Die Mutter verläßt das Haus mit ihrem kleinen schwarzen Lederkoffer voller Geschäftspapiere. Joaquin verläßt das Haus, die Kappe über die Augen gezogen, Butterbrot und Bücher zusammengebunden – und ich bleibe zurück, die einzige der Familie, die nicht weiß, was sie tun soll!» hat sie damals geklagt. Aber das stimmt nicht ganz. Es ist eher so, daß Anaïs als einzige gefangen ist in der Moral des Liebseins und es nicht wagt, ihre eigenen Interessen durchzusetzen. Statt dessen grübelt sie. Das Mysterium des Menschen, was er *wirklich* ist, bewegt ihr Denken. Hugo scheint nur noch zuzuhören. Anaïs ist beunruhigt. Sie fürchtet, daß er ganz die Fähigkeit verlieren könnte, seine eigenen Auffassungen, soweit sie nicht mit seinem Beruf verbunden sind, zu entwickeln.

Im April 1925 besuchen Anaïs und Hugo die Mutter und Joaquin in Hendaye, im Süden Frankreichs. Anaïs kränkelt. Der Arzt warnt. Wenn sie nicht ein ruhigeres Leben führt, werde sie ernsthaft erkranken. Was ist das? Sie führt doch ein ruhiges Leben, oder? – Zurück in Paris. Wenn Hugo von der Bank kommt, verliert Anaïs alle schöpferischen Impulse. Dann verkleinert sie sich in eine Frau, die seine Pfeife stopft, seine Pantoffeln und seine Hausjacke bereithält und ihn mit belanglosen Erzählungen ermuntert. Wenn sie aufhört zu sprechen, bittet Hugo: «Sprich weiter, mein kleines Pussykätzchen.»

Das Pariser Leben irritiert Anaïs. Die sinnliche Atmosphäre hat für sie etwas «Unreines». Wenn die Sonne scheint, zieht es sie, nachdem eine irische Hausangestellte ihr den Kaffee mit einem

Brötchen ans Bett gebracht hat, nach draußen. Anaïs geht über die Rue d'Iéna, eine breite, lichte Straße, zum Place de l'Étoile. Es riecht gut nach frischen Blumen. Den Sommer will sie erholsam verbringen, um dann im Herbst ernsthaft mit ihrer schriftstellerischen Arbeit zu beginnen. Sie könnte auch an der Sorbonne studieren.

«Stundenlang sitze ich manchmal herum und frage mich selbst, was möchte ich wirklich schreiben, was könnte ich schreiben? Die Form des Romans scheint mir nicht frei genug, ich habe den fieberhaften Wunsch, selbst eine Form zu erfinden, indem ich meinen Neigungen folge, meinem eigenen Drang, um der leichten Verrücktheit in mir freies Spiel zu lassen. Denn ich unterdrücke meine leichte Verrücktheit. Es gibt einen Fundus von Ehrbarkeit in mir, eine Art puritanischer literarischer Bewußtheit, die voller Mißtrauen die tanzenden Flammen betrachtet. Ich bin nicht brav – das hat sich klar gezeigt in meiner Rebellion gegen Richard Maynards Dizipliniertheit, seinen Gehorsam gegen das Dogma von Columbia [University]. Sollte ich das, weil es ein Fehler ist, überwinden?» Wenn man das Wort «schreiben» hier einmal mit «leben» vertauscht, kommt man dem Problem näher. Anaïs möchte in die Welt, und das ist ihr gutes Recht. Dort gibt es noch mehr Menschen, für die Bücherschreiben und -lesen an erster Stelle steht. Ihr fehlt ein Kreis von Schriftstellern, um ihre eigene Form finden zu können, der intellektuelle Austausch, der über Hugos liebevolle, aber herablassende Großzügigkeit hinausgeht. Doch davor schreckt sie zurück. Wie in New York lebt sie auch in Paris in ihrem kleinen Familienkokon und meint immer noch, das Engagement für einen eigenen Beruf verbergen zu sollen.

Es wäre vielleicht schwierig, aber durchaus nicht unmöglich, Anschluß zu finden an die verschiedenen Gruppen amerikanischer Schriftsteller, die in den zwanziger Jahren Paris zu ihrer Wahlheimat gemacht haben. Sylvia Beachs Buchhandlung «Shakespeare & Co» ist ein Treffpunkt für amerikanische Intellektuelle, wo Dichterlesungen stattfinden, die der Öffentlichkeit zugänglich sind. Alle, die einen Namen haben oder daran arbeiten, wären dort zu besichtigen: James Joyce, Ernest Hemingway, T. S. Eliot, Ezra Pound, Robert McAlmon, Kay Boyle, William Carlos Williams; auch F. Scott Fitzgerald, der den zwanziger Jahren, in denen Frauen einen Bubikopf hatten, Zigaretten rauchten und kurze Röcke trugen, den Namen «Jazz Age» verlieh und der die Zeit in Hunderten von kleinen Geschichten und vielen Romanen beschrieben hat. Gewiß wäre es auch nicht unmöglich, Gertrude Stein aufzusuchen, die für amerikanische Künstler damals die erste «Anlaufstelle» in Paris war. Aber Anaïs ist noch lange nicht selbständig, geschweige denn selbstbewußt genug. Sie macht aus dem ernsten Hugo eine Vatergestalt, die sie vor der gefährlichen großen Welt schützt.

Vielleicht ist sie ein schwarzes Schaf unter den Schriftstellern – aber gibt es schwarze Schafe, die «gezügelt und glattgestriegelt sind»? «Ein höfliches, liebliches schwarzes Schaf möchte ich sein.» Sie holt ihr Schreibpapier heraus, möchte schreiben, fühlt sich aber zu schwach. Statt dessen liest sie, liest und liest und fühlt sich wie ein wildes Tier hinter Gittern.

Auf einer Reise nach Brüssel, wo Hugo im Juli 1925 an einem Tennisturnier teilnimmt, gesteht ihr Hugo: «Ich arbeite, damit du schreiben kannst – für uns beide.» Anaïs ist überglücklich, daß er mehr von ihr erwartet als die Rolle der hübschen kleinen Ehefrau. Sie suchen das Haus, in dem Anaïs vom siebenten bis zum zehnten Lebensjahr gewohnt hat. Erinnerungen: an den frechen kleinen Freund Henri; an das Spiel mit Thorvald unter dem Tisch; an das Zimmer, in dem sie Joaquin mit seinen Spielsachen eingeschlossen haben; an die Verzweiflung der Mutter in den letzten gemeinsamen Jahren mit dem Vater.

Zwei Lebensentwürfe geraten ständig in Konkurrenz miteinander. Manchmal meint Anaïs, sie hätte sich nicht einlassen sollen auf ein Leben mit einem Mann wie Hugo, der arbeitet, damit sie ein luxuriöses Leben führen können. Es ist Verrat an ihrem eigenen Entwurf. Anaïs will konsequent ein künstlerisches Leben führen. Und doch legt sie alle Energie darein, eine schönere Wohnung in der Rue Schoelcher No. 11 auszugestalten, gegenüber dem Friedhof von Montparnasse. Sie näht Kissen und Vorhänge nach ihrem Geschmack, durchstreift die Antiquitätengeschäfte, kauft dekorative Gegenstände, richtet eine Bibliothek ein und eine Art Atelier in einem Raum mit hohen Fenstern. Trotz aller Aktivität überkommen sie trübe Stimmungen, melancholische Zustände. Vielleicht ist sie zu viel allein? Aber in Gesellschaft fühlt sie sich nicht wohl. Sie gibt sich große Mühe, ihr Leid zu überspielen. Ihr Gesicht wird zu einer lächelnden Maske, wenn sie nicht allein ist. Oft spürt nicht einmal Hugo, daß ihr anders zumute ist. Man hält sie für ausgeglichen und heiter, doch tief in ihr nagt irgend etwas. Darüber nachdenken, das weiß Anaïs selbst, führt zu Theorien, aber löst die Probleme nicht wirklich. «Es ist wie etwas, das losgelöst von meinem Charakter existiert, das wie ein Dämon niemals vor den Augen der anderen sichtbar wird.»

Im Oktober 1925, während der Ferien mit Hugo in der Touraine, die mit Radfahren und Lesen ausgefüllt sind, schreibt Anaïs Erzählungen. Anatole France hat gesagt, man dürfe nicht versuchen, sich selbst zu verstehen, man müsse dieses Ich leugnen, übergehen. Anaïs hat bislang in ihrem Schreiben genau das Gegenteil getan. «Könnte ich aus diesem Selbst hinausgelangen, für dessen Errichtung zum Wohlergehen meiner Gedanken ich so viel Zeit verwandt habe, aus diesem Turm, dessen Einsamkeit sich vertieft hat durch den ausgehobenen Graben rundherum – Spezialisierung des Geschmacks, Neigung zu abstrakten Gedanken, zu Büchern mehr als zu Menschen –, dessen Fenster ich aus Bernsteinglas gefertigt habe, durch die ich das Leben wahrnehme? Und dann bin ich überrascht, daß es andere Farben trägt als das Leben meines Nachbarn. Aber sitze ich immer im Turm? Bin ich nicht hinausgegangen, um für meine Mutter zu arbeiten, um Hugo liebevoll ergeben zu sein, um meinen Vater zu treffen und zu beurteilen? Bin ich nicht heute herausgekommen, während ich gelbe Vorhänge für die hellen Fenster unseres Heims nähe? Wann bin ich wirklich ich selbst? Nur wenn ich im Tagebuch schreibe. Und dann bin ich nicht freundlich mit diesem Selbst. Ich will, daß es dient, arbeitet, Ideen und Meinungen hervorbringt. Ich wende mich ihm zu, um es anzutreiben. Seine nachdenkliche Betrachtung ist nichts anderes als die Wachsamkeit von Eltern über ein Kind. Ich begann mit dem sehnlichen Wunsch, etwas aus diesem Selbst zu machen. Das möchte ich jetzt zu Ende führen. Ich muß es noch einmal anders probieren. Ich möchte mich verbessern. Das ist wie ein unvermeidlicher Trieb. Was wäre schlimm daran, wenn ich erst einmal mit meinem Selbst experimentieren würde?»

Anaïs hat recht, durch Grübeln kann sich nichts ändern. Alle Introspektion, mit der sie herauszufinden sucht, wer sie eigentlich ist, zeigt keine neue Richtung an. Sie wird den Mut zum Experimentieren, zur Erweiterung ihrer Handlungen und Erfahrungen aufbringen müssen. Nur wenn sie ihre Klause verläßt und sich in das aktuelle Leben hineinbegibt oder wenn sie die Wirklichkeit hineinläßt, wird sie eine Chance haben, auch ihr sogenanntes Selbst abzuwandeln.

Dementsprechend macht Anaïs Pläne für den Winter. Sie will in die perfekt eingerichtete Wohnung die für Hugos berufliches Fortkommen wichtigen Leute zum Essen einladen, an der Sorbonne studieren und Musikabende organisieren, die Mutter und Joaquin erfreuen sollen. Nebenher will sie wenigstens ein Buch schreiben, etwas modellieren und lesen. Auch ihre Korrespondenz mit Richard Maynard, Eugene, Thorvald, Eduardo und anderen Freunden will sie ernster nehmen. Alles will sie auf das vollendetste ausführen. Ihr ganzes Leben will sie auf ein höheres Niveau bringen. Anaïs setzt auf die umgestaltende Kraft ihres bewußten Wollens.

Die wirkungsvollste Veränderung erfährt ihr Leben jedoch durch das Wiedersehen mit John Erskine. Er besucht Anaïs und Hugo, seinen ehemaligen Studenten. Er macht Anaïs mit der Englischlehrerin Hélène Boussinescq bekannt. Sie besuchen alle zusammen Chartres. Am wichtigsten ist Anaïs allerdings Erskines Beurteilung ihres schriftstellerischen Könnens. Ihr Essay über das Tagebuchschreiben, ihre «wagemutigste und undisziplinierteste Arbeit», gefällt ihm außerordentlich gut. Wenn der Text abgeschlossen ist, will er dafür sorgen, daß er veröffentlicht wird. Anaïs zittert vor Glück, als hätte sie Fieber.

Die Tagebucheintragung für das neue Jahr 1926: «Vita nuova» – ein neues Leben. Sie wird schreiben, schreiben, nichts als schreiben. Eine Gehaltserhöhung, die Hugo zum Jahresende erhält, soll für die Bezahlung einer Hausangestellten eingesetzt werden. Anaïs ist frei, zu arbeiten. Nun, da sie in Erskine einen neuen Leser und Kritiker erster Güte gewonnen hat, wird endlich ihr Schriftstellerleben beginnen. Erskine ersetzt ihr die ganze literarische Szene des Paris der zwanziger Jahre. Er sagt, sie müsse genauer beschreiben, was mit dem Modellstehen für sie erlebensmäßig verbunden war; er kritisiert also, daß sie vor der genauen Beschreibung zurückschreckt.

Das wirkt auf Anaïs wie eine Erlaubnis, ihre Gefühle und Aktionen nicht nur im Tagebuch, sondern auch in einem Roman genauer zu schildern. «Jeden Tag arbeiten, das wird von nun an die Regel meines Lebens sein.» Zu Erskines Niveau will sie hinaufwachsen. Durch das Schreiben kann es gelingen, zu seinem Kreis Zugang zu gewinnen, so daß sie ihm zuhören und mit ihm über ihr eigenes Können sprechen kann. Anaïs meint, daß Hugo sie behandelt, wie alle Männer ihre Frauen behandeln: als Kind. Kein Wunder, daß sie sich klein fühlt, wenn ihre Ambitionen zwar liebevoll geschätzt, aber im Grunde nicht ernst genommen werden.

Die Literaturvorlesungen an der Sorbonne sind enttäuschend. Viele Details, die sie selbst längst kennt, aber kein zündender neuer Gedanke. Erskine erscheint Anaïs wie eine Rettung aus großer Not. Kurz vorher hatte sie in ihrem Tagebuch gefragt, ob es denn wirklich nur einen Amiel, einen Walter de la Mare, einen Ibsen, einen Anatole France auf der ganzen Welt gibt, ob irgendwo ein Gesprächspartner zu finden sei, mit dem sie ihre tiefen Gedanken austauschen kann. Die Menschen um sie herum leben an der Oberfläche und werden von Anaïs als zu leicht befunden.

Mit Hélène Boussinescq wird Anaïs nach Erskines Abreise ihre Gespräche fortführen. Hélène weiß alles über moderne Literatur. Das schüchtert Anaïs ein, stößt sie ab und fordert sie zugleich heraus. Sie besorgt sich Bücher von den Autoren, die Hélène erwähnt: Sherwood Anderson, Waldo Frank, René Lalou, Thomas und Heinrich Mann sowie die Zeitschrift «L'Europe». Anaïs nimmt sich vor, alles zu lesen und sich mit der zeitgenössischen Literatur vertraut zu machen, bevor sie Boussinescq wiedersieht.

Einige bekannte Künstler haben in der Nähe der Rue Schoelcher ihre Ateliers, was Anaïs zu der Frage führt: «Wann werde ich das Recht verdient haben, mit den Bedeutsamen zu verkehren?» Wenn sie den Mut hätte, all das zu schreiben, was sie wirklich erlebt, denkt Anaïs manchmal, dann könnte sie Großes leisten. Erskine hegt den Verdacht, daß sie ihrer Sehnsucht, eine Künstlerin zu werden, nicht gerecht wird, da sie zurückschreckt «vor der ersten Pflicht des Künstlers, alles zu geben, was er weiß – alles zum Ausdruck zu bringen, das er nur irgend ausdrücken kann». Sie unterwirft sich einer Selbstinquisition. «Leidet nicht mein erstes Buch hauptsäch-

lich unter meiner unausgewogenen Sicht der Dinge? Ich vermied –
Schmutz, Schreckliches, Natürlichkeit, Zynismus, körperliche oder
seelische Häßlichkeit. Ich habe mit der Absicht des Verschönerns
alles gefälscht. Wenn das Schöne isoliert dasteht, kann es nicht
schön sein. Der Punkt ist folgender: Ich *sehe* das Häßliche. Warum
weiche ich ihm aus, verdecke es, verhehle es, übergehe es?»

Ob es nun Paris ist oder New York, Anaïs kann sich mit der
Totalität des Lebens nicht anfreunden. Das Häßliche in Paris hat für
Anaïs mit der öffentlich zur Schau getragenen Sinnlichkeit zu tun.
Die ängstigt sie, und gegen sie wehrt sich Anaïs mit aller Macht des
Moralisierens. «Ich wünsche, ich könnte lernen, mich mit jeder
Form des Lebens auszusöhnen. Ich wünsche, ich könnte die Dinge
weniger heftig ablehnen. Und was mich am meisten beunruhigt, es
ist nicht, daß ich lieber in New York lebte als in Paris, sondern
einfach anderswo, wo es *anständig* wäre – wo sich die Menschen
nicht auf den Straßen küssen und umarmen, wo mir die Männer
nicht folgen würden, um mir unanständige Aufforderungen zuzu-
flüstern, und wo sich nicht so viele Frauen mit roten Lippen und
herausforderndem Ausdruck herumtreiben, der in mir anhaltenden
Abscheu erweckt. Vor allem würde ich gern wirkliche Männer sehen, Männer, die nicht unentwegt an körperliche Liebe denken,
wenn sie mit Frauen zu tun haben. Es ekelt mich an.»

Mit einer willentlichen Anstrengung durchbricht Anaïs «die
harte Schale einer erstickenden Zurückhaltung». Aus tagelangen inneren Kämpfen geht sie mit einem Gefühl der Freiheit hervor. Sie
folgt einer Einladung mit Hugo und wählt ein auffälliges, rubinfar-
benes Kleid, wagt es, in Gesellschaft das Wort zu ergreifen und zu
flirten. Für sie selbst ist das ein Riesenschritt in Richtung Veränderung, zu der Erskines Kritik angeregt hat. «An jenem Abend habe
ich meine Freiheit ausgelebt.» Sie tanzt und spricht den ganzen
Abend mit dem Comte Horace Guicciardi, der sie bislang wegen
ihres nervösen Kicherns, ihres Schmollmündchens, ihrer übertrie-
ben hohen Stimme und ihres konventionellen Gehabes allenfalls für
hübsch gehalten hatte. Er ist offenbar überrascht, daß Anaïs sich so
verändert hat. Hugo dagegen ist nach Guicciardis Urteil auch in
Paris der alte geblieben. Aber, kommentiert Anaïs, auch Hugo sei
fähig, sich zu ändern, bei ihm brauche nur alles etwas länger. Wäh-

rend Anaïs in all den Jahren auf der Suche nach sich selbst war, wird sie nun mehr und mehr bemüht sein, sich zu erfinden.

Wenn sie mit dem Schreiben nicht weiterkommt, wünscht sie, den spanischen Tanz oder das Modellieren von Figuren zu erlernen. Aber auch da, weiß sie, werden sich die lästigen kleinen Schwierigkeiten einstellen, die mit dem mühsamen Studium der Technik zu tun haben. Zornig und enttäuscht klagt sie sich an, vom Handwerk des Schreibens nichts zu verstehen und dennoch rebellisch und obendrein unzuverlässig zu sein. «Kann es sein, daß ich wie mein Vater außerstande bin, schöpferisch etwas hervorzubringen – daß ich zwar kritisieren, verstehen, wertschätzen und klug reden kann, aber nicht erfinden? Diese Angst terrorisiert mich, wenn mein Schreiben scheitert.»

Das Zusammenleben mit Hugo gestaltet sich in den ersten Jahren der Ehe nach dem Bild einer Zwillingsgemeinschaft. Es gefällt und gelingt ihnen nicht, etwas ohne den anderen zu unternehmen. Deshalb sind die Wochenenden am schönsten. Hugo gewinnt Abstand zu den Bankproblemen. Er wendet sich ganz Anaïs zu. Sie lesen dieselben Bücher, gehen spazieren, besuchen das Theater, planen Ferien und fühlen sich in ihrer Wohnung geborgen. Kunstdrucke mit Szenen aus dem «Rubáiyát», einem persischen Versepos, schmücken die Wände, die Fenster sind orientalisch verkleidet, schwarze Möbel harmonieren mit dunkelroten Vorhängen – alles von Anaïs entworfen, gestaltet, ausgesucht und zum Teil auch angefertigt. Überhaupt ist es Anaïs, die den gemeinsamen Alltag formt, Hugo läßt ihr freie Hand. Sie wählt die Wohnung, sucht die Filme aus, die sich lohnen, und wählt schließlich auch den Freundeskreis. In dieser Hinsicht folgt Hugo ihr wie einer großen Schwester.

Dem Freund Horace gegenüber, der ihnen bei einer Party wegen ihrer Zurückgezogenheit Vorwürfe macht, rechtfertigen sie ihre Lebensform – wie Anaïs meint, ein bißchen zu vehement; warum? Mrs. Guicciardi betrachtet Anaïs und bemerkt: «Sie hat sich im Jahrhundert geirrt, diese Kleine. Sie ist ein Portrait aus dem 18. Jahrhundert, eine von diesen reizenden Französinnen der Salons.» Hugo und Anaïs verlassen die Gesellschaft früher als die anderen und fühlen sich in der Atmosphäre zu Hause mit der Mutter, mit Joaquin und seinem Freund Antonio und einem amerikanischen Komponisten, der zu Gast ist, viel wohler. Es wird musiziert.

Probleme der Zwillingsgemeinschaft zeigen sich in der sexuellen Beziehung. Hugo geht davon aus, daß sein drängendes Begehren bei Anaïs unmittelbar dieselben Wünsche wachruft. Wenn ihr nicht der Sinn danach steht, bittet er sie schlicht, seine «kleine Sklavin» zu sein, streicht Vaseline zwischen ihre Beine, so daß er in sie eindringen kann, und kommt schnell zum Höhepunkt. Daß Anaïs unbeteiligt oder sogar abgewandt daliegt, scheint er nicht zu bemerken. «In solchen Augenblicken habe ich ihn gehaßt.» Im Augenblick der intimsten Verbundenheit kommt die größte Fremdheit zum Vorschein. Selten erlebt Anaïs körperliche Liebe als entspannende Belohnung.

Mehr und mehr spürt sie, wie streng sie alle Neigungen zu einem intensiven Leben kontrolliert. Im Mai 1926 faßt sie den Plan, über «Chantal» zu schreiben, eine Traumperson, die sie in ihren Lebenskreis stellen will. «Chantal wird all die Träume verkörpern, die mich quälen, faszinieren und in gehobene Stimmung bringen, Träume, von denen ich nicht einmal in meinem Tagebuch gesprochen habe. Aber Chantal bin ich nicht, denn ich bin leer, egoistisch, befangen und habe keine Seele. Das einzig Wertvolle an mir sind meine Träume…»

Sie fürchtet, nicht genug zu leben, und wird von Wünschen bedrängt, aus ihrer ehelichen Idylle auszubrechen. «Wie anders alles wäre, wenn ich nicht verheiratet wäre. Ich würde arbeiten, ohne durch die Hausarbeit unterbrochen zu werden. Ich könnte tanzen und auf der Bühne auftreten. Ich könnte Freunde finden, wenn ich mich tagsüber so allein fühle. Und dennoch könnte ich Hugo glücklich machen, da er mich nur abends, nachts und an Wochenenden braucht… Ich möchte ein umherziehender Wanderer sein. Ich möchte, daß niemand erwartet, daß ich ihn glücklich mache. Mein eigentliches Selbst ist nicht frauenhaft, nicht gut. Es ist eigensinnig, launisch, äußerst aktiv und begierig. Ich kontrolliere mich nur, weil ich liebe – deswegen bin ich süß. Ich verkleide mich und spiele die Rolle, um zu gefallen.» Ist Hugo zu Hause, fühlt sich Anaïs vor dieser Gier, ihr Leben auszubreiten, mehr und immer mehr zu wollen, sicher, «gezähmt». Aber er ist selten zu Hause.

Anaïs macht aus ihrem Mann einen Wächter über ihr vermeintlich besseres Ich. Er bestätigt ihr, daß ein bestimmtes Ideal ihrer selbst wirklich existiert. So kann es nicht verwundern, daß sie gerade mit diesem Menschen die dem Ideal geopferten Neigungen, in erster Linie ein Sichloslassen auch in der Sexualität, nicht ausleben kann. Im Tanzen findet sie schließlich eine Betätigung, die ihren Wunsch nach körperlicher Entspannung erfüllen kann und verträglich ist mit dem Ideal der treuen, hübschen und gescheiten kleinen Ehefrau. Ein Jahr später wird sie Unterricht im spanischen Tanz nehmen.

Ganz verwegen erscheint ihr eine Phantasie über die Veröffentlichung ihres Tagebuches: «Welch schöne Schlagzeile das abgeben würde: die Bekenntnisse eines Künstlermodells, ein Mädchen aus gutem Hause, Frau eines amerikanischen Bankiers, die in Paris lebt und den spanischen Tanz ausübt...»

Wenn sie reisen, wie im April 1926 nach Italien, wenden sie sich der Kultur zu, besuchen Museen, worauf sie sich gründlich mit Hilfe entsprechender Lektüre vorbereitet haben. Auch in London widmen sie sich der Kunst. Bouchers Bilder werden als unanständig abgelehnt, Watteau hat die reizenden Gesichter gemalt, die ihnen gefallen; so soll einmal ihr Töchterchen aussehen. Über all das wird Buch geführt, und die Fotos werden ordentlich in Alben eingeklebt und mit kurzen Texten versehen.

Überhaupt hat Anaïs einen Zug zum Organisieren. Ordentlich in Ordnern abgeheftet sind Zitate, Briefe, Reisenotizen, der Essay über das Tagebuchschreiben, eine Auswahl ihrer Tagebücher für Erskine, der Roman «Aline», Entwürfe und Anfänge von Erzählungen und weiteren Romanprojekten. Ebenso notiert sie Ausgaben und Einnahmen, und im gleichen Stil listet sie z. B. zum Jahresbeginn 1927 ihre Aktivitäten und charakterlichen Veränderungen des vergangenen Jahres auf: «Ich habe 75 Bücher gelesen. Ich habe etwa 300 Seiten des Tagebuchs abgetippt. Ich habe sechs dekorative Kissen genäht. Ich habe die Bücher in der Bibliothek etwa 10 × neu geordnet... Ich habe ungefähr 200 Pflichtbriefe geschrieben. Ich bin zu 61 Parties und Einladungen gegangen. Ich habe freiwillig Hélène Boussinescq wieder besucht. Ich habe meine Tanzstunden und den Unterricht im Modellieren dem schwindsüchtigen Budget geopfert. Ich habe Buch geführt über alle Konten. Ich habe Joaquin und Antonio wieder versöhnt. Ich habe das Arbeitszimmer mit geringen Mitteln, meist durch eigene Arbeit, verschönert. Ich war zu meiner neuen Familie [Hugos Eltern und Schwestern] freundlich. Ich habe gelernt, mit der Hausangestellten umzugehen und ein Auge auf alle Einzelheiten der Haushaltsführung zu haben. Ich habe mich selbst zu Ruhe und Entspannung gezwungen, wodurch ich etwas Gewicht gewonnen habe… Ich habe mir ein Gedicht von meinem Mann zum Ende des Jahres verdient…» Bilanz: Keine Sünden.

Nach Tanzen und Modellieren übt sie im März 1927 das Zeichnen. In der Académie de la Grande Chaumière besucht sie eine Klasse für Aktmalerei. Eine Zeitlang befürchtet Anaïs fast, mehr Freude an den Linien als an Worten zu gewinnen. Aus ihrem Tagebuch könnte ein Skizzenbuch werden. «Jede neue Form der Kunst ist wie ein neues Leben, eine neue Seele. Aber ich darf nicht zu vieles suchen und nicht zu viele Dinge lieben. Warum ist unser Leben so unglaublich kurz?» Das Leben des nackt vor der Klasse stehenden Modells interessiert sie doch am meisten. In der kurzen Erzählung «Der Idealist» beschreibt Anaïs, wie ein junger Kunststudent die zarte und feinsinnige Frauengestalt «Chantal», die zu den Kunststudentinnen gehört, zärtlich verehrt und als Ideal auf einen Sockel stellt, um sie anbeten zu können, während er von dem üppigen Körper des Modells leidenschaftlich besessen ist. Er vertraut Chantal an, daß er ein Verhältnis mit dem Modell hat, dessen er sich schämt, aber er kann «diese übermächtige Selbstvergessenheit», die so «süß, schrecklich süß» ist, nicht aufgeben. «…es ist, als explodiere die Welt. Nichts sonst spielt eine Rolle oder ist von Bedeutung, außer diesem Rausch der Sinne.» Der Student ist überrascht, als Chantal entgegnet: «Ich weiß, ich weiß.»

Einen großen Teil von Kindheit und Jugend hat Anaïs im tagträumenden Ausgestalten des Einswerdens verbracht. Was ihrem Leben Sinn verleihen könnte, liegt in der hochidealisierten Einheit zweier Menschen. Ihr Blick ist im Ausdruck beseligter Erwartung erstarrt, ihr ganzer Körper nimmt die Form gespannt-gespreizter Erwartung an. Es muß eine Form der Liebe geben, die sie endlich weich, fleischlich, lebendig macht. Dann tritt Hugo auf, der große, starke, ernste Mann, und Anaïs wünscht, daß sich ihr Verlangen erfüllt. Aber Hugo weiß damit nicht umzugehen. Sexualität ist etwas Verpöntes. Seine kindlich sexuellen Spiele mit dem Bruder und die Annäherung an seine kleine Schwester in der Jugendzeit sind entdeckt und hart bestraft worden. So liegen zu Anfang ihrer Ehe zwei Menschen zusammen, eine Puppe, erstarrt im hysterisch zugespitzten Verlangen nach Auflösung, und ein erregter Mann, dessen sexuelles Begehren bislang im Flirt mit Schaufensterpuppen steckengeblieben ist. In den großen Städten New York, London und Paris hat er sie sehnsüchtig durch den Sicherheitsschutz einer Glasscheibe betrachtet, um sie nach einer kurzen Phantasie dem Fundus seiner Erinnerung einzuverleiben. Für jeden Beobachter unbemerkbar, können sie wieder daraus hervorkommen und seine Tagträume bewohnen.

In Anaïs' Nähe hat er Angst, diese Puppe könnte lebendig werden, sprechen, schreien, schlagen, klammern und seinen Körper nie wieder loslassen. Auch die Puppe Anaïs fürchtet sich davor, daß es so ausgehen könnte. In ihrem übergroßen Wunsch, durch sexuelles Verschmelzen lebendig werden zu können, provoziert sie unwissentlich das Gegenteil. Wenn Hugo von ihr Besitz ergreift, mag sie sich nicht entkleiden, zieht nur Höschen, Strümpfe und Strumpfgürtel aus, läßt ein paar kurze Stöße über sich ergehen – und es ist vorbei. «Zu schnell», klagt Hugo, und Anaïs notiert: «ich liege wie eine, die umgebracht worden ist, erlebe die ganze Szene als Akt des Todes, nicht des Lebens … ich kam mir vor wie eine der Wachspuppen, die er so gern hat.» Das ist ohnehin ein wunder Punkt. Oft fühlt sie sich wie eine Marionette oder ein Skelett, das der Belebung bedarf. Anaïs wie Hugo fürchten, was geschehen könnte, wenn sich Anaïs' wirkliche Wünsche entpuppen würden. Doch Anaïs wird ausziehen, das Fürchten zu lernen.

5. Schock:
Realität des Begehrens

UNTERGEHAKT SITZT ANAÏS mit dem Violinspieler Enric Madriguera, der überraschend nach Paris gekommen ist, in der Métro. Das Gespräch, die ganze Atmosphäre sind leicht, oberflächlich, bis Enric ihr gesteht, daß er sie immer noch liebt. Aber, so klagt er: «Du fühlst überhaupt nichts. Du bist kalt.» Dagegen verwahrt sich Anaïs. Sie hat sich geändert. Damals in Richmond Hill war sie viel zu jung und hatte Angst vor körperlicher Nähe. Enric ergreift ihre Hand, die Anaïs ihm willig überläßt. Enric fühlt sich verstanden, angenommen und ist verwundert über Anaïs' neue Zärtlichkeit. «Seine Augen waren hungrig.» Nachdem Enric Paris verlassen hat, vermißt sie ihn. Seine Augen, seine Stimme, die zärtliche Weise, wie er «Du, Anaïs» sagt, verfolgen sie in ihren Tagträumen. «Meine sanfte Art des Mitleids sah aus wie Verrat an Hugh.» In der Nacht kann sie nicht schlafen. «Habe ich ein Recht nachzuholen, was ich in all den Jahren vermieden habe,... in denen jede Handlung, jeder Blick, jedes Wort eifersüchtig nur Einem vorbehalten war?»

In Anaïs drängt vieles, den Schutzraum der Zwillingsgemeinsamkeit zu verlassen. Erste Anzeichen finden sich in ihrem veränderten Verhalten den Männern gegenüber. Hugo ist eifersüchtig auf Enric, den Freund der Jugendzeit. Anaïs ihrerseits ist verwundert, daß sie nicht mehr die schüchterne Ehefrau ist, sondern ihren zärtlichen Gefühlen erlaubt, sich zu entfalten.

Verwirrt fragt sie sich: «Was ist so grundlegend verkehrt bei mir? Wenn ich mir allein überlassen bin, werde ich wahnsinnig... Wo sind die Stärke und Klarheit meiner schönen Tage?» Braucht sie ihre Ehe als Schon- und Schutzraum?

In Gesprächen wagt sie nun häufiger, einen eigenen Standpunkt einzunehmen, auch wenn Hugo ihn nicht teilt. Als sie im Juni 1927 wieder in New York sind, sprechen sie mit Hugos Freund Eugene über moderne Literatur. Eugene geht es damit wie Anaïs, er ist beeindruckt von der Freiheit und Energie, die in den Büchern zum Ausdruck kommen. Wenn man sich allen Seiten des Lebens öffnet, scheint die Angst vor dem ungeheuren «Mysterium des Häßlichen» zu verschwinden. Hugo fragt dagegen, worauf sie denn aus sind, die modernen Schriftsteller: «Was wollen sie mit dieser Freiheit und Energie, um die sie kämpfen, zum Ausdruck bringen und bewirken?» Darauf Anaïs: «Warum mußt du immer nach Zweck und Ziel fragen? Gibt es denn ein Ziel außer dem Kampf? Bücher haben mir niemals etwas anderes offenbart als den Kampf. Sie haben immer eine endgültige Offenbarung versprochen, ohne sie je zu geben, selbst das größte aller Bücher – die Bibel –, und moderne Literatur kann nicht mehr bieten als die Bibel. Bücher nähern sich dem Leben und enthüllen es, aber sie können uns nicht zeigen, worum es wirklich geht.»

Anaïs steht zwischen verschiedenen Lebensbildern. Es verdrießt sie, daß man sie in Amerika auf die reizende kleine Ehefrau reduziert; das gilt besonders für Hugos Familie. Aber sie ereifert sich auch über die Entwicklung ihrer Schulfreundin Frances Schiff, mit der sie früher ihr Interesse am Schreiben teilte und die nun Reporterin für die Zeitung «Tribune» geworden ist.

Ein aufregendes, unruhiges und spannungsreiches Leben führen Reporter in New York, oft begleitet von Alkohol, «Christian Science» oder sexuellen Affären. Frances scheint sich auf dergleichen noch nicht eingelassen zu haben, aber sie erzählt von einem «companion», nicht einem Ehemann, mit dem sie auf Reisen geht. Das nimmt Anaïs mit verhaltener Entrüstung auf. Emanzipierte Frauen sind ihr genauso fremd wie die Frauen, die ihren Sinn im Umfeld von Küche, Kirche, Kind finden. Mit vierundzwanzig Jahren sucht Anaïs eine Lebensform, die dazwischen liegt. Schreiben scheint die Tätigkeit zu sein, die einen Kompromiß verspricht. In aller Unabhängigkeit kann sie sich selbst einen Reim auf ihren Umgang mit Wirklichkeit machen, Tagträumen nachhängen, Wuncherfüllungen ausmalen. Und dennoch bleibt sie ihren Aufgaben in Ehe und Familie treu. Eine andere Betätigungsmöglichkeit wäre das

Entwerfen von Kostümen. Manchmal gefällt ihr diese Tätigkeit besser, da sich darin Kunstinteresse mit lebenspraktischem Nutzen verbinden läßt.

Hinter der Tendenz, sich aus dem Zwillingsdasein mit ihrem Mann zu lösen, steht als treibendes Motiv die Emanzipation vom Lebensbild der Mutter. «Ich kämpfe für mein Leben, für meine Vorstellungen, meine Wohnung, meine Gewohnheiten, meine Träume, meine Freunde, und diesen Kampf muß ich allein ausfechten, weil Hugo, um den Anschein des Verstehens zwischen ihm und Mutter aufrechtzuerhalten, ihr niemals widerspricht.» Auch Joaquin läßt sie im Stich. Sie hat das Gefühl, ihre Mutter würde sich zwar für ihre Kinder aufopfern, aber Freiheit gewährt sie ihnen nicht. Eltern sind Kannibalen, meint Anaïs, jedenfalls verschlingen sie die Seelen ihrer Kinder.

Sichtbar wird ihre Revolte in der Parteinahme für Joaquin, wann immer die Mutter dessen Leben eifersüchtig zu bestimmen sucht. Manche Verbindung zu anderen Musikern gefällt der Mutter nicht. Noch deutlicher wird Anaïs' Abwendung vom Lebensbild der Mutter in ihrer Parteinahme für die Ehefrauen von Hugos Kollegen und Kunden, die sich ganz der Fürsorge von Mann und Kindern widmen, Obst und Gemüse einkochen und vergeblich erwarten, daß man ihnen dafür den Himmel auf Erden beschert. Für Anaïs ist die Gestaltung des Heims nur eine Basis für das eigentliche Leben. Ihr Mißvergnügen am geselligen Zusammensein mit diesen Menschen, die selten ihr Interesse an Kunst und Literatur teilen, überwindet sie, indem sie sich zur Aufgabe macht, die enttäuschten Frauen psychologisch zu beraten. Sie behandelt sie wie einen «Fall» und versucht, in dieser «engen kleinen Welt» Lebenshilfe anzubieten. Auch diese Frauen sollen sich vom herkömmlichen Frauenbild emanzipieren, indem sie ihr Talent und ihre eigenen Interessen realisieren. Daß Anaïs für die Herren der Gesellschaft eine Augenweide ist, genießt sie zwar, aber daß ihre intellektuelle Kapazität so gar nicht gefragt ist, stimmt sie mehr und mehr verdrießlich.

Sicher, Anaïs hat nichts gegen äußeren Glanz; die Anschaffung eines schwarzen Citroën mit dunkelrotem Lederdach (1927), das man im Sommer herunterklappen kann, erfreut sie sehr, erfüllt sie sogar mit Stolz, aber das sind nur Trostpreise, die mit allzu großen Opfern gewonnen werden.

Alljährlich wiederkehrende Krisen der Ehe zentrieren sich um Hugos Inanspruchnahme durch die Bank. Es geht um Hugos Versprechen, sein Leben der Literatur zu widmen, das immer noch nicht eingelöst ist. Zwar ist Hugo selbst betroffen, daß er seine schriftstellerischen und intellektuellen Ambitionen weitgehend an Anaïs delegiert hat, zwar verspricht er, daß das künftig anders werden soll, aber es ändert sich nichts. Anaïs glaubt seinen Erklärungen nicht mehr: er müsse seine Energie ganz den Geldgeschäften zuwenden, damit sie eines Tages über genügend Geld verfügen, so daß er frei sein wird von beruflichen Pflichten. Während in den ersten sechs Ehejahren Auseinandersetzungen zu diesem Thema zur «Klimax» von Tränen und Küssen führten, hat Anaïs im Herbst 1929 plötzlich die ernüchternde Einsicht: «Es war seine Bestimmung, ein Bankfachmann zu sein und sonst nichts.» Sie begreift noch mehr: daß es eine Tragödie wäre, wenn Hugo ihr zuliebe wirklich eines Tages diesen Beruf aufgeben würde, denn dann stünde ihm womöglich dieselbe ernüchternde Einsicht bevor.

Sie wird plötzlich gewahr, daß der große Schriftsteller Hugh Guiler, der starke, souveräne Mann, an den sie sich anlehnen und dem sie sich unterordnen wollte, eine Fiktion ist, begründet in ihrer fatalen Neigung zum Idealisieren. Sehr allmählich begreift sie, daß sie der stärkere Part in dieser Ehe ist und sich nach und nach über Hugo hinausentwickeln wird. Das erlebt sie als Trennung, die schlimmer ist, als hätte er sie mit einer anderen Frau betrogen. Sie will sich in Zukunft um sein Wohlergehen kümmern, mehr um seine Gesundheit und Zufriedenheit als um seine Größe.

Ihre eigene Weiterentwicklung wird sie in aller Stille betreiben. Anaïs ahnt, daß es keine Lösung für sie ist, von ihrem Mann zu erwarten, was sie im Grunde selbst tun möchte: schreiben, und zwar so gut, daß es veröffentlicht werden kann. Das ist die eine Linie; eine andere verfolgt Anaïs, indem sie das Tanzen erlernt.

Durch den Tanz erfährt Anaïs eine neue Form der Belebung: Lust durch körperliche Bewegung, die sie zur Schau stellt. Ihr spanischer Tanzlehrer Paco Miralles bewundert und fördert ihr Können. Die ganze Atmosphäre hat für Anaïs etwas Erotisierendes.

Miralles verspricht, daß sie nach einer kurzen Zeit harten Arbeitens in der Lage sein wird, zu den Kompositionen ihres Vaters vollendet zu tanzen.

«Vor Jahren habe ich Ideen analysiert, und heute analysiere ich Gefühle, denn meine puritanische Seele lehnt sich auf gegen dieses neue Leben, das aus körperlichen Bewegungen besteht. Ich fühle mich schlecht, weil ich mit meinem Körper lebe, denn jetzt berühre ich das Leben nicht allein mit dem Geist, sondern mit meiner Haut, meinem Blut, meinen Nerven. Dieser körperliche Zugang zum Leben macht mich froh, zugleich aber wehre ich mich dagegen.» Miralles' Hände, die ihren Körper fassen und dirigieren, erhalten eine symbolische Bedeutung. Wie in dem Film «Metropolis» geht es darum, daß die Aktivität der Köpfe und Hände aufeinander abgestimmt sein sollte; es ist gefährlich, wenn der Kopf tyrannisch regiert. Immer wieder kommt es zum Kampf, bei dem ihr Körper mit Krankheit und Schwäche reagiert. Nur zögernd wagt Anaïs, die expandierenden Regungen ihres Körpers zu respektieren.

Im Film «Metropolis» werden die zwei getrennten Welten durch zwei Frauengestalten symbolisiert. Eine «künstliche» Maria soll die Arbeiter von ihrer Lebenswelt ablenken und so manipulieren, daß sie in den Dienst der reichen Köpfe treten. Die «wahre» Maria dagegen ruft die Arbeiter zum Aufstand. Fritz Langs «Metropolis» rechtfertigt die Revolte des Unterdrückten im politischen Bild. Das spricht Anaïs unmittelbar an. Sie findet für ihre eigene innere Dramatik ein großes Vorbild. Anaïs arbeitet hart und bildet sich so weit im spanischen Tanz aus, daß sie schließlich öffentlich in der «Salle d'Iéna» auftritt und starken Applaus mit fünf Vorhängen hat. Sie gelangt über eine angstbesetzte Grenze hinaus und fühlt sich frei.

John Erskines erneutes Erscheinen auf der Bühne der ängstlich-ambitionierten Ehe mit den unruhigen Versuchen, die bürgerliche Szene zu verlassen, birgt für Anaïs das Versprechen, auch in ihrem Schreiben eine ähnliche Freiheit zu erlangen.

Seit der Rückkehr von New York, Mitte Juli 1927, bereitet sich Anaïs auf das Wiedersehen mit John Erskine vor. Seit der ersten Begegnung in Woodstock schreibt sie ihre Texte mit der Frage, ob sie vor seinem Blick bestehen könnten. Sie hat Angst vor dem erwachsenen Schriftsteller und erwartet zugleich alles von ihm. Sie will endlich von einer Vatergestalt akzeptiert, geliebt und bewundert werden. Sie beschäftigt sich mit seinen Romanen und Schauspielen; im Januar ist es «Adam and Eve» – nach Anaïs' Einschätzung eine Dreiecksgeschichte, die von profunder, aber begrenzter Kenntnis der Frauen zeugt und gefühlvolle Zärtlichkeit vermissen läßt. «Erskine braucht Europa, und er hätte es sich ansehen sollen, bevor er ‹Adam and Eve› geschrieben hat... Grenzenlose Traurigkeit ist die hervorstechende Qualität – ‹Lustspiel und Tragödie in einem›.»

Miralles, dessen Seidenschal Anaïs zu Hause wäscht und dem sie zwei gute Zigarren schenkt für seine Reise zu einem Auftritt im Süden, legt zärtlich seinen Arm um Anaïs' Taille, auch wenn sie in der Métro fahren. «Ich lebe doppelt. Ich werde doppelt schreiben», vertraut Anaïs dem Tagebuch an. Die Umarmung, der Kuß haben sie nicht entrüstet. Sie steht einem Bildhauer Modell, schreibt, tanzt jeden Tag und beobachtet Miralles, der sie so anziehend findet, daß er sein ganzes tänzerisches Können an sie weitergeben möchte. Anaïs hat das bedrängende Gefühl, sich in zwei Frauen aufzuspalten. Die eine ist freundlich, loyal, rein, rücksichtsvoll, die andere ruhelos, unrein, merkwürdig handelnd, ausschweifend, herumstreunend, ohne Scheu das Leben suchend und genießend. Ein Dämon, meint sie, für den sie nicht die Verantwortung trage, der frei und unkontrollierbar ist. Sie wird dem nachgehen, daraus erwächst Literatur, denn es hat mit Einbildungskraft und Träumerei zu tun.

Die Mutter kommt vom Tee und erzählt von der Gesellschaft. Anaïs kann nicht zuhören, sie ist anderswo, lebt in einer Geschichte, die sie aufschreiben will; «mehr Dinge stoßen mir zu als tausend Frauen zusammen». Der Vater wird von ihrer Karriere als spanische Tänzerin erfahren, «es macht mir Spaß, mir Vaters Gesicht vorzustellen». Daß Anaïs beabsichtigt, als Tänzerin öffentlich aufzutreten, wird ihm mißfallen, so wie es Hugo mißfällt.

Allerdings muß sich Anaïs überwinden. Wie Erskine festgestellt hatte, daß sie in ihrem Schreiben allzu zurückhaltend sei, kommt ihr auch beim Tanzen ihr altes Problem der Scheu in die Quere.

Gelegentlich besucht sie Abendgesellschaften mit Diplomaten, Dichtern, Musikern. Anaïs kleidet sich extravagant, manchmal mit einem Turban. Jeder scheint sie mit Bewunderung anzuschauen.

Man erkundigt sich nach ihr. Bei einem Konzert von Manuel de Falla, mit dem Anaïs und Joaquin anschließend Gelegenheit zu einem Gespräch haben – er ist ein Freund des Vaters –, sieht Anaïs plötzlich den Vater mit seiner neuen Frau. Sie wird traurig. Weder Joaquin noch Anaïs wenden sich ihm zu.

Die Beziehung zu ihrem Tanzlehrer, der sich in sie verliebt hat, entschärft Anaïs dadurch, daß sie Hugo bittet, am Unterricht teilzunehmen. Auf Gesellschaften führt sie mit ihrem Mann spanische Tänze vor, auch einmal bei dem kubanischen Dichter Armand Godoy. Anaïs beeindruckt mit Körperbewegung und Kleidung. Sie hat ihr Geheimnis: daß sie eine intellektuelle Frau ist, ahnt niemand. Sie ist amüsiert, daß ihr diese Täuschung gelingt. Für den Auftritt erhalten sie 300 Francs, Joaquin erhält für sein Klavierspiel 700 Francs und ist überglücklich. Hugo registriert, daß Anaïs flirtet und angebetet wird. «Du kleiner Teufel…», aber schon verschwindet er wieder in seinen Bankgeschäften, «und ich bin allein gelassen mit meinem Mosaik, mit der Aufgabe, ein Muster, eine Einheit, eine Bedeutung zu finden, nach denen ich all diese kleinen Stücke zusammenfügen kann… Meine Sinne sind wacher als je zuvor.»

Im Mai 1928 brechen Hugo und Anaïs nach New York auf. Hugos Vater ist gestorben. Seine Mutter, sein Bruder John und seine beiden Schwestern sind hilflos. Anaïs sieht Vetter Eduardo wieder. Er berichtet von seiner Homosexualität, er erzählt von seiner Analyse bei einem Schüler des Analytikers Otto Rank. Anaïs wird neugierig.

Den Maynards zeigt Anaïs ihr Tagebuch; warum Seiten fehlen – oh, manches sei zu persönlich. Anaïs will sie in ein Tagebuch einfügen, das von einer anderen Person erzählt, von einem anderen Leben. Richard Maynard rät zur Lektüre von Thomas Uzzel, da könne sie etwas lernen. Nein, sie schreibt lieber instinktiv. Aber man kann nicht jede Wahrheit instinktiv erreichen. Anaïs ist sicher, daß sie ihr Schreiben dadurch nicht beeinflussen lassen wird. Es soll unbewußt und unwissenschaftlich und zügellos bleiben.

Erskine und seine Frau treffen sie in New York. Anaïs ist etwas enttäuscht. Er lacht wie ein Oger, der Menschenfresser in französischen Märchen, während er aus seinem neuen Roman liest. Anaïs fühlt sich klein und traurig. Sie kritisiert seine Gestalt der Eva; uni-

versell soll sie sein, aber in Wirklichkeit ist sie vollkommen amerikanisch. Ob sie zu weit gegangen ist? Sie kann ihr Urteil nicht be-
gründen, fällt es rein intuitiv.

In Paris werden sie von Anaïs' Mutter, von Joaquin und Thorvald
erwartet. Die Tante Anaïs Culmell de Sanchez, die Cousine Antonia und Enrique Culmell mit seiner Frau sind ebenfalls von Havanna zu einem Besuch in Paris eingetroffen. Längst schon erlebt sie
die Familie nicht mehr als Schutz, sondern als Beengung.

Anaïs sehnt sich nach anderen Menschen, nach dem verführerischen Gustavo Morales zum Beispiel, der einen erotischen Roman
geschrieben hat. Sie flirten, spielen mit dem Feuer. Oft denkt Anaïs
an Eduardo. Sie sieht ihn nur selten. Erskine kommt erst in vier
Monaten, im Oktober. Hugos Familie hat sich angekündigt. Anaïs
liebt es nicht, Familienmitglieder durch Paris zu führen und beim
Einkaufen zu begleiten. Sie leben in einer anderen Welt. Sie fühlt
sich gezwungen, die liebenswerte kleine Schwiegertochter und
Schwägerin zu spielen. Das strengt an. Hélène Boussinesq ist dagegen eine wichtige Gesprächspartnerin geworden, auch für Joaquin.
Doch Anaïs' Hauptinteresse gilt zur Zeit nicht dem intellektuellen
Gespräch. Ihr Herz gehört dem Tanz. «‹Flirt› ist eine milde Be-
zeichnung für mein Verhalten» Miralles gegenüber. «Ich liebe es,
Gefühle wachzurufen, es macht mir Spaß, so zu tun als ob.»

Anfang Oktober ist Erskine endlich in Paris mit Frau, Sohn und
Tochter. Anaïs hilft seiner Frau bei der Wohnungssuche, während
Erskine im Hotel bleibt und schreibt. Er ist das Genie. Anaïs muß
aufpassen, daß sie nicht zu kurz kommt. Ihre Schüchternheit Erskine
gegenüber besiegt sie, indem sie eine überzeichnete Rolle spielt, die
einer Französin: das scheint ihn einzuschüchtern. «Seit meiner
Kinderzeit habe ich eine Neigung zum Posieren, bestimmte Haltungen anzunehmen, die Art, wie ich gehe, sitze – woran die Künstler Gefallen fanden. Jetzt, seit ich tanze, bemerke ich, daß es noch
stärker wird. Das macht mich glücklich. Niemand glaubt, daß es
natürlich ist. Aber das macht mir nichts. Ich beginne Nichtwirk-
lichkeit, Künstlichkeit, die in der modernen Kunst so vollkommen
zum Ausdruck kommen, zu lieben.» Ja, es macht ihr wirklich Spaß,
so «zu tun als ob» und Gefühle wachzurufen. Anaïs erzählt
Erskine, wie man in Paris die Liebe einschätzt: als körperliche

Angelegenheit, die nichts mit Kameradschaft oder Liebe zu tun hat. Dann gibt es auch die Liebe zum Leben, die den Menschen immer weiter und weiter zu neuen Erfahrungen treibt. Doch sie schauspielert nur und fühlt sich nicht wohl dabei. Wenn Erskines Frau den Raum betritt, wechseln sie das Thema.

Pauline Erskine vertraut Anaïs in einem Gespräch zu zweit an, sie leide unter der Unruhe ihres Mannes, unter seiner Verführbarkeit, unter seinem Lebenshunger. Er setze sich über seine Loyalität ihr gegenüber hinweg.

Erskines Stimme, sein Denken, seine selbst beim Lachen traurigen Augen faszinieren Anaïs und bereiten ihr schlaflose Nächte. Sie kommen einander näher, indem sie Geheimnisse austauschen. Er ist gern mit Anaïs allein, dann kann er über seine Geliebte Lilith sprechen. Liebe neben der Ehe – das findet Anaïs aufregend.

Warum immer der Kampf um folgerichtiges Verhalten, fragt sich Anaïs; auch Proust hat gesagt: «Es gibt keine Einheit, keinen festen Charakter. Sand, zersprungene Perlenketten, tote Blätter, zerfallene Mosaiken, ein Kaleidoskop.»

Erskines Bewunderung bringt sie in gehobene Stimmung. Auf dem Hintergrund kann sie ganz im gesellschaftlichen Leben aufgehen und genießen, als schöne Frau umschwärmt zu werden. Dinieren mit Scheichs und Königinnen, Teilnahme an Soiréen mit Musik und Dichtung bei den Godoys, Auftritte als Tänzerin, Verabredungen mit Gustavo, Gespräche mit Erskine, Modellstehen für die Prinzessin Natascha Troubetskoy – das Leben ist wie ein Rausch. Anaïs wirbelt sich aus den Grenzen des Puritanismus hinaus. Mutter und Joaquin beargwöhnen ihr Verhalten und machen Vorhaltungen, sie werde Hugos Karriere schaden. Anfang 1929 ist er aufgestiegen zum stellvertretenden Zweigstellenleiter mit Gehaltserhöhung und reist viel, z. B. nach Nizza, Monaco, Mailand, London. Ein Umzug in eine großzügigere Wohnung am vornehmen Boulevard Suchet steht bevor. Wenn Anaïs ihn begleitet, fühlt sie sich in dem gemeinsamen Leben sehr wohl, kann in Ruhe schreiben und braucht weiter nichts. Aber wenn es zurückgeht nach Paris, denkt sie aufgeregt an das Wiedersehen mit John Erskine.

Im April treffen Hugo und sie die Erskines in Beaune, in der Nähe von Dijon. Die gefühlsmäßige Nähe zwischen dem Dichter und Professor und der lebenshungrigen Schülerin Anaïs wächst. Er möchte, daß sie aus ihrem Tagebuch liest. «Ich sehe, daß du eine Dichterin bist, Anaïs, denn in deinem Schreiben kommen Dinge zur Darstellung, die sich in deinem Reden und sonstigen Verhalten nicht zeigen. Es ist dein adäquates Mittel des Ausdrucks.» Vor Hugo lobt er Anaïs' Schreiben über alle Maßen. Die Passagen über seine Person soll sie bewahren, um nach seinem Tod eine Biographie daraus zu machen. Er bewundert Anaïs' Einfühlungsvermögen. Sie hat hinter seinem zur Schau getragenen Humor Bitterkeit und Traurigkeit entdeckt.

Für Anaïs ist die Begegnung mit Erskine ein Wendepunkt ihres Lebens. Erskines positives Urteil gibt ihr Selbstvertrauen. Er versteht etwas von Literatur, er ist kritisch, er hat ein Buch über «The Literary Discipline» (1927) veröffentlicht. Ihm kann sie glauben. Sie spürt, daß sie in Zukunft nicht nur die ängstlich-ambitionierte Frau des Bankers sein wird. Hugo bemerkt das ebenfalls: «Es sieht aus, als würdest du aufhören, nur am Leben zu leiden, sondern beginnen, es zu meistern.» Erskine schreibt in seinem neuen Roman «Sincerity» über eine Frau, die zu ihrem Mann mit intellektueller Aufrichtigkeit zurückkehrt. Doch ihr Gefühl ist unbefriedigt. «Kampf zwischen Ideal und Sinnlichkeit. Wie zum Teufel kann er davon wissen? Auch, daß diese Frau gewisse ‹Erfahrungen› ohne ihren Mann macht, so daß sie nicht mehr offen darüber schreiben kann, und wegen ihrer Verschwiegenheit als Autorin unaufrichtig wird.»

Erskine wäre ein guter Partner für sie. Als Intellektueller und Künstler entspricht er dem idealisierten Vater, aber anders als der Vater lehnt er sie nicht ab. «Auf verschiedenen Wegen erklimmen wir dieselben Gipfel.» Stundenlange Gespräche führen beide über die Frage, was in der Literatur und was im Leben möglich ist. Verliebt ins Schreiben, verliebt in die Gedanken des anderen, sehnen sie sich danach, die literarisch beschworene Liebe in Leben umzusetzen. Das führt schließlich zu Umarmungen, Küssen und Liebesgeständnissen. Alle Bedingungen der ödipalen Situation im Sinne Freuds sind gegeben. Ob sie eifersüchtig ist auf Lilith, fragt Erskine. Nein, ist sie nicht; Lilith «ist die Frau für ihn, so viel älter, klüger, tapferer und *heiterer*. Sie hat ihm mehr zu geben. Ich bin nur sein kleiner Liebling – nur ein bißchen mehr als ein Flirt und für wenige Tage. Er wird endgültig zu Lilith zurückkehren und zu den Flirts mit den vielen Frauen, die ihn nach seinen Lesungen umschwärmen. Sein Leben ist wirklich übervölkert von Liebe.»

Vor seiner Rückkehr nach Amerika nimmt Erskine am 17. Mai 1929 von Anaïs Abschied. Sie begehren einander, sie küssen einander, sie betasten einander. Er möchte ihre Brüste küssen. Anaïs kommt zu ihm, nur mit ihrem spanischen Tuch bedeckt. Sie erinnert sich, in einem seiner Bücher gelesen zu haben, daß man ein Recht darauf hat, den Körper des Menschen zu betrachten, den man liebt. Er trägt sie auf den Diwan. «Er küßte mich, streichelte mich, drang zwischen meine Beine, badete in der Feuchtigkeit meines Begehrens, aber er konnte nicht ganz in mich eindringen. Er war kraftlos. Ein Übermaß des Verlangens und der Gedanke an Hugh hinderten ihn... ‹Wie schön dein Körper ist. Steh auf, ich möchte dich betrachten.› Ich stand auf und löste das Tuch. ‹Der Körper einer Tänzerin, Anaïs – welch kostbares Geschenk, daß ich dich betrachten darf.›» Sie sei ein kleiner Faun mit Brüsten. Anaïs sieht ihn enttäuscht an. Das soll ein Kompliment sein. «‹Aber ein Faun ist keine Frau›, sagte ich. ‹Du bist beides.›»

Erskine ist genauso überrascht, daß er Lilith und Anaïs liebt, wie Anaïs darüber verwundert ist, daß sie Erskine und Hugo liebt. Die Liebe zu Erskine führt zum ersten wesentlichen Bruch in ihrer Beziehung zu Hugo. Wenn sich in der Einheit der Ehe nicht alle Seiten der Liebe entfalten lassen, muß sie dann zurückstecken – oder gibt es eine andere Lösung? Anaïs sucht die Krise mit der Erfindung einer Ideologie zu bewältigen, nach der sich ihre Zukunft gestalten wird:

«Ich füge Hugo nichts Böses zu. Letztlich will er meine Liebe und mich. Beides gehört ihm immer noch. Ich habe die Kraft, mich zu vervielfältigen. Ich bin nicht *eine* Frau... Eines Tages werde ich einen Roman schreiben über eine Frau, die Männer liebte, als sie sorgenvoll, niedergeschlagen, unglücklich, erfolglos waren, und sie so lange liebte, bis sie über das Leben triumphierten, ihr Ziel erreichten, ihre Ambitionen befriedigten – und danach alles Interesse an ihnen verlor. Denn sie war mehr als eine Frau, sie war eine Künstlerin – eine Lebensspenderin, befaßt mit Kampf und Aufbau, nicht mit Höhepunkten.»

Die Trennung von Erskine überwindet sie, indem sie die neue Wohnung am Boulevard Suchet ausgestaltet. Sie gibt ihr eine orientalische, fremdartige Atmosphäre. Luxuriös wirken Vorhänge und Möbel, die wieder nach eigenen Vorstellungen angefertigt werden, auch der Schreibtisch. Schwiegermutter und Schwägerinnen sind voller Bewunderung für Anaïs'gestalterisches Können.

Das Verhältnis zu Erskine faßt Anaïs in einem Motto zusammen, das sie einem Roman (Arbeitstitel «The Rot») voranstellt: «Sie sah einen weiten Kreis, der um sie herum gezogen war. Er bestand aus Flammen. Zusammen mit zwei Männern war sie eingezirkelt. Sie war gefangen.» Weiter heißt es in dem Roman: «Sie fürchtete sich vor der Stunde, wenn der Briefträger kam. Sie mußte sich eifrig beschäftigen, so daß er glauben würde, sie wäre von ihrer Tätigkeit ganz in Anspruch genommen… Jeder Tag, an dem er den Brief, den sie erwartete, nicht brachte, war ein kleiner Tod…

Sie hatte nicht erwartet, daß seine Briefe die Höhepunkte ihrer Gespräche erreichten; er war ja nicht unklug. Sie erinnerte einen seiner Aussprüche: ‹…diese Menschen mit ihrer Leidenschaft zur Exhibition ihres Privatlebens. Ein Schriftsteller sollte niemals Briefe schreiben.› Aber sie hatte nicht erwartet zu hören, daß er in einen anderen Teil der Stadt ziehen würde, daß die Proben zu seinem neuen Stück am Fünfzehnten beginnen und daß er abgenommen hätte.

Vielleicht war Mary der Grund. Als Alan sie wiedersah, tat es ihm wahrscheinlich leid, daß er für eine Stunde vergessen hatte, daß er zu ihr gehörte. Was das Teilen von Besitz anging, war Alan sehr kategorisch: er gehörte Mary und sollte keine schwärmerischen Briefe schreiben; sie gehörte Duncan und sollte keine schwärmerischen Briefe erwarten.»

In diesem zweiten Entwurf eines Romans, der sich, anders als der erste, schließlich in eine Aneinanderreihung unzusammenhängender Szenen auflöst, folgt Anaïs wieder ihren Tagebucheintragungen, die eine außerordentliche Episode ihres eigenen Lebens dokumentieren. Wie bei «Aline's Choice» wird dieser Text mit einer Szene eröffnet, die einer Grunderfahrung aus der Kinderzeit entspricht: das aufgeregte Warten des Kindes auf die Briefe des Vaters.

In Erskines Briefen entfaltet sich nicht ein sehnsuchtsvolles Erinnern. Anaïs ist enttäuscht. Verwirrt stellt sie fest, daß sie auf ganz verschiedenen Ebenen leben. Immer der vergebliche Wunsch, Antworten zu erhalten, die zu ihren phantastischen Erwartungen und Fragen passen. Wenn sie in der Kinderzeit den Vater gefragt hatte, warum Hunde so gern mit kleinen Kindern spielen oder was das Meer dazu bringt, so salzig zu sein, erhielt sie Antwort auf der Ebene realistischer Weltbetrachtung: «Schlag im Konversationslexikon nach!»

Als Briefeschreiber und als Liebhaber ist Erskine zwar eine Enttäuschung für Anaïs, aber als Literaturkritiker hat er in seinem Essay über «Originality in Literature» etwas geschrieben, das auch für Anaïs' Texte gelten kann: «So wird die Menschheit dem wahrhaften Dichter zuhören, der ihre halbrealisierten Persönlichkeiten vervollständigt.»

Es wird zum Programm der Schriftstellerin Anaïs Nin, den Pragmatikern und Realisten die Hälfte der Welt nahezubringen, die im Konversationslexikon nicht zu finden ist. Während eines ihrer vielen Ferienaufenthalte in Caux (Schweiz) hat Anaïs Mitte September 1929 endlich die zündende Idee, wie sie über ihre fragmentarischen Beschreibungen im Tagebuch hinausgelangen kann: Sie formt sie zu kurzen, in sich geschlossenen Erzählungen um. Sie meint, beim Tagebuchschreiben habe sie gelernt, sich über das konventionelle Ausmalen von Details hinwegzusetzen und direkt zum Kern einer Erfahrung vorzudringen. Verschiedene Passagen im Tagebuch fügen sich auf rätselhafte Weise zusammen.

Hugo fährt für zwei Tage in Bankgeschäften nach Mailand, und Anaïs schreibt eine ihrer schönsten Erzählungen: «Tishnar». Hugo meint, nachdem er sie gelesen hat: «Das ist vollkommen, absolut vollkommen.» Für Anaïs ist der Produktionsprozeß mit einer Freude verbunden, die direkt nach der Liebe rangiert. «Der Samen davon war in meinem Tagebuch. Eine einfache Version davon hatte ich in Port-Royal geschrieben. Diese neue Version hat mich zwei Tage lang gequält; die Idee wollte nicht klar genug herauskommen, zugleich ließ sie mich nicht los. Schließlich kam heute morgen alles mit einem Schlag, und ich schrieb bis zum letzten Wort, ohne irgend etwas zu ändern.» Der Text ist drei Seiten lang. Es geschieht eigentlich nichts. Eine Frau geht durch den Nebel in Paris und fährt mit einem Bus, aus dem niemand aussteigen und in den niemand einsteigen kann; ein Passant springt auf und wird abgewiesen.

In dieser Minimalisierung des «realen» Geschehens scheint eine andere Dimension – die andere Hälfte – auf, indem es zur Intensivierung einer seelischen Bedeutung kommt: das Gedankenspiel der Frau, in einer ganz anderen Welt leben zu können, wird zwingend. Die Frau kann aus dem Bus mit dem Ziel «Andere Welt» nicht mehr aussteigen. Dabei verfehlt sie die Erfüllung des gegenläufigen Wunsches, daß ihr Leben bleibt, wie es war: glücklich verbunden mit einer Sehnsuchtsgestalt (der abgewiesene Passant bleibt zurück).

Anaïs Nins Erzählungen vom Ende der zwanziger Jahre erhalten ihren Sinn meist durch eine überraschende Wendung kurz vor dem Ende. Auf der Ebene realistischer Weltbetrachtung erschließen sie sich nicht. Der Leser muß sich auf den Doppelsinn des Symbolischen einlassen, wie etwa bei Maurice Maeterlinck – auch wenn sie auf den ersten Blick sprachlich und inhaltlich glatt zu sein scheinen.

In der Erzählung «Ungenutzte Zeitlosigkeit» steigt eine junge Frau in ein Boot und läßt sich den Fluß entlang ins Leben hinaus treiben. An allem Festen vorbei. Am Ende jedoch sagt sie: «Am Ufer war immer nur das Übliche zu sehen, und darüber hinaus gab es keine Welt.» Vergeblich sucht sie die vielversprechende, große, ganz andere Welt. Hat sie resigniert? Wohl nicht. Denn in der Umrahmung der Erzählung steckt zugleich eine andere, gegenläufige Botschaft. Eine Glyzinie, die zu Beginn der Erzählung gezwungen wird, nach einer bestimmten Richtung zu wachsen, hat sich am Schluß doch ihrem natürlichen Wachstumstrieb folgend in ihre eigene Richtung entwickelt. Vergeblich suchen wir Triebe zu beherrschen, sie brechen sich Bahn, selbst wenn wir wissen, daß es eine wunderbare, ganz andere Welt nicht gibt.

«Unser Gemüt ist voll ungeheuerlicher, zwittriger, nicht zu bewältigender Gefühle», schreibt Virginia Woolf 1927. «Daß die Erde dreitausend Millionen Jahre alt ist; daß das Leben nur eine Sekunde währt; daß das Fassungsvermögen des Menschengeistes dennoch grenzenlos ist; daß das Leben unermeßlich schön und doch abstoßend sein kann; daß unsere Mitmenschen anbetungswürdig, aber abscheulich sind; daß Wissenschaft und Religion miteinander den Glauben zerstört haben; daß alle einigenden Bänder gerissen zu sein scheinen und doch einige Bändigung bestehen muß – in dieser Atmosphäre von Zweifel und Zwiespalt ist der Schriftsteller heute zu schaffen gezwungen…»

Vergeblich wendet sich Anaïs Nin an einen Literaturagenten, Francis Jones, in New York. Jones gefallen die Erzählungen zwar, sie seien ungewöhnlich; aber die Magazine scheinen das Ungewöhnliche nicht zu schätzen, gibt er zu bedenken. Ihre frühen Erzählungen sieht Anaïs Nin im Rückblick als Mittel, sich aus «Gefangenschaften und Abhängigkeiten» zu lösen, als «Fluchtweg in die Freiheit». Damit gelangt sie allerdings nicht in die leichte Atmosphäre einer Wunderwelt, sondern gerade in die offene Auseinandersetzung mit Zweifel und Zwiespalt.

Schreiben, Lesen und Lieben bleiben für Anaïs Nin wesentliche Quellen des Glücks. Wenn sie auch Ende der zwanziger Jahre das Tanzen als Belebungsmittel liebt, «als hätte ich den Teufel im Leib», sind es letztlich doch Bücher und Liebe, die sie immer neu in Schwung bringen und aus «nervösen Depressionen» hinausführen.

Irgendwo hört sie, daß Bücher wie Drogen wirken können. Mag sein, aber für sie sind sie Dynamit. «Bücher bringen mich in Erregung. Ich explodiere. Ich springe in die Höhe. Mein Leben verwandelt sich. Ich räume mit meinen schlaffen Gedanken auf. Ich desinfiziere die hinfälligen Traditionen. Ich rüttele meine erstarrten oder ererbten Haltungen auf. Bücher formen mich auf vielfältige Weise um, sie machen mich aufrührerisch und aktiv. Nein, sie stürzen nicht wie eine Lawine über mich und begraben mich im Lehnstuhl, am Kamin… Sie halten mich wach und aufmerksam, und fast jede Woche führen sie zu einem heftigen Ausbruch und tragen mich zu neuen Plätzen, die manchmal auf der anderen Seite der Welt liegen.»

Entscheidend für ihr ganzes weiteres Leben wird für Anaïs Nin die Begegnung mit den Büchern des D. H. Lawrence. «Ich habe ein merkwürdiges und wunderbares Buch gelesen (‹Liebende Frauen›), eine Beschreibung von Gefühlen, von bewußten und unbewußten sinnlichen Erfahrungen, von Gedanken und vom Körper als Umschrift des Geistes, der jedoch behandelt wird, als führe er ein Eigenleben…» Lawrences Sprache bewundert sie, eine eigenartige Sprache, deren Worte «gequält», «verdreht» und «mißhandelt» werden. «Und er befaßt sich auch mit Ekel und Ekelhaftigkeit, einem individuellen Gefühl, das selten auf so absurde Weise mit Liebe in Verbindung gebracht wird, allenfalls von Menschen, die sich in Gefühl aufgelöst haben, so daß alles ineinander verfließt. Abgesehen davon hat er eine geheimnisvolle Macht über menschliches Leben und sieht tiefer als jeder, den ich kenne.» Es beeindruckt sie, wieviel Aldous Huxley und D. H. Lawrence wissen. «Sie wissen mehr als John [Erskine]. Sie sind ohne Angst; sie haben sich nahezu selbst zerstört, um zu wissen; sie haben ihr persönliches Leben aufs Spiel gesetzt, ihren Charakter...»

Anaïs fühlt sich manchmal alt, müde, langweilig. Daß sie auf einer Weihnachtsparty mit ihren sechsundzwanzig Jahren und als verheiratete Frau von den Zwanzigjährigen gern zum Tanzen aufgefordert wird, ist ihr eine willkommene Erinnerung daran, daß auch ihr Leben in seinen Anfängen verharrt und sich noch in alle möglichen Richtungen entwickeln kann.

Ein merkwürdiges Gespräch führt sie einmal mit einer sechzigjährigen Diplomatenfrau. Ob es Anaïs gelingt, das Alleinsein tagsüber zu bewältigen, ohne Liebhaber, möchte die Dame wissen und besteht darauf, daß es ganz natürlich sei, wenn man zwei Männer liebt. Begierig möchte sie an Anaïs' Problemen Anteil nehmen und rät ihr insgeheim, als würde sie ihre eigenen Wünsche formulieren, sich einen Liebhaber zu nehmen. Die Unruhe hört also niemals auf, denkt Anaïs, nicht einmal im Alter; aber, beruhigt sie sich, da sie schöpferisch ist, meint sie die Energie für andere Liebesverhältnisse auf das Schreiben übertragen zu können.

Sie arbeitet. Doch Lawrences Bücher stören sie auf, so sehr, daß sie darüber zu schreiben beginnt. «Wieder und immer wieder erkenne ich mich selbst in seinen Beschreibungen von Frauen.» Sie meint zu entdecken, daß einige Geschichten, die sie früher geschrieben hat, der Sichtweise von Lawrence nahekommen. Seine Texte schenken ihr Mut für ihre eigenen Erzählungen. Im März 1930 stirbt D. H. Lawrence. Anaïs ist wie betäubt; ihr Brief mit Kommentaren zu seinen Büchern liegt in der Schreibtischschublade. Unter Lawrences Einfluß beendet sie eine weitere umfangreiche Erzählung: «The Woman No Man Can Hold». Joaquin liebt den Text und ist stolz auf Anaïs. Hugo ist gerührt, hält ihn für ein Meisterwerk und verspricht, Anaïs' Stil nicht mehr verbessern zu wollen.

«Melisendra», die spanische Version von Mélisande, soll ihr Künstlername sein. Maeterlincks Drama «Pelléas et Mélisande» wurde als Oper von Claude Debussy in Paris 1902 uraufgeführt, ein Jahr vor Anaïs' Geburt. Mélisande ist darin die Gestalt der unschuldig Liebenden.

In Paris bringt Anaïs Nin ein paar Manuskripte, darunter ihren Essay über D. H. Lawrence, «Sex or Mysticism», zu Edward W. Titus, der in seiner Black Manikin Press Texte von Rimbaud, Arthur Schnitzler und Baudelaire herausbringt und die Zeitschrift «This Quarter», in der Texte junger, unbekannter Schriftsteller erscheinen. 1929 hat Titus die erste unzensierte Volksausgabe von Lawrences «Lady Chatterley's Lover» publiziert. Er scheint interessiert, hält sie für eine von den neuen Persönlichkeiten, die etwas zu sagen haben, meint aber, daß sie ihre Texte sprachlich überarbeiten muß. Ihr Lawrence-Artikel erscheint 1930 im Oktoberheft des «Canadian Forum». Sie nimmt all ihren Mut zusammen und trägt auch einige Manuskripte zu Sylvia Beach, Shakespeare & Co, und bittet um ein Urteil. Aber Sylvia nimmt sich nicht die Zeit dafür.

Die Arbeit über Lawrence ist ein Liebesbeweis, keine professionelle Analyse mit Anspruch auf Objektivität. Anaïs ist Lawrences Büchern dankbar. Sie geben ihrem Drang nach Entfaltung eine Berechtigung. Lawrence entwickelt eine Sicht vom Menschen, die den herrschenden Werten der westlichen Kultur offen den Kampf ansagt, da sie verlogen sind. Vom eigenen Gefühlsleben, vom sogenannten Instinktiven und von der Intuition soll sich der Mensch leiten lassen. Er verfehlt seine Kreatürlichkeit, erstarrt und verbildet sich, wenn er Rationalität und tradierte Moral zum Fetisch macht.

Anaïs beginnt zu begreifen, daß sie bei Erskine vergeblich das Ideal gesucht hat, das D. H. Lawrence beschreibt. Erskine hat Sinnlichkeit nur in einem Ausnahmezustand zugelassen. Sein Leben und Schreiben bleiben davon unberührt, so daß ihm auch die poetische Gestaltung der Gefühlswelt nicht gelingt. Das Wiedersehen mit Erskine 1931 in New York bestätigt diese Einsicht.

Neben D. H. Lawrences Weltanschauung findet Anaïs einen zweiten Katalysator für ihre Weiterentwicklung in den Theorien der Tiefenpsychologie. Vetter Eduardo, der 1930 nach Paris kommt, weist Anaïs ausdrücklich auf die Bücher von Sigmund Freud, C. G. Jung und Alfred Adler hin.

Eduardo hilft Anaïs bei der Renovierung des Landhauses, das Hugo, Anaïs, Joaquin und die Mutter in Louveciennes Ende des Jahres beziehen. Es liegt eine halbe Stunde Bahnfahrt von der Gare Saint-Lazare entfernt. Nach dem Börsenkrach Ende 1929 sehen sie sich gezwungen, die luxuriöse Wohnung am Boulevard Suchet, gegenüber dem Bois de Boulogne, aufzugeben, wo die Mutter und Joaquin auf derselben Etage gewohnt haben. Hugo unterstützt beide finanziell.

In Louveciennes hat Anaïs Angst, hinter dem hohen Gartentor eingeschlossen zu sein, weitab vom aufregenden Geschehen der Stadt, das ihr seit geraumer Zeit doch sehr gefällt. «Ich bin noch so neugierig, hungrig, so ruhelos… diese Art von Leben habe ich mir für später, viel später gewünscht.» Sie sparen, damit Hugo möglichst bald seinen Bankberuf aufgeben kann; 21 000 Francs im Jahr werden sie durch den Umzug an Miete sparen. Hugos Spekulation mit Aktien hat zu großen Verlusten geführt, und durch den gefallenen Dollarwert sind ihre monatlichen Einnahmen beträchtlich gesunken. Nicht weil Hugo sonderlich viel verdient hatte, sondern weil der Dollar so hoch im Kurs stand, ging es ihnen in Frankreich bislang finanziell recht gut. Besorgt fragt sich Anaïs nun, ob ihr das finanzielle Debakel, der Verzicht auf Luxus und Extravaganzen zu schaffen machen wird, ob Auftritte und Selbstsicherheit darunter leiden werden. Die Psychoanalyse eröffnet sich Anaïs gerade zum rechten Zeitpunkt; nicht die äußeren Werte, die seelischen Werte sind es, die zählen.

Außerdem wird sie in dem neuen Haus endlich «ein Zimmer für sich allein» haben, nach Virginia Woolf eine entscheidende Voraussetzung für die Selbständigkeit der Frau.

Lange schon hegt Anaïs insgeheim den Verdacht, daß ihre Selbstanalyse im Tagebuch nicht wirklich zur Selbsterkenntnis führt. Trotzig besteht sie auf ihrem Recht, «was der Wirklichkeit fehlt», durch «eine wunderschöne Lüge», durch Phantasieren und Idealisieren herbeizuzaubern, aber sie spürt auch, daß die in den Hintergrund geschobenen Probleme immer wieder hervorkommen. In erster Linie sind es Probleme in ihrem Verhältnis zu Hugo. Mit Eduardo spricht sie in aller Offenheit nicht nur über das Schreiben, auch über die Art ihrer langjährigen Freundschaft und über die Art seiner Sexualität; er ist homosexuell. Dennoch macht Eduardo Anaïs Avancen. Das schmeichelt ihr.

In der Erzählung «Unsere Seelen sind verlobt» wird sie die Geschichte ihres Wiedersehens analysieren. Warum er sie nie berührt habe, fragt sie ihn traurig. Er ist besessen von der geistigen Verbindung zwischen ihnen. In der Erzählung heißt es: «Ich möchte dich lieben. Ich wünschte, die geistige Verbindung wäre nicht als erste dagewesen. Ich wünschte, wir hätten nie mit dem gemeinsamen Träumen begonnen, denn nun kann ich dich nicht berühren, es ist ein Schleier zwischen uns... Sie genoß es, so bei ihm zu sitzen, Schulter an Schulter, spürte den Kontakt, spürte seinen zärtlichen Blick auf ihrem Körper, spürte das leichte, unwirkliche Beben in ihm, ein geistiges Beben, eine geistige Leidenschaft – nur ein Anflug von Verlangen ... Er war besessen von seiner Unfähigkeit, das zu besitzen, zu beherrschen und festzuhalten, was er bewunderte, und so rief er: ‹Sei klein, sei einschmeichelnd, warm und geistlos, damit ich meine Stärke fühlen kann.›» Die Moral von der Geschichte: es geht nicht an, daß ein Mann, um seine eigene Stärke fühlen zu können, erwartet, daß sich die Frau kleinmacht.

Anfang 1931 beschäftigen sich Hugo und Anaïs mit C. G. Jung und Freud. Schon seit längerer Zeit lesen sie die von Eugene Jolas 1927 gegründete englischsprachige Avantgarde-Zeitschrift «transition». Alle modernen Schriftsteller und Maler sind in «transition» repräsentiert: Samuel Beckett, Paul Bowles, Kay Boyle, Georges Braque, Alexander Calder, Giorgio de Chirico, Ernest Hemingway, James Joyce, Franz Kafka, Paul Klee, Man Ray, Pablo Picasso, Katherine Anne Porter, Rainer Maria Rilke, Gertrude Stein, Tristan Tzara, William Carlos Williams. Anaïs entdeckt, daß es noch ganz andere Möglichkeiten des Schreibens gibt als ihre bisherigen zarten, psychologisierenden Geschichten. Sie spürt immer stärker das Verlangen, ihre bürgerliche Welt zu verlassen. Es werden auch psychologische Themen wie die Halluzination und andere Phänomene des Sur-Realen abgehandelt. Hugo spricht über seine merkwürdige Art, selten «ganz da» zu sein, und ist dankbar, daß Anaïs das als sein

Verweilen im Visionären würdigt. Bei einem Ferienaufenthalt auf Mallorca im Juli 1931 faßt Anaïs den Entschluß, Analytikerin zu werden.

Sie beschäftigt sich mit Freuds Konzept von der Angstneurose und findet wie jeder sensible Mensch alle Symptome bei sich selbst. Hatte sie bis dahin geglaubt, sie könne ihre Neigung zum Doppelleben, ihre Nervosität und Morbidität durch Kreativität überwinden, so gibt sie sich nun zum erstenmal geschlagen. Sie gesteht sich ein, daß sie das Erlebnis mit Erskine und das Gefühl des Im-Stich-gelassen-Werdens nach seiner Abreise nicht verarbeitet hat; und sie gewinnt die wichtige Einsicht, daß sie ihrem Tagebuch nicht die ganze Wahrheit mitteilt. Was sie verwirrt und beängstigt hat und was sie nicht hinreichend erklären konnte, hat sie weggelassen. Ersteres würde Freud «Unvereinbarkeit mit dem Ich» nennen. Sie versteht nun, daß sie solche Erfahrungen als nicht zu ihr gehörend geleugnet hat. Es beglückt sie, in der Psychoanalyse eine Denkweise zu finden, die ihr liegt.

Gefühle des Gespaltenseins beunruhigen sie. Also beginnt sie, die Psychoanalyse vollkommen mißverstehend, mit ihrer eigenen «Kur» oder Selbstanalyse. Kindheitserinnerungen: Unbewußt ist sie von der Kinderzeit an in einem Zustand der Verliebtheit befangen gewesen, was bis zu ihrem neunzehnten Lebensjahr nichts mit Sexualität zu tun gehabt hat. Als sie durch Hugos Umarmungen erregt wurde und die Mutter um Aufklärung bittet, erfährt sie im Alter von neunzehn Jahren, daß der sexuelle Akt dem Urinieren des Mannes ähnele. Das kommt ihr nicht gerade schön vor. Sie erinnert, wie sie einmal in der Jugendzeit durch ihr Spiegelbild in Erregung geraten war. Erst zwei Jahre nach der Eheschließung ist ihre Sinnlichkeit erwacht, mit erotischen Tagträumen, in denen Gewalt und extremes Verhalten wichtig sind. Seit geraumer Zeit spricht sie mit Hugo über ihr sexuelles Begehren und hofft, ihre Ehe dadurch zu retten, daß sie die konventionellen Schranken bürgerlicher Höflichkeit außer acht lassen. Ihre Nervosität sieht sie darin begründet, daß sie bei Männern eine Liebe provoziert, die nicht sinnlich werden darf. Das ist die Kehrseite der Idealisierung, die ihr im übrigen sehr gefällt. In kühner Selbstüberwindung trägt sie in ihr Tagebuch ein: «Wenn eine Frau nicht auch die Rolle einer Prostituierten übernimmt, einer Frau, die etwas von Liebesspielen versteht, ist sie nur eine halbe Frau.»

Nach dieser «Selbstanalyse» nimmt sie Hugo ins Visier und macht aus ihm ihren «ersten Fall». Seine körperliche Anfälligkeit und Nervosität führt sie auf traumatische Erfahrungen in der Kindheit zurück. Hugo «beichtet» Anaïs seine kindliche Exhibition sowie sexuelle Spielereien mit dem Bruder und einer Schwester. Hugo und Anaïs sind auf neue Art miteinander glücklich, da sie einander verstehen.

Hugo findet Mut, Anaïs direkt danach zu fragen, welche Bedeutung Erskine für sie hat. Aber Anaïs kann mit Geheimnissen leben. Was die Sexualität angeht, hatte die Ehe einen schwierigen Start. Ein Jahr lang war Hugo nicht imstande gewesen, Anaïs zu entjungfern, so daß sie das Gefühl hatte, er liebe sie nicht, und Angst hatte, sich falsch entschieden zu haben. Die ganze Geschichte mit Erskine erfährt Hugo erst, als sie im Oktober 1931 in New York sind und Anaïs sich innerlich von Erskine löst. Hugo und Anaïs kommen überein, sich nicht scheiden zu lassen.

Was ist nun wichtig, was zählt, was ist wahr? Traum, Wunsch, Aktion, Lüge, Einschränkung, Beständigkeit, Disziplin? Oder sind wir verpflichtet, alles zu werden, was wir nur irgend werden können? Wann machen wir uns schuldig? Wo wäre ein verbindliches Maß? Was sind Täuschung, Illusion, Lebenslüge? Was sind Wahrheit, Realität, Eigentlichkeit? Ist derjenige im Recht, der an einer installierten Lebensform festhalten will? Er hat jedenfalls herkömmliche Moral und gesellschaftliches Interesse an der Kalkulierbarkeit des einzelnen auf seiner Seite. Aber ist seine «Tugend» nicht in der Angst begründet, sich in den Strom von Erlebnissen zu stürzen, die niemals zur Quelle zurückfließen, zu Ursprung und Einheit? Gilt vielleicht nur die stakkatoartige Folge eines Jetzt-Jetzt-Jetzt? Oder sollten wir ein kohärentes Lebenssystem aufbauen, das mit der Errichtung von Tabus gesichert werden muß?

Wer kann das wissen?

Vielleicht werden wir dem Leben nur gerecht, wenn wir die tausendundeine Möglichkeit experimentierend wahrnehmen – in der einen Geschichte, die unser Leben ausmacht.

Anaïs Nin-Guiler ist auf dem Weg, das herauszufinden. Gehetzt wirkt das manchmal, außer Atem, kopflos, als müßte sie sich ihrer Lebendigkeit eigens vergewissern, indem sie sich ins Leben stürzt. Wie eine, die auszieht, das Fürchten zu lernen.

Aus den Probierbewegungen der Anaïs Nin in den verschiedenen Ausdrucksfeldern der Kunst – Malerei, Tanz, Modellieren, Kostümdesign, Innenarchitektur – drängt immer stärker der Wille zum schriftlichen Ausdruck in den Vordergrund. Schreiben als Ekstase eigener Art: Mit Worten sichert sie die Spuren ihres Handelns und gewinnt das Gefühl, nicht Opfer, sondern autonome Gestalterin zu sein.

AUF DER SUCHE
NACH DEM ANDEREN
(1931–1939)

1. Verhältnis:
Sexualität und Literatur

EDWARD W. TITUS, den Anaïs im Januar 1931 noch einmal mit ihrem Roman «The Woman No Man Can Hold» aufgesucht hat, erwähnt einen Freund in London, der dringend ein Buch über Lawrence bringen möchte. Anaïs blufft, sie hätte eben eines geschrieben. Titus möchte es sehen. Anaïs will es noch überarbeiten, aber in zwei Wochen wird sie das Manuskript bringen. Sie macht sich an die Arbeit, schreibt am Tag darauf 5000 Wörter, bespricht sich mit Eduardo – und in sieben Tagen hat sie, mit Hugos Hilfe, 22500 Wörter geschrieben. Am 2. Februar 1931 ist das Buch fertig. Endlich wird ihr erstes Buch erscheinen. Hugo möchte nicht, daß das Buch unter ihrem Namen veröffentlicht wird. Ihr Name als Schriftstellerin wird daher Anaïs Nin sein.

Anaïs macht keinen Hehl daraus, daß ihr besonders gefällt, wie Lawrence die Sexualität aus dem Dunkel hervorholt. «Man lebt so dahin, geborgen in einer Welt der Empfindsamkeit, und man glaubt zu leben. Dann liest man ein Buch (‹Lady Chatterley› zum Beispiel), oder man macht eine Reise und entdeckt, daß man nicht lebt, sondern in einen Winterschlaf versunken ist... Monotonie, Langeweile, Tod. Millionen leben so (oder sterben so), ohne es zu wissen. Sie arbeiten in Büros. Sie chauffieren einen Wagen. Sie picknicken mit ihren Familien. Sie ziehen Kinder auf. Und dann trifft sie ein Schock, ein Mensch, ein Buch, ein Lied, und weckt sie auf und rettet sie vor dem Tode.»

Sich an tote Ideale klammern, schreibt Lawrence, das bedeutet sterben. Mit leichter Ironie schildert Anaïs ihre Situation: «An schlimmen Tagen wandere ich an den Gleisen der Eisenbahn entlang. Da ich aber nie gelernt habe, einen Fahrplan zu lesen, tue ich es nie zur richtigen Zeit; ich werde müde, bevor der Zug kommt, der mich von den Schwierigkeiten zu leben erlösen sollte, und gehe wieder nach Hause.»

Es sind gerade diese Verfassungen, die sie zum Schreiben drängen: Angst, Verzweiflung, Aussichtslosigkeit. «Das Tagebuch lehrte mich, daß es die Augenblicke der Krisen sind, in denen der Mensch am deutlichsten sichtbar wird.» Die Lebensgeschichte der Anaïs Nin hat sie nicht auf Harmonie programmiert. Das frühe Entwurzeltwerden, die Erfahrung von Trennung und aufkommender Sehnsucht, der Versuch, sich eine Außenhaut anzulegen (Masken, Rollen, Kostüme), die wie erkaltete Lava die inneren Eruptionen schützt und verbirgt, deuten auf ihr außerordentlich bewegtes Seelenleben hin.

Anaïs' Lebensweg widerlegt die These, die Handlungen des Menschen seien wesentlich auf Herstellung von Harmonie, Ruhe und Gleichgewicht gerichtet. Anaïs jedenfalls ist in dieser Zeit (1931) keine Äquilibristin, die von außen oder innen wirkende Störungen um jeden Preis ausgleichen will. In ihrem Interesse, sich selbst in «Augenblicken der Offenbarung» am «deutlichsten sichtbar» zu werden, zeigt sich ein unbürgerlicher Wesenszug des Menschen, den die Kultur der Alten wie der Neuen Welt zumeist dem Künstler vorbehalten hat. Es ist ein merkwürdiges Phänomen der westlichen Kultur, das Ausloten seelischer Tiefen nur einzelnen Repräsentanten der Kultur zuzugestehen (neben dem Künstler dem sogenannten Gescheiterten) und dagegen das Maß des Normalen zu setzen, das in der Erhaltung einer einmal gefundenen Lebensfigur gesehen wird.

Auch Anaïs Nin hat sich bemüht, in der Gestaltung des kultivierten Heims mit seinen Geselligkeiten die ihr zugemessene Aufgabe zu sehen. Mit Selbstvorwürfen und Schuldgefühlen begegnet sie ihrer Ungebärdigkeit, die immer wieder den Ausbruch probt, bis Anaïs schließlich wagt, ihrer eigenen Entwicklung Spielraum zu lassen. Auf den ersten Blick erscheint das wie eine Entfesselung destruktiver Gewalten. Bei eingehender Betrachtung zeigt sich jedoch ein Verlangen, das Leben nach all seinen Entfaltungsrichtungen wirklich in Erfahrung zu bringen. Die allzu eilig übernommene feste Lebensgestalt hat einen Gegenlauf vorbereitet, der für Anaïs dadurch besonders attraktiv wird, daß er eine Wiederbelebung früher Seelendramatik verspricht.

Anfang der dreißiger Jahre beschreibt Anaïs ihre «Seele», ihr «Ich», ihr «Heim», ihr «Leben» als «ein wohlausgerüstetes Laboratorium…, in dem noch keines der lebenswichtigen fruchtbaren oder zerstörerischen explosiven Experimente begonnen hat». Es ist etwas in ihr, das sie «in unbekannte, unerforschte, gefährliche Gebiete» treibt. «Ich erweitere mein Selbst, dehne es aus; ich will nicht nur *eine* Anaïs sein, geschlossen, alltäglich, begrenzt.»

Die Explosivkräfte des Seelischen, die in Gestalt der Sexualität ihren durchschlagendsten und einfachsten Ausdruck finden, können in zweierlei Richtung Probleme schaffen. Einmal können sie dazu führen, daß der Mensch in Zwangsformen von Abwehr und Selbstabsicherung erstarrt, zum anderen können sie ihn zum Spielball polymorpher Triebbefriedigung machen, so daß er sich aufzulösen droht.

«Die Vorstellung einer Vielheit der Ichs hat mich immer beunruhigt. Manchmal ahne ich darin große Möglichkeiten und manchmal Krankheit, etwas Wucherndes, so gefährlich wie Krebs. In dem ersten Bild, das ich mir von den Menschen meiner Umgebung machte, waren alle zu *Ganzheiten* geordnet, während ich selbst aus einer Vielzahl von Ichs, aus Fragmenten bestand. Ich erinnere mich, wie sehr mich als Kind die Entdeckung, daß wir nur ein Leben haben, bestürzte. Es scheint mir, daß ich diesen Mangel durch vielfältige Erfahrungen auszugleichen trachtete, aber vielleicht glaubt man das immer, wenn man seinen Impulsen folgt und von ihnen in verschiedene Richtungen gedrängt wird.»

In der Erfahrung einer ‹Vielheit von Ichs› belebt sich ein Problem, das bereits die Intellektuellen wie die Wissenschaftler im ausgehenden neunzehnten Jahrhundert beunruhigte. Paul Bourget gab ihm den Namen «décadence». Friedrich Nietzsche übernahm ihn und gab dem Phänomen seine psychologische Interpretation, indem er im Grunde allen Verhaltens und Erlebens eine Vielheit von Kräften wirksam sah. Damit wandte er sich gegen das tradierte Bild, das Welt und Menschen dem Ganzen einer Schöpfung zugehörig vorstellte mit der Annahme, daß der Mensch in diesem Ganzen einen festen Platz innehat. Das Seelenleben wurde bis dahin als ein in Raum und Zeit konstantes Gebilde angesehen, als Charakter oder als einheitliche Persönlichkeit. Daher sprechen die Psychiater hinsichtlich des Phänomens einer «Vielheit von Ichs» von ‹degénérescence› (Entartung).

D. H. Lawrence sieht die Probleme der Kultur des beginnenden zwanzigsten Jahrhunderts in der Abspaltung leib-sinnlicher Lebenserfahrung von einem intellektuell-technisch-mechanisch ausgerüsteten Erfolgsstreben. Im Instinktiven, Sinnlichen, «Primitiven», in dem, «was unser Blut fühlt und glaubt und sagt», verortet er «Wahrheit». Mit Blut-und-Boden-Ideologien hat das nichts zu tun. Geistige Konstruktionen und Ideologien, Oberflächenmoral und technologischen Ehrgeiz attackierte Lawrence wegen der allen gemeinsam innewohnenden Mechanik, die der leiblichen Konstitution des Menschen feindlich und abtötend gegenübersteht. In der leibgebundenen «Fühlung», die den Menschen zunächst mit sich und den anderen verbindet, sieht er ein Maß, das nicht verletzt werden darf, auch nicht zugunsten noch so hoher sogenannter geistiger Werte. Kein wissenschaftlicher Überbau, weder der des Marxismus noch der der Psychoanalyse, noch irgendwelche «-logien» oder «-ismen» im Dienst der Industrialisierung würden dem naturhaften Moment des Seelischen gerecht.

Im dualistisch aufgespaltenen Bild, das man sich vom Menschen machte, und in der zugehörigen Favorisierung der geistig-intellektuellen Seite sieht Lawrence wie Ludwig Klages ein seelenfeindliches Prinzip am Werk, das sich gegen die Ganzheitlichkeit des einzelnen wie der Gesellschaft richtet. Er wendet sich gegen die zeitgenössische Wertehierarchie im Sinne eines «Oben» und «Unten» der Gesellschaft oder einer Gegenüberstellung von «Tierseele» und «Geistseele», wie sie noch Paul Bourget vertreten hatte. Ebenso lehnt er den Versuch der Psychoanalyse ab, das Seelische wie ein Objekt zu zerlegen, um Regeln, Mechanismen und Gesetze seelischen Zusammenhangs zu rekonstruieren. Denn daraus könne der einzelne die bedenkliche Konsequenz ziehen, er müsse nun «regelrecht» funktionieren. Für Lawrence hieße das, sich seiner eigenen situativ-geschichtlichen, leibgebunden-individuellen Erfahrungsmöglichkeiten berauben.

Lawrence wagt eine Umwertung der Werte seiner Zeit, darin ist er Nietzsche verwandt. Er stellt ein «neues» Ideal des Menschen auf, welches in manchen Zügen dem des antiken Griechenland ähnelt. Für schamlos hält er das verquere Verhältnis der viktorianischen Kultur zum «Sexus», da sie als niedrig verurteilt, was sie insgeheim mit größtem Interesse betreibt. Lawrence wehrt sich gegen ein Bild vom Menschen, das wichtige Grunderfahrungen seines Lebens nicht integrieren kann.

Lawrences Anschauung der notwendigen Wandlung von Idealen, seine Betonung, daß unsere Erfahrungen fließend seien und sich in neue Gestalten umformen müssen, seine Hochschätzung intuitiven Nachdenkens, seine Würdigung des Lebens als Traum, Wahnsinn, Poesie, sein Aufdecken von Erfahrungen jenseits des Geläufigen – all dies arbeitet Anaïs in ihrer «unprofessionellen Studie» (Untertitel des Buches) heraus. Damit gewinnt ihr eigenes Gespür für Leben und Literatur eine Fassung. Zugleich entfernt sie sich von den durch die Gesellschaft ihrer Zeit gebilligten Anschauungen. «Bei uns ist ein häuslicher Aufstand ausgebrochen. Meine Mutter will nicht länger im Haus einer Person leben, die fähig ist, ein so ‹schmutziges› Buch zu schreiben wie meine Studie über Lawrence.»

Dreißig Jahre später führt Lawrences «Lady Chatterley» immer noch zur Entrüstung. In England soll es dem Pornographieverbot unterworfen werden. Es kommt zu einem aufsehenerregenden Gerichtsprozeß. D. H. Lawrence ist inzwischen mit seinen zweiundzwanzig Büchern, über die etwa achthundert Arbeiten veröffentlicht wurden, ein offiziell hochangesehener Schriftsteller. In «Lady Chatterley» beschreibt er etwas, das «nie in dieser Anschaulichkeit, nie mit diesem Enthusiasmus aller Welt ins Gesicht geschildert wurde. Selbst bei den Alten, selbst im sechzehnten Jahrhundert wurde das Verschwiegene nie so realistisch-sehnsüchtig ins Licht gestellt. Dazu kam das Unanständigste: Lawrence produzierte nicht ein Stück isolierter ‹Schweinerei›, sondern verwob das Tabuisierte in das Gewebe eines breiten Romans, dessen Charakter zur Gattung ‹Pornographie›, unter die er subsumiert werden mußte, nicht paßt. Kurz: Er schuf eine poetisch-philosophische Cochonnerie und etablierte damit das gehaßte Genre auf höchstem Niveau», schreibt Ludwig Marcuse. Also hilft sich die Anklage mit Statistik: «das Wort ‹fuck› oder ‹fucking› komme dreißigmal vor und vierzehnmal das Wort ‹cunt›, das in der sentimentalen Pornographie eines vergangenen deutschen Jahrhunderts als ‹Wollustgrotte› bedichtet wurde… das Wort ‹Hoden› (und weniger Feines) – dreizehnmal, ‹Scheiße› und ‹Arsch› je sechsmal, viermal ‹Schwanz›, ‹Pissen› dreimal. Als Corpus delicti bezeichnete man vor allem die dreizehn ‹Nummern›; der Staatsanwalt gebrauchte für sie den Ausdruck ‹bouts›. Er glaubte, mit diesem Jargon die Vorgänge zu deklassieren und konnte sich von diesem ordinären Einsilber nicht trennen.» Ludwig Marcuse schildert in seiner «Geschichte einer Entrüstung», die den Titel «Obszön» erhält, in aller Ausführlichkeit, welches Interesse Gesellschaft und Kultur noch im Jahre 1960 an dem alten Ammenmärchen einer «ausbalancierten Individualität» haben, die auf der «gesegneten Ahnungslosigkeit» der Jugend in sexuellen Dingen basiert. Ergebnis des Prozesses ist die Freigabe des Buches.

Freizügigkeit in der literarischen Behandlung von Sexualität findet Anaïs auch in einem Romanmanuskript, das ihr ein interessanter, als Schriftsteller noch ganz unbekannter Mann von vierzig Jahren zu lesen gegeben hat. «Ich liebe das an Ihrem Werk genauso, wie ich das Leben selbst liebe.» Sie hat ihn am 1. Dezember 1931 kennengelernt.

Anaïs trägt in ihr Tagebuch ein: «Ich singe! Ich singe! Und nicht insgeheim, sondern laut. Ich habe Henry Miller kennengelernt. Ich erblickte einen Mann, der mir gefiel… einen Mann, der liebenswert war, nicht erdrückend, sondern stark, einen menschlichen Mann, der voll Sensibilität alles wahrnahm… Er ist wie ich.» Und dann beschreibt sie ihn genauer. «Er ist schmal, mager, nicht groß. Ein wenig sieht er aus wie ein buddhistischer Mönch: mit rosigem Gesicht, teilweise kahlem Schädel, den eine lustige Aureole silbrigen Haares umgibt, vollen, sinnlichen Lippen. Seine blauen Augen sind beobachtend, kühl, aber sein Mund ist sensibel und verwundbar. Sein Lachen ist ansteckend; seine Stimme streichelnd und warm wie eine Negerstimme. Er ist so ganz anders als das, was er schreibt, nicht brutal, heftig vital, anders als seine Karikaturen, seine rabelaisschen Farcen, seine Übertreibungen.» Sie blickt ihn an mit dem vagen und unruhigen Gefühl, daß nun alles, was sie bei Lawrence gelesen hat, in ihrem eigenen Leben geschehen könnte. Den Verführungsversuchen des Lektors Lawrence Drake, mit dem sie ihr Lawrence-Buch noch einmal durchsieht, hat sie halb nachgegeben, um sich schließlich kurz vor dem Akt doch noch aus der Affäre zu ziehen. Henry Miller spricht sie ganz anders an. In ihm hat Anaïs Nin den sinnlichen Künstler gefunden, von dem sie seit ihrer Kinderzeit geträumt hat.

Henry Miller, im Dezember 1891 in Brooklyn, New York, geboren, hat zu diesem Zeitpunkt erst eine Erzählung veröffentlicht, noch keinen Roman, obwohl er schon drei geschrieben hat. Er ist in zweiter Ehe mit June Smith, einer wunderschönen, ziemlich verrückten, jedenfalls durchaus unbürgerlichen Frau, verheiratet, die für ihn auf dubiose Weise Geld anschafft, damit er sich ganz dem Schreiben widmen kann. Sie hat ihn nach Paris geschickt, nachdem sie in einer häßlichen Souterrainwohnung in Brooklyn in einer Art Ménage à trois gelebt hatten. Ihre Extravaganzen, ihre lesbische Beziehung zu Jean Kronsky (Miller meint, sie hätten ihn entmannt) und ihre vielen Affären liefern Miller den Stoff für seinen dritten Roman «Crazy Cock» (Verrückte Lust), den er gerade beendet hat. Allerdings bleiben Junes Geldsendungen nach Paris aus, und Miller führt notgedrungen das Leben eines armen Poeten, den seine Freunde, Richard Osborn und Alfred Perlès, über Wasser halten.

Für Anaïs Nin und Henry Miller beginnt ein neuer Abschnitt ihres Lebens. Zunächst wird Anaïs von einer heftigen Leidenschaft zu June ergriffen, sie spinnt sich in die Rolle einer männlichen Liebhaberin ein und umarmt das leibhaftige Gegenbild ihres bislang realisierten Lebens. Sie identifiziert sich gleichsam mit Millers Besessenheit und liebt die Frau, die ihn fasziniert, irritiert, erregt und auch abstößt, kurz, die ihm Leben einflößt. Anaïs gerät außer sich vor Erregung durch diese schöne Frau, der jedermann ansieht, daß ihr Handeln durch keinerlei Moral begrenzt wird. Sie schenkt June Kleider, Schmuck, Schuhe, Geld, geht eng umschlungen mit ihr spazieren, darf auch einmal ihre nackte Brust berühren und phantasiert intime Szenen aus, zu denen es jedoch nicht kommt. Vor der Verwirrung ihrer Gefühle flüchtet sie in die Schweiz. «Vielleicht werde ich auf meinen Verstand, meine Werke, mein Bestreben verzichten und nur leben, leiden, mich wälzen, mich Ihrem Willen entziehen, Ihrer Inbesitznahme von June oder mir», schreibt Anaïs am

13. Februar 1932 an Miller. Hugo hatte Miller die Stelle eines Englischlehrers in Dijon vermittelt – aber man zahlt ihm wenig, und er kommt bald nach Paris zurück, wo ihm sein Freund Fred Perlès eine Anstellung als Korrektor für den Wirtschaftsteil der «Chicago Tribune» beschafft hat.

«Sie und ich erleben den schönsten Augenblick, die größte Freude nicht, wenn unser Verstand herrscht, sondern wenn wir unseren Verstand *verlieren* – und Sie und ich verlieren ihn beide auf die gleiche Weise, durch Liebe. Wir haben unseren Verstand verloren – an June. Sie hat die Wirklichkeit vernichtet. Sie hat das Gewissen vernichtet. June schert sich nicht um die Wahrheit. Sie *erfindet* ihr Leben, während sie durch die Tage geht – sie sieht keinen Unterschied zwischen Fiktion und Wirklichkeit. Wie wir das an ihr lieben: daß sie die Einbildung ernst nimmt.»

Und dann macht Anaïs Nin Miller in aller Höflichkeit weis, daß sie die Frau sein werde, die er nicht bekommt; noch ist sie in erzieherischer Absicht ein wenig entrüstet über die «Hypersexualität» in Millers Romanen, über seine Reduktion der Frau auf «die Möse», noch bietet sie ihm an, seine Manuskripte zu überarbeiten. Sie will ihnen Form verleihen. Anaïs hat ihm ihren Roman «The Woman No Man Can Hold» zu lesen gegeben, und Miller kontert, indem er Anaïs vor zu viel analytischem Verstand in ihrem Schreiben warnt; im übrigen könnte er ihr helfen bei der Handhabung der englischen Sprache.

Aber bald schon, am 4. März 1932, kommt es zu heimlichen Begegnungen – und zu Millers schriftlichen Liebeserklärungen. «Anaïs, Sie haben den Saft zum Fließen gebracht … Mir scheint, daß ich vom ersten Augenblick an, als Sie die Tür öffneten und lächelnd die Hand ausstreckten, akzeptiert war, Ihnen gehörte.» Aber er hat Angst vor ihr, «Angst, daß Sie sich mir nähern, wie Sie sich einem Ungeheuer nähern würden, daß Sie mich studieren – bislang habe immer *ich* studiert.» Im ersten Jahr ihrer Liebe schreibt Miller über 900 Seiten Briefe an Anaïs Nin. Auch Anaïs scheint sich nun ganz dem Briefeschreiben zu widmen.

«Wie kann ein Augenblick so unwirklich und gleichzeitig so feurig sein – so feurig… Ich erinnere mich an Deinen Satz: ‹Mich schätzen nur Huren! Ich wollte sagen: Nur bei Huren können Sie das gleiche Blut spüren, zwischen uns beiden steht zuviel Verstand, zuviel Literatur, zuviel Illusion – später aber hast Du widerlegt, daß da nur Verstand war... Wie habe ich Dich ausgewählt? Ich *sah* Dich mit Deiner intensiven, selektiven Art – ich sah einen Mund, der intelligent, animalisch und weich zugleich war... seltsame Mischung. Ich sah einen menschlichen Mann, der sensibel alles bewußt registriert – ich liebe Bewußtheit –, einen Mann, das sagte ich Dir, den das Leben trunken macht... Kurz davor hatte ich, wie ich Dir erzählte, an Selbstmord gedacht. Aber ich wartete, um Dich kennenzulernen, als ob das eine Lösung bringen könnte – und das tat es wirklich... Und ich hatte keine Angst mehr vor Gefühlen. Ich brachte es nicht fertig, den Selbstmord (Wahnvorstellung, die Romantik auszulöschen) auszuführen, etwas hielt mich zurück... welche durchdringende Freude ich empfinde, wenn Du so spontan handelst wie ich. Und welche Freude wiederum, wenn Du, inmitten des Wahnsinns, unerwartet etwas sehr Tiefes sagst... Geheimnisvolles Leben und diese Bewußtheit, ich schätze das – verstehst Du nicht?! – wie eine Intensivierung aller Genüsse. Ich liebe auch den Schöpfer in Dir...»

Anaïs Nin und Henry Miller begegnen einander zu einem Zeitpunkt ihres Lebens, da sich ihr bis dahin gültiger Entwurf als gescheitert erweist. Sie brauchen den anderen, um Mut für die Ausführung eines neuen Entwurfs zu gewinnen. So gegensätzlich ihre Lebensgeschichten auch verlaufen sind, entdecken sie eine Seelenverwandtschaft. Beide können auf der Landkarte des Lebens keine weißen Flächen dulden. Also begeben sie sich auf Entdeckungsreisen. Miller hat sich weiter hinausgewagt, so weit, daß er an der Abhängigkeit von seiner Frau June zu zerbrechen droht. Miller und seine Frau streiten so exzessiv, daß sie die Grenze gegenseitiger Vernichtung beinahe überschreiten. Miller kann in der Atmosphäre nicht arbeiten. Das macht ihn verrückt. Anaïs schreibt er, daß ihm der Gedanke an June angst macht. Er könnte aus dem Fenster springen, ein harter Aufschlag, und alles wäre vorüber. Anaïs Nin beginnt erst, ihre Ausflüge in Phantasie und Literatur in Leben umzusetzen. Wie Miller sucht sie ihre Erfahrungen zu bewältigen, indem sie ihre Erlebnisse protokolliert.

Millers wie auch Anaïs Nins Romanentwürfe sind eine Spurensicherung ihrer eigenen Biographie. Anaïs leidet unter ihren Stilisierungs- und Denkzwängen. Sie kann nicht gut loslassen, muß ordnen, kontrollieren, verfügen. Anders kann sie mit ihrem Mißtrauen gegen die sinnlich vermittelte Wirklichkeit nicht umgehen. Wie durch einen tiefen Graben getrennt, fällt es ihr schwer, die Distanz zu einfachen, ungebrochenen, direkten Verhaltensweisen zu überwinden. Vielleicht hat das mit ihrer seelischen Dünnhäutigkeit zu tun. Oft klagt sie darüber, daß Gehörtes, Gesehenes, das ganze Geschehen um sie herum unmittelbar in sie eindringen, sie bedrohen, verletzen. Ihre Künstlichkeit, ihr Betrachten und Analysieren, als Schutzschicht wirksam, erlebt sie seit einigen Jahren wie eine Inhaftierung. Um sich aus der Haft lösen zu können, muß sie sich gleichsam selbst überrumpeln, sich in Aktionen hineinstürzen, bevor die Bewegung durch irgendwelche seelischen Instanzen entdeckt und gestoppt werden könnte.

Miller erscheint ihr in dieser Hinsicht als Vorbild. Er setzt sich dem Leben aus. Ungehemmt läßt er sich auf die volle Breite sinnlicher Erfahrungen ein. Sein Problem ist es vielleicht, daß er Gefahr läuft, sich darin selbst aufzulösen. Er kann nichts festhalten. Das sieht nach Freiheit aus. Aber was wird aus seinen Manuskripten, wenn er sich mit seinen vierzig Jahren nicht entschieden dafür einsetzt, jemanden zu finden, der sie druckt? In dieser Hinsicht erscheint ihm Anaïs Nin als Vorbild.

Für Anaïs Nin läuft die Beziehung zu Henry Miller auf eine neue Version ihrer alten Zwillings-Phantasie hinaus. Sie wird Henry Sicherheit und Nahrung bieten, sie wird sich um die Veröffentlichung seines Romans kümmern, an dem er zur Zeit arbeitet. Sie wird ihm ihre Schreibmaschine geben. Sie will «nur noch Frau sein. Nicht Bücher schreiben, nicht der Welt direkt die Stirn bieten, sondern durch literarische Bluttransfusion leben. Hinter Henry stehen, ihn füttern.»

Hugo hält sich jetzt häufig in London auf. Er wird dort die Leitung einer Zweigstelle der Bank übernehmen. Zum Entsetzen der Mutter erscheint Miller dann. Sie ist seit längerer Zeit mit ihrer Tochter nicht mehr zufrieden. Schon die vielen Begegnungen mit Gustavo Morales waren ihr suspekt, und das Lawrence-Buch hat sie als schlechtes Vorzeichen für Anaïs' weitere Entwicklung gesehen.

«An einem heißen Sommertag kommt Henry nach Louveciennes und nimmt mich auf dem Tisch, und dann auf dem schwarzen Teppich. Er sitzt auf meiner Bettkante und wirkt verklärt. Der zerstreute Mann, so leicht abgelenkt, sammelt sich jetzt, um über sein Buch zu sprechen. In diesem Augenblick ist er ein großer Mann. Ich sitze da und staune über ihn… Der Augenblick, da er sich sammelt, ist wunderbar anzusehen… Ich hätte den ganzen Nachmittag ficken können. Doch mir gefiel auch unser Übergang zum ernsthaften Gespräch. Unsere Gespräche sind wundervoll, Zwischenspiele, keine Duelle, sondern kurze Glanzlichter, die einer auf den anderen wirft. Ich bewirke, daß seine herumprobierenden Gedanken einrasten. Er erweitert die meinen. Ich feuere ihn an. Er läßt mich überfließen. Zwischen uns gibt es immer Bewegung. Und er packt zu. Er bemächtigt sich meiner wie einer Beute. Da liegen wir, ordnen unsere Gedanken, bestimmen die Stellen für realistische Ereignisse in seinen Romanen. Sein Buch wächst in mir, als sei es mein eigenes.»

Genauso hatte für Anaïs ihr Zusammenleben mit Hugo aussehen sollen. Man könnte meinen, daß sie mit Hugo den Falschen gewählt hat. Aber das stimmt so nicht. Ihr Leben komplettiert sich in zwei Formen. Neben den Turbulenzen mit Miller braucht sie ein Leben ruhiger Kontinuität mit ihrem Mann. Hugo wird nichts erfahren. Ihm gegenüber bleibt sie die liebe kleine Ehefrau, die das Leben ihres Mannes verschönert und in Bewegung hält. Soweit wie möglich nimmt sie ihn mit bei ihren Entdeckungen einer weiteren Welt. Hugos Leben erweitert sich dadurch ebenfalls. Er profitiert von ihrem veränderten Umgang mit der Sexualität. Er bewundert die Entfaltung ihres schriftstellerischen Könnens. Und als Anaïs sich in Analyse begibt, folgt er ihr auch bei diesem Schritt.

Natürlich ist ihm Anaïs' außerordentliches Interesse an Miller nicht gerade lieb. Aber irgendwie fühlt sich Hugo in Gesprächen, bei Ausflügen, Konzertbesuchen und ähnlichem wohl in einer Atmosphäre des Spielerischen. Miller liebt es, zu spielen und Faxen zu machen. Und Hugo spürt, daß es ihm guttut, das Leben im Alltag auch einmal leichter zu nehmen. Miller hat etwas Entlastendes und Belebendes, er reißt seine Zuhörer einfach mit. So ist es ganz selbstverständlich für Hugo, dem gemeinsamen Freund zu helfen.

Selten einmal äußert er Bedenken: Anaïs soll bei ihrer Begeisterung nicht übersehen, daß Miller sie auch ausnutzen könnte.

Der Drehkreis von Wirklichkeit und Fiktion, von Alltagsgeschehen und literarischer Überformung ist das Hauptthema zwischen den beiden werdenden Schriftstellern, und im Zentrum steht die Sexualität. Miller schreibt beseligt an seinen Freund Emil Schnellock in den Staaten: «Kannst Du Dir nicht vorstellen, was es für mich bedeutet, eine Frau zu lieben, die mir in jeder Beziehung ebenbürtig ist, mich nährt und unterstützt... Seit ich Anaïs kenne, ist mein Leben in Paris nahezu ein Traum. Ich arbeite ohne Mühe. Ich führe ein gesundes, normales Leben. Ich betrachte die Dinge. Ich lese alles, was ich möchte.»

Miller schreibt «formlos», er will das gelebte Leben keiner ästhetisch ausgeklügelten Form unterwerfen. Ergebnis ist eine neue ästhetische Form. Sein Schreiben soll Schritt halten mit dem Lauf der Wirklichkeit. Wie Briefe, Tagebucheintragungen, beiläufige Notizen, Dokumente am Puls des Lebens bleiben, soll es auch der Roman. Anaïs' Tagebuchaufzeichnungen sind für ihn deshalb Literatur im besten Sinne. Begeistert schildert er Emil Schnellock, wie er beim Abtippen von ein paar Seiten aus ihrem Tagebuch von Bewunderung überwältigt war. Anaïs' letzte Eintragungen, über ihn selbst und June, hält er für die stärkste Sorte von Literatur, beinahe unweiblich. Er kennt keine Frau in der Geschichte der Literatur, die sich so couragiert hätte ausdrücken können. Endlich hat Anaïs jemanden gefunden, der ihr Schreiben begreift.

Dem Leben auf der Spur bleiben, das entspricht dem Engagement der Surrealisten. Die Wirklichkeit soll sich unzensiert – durch Ästhetik, Moral oder «-ismen» irgendwelcher Art – selbst zur Sprache bringen, mit allen Überraschungen, Winkelzügen, Langatmigkeiten, Sperrigkeiten, mit Brüchen und Sprüngen. Fülle und Ungereimtheiten sollen einmal die Führung übernehmen. Das Leben selbst wird als weise eingeschätzt. Vergeblich bemühen wir uns, ihm mit Konzepten und gescheiten Gedanken auf die Schliche zu kommen. Alles kann geschehen, Katastrophen jeder Art. Wenn wir uns darauf einlassen, wird jedoch etwas wirksam, das uns trägt. Das jedenfalls lehrt Miller die Erfahrung seiner bisherigen Geschichte. Ängstliche, umsichtige Planung und Vorsorge entfremden den

Menschen, lassen ihn bis zur Erstarrung verbissen werden. Das nennt er dann «tot»; die bürgerliche Welt ist eine tote Welt.

«Tropic of Cancer» («Wendekreis des Krebses») ist ein Stück Autobiographie. Ursprünglich wollte Miller nicht einmal die Namen seiner Freunde abändern. Er beginnt mit der Absicht, den entstehenden Text keiner Überarbeitung auszusetzen. June und Michael Fraenkel sind entsetzt über die ersten Seiten, aber Anaïs versteht seine Absicht. Sie ist geradezu glücklich darüber. Es war also ein Irrtum von ihr zu glauben, sie müsse die Tagebucheintragungen absichtsvoll in «Literatur» übersetzen.

Das Erlebnis der körperlichen Entfesselung mit Miller, die wunderbare Erfahrung, so sein zu können, wie ihr zumute ist, führt auch zu einer Entfesselung ihres Schreibens. Henry Miller wird zur Muse der Anaïs Nin, wie Anaïs Nin zur Muse Henry Millers wird.

Es gibt aber wichtige Unterschiede. Anders als Miller wird Anaïs Nin-Guiler lebenslang das Refugium eines bürgerlichen Reservats nebenher brauchen. Es bedarf immer einer Anstrengung, um von der einen Lebensform in die andere überwechseln zu können. Im Überschreiten dieser Grenze von beiden Seiten vergewissert sich Anaïs Nin ihrer Lebendigkeit. Dementsprechend erhält das Schreiben für sie eine weitere Bedeutung als «Ameisenaktivität», mit der sie den «Siebenmeilensprüngen» ihres Lebens nachzugehen sucht. Oft geschieht das im Zug, auf dem Weg zurück nach Louveciennes. Bald allerdings braucht sie neben dem Leben mit Miller noch einen weiteren Handlungsort, der durch das Verletzen der Grenze, die ihre Gemeinsamkeit mit Miller umschließt, erreichbar ist. Sie geht weitere Liebesbeziehungen ein. Im Überschreiten der Grenze findet sie paradoxerweise einen festen Halt. Sie nennt das «Geheimnis» oder «Lüge» oder auch «Artifice» (Kunstgriff, Kniff, List). Sie erträgt es nicht, wenn ihr Leben für irgendeinen Menschen transparent oder kalkulierbar wird – als befürchte sie, daß ein anderer Mensch dann willkürlich über sie verfügen könnte.

Miller bahnt sich – wie Anaïs Nin – seinen eigenen Weg als Schriftsteller. Beide gehören zu keinem der literarischen Zirkel, in denen sich die Exilamerikaner im Paris der zwanziger Jahre zusammengefunden haben. Während Anaïs in ihrer finanziell abgesicherten Welt des gehobenen Bürgertums wie in einem Kokon ihre Texte der Selbst-Betrachtung spinnt, führt Miller – halb gewählt und halb erlitten – ein Bohemeleben. Oft begleiten ihn seine Freunde, Alfred Perlès, Michael Fraenkel oder Richard Osborn, die wie er selbst ihr unbürgerliches Leben schreibend zu kultivieren suchen. Besessen sind sie von ihren Erfahrungen mit Frauen, Büchern und Bildern. Millers Biographin Mary Dearborn meint, daß Miller, verglichen mit den Freunden, ein disziplinierteres Sexualleben führte, da er Angst vor Geschlechtskrankheiten hatte. Am liebsten bewegt er sich im Milieu des Montparnasse.

Seine Beobachtungen teilt er Wembly Bald mit, der für die «Chicago Tribune» eine Klatschkolumne schreibt und Miller als Informanten benutzt. Manchmal schreibt Miller die Texte gleich selbst. Ein andermal wird er zum Gegenstand. Wembly Bald charakterisiert ihn als «fröhlichen, leicht verrückten Vagabunden…: ‹Montparnasse ist großartig (sagt Miller). Jeder hilft bereitwillig, wenn man pleite ist. Vor ein paar Tagen hielt mich ein Mädchen, das ich kaum kannte, auf der Straße an. Ich erzählte ihr von meiner Lage, also nahm sie mich mit nach Hause und nähte ein paar Knöpfe an Mantel und Hosen fest. Die Leute sind großartig, wenn sie verstehen, was ich meine. Sie kümmern sich um einen!›» Der ungarische Fotograf Halasz Brassai, mit dem Miller die Bordelle vom Pigalle aufsucht, liefert eine Miller-Karikatur zum Text von Bald, und ein Typus ist geboren: der lockere Bohemien, der so biegsam ist, daß ihn nichts zerbrechen kann. Schlafwandlerisch bewegt er sich durch Paris und läßt sich von allem beeindrucken, was ihm vor Augen kommt. Nichts ist zu niedrig oder zu alltäglich. Fraglos nimmt Miller die Genüsse des Lebens mit weniger Skrupeln wahr, als Anaïs Nin es bisher getan hat.

Gewiß ist Anaïs Nin für Miller auch interessant, weil er hofft, mit ihrer Hilfe aus der finanziellen Misere herauszukommen; er geniert sich nicht, sie um Geld zu bitten. Den Job des Korrektors für die Pariser Ausgabe der «Chicago Tribune» verliert er bald wieder. Anaïs verhilft ihm und Perlès zum Umzug aus dem simplen Hotel Central in eine kleine Wohnung in der Rue Anatole France No. 4 in Clichy. Dort besucht sie ihn, wann immer sie aus ihrer ehelichen Situation unbemerkt entfliehen kann. Sie gerät in einen Kreis von Menschen, die sich ausgelassen benehmen wie Kinder oder Zirkusleute. Miller hat zur Welt des Zirkus eine besondere Affinität, gern mimt er den Gaukler oder Clown.

«Immer heiter und lustig» heißt eine seiner herb-zynischen, fast bitteren Lebensmaximen. Sieht man genauer hin, bemerkt man, daß seine Gelassenheit durchaus etwas Angestrengtes hat. Mit dieser Haltung schützt er sich davor, in Verzweiflung zu geraten. Sein Buch «Wendekreis des Krebses» ist eine Art Abrechnung mit den Zumutungen seiner Vergangenheit. Sein ganzer Zorn über die Misere seiner Kindheit, über das Scheitern seines ständig alkoholisierten Vaters, der als Schneider seine kleine Familie kaum über Wasser halten konnte, über das Fehlschlagen seiner eigenen Ambitionen, kristallisiert sich in diesem Buch zu einer umfassenden Provokation der bürgerlichen und kleinbürgerlichen Welt. Im «Wendekreis des Krebses» beschreibt Miller seine Pariser Gegenwelt: «Ein magerer Affe von einem Deutschen möchte, daß ich seine Werke übersetze. Eine wildäugige Russin möchte, daß ich für sie mein Leben niederschreibe... Ein Amerikaner will seinen Wagen schicken, um mich zum Essen abzuholen... Eine geistig interessierte Dame hofft, daß ich so oft wie möglich zu ihr zum Tee komme. Sie will meine Meinung über Jesus Christus wissen und was ich von dem neuen Medium halte... Großer Gott, was ist aus mir geworden?! Welches Recht habt ihr Menschen, mein Leben in Unordnung zu bringen, meine Zeit zu stehlen, in meine Seele einzudringen, euch von meinen Gedanken zu nähren, mich zu eurem Gesellschafter, Vertrauten und Auskunftsbüro zu machen? Wofür haltet ihr mich?... Wenn ich in einem Augenblick der Schwäche, der Entspannung, der Not Dampf ablasse, ein bißchen zu Worten abgekühlte rotglühende Wut – einen in Bildern verpackten leidenschaftlichen Traum –, nun schön, dann nehmt es hin oder lehnt es ab – aber laßt mich in Ruhe!»

Trotz seines Hangs zum Theoretisieren und Philosophieren hält er sich weitgehend an unmittelbar beobachtbares Geschehen. Das ist sein künstlerisches Credo in «Schwarzer Frühling», einer Sammlung autobiographischer Erzählungen, die nach dem ersten «Wendekreis»-Buch entstehen: «... auf der Straße wuchs ich auf... Wenn man auf der Straße geboren ist, so bedeutet das, daß man sein ganzes Leben lang herumwandert, daß man frei ist. Es bedeutet Unfall und Zufall, Drama, Bewegung. Es bedeutet vor allem Phantasie... Auf der Straße lernt man, was die Menschen wirklich sind; unter anderen Umständen oder später erfindet man sie. Was nicht auf offener Straße ist, ist falsch, abgeleitet, das heißt Literatur. Was man gewöhnlich ‹Abenteuer› nennt, kommt gar nicht an die besonderen Aufregungen heran, die eine Straße mit sich bringt.»

Miller hat eine ganz ähnliche Erfahrung hinter sich, wie Anaïs sie im Umkreis der Familie nach Verlassen der Schule gemacht hat. Seine Beschreibung des väterlichen Schneiderateliers, in dem Hosen gebügelt, Flecken entfernt und Knöpfe angenäht wurden, erinnert an Anaïs' Verdruß über das Ausbessern von Thorvalds und Joaquins Kleidung. Aber als Mann blieb Miller nicht im familiären Rahmen stecken: Miller wie Anaïs leiden darunter, daß die Welt sie nicht wahrnimmt. Anders als Anaïs schreit Miller «aus vollem Halse – hört ihr mich nicht? … Muß ich mir die Kleider vom Leibe reißen? Muß ich auf dem Kopf tanzen? Gut also, ich werde euch etwas vortanzen! Einen lustigen Rundtanz, Brüder, rund und rund und rund … Hört ihr mich? Nur drauflos! *Immer heiter und lustig!*»

Wie ein Gott singen und neue Welten gestalten, jeden Tag, lautet Millers Ideologie, die auch Anaïs in Schwung bringt. Es ist, als würde Anaïs im Zusammensein mit Miller ihre eigene Form des Schreibens finden. In gegenseitiger Unterstützung arbeiten der wilde Mann von der Straße und die elegante Frau aus feinem Hause an ihrem Werk, mit dem sie die Welt zwingen wollen, von ihnen Notiz zu nehmen, von ihrem besonderen Sein, von ihrer Größe, von ihrem Unmut, von ihrer Eigenwilligkeit, von ihrem Protest. Das gelingt nur mit allergrößtem Einsatz. Nachdem die Verleger Putnam und Titus «Wendekreis des Krebses» abgelehnt haben, interessiert sich endlich jemand für Millers 1932 fertiggestellten Roman. Der Verleger Jack Kahane hat in Paris für englischsprechende Touristen obszöne Texte gedruckt, die im puritanischen Amerika nicht zu haben sind. Aber es dauert noch zwei Jahre, ehe Kahane Millers Text bringt, und das auch erst, nachdem sichergestellt ist, daß Anaïs den Druck mit einer Summe von 700 Dollar unterstützt. Miller glaubt, Hugo habe ausgeholfen, aber in Wirklichkeit soll das Geld Anaïs' Analytiker Otto Rank bereitgestellt haben. In Absprache mit Miller verfaßt Anaïs das Vorwort, in dem sie zugleich ihre eigene Weltanschauung prägnant formuliert.

Von der Wiedererweckung ursprünglicher Wirklichkeiten ist die Rede, von Bitterkeit, von Schmerz, von irrer Fröhlichkeit und lustvollem Behagen, das ans Delirium reicht. «Gewaltsamkeit und Obszönität werden unverfälscht gelassen als Äußerung von Geheimnis und Schmerz, den ständigen Begleiterscheinungen des Schöpfungsvorganges ... Das Buch wird allein durch Fluß und Wechsel der Ereignisse auf seiner eigenen Achse gehalten. Gerade weil es keinen Mittelpunkt gibt, ist auch keine Rede von Heldentum oder Kampf, da auch keine Rede von Willen ist, sondern nur von einer Hingabe an das Strömen. Vielleicht sind die groben Karikaturen deshalb lebensvoller, ‹naturgetreuer› als die durchgeführten Portraits des herkömmlichen Romans, weil das Individuum heute keine Mitte hat und nicht die leiseste Illusion der Ganzheit hervorbringt ... Wir wollen ... versuchen, es [das Buch] mit den Augen eines Patagoniers zu betrachten, für den alles in unserer Welt Geheiligte und Tabuisierte bedeutungslos ist ... Wenn sich hier eine Fähigkeit offenbart, zu schockieren und die Leblosen aus ihrem Schlaf zu wecken, so wollen wir uns dazu beglückwünschen: denn die Tragödie unserer Welt besteht gerade darin, daß nichts mehr imstande ist, sie aus ihrer Lethargie aufzuscheuchen... In der Betäubung, die die Selbsterkenntnis erzeugt hat, gehen Leben und Kunst dahin und entgleiten uns ... Wir brauchen eine Blutübertragung.»

Als das Buch dann im September 1934 exklusiv in Paris erscheint, versehen mit einer Banderole «Ce volume ne doit pas être exposé en vitrine» (Dieses Buch darf nicht im Schaufenster ausgestellt werden), und von wenigen mutigen Buchhändlern zum Preis von fünfzig Francs (sieben Dollar fünfzig) verkauft wird, bleibt enttäuschenderweise der Eklat in Frankreich aus. In England und Amerika wird es direkt verboten. Blaise Cendrars schreibt für die Zeitschrift «Orbes» eine überschwengliche Besprechung mit dem Titel «Un écrivain américain nous est né» – Ein amerikanischer Schriftsteller ist uns geboren! Schriftstellern wie T. S. Eliot, John Dos Passos, Aldous Huxley gefällt das Buch, selbst Louis-Ferdinand Céline schreibt an Miller, wenn auch mit der salomonischen Weisung, er solle lernen, auch einmal unrecht zu haben, die Welt sei so ekelerregend, weil sie voller Rechthaber ist. Ein Verkaufserfolg, der Miller zugute kommt, wird das Buch erst viele Jahre später, als es im Jahr 1962 per Gerichtsurteil die Hürde der amerikanischen Zensur nimmt. In der dazwischenliegenden Zeit erscheinen verschiedene Raubdrucke.

Wenn sich auch Anaïs Nins Sprache und ihre Themen deutlich von Millers Drastik unterscheiden, so bleibt doch die Nachwirkung seiner Lebensansicht in ihren Werken spürbar. Während Miller zu einer neuen Sprache kommt, indem er, «was auf offener Straße ist», heiligspricht, folgen die sprachlichen Stilisierungen der Anaïs Nin eher der Absicht, die Wirklichkeit ästhetisch zu verschönern. Ihre ‹Vision› ist weniger um eine neue Sprache zentriert als um die Vergegenwärtigung des Fließenden, Sichüberkreuzenden, Einander-Verschlingenden seelischer Verhältnisse. Anaïs Nin experimentiert – im Leben wie im Schreiben – mit Formproblemen. «Wenn ich die Schrecknisse nicht mehr ertragen kann, lese ich ‹Fille de Mamouri› von Etsu Inagaki Sugimoto. Ich denke über die große Macht der Form nach und über meinen Kampf gegen sie.» Außerordentlich empfindlich gegen Begrenzungen jeder Art, freiheitsbesessen, folgt sie der Herausforderung zügellosen Verhaltens und assoziativen Schreibens. Das haben ihre Kritiker häufig als Mangel an Moralität und als Formschwäche interpretiert.

Anaïs Nins Lebensform explodiert mit der Entfesselung ihrer Sexualität nach allen Seiten. Entfesselung, Ausschweifung, Verschwendung zeigen ein außerbürgerliches, außervernünftiges Verhalten an, das in der westlichen Kultur verpönt ist. Umsichtiges Haushalten und energisches Steuern der Handlungen nimmt Miller aufs Korn. Damit steht er nicht allein. Georges Bataille veröffentlicht 1928 «Die Geschichte des Auges». «Die beschriebene Welt… vermittelt die Sensation eines Käfigs, sie ist umstellt von Gitterstäben, die die erotische Energie immer wieder zu durchbrechen sucht. Handlungstreibendes Element ist ebendiese erotische Energie selbst, die, alle literarischen Situationen und Konventionen übersteigend, nie ans Ende kommt.» Louis-Ferdinand Célines «Reise ans Ende der Nacht», André Bretons veröffentlichte Diskussion sexueller Erfahrungen im Kreis der Surrealisten, James Joyces Behandlung der Sexualität im «Ulysses» sind weitere Beispiele für eine neue Einschätzung der Sexualität, nachdem die Psychoanalyse den Bann gebrochen hat, mit dem dieses Thema in der westlichen Kultur belegt war.

Wie stellen sich Erotik und Sexualität dar, wenn man sie im außermoralischen Sinne betrachtet? Dieser Frage folgt Michel Foucault in seiner historischen Analyse von «Sexualität und Wahrheit». Die Geschichte der Sexualität im 18. und 19. Jahrhundert interpretiert er als Chronik einer zunehmenden Unterdrückung. Der moderne Puritanismus, meint Foucault, hat seine Abwehrmaßnahmen von Untersagung, Nichtexistenz und Schweigen allenthalben durchgesetzt. Vom Sex zu sprechen und von seiner Unterdrückung habe in unserer Zeit (1976) bereits etwas von einer entschlossenen Überschreitung. «Wer diese Sprache spricht, entzieht sich bis zu einem gewissen Punkt der Macht, er kehrt das Gesetz um und antizipiert ein kleines Stück der künftigen Freiheit.» Ein Hauch von Revolte, vom Versprechen der Freiheit und vom nahen Zeitalter eines anderen Gesetzes schwingt mit, man «besingt das Recht des Unmittelbaren und des Wirklichen». Foucault hebt hervor, daß in der jeweiligen Behandlung von Sexualität umfassendere Probleme der Zeit zum Ausdruck kommen.

Das gilt auch für Anaïs Nin. Eine bis zur Maskenhaftigkeit stilisierte junge Frau, die bis dahin ihre Ekstasen vorwiegend im ‹Naturschutzpark der Phantasie› erlebte, gerät im Medium der Sexualität außer Fassung und ist darauf versessen, diese Erfahrung im Schreiben einzuholen.

Ihr Verlangen geht in zwei Richtungen: Sie will die Qualitäten der sexuellen Erfahrung rückblickend wieder hervorzaubern, und sie will ihr Schreiben den Qualitäten dieser Erfahrung anähnlen. Wie sich die seelische Verfassung in der Ekstase des leiblichen Geschehens auflöste, sollen Form, Aufbau, Wortwahl, Satzbau, der ganze Stil ihres bisherigen Schreibens im Sinne einer Steigerung des Verfließens anders werden.

Die zaghafte Revolte der Anaïs Nin gegen den zu eng gezogenen Kreis ihres Lebens, die sich in ihren frühen Erzählungen («Ein gefährliches Parfum») und im unveröffentlichten Tagebuchmaterial findet, vollzog sich im Nachsinnen über die Motive ihres begrenzten Lebens.

Im Tagebuch heißt es: «Wenn ich von meinem Fenster auf das

große grüne Eisentor blicke, erscheint es mir wie ein Gefängnistor. Das ist ein ungerechtfertigtes Gefühl, denn ich weiß sehr wohl, daß ich den Ort verlassen darf, wann immer ich will, und ebenso weiß ich, daß menschliche Wesen die Verantwortung für Hindernisse, die in ihnen selbst liegen, auf Dinge und Personen abschieben. Trotzdem stehe ich oft am Fenster und starre hinaus auf das riesige geschlossene Tor, so als hoffte ich, aus diesem Anblick eine Vorstellung von den Hemmungen zu gewinnen, die mich an einem vollen, freien Leben hindern.»

Die Begegnung mit Miller wird nun zum Anlaß, über ihre Entfesselung im sexuellen Erleben nachzudenken. Anaïs bemüht sich, die Auflösung in der sexuellen Ekstase sprachlich zu formen. Das Flüchtige ist unerträglich. Da sich die Auflösung in einer Einheit alsbald wieder entzieht, wird die sexuelle Vereinigung zu einer Verhaltens- und Erlebensform, die auf Wiederholung drängt.

Abgesehen von dem Vergnügen, das sie gewährt, ist Sexualität eine Zumutung für das seelische Können und auch eine Herausforderung. Daß das keine Kleinigkeit ist, hat Freud in siebzehn Bänden gezeigt. Angesiedelt im Ursprung des Lebens, zeigt Sexualität in aller Deutlichkeit die Untrennbarkeit körperlichen und seelischen Geschehens. Das Überwältigtwerden von ‹Ich-weiß-nicht-was› zeigt, daß wir nicht jederzeit über die Formenbildung des Seelischen verfügen. Wenn wir diesen Sachverhalt dem Körper zuschieben, ist das nur ein unbeholfener Versuch, uns aus der Affäre zu ziehen. Sexualität ist der sinnliche Ausdruck des Seelischen für sein Interesse an Verwandlung. In der Sexualität will es hinaus über das Begrenzte, über das Eingerichtete, vermeintlich Stabile und immerfort Gültige. Mit Zweckmäßigkeit oder Lebenserhaltung hat das, zumindest auf der Ebene des Erlebens und Verhaltens, rein gar nichts zu tun. In der Sexualität zeigt sich das dringende Verlangen des Seelischen, das Andere zu werden – es will außer sich sein, eins werden mit der Wirklichkeit, die ihm sonst gegenübersteht. Aber das gelingt nur für einen Augenblick, schon ist es vorbei, und das Andere ist wieder draußen. So ist Sexualität Ausdruck des Seelischen in seinem Verlangen nach dem Unmöglichen, das für einen Augenblick möglich wird. – «Doch alle Lust will Ewigkeit.» (Friedrich Nietzsche)

Es ist dieses Unmögliche, was das Seelische in Bewegung hält, und es bleibt ihm nur der Weg der Wieder-Holung. Das Unmögliche ist es auch, das zur Wiederholung der sexuellen Erfahrung im Formulieren drängt. Die Wiederholung im Medium der Sprache, das heißt in der Literatur, hat dasselbe Motiv wie die Wiederholung des sexuellen Vorgangs selbst, sie erzählt das Ganze nur aus, dekliniert es durch, sucht es begreiflich zu machen – und scheitert ebenso.

Das gilt nicht nur für das Thema Sexualität. Literatur überhaupt hat ihren Ursprung im Wieder-Holen von Wirklichkeit. Das Ereignis wird im Medium der Sprache noch einmal vergegenwärtigt. Mögliches und Unmögliches werden befragt, dargestellt, entfaltet, in Wiederholungen eingekreist und fest-gestellt.

Georges Bataille sieht die Grundlage des sexuellen Sichverströmens in der «Negation der Isolierung des Ich, welches das beseligende Schwinden der Sinne nur dann erfährt, wenn es über sich hinausgeht, sich überschreitet in der Umarmung, in der sich die Einsamkeit des Einzelnen verliert. Ob es um reine Erotik (leidenschaftliche Liebe) oder körperliche Sinnlichkeit geht, die Intensität steigert sich in dem Maße, wie die Zerstörung (des Ich), der Tod des Menschen fühlbar wird.»

Schreibend bemüht sich Anaïs Nin, ihre Fassung wiederzugewinnen, indem sie sich dem Prozeß, in den sie einverleibt war, nun gegenüberstellt, «völlig benommen von der Intensität und Zügellosigkeit jener Stunden. Ich erinnere mich nur an Henrys Gier, seine Kraft, seine Freude über mein Hinterteil, das er wunderschön findet – und auch den Fluß des Honigs, die Paroxysmen der Lust, die Stunden und Stunden der Kopulation. Ebenbürtigkeit! Die ganze Tiefe, nach der ich mich sehnte, die Dunkelheit, die Endgültigkeit, die Absolution. Der tiefste Grund meines Seins wird von einem Körper berührt, der mich überwältigt, mich überschwemmt, der seine glutheiße Zunge mit so großer Kraft in mir dreht. ‹Sag mir, sag mir, was du empfindest!› ruft er aus. Aber ich kann nicht. Das Blut ist mir in die Augen gestiegen, in den Kopf und hat alle Worte ertränkt. Ich möchte wild, wortlos aufschreien – unartikulierte Schreie, sinnlos, aus dem tiefsten, primitivsten Grund meines Seins, ergießen sich aus meinem Leib wie Honig. Tränen des Glücks, das mich sprachlos, wortlos, besiegt verstummen läßt.»

Indem Anaïs Nin über Sexualität schreibt, betont sie, daß Sexualität eine der großen Erfahrungen unserer Lebendigkeit ist und daher zum Bestand des Erzählbaren gehören muß. Dabei profiliert sie sich als eine Frau, die keine Tabus respektiert, und gibt ihrer gewünschten oder wirklich vorhandenen Souveränität Ausdruck. Manchmal schreibt sie auch einfach fest, was dabei mit ihr geschieht und was sie tut, indem sie sich vergegenwärtigt: So ist es. Sie verleiht dem Geschehen Faktizität. Das kann Ausdruck ihrer Angst sein, sich in solchen Zuständen zu verlieren, die über sie verfügen; sie will ganz einfach das Heft in der Hand behalten. Oder es kann ein Wunsch nach Verlängerung der Verfassung eine Rolle spielen, indem sie sprachlich expliziert, was im sinnlichen Umgang verdichtet war. Ein Wunsch, das Flüchtige festzuhalten und eben nicht vergehen zu lassen. Ein weiteres wichtiges Motiv ist mit dem Ausloten der eigenen sprachlichen Möglichkeiten verbunden. Wie weit gelingt es, Ekstasen vorsprachlicher Zustände mit den Mitteln der Sprache angemessen zur Darstellung zu bringen? Wie weit reicht Sprache überhaupt? Läßt sie sich dergestalt weitertreiben, daß sie sich dem Erlebten angleicht, etwa indem sie selbst transitorisch und fragmentarisch wird? Im Schreiben über erlebte Sexualität überprüft Anaïs Nin, wie weit ihr Mut reicht, diesen Vorgang nach allen Seiten – auch den befremdlichen, unbeholfenen, peinlichen – genau zu betrachten, statt ihm das Schema ‹zauberhaft› überzustülpen.

In jedem Fall ist das Verhältnis von Sexualität und Literatur eine Provokation – was sich auch in einer weiteren Version des Wiederholens, im Lesen, zeigt.

Das Leben der Anaïs Nin vollzieht sich nach dem Verlassen des Rahmens, der das Bild der Frau im spanischen Kulturkreis einfaßte, für viele Jahre als Experiment mit offenem Ausgang. Die Grunderfahrung des Fragmentarischen in der Sexualität treibt sie auf die Spitze, indem sie sich gleichzeitig in eine Vielzahl von Affären begibt. Sie meint wirklich, mehrere, verschiedene Leben gleichzeitig realisieren zu können und zu müssen. Die Ekstasen sexuellen Erlebens mit Miller gehen bald in eine «sexuelle Odyssee» über.

Im April 1932 begibt sich Anaïs in analytische Behandlung bei Vetter Eduardos Analytiker, Dr. René Allendy, dem Begründer der «Société Française de Psychoanalyse». Mit ihm läßt sie sich auf ein kurzes sexuelles Abenteuer der Perversität ein. Das Besprechen sexueller Probleme in der analytischen Situation, das zu einer Minderung von Angst und Schuld führen kann, wird von Anaïs Nin, wie das häufig in der Analyse geschieht, als Angebot oder Verführungsversuch des Analytikers erlebt. Dem Analytiker ist zumeist die Übertragungsliebe seiner Patienten sicher, eine Liebe, die nicht seiner Person gilt, sondern sich nur an ihm reinszeniert. Deshalb gehört es zu den Regeln der klassisch gehandhabten Analyse, Privatleben und analytische Beziehung nicht zu vermischen. Ebenso gilt auch, daß der Analytiker, was ihm in der Analyse anvertraut wird, nicht ausplaudert. Offenbar hat Eduardo Allendy von seiner unglücklichen Liebe zu Anaïs erzählt.

Allendy setzt sich über alle Regeln der analytischen Kunst hinweg, indem er Anaïs Nin erzählt, was Eduardo ihm anvertraute, und – schlimmer noch – er nutzt die seelische Abhängigkeit der Anaïs Nin, um ihre Liebe für sich zu gewinnen. Anaïs Nins Bruder Joaquin erinnert sich, wie er, der älteren Schwester auch bei diesem Ratschlag folgend, selbst einmal zu einer analytischen Sitzung bei Allendy ging und daß Allendy ihm von der Liebe erzählte, die ihn zu Anaïs Nin ergriffen hatte. Etwa vierzig Jahre später fragt Joaquin Anaïs, ob Allendy eigentlich diese Sitzung in Rechnung gestellt hatte, was Anaïs bejaht. Rückblickend fanden das beide sehr komisch und mußten darüber lachen.

Anaïs hat, einem Kind in der ödipalen Situation ähnlich, ihren Anteil an der Verführung. Sie entblößt ihre Brüste vor dem «Arzt», damit dieser ihre körperliche Entwicklung einschätzen kann. Gerade weil die Analyse kindlich-sexuelle Wünsche wiederbelebt, ist es wichtig, daß sie einen Schutzraum besonderer Art mit der Einhaltung von Regeln sichert. Entblößen, Zeigen und Betrachtetwerden – Szenen aus der Kinderzeit beleben sich. «Ist es möglich, daß Dr. Allendy mich befreit, daß er mich rettet vor dem AUGE meines Vaters, dem Kamera-Auge, das ich immer gefürchtet und als *entblößend* abgelehnt habe? Was entblößend? Meine Gefallsucht, meine Koketterie, Eitelkeit, meinen Versuch zu verführen?» Allendy erscheint ihr als Zauberer, als Weiser; er beschäftigt sich auch mit Astrologie. Unheimlich wirkt er anfangs auf Anaïs. Sie ist besessen von der Idee, ihn ihrem Willen zu unterwerfen, um nicht selbst abhängig zu werden. Unversehens geraten beide in eine «folie à deux» und spielen das ganze Stück von Vater und Tochter noch einmal durch – bis zum Beischlaf. Nicht allein, daß sich für Anaïs eine frühe Konstellation der Gefühle wiederbelebt, auch der Analytiker gerät in den Bann. Indem er die Probleme, die seine Patientin mit ihrem Vater hatte, bespricht, lebt er sich selbst in dessen Rolle ein. Zugleich hat er nun in Anaïs eine dem Alter nach erwachsene Frau vor sich.

Allendy erzählt Anaïs von einer Geliebten, gleichsam um die Brisanz der ödipalen Situation zu steigern; verheiratet ist er auch. Obwohl Anaïs sicher ist, daß er keine Geliebte hat, bemüht sie sich stärker um ihn. Vom ersten Kuß an bringt Allendy das Thema des Schlagens und Geschlagenwerdens immer wieder ins Gespräch. Das weckt Anaïs' Neugier. Ob Allendy seine allzu große Zuneigung zu ihr auf den Gedanken bringt, ihr Schmerzen zuzufügen, fragt sie sich. Geschlagenwerden, die sinnlich erfahrbare Nähe in einer Atmosphäre von Rage und Außer-sich-Sein waren in der Kinderzeit Grundlage der Intimität mit dem Vater.

Anaïs trifft Allendy an der Métrostation «Cadet» und geht mit ihm in ein Hotel. Er zieht eine kleine Peitsche aus der Tasche. Anaïs trinkt Whisky. Allendy hat seine Prinzipien, tagsüber trinkt er keinen Alkohol. Er geht mit der Peitsche auf Anaïs zu. Nein, das wolle sie nicht, er solle es nicht tun, bittet sie – wie in der Kinderzeit. Anaïs lacht, glaubt nicht, daß er wirklich schlagen wird, erinnert sich an den Vater und läßt schließlich die Schläge, die auf ihrem entblößten Hinterteil landen, mit gemischten Gefühlen über sich ergehen.

Eine groteske Szene. Im Bordell mag sie zum Alltag gehören. Aber man traut den Sätzen kaum, wenn man sich darauf besinnt, daß hier der Begründer der Französischen Gesellschaft für Psychoanalyse eine Patientin behandelt. Man begreift, daß die langjährige Ausbildung der Analytiker späterer Generationen nicht nur im Erlernen einer Theorie begründet ist.

Für Anaïs Nin war es ein Unglück, daß ihr erster Analytiker von seinem ‹Handwerk› nicht viel verstand. Die Analyse führt dazu, daß Anaïs ihre frühen Probleme zwar noch einmal durchlebt, sie jedoch nicht im Schutz der analytischen Situation verstehen lernt.

Zudem war Allendy als Liebhaber wohl eine Enttäuschung. Anaïs Nin bemängelt, daß er keinen Sinn hat für das Exaltierte, Phantastische, das Verzehrende, das Feuer, die Ekstase der Sexualität. Die Aufhebung der Grenzen zwischen Fiktion, Theater einerseits und Realität andererseits zeigt sich in Anaïs' mannigfachen Inszenierungen. Einmal läßt sie Allendy mit Chauffeur und Limousine, die sie extra für diesen Zweck gemietet hat, nach Louveciennes holen. Auch die Rolle der allseitig Entflammenden gehört dazu oder die Rolle der Helfenden. Mit Vetter Eduardo wird sie intim, damit er seine Homosexualität überwinden kann. Nach jeder Richtung scheint sie herausfinden zu müssen, ob sie wirklich begehrenswert ist, und genießt die Macht ihres verführerischen Könnens.

Die Gespräche mit Allendy führen trotz allem zu gewissen Einsichten. Sie begreift, daß sie ihre eigenen schriftstellerischen Ambitionen nicht an Miller delegieren sollte, und arbeitet wieder mit größerer Entschiedenheit an ihrem eigenen Werk.

Ihre sexuellen Ekstasen steigern zwar ein Gefühl von Lebendigkeit, führen jedoch schließlich zur Angst vor seelischer Selbstauflösung, die zuweilen kaum zu ertragen ist. «In ‹House of Incest› wollte ich die Entsprechungen zur körperlichen Folter in der seelischen Welt, im psychologischen Bereich beschreiben.»

«Kann ich das Gestern vergessen, den Taumel, die Wildheit, kann ich hierher kommen und hier bleiben? Manchmal kann ich die raschen Verwandlungen der Szenen nicht ertragen, die Übergänge von einer Rolle zur anderen nicht fließend machen. Manche Teile meines Ichs reißen sich los wie Späne, fliegen hierhin und dorthin. Ich verliere wichtige Teile meines Ichs, einer blieb in jenem Hotelzimmer, ein anderer verläßt diesen schützenden Hafen und folgt dem anderen, der allein die Straße entlang geht...»

Nachdem sie Bild und Rahmen ihres bisherigen Lebens preisgegeben hat, scheint sie alles werden zu können. Aber da alles möglich ist, verliert Anaïs Nin sich selbst.

Das Schreiben dient nun der Vergegenwärtigung ihres Experimentierens, wird zur Schnur, welche die Fragmente verbindet. Hilfreich ist «das Eingeständnis, daß das Leben nur erträglich sein würde, wenn man es als Abenteuer, als eine Erzählung ansah. Ich erzählte mir die Geschichte eines Lebens, und diese verwandelt Ereignisse, an denen man zerbrechen kann, in ein Abenteuer. Alles wird zu einer mythischen Reise, auf die sich jeder von uns begeben muß, die innere Reise, die in der klassischen Literatur durch das Labyrinth führt.»

Das sexuelle Begehren zielt auf Verwandlung, und seine Realisierung macht, wenn es glückt, eine Auflösung von Abgrenzung und Absicherung spürbar. Aber Sexualität verspricht mehr. Gegen jedes Erfahrungswissen verspricht sie, es könne gelingen, ein für allemal in eine Region überzuwechseln, wo alles mit allem vermittelt ist und bruchlos ineinandergreift. Doch diese Verfassung dauert nicht an. Damit wird Sexualität zum Versprechen des Unmöglichen bzw. zu einem unmöglichen Versprechen, sie führt zur Vergegenwärtigung des Fragmentarischen.

Die Erfahrung des Fragmentarischen im Umfeld des sexuellen Begehrens weist auf einen Grundkonflikt im Seelenleben der Anaïs Nin hin: Ihr Verhalten und Erleben bewegt sich im Übergang zwischen konturierten Handlungen im Hier und Jetzt und den darüber hinausschießenden Möglichkeiten totaler Verwandlung, welche sich sogleich wieder entziehen und auf Wiederholung drängen.

Anaïs wählt das sexuelle Begehren, um herauszufinden, welches ihre Wahrheit ist. Das erinnert an Arthur Schnitzlers Erzählung «Die Hirtenflöte», in der die Frage gestellt wird, ob das wahre Glück einer Lebensform oder die wahre Liebe erst auf dem Hintergrund eines Experiments mit verschiedenen Lebensformen angemessen eingeschätzt werden kann. Überrascht stellt Anaïs fest, daß sie sich nicht schlecht oder schuldig fühlt, wenn sie von June zu Henry Miller und dann zu Hugo überwechselt, wenn sie Eduardo begehrt und mit Allendy schläft. Auf die Frage, welches ihre eigenen Grenzen und ihre Wahrheit seien, findet sie keine Antwort. Alles ist möglich. Im Medium der Sexualität erfährt Anaïs sich als Vielheit, nicht als Einheit. Ob sie nun mit dem freien Ausleben ihres sexuellen Begehrens in emanzipatorischer Absicht ein bestimmtes Bild vom Mann kopiert oder ob sie Opfer kindlicher Allmachtsphantasien wird, ob sie sich auf dem Weg zu sexueller Verwahrlosung befindet oder ob sie einfach nur ihrem Vergnügen nachgeht – in jedem Fall spiegelt sich in Anaïs' Erfahrung das Bild des Menschen der Postmoderne.

«Pluralität ist… das Herzwort der Postmoderne… Solche Pluralität betrifft… nicht mehr nur die ‹abgehobenen› Niveaus unserer Selbstauslegung, sondern schon die Elementarzonen unserer Selbstorganisation. Sie gilt nicht erst ‹oben›, sondern schon ‹unten›… Das gilt noch für die Grundbestimmungen der Individuen, beispielsweise in puncto Geschlechtlichkeit… Allerdings wäre es ein Mißverständnis, wenn man meinte, die postmoderne Option für Vielheit gebe Einheit und Ganzheit einfach preis. Genauer besehen verhält es sich vielmehr so, daß sie Einheit in gewissem Sinne wahrt – allerdings in einer Form, die, paradox formuliert, nicht die der Einlösung, sondern der Offenhaltung ist.»

Für Anaïs stürzt mit ihrem sexuellen Ausbruch ein ganzes Weltbild zusammen. Um sich selbst in der Vielzahl ihrer Affären nicht abhanden zu kommen, klammert sie sich an die Illusion, ihr Mann würde die Wahrheit nicht ertragen, weshalb sie ihr Lieben und Leben außerhalb der Ehe vor ihm verbergen müsse. Als er einmal ihr Tagebuch entdeckt, in dem sie ihr Zusammensein mit Miller beschreibt, macht sie ihm weis, das sei nicht das Tagebuch, das sei Fiktion. Das ‹wahre› Tagebuch verfaßt sie daraufhin speziell für Hugo, der vielleicht wirklich getäuscht werden möchte. Anaïs selbst gerät allerdings in Verwirrung, was denn nun wirklich und was fiktiv ist.

Im eigenwilligen Umschwung von literarischer Transformation (Legende, Fiktion) und Aktion, von Traum und sogenannter Realität hebt sich eine Grenze auf, die wir für selbstverständlich halten. Anaïs' Lebensexperiment zeigt, daß auch diese Grenze nur existiert, wenn wir sie ausdrücklich setzen. In den Worten transzendieren, transmutieren, transformieren, transfigurieren steckt für Anaïs das Geheimnis zu jedem kreativen Akt. Häufig spricht sie auch von Alchimie der Gefühle. Alchimie war im Mittelalter eine symbolhafte Lehre von der Umwandlung der Stoffe ineinander. Als Gegenhalt zu ihrer Faszination durch Verwandlungsprozesse konstruiert Anaïs die Welt ihrer Ehe mit der künstlichen Methode der Abspaltung. Dorthin kann sie umsteigen, wenn sie ihre Verwandlungen in einen «Mahlstrom» (Edgar Allan Poe) ziehen.

Miller schwankte anfangs zwischen der Liebe zu Anaïs und zu seiner Frau June, die im Oktober 1932 noch einmal nach Paris gekommen ist. Anaïs' Schwärmerei für June verliert sich mehr und mehr. Sie fühlt sich zudem in ihrer Rolle der Schiedsrichterin und Übersetzerin für die heftig streitenden Eheleute nicht gerade wohl. Sie entdeckt Millers Egoismus. Oft weiß sie nicht, wem von beiden sie eigentlich glauben kann. Stimmt es, daß Henry aus June Literatur gemacht hat und sie auf diese Weise der menschlichen Seite ihrer Geschichte beraubt? Das wäre eine schlimme Umkehrung des Schicksals von Peter Pan, dem man seinen Schatten geraubt hatte. Oder stimmt es, daß June im Fiktionalen lebt? Es ist zum Verzweifeln. Solche Fragen kann man nicht klären.

Wenn Miller zu Anaïs sagt: «Deine Vision von mir ist es, die mich kraftvoll zusammenhält. Du hast dich nicht verwirren lassen wie June und gibst meinen Handlungen und Erfahrungen die richtige Proportion», dann kommen ihr solche Fragen sophistisch vor, und sie ist einfach nur glücklich. Menschen schaffen, das ist Anaïs genauso wichtig wie Schreiben. Mit diesem Interesse wendet sie sich 1933 einem weiteren Mann zu – ihrem Vater.

2. Kunst und Leben:
Inzest als surrealistische Handlung

Es geschieht in Südfrankreich, in Valescure, in der letzten Juniwoche des Jahres 1933. Ein Mann im Alter von vierundfünfzig Jahren mit zartem Teint und grauen Schläfen liegt auf dem Rücken – mit einem Hexenschuß. Eine Frau von dreißig Jahren mit knabenhafter Figur, großen blaugrünen Augen, ovalem Gesicht, gerader Nase und dunklem langem Haar beugt sich über ihn. Er sehnt sich nach ihrem Kuß, ihrer Umarmung. Die Frau schwankt zwischen angstvoller Zurückhaltung und sehnsüchtiger Erregung. Am Festtag des San Juan vereinigt sich ein alter Don Juan mit einer jungen Frau; «ma in España son mille tre», heißt es in Mozarts «Don Giovanni».

Im April 1933 hatte Anaïs die Verbindung zu ihrem Vater wiederaufgenommen. Er besuchte sie in Louveciennes – und war entzückt. Sie wechselten Briefe: «Ma fille chérie!» (Brief des Vaters, 29. April 1933) «Anaïs chérie, ma plus grande amie!» (Brief des Vaters, 13. Mai 1933) Nachdem der Vater nach Madrid gereist war, wo er im Hotel Ritz wohnte, schrieb er weiterhin Briefe, die man nur als werbende Liebesbriefe bezeichnen kann. Anaïs antwortete im selben Stil. Die Frage, wer hier wen verführt, wäre eine Frage nach Henne oder Ei.

Neun Tage verbringen die Liebenden nun in einem Hotelzimmer. Vorher haben sie einander in Briefen wiederholt ihre Seelenverwandtschaft beteuert. Der Vater hat Anaïs' Kindertagebuch gelesen und seiner Tochter geschrieben: «Wie Du lebte ich ein Doppelleben, mysteriös, brennend und verborgen, auch ich habe Stunden des Wunderbaren, der Ekstase in einer Welt der Träume erlebt, wo alles voller Gerechtigkeit, Schönheit und Süße war.» Der

Brief schließt, die Zeit werde für sie beide arbeiten «und für die außerordentlich intime Kommunion unserer verletzten Seelen».

Jetzt liegt der Mann da wie ein Gekreuzigter. Eine tragikomische Szene. Es gibt keine Zuschauer und auch keine Grenzen und Tabus, die diese beiden Menschen respektieren müssen. Sie begnügen sich nicht mit der Phantasie oder literarischen Andeutungen ihrer inzestuösen Liebe. José Joaquin Nin y Castellanos, der Konzertpianist und Komponist spanischer Weisen, kohabitiert mit seiner Tochter Anaïs Nin-Guiler; «...good or bad, it doesn't matter», vollzieht sich die «Kommunion» eines Vaters mit seinem erwachsenen Kind, das ein Leben lang davon geträumt hat, seine Liebe zu gewinnen. Nach Ablauf der Woche wird Anaïs den Vater verlassen – wie er vor zwanzig Jahren das Kind verlassen hatte. Er wird noch eine Zeitlang sehnsuchtsvolle Briefe schreiben. Wenn er an den Jahrestag ihrer liebevollen Vereinigung erinnert, wird Anaïs mit einem anderen älteren Mann ihr Glück suchen.

Ist das nun ein Ausdruck von Freiheit? Wählen Vater und Tochter in aller Unabhängigkeit das Verletzen des Tabus, auf dem die westliche Kultur basiert? Sind sie nicht kulturfähig? Anaïs Nin beschreibt das Verhältnis mit dem Vater auf zwei Ebenen. Einmal klingt es nach Tollheit und verrücktem Romantizismus. Dann wieder hat man den Eindruck, sie beschreibt das Geschehen, als würde sie Insekten beobachten, die im Rahmen eines Experiments befremdliche Bewegungen machen. Vielleicht ist das Ganze auch ein Test, die Provokation eines Gottesurteils. Aber nichts geschieht.

Offenbar ist alles möglich. Anaïs legt sich das Geschehen später zurecht, indem sie glaubt, am Vater einen Racheakt vollzogen zu haben. Jedenfalls gelingt es, der Person des Vaters endlich den Status einer unerreichbaren Phantasiegestalt zu nehmen. Sie selbst hat sich durch das Ausleben von Sexualität aus einer Verfassung verhaltenen Tagträumens herausbewegt und gemeint, erst dadurch wirklich lebendig geworden zu sein. Das sollte nun auch dem Vater, ihrem «Double», widerfahren.

Beseligt schreibt sie: «Ich hatte den Mann, den ich mit meiner Seele liebte, ich hatte ihn in meinen Armen, in meinem Körper... den Mann, den ich überall auf der ganzen Welt suchte, der meine Kindheit brandmarkte und mich verfolgt hat. Es waren Fragmente von ihm, die ich in anderen Männern liebte; den Glanz in John Erskine, die Leidenschaft in Allendy..., die schöpferische Gewalt und Dynamik in Henry – und nun war das Ganze [sic!] da...» Sie liebt ihn mit ebender Eindringlichkeit, mit der sie selbst geliebt zu werden wünschte. Wenn man sich der Welt nur noch maskiert zeigt mit einer Sprache, die anderen unbegreiflich scheint, dann, so meint Anaïs, kann die verzehrende Einsamkeit schließlich nur noch vom eigenen Double durchdrungen werden; im Körper des Vaters liebt sie sich selbst. Seine Zurückgezogenheit, seine Schwierigkeiten, sich voll auf das Leben einzulassen, seine Übererregtheit und Ängstlichkeit erwecken in ihr die tiefste Leidenschaft. Neun Tage leben Vater und Tochter losgelöst von der alltäglichen Wirklichkeit in einer Ekstase befremdlicher Glückseligkeit. Um zu sichern, daß sie sich darin nicht ganz verliert, hat sich Anaïs für den 1. Juli mit Henry in Avignon verabredet.

Jetzt steht sie unter Druck: «Ich mußte jeden belügen, endlos. Ein Lügengespinst. Vater sollte glauben, daß ich nach Paris zurückkehre. Hugo sollte annehmen, daß ich aus gesundheitlichen Gründen noch nicht zurückkam. Aber wenn ich nach Paris zurückkehrte, müßte ich Vaters Frau besuchen. Also mußte ich so tun, als würde ich mit Hugos Familie nach London fahren. Hugo sollte denken, ich fahre in die Berge. Aber Henry erwartete mich in Avignon. Nie habe ich meine Lügen so gehaßt. Ich war in all meinen Lügen auf einmal gefangen. Ich wollte nicht, daß Vater wußte, ich könnte nach diesen neun Tagen mit ihm einfach zu Henry fahren. Ich wollte nicht, daß Henry wußte, daß ich ihn nicht sehen wollte.» Während der Bahnfahrt versucht Anaïs verzweifelt, sich von ihrer Liebe zum Vater, die sie jetzt doch für unnatürlich hält, zu lösen, und bemüht sich, ihre natürliche Liebe zu Henry wieder wachzurufen. Sie täuscht ihn darüber, wie ihr wirklich zumute ist. Dafür erkrankt der Körper.

Anaïs fiebert. Sie überspielt das Unwohlsein. Und sie beginnt zwanghaft, entgegen dem Versprechen, das Geheimnis mit dem Vater zu wahren, die zurückliegenden Erlebnisse ihrem Tagebuch anzuvertrauen. «Mir geht es schlechter als je zuvor, ich bin neurotischer und muß mich anstrengen, die Balance nicht zu verlieren.» Sie spürt selbst, daß sie sich übernommen hat. Weitergereist in die

Französischen Alpen nach Chamonix, erholen sie sich auf Wanderungen und Radtouren. Am 10. Juli verläßt Henry sie, um für Hugo Platz zu schaffen, mit dem sie nach Aix-les-Bains aufbricht und Vergnügen am Glücksspiel entwickelt, wandert, Fahrrad fährt und auf Händen getragen wird. Sie schreibt Liebesbriefe an den Vater und an Henry.

Nach Paris zurückgekehrt, zu ihrem normalen Doppelleben, schöpft sie später den Verdacht, daß sie in der Affäre mit dem Vater vielleicht nur einem Phantom nachgejagt ist. In «Winter of Artifice» («Eiszeit») schreibt sie, daß es der «Mythos» gewesen sei, der Vater und Tochter zur Vereinigung gezwungen hätte, etwas, das eigentlich jenseits von Realisierung überhaupt liegt.

Der frühe ‹Verlust› des Vaters und seiner ambivalenten Zuneigung ließ in Anaïs ein Gefühl der Leere zurück, sie entwarf auf ihrer quälenden Suche eine Phantasiegestalt, der sie unerschütterlich nachjagte. Das Gefühl ausbleibender Erfüllung löste sich allmählich von der Gestalt des Vaters und wurde zum Grundgefühl ihres Lebens. Alle Erfahrungen aktuellen Glücks erschienen nur vorläufig und unzulänglich. Den größten Teil ihres Lebens habe sie damit verbracht, dem langen, langen Warten möglichst viel Gehalt zu geben, dem Warten auf die großen Ereignisse. Jetzt glaubt Anaïs die schreckliche Rastlosigkeit, das tragische Gefühl des Versagens verstehen zu können.

Die Gefahr des Ausgeschlossenseins und die Haltung des Sehnens, die Unruhe, das ‹Eigentliche› werde noch kommen, lassen sich durch die Vereinigung mit dem Vater nicht aufheben, wenn sie auch in der Kindheit durch die Trennung von ihm ausgelöst worden sein mögen. «Dies ist nicht der Ort», heißt es später in «Ladders to Fire» («Leitern ins Feuer»). «Und sofort stand sie draußen, ausgeschlossen und herausgestoßen von niemand anderem als sich selbst, von einer Stimmung, die sie aus jeder Gemeinschaft ausschloß. Es geschah einfach dadurch, daß sie sich wünschte, woanders zu sein, wo es vielleicht wunderbarer sein konnte. Dieser Wunsch verwandelte die Nähe, verwandelte das Greifbare in ein Hindernis: das Greifbare bedeutete eine Verzögerung, die es verhinderte, daß sie zu dem schöneren Ort gelangte, der auf sie wartete, bedeutete, daß sie die märchenhafte Person warten ließ. Die Gegenwart wurde durch diesen hartnäckig flüsternden und sich einmischenden Traum gemordet. Ihr Traum war eine unsichtbare Landkarte, die unablässig auf unerforschte Länder aufmerksam machte, ein Kompaß, der zum Wunder führt.»

Die Schilderungen des Vaters, der Liebe zueinander, der Gespräche sind im Tagebuch vermischt mit Beschreibungen des Surrealisten Antonin Artaud, der 1926 zusammen mit Roger Vitrac und Robert Aaron in Paris das «Théâtre Alfred Jarry» und 1932 das «Theater der Grausamkeit» gründete. Das mutet an, als würde Anaïs zwei Seiten einer Person vorstellen. In der Beschreibung Artauds legt sie Tiefenschichten des Vaters bloß, die dieser mit seinem übertriebenen Sinn für Stilisierung überdeckt. Artauds eigenartige Auslegung des Surrealismus hat auf Anaïs Nin in dieser Zeit große Wirkung. Mit seinen Auftritten als Schauspieler in Carl Dreyers Film «Jeanne d'Arc» und in Abel Gance' «Napoleon» (als Marat) erinnert er zudem an die großen Szenen, die Anaïs in Kinder- und Jugendzeit faszinierten.

Am 12. März 1933, auf einer Party bei den Allendys, sah sie Artaud zum erstenmal: «Das Antlitz meiner Wahnvorstellungen. Die halluzinierten Augen. Das scharfgeschnittene, von Schmerz gezeichnete Gesicht. Der Mann als Träumer, teuflisch, unschuldig, zerbrechlich, nervös, mächtig. Sobald sich unser Blick trifft, versinke ich in einer imaginären Welt.» Er wirkt auf sie wie ein Verfolgter oder Heimgesuchter, der seinerseits andere auf unheimliche Weise heimsucht. In seinen Texten hat Anaïs viel Gemeinsames gefunden. So hatte sie Angst, ihm persönlich zu begegnen – Angst vor zuviel Nähe.

Miller beobachtet, daß Anaïs keine Grenzen kennt in ihrem Tun und Sein, und sieht in ihrer perversen Biegsamkeit und der Neigung zum unbegrenzten Erweitern der Erfahrung ein Zeichen von Dekadenz. Genau das findet Anaïs auch bei Artaud. An dem Abend bei den Allendys liest Artaud aus einem seiner Stücke. «Er ist ein zerbrochener, zitternder Décadent, ein weiterer ‹kräftiger Décadent› – wahrscheinlich Opium», notiert Anaïs. Artaud ist von Anaïs' maskenhaftem Gesicht, ihren stilisierten Gesten und Bewegungen offenbar ebenso gebannt.

Ein paar Tage später schickt Artaud seinen Text «L'Art et la

Mort», der ganz und gar zu Grunderfahrung, Sprache und Stil des Textes «House of Incest» paßt, an dem Anaïs in dieser Zeit arbeitet. «Der Traum ist wahr. Alle Träume sind wahr. Ich habe ein Gefühl von Unebenheiten, von Landschaften, die wie skulptiert sind, von wogenden Erdschollen, die mit einer Art frischem Sand bedeckt sind, und all das bedeutet: ‹Trauer, Enttäuschung, Verlassenheit, Bruch, wann werden wir uns wiedersehen?› Nichts gleicht der Liebe so sehr wie die Verlockung gewisser im Traum erblickter Landschaften... Wann werden wir uns wiedersehen? Wann wird der erdige Geschmack deiner Lippen die Angst meines Geistes wieder streifen? Die Erde ist wie ein Wirbel tödlicher Lippen. Das Leben reißt vor uns den Abgrund aller Zärtlichkeiten auf, die gefehlt haben. Was sollen wir mit diesem Engel bei uns, der sich nicht zeigen konnte?»

In Begleitung von Henry Miller, Hugo, Boussinescq und anderen Freunden besucht Anaïs eine Lesung von Artaud, die René Allendy in der Sorbonne arrangiert hat. Artaud wirkt wie eine Provokation. Alle außer Henry und Hugo verspotten Artaud, viele verlassen, protestierend gegen seine eigenwillige poetische Prosa, den Saal. Artaud geht auf Anaïs zu, küßt ihr die Hand und möchte mit ihr in ein nahegelegenes Café gehen. Hugo muß einen Bekannten unterhalten. Henry spürt, daß Anaïs Artaud lieben könnte, aber er läßt sie ziehen. Sie lassen einander ihre Freiheit. Anaïs meint, das sei eine weise Form von Liebe. Auch sie läßt Henry seine Freiheit. So sicher sind sie in ihrer Liebe, daß sie trotz der Vielzahl von Affären, die beide nebenher unterhalten, trotz aller Enttäuschungen und Auseinandersetzungen immer wieder zueinanderfinden.

Eine intensive Zuneigung entwickelt sich zwischen Artaud und Anaïs Nin. Sie will die menschliche Seite ihrer Liebe zu ihm nicht ins Spiel bringen. Aber Artaud küßt sie, begehrt sie, und schließlich gibt sie seinem Verlangen nach. Anaïs weiß, daß ihre Geschichte mit Allendy eine Form von Wahnsinn war, wie auch die mit Artaud. Von beiden erfährt Henry nichts. «Wenn ich Henry das Muster meiner Neurose verberge, dann hat es damit zu tun, daß ich mir wie ein Verbrecher vorkomme, der seine Chance sucht in einem neuen Land mit neuen Menschen. Ein Versuch, die Vergangenheit zu überwinden.» Hugo liebt sie wie einen Bruder, sie weiß seinen Wert zu schätzen, seine Beständigkeit. Aber er ist so in sich verschlossen, so förmlich, so langweilig mit seinem Interesse an Zahlen, Aktien, Kursen.

Sie bemerkt, wie unersättlich sie ist. «... Montag kommt Bradley [Henrys Literaturagent], Dienstag Artaud, dem ich Furcht einflöße; Mittwoch Vater; Donnerstag Allendy; Freitag Henry; Samstag Steele. Die Woche hat zuwenig Tage! Ich habe eine Warteliste: Miller, Gustavo, Nestor, André de Vilmorin.» Für eine Weile übernimmt Artaud die Führung. Anaïs sei aus einer schlüpfrigen Substanz: ihr Sternzeichen sind die Fische, schwer zu fangen, obwohl man sie fühlen kann. Von Allendy erfährt sie, daß Artaud homosexuell ist. Das ist eine Herausforderung für Anaïs. Am 8. Juni 1933 geht sie von Henry zu Artaud. Sie sitzen, zwei Verliebte, im Künstlerrestaurant Coupole, verbunden durch das, was sie ihren Wahnsinn nennen. «Und ich bin nicht am körperlichen Besitz interessiert, sondern mehr an dem Spiel, wie Don Juan, dem Spiel der Verführung, des Wahnsinnigmachens, des Besitzens von Männern – nicht nur auf körperliche Weise, ich will ihre Seelen auch besitzen – ich verlange mehr als die Huren.»

Artaud erzählt ihr, daß die Leute glauben, er sei verrückt. Und in dem Augenblick sagt ihr sein Blick, daß es stimmt. Sie meint, in diesen Ausdruck des Todes verliebt zu sein. Artaud sagt: «Ich habe nicht erwartet, in dir meinen Wahnsinn zu finden.» Er spricht wie ein Dichter. Anaïs meint, er spricht wie Hamlet. Er ist Heliogabalus, der römische Kaiser. «Er hat meine Phantasiewelt gefangengenommen.» Als sie nach Hause zurückkehrt, sieht sie im Spiegel eine Tigerin, die Männer jagt, um sich zu rächen – woran? Kalt, ein Gesicht aus Stein, ohne Gefühl. Sie ist immer noch eine Holzpuppe, die sich danach sehnt zu leben. Artauds Wahnsinn verspricht eine Intensivierung. Gegen ihren Widerstand versucht Artaud, mit ihr zu schlafen, aber er kann nicht. Sie tröstet ihn mit ihrer ganzen körperlichen Zärtlichkeit. «Alles um mich und in mir war in einem Wirbel.» Eine Nacht der Ekstase. Sie schreibt Artaud, daß sie ihn liebt, nennt ihn «Nanaqui». Den Namen hatte er sich als Kind selbst gegeben; es ist eine Umformung von «Antoniki», wie ihn seine griechische Großmutter nannte. Ihr tragisches Lebensgefühl verbindet Anaïs mit Artaud. «Ich glaube an den Augenblick, in dem wir jede Vorstellung von Wirklichkeit verlieren, jede Vorstellung vom Trennen und Getrenntsein unseres Seins.»

Dann schreibt sie Liebesbriefe an Henry, an den Vater, an Hugo – jedem nach seiner Art. Sie sucht diese merkwürdige Spannung von Vielseitigkeit der Liebe. «Wenn ich so ganz für mich allein stundenlang spazierengehe, akzeptiere ich mich selbst, ich akzeptiere, was ich bin. Ich zensiere nicht länger... Gehorsam dem Geheimnis, das mein Tagebuch nur beschreibt, nicht länger erklärt.» Henry Miller meint, sie liebe das Sakrileg.

Auf sonderbare Weise überzeugt sich Anaïs davon, daß Leben und Schmerz untrennbar sind. Ihre vehemente Abwehr alles «Bösen» oder als häßlich Erlebten in den frühen Pariser Jahren bricht unter dem Ansturm ihrer verführerischen Aktionen zusammen. Der Analyse ist es gelungen, ein Ventil zu öffnen, und nun werden alle abwägenden oder gegensteuernden Kräfte überflutet. «Ich wußte, daß sich in meinem Innersten etwas verhärtete, daß es meine Bestimmung war, den anderen Leben und Schmerz zu bringen, daß man nur Leben bringt, wenn man Schmerz bringt... Wasser, Erde, Feuer, das Böse. Mein Weg ist vorbestimmt. Ich kann nicht stoppen. Ich erinnere mich recht lebhaft an die Legende von Alraune.»

«Alraune» ist der Titel, den Anaïs ihren Aufzeichnungen gibt, mit denen sie ihr wirres Leben der letzten Monate literarisch überformt. «Alraune» ist eine mythische Gestalt, die Hanns Heinz Ewers 1911 zur Heldin seines gleichnamigen Romans machte. Die deutsche Verfilmung der Geschichte mit Brigitte Helm unter dem Titel «Mandragore» hat Anaïs gesehen. Alraune ist ein Homunkulus, die Produktion aus dem Samen eines Lustmörders, mit dem eine Hure künstlich befruchtet wurde. Alraune treibt ihre erotische Ausstrahlung bis zum Tod der ihr verfallenen väterlichen Gestalten, «Alraune, geschaffen und gezwungen, wie eine Besessene zu zerstören».

Aber Anaïs leidet auch darunter, daß sie Leid verursacht. Von Artaud versucht sie sich zu lösen, indem sie ihm in einem Brief alles erklärt, ihre ganze Geschichte. Verlassen vom Vater, habe sie ein geheimes Leben im Tagebuch geführt und sich von der Wirklichkeit losgelöst. Sieben Jahre lang sei sie ihrem Mann treu gewesen, obwohl ihre Ehe ein körperliches Martyrium war. Vor einem Jahr sei sie durch Enttäuschung und plötzliche Leidenschaft aus dem Gleichgewicht geraten, habe ihren sterilen Kampf um das Ideal aufgegeben. Das habe sie zu Allendy geführt. «Und ich begann, Böses zu tun, jedes Sakrileg zu begehen.» Ekel hat sie erfaßt vor der Anpassung an das normale Leben. «Ich fühle, daß ich schlechter bin, als die Leute denken...» Sie sei nur glücklich in ihrem Phantasieleben. Jede menschliche Erfahrung rufe Traurigkeit hervor. Sie zittert, wenn sie sich eingesteht, wie viele Menschen sie traurig gemacht hat. Er habe anfangs richtig reagiert, wenn er vor ihr zurückgeschreckt sei. Er möge sie bitte verstehen und solle sie vergessen.

Mit Artaud entdeckt Anaïs Maeterlinck wieder, der nach Artauds Auffassung als erster den unermeßlichen Reichtum des Unbewußten in die Literatur eingeführt hat. Auch sagt ihr Artauds Bestimmung des Surrealismus zu: «Die surrealistische Bewegung ist eine tiefe, eine innere Auflehnung gegen alle Vaterfiguren gewesen, gegen die immer stärkere Vormachtstellung des Vaters in den Gebräuchen und im Denken... Eine schreckliche, brodelnde Revolte gegen jede Art materieller oder geistiger Unterdrückung schüttelte uns alle, als der Surrealismus begann: Vater, Vaterland, Religion, Familie – es gab nichts, gegen das wir uns nicht mit Schmähungen ergingen.»

Anaïs Nins Konzept vom «Double» erhält eine vertiefte Bedeutung, wenn wir sie von Artaud her zu verstehen suchen. Artaud faßt seine Gedanken zum Theater, die er seit 1932 zumeist in der Zeitschrift «Nouvelle Révue Française» veröffentlichte, in dem Buch «Le Théâtre et son Double» zusammen, das einige Jahre später (1938) bei Gallimard erscheint. Die französische Kultur habe sich ein falsches «Double» zugelegt, «falsche Schatten». Unordnung und Revolution empfiehlt er, dem Konzept des expressionistischen Theaters folgend, als Gegenmittel. Die in Konventionen verborgenen ursprünglichen Neigungen der Menschen sucht Artaud mit der Gestalt seines rohen Theaters, das auch die Konventionalität der Sprache zu sprengen beabsichtigt, sinnfällig zu machen. Das «künstlerische Haften an Formen» sei das eigentlich Infernalische seiner Zeit.

Kultivierung als Abwehr der Angstlust vor dem Chaos charakterisieren Anaïs Nin und ihren Vater. «Wir sind pünktlich, eine hervorstechende, charakteristische Eigenschaft. Wir brauchen Ordnung rings um uns, im Haus, im Leben, obwohl wir unwiderstehlichen Impulsen folgen, so als könnte uns die Ordnung in den Schränken, in unseren Papieren, Büchern, Photographien, unseren Erinnerungen und Kleidern vor dem Chaos in den Gefühlen, der Liebe, unserem Werk bewahren.» Artaud behauptet nun, Aufgabe von Theater und Kultur sei es, sich nicht «auf die Sprache und die Formen» festzulegen, sondern die Bahn frei zu machen «für die Geburt anderer Schatten, um die sich das wahre Schauspiel des Lebens gruppiert. Die Sprache durchbrechen, um das Leben zu ergreifen...»

Bereits das Mosaische Gesetz bestimmte den Inzest als strafbare Handlung. Eine Ausnahme gab es in wenigen Kulturen bei bevorrechtigten Kasten; ihnen war die inzestuöse Verbindung nicht nur erlaubt, sondern sogar empfohlen. Anaïs beansprucht das Privileg, diese «Schatten» auf der Bühne ihres privaten Lebens ins Spiel zu bringen. Das stärkste Sakrileg gegen die westliche Kultur dürfte wohl neben dem Mord im Inzest bestehen, nach Freud das Tabu, dessen Einhaltung zur Entwicklung und Erhaltung einer differenzierten Gesellschaft und Kultur unabdingbar ist. Kern des sogenannten Ödipus-Konfliktes in der Geschichte des Kindes ist die Auseinandersetzung mit einer unverrückbaren Grenze der Erfüllung seiner kindlichen Wünsche nach Einheit. Der Kampf um Überschreitung und Akzeptieren dieser Grenze fundiert die Möglichkeiten des einzelnen zu einem eigenen Lebensweg. Ein glücklicher Ausgang des Konfliktes ermöglicht dem Kind, den kleinen Kreis früher Sehnsucht nach Aufgehobenheit in der vertrauten Einheit der Familie mit veränderter Rollenverteilung zu überschreiten. Es wird sozusagen frei für seinen individuellen Weg in und durch die Kultur, wenn es den Bannkreis ödipalen Versprechens verlassen kann. Das Kunststück der Erziehung in der westlichen Kultur besteht darin, das Kind spüren zu lassen, daß der jeweils bedeutsame Erwachsene seine Wünsche nach Vereinigung zwar versteht, aber dennoch nicht erfüllt.

Es ist problematisch, wenn das Kind die Versagung als persönliche Unzulänglichkeit verbucht und mit einem Gefühl zurückbleibt, wenn es liebenswerter gewesen wäre, hätte sein Wunsch nach Einheit erfüllt werden können. So ist es offenbar von dem Kind Anaïs erlebt worden. Und Anaïs arbeitet ein Leben lang daran, sich liebenswert und begehrenswert zu machen. Damit werden ihre Handlungen in gewisser Weise monothematisch. Sie kann sich Welt und Menschen nicht offen zuwenden, weil die Klärung des Verhältnisses zwischen Geborgenheit und Unabhängigkeit, zwischen Gemeinsamkeit und Selbständigkeit, zwischen Verführung und Isolation in allen Wirklichkeitsbereichen an erste Stelle rückt.

Der Bruder Joaquin beschreibt rückblickend die Riesenansprüche seiner Schwester wie auch des Vaters an die Liebe der anderen. Er erinnert sich an ihre Überempfindlichkeit gegen Kritik jeder Art und an die Härte ihrer Ablehnung, wenn der andere seinen Spielraum für sich beanspruchte. Joaquins eigener Zugang zur Kultur wurde in früher Zeit weitgehend durch die Interessen der fünf Jahre älteren großen Schwester bestimmt. Es sei nicht leicht gewesen, sich aus ihrem Einflußbereich zu lösen, weil das für Anaïs einem Verrat gleichkam. Erst nach der Auflösung des gemeinsamen Haushalts in Louveciennes im Jahr 1934 sei das gelungen, allerdings um den Preis der Entfremdung für viele Jahre. Joaquin studierte in Paris an der Schola Cantorum und am Konservatorium unter Paul Ducas Klavier und Kompositionslehre. Manuel de Falla war für ihn die herausragende Gestalt, an der er sich orientierte. Noch heute tut es ihm weh, wenn er an die Härte denkt, mit welcher sich Anaïs schließlich von beiden Eltern wie auch von dem Bruder Thorvald abgewandt hat. Unterwarf man sich nicht den bindenden Ansprüchen ihrer Zuneigung, konnte man ihrer Abneigung gewiß sein. Außerordentlich scharfe Auseinandersetzungen habe es mit dem Bruder Thorvald gegeben, der sich schließlich von der ganzen Familie trennte, um in Südamerika ein echter geschäftstüchtiger Amerikaner zu werden, was ihm schließlich in der Holzbranche gelang.

So hat Anaïs Nin bereits in früher Zeit eine besondere Sensibilität für die Liebe im weitesten Sinne entwickelt, zentriert um die Fragen, wie eng die Einheit zu sein habe, wieviel Nähe sie verträgt und wie es mit den Möglichkeiten von Abwendung und erneuter Suche steht. Der Romanzyklus «Cities of the Interior» («Städte des Inneren») wird diesen Komplex in allen Variationen entwickeln. Sie findet das Motiv des Tagebuchschreibens im Verlust der Liebe. Kunst erwächst nach ihrer Auffassung aus Liebe, aus Leidenschaft, aus Leid.

Anaïs Nins Inzest mit dem Vater ist eine Revolte, die einerseits in ihrer individuellen Lebensgeschichte begründet ist. Sie revoltiert gegen die ausbleibende Erfüllung ihrer Sehnsucht, gegen den Bannspruch, der sie daran hindert, sich glücklich im jeweils Realisierten aufhalten zu können. Die Konkretisierung des Ersehnten im Inzest hat zumindest als Begleiterscheinung die Bedeutung einer Art Realitätsprüfung.

Andererseits hat der Inzest auch den Charakter einer surrealistischen Tat. «Ich glaube nur noch an die Wahrheit dessen, was mein Mark erregt», schreibt Artaud, «nicht an das, was sich an meine Vernunft wendet... Es gibt für mich eine Wahrheit des reinen Fleisches, die nichts mit der Wahrheit der Vernunft zu tun hat.»

Anaïs' Prosagedicht «House of Incest» (zunächst «Alraune») entsteht parallel zu den Tagebuch-Bänden «Henry and June» und «Incest» in einer Lebenssituation, die Anaïs Nin auf so vielen Bühnen mit einer Hauptrolle versieht, daß sie von Selbstauflösung und Selbstfragmentierung bedroht ist. Die Ehe mit Hugo wird fortgesetzt, nimmt aber auch dadurch eine neue Gestalt an, daß Hugo geschäftlich viel auf Reisen ist und häufig in der Londoner Zweigstelle der Bank zu tun hat. In seiner Abwesenheit ist sie mit Miller zusammen. Nebenher spielen sich die Begegnungen mit June ab, mit Allendy, mit Artaud und anderen, auch mit dem Vetter Eduardo.

Konstruktionsprinzip dieser Phase ihres Lebens ist eine Art kubistischer Montage, nicht eine Folge in sich geschlossener Geschichten nach der Figur eines Reigens. Alle Möglichkeiten sind gleichzeitig im Spiel, färben einander, überschneiden sich, gehen ineinander über, stehen in Spannung und provozieren zudem eine erneute Vergegenwärtigung im literarischen Ausdruck.

Der Text «House of Incest» geht also aus einer konkreten Lebensfigur seiner Schreiberin hervor. Das gestattet jedoch nicht, ihn auf die Bedeutung eines subjektiven Zeugnisses im Sinne einer Privatangelegenheit der Anaïs Nin zu reduzieren. Im Grunde geht es um Lust und Qualen der Fassungslosigkeit. Der Text zeigt ein Erlebensspektrum, das mit dem Aufbrechen bislang gültiger Ordnung aufkommt. Zwar kann man die im Text namhaft gemachten Gestalten auf Bekannte der Anaïs Nin hin übersetzen: «Sabina» = June, «Jeanne» = Louise de Vilmorin, «der moderne Christus» = Antonin Artaud; aber man wird der Qualität des Ganzen nicht gerecht, würde man es als Aneinanderreihung literarischer Portraits aufschlüsseln.

«House of Incest» wirkt wie eine Schöpfungsgeschichte, nicht wie eine Geschichte, die sich an einem bestimmten Ort zu einer bestimmten Zeit mit bestimmten Personen abspielt. Es werden Qualitäten beschrieben, die sich im Übergang zwischen Weichem, Fließendem, Amorphem, Verschmolzenem einerseits und Hartem, Konturiertem, Gestalthaftem, Individuiertem andererseits bilden. Zwischen Wasser und Fels. Alles dreht sich um einen Sprung oder Riß in der Wirklichkeit – «The Fissure in Reality», der anmutet wie ein ‹Sündenfall› des Werdens. Überpersönliche Mächte machen den einzelnen zum Spielball von Liebe und Tod und setzen alles Gefügte außer Kraft. Vermitteln kann diese Not allein der Tanz, eine Zeit und Raum enthobene Form der Mitbewegung: «Und sie tanzte», heißt die Schlußsequenz, «sie tanzte mit der Musik und mit dem Rhythmus der kreisenden Erde. Sie drehte sich mit der Drehung der Erde, wie eine Scheibe, und sie wendete alle Gesichter gleichmäßig dem Licht und der Dunkelheit zu, und sie tanzte dem Tageslicht entgegen.» Das entspricht dem Bild von der Drehbühne des Unbewußten, das Anaïs Nin später häufig benutzt.

Der Text beginnt mit Beschreibungen vom «sanften Strömen von Wasser und Begierde», vom «Atmen in einer Ekstase der Auflösung», und springt unvermittelt um: «Ich erwachte im Morgengrauen, auf einen Felsen geworfen, wie das Wrack eines Schiffes, das die eigenen Segel erdrosselt hatten... Tag und Nacht lösten sich voneinander, und ich fiel dazwischen». Wenig später gibt es eine erste Gestalt, die einen Namen hat, «Sabina». Mit ihrem Erscheinen wachsen dem «Ich», das bis dahin in seine intrauterine, ozeanische Sphäre eingeschmolzen war, Erfahrungen des Stählernen, Klirrenden, Eisigen zu. Es ist die Rede von einem «Räderwerk» der Vervielfältigung: «... ein Ton im Ton, eine Szene in der Szene, eine Frau in der Frau». Die Gedanken des Ich werden «in Fragmente

zersplittert, in Vierteltöne, die kein Dirigent je wieder zusammen-
fügen kann»; angstvoll wird die Frage gestellt: «WEISS JE-
MAND, WER ICH BIN?... in mir sehe ich zwei Frauen... wie
Wurzeln, die sich losreißen, um getrennt zu wachsen, im zähen Be-
mühen, Einheit zu erreichen.» Dann folgen Qualitäten der Wirk-
lichkeit wie: bersten, zerreißen, verbrennen, zerfetzen, und in der
Mitte des Textes steht in großen Buchstaben: «THE FISSURE IN
REALITY».

Nach der Aufgliederung des Ich in zwei, die nicht mehr eins werden können, folgt eine Sequenz mit einer Gestalt, die den Namen
«Jeanne» trägt, «eine Gefangene auf Erden... als sei ihre Welt zer-
sprungen... Sie ergriff einen Spiegel und betrachtete sich liebevoll.
Narziß betrachtet sich in Lanvin-Spiegeln». Dann zeigt sich die
Ambivalenz von Einheit: «Ich fürchte mich so sehr, jemanden zu
finden, der ist, wie ich bin. Doch das Verlangen ist groß, ihn zu
finden.»

Schließlich geht es um einen Versuch des Einswerdens mit sich
selbst, des Zusammenfügens «separater Teile des ICH». Die folgende Passage zeigt seine Vergeblichkeit und ist zugleich ein Beispiel für die surrealistische Schreibweise, die Anaïs wählte: «Als
mein Bruder in der Sonne saß und der Schatten seines Gesichtes auf
die Stuhllehne fiel, küßte ich seinen Schatten. Ich küßte seinen
Schatten, und dieser Kuß berührte ihn nicht. Dieser Kuß verlor sich
in der Luft und verschmolz mit dem Schatten. Unsere Liebe gleicht
einem langen Schattenkuß und bleibt ohne Hoffnung auf Erfüllung.
Sie führte mich in das Haus des Inzests. Es war das einzige Haus,
das unter den zwölf Häusern des Zodiak fehlte. Man konnte es nicht
über die Milchstraße erreichen, nicht mit dem gläsernen Schiff,
durch dessen Glasboden man die Umrisse versunkener Kontinente
sah, nicht wenn man den Pfeilen folgte, die die Windrichtungen
zeigen, auch die Echos der Berge wiesen nicht den Weg.»

In einer dritten Version zeigt sich ein Motiv, das seelischen Ent-
wicklungs- oder Schöpfungsgeschichten zugrunde liegt: «Alles ex-
plodierte in Freude und im Schrecken ihrer Liebe: Freude über die
Hand des Vaters auf der Brust der Tochter und Freude über die
Furcht, die sie folterte... Kein Schrei des Entsetzens von Lot und
seiner Tochter, aber von der brennenden Stadt, von der ununter-

drückbaren Begierde von Vater und Tochter, von Bruder und Schwester, von Mutter und Sohn.» Diese Sequenz mutet an wie ein psychoanalytisches Inventar von Unmöglichkeiten.

In einer abschließenden Sequenz geht es um die Problematik, wieweit der Mensch die seelische Schöpfungsgeschichte, in welcher er befangen ist, zugleich mit Worten angemessen beschreiben kann: «Ich habe dem Buch weitere Seiten hinzugefügt, aber es sind Seiten, die dem Aufundabgehen eines Gefangenen in seiner Zelle gleichen... Ich möchte die ganze Wahrheit sagen, aber ich kann die ganze Wahrheit nicht sagen, denn dazu müßte ich vier Seiten gleichzeitig schreiben wie vier gleichlaufende lange Spalten, vier Seiten neben der einen, die ich jetzt schreibe... Ich müßte rückwärts schreiben, unablässig meine Schritte zurückverfolgen, um Echos und Obertöne einzufangen.»

Neben dem Ich, neben Jeanne und Sabina wird nun eine vierte Gestalt eingeführt: «Seht hier den modernen Christus, der für alle unsere neurotischen Leiden von seinen eigenen Nerven gekreuzigt wird.» Es ist eine Gestalt ohne Außenhaut, ohne Panzer oder Maske, die sie gegen die Realität abpolstern könnte. «Könnten wir doch alle aus dem Haus des Inzests entfliehen, in dem wir im anderen nur uns selbst lieben. Wenn ich nur alle vor euch selbst retten könnte, sagt der moderne Christus.» Der Text endet mit dem Wunsch, irgend etwas Festes, Beständig-Verfügbares im Leben zu haben. «Ich konnte das Entschwinden der Dinge nicht ertragen. Alles Fließen, alles Entschwinden, jede Bewegung löste erstickende Angst in mir aus.» Wenn es denn nicht gelingt, im Leben etwas festzuhalten, dann sollte man vielleicht mit der Bewegung ein Bündnis schließen: «Und sie tanzte. Sie tanzte mit der Musik und mit dem Rhythmus der kreisenden Erde...»

Die ersten zwei Seiten des Buches schrieb Anaïs, als ihre Analyse bei Allendy begann, «in einem surrealistischen Stil», unter dem Einfluß der Zeitschrift «transition», Organ des dem Surrealismus zuneigenden Modernismus der Dichter, und beeindruckt von «Breton und Rimbaud. Sie helfen meiner Einbildungskraft, sich frei zu entfalten.» Vom April des Jahres 1932 bis zum Juli hat sie «an die dreißig Seiten poetischer Prosa geschrieben, in einem vollkommen phantastischen Stil, einem lyrischen Ausbruch». Es gelang nicht, für «House of Incest» einen Verleger zu finden. Das Buch erschien erst 1936 im Eigendruck unter dem Impressum Siana-Press (Umkehrung von Anaïs) in der St. Catherine Press in Brügge, in einer Auflage von 249 Exemplaren.

Visionen, Stimmungen, Prinzipien der Traumarbeit wie Verdichtung, Verschiebung, Ersatz, bildlogische Zusammenhänge, Sprünge und Montagen – all das entspricht der Selbstgestaltung seelischen Zusammenhangs, entspricht ganz selbstverständlichen Prozessen. Finden wir sie aber ausdrücklich als Literatur in den Blick gerückt, scheint es manchem fremd, unverständlich, maniriert und willkürlich. Dann kann es dem Leser ähnlich ergehen wie einem Betrachter surrealistischer Filme. Versteht er sich nur auf eine im Sinne von Realismus modellierte Wirklichkeit, so wirken diese Produktionen auf ihn verrückt. Im Grunde jedoch sind es die Schematisierungen des Realismus, welche die ursprüngliche Arbeitsweise des Seelischen ver-rücken. «Des Nachts träumt jeder in der Bilderwelt der Dichter, aber am Tag leugnet und verwirft er die Welt des Künstlers...» zugunsten der Beherrschung seines Seelenlebens. Anaïs hat ausdrücklich betont, sie wolle «formulieren, ohne durch die Vernunft zu zerstören, ohne zu töten, ohne abzusterben». Wie D. H. Lawrence will sie Vision und Intellekt verbinden. Selbst von Miller wird sie einmal aufgefordert, ihre «Abstraktionen» zu erläutern, und Anaïs erklärt, es seien Symbolismen, Parabeln, Allegorien.

Mit der Zuwendung zu D. H. Lawrence löste sich Anaïs aus den herkömmlichen Bahnen bürgerlicher Auffassungsweisen. Ihr Interesse an Surrealismus und Psychoanalyse führt sie noch einen Schritt weiter. Als sie schließlich das Vorwort zu Henry Millers «Wendekreis des Krebses» schrieb, riskierte sie «alles zu verlieren, alle Menschen, die mich liebten oder beschützten. Ich schrieb das Vorwort in einem Akt der Auflehnung und der Rebellion gegen die Welt, die mich beschützte.»

Mit «ursprünglichen Wirklichkeiten» ist auch eine Hochschätzung von Anfängen verbunden. Anaïs Nin möchte «immer am Anfang sein, im ersten Augenblick des Zutrauens und der Liebe, niemals Zeuge des graduellen Verfalls, des langsamen Erschlaffens der Liebe, ihres Alterns, ihres Verwelkens. Immer im ersten Augenblick zu leben, im höchsten, und dort zu bleiben, indem man immer nur den Beginn sucht.»

Das vor jeder Geschichte liegende Anfängliche, was sich noch nicht in Zeit und Raum dimensionieren läßt, erkunden Surrealisten und Psychoanalytiker. Freud hatte mit seiner Analyse des Unbewußten Kulturarbeit etwa wie die Trockenlegung der Zuydersee leisten wollen. Der Psychiater Pierre Janet hatte das von ihm so genannte automatische Schreiben und Zeichnen mit dem Ziel besserer Diagnosemöglichkeiten und Heilungsverfahren für seine Patienten eingesetzt. Beiden ging es um Erschließung und Kartierung von seelischem Neuland.

Der einundzwanzigjährige Medizinstudent André Breton und der zwanzigjährige Jurastudent Philippe Soupault, die Janets Werk «L'automatisme psychologique» sowie Aufsätze von Freud gründlich studiert hatten, suchten in denselben Phänomenen etwas anderes, eine Art Offenbarung einer Gegenwirklichkeit zur bestehenden Kultur. Die Erfahrung von Grausamkeit und absurdem Sterben für tote Ideale im Ersten Weltkrieg ließen sie wie viele andere alles absichtsvoll und «vernünftig» Gestaltete, auch die Kunst, verdächtigen als Verhüllung und Schönfärberei.

«Die magnetischen Felder» wurden 1919 geschrieben als erster surrealistischer Text, der die Technik des automatischen Schreibens einsetzte. Wie Artaud wollten sie etwas mit Absichten nicht Erreichbarem auf die Spur kommen. Das entspricht dem Wunsch der Anaïs Nin ebenso wie dem analytischen Verfahren, das Otto Rank entwickelt hat. Die Neurose schätzt Rank als verkehrten Schöpfungsdrang ein. Ziel der Analyse ist es, dem durch die Kultur modellierten Seelenleben wieder einen Zugang zu anfänglichen Verfassungen zu eröffnen, so daß sich deren Dynamik in Richtung künstlerischen Schaffens formieren kann.

Nach der Affäre mit dem Vater muß Anaïs Nin feststellen, daß Verwirrung zwar Kunst provoziert, daß aber ein Übermaß an Verwirrung sich auch in Richtung Geisteskrankheit zuspitzen könnte; eine Beobachtung, die sich möglicherweise auf Artaud bezieht, dessen Leben schließlich in einer Anstalt für Geisteskranke endete.

1928 war André Bretons «Nadja» erschienen, ein Buch über eine Frau, die auf die Frage, wer sie sei, antwortet: «Ich bin die wandelnde Seele.» Das Kultbuch der Surrealisten über ihre Muse erreicht in seinem Erscheinungsjahr zwanzig Auflagen. Die Frau Nadja erinnert in vielen Zügen an die Frau Anaïs. «Vom ersten bis zum letzten Tag», schreibt Breton, «habe ich Nadja für einen ungebundenen Geist, für etwas wie eine jener Luftgenien gehalten, die sich durch eine gewisse Magie für einen Augenblick binden können, die man sich aber fraglos nicht unterordnen könnte... So verzaubert ich weiterhin war von jener Art, sich nach nichts anderem zu richten als der reinen Intuition und ununterbrochen an das Wunder zu glauben, immer mehr war ich auch beunruhigt, weil ich fühlte, daß sie vom Wirbel des Lebens wieder ergriffen würde, sobald ich sie verließe, vom Leben, das draußen von ihr weiterging...» Der Roman endet mit der Sentenz: «Die Schönheit wird ein BEBEN sein, oder sie wird nicht sein.» Nadja wurde wahnsinnig und mußte schließlich in die Anstalt von Vaucluse gebracht werden. Sie scheiterte an der Vorstellung, daß «die Freiheit, die wir auf Erden um den Preis tausendfachen Verzichts erwerben, in der Frist, in der sie uns gegeben ist, ohne Einschränkungen, ohne irgendwelche Erwägung der Folgen angewandt werden will...»

Anaïs unterscheidet sich in vielen Punkten von Nadja. Sie ist nicht arm und lebt nicht ohne jeden Halt. Sie lebt ihre Freiheit und gestaltet sie zugleich auf neuer Ebene, als Literatur. Das heißt, sie betrachtet ihr jeweiliges Leben immer mit einem zweiten Blick. Und dieser Blick zeigt Ende Januar 1933, daß sie Hilfe braucht. Ohne Rahmen droht ihr Bild auseinanderzufallen.

3. Tragik: Analytiker
sind auch nur Menschen

DIE LEBEN SCHENKENDE Lüge – «mensonge vital»; Anaïs ist fasziniert von diesem Konzept. Es wird zum Instrument für das, was sie ihre Freiheit nennt. Ohne jeden Zynismus meint sie, daß ihre Lügen den verschiedenen Liebhabern wie den Familienmitgliedern gegenüber Ausdruck reiner Rücksichtnahme sind. Sie erträgt es nicht, jemanden zu verletzen, deshalb lügt sie. Oder erträgt sie nicht, das Bild zu stören, das sich andere von ihr machen sollen? Einer Liebe allein kann sie nicht mehr trauen. Außerdem gibt es ein Gefühl von Unabhängigkeit und Unverletzbarkeit, wenn sie behende von einem Liebhaber zum nächsten überwechseln kann. Indem Anaïs ihre Liebe vervielfältigt, gerät sie in ein Spannungsfeld von Anforderungen. Verzweifelt zur Schau getragene Stärke hilft eine Zeitlang über Gefühle der Schuld hinweg. Manchmal, wenn man sie angreift, kann sie ehrlich werden.

Über Artaud macht sie sich lustig, weil er, wie die Surrealisten, nur in der Kunst wagt, das Leben zu ändern. Die meisten Surrealisten wählen die Verfahren der Verfremdung, Zuspitzung, Umkehrung von Tradition und herkömmlicher Moral nicht für die Gestaltung des Alltags. Überaus sensibel spürt Artaud, daß Anaïs Nin mit ihrem Vater ein Verhältnis hat, und wirft ihr vor, sie würde Literatur leben.

Im August 1933 besucht sie den Vater noch einmal in Valescure, und im Oktober sehen sie sich, immer noch Liebende, in Louveciennes. Eine Balance gewinnt Anaïs, indem sie Henry Miller zu ihrer menschlich-irdischen Liebe erklärt und die zum Vater und den anderen Männern als Liebe zu einem Ideal versteht. Henrys Liebe flößt ihr Lebendigkeit ein. Die zum Ideal erhobenen Menschen muß und kann Anaïs ihrerseits lebendig machen. Der Vater liebt ihre Natürlichkeit. Sein maskenhaftes Gesicht leuchtet vor Begeisterung, wenn Anaïs um ihn ist. Anaïs idealisiert ihn in ihren Briefen – so, genauso möchte er sein, und in ihrer Gegenwart könne er auch so sein, antwortet der Vater. Der Vater als Spiegelbild, als idealer Liebhaber, lebt wie Hugo nur durch sie, glaubt Anaïs. Auch ihn muß sie belügen.

«Ich habe das Ende eines Zyklus erreicht. Mein Leben, das mit der Leidenschaft für meinen Vater begann, endet mit derselben Leidenschaft. Der Kreis schließt sich. Jetzt werde ich Frieden haben und mich der Arbeit zuwenden (genau wie Henry)», schreibt sie im August 1933.

In dieser Situation sehnt sich Anaïs nach einem neuen Analytiker. Allendy spult nur noch mechanisch die psychoanalytischen Schemata ab: Schuldgefühl, Eifersucht auf die Mutter, sie kann es nicht mehr hören. Er scheint nicht zu begreifen, daß Anaïs in einen Prozeß des Agierens geraten ist und sich allmächtig wähnt. Sein privates Interesse an ihrem ungewöhnlichen Leben versperrt ihm den Blick.

Am 7. November 1933 sucht Anaïs Otto Rank auf, der seine Praxis am Boulevard Suchet hat. Ein kleiner neunundvierzigjähriger Mann mit dunkel wirkender Haut, rundlichem Gesicht und großen, dunklen Augen öffnet der dreißigjährigen Anaïs die Tür. Vom Behandlungszimmer blickt man auf den Bois de Boulogne. Anaïs versinkt in einem tiefen, weichen Sessel. «Ich erzählte ihm, daß ich wohl wußte, ein Künstler könne aus seinen Konflikten etwas Gutes machen. Aber gegenwärtig würde ich zu viel Energie verbrauchen bei dem Versuch, mit dem Durcheinander meiner Wünsche fertig zu werden. Daß ich seine Hilfe brauchte, um dieses Problem lösen zu können.»

Anaïs hat sofort das Gefühl, dieses Mal den richtigen Analytiker gefunden zu haben. Jedenfalls sprechen sie dieselbe Sprache. Rank geht über das vulgärpsychoanalytische Schema hinaus. Ihn interessieren die Verschiedenheiten zwischen den Menschen. An der klassischen Psychoanalyse bemängelt er, daß sie jeden auf eine bestimmte Ebene des Normalen bringen will. Sein Ziel ist es dagegen, jeden Menschen an sein eigenes Universum anzupassen. Für ihn scheint Sexualität nicht letzter Erklärungsgrund für Konflikte neurotischer Art zu sein. Statt dessen spricht er oft von «Schaffen» und «Produzieren». Anaïs fühlt sich verstanden. Auf dem Weg zu Rank hatte sie Dramatisierungen ihres Lebens ersonnen, um sich interessant zu machen, ähnlich wie bei Allendy. Sie scheint nicht zu merken, daß das gelebte Drama interessanter ist als irgendeines, das sie erfinden könnte. Zu ihrer eigenen Überraschung kann sie in diesem ersten Gespräch mit Rank ehrlich sein. Jedenfalls täuscht sie ihn nicht absichtsvoll. Die Liebesprobleme wachsen ihr über den Kopf, worunter ihre Entfaltung als Künstlerin leidet, vertraut sie ihm an.

Rank wirkt auf sie neugierig, interessiert und lebendig. Das Explorieren macht ihm sichtlich Vergnügen. Anaïs hat das Gefühl, daß er das Experimentieren, die offene Landstraße, das Anarchistische liebt; er bewegt sich frei, eröffnet dem eigenen Denken wie den Überlegungen des anderen große Spielräume und macht das Problem des Schöpferischen zum Fokus.

In einem weiteren Gespräch nimmt Rank ihr das Tagebuch, verlangt, daß sie in der nächsten Zeit keine Eintragungen macht. «Er beraubte mich meines Opiums.» E. James Liebermann, Ranks Biograph, meint, Rank hätte gleich durchschaut, daß Anaïs ihn, wie Scheherazade, mit erfundenen Geschichten hinhalten wollte. Rank sieht das Tagebuch als «Verkehrsinsel», von der aus Anaïs Nin auch ihre Analyse analysiert, eine Abwehrmaßnahme gegen die Wirksamkeit des analytischen Prozesses. Das wirkt wie ein Schock. Aber es gefällt ihr, sich seinem entschiedenen Willen zu unterwerfen. Der zweite Eingriff Ranks verlangt, daß sie sich für einige Zeit von all ihren Partnern fernhält, bis sie wieder zu sich gefunden hat.

Hugo beugt sich dem Willen des Analytikers. Anaïs nutzt die Gelegenheit, ungestört mit Henry Miller in einem Hotel, Rue des Maronniers No. 26, zu leben. Lange schon wünscht sie mehr Kontinuität des Lebens, Liebens und Arbeitens mit ihm. Miller ist davon nicht begeistert, macht aber mit. Dieses Arrangement entspricht nicht ganz der Forderung Ranks. Ebenso, daß sie Eintragungen in ein Notizbuch macht, zuallererst ein Charakterportrait von Otto Rank. Sein lebhaftes Engagiertsein und seine Heiterkeit befreien offenbar vom fixierenden Blick auf das eigene Leiden. Sobald Anaïs bei ihm ist, kann sie frei atmen, fühlt sich lebendig, hat Raum für seelische Bewegung, weil Rank selbst ebendiese Haltung ausstrahlt.

Das Abnehmen des Tagebuchs versteht Anaïs auch als einen symbolischen Akt. Rank gibt ihr zu verstehen, daß er ihr Selbst in Obhut nimmt, um eine Reintegration herbeizuführen und Anaïs Nin sich selbst als Ganzheit zurückgeben zu können. Sie spürt, daß sie ihm vertrauen kann. Ranks Rechnung geht tatsächlich auf, sie spricht zu ihm, wie sie früher nur zu ihrem Tagebuch hat sprechen können. – Der Zusammenhang zwischen dem Vater und dem Tagebuchschreiben interessiert ihn. Sofort spricht er das Thema des Doppelgängers an. Anaïs hat sein Buch «Der Doppelgänger» (französisch erschienen in einem Band mit «Don Juan») gelesen. Das Tagebuch sei Ersatz des fehlenden Vaters gewesen, außerdem habe sie ihn imitiert und sich unbewußt mit ihm identifiziert; der Vater als Schatten. Kulturhistorisch gesehen ist der Schatten eine erste Verkörperung der Seele. Ranks zusammenfassende Schlüsse faszinieren und irritieren sie: sie sei Kind, Gemahlin, Geliebte, aber keine Frau; eine Künstlerin, ein sinnliches Wesen, aber keine Frau; durch Sex allein könne sie keine Frau werden.

Eine Frau sein, das legt Anaïs nun wieder nach dem alten Muster aus. Sie stellt Henry aufs Podest und will ihm dienen. Er trägt Material zusammen für ein Buch über D. H. Lawrence. Kahane hat zwar Interesse am «Wendekreis des Krebses», möchte Miller aber zuvor als ernsthaften Autor mit einem Buch über Literatur und Philosophie einführen. Anaïs hilft, tippt und organisiert, gerät allerdings in Zweifel, wenn Henry ihren Überlegungen weniger Gewicht gibt als den Gedanken der Freunde.

Als nächstes nimmt Rank ihren Hang zum Protokollieren des Erlebten unter die Lupe. Er zweifelt, ob das der Kunst zuträglich ist. Kunst entsteht für Rank nur im Prozeß des Umgestaltens, Erweiterns, Deformierens, Erfindens. Bloßes Festhalten und Wiedergeben des Erfahrenen bremsen sozusagen auf halber Strecke. Kunst hat mit Eingriff zu tun, einer Qualität, die in der westlichen Kultur dem Männlichen zugesprochen wird. Wenn der Mann seine Neurose überwinde, käme der Künstler zum Vorschein. Wenn dagegen die Frau von ihrer Neurose befreit würde, werde sie eine Frau. Sie sollten abwarten, ob die Künstlerin oder die Frau bei Anaïs Nin herauskommen werde. «Im Augenblick ist es wichtiger, daß Sie sich zur Frau entwickeln.»

Das hört Anaïs zu diesem Zeitpunkt ihres Lebens sehr gern. Es ist entlastend. Voller Bewunderung bemerkt sie hinter dem engagierten Analytiker einen Mann, der Kummer, Enttäuschung, Abgründe in seinem eigenen Leben kennengelernt hat und der dennoch in der analytischen Situation ganz präsent ist, aktiv. Er treibt sie in die Enge, greift an, fügt wie ein Schöpfer hinzu, erfindet, erweitert. Er entspricht nicht dem Schema des Analytikers, der alles auseinandernimmt und zurückführt, bis am Patienten nichts Lebendiges mehr zu finden ist.

Bei Allendy schien es ihr, «daß die zeugenden, fruchtbaren Prinzipien der Analyse, die in der Wiederherstellung und Inszenierung des individuellen Dramas liegen, überschattet werden von dem Wunsch nach der Diagnose, nach Klassifikation, mit deren Hilfe man das Drama unter Kontrolle bringen möchte. Je öfter es künstlich rekonstruiert wurde, desto mehr verlor sich die Achtung vor dem Drama, während die Beachtung des Schemas zunahm, und so verloren die fruchtbaren Elemente an Wirkung.» Das entspricht ganz der Psychoanalyse-Kritik des D. H. Lawrence. Ranks Analysieren zielt nicht auf ein statisches Ergebnis. Er eröffnet vielmehr, weckt auf und regt an, bereichert. «Ich sehe ihn immer als einen Menschen mit sehr weit geöffneten Augen: ‹Sehen Sie, verstehen Sie, ja? Und da ist noch etwas…› Es gibt immer noch *mehr*. Er ist unerschöpflich.»

Ihr ist, als müsse sie ohne Krücken gehen lernen, seit ihr das Tagebuchschreiben genommen wurde. Es verändert sich ihre Einstellung zum vertrauten Kreis ihrer Liebhaber. Ihr übertriebenes Mitleid legt sich. Der Vater erscheint ihr plötzlich als «Mösen-Jäger», der mit dem Leben spielt, statt wirklich eines zu führen. Das kommt ihr mager vor. Anaïs will ein «profundes Drama».

Vom Tagebuch getrennt, arbeitet sie an der literarischen Darstellung ihrer Liebesexplosion («Alraune» = «House of Incest», «Double» = «Winter of Artifice»). Ihre Liebe zum Vater schlägt um in Haß. Anaïs hat das Gefühl, daß er sie belügt.

Wieder setzt sie auf ihr Leben mit Miller, meint, dadurch eine Vereinheitlichung zu finden. Mit Henry läßt sich ihr Leben am umfänglichsten gestalten, alles läuft zusammen: sexuelle Ekstase, fürsorgliche Liebe, philosophische Entwürfe, Genuß an Literatur und anderen Ausdrucksformen der Kunst, Arbeit am eigenen Werk, gegenseitiges Herausfordern und Unterstützen.

Mehrfach jedoch wird diese runde Lebensgestalt bedroht. Einmal durch das, was Anaïs Millers Egoismus nennt: er stellt die Arbeit an seinem Werk über alles andere und geht seinen Einfällen nach. Finanziell ist er ganz von ihr abhängig, sie bezahlt Miete und Essen, Kleidung, alles. Mit den Schecks von Anaïs geht Miller offenbar sehr großzügig um. Wenn einer seiner Freunde etwas Geld braucht, weiß er genau, daß Miller ihm etwas geben wird. Anaïs dagegen geht haushälterisch mit Geld um, verzichtet auf die Anschaffung neuer Kleidungsstücke, um ihn unterstützen zu können. Sie ist es manchmal leid, selbst auf jede Kleinigkeit zu verzichten, damit Miller so weitermachen kann «wie ein Mensch mit einem Loch in der Tasche. Vor allem bin ich traurig, weil es immer das gleiche ist... Der Grund des Ganzen ist, daß für Dich nur *Du selbst* zählst, Deine Freunde, Deine Stimmung, Dein Bedürfnis nach Großzügigkeit vor der Öffentlichkeit, Deine Impulse... Doch wie bei einem Kind, unverantwortlich, unbesonnen, ohne jegliche Tiefe.»

Zum anderen wird Anaïs bedrängt durch ihre eigene Geschichte. Sie kann nicht entschieden zur Veränderung ihres Handelns stehen, weil dann offenbar würde, daß das zur Schau getragene Bild nicht mehr stimmt. Das darf den anderen – vor allem Hugo, der Mutter, Joaquin, dem Vater – nicht sichtbar werden. Sie erträgt es nicht, vor ihnen als Verräter der eigenen Geschichte dazustehen, und sie hat auch Angst, ohne den Halt, den Hugos Liebe ihr gibt, verlorenzugehen.

Ein weiterer kritischer Punkt in der Beziehung zu Miller ist ihre Empfindlichkeit gegen Kritik. Anaïs begründet ihre Empfindlichkeit mit einem Mangel an Selbstvertrauen. Miller sieht das etwas anders. Er hat das Gefühl, daß sie einer Auseinandersetzung ausweicht. Ihren Wunsch, aus dem aktuellen Tagebuch Literatur zu machen, die sie veröffentlichen kann, findet er richtig. Aber: «Was Du zu schaffen versuchst, ist ein Kunstwerk, das als solches vollkommen ist und dennoch die Unvollkommenheit, die *menschlichen* Merkmale des Fragmentarischen, des Chaotischen, eines spontan in Weißglut [white heat] geschriebenen Tagebuchs bewahrt. Ich weiß nicht, ob das geht. Es ist ein Problem. Es ist, als wollte man zwei

verschiedene Metalle zusammenlöten, die sich einfach nicht verschmelzen lassen.» Selbst wenn man den Eindruck, es handele sich
um ein Tagebuch, erhalten will, muß es doch im Sinne einer Geschichte «mit äußerster Sorgfalt, größter Mühe» gestaltet werden.
William Bradley, Millers Agent, hat das Manuskript gelesen und
offenbar ein vernichtendes Urteil abgegeben. Miller ermutigt Anaïs,
sich damit ernsthaft auseinanderzusetzen. «Ohne bereitwilliges
und hartnäckiges Ringen mit den inneren Mängeln kann es keine
echte Meisterschaft geben – und die schönsten Bemühungen werden fehlschlagen.»

Miller kritisiert nicht vernichtend. Er zeigt Wege auf: «Als erstes,
mach Dir selbst höllisch klar, welches die Hauptprobleme sind; fer-
tige einen Plan davon an. Verschaffe Dir Gewißheit darüber, wieviel
von Deinem eigenen Lebenslauf, Deiner Vergangenheit Du unbedingt preisgeben mußt, um diese spezielle Geschichte erzählen zu
können. Stell fest, welches die hervorstechendsten und aufschluß-
reichsten Merkmale der Geschichte sind, und arbeite sie bis zum
Äußersten aus, winde den letzten Tropfen Saft aus ihnen heraus.
Einen Schluß im konventionellen Sinn eines Romans muß es nicht
geben, doch die Geschichte sollte einen ihrer Logik entsprechenden
Abschluß haben – nicht beispielsweise diese pseudopsychologische
Abhandlung... sie wirkt von einem literarischen, künstlerischen
Standpunkt aus schwächlich, weil ihr Inhalt beim Erzählen der Ge-
schichte besser als natürliche Folgerung vermittelt werden sollte...
Keine Synthesen bitte!... Ich möchte Dich fast anflehen, aufzuhö-
ren, in Dein Tagebuch zu schreiben, und Deine ganzen Energien auf
die vor Dir liegende Aufgabe zu konzentrieren.» Miller sieht ein
Problem darin, daß Anaïs Nin ausweichen möchte «vor dem immer
drohenden Problem – dem der meisterlichen Beherrschung Deines
Werkzeugs, um zu der Künstlerin zu werden, die Du bist... Du
mußt viel, viel weniger schreiben und stärker schwitzen, qualvolle
Kämpfe durchmachen beim Erwerb der Fertigkeit, die sich weniger
begabte Menschen als Du und ich viel früher in ihrer Laufbahn an-
eignen.»

Ein weiteres Problem sieht Miller damit verbunden, daß sie ihr
Erleben beschreibt, bevor es sich zu einer Erfahrung verdichtet hat,
wozu das Tagebuch verhängnisvollerweise verlockt; «dies verhin-

dert die notwendige Ansammlung von Schlamm und Schlacke, von Fleisch und Blut, von Unklarheiten und Hindernissen und Verfinsterungen, die, weil man sich mit ihnen befassen muß und sie einen Widerstand leisten, unweigerlich künstlerische Qualität erzeugen. Ich glaube, das ist sehr wichtig – das Überwinden von Widerstand.»

Dagegen könnte Anaïs das literarische Konzept der Surrealisten setzen. Protokollieren heißt die Devise in Bretons 1. Manifest – und nicht absichtsvoll gestalten. Dann müßte sie nur auf ihr Psychologisieren verzichten. Aber Anaïs reagiert gekränkt. Was sie von Miller wirklich braucht, ist Vertrauen, Verständnis, Bestärkung, Bestätigung, nicht aber objektive Kritik wie von einem Lehrer. Das würden andere liefern. «Laß es mich wissen, wenn Du bereit bist, mich wieder zu begleiten, mit mir mitzugehen. Ansonsten laß mich in Ruhe.»

Miller hat wahrscheinlich einen empfindlichen Punkt getroffen. Auseinandersetzung mit Widerstand ist wirklich nicht ihre Stärke. Anaïs möchte gleiten; «es» soll fließen, «es» soll ihr zufallen – im Sexualakt wie im Schreiben. Sie scheint den Umweg des bewußten Gestaltens zu fürchten, als könnte sie dabei etwas Wichtiges verlieren: das Gefühl, grenzenlos zu sein. Miller fordert, daß sie ihre eigene Geschichte zum Objekt macht. Das hieße aber, sich von ihr trennen und von einem anderen, gleichsam gegenüberliegenden Standpunkt aus das gerade Erfahrene zum Material machen, das einem entschiedenen Wollen unterworfen wird, bis sich eine Ordnung darin zeigt. Anaïs kann und will nicht Haupt- und Nebenwege sondern; auch das Vergangene soll beweglich bleiben. Deckte sie eine Ordnung darin auf, könnten sich Vorgaben für die Zukunft ergeben, Konsequenzen, die ihren Handlungsspielraum beschränken. Aber Anaïs möchte, daß sich alles selbst reguliert – wie im Traum.

Der Traum spielt im Rahmen der Analyse eine große Rolle. Freud hat ihn als Königsweg zur Entdeckung seelischer Zusammenhänge charakterisiert, die sich im Alltagsgeschehen nicht voll entfalten dürfen. Der Traum nimmt in einer verschlüsselten und entstellten Form etwas auf, das – träte es im Alltag klar zutage – unser Bild vom Leben bedrohen würde. Erst das Beziehungsgefüge zwischen Ereignissen des Vortages, bestimmten Erfahrungen der

Kindheit und im Traum symbolisch geäußerten Wünschen und Ängsten zeigt den Sinn der Träume. Er geht über die Grenzen dessen hinaus, was wir mit unserem Bewußtsein für gut und wichtig halten.

Der Traum erlaubt, das Seelenleben über die in einer umgrenzten Kultur als vernünftig bestimmte Lebensform hinaus zu erweitern. Er öffnet unvertraute Bereiche. Die Surrealisten fasziniert das genauso wie Miller. Sie lauern ihren Träumen auf und bringen sie zu Papier. «Der Traumwelt gehört mein besonderes Interesse», schreibt auch Anaïs. Miller schreibt sie wie ein Besessener nieder, hat nach kurzer Zeit ein ganzes Traumbuch. Das nimmt er als Vorlage für literarische Überformungen, die er in sein Buch «Black Spring», an dem er im Februar 1934 arbeitet, einfügt. Anaïs macht Gebrauch von ihren Träumen wie auch von der Traumstruktur in «House of Incest».

Anaïs Nin hat gewagt, der Realisierung ihrer Träume, so wie sie deren Botschaft begreift, nicht zu widerstehen. Die Erfüllung verpönter Wünsche, die sich normalerweise im Gehege von nächtlichen Träumen und Tagesphantasien abspielt, hat sie im Alltag realisiert, wozu auch die unglücklich gehandhabte Analyse beigetragen hat. Zu Beginn der Analyse bei Rank bemüht sie sich nun, ihr Leben wieder mit Grenzen zu versehen. Die sexuellen Phantasien, die dem Vater gelten, versucht sie in Literatur umzuformen («Double» = «Winter of Artifice»).

Als der Vater im März 1934 nach Spanien reist, erlebt sie das als Abwendung und nutzt diese Kränkung, sich voller Haß von ihm zu lösen. Ihr Mittel: «Ich will das Buch über den Inzest schreiben ohne Beschönigung – ohne Rücksicht, realistisch. Sehr klar sehe ich nun das Monster in mir... Es bedarf der Grausamkeit.» Sie löst sich, indem sie die ganze Episode mit dem Vater zu einem täuschenden Traum erklärt und seine Ruhmsucht, seine Ansprüche, seine Lügen, das Ausnutzen seiner zweiten Frau, Maruca, in den Vordergrund rückt. Er lebt auf Kosten anderer und ist selbst nur «Form, Show, Stil, Äußerlichkeit». Anaïs verläßt den Vater mit der Hoffnung, dem fatalen Kreis des Verlassenwerdens zu entfliehen. Überkommt sie die alte Sehnsucht, macht sie nun Literatur daraus – nur so meint sie, entkommen zu können. Dabei merkt sie gerade noch, daß sie an ihm haßt, was sie eigentlich bei sich selbst hassen müßte. Sie fühlt sich wie erschlagen, sehnt sich nach Ranks Verständnis und Hilfe; nur mit ihm kann sie ehrlich sein.

Im April 1934 fährt sie, hauptsächlich, um für Henry Millers Texte Interessenten zu finden, nach London. Vorher sorgt sie dafür, daß Maruca dem Vater mitteilt, sie werde sich von Hugo scheiden lassen, um Henry zu heiraten; das soll ihn tief verletzen. Sie schreibt ihm einen Abschiedsbrief über den Fehlschlag ihres gemeinsamen Traumes. Vor der Abreise ringt sie Jack Kahane die Zusage ab, daß er Millers «Tropic of Cancer» veröffentlichen wird, wenn sie die Druckkosten übernimmt.

In London sucht sie die englische Schriftstellerin Rebecca West auf, die überschwenglich auf Anaïs' Lawrence-Buch reagiert hat. Anaïs möchte sie für Millers Lawrence-Manuskript und «Black Spring» interessieren, die Rebecca West ohne großen Enthusiasmus an ihren Agenten Peters weiterleitet. Anaïs gibt ihr auch das Manuskript von «House of Incest». Am letzten Abend führen sie ein Gespräch, in dem sie ihre Kindergeschichten austauschen und Parallelen entdecken. Rebecca zeigt sich verwundert, daß Anaïs Nin Millers Manuskripte unterbringen will, sie sei selbst eine reifere Schriftstellerin. Anaïs ist irritiert. Wenn das wahr wäre – sie ist überzeugt, dann liebte Henry sie nicht mehr. Die alte Angst – sie fürchtet Abwendung des Liebenden, weil das tradierte Muster des Verhältnisses zwischen Mann und Frau verletzt würde. Das war bereits in der Jugendzeit ein mit der Geschwisterrivalität verbundenes Problem. Damals hat sie Thorvald aus dem Feld geschlagen.

In Ranks Frage, wieso Henry auch über Lawrence schreibt, sieht sie einen Angriff, als würde er unterstellen, daß Miller sie imitiert. Anaïs ist verunsichert. «Aber wir beide imitieren einander. Zum Teufel. Wir alle imitieren einander. Ich bin durch Rimbaud auf meine Spur gesetzt worden. Die Frage bleibt – wie groß ist der Schriftsteller Henry?» Sie will ihn stärker fördern, damit er einer von den ganz Großen wird.

So wollte sie auch mit Hugo umgehen, er sollte großartig sein. Aber Hugo spürt, daß Anaïs in den letzten Jahren von ihm mehr und mehr unabhängig geworden ist. Damit kann er nicht umgehen. Er scheut die Konfrontation, die zu einer Klärung führen könnte, weil er seine Frau zu verlieren fürchtet. Anaïs glaubt, daß ein Teil in ihm alles über ihr Leben neben der Ehe weiß, aber ein anderer Teil sich konstant weigere, das zur Kenntnis zu nehmen. Wie er damals Anaïs gefolgt ist, indem er ebenfalls zur Analyse bei Allendy ging, sucht er Ende April 1934 Otto Rank auf.

Mitte Mai 1934 entdeckt Anaïs, daß sie seit fünf oder sechs Wochen schwanger ist. «Ich weiß, es ist Henrys Kind, nicht Hugos, und ich muß es zerstören.» Eine schreckliche Mischung der Gefühle: «Stolz, Mutter zu sein, eine Frau, eine richtige Frau, Liebe zu menschlicher Schöpfung, die unendlichen Möglichkeiten der Mutterschaft. Ich habe von diesem kleinen Henry geträumt, habe ihn gewünscht, hab mich gewehrt… es ist eine Wahl zwischen dem Kind und Henry… Henry will es nicht. Ich kann Hugo nicht Henrys Kind geben.»

Sie bringt die Tatsache der Schwangerschaft mit dem von Rank geförderten Wunsch, eine Frau zu sein, zusammen. «Schwanger, befruchtet von Rank» – seelisch; Henry hat den körperlichen Akt stellvertretend vollzogen? «Nicht länger die Jungfrau, die unfruchtbare Künstlerin, die Geliebte, die diabolisch halb-menschliche Frau – die voll erblühte Frau»; gerade jetzt, in einem Augenblick des Selbständigwerdens.

Angesichts dieser gemischten Gefühle sehnt sie sich nach Rank. Sie sieht, daß er der einzige mit wirklich väterlichen Qualitäten ist. «Vielleicht kein Liebhaber, aber ein sehr begehrter Gefährte.» Zwei Wochen lang geht es hin und her, bis Anaïs sich gegen das Kind entscheidet. Es ist «nur ein Symbol». Sie sucht eine Hebamme auf, wird mit Chinin behandelt, und auf bewußter Ebene scheint der Vorgang für sie abgeschlossen zu sein. Wieder die Faszination durch das Umspielen einer Grenze. Wieder die angstvoll angestrebte Fragmentierung: was bei Henry und Hugo nicht zu haben ist, scheint Rank zu versprechen. Die Analyse verändert sich. Anaïs weicht den Fragen des Analytikers aus, und Rank besteht nicht auf der Wahrung von Distanz, «zwei Menschen beugen sich über einen Abgrund».

Otto Rank war jahrelang der getreue Schüler Sigmund Freuds gewesen, bis auch er, wie Alfred Adler, Carl Gustav Jung, Sandor Ferenczi und andere vor ihm, seine eigene Interpretation seelischer

Zusammenhänge fand und sich von Freud trennte. Er ging 1926 mit Frau und Tochter nach Paris. Rank war einer der wenigen sogenannten Laienanalytiker, das heißt, er hatte keine medizinische Ausbildung. Die finanzielle Unterstützung Freuds hatte ihm ein Studium der Geisteswissenschaften ermöglicht. Seine Bedeutung im Kreis der ersten Analytikergeneration lag besonders in der Vermittlung der psychoanalytischen Auffassung vom Seelenleben des Menschen mit den psychologischen Einsichten in Dichtung und Mythologie. 1912 gab er zusammen mit Hanns Sachs die wichtigste psychoanalytische Zeitschrift, «Imago», heraus. Jahrelang war er Sekretär der Psychoanalytischen Vereinigung.

Anaïs Nin beschreibt Rank als Poeten, Erzähler, Stückeschreiber, kurz: als literarischen Menschen; er habe nicht nur als Psychologe, sondern als Künstler geschrieben. Seine Theorien über Kunst und Künstler beeindrucken und beeinflussen sie. Auf seinem eigenen lebensgeschichtlichen Hintergrund sieht Rank im künstlerischen Schaffen einen Bewältigungsversuch von Verlassenheit und Veränderung. Das leuchtet Anaïs Nin unmittelbar ein, ihr eigenes kindliches Schreiben war aus diesem Motiv erwachsen. So verwundert es auch nicht, daß Anaïs Nin die Gedanken aus Ranks Buch «Art and Artist» besonders gefallen, die mit der Wirkung von Kunst zu tun haben.

Später faßt sie ihren Eindruck in einem Vorwort zur amerikanischen Ausgabe von «Art and Artist» zusammen: Werk und schöpferischer Prozeß schenken Einheit; sie bekundet sich unter anderem in der Verbundenheit des Künstlers mit dem Kunstgenießenden. Der schöpferische Prozeß sucht die Einheit mit dem Kosmos wiederherzustellen, die einmal verspürt worden ist und auf dem Weg in die Erwachsenheit verlorenging. Nach Rank hängt das mit den pränatalen Lebensbedingungen des Seelenlebens zusammen, welche der Mensch, sich sehnend nach Unsterblichkeit, wiedergewinnen möchte. Im allerfrühesten Stadium seiner Individuation ist das Kind nicht nur faktisch eins mit der Mutter, sondern darüber hinaus mit der ganzen Welt, mit dem Kosmos, in mystischem Nebel fließend, jenseits der Sonderungen von Gegenwart, Vergangenheit und Zukunft.

Bereits das Zitat von Pico della Mirandola, das Rank dem Buch voranstellt, nimmt Anaïs für Rank ein: «‹Du allein›, sagt Gott zum Menschen, ‹hast die Kraft, dich zu entwickeln und deinem eigenen freien Willen gemäß zu wachsen: in einem Wort, du trägst den Samen zu einem all-umfassenden Leben in dir selbst.›»

Den Gedanken, daß sich der Künstler nicht vom kollektiven Zeitgeschmack vereinnahmen lassen soll, sondern gerade in der Ablehnung eine besondere Herausforderung zu einem eigenen Weg gewinnt, erlebt Anaïs Nin als Bestätigung und Ermutigung.

Ähnliches findet sie auch bei C. G. Jung, den sie mit Henry Miller zusammen liest. Ihm gefällt Jungs sichere Art des Darstellens viel besser als Ranks intellektuelles Zögern. Im übrigen ist Miller eifersüchtig. Jungs komplexe Psychologie geht über die Betonung der zerstörenden Eindrücke der Kindheit hinaus und fragt danach, wie der Künstler sie nutzen könne. Wie Jung bestätigt Rank die Hoffnung, daß eine reich entfaltete und intensiv erlebende Persönlichkeit über die eigenen Obsessionen hinauswachsen und «das mystische Ganze berühren» kann. Eine Zeitlang hat Anaïs mit dem Gedanken gespielt, ihre Analyse in Zürich bei C. G. Jung fortzusetzen. Eduardo meinte, ob sie auch Jung erobern wolle. Aber Anaïs erfährt in ihren Gesprächen mit Rank bereits, daß er, anders als Allendy, ihre Vision, daß das Leben etwas unfaßbar Dramatisches sei, nicht aufheben will, sondern dieses Motiv ihres Schreibens unterstützt.

Die Vision der fließenden Übergänge, des wogenden Durcheinanders, der verqueren Gleichzeitigkeit von chronologisch Getrenntem, der Vielstrebigkeit in einem Augenblick, der verwischten Konturen, des Aufgehobenseins in transrationalen Verfassungen kann und will Anaïs nicht preisgeben. Dieses Konzept verführt und führt sie zum Schreiben. Im Schreiben kann sie sich mit einem Gefühl des Gewinns an Freiheit entfalten. Allerdings stellt sich die lebensentscheidende Frage, wie eine junge Frau mit einer solchen Vision im Alltag existieren kann. Vor ihrer Ehe beantwortete Anaïs diese Frage mit der Behauptung: «...die Frauen, die Gott in sich selbst finden, haben ihre eigene Welt, sie hängen sich an niemanden an und müssen sich nichts antun, wenn niemand sie liebt. Man nennt sie Egoisten.» Mit Rank folgt sie der anderen Linie, die bei D. H. Lawrence begann: Die Frau, genauer: die Frau Anaïs Nin muß aus ihrer

Befangenheit in einem Bild befreit werden, das der männlichen Sichtweise der westlichen Kultur entstammt. Danach ist die Bestimmung der Frau, sich im Rahmen der Interessen des Mannes zu verwirklichen. Rank möchte nun wissen, wie sich das aus der Perspektive einer Frau darstellt: Was ist sie – in ihrer eigenen Sicht?

Anaïs' kindlicher Entwurf eines Bildes ihrer selbst als Jeanne d'Arc, die von Unterdrückung befreien will, erhält nun seinen Inhalt: Es geht darum, die Frau aus ihren erlittenen und selbstauferlegten Abhängigkeiten zu befreien. Dieses Ziel und die Entfaltung ihrer Vision von den eigentümlichen Zusammenhängen des Seelenlebens sind wie zwei Linien immer wiederkehrendes Thema und Stoff ihrer Tagebuchaufzeichnungen, ihrer Erzählungen und Romane.

Es ist der Wonnemonat Mai des Jahres 1934. Anaïs trägt ihr neues hyazinthblaues Kleid. Denn heute wird der Analytiker Otto Rank sie umarmen. «Ich konnte nicht sprechen. Ich erhob mich von meinem Stuhl, kniete vor ihm nieder und bot ihm meinen Mund zum Kuß. Er hielt mich fest, so fest; wir konnten nicht sprechen… O Gott, ich kenne keine größere Freude, als der Augenblick bringt, der mich in eine neue Liebesgeschichte führt, keine Ekstase gleicht der einer neuen Liebe. Ich schwimme im Himmel; ich schwebe; mein Körper ist voller Blumen…» Ob es jemals so war, möchte Rank wissen, und Anaïs antwortet, es sei alles anders. Was mag er über ihre anderen Liebhaber denken, fragt sie sich; «alles ist *immer* anders». Sein Streicheln ist täppisch, ein bißchen hart, aber das gefällt ihr. Etwas Tierhaftes, Dunkles, erdhaft Häßliches in der Verbindung mit einer unergründlichen Seele und einem sehr beweglichen Verstand; «er ist dunkel, und er ist alt». Anaïs meint, Rank als Gegengewicht zu Henry Miller zu brauchen, der sie andernfalls schlicht verschlucken würde. Als würde er etwas davon spüren, macht Miller, den sie nach der Begegnung mit Rank aufsucht, Pläne für eine gemeinsame Zukunft. Sie solle ihr Arbeitszimmer ganz in seiner Nähe haben.

Auf Henry ist sie eifersüchtig, er überarbeitet «Tropic of Cancer» und lebt sich erneut in die Vergangenheit ein, zu der sie nicht gehörte. Sie schluckt seinen Samen, macht sich frisch, um pünktlich bei Rank zu sein. Es kommt zu Intimitäten. Auch seinen Samen schluckt sie. Mit einem Manuskript von Rank in der Tasche eilt sie zurück zu Henry und sagt, «eine Frau sollte überhaupt nur mit männlichem Samen ernährt werden». Sie sprechen über Psychoanalyse. Henry drängt darauf, daß sie unabhängig wird, damit sie endlich mit ihrem neuen Leben beginnen können.

Beruhigt stellt Anaïs fest, daß sie sich nicht mehr nach dem Vater sehnt. Daß Rank seine Rolle übernommen haben könnte, kommt zu dieser Zeit weder dem Analytiker noch seiner Patientin in den Sinn.

Mit dem Vater hat sie eine versöhnliche Aussprache, in der er ihr Verhältnis auf die Formel bringt, sie würden Liebende bleiben, Liebende, die ewig aufeinander warteten. Jetzt formuliert er, was Anaïs beinahe zwanzig Jahre lang getan hat.

Anaïs Nin meint, symphonisch zu leben. Sie wählt Henry (1. Satz), geht mit einem liebevollen Vater im Bois de Boulogne spazieren (2. Satz), verströmt sich in Leidenschaft mit Rank (3. Satz) und phantasiert von einer gemeinsamen Zukunft mit Miller (4. Satz). Sie schreibt auch an vier verschiedenen Texten – für Rank, über den Vater, am Alraune-Text und im Tagebuch –, und außerdem ist sie immer noch schwanger. Hugo kommt in dieser Phantasie gar nicht vor.

Rank rückt an den ersten Platz. Neue Leidenschaft, neuer Lebensspielraum. Zwei stumme Träumer. Sie wollen ihre erste Nacht auf dem Lande verbringen, aber Rank fiebert, ist zu aufgeregt. Als würde sie noch einmal die Szenen mit dem Vater schildern, schreibt Anaïs nun über Rank: «Das ist alles, was ich wünschte, diese Gleichheit und Fülle.» Hugo ist in London, Rank kommt nach Louveciennes, aber er riecht nicht gut, er schnarcht, und er scheint in Liebesdingen unerfahren. Aufschub der erträumten Seligkeit. Vielleicht ist es doch Henry, der zählt.

Alles wiederholt sich. Anaïs rotiert auf dem Karussell ihres Begehrens. Immer fehlt etwas, also muß sie wechseln. Ist das eine besondere Begabung für das Leben? Wenn man ihre Tagebuchaufzeichnungen liest, hat man manchmal den Wunsch, sie festzuhalten. Aber sie entgleitet, wie ein Fisch.

Sie möchte und möchte nicht an Ranks Kurs für amerikanische Sozialarbeiter im Sommer 1934 teilnehmen. Mit Unterstützung von Jessie Taft, die zur Gruppe der Sozialarbeiter in Philadelphia (USA) gehört, hat er im «Psychological Center» der American Foundation of the Cité Universitaire in Paris ein spezielles Seminar für Sozialarbeiter organisiert, denen er seine Auffassung von Psychoanalyse vermittelt. Regelmäßiges Arbeiten in einer Schule findet Anaïs unerträglich. Schon als Kind und junges Mädchen war das eine Tortur. Allein die Nähe von Menschen, die sie nicht selbst ausgesucht hat, kann sie nur schwer ertragen. Schule hat für sie nur die Bedeutung einer Einschränkung.

In den wenigen Kursen, die Anaïs Nin besucht, erfährt sie mehr über den Zusammenhang zwischen Neurose und Schöpfungsdrang. «... das Verlorene durch etwas schöpferisch zu ersetzen. Das ist der Künstler. Dr. Rank schien sagen zu wollen, daß es eine Metaphysik des Künstlers gibt. Alles vom schöpferischen Standpunkt zu sehen, meint ein Handeln, das die Grenzen unseres menschlichen Lebens überschreitet und das ganze Leben größer macht... Nach Rank entsteht aus Nichtschöpfung ebenso ein Schuldgefühl wie aus Zerstörung. Im Überschreiten der Grenzen drückt sich Schöpferisches aus: ein dominierender Wille, der befruchtend auf Gebiete vorstoßen will, die schwer zu beschreiben sind...» Neben den Regressionsneigungen des Seelischen sieht Rank mit gleicher Mächtigkeit vorwärtsgerichtete Tendenzen, und diese sind es, die durch die Analyse an Spielraum gewinnen sollen. Aber die Begegnungen mit Rank haben nicht mehr die Qualität einer Analyse. Der Psychoanalytiker Dr. Otto Rank steht nun in einer Reihe mit den anderen Liebhabern.

Anaïs verführt Rank mit Komplimenten: «Du hast eine Begabung für das Leben.» Das schmeichelt ihm. Allein die Tatsache, daß sich ihm eine so attraktive, gebildete Tochter aus gutem Hause mit ihrer ganzen weiblichen Verführungskraft zuwendet, entschädigt ihn für das Opfer, das er der wissenschaftlichen Arbeit dargebracht hat. Rank führt das Leben eines sehr disziplinierten, theoretisch interessierten Menschen. Seine Begabung für das Leben, meint er, habe sich bis jetzt kaum je entfalten können; die Psychoanalyse sei seelenfeindlich. Anaïs genießt das Gefühl, daß Rank gerade ihre «gefährliche, rebellische, perverse Seite» bewundert. Sie liebt den Gedanken, daß sie all sein Theoretisieren hinfällig macht.

Er hat den Kopf verloren. Seine Vorträge hält er nur für sie. Anaïs erlebt das als Triumph, und Eduardo hat recht, wenn er sagt, sie könne Gott nicht besitzen, also wolle sie den Analytiker haben, den die Welt als gottähnliches Wesen einschätzt. Eduardo meint auch beobachten zu können, daß sie sich dem jeweils wichtigen Partner nicht wirklich hingibt. Anaïs trifft Rank in einem Zimmer in der Rue Henry Rochefort, in der Nähe vom Park Monceau. Sie bestellen das Essen aufs Zimmer, Champagnerkorken knallen, sie rauchen und fallen zärtlich übereinander her. Er ist «wie ein dunkles Tier». «Jetzt ist alles spontan, und nur die letzte Geheimtür bleibt verschlossen, für den Einen [Henry Miller], wie die Huren es machen.»

Längst hat sie wieder zum Tagebuchschreiben Zuflucht genommen. Eine merkwürdige Art, ihr Handeln in aller Klarheit zu beobachten und zu interpretieren. Sie beschönigt nichts. Sie scheint genau zu wissen, was sie tut, und mit dieser Kenntnisnahme scheint alles Tun sanktioniert zu sein.

Sie sehen einander im Atelier der russischen Bildhauerin Chana Orloff, die mit Rank befreundet ist, ebenfalls eine Patientin. Anaïs bemüht sich zu begreifen, was Rank für sie zu einem so wichtigen Liebhaber macht. Sie vergleicht ihn mit Miller. Überhaupt hat man das Gefühl, daß Anaïs, indem sie eine Reihe von Liebhabern wählt, immer neu die fast professionelle Frage stellt, in welcher Gestaltenfülle Liebe und Sexualität möglich sind. «Es ist eine feminine Liebe, erregend, sich ausweitend, alles aufnehmend, geradezu phantastisch, ungewöhnlich. In dieser Quelle der Gleichheit, dem gleichen Fieber ist Ausruhen von Zweifel und Angst möglich... Zärtliche Sorge um den anderen. Ganz Gefühl, ganz Selbstlosigkeit, ganz Hingabe, jenseits des eigenen Selbst, aller Formen des Selbst.»

Die Skulpturen von Chana Orloff, schwangere Frauen, umrahmen die Szene. Anaïs ist immer noch schwanger. Ihr Körper ist weicher, runder, weiblicher geworden. Phantasien von Erfüllung und Zerstörung überkreuzen einander. Rank ist verzweifelt, weil er nach Amerika gehen wird. In Paris kann er seinen Lebensunterhalt nicht verdienen. Das alarmiert Anaïs. Sie meint, ohne Ranks sorgende Liebe nicht leben zu können. Das bedeutet nicht, daß damit alle anderen unwichtig werden. Sie scheint durch jede männliche Zuneigung in Erregung versetzt zu werden. «Ich bin nur noch ein Meer der Sinnlichkeit, unsteuerbar, nur Gefühl.» Im Hin und Her zwischen Rank, Henry und Hugo wünscht Anaïs manchmal, ganz allein leben zu können, als würde sich dann etwas klären.

Ein Arzt bestätigt ihre Beobachtung, daß das Kind in ihrem Körper heranwächst, seit sechs Monaten. Rank möchte, daß sie ihn als Assistentin begleitet, wenn er nach New York geht. «Ich würde ihm überallhin folgen.» Henrys Bild verblaßt. In einer merkwürdigen Weise spricht Anaïs Nin mit ihrem Kind, wie gut es aufgehoben sei im Dunkel ihres Leibes, im Unbewußten, fern von einer Welt voller Schmerzen, einer vaterlosen Welt. «Du bist ein Kind ohne Vater, wie ich eines war.» Sie denkt an Hugo, der sie wie ein Vater umsorgt hat, alle anderen Männer hätte sie umsorgen müssen. Miller ist selbst ein Kind, ein Künstler, kein Vater. Er braucht all die Liebe, die ein Kind braucht. «Auf dieser Welt gibt es keinen Vater» – deshalb wird das Kind in ihrem Leib sterben müssen.

Ende August 1934 fährt Hugo sie in die Klinik. Anaïs erhält Injektionen und eine leichte Betäubung. Aber sie gibt das Kind nicht her. Sie liegt da in der Haltung einer liebenden Frau, die ihre Beine öffnet. Sie läßt Henry rufen. Sie läßt Rank kommen. Seine Liebe gibt ihr Sicherheit. Sie kämpft um ihr Leben. Das Kind will nicht herauskommen. Sie preßt. Sie ist erschöpft. Der Arzt wird ärgerlich. «Wir werden die ganze Nacht hier sein. Jetzt sind es schon drei Stunden.» Sie weiß nicht, ob sie preßt oder ob sie stirbt in diesem weißen Licht eines Operationsraumes. Sie möchte sterben. Sie hat das Gefühl, daß der Arzt böse wird und ihr unnötige Schmerzen zufügt. Es dauert zu lange. Sie droht ihm. «Diese Beine, die ich der Liebe öffnete, dieser Honig, der in Lust geflossen ist – jetzt verschränken sich die Beine vor Schmerz, und der Honig fließt mit Blut. Dieselbe Haltung, dasselbe Gleiten der Leidenschaft, aber dieses bedeutet Sterben, nicht Lieben.» Sie trommelt mit den Fingern auf ihrem Bauch. «Ich höre Stimmen. Ich öffne meine Augen. Ich höre sie sagen: ‹Es war ein kleines Mädchen. Besser, wir zeigen es ihr nicht.›» Aber sie möchte es sehen: ein blaugefärbtes Etwas mit Henrys Kopfform und ihren eigenen Fingern meint sie zu erkennen.

Wenn sie zwischen zwei Möglichkeiten wählen muß, hat Anaïs einmal gesagt, würde sie stets beide wählen. In dieser Situation läuft es darauf hinaus, daß Sterben und Gebären ineinander verschränkt sind. Als sie am Morgen das warme Sonnenlicht auf der Wand und den blauen Himmel sieht, spürt sie ein Zurückfluten ihrer Lebensenergie. Sie beschreibt ein körperliches Gefühl des Aufgehobenseins in kosmischer Einheit, mit Gott, eine religiöse Exaltation. «Ich wußte auf einmal alles; ich wußte, daß alles, was ich getan hatte, richtig war.» Dieses Erlebnis in Literatur verwandelnd, gibt sie der Totgeburt die Bedeutung einer Wiedergeburt. «Geburt» («Birth») wird Titel einer Erzählung, die später immer wieder in allen möglichen Anthologien erscheint. Sie endet mit den Sätzen: «Als sie das letzte Mal aus dem Äther gekommen war, sah sie ihr totes Kind, ein kleines Mädchen... Das kleine Mädchen in ihr war ebenfalls tot. Die Frau war gerettet. Und mit dem kleinen Mädchen starb das Bedürfnis nach einem Vater.»

Rank braucht den Schwung der Liebe, die Anaïs ihm entgegenbringt. Es überrascht ihn selbst, daß er nicht mehr der distanzierte Beobachter Dr. Rank ist. Anaïs hat inzwischen in der Villa Seurat No. 18 am Montparnasse einen großen Raum mit Kochnische, Schlafraum und Bad in der ersten Etage gemietet. Dort kann sie mit Henry leben und arbeiten. Gleichzeitig richtet sie eine kleine Stadtwohnung für Hugo und sich in der Avenue Versailles No. 41 ein. Rank ist eifersüchtig. Es quält ihn der Gedanke, daß Anaïs nach seiner Abreise nach New York, die unmittelbar bevorsteht, mit Henry zusammenleben wird.

Das Haus No. 18 liegt in einer schmalen Sackgasse in der Nähe der Métro-Station Alésia. Es gehört Michael Fraenkel, der 1926 aus New York nach Paris gekommen ist, anders als Miller mit einer guten finanziellen Ausrüstung. Er war Englischlehrer, handelt mit Büchern, macht Geld an der Börse, betreibt den kleinen Verlag Carrefour Edition, schreibt Gedichte, von denen manche in «transition» erscheinen, ist besessen von der philosophischen Auseinandersetzung mit dem Thema des Todes im weitesten Sinne und hat das Buch «Werthers Younger Brother» veröffentlicht. Der Autor Walter Lowenfels hat Miller 1931 mit Fraenkel bekannt gemacht. Miller begeistert sich für dieselben Philosophen: Friedrich Nietzsche, Oswald Spengler. Nächtelange Gespräche über den Untergang der Kultur, über Sinn und Stil der Literatur sind für Miller eine Herausforderung. Das Haus ist eine kleine Künstlerkolonie für sich. Die amerikanische Malerin Betty Ryan, der Maler Chaim Soutine, eine englische Primaballerina, ein junger Photograph.

Selten ist Miller allein; Freunde unterhalten sich; vom Grammophon, das Anaïs mitgebracht hat, erklingen Beethovens Symphonien oder Jazzmusik. Mitten im Gespräch, beschreibt Cecily Mackworth, geht Miller an die Schreibmaschine in der Ecke des Zimmers und beginnt zu tippen, ohne daß ihn die Unterhaltung im Hintergrund stören würde. Perlès bringt ihm etwas zu essen; während er weiterschreibt, schiebt sich Miller das Essen in den Mund. Immer war eine Flasche Rotwein in der Nähe. Anaïs liegt gelegentlich wie ein Kätzchen auf dem Sofa.

«Mrs. Guiler lebt in Louveciennes, hat ein Hausmädchen, frühstückt im Bett, ißt Fasan... hört Radio, gibt dem Gärtner Anweisungen, zahlt ihre Rechnungen mit Schecks, sitzt am Kaminfeuer, schreibt ihr Tagebuch ab und übersetzt den ersten Band aus dem Französischen ins Englische, träumt am Fenster, unruhig will sie fort von Louveciennes.

Mrs. Miller schält Kartoffeln, mahlt Kaffee, wischt auf, macht Einkäufe... geht über Kopfsteinpflaster, das italienisch wirkt, trinkt aus angeschlagenen Tassen, benutzt die alten Tischdecken, die in Louveciennes nicht mehr benutzt werden, repariert den Phonographen, nimmt den Bus, spricht sehr viel, macht lange Schläfchen mit Mr. Miller, raucht sehr viel und lehnt innerlich diese Invasion von Menschen ab, die dort ständig rein- und rausgehen, stupide Leute.

Anaïs ist von Ranks Liebe gefangengenommen und möchte mit ihm nach New York gehen.»

In der zweiten Oktoberwoche 1934 trifft sie Rank für eine Abschiedsnacht in Rouen, der ersten Etappe auf seinem Weg in die Staaten. Nach der Legende wurde Anaïs' Lieblingsheldin Jeanne d'Arc in Rouen als Ketzerin auf dem Scheiterhaufen verbrannt: «...und wir verwerfen dich, wir reißen dich aus, wir verlassen dich...» sagten die kirchlichen Richter. «Ich gab ihm den Ring, den Vater mir gegeben hat. Ich löste mich von der Bindung an meinen Vater. Er wollte mir den Ring geben, den er von Freud hatte. Er wollte seinen Vater loswerden.»

Bereits auf der Überfahrt mit der «City of New York» schreibt

Rank seine ersten Briefe. In Wirklichkeit sei sie bei ihm, und er ersehnt den Augenblick, wenn sie wirklich selbst in New York sein werde. Den Brief von Anaïs werde er wieder und wieder lesen, wenn nötig, alle fünf Minuten – aber das nur im Notfall –, ansonsten, meint er, zweimal täglich einen Teelöffel vor dem Schlafengehen und am Morgen nach dem Aufwachen (dieses Rezept habe Doktor Rank persönlich getestet) mit den lachenden Augen und dem liebenden Herzen nehmen zu wollen. Wenig später teilt er Anaïs mit, daß er sich danach sehne, mit ihr zu sprechen, mit der einzigen menschlichen Seele, der er seine eigene Geschichte erzählt hat. Ihre Gespräche fehlen ihm genausosehr wie all das andere. Anrede und Unterschrift der Briefe bestehen häufig nur aus dem Kosenamen «You». Die Trennung sei positiv, tröstet er sich, so würde die gemeinsame Zukunft noch voller, reicher. Wenn sie nicht um ihn ist, rutsche er manchmal zurück in die Vergangenheit und fürchtet sich vor der Zukunft. In solchen Stimmungen neigt er zu Eifersucht und Besitzergreifen. Er möchte sie ganz für sich allein und für immer, ist eifersüchtig auf ihre Vergangenheit, darauf, wieviel sie anderen gab. Immer wieder bittet er inständig, sie möge bald nach New York zu ihm kommen, damit sie einander glücklich machen können.

Alle weiteren Briefe variieren dasselbe Thema. Ein paar Tage bleibt er in Philadelphia, wo sogleich ein Interview, das er Anaïs schickt, in der Zeitung erscheint, mit Foto. Rank kritisiert das Freudsche Konzept von der Bedeutung der Sexualität; er hält es für altmodisch. «Wäre der Sexualtrieb der mächtigste und wichtigste Faktor im menschlichen Verhalten, würde das nach Freuds Annahme bedeuten, daß das Individuum von einem Trieb bestimmt wird, über den es keine Kontrolle hat und der ihn von einer Verantwortung für sein Verhalten entlasten würde. Das Individuum trägt aber Verantwortung. Ich halte dafür, daß die mächtigste Kraft des Verhaltens der menschliche Wille ist. Damit meine ich nicht den Willen zur Macht, sondern den Willen als Ausdruck der ganzen Persönlichkeit – man könnte fast sagen, daß es die schöpferische Kraft ist, die jeder hat und mit der er sein Leben gestaltet. Und das umschließt die Kontrolle der Sexualität sowie ihre Unterordnung unter das Ganze der Persönlichkeit.»

Sicher kann man vieles an der Psychoanalyse kritisieren, aber daß

Freud im Sinn hatte, mit der Analyse der immensen Bedeutung der Sexualität den Menschen von der «Verantwortung» für sein Handeln zu befreien, das ist doch wohl Ausdruck eines Mangels an psychologischem Verstand. Freud interessierte die Sexualität gerade in ihrem Konflikt mit den kulturbedingten Grenzen ihres Entfaltungsspielraums. Freud war gewiß kein Libertin. Das weiß sein Schüler Otto Rank, und an psychologischem Verstand gebricht es ihm auch nicht. Bleibt die Frage, warum er ausgerechnet das Thema Sexualität und Verantwortung wählt. Der Analytiker Rank scheint hier als verheirateter Mann zu sprechen, der sich in eine Affäre mit einer verheirateten Frau verwickelt hat, die zudem seine Patientin ist und deren Mann ebenfalls bei ihm in Behandlung ist. Das Problem der Verantwortung für sein Sexualverhalten scheint ihn zu bedrängen. Er steht unter Rechtfertigungsdruck. Als Psychoanalytiker hat er sich über sein Berufsethos hinweggesetzt, um als Mensch eine Seite seiner Persönlichkeit entfalten zu können, die wenig Spielraum erhalten hat. Das heißt, im Ganzen seiner Persönlichkeit ist die Seite des unbesonnenen Sichverströmens vielleicht zu kurz gekommen. Der Mensch lebt nicht mit dem Kopf allein. Zu einem ganzen Menschen gehören Unsinn, Ausgelassensein, Sichverlieren. Wenn schon, dann ist es der Analytiker Otto Rank, der Anaïs Nin gegenüber versagt hat – nicht das psychoanalytische Konzept von der Sexualität.

Rank scheint sich beunruhigt zu fragen, wie er rechtfertigen kann, daß er Anaïs Nin braucht, um ausgelassen sein zu können. Agieren heißt das im psychoanalytischen Konzept Freudscher Prägung. Von seiner Frau hat Rank Anaïs einmal erzählt, daß sie den Tod ihres Vaters, der etwa zur Zeit ihrer Eheschließung lag, nicht habe verkraften können. Ihr Leben lang habe sie, meist schwarz gekleidet, über den Verlust getrauert. Rank ist es offenbar nicht gelungen, ihn in den Schatten zu stellen oder eine ebensolche Bedeutung zu erlangen. Anders bei Anaïs Nin. Sie verläßt ihren Vater und läuft gleichsam mit wehenden Fahnen zu Rank über, womit sie eine langwährende Kränkung des Menschen Otto Rank wettmacht. Dieses Mal geht er als Sieger hervor.

Seit Oktober hat er im Hotel «The Adams, Eighty-Sixth Street At Fifth Avenue», dem Central Park gegenüber, ein Zimmer mit Bad für Anaïs reserviert, direkt neben seinen beiden Zimmern. Er verspricht, sich darum zu kümmern, daß Anaïs ihr Tanzen wiederaufnehmen kann, will zu Balanchine Kontakt knüpfen und findet heraus, daß auch ein anderer spanischer Tänzer, Vicente Escuerdo, in New York Erfolg hat. Er ist sicher, daß sie neben ihren gemeinsamen Unternehmungen noch anderes in New York zu tun findet. Außerdem hat er Beziehungen zu Filmleuten, die ihn in Hollywoods Gesellschaft einführen wollen. Vielleicht könnte er Anaïs beim Film unterbringen, wenigstens für die Zeit, während er in San Francisco Vorlesungen hält.

Anaïs entschließt sich, die Nähe zu Rank nicht aufzugeben. Das Erfinden von Geschichten fällt ihr im Leben leichter als im Schreiben. Immer wenn es darum geht, ihren Wünschen nachzujagen, fällt ihr etwas ein. Henry beruhigt sie mit der Geschichte, sie müsse leider Hugo nach New York begleiten. Und Hugo muß die Geschichte akzeptieren, daß Anaïs sich in New York als Analytikerin ausbilden lassen wird. Im übrigen profitiert er von der Ausweitung ihres Lebens. Sie lädt ihre neuen Freunde aus der Villa Seurat ein, wenn er aus London kommt. Auf die Weise hat er interessante Gesprächspartner um sich. Solange er sicher ist, daß Anaïs immer wiederkommt, kann er sie offenbar gewähren lassen. Da sie ihn wirklich gern hat und da sie sich ihm gegenüber schuldig fühlt, behandelt sie ihn zudem besonders zärtlich. Er akzeptiert ihre Erklärung, daß sie wegen ihrer eigenen künstlerischen Weiterentwicklung nicht mit ihm in London zusammenlebt. Dort wird er Direktor der neu fusionierten City Bank and Farmers Trust. Anaïs schickt die zärtlichsten Briefe an «Darling», «Sweetheart», «Kitty the Scotchman», «Scotch terrier», der in der Campden Hill Road Nr. 140 seine Wohnung hat, und unterzeichnet mit «your Marine Snail», «Your Lamaïta», «Your jealous Moon», «Little cat awaiting his taimer» (Kätzchen erwartet seinen Bezähmer), «Love, love, love. Yours travelling Siamese».

4. Exkursion: Außer Atem
im Land der Analyse

MEIN SCHIFF BRACH den Geschwindigkeitsrekord, als es auf New York zueilte. Es war Abend, nicht Morgen, als ich eintraf. Das paßte, denn der Abend ist nun Beginn und Wurzel aller Tage für mich. Die Kapelle spielte, und die Wolkenkratzer zwinkerten mit einer Million Augen... Seine Augen. ‹Oh, Darling!›» Überfahrt in das Land der unbegrenzten Möglichkeiten. Es gelingt Anaïs, ihre Verstrickungen hinter sich zu lassen, um eine Zeitlang ganz mit Rank, mit *einem* Menschen zu leben.

Ist es nicht überhaupt fraglich, ob nur eine Analyse helfen kann, dem Leben eine neue Wendung zu geben? Ist es nicht natürlicher, sich auf eine neue Lebensform einzulassen, wenn man in einer Sackgasse festsitzt? Alles scheint anders zu sein für Anaïs, die ganze Stadt. Die Verzweiflung der Kindheit, sie scheint überwunden. Die aufgeregte Rückkehr, um Erskines Liebe zu prüfen, die Enttäuschung – auch überwunden.

New York ist Rank, ist lebendig, aufregend, vielseitig, modern. Nur noch Verheißung. Cellophan als Symbol: glänzend, durchsichtig, artifiziell. Erfindungsreich ist ihre Liebe, kindlich verspielt. Rank und Anaïs begegnen einander auf dem Boden ihrer kindlichen Wünsche. Er liest ihr aus Mark Twains Huckleberry Finn vor. «Huck» wird sein Kosename. Er genießt es in vollen Zügen, daß der kleine verlorene Junge endlich einmal seine Geschichte erzählen kann, einer hübschen, intelligenten Frau, die auch den Huck in diesem allzu schnell erwachsen und vernünftig gewordenen Analytiker liebt. Nun darf der distanzierte, alles verstehende Analytiker einmal weinen.

Anaïs macht ihn nicht zu ihrem Fall. Sie nimmt ihn in den Arm, ganz real. Sie scherzt und spielt mit ihm, schickt verrätselte Botschaften, Collagen mit Zeitungsausschnitten, Bildern. Rank macht kleine Geschenke in Puppenstubengröße, Blumen. Sie sind ausgelassen, verkleiden sich. Anaïs mit Ranks Hut und Zigarre, Rank mit Anaïs' Morgenmantel. Sie schreiben über «Leben und Spiel». In Harlem bringt Anaïs dem Kopfmenschen das Tanzen bei, der sich, ganz befangen zunächst, linkisch bewegt, bis er sich nur noch mit seiner begabten Tänzerin mitbewegt und körperlich in einen rauschhaften Zustand gerät, tanzsüchtig wird. «Eine neue Welt, oh my darling…» Eine Blume im Knopfloch. Vorbei ist es mit dem Denken. Nur noch Rhythmus. Jazz.

Anaïs spielt Sekretärin, bringt Termine durcheinander, erinnert sich eingeschüchtert an die strengen Sprüche des Vaters: «Tu n'as pas l'esprit scientifique.» Rank reagiert anders, mit Lachen, Toleranz und Zärtlichkeit – so wird sie eine gute Sekretärin und mehr. Sie redigiert Übersetzungen seiner Bücher. Schließlich schickt er, überlastet, sogar Patienten zu ihr.

Erste Schatten der Vergangenheit. Anaïs braucht eine andere Adresse für Henrys und Hugos Briefe, für Hugos Familie, die in New York lebt, und mietet einen winzigen Raum im Hotel Barbizon Plaza. «Ich wollte keine andere Adresse, wollte mich nicht wieder in Fragmente aufteilen. Nein. Aber es gab keine andere praktikable Lösung.» Rank schenkt ihr all die Liebe, die sie zu Anfang Henry hatte zukommen lassen. Er ist aktiv, plant, am frühen Morgen schon beginnt das: «Ich habe eine Idee…» Und Anaïs empfängt alles, genießt alles. Zwei Monate lang. Dann wird es zu eng. Rank verschlingt sie geradezu. Sie bekommt Angst vor zu viel Nähe.

Auch läßt sich die Vergangenheit nicht abschütteln. Henry schreibt Briefe, angstvoll, sie solle ihn nicht verlassen. Hugo schreibt ähnliche Briefe. Sie antwortet, steckt Brief und Scheck, die Miller zugedacht sind, in einen Umschlag an Hugo und umgekehrt. Henry weiß nun, daß sie nicht mit Hugo in New York ist. Hugo tut wieder so, als würde er nichts kapieren. Rank deutet Anaïs' Irrtum als Freudsche Fehlleistung, unbewußt möchte Anaïs ihre Verhältnisse durchsichtig machen, nicht mehr verbergen, sie möchte zu ihm stehen. Das ist wohl sein Wunsch. Aber Anaïs macht weiter wie bisher. Henry und Hugo werden ihrer Zuneigung versichert. Wenn dann beide nach New York kommen, wird das alte Tricksen, Lügen, Aufteilen weitergehen.

Rank kann sie nicht belügen, er spürt genau, was mit ihr ist. Das geliebte Muster der eineiigen Zwillinge formt auch ihre Beziehung zu Rank. Er schenkt ihr ein Holzhäuschen, eine Art Puppenstube, auf dessen Tür Anaïs schreibt: «Huck und Puck. Nicht stören!» Er ist «Huck», sie ist «Puck», die Gestalt aus Shakespeares «Sommernachtstraum», die mit magischen Tränken unter Liebenden Verwirrung stiftet. Gleichzeitig schickt sie ein Telegramm nach Paris: «Ich bin Deine Frau, Henry, immer. Wir werden bald vereint sein. Ich arbeite für unsere Freiheit. Hab Vertrauen zu mir.»

Anders als Puck ist Anaïs ihrerseits verwirrt: «Kern meines Lebens ist eine tragische, tiefe Situation, der ich nicht gewachsen bin. Ich kann Hugh nicht verlassen. Ich kann Henry nicht verletzen. Ich kann Huck nicht verletzen. Ich gehöre ihnen allen.» Sie gehört sich nicht selbst.

Rank haßt ihre Falschheit. Er sagt, daß sie in ihren Gefühlen aufrichtig ist. Die Lügen seien nur im Kopf. Anaïs teilt seine Ansicht, so zeige es auch das Tagebuch. «Da lüge ich niemals. Ich lüge nur für andere.»

Am 26. Januar 1935 holt sie Henry Miller ab, der New York mit dem Schiff im Nebel erreicht hat. Sobald sie ihn küßt, ist die ganze alte Liebe wieder da. Rank gibt ihr zu bedenken, Henry sei nur so liebevoll, weil er fürchtet, sie verloren zu haben. Aber Anaïs weiß, daß die Liebe zu Henry gegen jede Vernunft weiterbesteht. Sie bringt ihn unter im Barbizon Plaza Hotel, in einem kleinen Raum, den Rank und sie zum Tanzen gemietet haben. Um Mitternacht verläßt sie ihren wiederentdeckten Liebhaber Henry, um zu Rank zu gehen. Henry erzählt sie, daß sie bei Hugos Familie wohnt. «Offenbar habe ich mich an diese doppelten Gefühle gewöhnt, doppelte Lieben, doppelte Leben, denn ich traf Huck ohne jede Änderung des Gefühls, obwohl ich wußte, daß meine Liebe zu ihm nicht so fest gegründet ist, aber ich konnte seine Zärtlichkeiten entgegennehmen, ich konnte in seinem Bett schlafen, ich konnte ein bißchen weinen wegen meiner Liebe zu Henry, ich konnte ihm vorspielen, es wäre nur wegen meiner Leidenschaft, ich konnte zärtlich sein und unerschüttert wirken, aber es war Schauspielerei, nur Schauspielerei, in Wirklichkeit wünschte ich, bei Henry zu sein.» Sie hat das Gefühl, daß Rank alles spürt. Ein echter Zwilling läßt sich nicht täuschen.

Nebenher analysiert sie ihren ersten Patienten, schreibt Briefe für Rank, macht Besorgungen, schläft im Zimmer neben Ranks Behandlungsraum mit George Turner, einem Kunden von Hugo, der ihr bereits in Paris attraktiv erschien, und benimmt sich wie ein Kind, das außer Fassung gerät. Besessen stürzt sie sich in irgendwelche extremen Handlungen, um sich selbst zu beweisen, daß niemand sie einfangen kann.

Rank glaubt, ihre Beziehung zu Miller sei platonisch. Henry glaubt, das Verhältnis zu Rank sei ein Arbeitsverhältnis. Wenn Anaïs Henry in der Nacht verläßt, um zu Rank zu gehen, erzählt sie ihm, sie müsse zu Hugos Familie. Er will sie begleiten. Sie denkt sich irgendeinen Straßennamen, irgendeine Hausnummer aus. Henry läßt sich nicht abschütteln. Sie machen sich auf den Weg. Gott sei Dank, das Haus gibt es, Anaïs klingelt irgendwo, will Henry ein Lichtsignal geben, wenn sie im Zimmer ist. Aber das Zimmer gibt es nicht. Sie verhandelt mit einem Portier. Wohin sie wolle. Ein Mann habe sie verfolgt, ob es einen Hinterausgang gebe... Auf abenteuerliche Weise gelingt es ihr zu entkommen. Rank wird mit einer anderen Geschichte beruhigt.

«Gott soll dich verfluchen. Du bist unheilbar», schimpft Henry, als er spürt, wie er an der Nase herumgeführt wird. Das Karussell dreht sich weiter. Rank schenkt ihr Unterwäsche, und Anaïs weiß, sie wird sie für Henry tragen. Irgendeinen verrückten Triumph meint sie errungen zu haben, indem sie genauso geworden ist wie June.

Mit Henry macht sie einen Ausflug in dessen Kindheit, nach Brooklyn. Ihr gemeinsames Leben in Louveciennes belebt sich. Damals hat Miller ihr Geschichten aus seiner Kindheit erzählt, die er in «Black Spring» weiterformt. An Eduardo, dem sie nach wie vor alles mitteilt, schreibt sie: «Über mein Leben. Möchtest Du es hören? Surrealismus ist nicht das Wort. Es ist schwindelerregend und wunderbar, manchmal allerdings schmerzvoll, aber, lieber Gott, welch ein Überfluß von allem. Liebe, Blumen, Geschenke, weiße Veilchen, Löcher in den Strümpfen, aufgeschlagene Taschenbücher, Patienten, Telegramme, volle Briefkästen, Arbeiten, Lügen, knappes Entkommen, Dramen, Tränen, Blumen, Anrufe, Dramen, Lachen, Radiomusik im Taxi während der Fahrt, Fieber und Ekstasen und Leberprobleme, Sonnenbäder, früher Morgen, harte Arbeit, Briefe, Korrespondenz, Diktat. ‹Ja, hier spricht die Assistentin von Dr. Rank, ja, er wird Ende März zurück sein in New York. Er ist auf einer Vortragsreise. Ja. Wie ist Ihr Name?› Ich brauche einen Ehemann, einen Beschützer, eine Grenze. Zu viele Leute. Ich liebe das Leben zu sehr. Hunderte von Leuten. Der Stern der Geselligkeit leuchtet über mir. Leute zum Frühstück, Mittag, Abendbrot und fürs Bett. Niemals allein. Aber happy. Jetzt muß ich gehen und Mineralwasser kommen lassen. Alles Liebe.»

Atemlos Notiertes, atemlos Gelebtes – wovor rennt diese Frau davon? Vor sich selbst, das ist deutlich. Aber warum diese Besinnungslosigkeit? Was treibt sie über jedes Maß hinaus? Was ließe sie schaudern, würde sie einmal einhalten? Ihre eigene jüngste Geschichte? Würde sie zusammenbrechen oder verrückt werden, wenn sie nicht ständig davonliefe? Was agiert sie aus? Eine vatergebundene Tochter sucht ihr Heil in der Reihenbildung einer Vielzahl von Liebhabern, könnte ein Psychoanalytiker sagen. Aber sie hat den Vater doch gehabt. Oder hat der ganze Ödipuskonflikt gar nicht ausschließlich mit dem leiblichen Vater zu tun? Dient die Vielzahl der Liebhaber nach dem Inzest gerade dem Verwischen des Ereignisses, indem es im Wirbel ihrer sexuellen Verhältnisse unkenntlich wird?

Am 2. Februar 1935 zieht Anaïs in die 31. Straße Ost, Nr. 28, Raum 1202, und spielt wieder Mrs. Miller. Henrys Freund Emil Schnellrock redet sie so an. Mit Henry sucht sie die Straße auf, wo er mit June gelebt hat. Er dreht neuerdings durch, wenn er das Gefühl hat, daß sich ein Mann an Anaïs heranmacht. Ist es nicht genauso wie damals mit June?

Rank ist in Kalifornien, hält Vorträge, Anaïs vermißt ihn nicht. Henry füllt sie aus, Nacht für Nacht sexuelle Erfüllung. Etwas hat sich umgekehrt. In Clichy ertrug sie die vielen Menschen nicht, wollte nur mit Henry allein sein. Jetzt hat sie sich selbst in ein wildes Leben gestürzt. Ist sie schuld? Er hat es ihr doch vorgelebt. Wieso will er jetzt Ehe spielen? Oder sollte sie doch mit Henry davonlaufen, vor Rank, vor Hugo, vor den anderen Männern, mit denen sie eine Affäre hat? Aber, so schließt ihr Sinnieren über das Hin und Her der Gefühle: «Gespalten sein in zwei, das ist mein wahres Ich. Und das geht nicht ohne Tragödie. Ich lebe auf hundert Ebenen zugleich… Sehnsucht nach Einheit, aber unfähig dazu. Eine Million von Rollen spielend. Was bin ich für George Turner? Was bin ich als Sekretärin?» Sie hat Schlüssel zu allen möglichen Räumen. Mit dem Reisegeld, das Rank ihr gab, um sie in New Orleans zu treffen, bezahlt sie Henrys Miete. Sie will Rank nicht treffen. Rank kommt zurück, Anaïs spielt weiter die Liebende, obwohl ihre Zuneigung bei Henry ist – so könnte es endlos weitergehen.

Erskine hat erfahren, daß sie in New York ist. Er kommt zu Besuch und meint, Anaïs sei traurig, unglücklich, mache sich selbst etwas vor. Er sieht Konfusion und Chaos. Anaïs nennt das: Leben durch das Gefühl und nicht durch das Denken. Sie erzählt ihm in aller Offenheit von der Affäre mit ihrem Vater, was ihn schockiert. «Jeder, der dir nahekommt, spürt deine Lebensenergie, deine Liebesenergie.»

Eine Violinspielerin sucht bei ihr Hilfe, bei der Analytikerin Anaïs Nin. Anaïs findet sie aufregend und interessant. Manchmal, wenn sie mit Henry zusammen ist, hat sie Ruhe. Henry schreibt. Tausend Ideen für die Überarbeitung des Inzest-Textes gehen ihr durch den Sinn. Sie arbeitet auch.

Im Februar 1935 kommt Rank von der Reise nach Kalifornien zurück, und Anaïs stellt lakonisch fest, daß er seine Bedeutung für sie verloren hat. Er kann und will mit ihren Lügen nicht leben. «Huck *fühlte* die ganze Wahrheit – wußte, daß er verloren hat –, aber er zeigte es nicht.» Er macht Pläne, die halbe Woche werden sie in Philadelphia leben, wo Rank einen Kurs in Psychoanalyse für Sozialarbeiter einrichtet, die andere Hälfte in New York. Anaïs scheint zuzustimmen. «Ich habe ein Buch über Wahrheit und Wirklichkeit geschrieben», sagt er einmal, aber: «Du hast alles in mir durcheinandergebracht. Ich weiß nun nicht mehr, was Wahrheit oder Wirklichkeit ist. Was bist du? Ein Chaos.» Ein Versöhnungsversuch, den Anaïs einleitet, scheitert. Rank nimmt seine Geschenke und trennt sich. Er besteht darauf, daß sie einander die Ringe zurückgeben. Anaïs lügt immer noch und weiß selbst nicht warum.

Rank macht ihr klar, daß er sich trennen muß, um sich selbst zu retten. Anaïs weint: «Was ich wissen möchte, ist…, was ich wissen möchte…»; «Was?» sagt Rank zärtlich, aber sie weiß es selbst nicht und geht weinend fort. Sie nimmt sich vor, niemals wieder so zu tun, als würde sie lieben – «allein, die Wahrheit ist, ich *täusche mich selbst* genauso wie die anderen».

Anaïs muß offenbar das ganze Stück ihrer frühen Geschichte noch einmal bis zum bitteren Ende des Verlassenwerdens durchspielen. Eine Variation liegt darin, daß sie dieses Mal – wissentlich und doch nicht begreifend – den Anlaß für das Verlassenwerden selber schafft. Anders als in der Kindheit verfügt sie jetzt, wie eine Artistin beim Hochseilakt, über ein Sicherheitsnetz: Henrys Liebe wird sie auffangen. Zwar leidet er unter ihrer Ungebärdigkeit, aber anders als die Mutter in Anaïs' Kindheit scheint Henry Miller gerade dieses Verhalten auch zu lieben. Ein vertracktes Beziehungsgeflecht. So irrational, geradezu irre das Ganze wirkt, es steckt doch eine Art Konstruktion darin.

«Einsamkeit, Kraft, Stolz. Ich verlor wieder einen Vater. Oh, wieder diese Sehnsucht nach einem Vater, nach dem Vater, nach Gott, nach dem Gott, den ich nach der Operation sah und dann aus dem Blick verlor…» Es kommt zu einer Aussöhnung mit Rank, der ihr einen silbernen Ring mit zwei Türkisen aus New Mexico mitbringt, ein Zwillingssymbol, einen Kinderring. Als wüßte er, daß sie als Kind einen Vater braucht und ihn nicht mehr als Frau liebt. Pygmalion, der Analytiker, der sich in sein Geschöpf, in die Vision einer treuen Anaïs verliebt hat, ist gescheitert. Aber sie sprechen wieder, begeistert und hemmungslos. Doch sie sagt ihm auch in aller Offenheit, sie müsse Miller beschützen und werde ihn heiraten. Rank schreibt ein Vorwort für ihr Kindertagebuch. Anaïs spricht mit ihm über ihr Schreiben, die Überarbeitung von «House of Incest». Henry verfaßt ebenfalls ein Vorwort. Der Verlag Simon und Schuster lehnt ihre Manuskripte ab.

«Jedesmal, wenn mir etwas genommen wird, jedesmal, wenn ich etwas oder jemanden verliere, reagiere ich schöpferisch. Huck hat beobachtet, daß ich meinen Vater in mir selbst hervorgebracht habe, als ich ihn in der Kindheit verlor. Wenn Henry mich im Stich läßt, werde ich die Schriftstellerin. Wenn Rank mich verläßt, werde ich die Analytikerin. Alles muß ersetzt, wieder erschaffen werden. Alles muß aus mir selbst entstehen, alles muß ich sein, alles muß in mir sein. Ich erschaffe alles, was vergänglich, schwindend, treulos ist… um ganz durch mich allein ein Weltall zu sein: Mann, Frau, Vater, Mutter, Geliebte, Kind. Alle Rollen! Welche Rastlosigkeit!» Denn nichts kann irgend etwas anderes wirklich ersetzen. Anaïs wird immer von ihrer «verschlingenden Begierde» getrieben, überbewußt und nichtsahnend zugleich. Jedes Kleid, das sie wählt, jede Farbe, mit der sie sich umgibt, jeder Schmuck wird wie in einem Theaterstück zielsicher eingesetzt.

Gespräche mit Rank gehen ihr neuerdings auf die Nerven, seine ständigen Erklärungen. «Er kann nichts ruhen lassen, so sein lassen, wie es ist. Sein ganzes Leben besteht hauptsächlich im Analysieren.»

Vermutlich ist es nicht so sehr das Analysieren, das sie beunruhigt, denn das macht sie selbst im Tagebuch auch. Es wird das Festhalten an den Konsequenzen sein, die sich aus dem Analysieren ergeben, was Anaïs nicht leiden kann. Sie lagert ihre Einsichten im Tagebuch ab und stürzt sich, befreit von ihnen, in den Strudel weiterer Handlungen. «Ich bin nur an der Gegenwart interessiert. Die Stimmung der Gegenwart ist für mich alles. Die Ekstase des Augenblicks. Von Tag zu Tag.» Auf der Flucht erreichen sie ihre eigenen Einsichten in Zusammenhänge ihres Handelns, die das Tagebuch zeigt, schon nicht mehr. Es sind kalte Kommentare, scharfsichtig, als würden sie von einer anderen Person stammen.

Zwischenakt: Anaïs arbeitet als Analytikerin, artistisch, nicht professionell. Ranks psychoanalytisches Konzept einer dynamischen Analyse, die, mit der Gegenwart des Patienten befaßt, schöpferische Entwicklung im weitesten Sinne freisetzen will, wird zur Devise ihres «Behandelns». Bei Anaïs setzt sich das fest wie eine fixe Idee: Sie muß aus den Menschen Künstler machen. Das war früher schon so, hat ihre Ehe belastet.

Seit einiger Zeit übt sich Hugo allerdings im Zeichnen, Malen und Kupferstechen; das beobachtet seine Frau – aus der Ferne – mit Genugtuung; er lebt nun in London auch in einem Kreis von Künstlern, wird freier und kann seiner Frau ebenfalls Freiheit schenken. Hugos Zeichnungen begannen mit der Beobachtung, daß der Rauch einer Kerze auf dem darübergehaltenen Blatt Papier eigenwillige Formen hervorbringt. Ähnliches geschieht beim absichtsfreien «Doodle», wenn man der Bewegung des Stiftes auf dem Papier folgt, Linien und Flächen gleichsam spielerisch von allein entstehen läßt und aufhört, wenn sich etwas figuriert hat, das einem gefällt. Später zeichnet Hugo diese Linien im Wachs einer Kupferplatte oder mit dem Grabstichel, so daß er seine Produkte vervielfältigen kann. Im Atelier von Stanley Hayter in Paris und später in New York erlernt er diese Techniken und stellt seine Arbeiten in Hayters Gruppe des «Atelier 17» aus. Er sieht seine Arbeit als Ausdruck unbewußter Komplexe, die der Methode des «automatischen» Schreibens der Surrealisten folgt, die auch Anaïs' Texte formt.

«Ich habe entschieden, daß, wenn auch die Analyse ein Treibhaus, eine Beschleunigung von Weisheit und Wachstum ist, das In-Erfahrung-Bringen des Lebens dennoch aktuell ausgelebt und durchlebt werden muß. Was nur in der Phantasie ausgelebt wird, ist Gift. Ich sage der Violinspielerin, sie solle nach Italien gehen und die Liebe zu dem italienischen Violinspieler bis zum Ende durchleben, obwohl sie nun weiß, daß diese Liebe nicht real ist, daß sie ihre Farbe verliert. Ich leugne tatsächlich den Wert der Weisheit als Lebenskraft. Weisheit sollte man nur einsetzen, um Tod, Destruktion und Tragödie zu besiegen, nicht als Ersatz für das Leben. Ich rate zum vollen Ausleben von Fehlern und Irrtümern. Ich bin gegen die künstliche Beschleunigung des Wachstumsprozesses. Helfen beim Überwinden eines Hindernisses, zu springen, wenn man festsitzt, ja. Ich halte wortreiche Reden, um zu beleben, zu inspirieren.»

Rank, meint sie, hat alles in Büchern zu erledigen gesucht, seine Faszination durch den Doppelgänger, seinen Donjuanismus, seinen Inzest; diese Bücher liebt Anaïs und den verlorenen Jungen in ihm auch, aber nicht den «wirklichen» Dr. Otto Rank, der häßliche Zähne hat, unentwegt schwitzt, gierig ißt und der ihr jetzt, nachdem ihr sexuelles Begehren verflogen ist, mit seinen gewöhnlichen, vulgären, häßlichen Umgangsformen ganz unmöglich vorkommt. Daß er sie zum Schreiben ermuntert, daß sie seinen Traum vom Schriftsteller gleichsam stellvertretend für ihn erfüllen soll, das gefällt ihr. Denn jetzt gibt Rank ihr die Rolle, die Henry Miller früher von ihr erhalten hat.

Auch Rank hat einmal Tagebuch geschrieben; das nimmt er nun spielerisch wieder auf. In ihrem Zwillingstagebuch schreiben Rank und Anaïs abwechselnd jeder eine Seite. Über die intellektuelle Verbundenheit und Ranks Hochschätzung ihres Schreibens – sie überarbeitet «House of Incest», und Rank will helfen, einen Verleger zu finden – kommt manchmal auch die körperliche Liebe zurück. Gelingt es nicht, bringt sich Anaïs mit einer Phantasie in Gang: «Ich schließe meine Augen und versuche mich auf mein Verlangen nach einem Mann zu besinnen – irgendeinem Mann, irgendeiner Hand, irgendeinem Mund, irgendeinem Penis – und sage mir: Irgendein Mann, ich will überhaupt nur irgendeinen Mann.» Anaïs hält das für «love», «Liebe zu allen Menschen und Dingen, nicht Neurose, sondern Liebe, Anhänglichkeit, Leidenschaft».

Wieder ist sie in einem Gewebe von Lügen gefangen, deren Einzelheiten ganze Tagebuchseiten füllen. Nur eine falsche Bemerkung oder das Treffen von Freunden, die sie getrennt hält, und alles würde auffliegen. Immer auf der Flucht, mit der Möglichkeit spielend, daß sie gestellt wird. Tumult nennt sie das, seelischen Aufruhr. Erneut vergegenwärtigt sie sich: «Lügen ist der einzige Weg, den ich gefunden habe, um mit mir selbst ehrlich zu sein, zu tun, was ich will, zu sein, was ich will, mit möglichst geringem Verletzen der anderen.»

Anaïs Nin hat zweifellos ihr eigenes Konzept von Ehrlichkeit: Was verspürt wird, muß Tat werden. Das ist alles und scheint ganz einfach. Neigung verpflichtet. Es bedarf keines Abwägens. Die Intensität des Drängenden in der Phantasie legitimiert das Handeln. Die Konsequenzen bestimmter Handlungen im Ganzen ihrer Lebensgeschichte leugnet sie. Es gelingt ihr, die herkömmlicherweise unter dem Stichwort Moral stehenden Grenzen des eigenen Handelns zum Problem der anderen zu machen – ihnen täte es weh, sie sind es, die zum Lügen zwingen, nicht die Lebensgestalt der Anaïs Nin. Sie muß das nicht im Rahmen ihres eigenen Lebenssystems aushandeln. Begreiflich wird diese Lösung auf dem Hintergrund ihres jahrelangen Lebens in einer Verfassung des angstvollen Brav- und Gutseinwollens. Ins Extrem getrieben, verkehrt sich diese Verfassung in ihr Gegenextrem.

Es wird spannend sein zu verfolgen, wie weit sich das treiben läßt.

Wird ihre Geschichte sie zu Erfahrungen zwingen, die Konsequenz fordern und Konsistenz in ihr Handeln bringen? Gibt es ein Leiden am Zuviel? Oder reicht es, der entgrenzten Lebensform eine Ideologie abzugewinnen, die hinreichend Stabilität gewährt? An kontinuierliche Liebe und anhaltendes Glück kann Anaïs in diesem Lebensabschnitt jedenfalls nicht glauben. Doch im größten Wirbel sehnt sie sich auch nach einem Ende ihrer Unruhe.

Sie ist es leid, «gegen die Begrenzungen des Lebens anzukämpfen. In der Kunst gibt es keine.» Wenn sie schreibt, kann sie «bestimmen, regieren, wandern, lachen, schreien, gewalttätig handeln, töten. Ich bin Schöpfer und König. Verhielte man sich so im Leben, es würde einen umbringen. Alle schöpferischen Menschen sind unglücklich im Leben.» Das sind wohl Ranks Gedanken, meint sie, nicht ihre eigenen; aus seinen Gedanken formt sie in dieser Zeit ihre eigene Ideologie.

Hugo wird zum Symbol der Geschichtlichkeit ihres Lebens. Sie sieht es mit gemischten Gefühlen, wenn er, wie Ende April 1935, von London nach New York kommt. Es ist wie ein Bruch in ihrem aktuellen Leben. Aber dann kommt etwas auf, das sie selbst «Treue zur Vergangenheit» nennt und das «Frieden» und «Ruhe» verspricht. «Alles andere verlangt Anstrengung, Mut, ist Überbelastung, Arbeit.»

Die Analysanden gehen ihr auf die Nerven. «Ich werde unruhig und ungeduldig in meinem Analytikersessel. Hol dich der Teufel, das kann ich alles besser als du, ich habe alles besser gekonnt als du, ich habe mutiger gelebt als du, ich habe etwas getan, ich habe mehr geweint, mehr gelacht, mich mehr bewegt, bin reicher, was du mir erzählst, ist mir nicht gerade neu, nicht gerade besser als das, was ich denke, tue, sage – jeden Tag. Mir ging es schlechter als dir. Geht es noch. Ich leide krankhaft unter Eifersucht. Werde ich immer, aus Mißtrauen in die Liebe. Mehr als alle von euch.» Eine Analytikerin steht unter Strom – ohne Sicherung? Wie mag sich das den Patienten mitteilen? Sie selbst erträgt es, indem sie zwischen den Sitzungen schreibt; das scheint eine Art Sicherung zu sein.

Die Vergangenheit meldet sich in Briefen. Der Vater schreibt wie ein «protestantischer Geistlicher», Joaquin wie ein «katholischer Prediger», die Mutter liebevoll, aber verwirrt, und Hugo möchte allen den Rang ablaufen, besonders Erskine, Henry und Rank. Er erwartet einen neuen Anfang der Ehe. Anaïs kauft ein weißes Nachtgewand, das ihm gefallen soll. Anfang Mai mietet sie für 125 Dollar in der Park Avenue, Nummer 7, ein Apartment.

Zur selben Zeit trennt sich Rank endgültig von ihr. Er soll nicht traurig sein, schreibt sie ihm auf dem Weg zu Hugo, der in Montreal ist. Während der Zeit ihrer Liebe habe sie ihn geliebt, ganz und gar, anders sei es erst geworden mit Henry Millers Ankunft in New York...

Die Tagebücher dieser Jahre sind ein langer, endloser Kommentar zum Aufstieg und Untergang der Liebe. Wie Theaterstücke reihen sie sich aneinander; kaum daß das Bühnenbild gestaltet ist, sind sie schon wieder vorbei. Die Orte, der geschichtliche Zeitraum scheinen keine Rolle zu spielen. Seelendramen unter Ausschluß der Welt. Was ist eigentlich los im Jahr 1935, fragt man sich. Gab es sonst nichts, das den Menschen Anaïs hätte erreichen und beunruhigen können oder müssen? Hin und wieder geht sie ins Kino, sieht ein Eishockeyspiel, spricht mit dem Regisseur John Huston, trifft den Schriftsteller Waldo Frank und andere Berühmtheiten. Im übrigen lebt sie im Kreislauf zwischen Sexualität, Liebe, Niederschreiben des Jeweiligen und Überarbeiten des Niedergeschriebenen zu Zwecken der Veröffentlichung. Wer liebt mehr, wer liebt besser, wer verdient es, geliebt zu werden, wessen Liebe stirbt, wer wird wen enttäuschen und im Stich lassen – ein endloses Band. Später wird sie das «die innere Reise» nennen.

In Montreal geht es weiter, Hotel Mount Royal, Zimmer 6022. «Große Bewegtheit... ein neuer Hugo... freier, fröhlicher... ich denke an Huck ... was ich ihm angetan habe ...» Während Hugo von seinem Beruf spricht, von seiner Liebe zur Macht, betrachtet Anaïs die Stuckdecken. Wieder geht ihr Rank durch den Sinn. «O Gott, ich bin nicht so frei von liebevoller Fürsorge, wie es scheint.» Die Gespräche mit Rank fehlen ihr doch. Sie fühlt sich verloren. Sie spürt, daß etwas in ihr zerbrochen ist – «das Absolute», offenbar etwas, das sich nicht benennen läßt.

Einer ihrer Patienten, Will Slotnikoff, schenkt ihr Daniel Defoes «Moll Flanders» mit der Widmung: «Praktisch der erste englische Roman für die erste und vornehmste Dame der Welt von einem, den sie von den Toten auferweckt hat». Auf dem Titelblatt liest sie: «Moll Flanders ... war zwölf Jahre lang eine Hure, fünfmal eine Ehefrau (Hure einmal mit dem eigenen Bruder), zwölf Jahre lang eine Diebin, acht Jahre eine überführte Verbrecherin in Virginia, wurde schließlich reich, lebte in Ehren und starb als Büßerin.» Anaïs' humoristischer Kommentar: «Abgesehen vom Ende gefällt mir alles.»

Mit Hugo in New York nimmt sie am gesellschaftlichen Leben teil, besucht Parties mit amerikanischen Bankleuten. Rebecca West, ebenfalls in New York zu der Zeit, kommentiert: «Irgend etwas fehlt den Amerikanern, man könnte es vielleicht ‹Seele› nennen? – jedenfalls irgend etwas Tiefes.» Anaïs meint, sie seien aus Cellophan. Vor sieben Monaten, verliebt in Rank, hat ihr das gefallen, das metallisch-glänzende New York mit seinen flotten Rhythmen. Nach der Trennung von Rank und während sie mit Hugo die liebende Ehefrau spielt, hat sie schreckliche Alpträume. Im Juni 1935 kehrt sie enttäuscht nach Louveciennes zurück.

Eine schwierige Heimkehr. Das Haus in Louveciennes mit seinen alten Mauern scheint seinen Charakter des Bergenden verloren zu haben. Spiegel sind zerbrochen. Die Gartenstühle fehlen. Die Dinge stehen nicht mehr an ihrem Platz. Staub auf den unberührten Büchern. Das Laub des vergangenen Jahres wird vom Wind umgetrieben. Erinnerung an die Besuche von Henry, die Begegnung mit dem Vater, mit Rank. Anaïs muß diesen Ort verlassen, will sie nicht von Erinnerungen überflutet werden. Sie haßt das Alte, die Alte Welt; selbst die Gerüche haben etwas Altes.

«Ein neues Ich, ein neues Ich, das nicht mehr hierhin gehört. Leben in einem toten Haus. Ein neues Ich ohne Zuhause, ohne Ruheplatz, der Abenteurer und der Nomade, denn jetzt habe ich meine Einsamkeit angenommen, und so habe ich also kein Zuhause und keinen Ehemann.»

Auf dem Schiff hat sie mit ihrer extravaganten Erscheinung, ganz in Weiß gekleidet, viel Aufmerksamkeit erregt. Jetzt ist alles monoton. Um der Gleichförmigkeit zu entfliehen, segeln Menschen mit Schiffen davon, «sie gehen nach Afrika, wandern durch Tibet, ersteigen den Himalaya, leben in Baracken und kommen fast um vor Hunger auf ihren Wanderungen, betteln, verkaufen Sachen, sind gerissen und kriechen durch die Arabische Wüste… wechseln die Frauen, stempeln ihren Paß auf mehreren Seiten, schwimmen, laufen Ski und nehmen sich das Leben. Von Angesicht zu Angesicht mit der eigenen Seele.»

Die hochfahrenden Träume von Freiheit und Reichtum haben sich in Amerika nicht erfüllt. Anaïs scheint auf dem Boden des Alltäglichen gelandet zu sein. Vielleicht sollte sie ihre Abenteuerlust «sublimieren»? Sie möchte aus irgendeiner Mitte heraus leben mit Henry und träumt von einer Druckerpresse. Alle träumen sie davon, ihre eigenen Bücher mit ihren Händen selbst zu drucken, Henry, seine Freunde Michael Fraenkel, Fred Perlès und Walter Lowenfels. Unter dem Signum «Siana Press» wollen sie, nach Fred Perlès' Vorschlag, ihre Texte veröffentlichen. Auf diese Freunde ist Anaïs eifersüchtig, auf deren Freundinnen auch, und zugleich haßt sie ihre Eifersucht.

In Stunden der Niedergeschlagenheit sehnt sie sich nach Rank. Von der Bildhauerin Chana Orloff, die ihr Atelier ebenfalls in der Villa Seurat hat, erfährt Anaïs, daß sich Rank in Paris aufhält. Vergeblich hofft sie, ihm zufällig zu begegnen. Seinen «Geist und seine Seele» liebt sie weiterhin. «Der ideale Vater muß immer weit entfernt sein und unerreichbar. Aber wie sehr ich mich nach dieser fernen Sache sehne… Rank, der Liebhaber, hat mir Rank, den Vater, genommen. Ein Vater muß immer weise sein… Ich bin immer voller Liebe zu Weisheit, Göttlichkeit, zum schöpferischen Menschen, immer in Liebe zur intimsten Manifestation Gottes in einem Menschen.» Flucht als Lösung. Sie weiß im Grunde selbst nicht wovor, nennt es «Gleichförmigkeit». Insgeheim träumt Anaïs von dem neuen Liebhaber, der sie von allem Kummer, der in ihr steckt, befreien könnte. «Dieser Mann, von dem ich träumte, als Rank zu mir sprach» – von einem Mann, der sie auch von Miller und seinen Freunden, von allen bisher wichtigen Personen befreien würde. «Wo sind meine Flügel?»

Den anderen zuliebe ist sie zurückgekommen, für Hugo, Henry, die Mutter, Joaquin. Sie selbst wäre gern in New York geblieben, bei ihrer Arbeit und Unabhängigkeit, bei all den Angeboten von Abenteuern. Eine lange Liste von Freunden und von Patienten. In Amerika, meint sie, habe sie ihre Schüchternheit ganz abgelegt. Wer

Anaïs nicht näher kennt, hält sie für eine oberflächliche Frau der höheren Gesellschaft, deren Interessen sich in der Gestaltung ihrer Erscheinung und ihrer Auftritte erschöpfen. Ihre Texte zeigen ein anderes Bild. Sie stellen den Leser vor ein Rätsel. Es ist auch nicht ganz leicht, ihre Gleichung zwischen dem Kosmetiksalon Elizabeth Arden und einem besonderen Interesse am Schreiben ohne weiteres zu verstehen.

Am Vortag ihres Besuchs im Kosmetiksalon hat Anaïs Nin mit Rebecca West und Henry Miller intensive Gespräche geführt. Vom Tagtraum war die Rede, von Paul Valérys Verbindung der Analyse mit der Ekstase, von Prousts Zergliederungen, von Denis Seurats Buch über die Modernen, von Anaïs' Ärger über ihren weiblichen Realismus, der von ihrem Traum-Selbst unberührt bleibt. Unter der Maske liegend, geht ihr all das noch einmal durch den Sinn. Eine Verfassung, als wäre sie unter Äther. Wie viele Frauen haben da geduldig mit einer Verschönerungsmaske auf dem Gesicht gesessen, und es ist nichts geschehen als die porentiefe Reinigung und Regeneration der Haut, begleitet von bald darauf unkenntlich gewordenen Phantasien. Doch Anaïs gewinnt in diesem Zustand eine Einsicht: «Da sah ich beides auf einmal, Realität und Unbewußtes, sie verflossen ineinander und wechselten auf harmonische Weise ab. Hugh hat auch gesagt, es gibt Zeiten, in denen ich verrückt bin. Den Zwischen-Zustand, das Übergleiten von Normalität in Phantasie und Neurose – genau das wollte ich.»

Sie eilt zur Villa Seurat, schreibt blitzschnell fünf Seiten mit der Maschine und hat endlich gefunden, wonach sie schon lange sucht: ihren eigenen Stil. Ausgehend von der Gegenwart, von der aktuellen Situation im Schönheitssalon von Elizabeth Arden, schreibt sie über die Füße ihres Vaters. Ganz konkrete, geradezu realistische Passagen, die unvermittelt in etwas befremdlich Surreales übergehen: «Sie lag auf dem Sofa, Watte auf den Augen, eingehüllt in korallenrote Decken, die Füße ruhten auf einem Kissen… eine Stimmung zwischen Schlaf und Traum, in der sie die Kreuzung zweier Straßen – der Straße der Träume und der Straße des Lebens – in der Hand hielt und betrachtete, wie man Schicksalslinien betrachtet… Sie erkannte deutlich: In diesem stummen Drama mit ihrem Vater, das sie zerstörte, versuchte sie stets etwas zu sagen, was sich niemals ereignete, oder alles, was geschah – … Nun, da die Welt auf dem Kopf stand und die Gestalt des Vaters übergroß geworden war wie die Gestalt eines Mythos, jetzt… wollte sie die Augen wieder öffnen, um sich zu vergewissern, daß das Licht nicht verloschen war, die Beständigkeit der Erde… Sie öffnete ihre Augen und sah: den Fuß ihres Vaters. Auf einer Reise im Süden hielten sie einmal am Straßenrand, und er zog seinen Schuh aus, der ihm Schmerzen verursachte. Als er seinen Strumpf abstreifte, sah sie den Fuß einer Frau: zart und wohlgeformt, sinnlich und klein. Sie glaubte, er habe ihn ihr gestohlen: Sie sah ihren Fuß.»

Unentwegt ist Anaïs Nin auf etwas aus. Also horcht sie ihre eigenen Seelenregungen ab. Daraus gehen Texte hervor, die andere Qualitäten spürbar machen, als man sie in spannenden Phantasiegeschichten findet, bei denen die Handlung im Vordergrund steht. Man sieht ihren Beschreibungen diesen zweiten Blick an. Er führt zu spröderen Texten, die den Leser nicht mitreißen, sondern ihm Distanz gestatten. Ähnlich wie Anaïs Nin wird er zum Betrachter. Es ist merkwürdig, daß Anaïs ihre Leser nicht verführt. Eher macht sie diese, wie ihr Doppel, das Tagebuch, zum «Augen»-Zeugen von Sachverhalten, die sie selbst bewegen.

Sie fügt Teile aus ihrem Kindertagebuch in die Erzählung ein, tippt das New Yorker Tagebuch ab, revidiert noch einmal «House of Incest» und tippt es neu. Sie arbeitet zusammen mit Henry in der Villa Seurat. Henry schreibt am «Wendekreis des Steinbocks», durchlebt noch einmal die Geschichte mit seiner zweiten Frau June. Anaïs macht das ängstlich, unsicher, traurig, eifersüchtig. Sie bittet ihn, sie nicht mit Erinnerungen zu betrügen. Wenn er nicht arbeitet, wird Miller albern, was Anaïs nicht mehr leiden kann. Sie kann diese burleske Haltung nicht teilen, die Henrys Freunde so sehr schätzen.

Anaïs schreibt über New York. «New York wieder hervorzaubern, weil ich es verloren habe, weil ich Liebeskummer habe um seinen Glanz und die Reichweite seines Rhythmus. Sehnsucht danach. Muß ich immer an der Leine von Sehnsucht schreiben, indem ich nach dem verlange, was entfernt und verloren ist?» Jetzt ist Henry eifersüchtig auf Anaïs' New Yorker Leben. Aber sie ist froh, wieder zu schreiben. Gleichzeitig fiebert sie dem unbekannten Liebhaber entgegen, der irgendwo auf sie wartet. Verliebt in das

Leben an hellen Sommertagen, verliebt, wenn sie Kaffee San Paulo, Melonen, Brot und Butter einkauft und in dem roten russischen Kleid, das Rank ihr geschenkt hat, zur Villa Seurat eilt, um für Henry das Frühstück zu bereiten. Hundert Seiten hat sie geschrieben, über den Vater. Es beflügelt sie, daß der Druck der «Siana Series» Fortschritte macht. Millers «Aller Retour New York» wird Nummer eins sein. Sie schreiben und versenden Subskriptionsformulare. Miller bringt kleinere Korrekturen an in Anaïs' Vater-Buch, das ihm gut gefällt. Zur Belohnung bereitet sie Miller eine Suppe, was er gern hat.

Wenn Hugo am Wochenende aus London kommt, wechselt Anaïs von der Werkstattatmosphäre wieder in ihr feineres Leben. Sie begleitet Hugo und ein paar Freunde ins «Maxim» und ins «Cabaret Aux Fleurs» mit Kiki vom Montparnasse. Verführen und Verführtwerden. Bill Hoffman, ein Bekannter von Hugo, meldet Wünsche an. Anaïs weicht aus, trägt aber ins Tagebuch ein: «Heute habe ich ernstlich erwogen, eine Edelhure zu werden. Ich will Geld, Parfum, Luxus, Reisen, Freiheit.» Sie wütet über das beengte Leben in der Villa Seurat, wo sie oft herumsitzen und nach Anaïs' Auffassung ihre Zeit verschwenden, manchmal den ganzen Tag. Sie will das «außerordentliche oder phantastische Abenteuer». Während sie mit Eduardo beobachtet, wie sein kleiner Freund anschaffen geht, ärgert sich Anaïs, daß sie nicht weiß, wie sie es anstellen könnte, und daß es so banal wird, wenn sie es sich ausmalt. Also verwirft sie den Gedanken.

Eduardos junger ungarischer Liebhaber Feri, verspielt und abenteuerlustig wie Anaïs, bringt etwas von der Ausgelassenheit des in New York geführten Lebens nach Louveciennes. Anaïs glänzt, lacht, trägt seine Kleider, wenn sie in Paris ausgehen. Jetzt nimmt sie teil an dem vor Jahren als frivol verurteilten Pariser Leben. «Essen. Trinken. Wandern. Trinken. Nachtclubs. Spielen. Die Brunnen der Champs-Élyseés spielen im Sonnenglanz. Eleganz. Aristokraten. Pediküre. Ein neuer Borgia-Hut in Weinrot. Ein schwarzes Lacktäschchen und Handschuhe. Vogue.» Und Hugo verdient das Geld.

Im Oktober 1935 bezieht sie die elegante Wohnung ihrer Freundin Louise de Vilmorin, die sich von ihrem Mann hat scheiden lassen. Von der Avenue de la Bourdonnais No. 13 ist der Weg zu

Henry nicht so weit. Anaïs genießt das Luxuriöse, den Wechsel zwischen Oberflächenwirbel und Schreiben. Louise kommt zu Besuch. Sie lesen einander aus ihren Texten vor. Atmosphäre des Unwirklichen, Märchenhaften. Mit weit geöffneten Augen betrachten sie das Leben. «Ihr Leben hat Grandeur, wie ich es liebe», schreibt Anaïs über die Schriftstellerin de Vilmorin, «sie hat Flügel, Kraft. Ihr Erzählen ist schöpferisch.» Nach ihren New Yorker Erfahrungen kann Anaïs damit umgehen, daß Louise nicht dauernde Freundschaft bietet, sondern nur sporadisch zu Gemeinsamkeit bereit ist. Im Umgang mit ihr gerät Anaïs wieder in den Sog ihrer eigenen ungezügelten Wünsche.

Im November bereiten Joaquin und die Mutter eine Reise nach New York vor. Dorthin zieht es Anaïs besonders stark, wenn das Pariser Leben eintönig wird. Die Mutter bemüht sich zu begreifen, warum sich Anaïs am Montparnasse wohl fühlt, mit einem Homosexuellen ausgeht und auch in Paris Patienten behandelt. Warum hängt Anaïs an Eduardo? Anaïs hört das gesellschaftliche Gerede der wohlhabenden Verwandten in Havanna heraus, die sich beim Kaffeeklatsch über ihren Lebensstil entrüsten. «Bah, das macht mir nichts. ‹Ich möchte nur, daß du mich verstehst, Mutter. Du mußt es versuchen und sehen, warum ich bestimmte Sachen mache, auch wenn du meine Ideen nicht akzeptierst. Du solltest es wissen und zu mir halten.›» Das ist viel verlangt. Die Mutter macht sich Sorgen. Auch über Joaquin. Was wird aus ihr, wenn er einmal heiraten sollte, oder ist er vielleicht anders, «abnormal»?

Alles spüren und bemerken, allein darauf kommt es an; einem Opiumrausch soll ihr Leben gleichen und ihr Schreiben auch. Sie beginnt, Freunde um sich zu versammeln, einen Kreis, zu dem Henrys Freunde in der Villa Seurat nicht gehören. Einladungen zu Parties und Gegeneinladungen. «Der Krebs der Eifersucht.» Sobald eine Frau auftaucht, die weiblichere, weichere, voluminösere Formen hat, fühlt sich Anaïs bedroht. Sie leidet an Untergewicht. Das Tanzen nimmt sie wieder auf mit einem Monsieur le Varrier. Erotisierende Atmosphäre. Anaïs strapaziert ihre Kräfte. Anziehend muß sie sein, verführerisch. Ihre Selbstdarstellung läuft auf Hochtouren. Sie ist nervös, verliert Gewicht, hat Magenschmerzen, eine Neuralgie. Wie eine Ertrinkende flüchtet sie «in die Geborgenheit von Hughs Liebe, in das weiße Zimmer, in die spürbare Wärme und luxuriöse Sanftheit – ein Linderungsmittel». Sie schreibt, zehn Seiten in eineinhalb Stunden.

Wäre Rank nur zu erreichen. Er könnte nachhaltig helfen. Wenn gar nichts gelingt, probiert sie es einmal mit Masturbieren, stimuliert durch erotische Bilder. Dann kann sie weiterschreiben und erlebt ihre Verwirrungen nicht als gar so bedrängend. Sollte sie doch noch Ranks Wünsche erfüllen und Hugo genauso wie Henry für ihn aufgeben? Das hieße, den Körper zum Gehorsam zwingen, «das irdische Leben zugunsten eines klösterlichen Lebens aufgeben». Wenn die Arbeit des Schreibens sie gefangennimmt, fühlt sie sich frei. «Das Leben, New York, Henry, alles wurde weniger wichtig. Ich bin besessen von meinem Buch.» Zwar bringt die Arbeit sie halb um, «aber sie ist das einzige, was das Leben ertragen läßt». Das Schreiben hat zu tun mit einer Form von Unabhängigkeit, die Anaïs sonst im Leben nicht herstellen kann. Sie will sich der Welt zeigen – nicht nur mit ihrem Körper, sondern auch mit einem Werk, das Bewunderung hervorruft.

Eine Woche bevor sie ihre Regel hat, meint sie oft verrückt zu werden. Alles gigantisiert sich, Angst, Zweifel an einer gemeinsamen Zukunft mit Miller, Eifersucht. Aber aus dieser Intensivierung heraus kann sie schreiben. Unerträglich steigert sich der Verdruß, daß sie immer noch nicht leben kann, wie sie will: in New York, mit selbstverdientem Geld. Noch immer ist kein Buch von ihr erschienen, abgesehen von dem Text über Lawrence. Von Allendy erbittet sie Chauvre Indien (Haschisch). Sie beginnt, über Rank zu schreiben, erzählt Hugo, sie werde ein neues Buch schreiben. «Hugh: ‹Worüber?› Anaïs: ‹Über Rank.› Hugh: ‹Das hätte ich wissen können. Wenn du schreibst, steckt immer ein Mann dahinter. Was ich gern wüßte, wer wird nach Rank kommen?› Anaïs: ‹Das wüßte ich selbst gern! Ich wünschte, du könntest es mir sagen!›»

Anaïs Nin spricht häufiger im Tagebuch von ihrer «Neurose». «So behandelte ich mich als kranke Person»; das bezieht sich auf die Unklarheiten ihres Lebens, auf ihre Zweifelsucht, auf ihre Eifersucht, auf ihre Unfähigkeit, mit Miller zu brechen. Etwas Selbstzerstörerisches. «Ich bin ein kranker Mensch... ich verschlinge mein Leben, indem ich es ständig analysiere.» Ihr Leben in Paris werde von Melancholie verzehrt. «Henry sagt: ‹Wenn ich deprimiert bin, geh ich schlafen.› Und plötzlich wird mir klar, daß ich, wenn ich deprimiert bin, etwas unternehmen muß. In Arnaud Daudiens Buch über Proust lasen wir diese Definition: ‹Das schizoide Temperament kann sich ebensowohl durch eine Flucht in die Aktion wie auch durch eine Flucht in den Traum ausdrücken.›» Unfähigkeit, sich zu entspannen, lesen sie bei Dr. Minkowski, ist ein Anzeichen für den Verlust des Kontaktes mit der Wirklichkeit.

Aktivität, Wirklichkeit. Am 18. Januar 1936 fährt Anaïs Nin, diesmal mit Henry Miller, an Bord der «SS Bremen» nach New York. Miller hat Angst vor der Reise. Alle Reisen seien für ihn bislang verhängnisvoll gewesen. Anaïs findet es schwierig, wenn ihr Henry «auseinanderfällt» wie «Sand». Wie «Wasser, Watte, Wolken» scheint er oft «keinen Willen, kein Selbst» zu haben.

Joaquin gibt sein Debüt als Pianist in der Town Hall. Bekannte von Richmond Hill. Essen mit der Mutter und Joaquin. Es kommt ihr unwirklich vor. Anaïs findet sich plötzlich von den Menschen der Vergangenheit umstellt. Sie fühlt sich dem Leben nicht gewachsen. Und das Karussell dreht sich von neuem. Miller arbeitet am «Wendekreis des Steinbocks»; gequält von seiner eigenen Vergangenheit, scheint er für Anaïs nicht erreichbar. Sie wohnen im Barbizon Plaza, jeder in einem Raum. Anaïs wird von Patienten aufgesucht. Henry schreibt und malt Aquarelle, die ein bißchen an Miró erinnern oder an kindliches Gestalten, ungelenk, traumhaft, ohne Zentralperspektive. Manche Patienten behandelt sie in deren Haus, eine gewisse Katrine zum Beispiel. Sie legt sich, sobald Anaïs Nin in das Zimmer tritt, «als wäre die Analyse ein lustvolles Ereignis für sie».

Ganz merkwürdige Gefühle rührt die analytische Tätigkeit in ihr auf. Die heilende Tätigkeit versetzt sie in einen abgehobenen Zustand. Eine Heilige? «...das Wunder zu sehen, wie Menschen geboren und wiedergeboren werden, läßt mich fürchten, ich könnte eines Morgens aufwachen – ganz weiß, transparent, auf immer abgerückt von Sinnlichkeit und allem Irdischen.» Das scheint sie wirklich zu beängstigen. Die Abende, Nächte mit Freunden wie Bel Geddis, dem Bühnenbildner, John Huston, dem Filmregisseur, Waldo Frank, dem Schriftsteller, und vielen anderen kann sie nur genießen, wenn sie spürt, daß sie als sinnliche Frau attraktiv ist. Die Erregung der Tanzpartner zu spüren, Komplimente zu hören, etwa daß sie rassig sei, scheint sie auf die Erde zu holen.

Wenn Henry allein ausgeht, «auf die Straße», wie Anaïs meint, zu den gewöhnlichen Menschen, die sie verabscheut, erhält sie Besuch. «Ich möchte dir nahe sein», sagt Waldo Frank, und Anaïs läßt sich küssen, läßt ihn gewähren, entkleidet sich. «Ein Traum. Keine Sinnlichkeit. Kein Begehren. Keine Leidenschaft. Die Blicke ineinander, eine Begegnung unter der Ebene des Bewußtseins... ‹Ich bin das Kind, das keine Angst hat.› ...Ich ließ ihn gewähren, ruhig wie eine Pflanze... ‹Gott hat dich gesandt, Catalana, damit ich mein Buch beenden kann.›» Er ist der Dichter, dessen Buch «Rahab» Anaïs vor elf Jahren in Louveciennes gelesen hat, als Boussinescq ihr die Augen für die zeitgenössische amerikanische Literatur öffnete.

Die winterlichen Straßen New Yorks kommen ihr wie ein Eismeer vor. Ein Bild für das gefühllose Amerika, vor dessen emotionaler Kälte sie ihre Patienten, meist Künstler, retten will. Amerika, meint sie, schätzt nicht die Individualität, nur das Massenhafte. Anaïs, die Retterin aus großer Not, tröstet, ermuntert, versteht, fördert, belebt, aber sie selbst wird «verletzt und gequält von der eigenen Krankheit». Der liebevolle Analytiker Rank fehlt, seine Stärke, seine Dynamik. Allein kann sie den Kummer ihrer Patienten kaum ertragen. Henry spielt nur den Analytiker. Die Analyse interessiert ihn als Gegenstand für sein Schreiben. Er sagt, was ihm einfällt, schockiert die Menschen, macht deutlich, daß nicht die Analyse, sondern nur die Erfahrung helfen kann. Anaïs dagegen übernimmt die Rolle einer gütigen Göttin, die sich den Menschen opfert.

Rettungsphantasien haben ihre Kindheit beherrscht. Die Gestalt der Jeanne d'Arc und die Heiligen dienten als Vorbild. «Ein Mann, der humpelt, einer, dessen Hand gelähmt ist, so daß er nicht mehr Geige spielen kann, ein Mann, der seine Mutter liebt, einer, der sein Buch nicht schreiben kann, eine verlassene Frau, eine, die durch Schuldgefühle behindert ist, eine andere, gekrümmt vor Scham, weil sie Frauen liebt, ein junges Mädchen, das vor Angst zittert.» Und Anaïs fragt sich, ob es nicht Schwäche ist, wenn wir den Klagen des Kindes in uns zuhören. «Es wird immer jammern, immer verlangen, daß man es versteht…» – trübe Gedanken an ihrem dreiunddreißigsten Geburtstag. Hugo, Mutter und Joaquin wünschen per Telefon Glück. Hotel Chaotica als Oberbegriff. Die Schulfreundin Frances Schiff ruft mitten in der Nacht an, um zu klagen, sie sei mit einem Lügner verheiratet. Mehr als fünf Analysen pro Tag erträgt Anaïs nicht. Ihr Körper streikt. Immer ist es der Körper, der Grenzen setzt. Thurema Sokol, eine Harfenistin, die Joaquin gern hat, kommt in dessen Auftrag, um Anaïs zu retten – aber Anaïs zieht sie in ihre Welt. «Ich liebe sie. Sie liebt mich.» – «Die Ekstase jenseits von Moral und Förmlichkeit, Liebe jeder Art, zwischen Männern und zwischen Frauen.» Das ist ihr Credo, und in diesem Sinne behandelt sie auch. Sie führt Frauen mit lesbischen Neigungen zusammen. Sie dankt Gott, daß er sie «alles kennenlernen läßt. Keine Saite unberührt, keine Zelle verschlossen, kein Nerv ruhiggestellt, an meinen Nervenenden Millionen von Augen, Kontakt mit den Planeten, und die Feuchtigkeit meiner Erregung tröpfelt in schneeweißen Tropfen überallhin.»

Henry Miller spricht liebevoll von seiner Tochter aus erster Ehe, möchte sie besuchen, und Anaïs vergeht vor Eifersucht und Angst, es könnte sich zwischen den beiden abspielen, was sie mit ihrem Vater erlebt hat. Sie muß Henry betrügen, sonst erträgt sie es nicht.

Wie ein Naturwissenschaftler vergleicht sie die sexuellen Leistungen ihrer Liebhaber. Der eine hat es zu eilig, der andere ist zu weiblich, wieder ein anderer berührt nicht die wilde Sinnlichkeit in ihr, noch einer hat einen zu großen Penis und so weiter. Bell Geddis, der lange um sie geworben hat, ist schließlich erfolgreich, er berührt etwas Wildes in ihr und sagt: «‹Diese stillen Menschen, mit einem Dynamo im Leib.› Das Spiel mit Sex. Es schien einzig geeignet, mich von Henry zu befreien.» Über das Ausleben ihrer Triebe schreibt sie: «Ich dachte, ich würde mich fühlen wie ein Mann, nachdem er mit einer Hure zusammen war.» Von zu viel Gefühl will sie sich befreien. «Meine einzige Aufgabe in New York besteht im Ficken.» Von vielen Männern weiß sie nur, wie sie im Bett sind. Sinnlos, mit ihnen zu sprechen, das führt nur zu Mißverständnissen, Auseinandersetzungen, Fremdheit. «Ficken – Ficken – Ficken», auch mit Henry, nur keine Liebe. Alles ist so leicht, irrsinnig und aufregend.

Mitten in dieses enthobene Leben dringt eine Nachricht aus Europa: Krieg! Angst um Hugo. Der Krieg könnte sie trennen. Dennoch, das wilde Leben setzt sich fort. Nicht allein fünf Patienten pro Tag auf der Couch, sondern auch fünf Männer im Bett. Sex, um auf der Erde zu bleiben. Sie bittet innerlich die Männer, die sie begehren, sie auf der Erde zu verankern. Angst flößt ihr das Gefühl ein, sie könnte in irgendein Ungefähr fortfliegen, sich ganz und gar verlieren.

Während sie meint, in ihren Affären mit Männern ihre Gefühle zu vernichten, Seele und wahres Selbst, um weniger zu leiden, erlebt sie in ihrer Liebe zu Thurema eine Art Rettung. Dort entwickelt sich nun etwas, was sie Liebe nennt, etwas «Reines», «Ganzes», mehr als die Lust mit den Männern. Lesbische Patientinnen geben Konzerte, dirigieren in der Carnegie Hall. Anaïs fühlt sich als Spiritus rector. Thurema gegenüber möchte sie der männliche Liebhaber sein, der Joaquin nicht sein wollte.

Mit einer ihrer eiskalten Betrachtungen notiert Anaïs im Tagebuch: «Ich habe nicht genügend Vertrauen, zu leben, zu lieben, nur wenn ich im Zentrum stehe... wenn ich versklaven, ganz und gar besitzen kann. Das ist mein Fehler.» Unverbindlich steht das da, ohne Konsequenz, ihr Leben geht genauso weiter wie vorher. Wenn sie ihre monatlichen Blutungen hat, die sie «moonstorm» nennt, scheint etwas auf wie Einsicht, Klarheit, Verzweiflung, die auf Veränderung ihrer Lebensführung drängen. In merkwürdige Seelenzustände, die an kindliche Größenphantasien und Allmacht erinnern, gerät sie, wenn sie sich höher einschätzt als Christus. «Er gewann die Liebe der Welt. Ich tue nicht so, als würde ich nur geben.»

Hugo, der ihr geschrieben hat, daß er ihr verfallen sei, erhält einen Brief voll des Dankes. Um Vergebung bittet sie ihn und hofft, daß ihr Ausbruch ihn bereichert: «dieses abscheuliche, monströse Ich», das sie «zwingt, zu schaffen, in befremdlicher und schwieriger Weise zu leben, fern von zu Hause, fern von dem Mann», den sie liebt. Eine geschwisterliche Liebe sei es, die sie an ihren Mann bindet, kommentiert sie im Tagebuch. Dann versinkt sie in Leidenschaft zu Thurema. Eine dramatische Situation. Deren Sohn hat einen Unfall. Anaïs hilft, liebt, begehrt, küßt Thurema. «Wir sind abnormal.» Sie trinkt, sie vergißt alles, sie möchte sterben. Rank hat gesagt, daß in der Zeit in Louveciennes, vor ihrem Ausbruch, der Gedanke an Selbstmord ein Beginn ihres Lebens war. Ob es nun wieder so sei, fragt sie sich. Sie tanzt wie verrückt, schminkt sich exotisch. Ekstase ist ihr Element, «o ja, Gott, wenn Zerstörung sein muß, werde ich zuallererst meine Seele zerstören, die mich quält, die mir das Lachen verdirbt…»

Sie «möchte diese Seele töten, die die Wunden *sieht*».

Hemmungslosigkeit ist das zentrale Thema. Der New-York-Aufenthalt gipfelt in einer Orgie zwischen Anaïs, einer Frau namens Arline und einem Mann namens Donald. Kein Orgasmus, aber alle Versionen und Perversionen der Sexualität. Die Scheu, die sie Thurema gegenüber empfindet, ist in dieser Situation nicht im Wege. «Alle Sorten von Tests sagen mir, daß ich in der Welt des Fickens als wertvolles Tier akzeptiert werde, aus folgenden Gründen: ungewöhnlich zarte Haut, üppige Feuchtigkeit, vorzügliche Liebestechnik, nicht definierbare aufregende Elemente.» Kühle Ironie – oder Zynismus als Distanzierungsmöglichkeit? Ebenso trocken stellt sie fest, daß ihre ungeheure Einsamkeit nur durch die Berührung der Körper gemindert wird.

Kurz vor der Rückkehr nach Paris sieht Anaïs ihren Bruder Thorvald wieder, der vor zehn Jahren die Familie verlassen hatte. Ihre Gespräche führen sie in die Kinderzeit zurück. Intensive Nähe, Konkurrenz, Stolz, Liebe, Verachtung und schließlich die Verzweigung ihrer Lebenswege bringen beide in eine exaltierte Stimmung. Anaïs besucht ihn auf dem Schiff, das Thorvald, von Südamerika kommend, wegen irgendwelcher Einwanderungsbestimmungen noch nicht verlassen kann. Sie sind allein. «Die Kinder der Nacht», die «enfants terribles». Sie sprechen über ihre Geschichte und umarmen einander. Der Vater soll nach Joaquins Darstellung Thorvald in einem Brief vorgewarnt haben: Anaïs würde sich mit dieser befremdlichen neuen Wissenschaft, der Psychoanalyse, beschäftigen. Voller Angst, Anaïs könne vom Inzest berichten, versucht der Vater, den Wind aus den Segeln zu nehmen: Sie hat nur verrückte Sachen im Kopf, sie hat verrücktes Zeug gelesen, es hat nichts mit der Wirklichkeit zu tun. Anaïs' Verführungskünste bringen die Geschwister in gehobene Stimmung.

In ihren verschiedenen Affären dieses New Yorker Aufenthalts vergewissert sich Anaïs, daß sie über Formen der Sexualität verfügt, die üblicherweise Frau oder Mann zugeordnet werden. Sie kann durchaus beides sein.

1928 beschreibt Virginia Woolf in ihrem Essay «Ein Zimmer für sich allein» die Grundhaltung des produktiven Schreibens als «androgyn». Damit rückt sie neben der Vereinseitigung des weiblichen oder männlichen Schreibens eine dritte Form in den Blick, die gefühlvoll Ausschweifendes und Entschiedenheit integrieren soll. Wie der Schriftsteller die weibliche Seele in sich nicht unterdrücken darf, da seine Texte sonst tote Ausgeburten des Verstandes werden, sollte auch die Schriftstellerin ihre männliche Seite nicht verkümmern lassen. Vorbilder einer dritten Form, in der die Gegensätze männlich–weiblich produktiv wurden, sieht Virginia Woolf beispielsweise in Shakespeare, Coleridge und Proust. Dieses Konzept der Androgynität des Geistes realisiert Anaïs Nin auf der ganz banalen körperlichen Ebene sexuellen Verhaltens. Betrachtet man die Reichweite ihrer sexuellen Abenteuer, insbesondere das «männliche» Herangehen, auch im Umgang mit Frauen (June, Thurema, Arline in der Pornoszene), kann man sich fragen, ob sie nun die Karriere einer Doña Juana einschlägt. Aber darin erschöpft sich ihre androgyne Aktivität nicht – sie schreibt ununterbrochen. Die geistige Haltung – das Schreiben der Anaïs Nin in der zweiten Hälfte der dreißiger Jahre («Winter of Artifice», «The Voice») – läßt sich wohl als «androgyn» charakterisieren, da es eine Mischung von «realistischer» Darstellung und gefühlvollem Ausschweifen in assoziativ gereihten Bildern ist. Es unterscheidet sich ganz und gar von den Probeschritten der unveröffentlichten Romane der jungen Frau.

Anaïs Nin versucht, wieder über einen Status quo hinauszugelangen, fühlt sich in einem Bannkreis eingeschlossen, den sie durchbrechen muß. «Trunken und verrückt vor Schmerz, Einsamkeit, Bedauern, Gefühl», notiert sie am 4. April 1936 an Bord der «SS Bremen», auf dem Weg zurück nach Europa. Letzte Station in New York war die Praxis von Dr. Otto Rank am Riverside Drive über dem Hudson-Fluß. Eine Stunde hat er ihr für das Wiedersehen eingeräumt – wie seinen anderen Patienten. Anaïs spürt, welche Gemeinsamkeit sie zugunsten ihres in disparate Teile aufgespaltenen

Lebens preisgegeben hat. Ein «ganzes» Leben, das liebevolle Gebundensein in einer Einheit, Ziel ihrer Sehnsucht, gelingt nicht. Die Einheit mit Hugo war zu starr, zu förmlich. Die Verbindung mit Henry Miller erlebt sie als ständig bedroht, sie könnte verlorengehen; es ist daher gefährlich, auf sie zu setzen. Die Einheit mit Rank war zu eng, erdrückend.

«In New York lebte ich eine Million verschiedener Stücke... So viele Liebesmöglichkeiten. Was bin ich? Liebhaberin der Welt? Verrückt vor Liebe. Verrückt vor Liebe. Mein ganzer Körper voller Schmerzen, Schmerzen der Trennung, des Verlustes, der Veränderung.» Aber in der Öffentlichkeit trägt sie eine Schutzmaske, meint Miller, sie zeigt nicht, wie sie wirklich ist. Deshalb die Flucht in das Tagebuchschreiben; beides sieht er als Behinderung für ihre Entfaltung als Schriftstellerin. Auf viele Fragen, die Rank an Anaïs gerichtet hatte, antwortete sie in ihrem letzten Gespräch: «‹Ich weiß nicht. Ich denke nicht mehr.› – ‹Ich beneide dich›, sagte Rank.» Aber ihr Nichtdenken scheint nur so lange einen angenehmen Zustand herbeizuführen, wie ein anderer Mensch diesen Part für sie übernimmt. Bei Rank konnte sie dessen sicher sein, nicht dagegen bei Miller. Als Anaïs Patienten zu ihm schickte, versuchte Miller in seiner Psychoanalytikerrolle auch seinen Patienten das Denken abzugewöhnen; Arithmetik, die nur ins Dunkle führt. Aber Rank wollte sie festlegen, seine «eigene» Frau aus ihr machen. Dagegen revoltieren all ihre Möglichkeiten, alles, was sie «noch nicht» ist, und alles, was sie dann nicht mehr werden könnte. «Die verborgenen Geheimnisse.»

Nach Paris zurückgekehrt, bricht sie im April 1936 gleich wieder zu einer Reise nach Marokko auf mit ihrem Mann, der im Auftrag der Bank unterwegs ist. Eine fremde Welt, die ihr außerordentlich gefällt; sinnlich und geheimnisvoll. Die Stadt Fez, so labyrinthisch wie ihr eigenes Seelenleben. «Leidenschaft für das Geheimnis, das Unbekannte, das Unendliche, das Gesetzlose.» Sie liebt es, sich «zu verschleiern, und hinter dem Schleier, reich und unerschöpflich, labyrinthisch», sich in immer neuen Varianten zu verlieren. Der Zwang zur Innenschau scheint überwunden.

Frühsommer. Wanderungen an der Seine entlang. Endlich ist «Haus des Inzest» erschienen. Freunde reagieren begeistert. Hilaire

Hiler: Es «ist sehr traurig... gleichzeitig tröstlich, ähnlich wie manche Drogen, die gleichzeitig stimulieren und beruhigen.» Der Literaturkritiker Stuart Gilbert schreibt: «Das ist Musik. Eine Symphonie. Ich liebe die Ironie. Die exquisite Behandlung der Sprache. Wie Scriabin!» Das gibt neuen Schwung.

Beängstigend sind die Überschriften der Tageszeitungen: Reformen oder Revolution? Streik. Rote Fahnen. Anaïs ist jedoch geübt und gewillt, so etwas zu übersehen. Die «Häßlichkeit» der ihr fremden Welt da draußen hat sie bislang immer erfolgreich aus dem Blick gerückt. Sie ist glücklich über ihre neue Wohnung am Quai de Passy über der Seine, die sie mit Berberteppichen aus Marokko füllt. Dort beginnt sie, mit dem Blick auf die Seine, über Rank zu schreiben. Sie möchte die schöne Einheit mit ihm noch einmal hervorzaubern.

5. Fluxus: Die Fische
sind mein Sternzeichen

UNTER DEN WEIBLICHEN Gottheiten der Perser findet sich eine mit dem Namen «Ardvisura Anahita», das heißt «die Gewässer». Im Westen kehrt sie wieder unter dem Namen «Anaïtis», beherrscht die Gewässer wie auch die flüssigen Samen. Sie ist befaßt mit der Fruchtbarkeit der Menschen und Tiere. Der Saft, die heilige Flüssigkeit, das «Hoama», das aus Pflanzen gekeltert wird, spielt im Iran und in Indien beim Opfer eine wichtige Rolle. Es ist Gott und «Vorspiel zu dem eschatologischen Opfer, welches die Läuterung der Welt bewirkt».

Ozeanisch entgrenztes Erleben, eine nahezu vorgeburtliche Verfassung hat Anaïs Nin in «House of Incest» beschrieben. Verschleiertes Wasser ist ihr erstes Bild der Erde, heißt es da. «Ich gehöre zu den Männern und Frauen, die alle Dinge durch den Vorhang des Meeres sehen, und meine Augen haben den Ton des Wassers.»

Die Fische sind das Sternzeichen der Anaïs Nin, sie «werden durch Neptun beeinflußt, den Planeten der Illusion. Er ist auch der Planet des Schauspielers. Sein Zeichen sind zwei Fische, einer bewegt sich stromaufwärts, der andere stromabwärts... sie zeigen ein ‹Doppel› an und sind auch erfüllt von Empathie für andere. Sie sind das Zeichen der Leidenschaft.» Das Erstellen von Horoskopen wird zu einem besonderen Interesse im Freundeskreis. Eduardo, Conrad Moricand, Allendy, Hugo, Miller – für sie wird es geradezu eine Manie, ein neuer Glaube; als könnten sie die Ordnung im Surrealen auf diese Weise entdecken; eine rationale Methode, ein direkter Weg des Entschlüsselns irrationaler Zusammenhänge in der Geschichte eines Menschen.

Conrad Moricand, den Miller später als «Teufel im Paradies» in

«Big Sur und die Orangen des Hieronymus Bosch» zu einer literarischen Gestalt überformt, ist besonders überzeugt davon, daß die Konstellation der Gestirne zum Zeitpunkt der Geburt eines Menschen Wesentliches über ihn aussagen. Anaïs wird ihn als den letzten Mohikaner in der Erzählung «The Mohican» portraitieren, als Menschen, der von allem Irdischen abgerückt zu sein scheint. «Er sah uns alle aus kosmischen Lichtstrahlen gemacht, die durch die Explosion unsteter Sterne frei geworden sind – ohne Schwerkraft.» Über Anaïs schreibt er: «...eine Wasserpflanze mit kräftigen Fühlern. Diese Pflanze atmet an der Luft, aber blüht nur an der Wasseroberfläche. Sie hat teil an beiden Elementen. Man denkt an ein Zwitterwesen, dessen Geist und Triebleben miteinander vermischt sind im Kelch einer Seeanemone oder aber im geheimnisvollen Leben einer Nixe ... Das Wasser bietet augenscheinlich keinen Widerstand. Ein flüssiges Element, nicht faßbar, nicht formbar. Transparent. Es nimmt die Form des Gefäßes an, in dem es sich befindet. Seine Energie gewinnt es nur durch Druck... Konjunktion der Sonne mit Jupiter in den Fischen, dem Domizil des Neptun... Neptun ist Zeichen des Unbewußten und der triebhaften Energie... alles, was geheimnisvoll, latent oder verborgen ist... Alles geschieht, als ob das persönliche Bewußtsein vom Gewöhnlichen getrennt wäre ..., um so mehr kann das kosmische Bewußtsein das persönliche Bewußtsein einholen, welches sich mit ihm zu identifizieren scheint. Das erklärt das abnormale Verhalten, das sich an keine Ethik zu halten scheint. Sein moralisches Gleichgewicht ist nur kosmisch, nicht menschlich.» In dem Text mischen sich Moricands Eindruck, den er von der Person Anaïs Nin hat, mit psychoanalytischen Gedanken und der Symbolik der Konstellation der Gestirne.

Moricand rückt die Seite des Ausschweifenden in den Blick und vernachlässigt die Ordnungszwänge, die in der Stilisierung von Ausdruck, Gebärden und Kleidung anschaulich werden. Anaïs' Betonung des Fließenden wird besser verständlich, wenn man sie als eine willentliche Anstrengung begreift, die in Maskierungen eingesperrte Verwandlungsvielfalt ins Spiel zu bringen.

Die Vorstellung von einem «normalen» Leben schüchtert sie genauso ein wie das unkalkulierbare Leben mit Miller. Es häufen sich Szenen, in denen Miller ihrer analytischen und disziplinierenden

Kommentare seiner Lebensweise überdrüssig wird. Er will seine Mißstimmungen, «Krankheiten» austragen können, die Anaïs offenbar mehr Angst einflößen als ihm selbst. Er braucht diese Zustände, um schreiben zu können. Auf Anaïs wirken sie dagegen wie eine Ablehnung ihrer Person, die sie kaum ertragen kann: «Da ist der Dämon – Tagebuch, Doktor, Welt, Gott –, heilt mich, helft mir, rettet mich. Ich leide. Ich gebe mich geschlagen, ich leide.» Den Grund für ihre Verzweiflung meint sie in Henrys Egoismus und Betrügereien zu finden; ihre eigenen Winkelzüge hält sie demgegenüber für Kreationen. Manchmal sieht ihr Leben aus wie ein ausgefranster Flickenteppich.

Im Juni 1936 begegnet sie Gonzalo More, dem «Tiger, der träumt», einem Mann aus einer fremden Kultur. Seine Liebe ist für Anaïs ein Versprechen, daß sich ihr Leben wieder zusammenfügt. Er ist ein Gegentypus zum westlich geistvollen Analytiker Rank. Gonzalos Frau Helba Huara hat sie einmal als Tänzerin bewundert und als Vorlage für die Gestalt der Tänzerin ohne Arme in «House of Incest» gewählt. Gonzalo spricht spanisch mit Anaïs, belebt die zweite Sprache ihrer Kindheit. Er scheint wild, lebendig, hat etwas Fremdartiges, Dunkles, als wäre er ein Schatten der stilisierten Anaïs.

Als Mensch der Postmoderne läßt sie sich auf die verschiedenartigsten Welten ein. Sie sieht Gonzalo als Indianer, als naturhaftes Wesen. Aber er hat sich auch einer modernen Weltanschauung angeschlossen, seit 1928 ist er Sekretär der Kommunistischen Partei Perus. Seit Jahren lebt er im modernen Westeuropa als gebrochene Gestalt mit seiner Frau Helba, die seelisch krank ist. Auf der Hazienda seines Vaters, zu der Dienerschaft und indianische Leibeigene, peones, gehören, wuchs er als Kind wie ein kleiner Wilder auf, der später die Hazienda übernehmen sollte. Acht Jahre lang wurde er von Jesuiten unterrichtet. Dann ging er zum Militär. Später in die Hauptstadt nach Lima. Boxen steht hoch im Kurs, er lernt Boxen, nimmt Drogen, verliebt sich in die Tänzerin Helba Huara und reist mit ihr über Havanna nach New York, in die große Welt. Gonzalo muß sich als Tellerwäscher durchschlagen. Drei Jahre lang hat Helba Erfolg, dann verstärkt sich eine Art nervöser Erschöpfung, die mit körperlichen Beeinträchtigungen einhergeht. Sie werfen alles hin und versuchen in Südamerika noch einmal neu zu beginnen, aber es bewahrheitet sich nicht die Regel: Wer es in New York schafft, schafft es überall. Sie wagen den Sprung nach Europa, aber Helba wird bei ihren Auftritten ausgelacht; in Frankreich verdient sie wenig. Seit zwei Jahren spitzt sich ihr neurotisches Leiden zu. Gonzalo wird haltlos. In diesem unglücklichen Zustand verliebt er sich in Anaïs Nin. Anaïs mag Helba, die gewagt hat, als Tänzerin zu leben, wovor sie selbst zurückgeschreckt ist.

«Gonzalo ist groß, dunkel, dunkelhäutig, mit den Augen eines Tieres und kohlschwarzem Haar. Er verwirrt mich mit seiner physischen Erscheinung und seinen Träumereien.» Anaïs ist bereit zu einer neuen Leidenschaft. «Gonzalo. Oder George [Turner]. Immer das Ungewöhnliche und das Gewöhnliche, und von Gonzalo befürchte ich Leiden, wie von Artaud oder Eduardo. So stehe ich wieder draußen, tanze mit Helba Huara, spreche mit Gonzalo, küsse Henry leidenschaftlich, weine, weil Henry über June schreibt. Hier liegt der Schmerz, die Krankheit. Verlust. Die Angst vor Verlust.» Immer befürchtet sie, Henry an eine andere Frau zu verlieren. Das Verwirrspiel ihrer Gefühle findet wieder seine Lösung in der Sinnlichkeit. George Turner sucht Anaïs auf, entbrennt wieder für sie. In Ermangelung eines Raumes kommt es zu einer Sexszene im Fahrstuhl. «Nichts zählt außer dieser Trunkenheit.»

Sie trägt den Ring nicht mehr, den Henry ihr geschenkt hat. Auseinandersetzung, Streit und sexuelle Wiedervereinigung mit Henry. Anaïs begreift ihr eigenes Tun nicht mehr. Wie kann sie sich so verlieren? Sie fürchtet Strafe. Und gibt sich Gonzalo hin. «Die Seine fließt, leuchtet. Tahitianer spielen Musik. Gonzalo flüstert: ‹Anaïs, Anaïs, du bist so stark, so stark und so zerbrechlich, solche Stärke, ich fürchte dich. Welchen Einfluß du auf mich hast. Ich fürchte dich, Anaïs, die schönste Musik, die dein Vater je geschaffen hat, war deine Stimme, es ist so merkwürdig, du bist ganz Sinnlichkeit, du bist die Blume von allem, du bist Stilisierung, das Parfum aller Dinge, wie einzigartig du bist, Anaïs...» Seine spanischen Worte nimmt sie «mit ihrem Blute» wahr. Sie wünscht, daß Gonzalo in diesem Tanz für sie entbrennt, sie Hure nennt, «Gonzalo, du stolzer Löwe». Er liest «House of Incest», legt es unter sein Kopfkissen, wenn er einschläft. Er erzählt ihr Geschichten von Peru, über die Kultur der Indianer. Gonzalo vergleicht ihre Wirkung mit der Wirkung von Opium. Er will ihre Seele besitzen, dann ihren Körper. Mitten in der Nacht wandern sie durch Paris, setzen sich nieder am Ufer der Seine. – Und sie begreift nicht, daß all das verschwindet, hinfällig wird, wenn sie mit Henry zusammen ist. Sehr allmählich jedoch löst sie sich von ihm und wechselt über zu Gonzalo. Gonzalo will sie ganz für sich, will eine Welt mit ihr gestalten.

Sie treffen sich in Louveciennes, das nun seinen Reiz für Anaïs gänzlich verloren hat. Alles verfällt, das Holz, die Mauern – eine geisterhafte Atmosphäre. «Er zerbricht die falschen Rollen, die ich angenommen habe.» Der neue Liebhaber ist endlich da. Zärtlichkeit, Sinnlichkeit, Erfüllung. Anaïs ist glücklich. Alles gewinnt sie zurück, alle Lebendigkeit, alle Sicherheit, die im Zusammenleben mit Miller sich mehr und mehr verloren hatten. «Sex und Visionen, Körper und Träume, wohin wird es uns tragen? Wohin? Wohin?»

Der Mutter schreibt sie in dieser Verfassung einen Brief. «Ich höre mich ein wenig verrückt an, aber ich bin nur sehr glücklich, das ist alles. Gestern war ich in Notre-Dame, war in der Abendandacht, und ich weinte und fand meine alte Seele wieder... wie damals im Hospital, weißt Du.»

Lieben bedeutet für Anaïs, Gott nahe zu sein. Es umschließt mehr als sexuelle Lust. Es ist von der Sehnsucht getragen, ganz werden zu können. Gonzalo soll ihr das Gefühl des Ganzseins geben. Das deutet auf ihre Angst hin, ein Teil ihrer selbst könnte bei Miller zurückbleiben, obwohl sie ihn jetzt oft als egoistischen Schriftsteller ablehnt, der alles seinem Werk opfert, was für Anaïs soviel heißt, daß er der Liebe zu einem Menschen nicht fähig ist. Außer Schreiben will er nur Sex.

Ganz ähnlich den Beschreibungen ihrer beginnenden Liebe zu Henry Miller und dann zu Otto Rank füllt Anaïs Hunderte von Seiten ihres Tagebuchs mit dem euphorischen Ausdruck ihrer Gefühle zu Gonzalo, als wäre sie im Elysium, im Land der Seligen in der Unterwelt. Atemlos, ohne Absätze, haftet dem Stil etwas Manisches an. Der Brief an die Mutter zeigt ähnliche Züge. Neunzehn Zeilen, bevor ein Punkt Einhalt gebietet. Wieder die alte Figur: Sie ist befangen im atemlosen Ausdruck ihres abgehobenen Zustandes und nimmt, sich distanzierend, zugleich Bezug darauf. So bittet sie die Mutter, den Brief auch Joaquin zu zeigen, damit er einmal ein Beispiel dessen hat, «was man den modernen Stil des Schreibens nennt, mit all den Sätzen, die ineinanderlaufen». Und ironisierend fügt sie hinzu, sie wolle sie zum Lachen bringen, da sie doch den Surrealismus so liebten, was offenbar ganz und gar nicht der Fall ist. Sie selbst nennt diese Art ihres Schreibens: am heißesten Punkt der Flamme schreiben, in der weißen Glut. So kommt sie in einen doppelten Genuß, einmal in die seelische Verfassung des Überschwenglichen und zum anderen zu einem Stil, der ihrem Erleben freien Ausdruck verschafft; endlich ungehemmt.

Angstvoll gesteht sie Henry, daß ihre Liebe zu ihm gestorben sei. Er solle ihr helfen, sich von ihm zu trennen. Henry meint, er sei ohne Angst, denn ihre Liebe sei ewig. Er will seiner Ideologie treu sein, daß sie einander Freiheit gewähren. Aber er leidet. Anaïs' Liebe zu Miller wandelt sich in den nächsten Jahren zu einer mütterlichen Liebe – nach vielen Auseinandersetzungen und Versuchen, wieder zusammenzufinden. Nachbeben ihrer Liebe strahlen noch bis in die vierziger Jahre aus.

Im Juli 1936 spitzt sich die politische Lage in Spanien beängstigend zu. Kurz nach den Meutereien der Armee in Spanisch-Marokko bricht auf der Iberischen Halbinsel der Bürgerkrieg aus. Ende des Jahres beginnt das Ausland zu intervenieren. Die Nationalisten erhalten Unterstützung durch das faschistische Deutschland und Italien. Die Republikaner werden unterstützt von der Sowjetunion und Mexiko. Kommunisten und Anarchisten aus vielen Ländern bilden Internationale Brigaden. Unter ihnen sind auch Frauen, zum Beispiel die Photographin Tina Modotti, die ihren Beruf aufgibt, um sich ganz ihren weltanschaulichen Idealen des Kommunismus zu widmen. Die Grausamkeit, mit welcher der Krieg zwischen Republikanern auf der einen Seite und Faschisten auf der anderen Seite geführt wird, erschreckt auch die Künstler in Paris. Sie gewahren, in welch geschützter Welt sich ihre Revolten bislang abgespielt haben. Trennung, Auseinandersetzung, Kulturkritik, politische Debatten gewinnen unvermittelt eine andere Qualität, wenn sie mit Zerstörung und Vernichtung konfrontiert werden, die über den mentalen Bereich hinausreichen.

«Gonzalo dürstet nach Gefahr, Tod, Heroismus, in unseren

Nächten gewinnt er Energie, und er verlangt nach Revolutionen, Kommunismus, Aktion … Gonzalo, dann werde ich also mit dir nach Spanien gehen, ich werde meiner frühen Begeisterung für Jeanne d'Arc folgen, ich werde in Blut und Drama mit dir sterben, aber ich bin traurig, und mitten in der Nacht, während ich über meinen Vater spreche, sage ich: ‹Ich sehne mich nach „grandeur", ja.› Und Gonzalo sagt: ‹Es war heroisch, in deinem Leben gibt es Heroismus.›»

Statt dessen läßt sich Anaïs jedoch auf weitere Affären ein. «Ich zergehe vor Leidenschaft und Zärtlichkeit, die über Gonzalo hinausgeht.» Sie möchte alles hergeben, was sie besitzt, Schmuck, Kleider, Geld, möchte einfach leben, arm sein. Noch einmal beginnen wie ein Kind?

Das politische Drama beunruhigt sie, «aber ich habe mich auf keine Seite geschlagen, da jede politische Richtung meiner Meinung nach im Kern verdorben ist, ihre Basis sind wirtschaftliche Interessen, nicht ein Ideal. Für das Leiden an der Welt gibt es nur ein Heilmittel, das Individuelle. Da ich als einzelner alles gebe, habe ich kein Bedürfnis, mich einer Bewegung anzuschließen. Aber nun nimmt das Drama seinen Lauf. Spanien blutet auf tragische Weise. Ich bin versucht, meiner Untertanenpflicht zu folgen. Aber noch stehe ich außen vor, wütend, denn ich sehe keinen Führer, dem ich trauen oder für den ich sterben könnte, da ich nur Betrug und Häßlichkeit, keine Ideale, keinen Heroismus finde, niemanden, der sich selbst hingibt. Fände ich einen Kommunisten, der ein großer Mann wäre, einen Mann, ein menschliches Wesen, dem ich dienen könnte, kämpfen, sterben, dann…» Gegen eine zerfallende Welt kann man sich nur wappnen durch die Gestaltung der privaten Welt menschlicher Beziehungen, ist Anaïs' Auffassung.

Gonzalo liebt den Gedanken an das zwölfjährige Mädchen, das Anaïs gewesen ist, ein spanisches Mädchen. Mit ihrem mädchenhaften Körper, der immer noch auf seine fraulichen Formen zu warten scheint, spricht Anaïs die Männer auf besondere Weise an. Der straffe, magere, ephebenhafte Körper wirkt in der fraulich reizvollen Kleidung, die Anaïs trägt, wie der eines Transvestiten. Vergleicht sie sich mit Henry Miller, behauptet sie manchmal triumphierend, sie sei der Mann und Henry die Frau. Henry wie

Gonzalo genießen ihren Körper und ihre Liebe. Mit Gonzalo will sie ihre private Welt neu erschaffen. Gonzalo geht nicht mit seinen Freunden nach Spanien. Sehr früh schon bemerkt Anaïs, daß er nicht der Mann der Tat ist, auch nicht der Mann, der ein Werk schafft. Diesen Mann liebt sie immer noch in Henry Miller, der jetzt sein Buch «Black Spring» vollendet hat. Er widmet es Anaïs Nin. Das erfüllt sie mit Stolz. Gleichzeitig fragt sie sich, ob sie seine Muse bleiben kann, nachdem ihre sexuelle Leidenschaft für ihn erloschen ist.

Angesichts des Spanischen Bürgerkrieges versteigt sich Anaïs zu der Ansicht, Männer würden den Krieg lieben, Frauen aber liebten es, den Mann schöpferisch zu machen. Manchmal träumt sie mit Gonzalo von großen Taten. Anaïs möchte ihn bewundern, zu ihm aufschauen können. Gonzalo will malen lernen, nimmt Unterricht. Anaïs hat nun einen weiteren «Künstler», den sie materiell unterstützt, ihn und seine kranke Frau. Als Kind war Gonzalo ungezügelt. Auf der Hazienda seines Vaters arbeiteten fünfzig Indio-Familien. Sie wurden mit der Peitsche diszipliniert, das war ganz selbstverständlich. Die strenge Erziehung der Jesuiten, meint Anaïs, hat seinen Willen gebrochen. Aber sie will keinen gezähmten Löwen. Er hätte wild bleiben sollen. Wieder hat Anaïs einen Mann, den sie von seiner Stärke und von seiner Bedeutung überzeugen muß, damit er zu ihrem Ideal paßt. Sie liebt es, Menschen zu formen.

Die Mutter und Joaquin, zur Zeit auf Mallorca, sind in Gefahr, ebenso Eduardo und auch der Vater, der sich in Spanien aufhält. Destruktion überall. Anaïs leidet darunter. Auf die private Welt ihrer Beziehungen darf das keinesfalls übergreifen. Sie jagt von einem Platz zum anderen. Die Nacht mit Gonzalo. Zum Frühstück rechtzeitig bei Hugo sein, Mittag mit Miller, danach Trost spenden am Krankenbett von Helba. In der Nacht wieder mit Gonzalo, der leidenschaftlich über den Konflikt zwischen Lenin und Trotzki spricht. Wenn er redet, sieht er aus wie ein Held. Aber zu einem richtigen Helden gehört die Aktion. Henry ist niedergeschlagen, er fühlt sich alt mit seinen vierundvierzig Jahren. Moricands Horoskop attestiert ihm sieben Achtel weiblicher Eigenschaften und nur ein Achtel männlicher Qualitäten. Gonzalo spielt wieder mit dem Gedanken, sich in das Drama des Krieges zu stürzen, in die tödliche Aktion, ob Anaïs ihn begleiten würde. Sie sagt «ja» und denkt «nein».

Gonzalo soll sie ganz machen, aber Anaïs gibt sich nicht ganz. Sie telefoniert mit Gonzalo, während Turner sie befingert. Wieder zerfällt sie in Stücke, sehnt sich nach sexueller Erfüllung und bleibt unbefriedigt zurück. Weder Henry noch Turner, weder Hugo noch Gonzalo befriedigen sie wirklich. Kein Orgasmus, keine Auflösung, keine Entspannung. Statt dessen Nervosität, aufgeregte Verliebtheit und etwas trivialer Tiefsinn: «Was Zweifel und Mißtrauen erweckt, sind Verstellung und Falschheit im eigenen Selbst. Wenn man etwas vorspielt, so tut als ob, täuscht, dann erhält das Leben selbst etwas Falsches und Betrügerisches.» Im Moment des Dokumentierens betrachtet sie nüchtern ihre eigene Haltung. Im nächsten Augenblick jedoch richtet sie diesen Blick auf einen anderen. Henry ist es gewesen, der sie so gemacht hat. Gonzalo hat «Tropic of Cancer» gelesen, ist erschüttert, fragt sich, wie Anaïs wohl dazu paßt. «Was für ein Leben habe ich geführt in Schmutz, Dreck und Vulgarität. Doch ich ... ich war, was ich war ... was ich liebte», notiert Anaïs und versucht, zur Vergangenheit zu machen, was in Wirklichkeit ihr Leben in der Gegenwart bestimmt.

Dann nimmt sie Gonzalo unter die psychologische Lupe, dessen politische Interessen ihr mehr und mehr suspekt werden. «Risse, Doppelheiten, Widersprüche.» Entsetzen faßt ihn beim Lesen der Zeitungsberichte über Spanien. Doch wenig später sitzt er trunken im «Dôme» und lacht mit irgendwelchen Freunden. Das gefällt ihr nicht.

Immer ist sie enttäuscht, wenn ihre Disziplinierungsmaßnahmen bei den anderen nicht wirken. Ihr Umgang mit Menschen behält lebenslang etwas von der Art einer großen Schwester, die meint, ihren kleinen Brüdern die Richtung weisen zu müssen – und sich selbst nach dem starken Mann sehnt, der dasselbe für sie tut.

In Henry Millers «Tropic of Capricorn» («Wendekreis des Steinbocks») sieht Anaïs eine Symbolisierung und Darstellung der «Krankheit des modernen Menschen. Er ist eins mit dem Chaos der Welt, der Städte, der Straßen. Seine Anonymität schmerzt mich am stärksten, der Verlust des Selbst scheint kollektiv zu sein.» Beängstigt hebt sie ihre eigene Lebensweise davon ab, holt aus zu einer Rechtfertigung: «Ich verliere mein Selbst nicht ... Wenn ich von einem Leben mit Henry überwechsle zu den Nächten mit Gonzalo und Tagen mit Hugh, ist das ein ‹circuit›, ein Kreislauf [oder eine Rennstrecke?], ein expandierendes Leben, aber nicht Auflösung oder Zerstörung, obwohl ich jeden Augenblick den Rand der Auflösung streife.»

Oft wechselt sie ihren Platz, ihre Rolle mitten in der Nacht. Von Henry läßt sie sich zum Haus der Freundin Colette Roberts begleiten. Aber sie ist dort nicht eingeladen. Nachdem Henry fort ist, trifft sie Gonzalo zwei Ecken weiter in einem Café. Das Atelier des Freundes Roger steht nicht mehr als Unterschlupf zur Verfügung. Wenn sie einen Wohnwagen oder ein Hausboot mieten könnten! «In Peru heilt man den Wahnsinnigen dadurch, daß man ihn an einen Fluß setzt. Das Wasser fließt, er wirft Steine hinein, und seine Krankheit schwindet.» Krank vor Liebe? «Erst war sie ein Feuer, Verfinsterungen, Kurzschlüsse, Blitz und Feuerwerk, dann Weihrauch, Hängematten, Rauschmittel, Wein, Parfum, dann Zuckung und Honig, Fieber, Erschöpfung, Wärme, Ströme flüssigen Feuers, Feuer und Orgien, dann Träume, Visionen, Kerzenlicht, Blumen, Bilder, dann Bilder der Vergangenheit, Märchen, Geschichten, dann Seiten aus einem Buch, das Gedicht, dann Lachen, dann Schlichtheit... In welchem Augenblick dringt die Wunde des Messers so tief, daß das Fleisch vor Liebe zu weinen beginnt?» Ein merkwürdiges Bild. Liebe als Verschränkung von Schmerz und Lust. Diesen Sachverhalt erhöht sie ins Allgemeine. Es sei der Wunsch der Frau, verletzt zu werden, «ein geheimer erotischer Wunsch».

Vor ihren Fenstern spielt sich der reinste Eklektizismus ab; die Welt stellt sich aus: eine Moschee aus Timbuktu, algerische Paläste, Pagoden aus Indochina, eine marokkanische Festung in der Wüste. Alle Kulturen gleichzeitig im Blick, alle Möglichkeiten, Leben zu gestalten. Lichter auf der Seine, der illuminierte Eiffelturm und ein farbiger Mond. Wie das Seelenleben der Anaïs, in dem ebenfalls die unterschiedlichsten Kultivierungen nebeneinander Platz haben und wiederbelebt werden können. Liebe als Lust und Schmerz entstammt der frühesten Umgangserfahrung mit dem Vater, der sein Töchterchen gezüchtigt hat.

Gonzalo nimmt an den Treffen der Kommunisten teil, die Anaïs kurz «die Roten» nennt. Im September 1936 marschieren die Kommunisten mit roten Fahnen durch Paris, singen ihre Lieder und finden zusammen, um sich von der erfolgreichen Massenrednerin La Pasionaria (Dolores Ibarruri Gómez) mitreißen zu lassen. Anaïs haßt inzwischen Politik, haßt den Arbeiter, haßt Kollektivität, Massenversammlungen und Revolutionen, weil sie die Vielfalt menschlicher Lebensformen nicht akzeptieren, den Menschen auf *ein* Bild fixieren wollen. Wenn Gonzalo von einem Treffen kommt und klagt, die Kommunisten würden nur Worte machen, erlebt sie das als Kompliment, ist stolz, daß Gonzalo ihren Ansichten folgt.

Anaïs' Patienten Will Slotnikoff, Laura Sasha, Darrey, Miriam, Betty Deker, Denise, Henry Mann schreiben dankbare Briefe aus New York, schreiben, wie sich ihr Leben durch die analytischen Gespräche verwandelt hat. Sie können so viel mehr als vorher. Anaïs denkt wie eine Mutter an ihre «Kinder», hilft auch per Post.

Mit keinem Menschen kann sie in demselben Rhythmus über das Schreiben sprechen wie mit Henry Miller. Immer wiederkehrendes Thema sind Anaïs' Schwierigkeiten, Texte außerhalb des Tagebuchs zu verfassen. Das Überformen, Erweitern, Abwandeln des im Tagebuch Geschriebenen bereitet schier unlösbare Probleme. Das schriftliche Festhalten von Erlebtem, Getanem, Gesehenem bedarf keines bewußten Eingriffs, das geschieht fast von allein, automatisch. Die Manie des Dokumentierens scheint sie am Erfinden und Ausmalen von Geschichten zu hindern. Mit dem Tagebuchschreiben allein will und kann sie sich aber nicht zufriedengeben.

Im Gespräch mit Miller entdeckt sie, daß ihre Scheu vor der Transformation des Tagebuchmaterials begründet ist in einer Angst vor Veränderung überhaupt. Ihr Festhalten des unmittelbaren Tagesgeschehens scheint darauf zu zielen, Veränderung in Schach zu halten. Indem sie nach «anderen» Liebhabern sucht, braucht sie selbst sich nicht zu ändern. Ihre Neigung, besonders die schönen Seiten des Tages festzuschreiben, vergleicht sie mit dem Verhalten eines Wilden, der die Flamme eines angezündeten Streichholzes für ein Wunder hält, weil er nicht weiß, daß er denselben Effekt mit dem nächsten Streichholz wieder hervorzaubern könnte.

Ihre Angst vor Veränderung scheint in der Erfahrung begründet zu sein, daß sich jeder schöne Augenblick unvermittelt in sein Gegenteil verkehren kann. Der Ausdruck eines freundlichen Gesichts zum Beispiel. Aber das hat auch mit ihr selbst zu tun, mit ihren zwei Seiten. In Kindheit und Jugend hat sich Anaïs mit so außerordentlicher Strenge einem Ideal ihrer selbst unterworfen, daß die geringsten Abweichungen sie in Unruhe und Selbstzweifel versetzten. Ihre Flucht vor Lebensformen, die sich ins Häßliche wenden können, das hastige Aufsuchen schönerer Erlebnisse wird verständlich als Abwehr der Angst, es könnte das Schöne ganz und gar verlorengehen. «Daß die Macht, die kleine Flamme wieder hervorzubringen, in meiner Hand liegt, das wußte ich nicht.» Aber wenn es ihr Problem, ihre persönliche Art von Verrücktheit ist, in Veränderung nur Tragödie, Verlust, Krankheit zu sehen, teilt sie Henry mit, dann sollte sie diese Verrücktheit vielleicht durch das Tagebuch zum Äußersten treiben. «Ich sollte mich ganz dem Tagebuch widmen, es umfassender machen, mehr sagen, meine Krankheit ausleben. Während ich bislang gegen meine Krankheit angekämpft habe, versucht habe, sie zu heilen. Du hast es versucht, Rank hat es versucht…»

Das bedeutet einen Test machen, ob das Böse, Häßliche, das sie selbst in die Welt bringt, wirklich verheerend wäre. Oft staunt sie über ihr Gefühl der Unschuld angesichts häßlicher Handlungen, etwa wenn sie ihrem Mann Luminal, ein Schlafmittel, in den Tee tut, um unbemerkt die Nacht mit Gonzalo verbringen zu können. Sie meint, Ali Baba, der Gott der Banditen, habe sie beschützt. Hugo wacht erst um sechs Uhr in der Frühe auf, nachdem sie gerade zurückgekommen ist. «Keine Schuldgefühle… Denn am nächsten Tag gab ich Hugo alles, was er wünschte, Zärtlichkeit, Besitzerrechte, eine Tour mit dem Fahrrad am Fluß entlang… So viele komische Sachen sind geschehen», schreibt sie lapidar an Eduardo.

Gonzalo, der sie ganz für sich haben möchte, spürt, daß Henry immer noch im Spiel ist. Das ist «Eifersucht auf tote Lieben», sagt Anaïs. «Aber du besuchst ständig die Gräber mit Blumen», entgegnet Gonzalo. Darauf Anaïs: «Heute war ich nicht auf dem Friedhof.» Sie sieht sich als Menschen, der der Mutter, dem Vater, Gonzalo, Henry, Hugo, allen «Leben, Schöpfung, Schutz und Leidenschaft» gibt. Sie scheint sie alle beglücken zu können. Also, was ist häßlich an ihren Winkelzügen?

Gonzalo ist dankbar, daß Anaïs ihn vor dem Leben am Montparnasse gerettet hat. Er braucht und liebt Anaïs gleichermaßen. «Immer der Müßiggänger, der lachende, fröhliche Mann mit der Liebe zur Flasche... der Bummler und Bohemien. Und ich beneide die Leute, die trinken können, zerfallen, locker und sorglos leben, abgerissen, krank... weil ich das nicht kann... die Schwachen, die sich selbst retten, indem sie mich idealisieren, was mir nicht gestattet, zu fallen, menschlich zu sein, betrunken oder obszön.» Es gelingt ihr immer noch, den anderen ein Bild zu zeigen, das den Gedanken nicht aufkommen läßt, diese Empfindungen und Wünsche könnten auch in ihr regsam sein.

Gonzalo träumt von einem Hausboot, aber es ist Anaïs, die aktiv wird und im September 1936 wirklich ein Hausboot auf der Seine mietet. Wie eine Erzählung von E. T. A. Hoffmann oder Hans Christian Andersen, meint Gonzalo. Sie sind «auf dem Traumboot», von der Erde verschwunden. Es gibt kein Paris mehr, keinen Ehemann, keine Villa Seurat mit Miller. Als wären sie davongesegelt. «Du nimmst mich auf dem Grund des Meeres, wie eine richtige Seejungfrau.» Sie nennen ihr Boot «Nanankepichu», was in der alten Inkasprache heißt: «keiner zu Hause».

In Wirklichkeit arrangiert Anaïs ihr Leben nach Art einer Collage. Mit Gonzalo richtet sie einen gemeinsamen Haushalt auf dem Boot ein, flickt seinen zerrissenen Mantel und gibt ihm Kleidung, die die Mutter für die Nationalisten in Spanien gesammelt hat. Für Hugos Couch in der gemeinsamen Wohnung näht sie eine neue Decke, betrachtet das stillstehende Leben ihrer ersten Liebe. Miller wird ebenfalls versorgt, bekocht, gekleidet. Nur Anaïs kennt alle drei Plätze; die anderen wähnen, sie führe mit ihnen ihr ganzes Leben.

Flotter Rollenwechsel: Im Leben mit Hugo glaubt sie Genius, Licht und Glanz, Fröhlichkeit und Ausgelassenheit zu sein. So war das immer. Hugo ist ein Eigenbrötler, in sich verschlossen, liebenswürdig und sehr korrekt. Doch seit er sich im Studio von Stanley William Hayter im Zeichnen und Kupferstechen ausbilden läßt, entwickelt er eine andere Seite: «Hugo hat sich ins Leben gewagt, berührt alles mit seinen eigenen Händen, läßt sich auf Gefühle ein, kann genießen, zeichnet, redet mit Freunden bis zum Morgen-

grauen, wandert durch Paris und liest den ‹Doppelgänger› von Rank.
…Früher… hast du das Leben nur mit einem Strohhalm gesaugt.»
Jetzt führt er sein eigenes Leben, wenn sein Beruf ihn nicht beansprucht, der seine Pläne häufig durchkreuzt. Für Henry ist sie eine
Art besonderen Publikums, sein bester Leser und verständigster Kritiker und manchmal jemand, der sich von seinen Verrücktheiten
mitreißen läßt. Bei Gonzalo lebt sie noch stärker als im Umgang mit
Hugo und Henry ihre Pygmalionrolle aus, sie treibt ihn ständig an.
Zugleich genießt sie die Auflösung ihrer gespreizten Anstrengung in
rauschhaft-sinnlicher Liebe. Alle drei schätzt sie im Grunde als passiv ein, «sie würden einschlafen, wenn ich mich nicht regte».

Indem sie glaubt, den drei Männern Leben einflößen zu müssen
und zu können, belebt sie sich selbst; drei Tage, drei Nächte an einem
einzigen Tag. «Ich tanze auf der Spitze eines Vulkans…» Außerdem
schreibt sie kurze Geschichten, in denen sich wiederum konkrete
Realität und symbolische Vertiefung überschneiden. Wenn man
«Ragtime» oder «Houseboat» liest, wird die banale Realität durch-
lässig für etwas anderes, Fremdes, Bodenloses, Unheimliches; keine
Texte zum Schmökern, eher Verwirrtexte, die den Leser ins Sinnieren führen, ins Stolpern. Ganz simple Passagen im Stil von Zeitungs-
notizen wie auf den Bildern der Kubisten werden assoziiert mit
traumartigen, poetischen, fließenden Bildern.

Anaïs richtet sich auf dem Hausboot so vollständig ein, mit
schwarzem Teppich, großem Messingbett und Schreibtisch, daß sie
dort arbeiten, schreiben kann. Das Wasser der Seine gluckst gegen die
teergestrichenen Holzplanken. Der Blick aus dem Fenster geht über
die Wellen und folgt der Bewegung vorüberfahrender Schiffe. Ein
Leben in unmittelbarer Nachbarschaft mit den Clochards, mit den
Überflüssigen und Gestrandeten. Nur ein schmaler Steg trennt die
Bewohner des Hausboots von ihnen.

Gonzalo ist eine Art Edelclochard. Er arbeitet manchmal im Theater, ist voller Pläne und Versprechungen. Aber er streicht weder die
Türen, noch bringt er Öl für die Lampe; auch das Buch von Trotzki,
von dem er schwärmt, beschafft er nicht, und das Verschicken von
Anaïs' Büchern unterbleibt ebenfalls. Seine Alltagsambitionen verlieren sich im Rausch der Drogen. Er will immer noch in den Krieg,
nach Spanien. «To got or not to go…» merkt Anaïs an, während

Gonzalo wohlig vor sich hin dämmert. Ein Zigeuner, der Gitarre spielt, ein kräftiger Mann, der zu lieben versteht und der droht, jeden anderen Liebhaber zu erschlagen. «Ich werde besser zu lügen lernen müssen. Ich bereite mich darauf vor wie eine Schauspielerin. Ich studiere meine Rolle ein. Ich frage mich, was ich letztes Mal falsch gemacht habe...» Wenn sie ihn verläßt, übt sie sich ganz in die Stimmung ein, die zu der Geschichte paßt, die sie ihm vorlügt – dann merkt er nicht, daß sie zu Henry geht. «Würde ich die Rolle von Mélisande spielen, müßte ich ebenso ganz die Rolle spielen. Ich dürfte meine Gedanken nicht zu Ophelias Gefühlen wandern lassen, ich dürfte auch nicht daran denken, daß ich nach der Vorstellung die Nacht mit meinem Liebhaber verbringe.» Sie glaubt, das Rollenspielen würde ihrer Liebe nichts Falsches geben, und meint nach wie vor, sie würde lügen, um dem Belogenen Kummer zu ersparen.

Manchmal führt Anaïs Situationen herbei, in denen Gonzalo sie mit Miller erwischen könnte. Sie erlebt eine Steigerung von Lust durch Gefahr, wenn sie alles, ihr ganzes Leben, die Zuneigung aller drei Männer, aufs Spiel setzt.

Auf dem Hausboot, das sie mit einem alten Trinker teilen, kommt es zu vehementen Szenen. Gonzalo wird gewalttätig. Er meint, daß er im Zorn sogar einen Menschen töten könnte. Für Anaïs ist das wie eine Befreiung, sie weiß im selben Augenblick um ihre eigenen Anwandlungen von Haß und Gewalttätigkeit. Endlich agiert es einer, dem sie eng verbunden ist, an ihrer Stelle aus. Sie liebt es zu sehen, wie Gonzalos große, primitive Gewalt die in der westlichen Welt verbindlichen Grenzen sprengt. Die Polizei kommt und nimmt den ruhestörenden alten Trinker mit – wieder ein Stück Leben, ein Stück Tagebuchtext, der in die Erzählung «Hausboot» aufgenommen wird.

Anaïs unterstützt Gonzalo und Helba in den nächsten Jahren mit einem Teil des Geldes, das sie für ihren persönlichen Bedarf von Hugo erhält. Mit dreizehn wünschte sie einen Mann, der arm sein sollte. Sie gibt Helba von ihren Kleidern, besorgt Medizin, wenn sie in der mit Gonzalo geteilten Kellerwohnung erkrankt, und findet nur sehr allmählich heraus, daß Helba verschlagen ist und sie ausnutzt.

In all dem Wirrwarr schreibt sie phantastische Texte, die ihrer Verfassung vollkommensten Ausdruck verleihen – Bilderreigen, atemlos notiert, nicht endende Satzreihen, oszillierend zwischen wirklich Geschehenem, aktuell Erlebtem und traumhaften Zusammenstellungen disparater Elemente.

Anläßlich des Übergangs von Henrys unbefriedigender Umarmung zum großen Versprechen der Erfüllung durch Gonzalo gerät sie in einen Zustand sexueller Übererregtheit, könnte ein objektiver Beobachter sagen. Der Psychoanalytiker Wilhelm Reich würde ihren Zustand dem Formenkreis der Nymphomanie zuordnen, deren Ursache er in einer nicht abflauenden Sexualerregung sieht. «Unaufhörliches Verlangen nach dem Koitus und Männersucht sind häufig unmittelbare Folgen dieser Form der orgastischen Impotenz. Die Erregung ist von Anbeginn bedeutend höher als bei orgastisch potenten Menschen und steigt während des Aktes auch viel rascher an; sie vergeht teilweise auf der Höhe der Spannung, ohne daß sich das charakteristische Rückströmen der Erregung auf den Körper einstellte.» Etwas hemmt die «Lösung der Spannung».

«Potenz» und «Impotenz» sind fragliche Kategorien in diesem Zusammenhang. Es mag auch ein Können darin liegen, die entrückte Verfassung länger zu halten, als der Sexualakt andauert. Jedenfalls ist nicht zu leugnen, daß sexuelle Erregung für Anaïs Nin ein Stimulans schriftstellerischer Produktivität ist. Viele Künstler greifen zu Opium, Haschisch, Kokain oder anderen Mitteln, um ihre Wahrnehmung der Wirklichkeit zu sensibilisieren. Indem sich für Anaïs die Befriedigung aufschiebt, die Menschen mit «orgastischer Potenz» im banalen Sexualakt erleben, dehnt sich der normalerweise kurze Moment des Entrücktseins, und sie kopuliert mit der ganzen Wirklichkeit, die um sie ist. «Pénétrable» ist eines ihrer Lieblingswörter; alles kann in sie eindringen.

«Diese treibende Kraft in mir, die nicht in einem Orgasmus aufblitzen konnte ... diese Kraft trage ich nun wie Dynamit in mir. Dynamit, das nicht explodiert ist, aber die Schnur ist angezündet, die kleinen Flammen züngeln daran entlang in dionysischer Ausgelassenheit, sie tänzeln, die kleinen Flammen laufen um das Herz des Dynamits herum und berühren es nicht, und die kleinen Flammen halten mich in Atem ... begierig, hungrig, durstig, mit offenen

Augen, gespitzten Ohren warten all die kleinen Nervenfasern auf den Orgasmus, der sie mit Blut durchpulst, so daß sie schlafen können.» Im Verlauf des Textes wird das dringende Verlangen nach Ruhe, Abschluß, Tod beschrieben, wenn es sein muß durch Gift, Messerstiche oder einen Autounfall. Die Nerven, zum äußersten angespannt, erwarten «die Explosion des Dynamits, den Zusammenbruch der Mauern, das Zerfallen der Vergangenheit, das Absolute, das unentwegt flüchtend durch den Himmel schießt, ein flüchtiges Absolutes, das sich nicht einfangen läßt, Medusenhaupt, Zentauren, Fühler, Oktopusarme... Warum muß diese Kraft, die sich nicht als Quecksilber in die Adern ergießt, warum muß sie sich zum Taifun auswachsen und jedes Monster auf der Straße nach seinen Absichten befragen, um sich dessen Perversität auszumalen, um zwischen das stärkste Verlangen, die dunkelste Erotik, das verdrehteste Begehren der Liebenden zu schlüpfen. Dieser Mann mit seinem kleinen Mädchen, warum sind seine Augen so feucht, sein Mund so feucht, warum sind die Augen des kleinen Mädchens so müde, warum ist ihr Kleid so kurz, sein Blick so verhohlen, warum dieses Unbehagen, das ich verspüre, wenn ich an ihnen vorbeigehe, warum ist dieser junge Mann so weiß, seine Augen so abgehärmt, ist da nicht Schaum auf seinen Lippen, Schaum von Veronal, warum wartet dort unter der Laterne die Frau mit einer Hand im Muff – ein Revolver –, warum haben die beiden Schwestern ihren verrückten Bruder umgebracht...» Die ganze Wirklichkeit erscheint dynamisiert.

Im November 1936 wird der Haushalt in Louveciennes aufgelöst. Die Möbel stehen im Garten, Pflanzen und Töpfe, Vorhänge, alles wird versteigert.

Artaud ist von seiner Reise nach Mexiko zurückgekehrt, wo er den Indianerstamm der Tarahumaras besucht hat und die heilige Droge Payote genossen hat. Er kennt Gonzalo vom Theater, warnt ihn vor Anaïs, sie sei ein grünäugiges Ungeheuer, eine Kriminelle. Er steht wieder unter Drogen. Anaïs genießt ihre Macht, Männer in Bann zu schlagen und zu quälen, sie kann nicht anders, sie muß verführen. Drei Viertel ihres Lebens verbringe sie im Bett, stellt sie lakonisch fest.

Gonzalo bemüht sich sehr, Anaïs für die kommunistischen Ziele zu gewinnen. Um ihn nicht zu verlieren, tippt sie Umschläge, verfaßt gemeinsam mit ihm Briefe an die kommunistischen Freunde. Gonzalo liebt nun einmal das Drama, er «hat die Illusion der Neuordnung der Welt». Anaïs will ihm helfen. Sie selbst sei ein «geistiger Anarchist. Was die Politik angeht, habe ich keine Illusionen.» Anaïs glaubt an die Liebe und daran, daß eine Veränderung des Menschen nicht durch Veränderung der äußeren Umstände bewirkt werden kann. Traurig beobachtet sie Gonzalos Maulheldentum und Helbas Egoismus. Beide sind lethargisch. Deshalb glauben sie, nur eine Veränderung von außen, ein Umsturz, könnte ihr Leben wenden.

Die geheimen Sitzungen der Kommunisten, an denen Gonzalo teilnimmt, findet Anaïs sehr aufregend; es gefällt ihr, wenn sie sich auf dem Hausboot treffen. «Ich liebe Leute, die das Unterste nach oben kehren und die Welt hochgehen lassen wollen – um einer Illusion willen –, vielleicht, um das Feuer zu sehen und den Schrei der Ermordeten zu vernehmen! Macht nichts. Die Natur nimmt ihren Lauf. Es muß Hagel, Wirbelstürme und Erdbeben geben. Sie sind notwendig. Tod ist notwendig. Ein Hoch auf das Drama, das immer unweise ist – immer ungerecht – immer ein Ausdruck unserer menschlichen, dionysischen Bedürfnisse.»

Vielleicht wird sie nun die Liebhaberin des Helden Gonzalo, nachdem sie Henrys Muse war. Größenphantasien wechseln mit Angstzuständen. Dazwischen Teufeleien. Sie bittet den Vater um eine Druckmaschine, weil sie sich der spanischen Sache verschrieben hat. Allerdings darf der Vater, der den Faschisten nahesteht, nicht merken, daß Anaïs die kommunistische Propaganda fördern will, daß sie politisch fremdgeht. Darüber lacht sie innerlich. Es ist ihr wirklich gleich, wessen Seite sie nimmt, denn alle politischen Ideale erscheinen ihr falsch.

Anaïs' Aktivitäten laufen auf vollen Touren. Sie richtet eine Silvesterparty aus für Hugo und ihre Freunde Gonzalo, Helba, Elsa, Eduardo, Grey, Carpentier mit Frau und Mutter und eine Javanerin. Als alles vorbereitet ist, Bankett, Kerzen und Laternen arrangiert sind, dreht sich ihr der Kopf, und sie muß sich übergeben. Es geschieht häufig, daß ihr der Körper auf diese Weise eine Grenze setzt. Aber diesmal war noch etwas anderes im Spiel. Miller hatte Gas ausströmen lassen in seiner Wohnung in der Villa Seurat, und

Anaïs war gerade noch rechtzeitig gekommen. Versehen oder Absicht? Anaïs hält es für einen Suizidversuch. Auch sie leidet darunter, daß es nicht gelungen ist, mit Miller ein Leben aufzubauen, und meint gleichzeitig, sie sei davor zurückgeschreckt, weil es Leiden bedeutet hätte.

Sie begreift selbst nicht, warum es ihr nicht gelingt, *ein* Leben aufzubauen. Mit dem Kopf könnte sie gegen die Wand schlagen. Warum kann sie nicht glücklich werden? Was ist falsch daran, das Leben als Traum gestalten zu wollen? Schließlich ist sie nicht müßig und träumt nur vor sich hin. Im Gegenteil, «mit Hammer und Nägeln, Farben, Seife, Geld, Schreibmaschine, Kochbüchern, Kulturbeuteln» rüstet sie sich aus, ihre Träume in Wirklichkeit zu überführen.

Anaïs scheitert immer an demselben Problem. Im Traum können wir in den verschiedensten Welten gleichzeitig leben. Es ist geradezu der Reiz des Traumes, daß die Ordnungen von Zeit, Raum und Geschichte aufgehoben sind zugunsten eines Ensembles heterogener Elemente. Anders steht es mit der Handlung. Die eine Handlung, die wir jeweils wählen, schließt die Realisierung anderer Wünsche, Absichten, Bilder zur selben Zeit aus. Und, ebenfalls anders als im Traum: sie hat Konsequenzen, ob wir wollen oder nicht. Der Anspruch, drei Lieben gleichzeitig leben zu können, was im Traum mühelos geht, hat den Anschein von Allmacht. Kinder in den ersten Jahren mögen so leben, ohne Rücksicht auf Verluste und Konsequenzen, nach dem Lustprinzip, würde die Psychoanalyse sagen. Aber das geht auch nur, solange ein Erwachsener schützt, sorgt und sichert, damit nicht alles zerfällt. Im aufgesplitterten Leben der Anaïs Nin scheint das Tagebuch diese Funktion zu erhalten. Da sie ihm alles anvertraut, gibt es einen Ort, wo alles vereint ist, auf *einer* Seite oder in *einem* Buch. Die Mitwisserschaft des Tagebuchs, seine alles duldende Aufnahmebereitschaft, die keinerlei Hierarchie verlangt, kein Entweder-Oder, erhält die Stelle eines alles sehenden und alles verzeihenden Gottes.

«Ich stelle mir jemanden vor, der mich beobachtet. Ich spiele vor diesem anderen, der mich, wie Gott, überall sehen kann…» Manchmal phantasiert sie, daß Hugo, Henry oder Gonzalo sie beobachten, wenn sie mit einem von ihnen zärtlich zusammen ist. Selbstverdoppelung und Spaltung in der Selbstbeobachtung sind Hintergrund dieser wiederkehrenden Phantasie. Sie selbst ist der Beobachter ihres eigenen Tuns.

Gonzalo möchte, daß sie ein Gedicht auf den Kommunismus schreibt, ein politisches Pamphlet für die Linken in Spanien. Warum nicht, sagt sie sich. Sie hat die Psychoanalyse unbeschadet überlebt, der Kommunismus wird ihr auch nichts anhaben. Sowenig sie an die Psychoanalyse glaubt, die nach ihrer Auffassung «den Phallus wie ein Lammkotelett» betrachtet, glaubt sie an den Kommunismus. Sie ist frei, sie ist eine Dichterin, sie glaubt allein an die Liebe, den Traum, die Illusion. «Für mich ist das Tanz, ein tiefer, heiliger, fröhlicher, mysteriöser, symbolischer, seelenvoller Tanz.»

Anaïs teilt die Welt der anderen nicht. Rank hat das verstanden wie keiner sonst. Einsamkeit ist die Kehrseite ihrer Freiheit. Bei all ihren sexuellen Abenteuern genießt sie offenbar nur selten einen Orgasmus. Die phantastischen Umarmungen von Gonzalo, Hunderte von Seiten lang im Tagebuch beschrieben, scheinen erst nach einem halben Jahr zum Erleben des Orgasmus zu führen. Es sieht aus, als müßte sie darum kämpfen.

Anfang Januar trifft sich das Iberische Komitee für die Verteidigung der Republik Spanien. «Mexikaner mit langen schwarzen Haaren, goldenen Ringen, farbigen Hemden, Chilenen, Nicaraguaner, blasse Kubaner, Dichter, Medizin- und Jurastudenten.» Das Hausboot gefällt ihnen. Anaïs wird ihnen vorgestellt als neue Genossin. Ein Polizist, der das Hausboot beobachtet, macht sie nervös. Die meisten haben keine Papiere. Sie suchen ein Café auf. Sie wollen Flugschriften und Aufrufe schreiben, aber es fehlt das Geld. Der chilenische Lyriker Neftali Reyes Basualto, bekannt unter seinem Pseudonym Pablo Neruda, ist auch dabei. Anaïs fallen seine «sanften weißen Hände» auf. Nachdem er chilenischer Konsul in Birma gewesen war, setzt er sich für die Republikaner ein. In diesem Kreis kommt sich Anaïs deplaziert vor. Gonzalo ist ihr Beschützer, sie fühlt sich wie ein Kind. Gonzalo ist stolz, daß er Anaïs aus dem Elfenbeinturm der Schriftstellerin in die wirkliche Welt politischer Aktion einführt. Er versucht sie dafür zu gewinnen, indem er ihr klarmacht, daß man gegen die bürgerliche Welt kämpfen müsse, die ihre Texte nicht drucken will.

Nur ein kleiner Szenenwechsel, und Anaïs ist Gast in einer anderen Gruppe. Moricand, Elena Huarto, Carpentier und Gilbert diskutieren über ein Manifest gegen die Grausamkeit und Entfesselung von Gewalt, das Gegenteil dessen, was die kommunistischen Verschwörer betreiben. «Die Leute könnten sagen, ich hätte ein Doppelgesicht. Aber für mich hängt das zusammen... Ich liebe das Vornehme und die philosophische Distanzierung von der wilden Destruktion, und ich liebe das Instinktive, Leidenschaft, Drama und Anarchismus... Ich scheine kraftvoll in zwei Richtungen zu leben.» Ob das möglich ist, fragt sie sich, oder ob sie wählen muß – dieselbe Frage wie in der Liebe.

Der Kritiker Stuart Gilbert, Freund und Übersetzer von James Joyce, kennt und schätzt ihr Tagebuch. Er ist beeindruckt, daß sie so heißblütig leben und sich doch so kalt betrachten kann. Anaïs arbeitet, überarbeitet ihre Tagebuchaufzeichnungen, die eine gewisse Betty abtippt. Sie setzt jetzt auf das Tagebuch, will es veröffentlichen, ihr wahres Talent zeigen. Denise Clarouin, eine junge Frau, die Anaïs auf einer Party trifft, schickt das Tagebuchmanuskript an Faber & Faber in London. Nach langem Hin und Her lehnen sie ab. Die Restriktionen, denen Bücher in England unterworfen sind, erlaubten es nicht, den Text, so wie er ist, zu veröffentlichen. Gewiß bezieht sich das auf die erotischen Szenen.

Bei der Bearbeitung der Tagebücher geht sie ihrem Leben in der Vergangenheit noch einmal nach und kommt zu neuen Einschätzungen. Als June Henry Miller verließ, hat Anaïs zu leben begonnen; die Erfahrungen mit ihrem Vater haben sie nicht gerettet, es war eine Art Test, ein Gottesurteil. Als Schriftstellerin lebt Anaïs mit Miller in einer merkwürdigen Konkurrenz. Gemeinsam besuchen sie Ende Januar 1937 den Maler Hans Reichel. Anaïs sieht in seinen Bildern tausend Augen, Metamorphose, Kommunion, Hochzeit. Zurück in der Villa Seurat, schreiben beide über das Gesehene und Gesprochene. Miller bringt es viel besser zum Ausdruck, stellt Anaïs fest, aber sie hat den Samen in ihn gelegt mit dem intuitiven Ausdruck ihrer Beobachtungen. «Ich habe seinen chaotischen Enthusiasmus gebumst – und *er* gebiert! ‹Du gibst mir Ideen›, sagt er.»

Wenn sie am Tagebuch arbeitet, beachtet sie wieder die Passagen, die so in sich zusammenhängen, daß sie extra erscheinen könnten. Die Beschreibung der Totgeburt ihres sechs Monate alten Kindes nimmt sie heraus. Mit geringfügigen Veränderungen entsteht ein Text, der der Anlehnung ans Tagebuch nicht bedarf: «Birth». Während sie schreibt, leuchtet der Vollmond. Die Dinge im Hausboot werfen befremdliche Schatten. «Der Vollmond und die Angst vor Einsamkeit.» Gonzalo liegt da wie ein Tier und schnarcht. Der Schaffende ist Henry; deshalb liebt sie Henry Miller, und deshalb muß sie ihn verlassen – um selbst die Schaffende sein zu können.

«Birth» ist die Beschreibung eines Vorgangs, der im Leben einer Frau eine ganz besondere Bedeutung erhält. Hier scheint ein besonderes Können der Frau zu liegen, an der Grenze zwischen einem banalen Naturvorgang, der sich ihres Körpers gleichsam als Instrument bedient, und einem Schöpfungsprozeß, den unsere Kultur dem Göttlichen zuordnet. Wir sind gewohnt, diesen Vorgang zu verklären. Anaïs Nin schildert das Ineinander von Geburt und Abtreibung, dessen Ergebnis das Überleben der Mutter und der Tod des Kindes ist. Dabei gerät der malträtierte Körper auf unbeschönigte Weise in den Blick. Mit Todesvorstellungen und -ängsten kämpfend, lebt die «Gebärende» in einem seelischen Konflikt des Bergens, Bewahrens, Schützens einerseits und des Freigebens, Ausstoßens und Auslieferns andererseits. Der Körper hat diesen Konflikt auszutragen. Alle Ambivalenzen verdichten sich in dem mehrere Stunden währenden Vorgang. Kampf, übergroße Anstrengung des Pressens, Ohnmacht, wieder zu sich kommen, das Gefühl des Gequältwerdens bedingen eine Wirklichkeitswahrnehmung, die zwischen klarem Tagesbewußtsein und traumähnlicher Entrücktheit liegt. Die Dinge im Raum bewegen und vervielfältigen sich, die Sätze wirken zerdehnt langsam gesprochen, und es scheint alles dreimal gesagt zu werden. Der Körper und die Augen platzen beinahe, die Gelenke knacken, und die Gebärende bemüht sich verzweifelt zu erinnern, warum sie eigentlich leben wollte.

Freunde meinen, daß diese Erzählung wie das Tagebuch nicht gedruckt werden können. Sie schreibe für Intellektuelle, normale Leser würden vor der nackt dargestellten Wirklichkeit ohne Moral, ohne soziales Verantwortungsgefühl zurückschrecken; bereits die Erzählung «Birth» würde jeder Verlag zensieren. Doch gerade diese Erzählung, die 1938 zuerst in Amerika erscheint, wird später immer wieder abgedruckt.

Im zugespitzten Konflikt zwischen zärtlichen Strebungen des Behaltens und Bewahrens sowie des unvermeidlich scheinenden Trennens und Zerstörens steckt ein Problem, mit dem Anaïs Nin immer zu kämpfen hat. Der Wunsch nach Einheit und der gleichzeitige Impuls des Zerstörens charakterisieren ihre Beziehung zu Hugo, zu Miller und auch zu Gonzalo. Erträglich werden diese Zerreißproben dadurch, daß das Zerstören im Rahmen der einen Einheit, mit Miller zum Beispiel, Wiederbelebung einer anderen Einheit, mit Hugo oder Gonzalo, im Gefolge hat. Das mag auch ein Grund dafür sein, daß sie sich nicht endgültig trennt, um mit einem von ihnen ihr ganzes Leben zu gestalten.

Das finanzielle Kunststück, Henry, Gonzalo und sich selbst über Wasser zu halten, kommt manchmal einem Hochseilakt nahe. Anfang 1937 hat sie Schulden in Höhe von insgesamt 4000 Francs bei der Mutter und bei Eduardo, beim Hausarzt, beim Zahnarzt, bei der Reinigung und der Telefongesellschaft. Sie besitzt zwei Paar gestopfter Strümpfe, die ihr die Freundin Betty gab, zwei Paar Schuhe, zwei Höschen. Gonzalo legt sie heimlich Geld für Miete, Essen und Helbas Medikamente in die Hosentasche. Sie bezahlt Henrys Zahnarzt und Miete. Die 300 Francs Miete für das Hausboot fehlen. Sie hat keine Gesichtscreme, keinen Puder mehr. Ihr Schmuck ist im Pfandhaus. Sie verzichtet auf jeden Luxus, nicht, weil sie den nicht mag, sondern weil es ihr wichtiger ist, Menschen zu schaffen. Gebäck und Wein für Gonzalo, wenn sie auf dem Hausboot zusammen sind, kann sie betrüblicherweise nicht kaufen. Zwei Wochen muß sie noch aushalten, bevor neues Geld zur Verfügung steht. In aller Frühe verläßt sie das Hausboot, Gonzalo schläft noch, sucht Hugo, den sie von London zurückerwartet, in der Bank auf und luchst ihm die 100 Francs für Helbas Miete ab. Während sie an seinem Schreibtisch auf ihn wartet, tippt sie auf dem Papier mit Bankkopf einen Brief an Henry Mann, den Kommunisten, den sie in New York analysiert hat, und bittet ihn, etwas von dem Geld zu schicken, das er ihr schuldet. Sie gibt sich nicht geschlagen. Das Kopfende ihres spanisch-marokkanischen Bettes, die antike indische Lampe, die marokkanische Truhe könnte sie verkaufen.

Mit Hugo lebt sie in der westlichen Welt der Kinos, der Geschäfte, der Intellektualität. Gonzalo bildet ein Gegengewicht zu dieser Welt mit der Freiheit des sorglosen Inka, der liebevoll und passiv sein Glück mit Anaïs genießt. Eine neue Version des primitiven Lebens, entlastet von allen Differenzierungen der Dekadenz; allein die Sprache des Körpers zählt. Gespräche der anderen Art führt sie mit Hugo und den Freunden Moricand, Evreinow, Carteret und Elena. Es gibt viele Rollen, die man übernehmen kann, meint Anaïs in einem Gespräch, wenn sie mit einem schlafenden Selbst im Menschen korrespondieren. Sobald man eine entsprechende Rolle übernimmt, werde dieser Anteil des Selbst real. Mit Miller tauscht sie sich darüber aus, daß sie einander erweitert haben: Als sie bemüht war, seine Manuskripte unterzubringen, konnte Anaïs ihre kämpferische Seite entwickeln, während Miller im Zusammensein mit ihr seine zärtliche Seite entfaltet hat.

Die Erzählung «Ragtime» («Ragpicker» = Lumpensammler) wird von der Zeitschrift «New Directions» angenommen, erscheint dann jedoch in dem englischen Magazin «Seven» (1938). Auch diese surreale Geschichte geht wieder aus von Beobachtungen der Realität. Auf der Suche nach einem Wohnwagen war Anaïs in eine Art Müllhaldengelände geraten, das die Lumpensammler beglückt. Grundthema sind Wiederholung und Fragment. «‹Kann man nichts für immer wegwerfen?› frage ich. Der Lumpensammler verzieht seinen Mund zu einem halben Lachen, zum Bruchteil eines Lachens…» Nichts ist mehr ganz, hier gibt es nur Fragmente, wie in Anaïs' Leben. «Zuerst roch ich den Knoblauch, den sie wie kleine rote chinesische Laternen überall in ihren Hütten aufhängen. Dem Knoblauchgeruch folgt ein monotoner, endloser Gesang:

Nichts geht verloren, alles ändert sich,
in der neuen Schnur die alte Schnur,
in dem neuen Sack ein alter Sack,
in der neuen Pfanne altes Blech,
in dem neuen Schuh altes Leder,
in der neuen Seide altes Haar,
in dem neuen Hut altes Stroh,
in dem neuen Mann das Kind,

und das Neue nicht neu,
das Neue nicht neu,
das Neue nicht neu…

Die ganze Nacht lang sangen die Lumpensammler: das Neue nicht
neu, das Neue nicht neu, bis ich in Schlaf fiel. Sie nahmen mich und
steckten mich in einen Sack.» Der Bruder Joaquin wird viele Jahre
später diesen Text als Hommage an Anaïs vertonen.

Man mag sich fragen, wie sie bei all dem Hin und Her zwischen
Villa Seurat, Quai de Passy und dem Ufer der Seine, also zwischen
drei kompletten Lebenskreisen, noch Zeit zum Schreiben findet.
Wann immer einer von den drei Männern sie braucht, ist sie zur
Stelle. Das geht nur mit Lügen. Manchmal fehlt ihr trotz ihres ris-
kanten, aufreibenden Lebens die Intensität. Dann versinkt sie in
Melancholie und schwarze Stimmungen. Probates Mittel, sich da-
von zu befreien, ist das Schreiben. «Ich brauche meine Arbeit, das
Intensive, um die Illusion des Glücklichseins zu erhalten.»

In Henry meint sie nun kalten Egoismus zu entdecken, nur
Ideen, Wörter, Bücher, Philosophie, Analytisches, Abstraktionen.
Aber er hat dreißig Seiten über ihr Tagebuch geschrieben, die Ende
1937 unter dem Titel «Une Être Étoilique» in der von T. S. Eliot
herausgegebenen Zeitschrift «Criterion» erscheinen. Es zerreißt
sie. Warum kann er nicht in ihrer Art lieben? Man sollte eben niemals sein «ganzes Leben in die Hand von Einem legen. Henry ist
immer noch der Sohn, ein vollkommen egoistischer Sohn.» In seinem Text über ihr Tagebuch, meint Anaïs, hat Miller alles benutzt,
was sie ihm erzählt hat über eine Spiegelgeschichte, die sie schreiben
wollte: Wir existieren nur in vielfältigen Brechungen; ob das wirklich auf unschuldig unbewußte Weise geschieht, fragt sie sich voller
Zweifel und ist zornig. Oft fühlt sie sich eingeschüchtert von etwas,
das sie Krankheit oder Monster nennt. Seit Jahren befürchtet sie,
daß Miller sie versetzt, wird sie eingeschüchtert von Hugos Märty-
rermiene, seit geraumer Zeit auch durch Gonzalos Unbeherrschtheit – Projektionen ihrer eigenen Tendenzen? Bislang jedenfalls ist
alles gutgegangen. Den «Krebs von Zweifel und Angst» fürchtet sie
am meisten. Nebenher arbeitet sie an den Tagebüchern. Ihre Unruhe legt sich, wenn sie mit einem der drei Männer schläft, am lieb-

sten mit Gonzalo, da sie mit ihm auf vorsprachlicher Ebene am meisten harmoniert.

Aus Dankbarkeit und schlechtem Gewissen bringt sie Gonzalos Frau zum Arzt. Anaïs ist gerührt: Mit vierzehn Jahren hatte Helba Syphilis; ihr jetziges Leiden, die Taubheit, könnte eine Folge davon sein. Seit sechs Jahren schläft sie nicht mehr mit Gonzalo. Jahre später erst wird Anaïs klar, daß Helba seelisch krank ist und die Ärzte, sich selbst und alle anderen zum Narren hält.

Spieglein, Spieglein an der Wand – Anaïs befragt ihre eigene Geschichte. Wen hat sie in den Spiegeln gesehen? Nicht das Kind. Das kennt sie nur von Fotos. Erst mit vierzehn Jahren nimmt sie etwas wahr – die Kameliendame, Jeanne d'Arc, Charlotte Corday, Marie Antoinette, eine Bettlerin, eine Prinzessin, ein Waisenkind. «Ein Mädchen von vierzehn Jahren grimassiert, drückt Verzweiflung aus, Zorn, Entsetzen.» Im Spiegel steht nicht Anaïs Nin, sondern eine Schauspielerin. Später sieht sie beschämt herab an dem schäbigen Kleid, das sie von einer Cousine übernommen hat. Vollkommen überrascht ist sie eines Tages, als sie eine ganz verwandelte Gestalt erblickt, allein weil sie ein hübsches neues Kleid trägt. Aber sie hat kein Gesicht, statt dessen eine Maske. Sie sieht nicht Anaïs Nin, die zur Schule geht, Tagebuch schreibt und Pflanzen in Töpfen pflegt, sondern eine unbewegliche Statue, die «sich nur bewegt, um jemand anders zu werden... Sie bewegt sich, um eine Tragödin zu werden. Sie spielt eine Rolle. Im Spiegel sind zu sehen Sarah Bernhardt, Mélisande, Fausts Gretchen, Königinnen, Monster...» Das Leben der erwachsenen Frau Anaïs Nin gestaltet sich nach dem Bild dieser frühen phantasierten Rollenvielfalt.

Ihre Selbstbeschreibungen im Tagebuch nehmen die Form eines Suchbildes an. Wo ist Anaïs Nin? Gebraucht hier eine Narzissa die Wirklichkeit als Zerrspiegel, und ohne Spiegel wäre sie leer? Vielleicht existiert sie nur in den vielfältigen Brechungen durch die einander ablösenden spiegelnden Liebhaber. Erstaunt stößt man auf die Frage, ob eine Lebensgeschichte möglich ist ohne Kristallisation, ohne die Ausbildung eines erdenschweren Seelenlebens, ohne Identität. Jedenfalls regt das Leben der Anaïs Nin dazu an, alte Vorstellungen vom Charakter des Menschen zu revidieren. Am besten scheint noch das moderne Konzept von der multiplen Persönlichkeit zu passen. Aber selbst dann setzt sich die Denkgewohnheit durch, aller Wandlung gleichsam einen Kern, etwas Umgrenztes zugrundeliegend zu denken. Etwa in Gestalt eines wunden Punktes, der sie nötigt, hinter der Glasglocke zu verbleiben, von wo aus das Leben als etwas Unerreichbares qualifiziert wird – wie ein Orgasmus, der trotz aller Erregtheit nicht eintritt. Alle Bewegung scheint irgendeiner Zersplitterung und Auflösung zugleich nachzujagen, als Integration der in Ambivalenzen auseinanderdriftenden Begeisterung von Liebe und Tod. Hochzeit von Himmel und Hölle.

Im Spiel der Täuschungen winden sich die Sätze des Tagebuchs wie ein endloses Band um die Stirn derjenigen, die Enttäuschung fürchtet. Es könnte immerhin sein, daß Leben in Wirklichkeit nichts anderes ist als die banale Faktizität einer zufälligen Geschichte. Für Anaïs Nin scheint das ein Schreckensbild zu sein. Deshalb führt auch ihr exzessives Ausleben von Sexualität, Urbild eines banalen Vorgangs, nicht zur Verankerung in ihrer wirklichen Geschichte: Es wird überhöht, aufgeschäumt, übersteigert und kann doch nicht halten, was es verspricht. Das exaltierte Phantasieleben des Kindes und jungen Mädchens setzte sich über die konkrete, aktuelle Wirklichkeit hinweg und zwingt nun die Frau, Anfang Dreißig, an allen möglichen Orten gleichzeitig zu sein – wie Gott.

Es ist dieser Hang zu rigorosen Allmachtsgebärden, der jeden fasziniert und erschreckt, der sich in der einen oder anderen Form im Nestbau – «Trautes Heim, Glück allein» – zu beruhigen geübt hat. Gelegentlich stellt man auch an diese Lebensgeschichte die Frage, wann sie dazu befähigen wird, sich mit Einsicht selbst zu beschränken, worin die Stärke der Vorliebnehmenden liegen mag.

Anaïs weiß um dieses Problem. Indirekt wird es zum Thema ihres literarischen Gestaltens, das irdisch, direkt Bezug nehmen will auf die leiblich-seelische, banale Konstitution des Lebens, wie in den Erzählungen, die Ende der dreißiger und Anfang der vierziger Jahre entstehen und unter dem Titel «Under a Glassbell» («Unter einer Glasglocke») vereinigt 1944 veröffentlicht werden; besonders zeigt sich das in der Erzählung «Birth». Sie nennt das: als Frau schreiben. «Was das heißt, wird mir immer klarer. Alles, was in ihrem wirklichen Leib [«womb»] geschieht, nicht in dem Schoß, den Männer als Ersatz fabrizieren. Es ist befremdlich, daß gerade ich den Leib des realen Fleisches erkunden sollte, da von allen Frauen gerade ich die meist idealisierte zu sein scheine, die nach dem Unmöglichen verlangt, eine persische Miniatur – ein Traum, ein Mythos. Gerade ich steige in den wirklichen Leib hinab, locke den Mann hinein, kämpfe darum, ihn dort zu halten, und kämpfe darum, ihn von mir zu befreien, damit er einen anderen Leib erschaffen kann» – ein Werk.

Im Juli 1937 wird Hugo von der Bank nach New York gerufen. Anaïs läßt ihn unter Tränen allein reisen. Aber bald genießt sie die Freiheit, aufzustehen, wann sie will, zu essen, was und wann sie will. Die Mutter und Joaquin sind in Venedig, der Vater in Caux. Niemand kann sie kontrollieren. Das Tagebuch muß sie nicht verstecken. Sie kann kommen und gehen, wann es ihr gefällt. Einmal übernachtet Henry bei ihr, einmal Gonzalo. Wenn beide beschäftigt sind und sie wirklich allein sein muß, das Alleinsein also nicht wählt, fühlt sie sich verloren.

Es wird ihr klar, daß sie nicht allein leben kann. Sie braucht die Einschränkungen durch das Eheleben. Erst in der Opposition wird sie lebendig. Nächsten Winter wird Hugo ganz in London wohnen. Vor der Zeit hat sie Angst. Aus dieser Erfahrung leitet sie allgemeine Sätze über «die Frau» ab: «Die Frau findet ihre Erfüllung nicht in der Kunst, sondern in der Gestaltung des Zusammenlebens.» Bei Miller ist das anders, fällt ihr auf. Er scheint alles, selbst Anaïs' Liebe, seiner Besessenheit des Schreibens nachzuordnen. Anaïs erträgt kaum, wenn er tut, was ihrer Theorie über ihre eigenen Wünsche entspricht: schöpferisch einen anderen Leib erschaffen. Millers Bücher sind nun in Europa öffentlich anerkannt. Mit gemischten Gefühlen klebt sie die Zeitungsartikel über seine Bücher in ein Heft und kommt sich eher überflüssig vor. Sie braucht es, gebraucht zu werden. Gonzalo bietet ihr in dieser Hinsicht mehr. Mit Miller hatte sie den Traum von einer Druckerpresse entwickelt. Aber Gonzalo ist es, der die Vervielfältigungsmaschine erhält, die durch Hugos Großzügigkeit für dreitausend Francs angeschafft werden kann.

Gonzalo ist inzwischen zum Sekretär der südamerikanischen Gruppe der Kommunistischen Partei ernannt, hat ein eigenes Büro und muß Verantwortung übernehmen. Anaïs begleitet seine Entwicklung mit dem Stolz einer Mutter. Die Presse wird dazu beitragen, daß er arbeitet und stolz auf sich sein kann. Sie hätte die Presse auch gern für sich selbst, aber der Verzicht scheint ihr leichtzufallen.

Eine Begegnung mit dem jungen Schriftsteller Lawrence Durrell ruft in Anaïs ein Gefühl der Wahlverwandtschaft hervor. Miller hatte Durrell auf Anaïs' «House of Incest» aufmerksam gemacht, das dieser in einem Brief an Anaïs über alle Maßen lobt. Anaïs antwortet mit einer entsprechenden Lobpreisung von Durrells «Christmas Carol». Die erste Begegnung führt zu gegenseitiger Wertschätzung. Mit dem Blick begegnen sie einander und wissen um Gemeinsamkeit; sanft und feminin. Sie verstehen sich jenseits von Worten. «Er wünscht nicht, die Wärme, das Fleisch, den Duft, die Realität zu verlieren.»

Wie in ihrem Leben fällt es Anaïs im Schreiben schwer, nur jeweils eine Linie verfolgen zu können. Am liebsten würde sie wenigstens drei, vier Richtungen zugleich einschlagen. Sie möchte alles zugleich enthüllen, «Unschuld und Doppelheit, Großzügigkeit und Berechnung, Furcht und Mut. Die ganze Wahrheit. Ich kann die ganze Wahrheit nicht sagen, ganz einfach, weil ich der gegenwärtigen einen Seite vier weitere Seiten zuordnen müßte, ich müßte immerfort rückwärts schreiben, meinen Schritt unentwegt zurückverfolgen, um die Echos und Obertöne einzufangen…» Ähnliches hat sie in «House of Incest» geschrieben. An Hugo in New York, der ihre Freundin Thurema getroffen hat, schreibt sie, wie sehr sie die Frauen liebt, die wie sie selbst ihren Instinkten folgen und wagen, das Leben als Dschungel zu betrachten. Die Mutter spricht mit Anaïs über Joaquins Beziehung zu Thurema und fragt gleichzeitig, ob Anaïs glaube, daß Joaquin vielleicht homosexuell ist – «ohne zu merken, daß sie in dem Augenblick zu hören wünschte, ich würde sagen, ‹ja, er ist homosexuell›, dann bestünde keine Gefahr, daß er die Mutter wegen Thurema verlassen könnte». Daß Joaquin Bedenken gegen diese Verbindung haben könnte, da Thurema verheiratet ist und Kinder hat, kommt Anaïs gar nicht in den Sinn. Anaïs tauscht mit Thurema verhaltene Liebesbriefe aus.

An Dr. Esther Harding, die Anaïs einmal, völlig eingeschüchtert, in New York aufgesucht hatte, schreibt sie einen Brief über deren Buch «Woman's Mysteries», schreibt ihr, daß sie sie für die Schriftstellerin hält, die am meisten von den Eigenarten der Frau versteht. «House of Incest», das Anaïs der Analytikerin geschickt hat, enthält nach Anaïs' Auffassung auf symbolischer Ebene dieselben Aussagen. Ja, es ist der Zyklus der Frau, der sie dazu bringt, in Zurückgezogenheit zu schreiben. Es zeigt in poetischer Form, was Esther Harding als dunkles Blut charakterisiert. Anaïs wünscht sich von ihr ein Vorwort zu ihrem fünfzig Bände umfassenden Tagebuch, wenn es je veröffentlicht werden sollte. Esther Harding antwortet, indem sie Anaïs Nin für das nächste Mal ein professionelles, analytisches Gespräch anbietet. Das verletzt Anaïs, sie brauche keine Hilfe. Sie wolle nur ihre Bewunderung zum Ausdruck bringen. – Aber, wer weiß. Anaïs mag wirklich nach einer neuen Person Ausschau halten, der sie ihren Kummer anvertrauen kann und die ihr auf professionelle Weise hilft, den Wirrwarr ihres Lebens zu sortieren.

Einige für den Druck überarbeitete Tagebuchauszüge werden auch vom Verlag Little Brown abgelehnt. Sie hätten zu viel herausnehmen müssen. Aber sie schätzen die Autorin; so macht sich Anaïs Hoffnungen, sie würden auch Interesse an ihren anderen Texten haben.

Miller erhält nun gelegentlich Geld für seine Bücher. Er ist großzügig, macht Anaïs Geschenke und hilft seinem Freund Reichel. Wieder quält es sie, allein zu sein; sie sucht Miller und die Durrells auf, nur um nicht allein sein zu müssen. Enttäuschungen mit Gonzalo, der sie stundenlang warten läßt, lassen Hugo im Wert steigen. Er sei der einzige, der sie davor bewahren kann, verrückt zu werden. «Nimm mich in deine Arme, mein junger, hübscher Vater», phantasiert sie. Er soll sie schützen vor dem weiblich-kindlichen Egoismus von Gonzalo und Henry.

Anaïs befürchtet, sich zu zerteilen, zu verlieren, in Fragmente aufzulösen. Ein deutscher Bildhauer, Heinz Henghes, macht ihr den Hof. Gonzalo will aufgeben. Er ist eifersüchtig. Anaïs fühlt sich verloren, sucht immer noch einen Mann, der sie einschließt, der sie vor sich selbst schützt, vor ihren Neigungen, sich zu verlieren. Sie spürt, wie sehr sie dazu tendiert, ihren eigenen «Frieden und ihr

Glück zu zerstören». Wenn sie mit Gonzalo schläft, nachdem sie gerade von Henry gekommen ist, vermischt sich deren Sperma, und wenn Gonzalo sich auf die Seite dreht, liest sie einen Liebesbrief, den der Bildhauer ihr geschrieben hat. «Meine Tragödie ist, daß ich tiefe Liebe empfinde, aber mit keinem leben kann.»

Nachdem die «Chicago Tribune» eingestellt und Fred Perlès arbeitslos geworden ist, hat er dank eines Aufrufs von Miller: «What are you going to do about Alf?» einen Job im Country Club in Paris erhalten, einem amerikanischen Club mit Golfplatz und einer eigenen Zeitschrift: «The Booster». Perlès wandelt sie um in eine Literaturzeitschrift mit weiteren Rubriken: Mode, Sport, Orient, Metaphysik, Pferderennsport. Anaïs betreut die Rubrik «Gesellschaftliches». Miller, Durrell, dessen Frau Nancy, William Saroyan betreuen die Literatur, Fraenkel und Lowenfels machen ebenfalls mit. Die erste Nummer erscheint im September 1937 und enthält die Erzählung «Merle Blanc» von Anaïs. Wirbel macht erst die zweite mit einem erfundenen «Märchen der Eskimos», das Durrell «aufgezeichnet hatte: Ein alter Junggeselle wird während des Geschlechtsaktes langsam von einer jungen Frau verspeist, die am folgenden Tag sein Skelett wieder ausscheidet». Daraufhin unterstützt der American Country Club die Zeitung nicht länger. Die Herausgeber geben noch drei Nummern der in «Delta» umbenannten Zeitschrift heraus, dann sind sie pleite. In der zweiten Nummer setzen sie sich mit der aktuellen politischen Lage auseinander, bringen Auszüge aus Millers «Black Spring», aus Anaïs' «Winter of Artifice» und Durrells «Hamlet, Prince of China», eine Kurzgeschichte von Antonia White, etwas von Durrells Freund Dylan Thomas sowie Beiträge von Perlès und Fraenkel.

Anaïs fühlt sich nicht wohl in diesem Kreis. Entweder trinken sie und verplempern die Zeit, oder sie philosophieren. Ihr gefallen die Abstraktionen und Philosophien nicht. Fraenkel mit seiner Theorie vom geistigen Tod des modernen Menschen... Genausowenig mag sie Gonzalos Besessenheit durch das Drama des Krieges. Ihren Gegenstand entnimmt sie dem Hauptfeld ihrer Betätigung, der Sexualität.

Im August 1937 faßt sie den Plan, «Tausendundeine Nacht» zu schreiben, «über all die Stimmungen des Begehrens, der Liebe, die

Stimmungen körperlicher Vereinigung, vollständige, umfassende Beschreibungen, körperlich und gefühlsmäßig, mütterliche Gefühle, ‹Brunst›-Gefühle, animalische, bestialische, erotische Phantasien... Angst, mystische Trancezustände, Zorn, Eifersucht, Qualen, Versagung, Erfüllung usf.» Es muß Literatur werden, was sie lebt. Dann wird es nicht verloren sein. Die Jahrzehnte später veröffentlichten Tagebücher «Henry and June» und «Incest» sowie die derzeit noch nicht veröffentlichten Bände sind die Verwirklichung dieses Plans. Lange Seiten über die Potenz der Liebhaber, über Eduardos Homosexualität – weniger über die eigenen Möglichkeiten.

Mit dem Schreiben ist es merkwürdig. «Man sagt sich: ‹Mir geht es gut, zu gut. Ich brauche nicht zu schreiben. Ich will leben.› Man ist am Puls der Zeit, freut sich. Das Leben wird gelebt ohne Formulierung, ohne Echo, ohne Doppel. Dann eines Tages, ohne jeden Grund, spaltet sich das Leben in Sein und Formulierung. Filmähnliche Aktivität macht sich breit im Kopf, in meinem Kopf schreibe ich. Das ist kein Analysieren oder Meditieren, das ist Schreiben. Eine Phraseologie, begleitet von dem Gefühl für die Bedeutung dessen, was auf Ausdruck drängt (wie eine Entdeckung), und ein Bestreben, es einzufangen, es im Gedächtnis zu behalten. Es kommt unerwartet wie Fieber und verschwindet wie Fieber. Es ist anders als alle anderen Betätigungen.»

Millers Szenario zu Anaïs' «House of Incest» erscheint. Anaïs fühlt sich bestohlen, sieht ihre abgehobene, symbolische Darstellungsweise vulgarisiert, schmackhaft gemacht, lärmend und kinogerecht, für Leute, die Texte wie «House of Incest» nicht genießen können. Henry wird den Ruhm davontragen. Sie ist erbost, sagt es ihm aber nicht. Das würde ihrer Rolle der selbstlos Gebenden widersprechen.

Mit Eduardo geht sie zur großen Surrealisten-Ausstellung im September 1937 und trifft André Breton, der sie einschüchtert. Eduardo und Anaïs verabreden sich mit ihm im Café Les Deux Magots. Sie mag ihn nicht, er ist nur Kopf, es geht kein Glanz von ihm aus, er versteht nichts von Musik. Überhaupt meint Anaïs, die Zeit des Surrealismus sei vorbei.

Hugo ist zurück von New York. Wie gewöhnlich bringt das Hausmädchen das Frühstück auf einem Tablett. Anaïs wird traurig bei dem Gedanken, daß ihr diese Zuflucht verlorengeht. Es steht fest, daß Hugo in London leben wird.

Die Freundin Elena beschäftigt sie oft. Sie könnte ihr Henry abnehmen. Anaïs befürchtet und wünscht es gleichermaßen. Denn ihre Liebe zu Gonzalo wächst. Elena wäre die richtige Frau für Henry. Anaïs hält sie für energiegeladen wie ein Pferd. Sie hat Platz für Henry, weil ihr Leben leer ist. Anaïs leidet an Blutarmut, ist häufig ganz entkräftet und muß den Arzt aufsuchen. Auf die Gespräche mit Henry kann sie nicht verzichten. Sie finden heraus, daß der Künstler erst in seinem Werk zu einem Ganzen wird. Mit Durrell, der glücklich ist, daß Anaïs ihn nicht wie einen Sechsundzwanzigjährigen behandelt, spricht sie über Henry. Durrell versteht Anaïs' Klagen über Miller: daß er kühl ist, nicht wirklich lebendig, eben der Künstler, der in der Vergangenheit seiner eigenen Geschichte lebt.

Durrell, den seine Freunde Larry nennen, folgt mit seiner Frau einer Einladung zu Hugo und Anaïs. Er ist überrascht, Anaïs vollkommen verwandelt zu sehen. Ihm begegnet nicht die Frau aus der Villa Seurat, die selbständig ihre eigenen Interessen vertreten und sich um andere kümmern kann, sondern eine mädchenhafte Frau, der man schützend zu Hilfe kommen muß. Den Kontrast kann er kaum begreifen. Er gibt Anaïs zu verstehen, daß sie das Tarieren ihrer Dualität nicht mit Ganzheit verwechseln sollte.

6. Wankelmut:
Die unmögliche Einheit

IN EINE BITTERE Auseinandersetzung gerät Anaïs eines Tages mit Miller, als er ihr voller Stolz einen verführerischen Brief von der Schriftstellerin Marika Norden (Mejam Vogt) zeigt. Ein beigelegtes Foto wird von Miller schwärmerisch mit Marlene Dietrich und Greta Garbo verglichen. Er hat diesen Briefwechsel eröffnet, weil ihm Nordens Buch «Gentle Men» gut gefällt. Anaïs ist eifersüchtig. Nachdem sie sich auf Henrys sexuelle Untreue eingestellt hat, will sie wenigstens als Künstlerin die einzige für ihn sein. Sein Werk und seine Vergangenheit, speziell die Erinnerung an June reichen allemal. «Henry war überraschend sanft und einsichtsvoll: ‹Früher, Anaïs, wollte ich besitzen, indem ich jemanden nahm und einen Zaun errichtete. Jetzt, weißt du, habe ich begriffen, daß man auf die Art nicht besitzen kann. Ich besitze dich nur durch das, was uns verbindet. Das heißt nicht, daß ich weniger liebe, sondern daß ich mit mehr Vertrauen liebe.›» Darauf wirft Anaïs ihm vor, daß er June hinterherleide, ihr Leben ihm dagegen nicht mehr wichtig sei. Sie hat sich immer bemüht, ihn sowenig wie möglich zu verletzen. Es kränkt sie, daß June, die ihn unentwegt verletzt hat, ihn immer wieder beschäftigt. June war Millers «amour fou», deren Bewältigung Stachel und wesentliches Thema seines Schreibens ist.

Anaïs' Liebe hat für ihn einen anderen Stellenwert; sie ermöglicht ihm, in Ruhe zu arbeiten. Mit dem Beschreiben und erneuten Heraufbeschwören der verrückten Welt mit June wird er gegen alles Aktuelle auch gleichgültiger. Von Anfang an meinte Anaïs, sie müsse Miller in ähnliche Turbulenzen verwickeln, um interessant zu bleiben. Gewiß war es eine Enttäuschung, daß vergleichbar vehemente Szenen ausblieben.

Sie hat so sehr gewünscht, Miller würde ihr ermöglichen, die in Schach gehaltenen, als «böse» verurteilten Seiten ihres Charakters zu entfalten. Sie hat versucht, June ähnlich zu werden durch die Vielzahl gleichzeitiger sexueller Beziehungen – mit Allendy, Artaud, Turner, dem Vater – und das damit verbundene Lügen und Verstecken. Aber es ist ihr nicht gelungen, Henry dadurch exklusiv an sich zu binden. Nur kurze Zeit, in New York, meint Anaïs, ist er einmal Henry Miller gewesen, der ganz und gar ihr zugewandt war. Kaum daß sie nach Paris zurückgekehrt waren, ist er jedoch wieder verschwunden «in dieser vagen Welt der fließenden Kunst». Millers Weltanschauung des Lebens und Lebenlassens erträgt sie nicht. Sie sucht eine starke Gestalt, die sie festhält, bindet, zwingt.

Im Spannungsfeld zwischen Übererregtheit und kühler Distanziertheit, gleichsam «Unter der Glasglocke», zappelt sie wie ein Fisch. «Ich brauche ein exaltiertes Leben, sonst erstarre ich im Analysieren.» Henry scheint im Verfließen leben zu können. Das wirft sie ihm vor. Er habe keine Mitte, keinen Kern, sauge andere Menschen aus – und dann zieht er sich auch noch selbstgenügsamegoistisch in das Schreiben zurück. Wütend konstatiert sie dann, wie ein trotziges Kind, daß Schreiben nicht die Erfüllung sei. Für kurze Zeit nimmt sie noch einmal Tanzunterricht, eine Art Bewegungstherapie, Ausdrucksgebärden intuitiver Art bei freier Bewegung im Raum. «Ich werde mich von meinen Ängsten frei tanzen.» Bedrängt von der Angst, verlorenzugehen, allein gelassen zu werden, ihren schriftstellerischen Ambitionen nicht gerecht werden zu können, macht sie aus ihrem Ehemann dann einen «idealen Vater», einen «Gott», der «beschützt und verzeiht».

Wenn sie Miller Szenen macht, vergißt sie ihre anderen Beziehungen ganz und gar. Darüber wundert sie sich, und sie gerät in eine Selbstinquisition. Was ist nun Liebe? Ein Gefühl, das sich in Eifersucht äußert? Oder Mut und Vertrauen, dem anderen Freiheit zuzugestehen? Gonzalo ist extrem eifersüchtig und klammert sich an sie, Henry läßt ihr Freiheit, Hugo stärkt ihr den Rücken – wer liebt sie wirklich? Und wen liebt sie wirklich? Sie weiß es nicht. Ist sie mit Gonzalo zusammen, der die Wahlergebnisse verfolgt und die kommunistischen Abgeordneten zählt, hält sie es bei ihm nicht aus. Dann gilt die größere Welt mit Miller, der gerade einen schönen Text über seinen Malerfreund Abe Rattner geschrieben hat.

Die bittere Auseinandersetzung wird geschlichtet mit Hilfe von Selbstironie. «Jetzt macht Henry das Bett und sagt: ‹Laß uns ein Nickerchen machen. Ich brauche es nach dem Schock, den du mir versetzt hast. Ich bin ein sensibler Typ, weißt du.› Wir lachen. Er sagt: ‹Bist du wieder gut? Wirst du nicht nach Hause [zu Hugo] eilen und mir einen vernichtenden Brief schreiben?› – ‹Ist schon gut. Ich schreibe nur, wenn ich nicht Lärm mache. Wenn ich aus der Haut fahren kann, ist es wieder gut!› Ich nahm seinen Penis in meine Hand: ‹The little wandering jew›, sagte ich. ‹Nun muß er so weit reisen. Du wolltest nicht mehr reisen, aber du schickst ihn jetzt sogar nach Norwegen› [Miller hat die Absicht, Marika Norden in Norwegen zu besuchen]; Henry sagte: ‹Du schenkst mir da ein hübsches Thema.› – ‹Hör auf, im Bett zu plagiieren!› Und wir liebten einander mit der üblichen Begeisterung.»

Das Karussell des Analysierens dreht sich weiter. Den Brief, in dem sie Miller die bittersten Vorwürfe der Unmenschlichkeit und der Selbstauflösung im Umgang mit jedermann gemacht hat, schätzt sie nun als Projektion ein. Sie habe ihm all das zugeschoben, was im Grunde für sie zutrifft. «Ich verflüchtige mich, zersetze und nehme dem Erlebten seine Wirklichkeit.»

An verrückten Szenen fehlt es nicht in ihrem Leben. Ende 1937 wird Gonzalo, der von der spanischen Botschaft Aufträge zum Drucken erhält, als faschistischer Spion verdächtigt. Seine Freunde haben herausgefunden, daß der Kapitalist Hugh Guiler und seine Frau ihm Geld und eine Druckerpresse haben zukommen lassen. Anaïs' Aussage und die von Roger Klein, der sich auf einen Brief von Gonzalos Mutter bezieht, in dem sie ablehnt, Geld für kommunistische Propaganda bereitzustellen, wird als Entlastung akzeptiert. Roger Klein ist ein Parteigenosse Gonzalos, der wirklich am Spanischen Bürgerkrieg teilnahm und verwundet wurde.

Anaïs kann es nicht ertragen, wenn sich der Geliebte ihr entzieht, zum Beispiel, wenn sich Gonzalo während einer Krankheit von ihr nicht pflegen, nicht trösten läßt. «Wieder wollte ich das Unmögliche in einer Beziehung.» Immer wenn es zu Enttäuschungen ihrer besitzergreifenden Liebe kommt, besinnt sie sich auf ihre eigene

Arbeit. «Auf Leidenschaft allein läßt sich keine Welt errichten... Also... an die Arbeit! Wunderbares Arbeiten. Überarbeiten von Band 45 (New York, Rank, Henry). Im Tagebuch sind so viele Blumen, die den japanischen Papierblumen entsprechen. Im Wasser blühen sie auf. So lege ich alle geschlossenen Knospen in Wasser. Welch ein Erblühen. Miriams umfängliches, ausgelassenes Geständnis. Zwei Seiten über Fez, Seiten über Ranks Kleidung, Männerkleidung. Seiten über ‹moonstorm›, die seelische Verfassung während der Menstruation. Essay über Ranks Philosophie (den Gedanken auf poetische Weise Gerechtigkeit widerfahren lassen). Henry ist verblüfft. Larry begeistert. Verdammt noch mal, gestern wollte ich mich selbst zerstören, vielleicht sollte ich besser die Welt zerstören, da sie meine Illusionen nicht erfüllt. Ich finde Frieden.»

Während sie in der Verfassung des Enttäuschtseins mit Suizidgedanken spielt, findet sie durch das Schreiben ihr Lebensgefühl wieder, im Schreiben kann ihre Ernüchterung Ausdruck und Form gewinnen. Hugo ist in London, und Anaïs genießt es, in den Nächten zu schreiben und nicht zu grübeln, ob Gonzalo oder Henry sie wirklich liebt.

Mit der Liebe muß man es wohl halten wie die Männer, meint Anaïs. Diese genießen es, mit der Frau ihrer Wahl zu schlafen, und sind dann wieder in ihrer eigenen Welt. «So entkommt der Mann der Frau, der Tragödie und all den menschlichen Problemen. Sie haben recht.»

Ende des Jahres 1937 sieht es so aus, als könnte Miller einen ersten Band der Tagebücher von Anaïs Nin herausgeben. Jedenfalls schreibt Anaïs vierhundert Subskriptionsaufforderungen. «Durrell nennt meine Tagebücher meine schwarzen Kinder – sie sind schwarz gebunden –, ich hebe sie auf in einem arabischen Hochzeitskästchen, im violetten Samt mit goldenen Nägeln.» Gonzalo ist eifersüchtig auf ihr anderes Leben ohne ihn, warnt vor der Kollaboration mit den Faschisten. Hugo befürchtet, seinen guten Ruf unter den Bankleuten zu verlieren, verlangt, daß keine Subskriptionsaufforderungen an die mit der Bank verbundenen Bekannten geschickt werden. Dorothy Norman, die die Literaturzeitschrift «Twice a Year» in New York herausgibt, akzeptiert «Birth» und den Essay

«Woman in Creation». Von André Maurois kommt eine Zustimmung zum Subskriptionsangebot, er merkt nur an, daß er nicht alle vierundfünfzig Bände haben möchte, es seien bereits zu viele Bücher in seinem Haus. In ihrem näheren Umfeld sind Durrell und Miller diejenigen, die ihr Schreiben aktiv fördern. Und wenn es ohne Kritik abgeht, fühlt Anaïs sich in der Villa Seurat sehr wohl. Anaïs soll eine Nummer von «The Booster» herausgeben über «Women's writing».

Mit dem Vorhaben der Veröffentlichung des Tagebuchs gerät sie immer wieder in Schwierigkeiten. Der Lektor Perkins vom Scribners Verlag ist von den Texten begeistert, wünscht eine gekürzte Fassung: «Was für eine interessante, außergewöhnliche Frau!» Sie ist im Zweifel, ob sie die Tagebücher unverändert lassen oder überarbeiten sollte. Niemand kann ihr sagen, was besser ist. Aber von Anfang an steht fest, daß Hugo sie nicht unverändert in die Hand bekommen darf. Selbst bei Miller hat sie Bedenken. Wie würde er reagieren, wüßte er die ganze Wahrheit; ganz zu schweigen von der Reaktion der Eltern und Brüder. Anaïs mißt ihr Schreiben an den herausragenden Schriftstellern der Zeit. Über Louise de Vilmorin und deren Verhältnis zu ihren Brüdern will sie Besseres schreiben als Cocteau in «Enfants Terribles», über June Besseres als Djuna Barnes in «Nightwood», über Artaud Besseres als Carlo Suares in «Procession Enchainée» – «I want to do my Father, Eduardo...» – sie möchte sie alle «machen». Das hat einen merkwürdigen Nebensinn. Man hat das Gefühl, sie will Menschen machen. «It is Rank I'm doing now – fully.»

Die Arbeit an den Tagebüchern führt sie in die Vergangenheit. Diese Art der Wiederholung genießt sie, das gleichzeitige Leben in verschiedenen Zeiten wirkt wie eine Bewußtseinserweiterung. Auch das Vergleichen ist interessant. Ihr fällt auf, wie unsicher Miller vor sechs Jahren hinsichtlich seines schriftstellerischen Könnens war und wie sicher, beinahe ein bißchen megalomanisch, er heute ist. In der Gegenwart, meint Anaïs, lieben wir so vieles, was eigentlich inzwischen Vergangenheit ist. «Ich möchte immer am Beginn einer Liebe sein, wenn die Flamme so heiß ist, daß sie alle Differenzen, Feindlichkeiten und Mängel verzehrt.»

Anfang Januar 1938 packt Hugo die Dinge, die er nach London

mitnehmen will, in große Koffer. Sie müssen entscheiden, was bei Anaïs in Paris bleibt, ganz ähnlich, wie es bei einer Scheidung zuginge. Aber Hugo hat in Anaïs' Leben einen sicheren Platz als «Schutzengel, junger Vater, fester Halt, Beschützer, Bruder und Kind». In Gesellschaft der Villa-Seurat-Freunde gefällt ihr dieses Kind, dessen Gesprächsbeiträge sich für ihren Geschmack häufig steif und brav gelernt anhören, nicht so gut. Dennoch: «nichts ersetzt ihn». Anaïs entläßt das Dienstmädchen Janine, kommt vorübergehend in einem Raum bei Jean Carteret unter, einem Astrologen, den sie Anfang 1937 kennengelernt hat, und teilt ihr Geld nun auch mit ihm. Die teuren, hellen Möbel, das gute Geschirr schickt sie Hugo nach London; sie behält nur die einfachen Möbel, ihr arabisches Bett, einfache Stühle, einen großen Arbeitstisch, schwarze Bücherregale und byzantinische Lampen. Sie wirft fort, reduziert ihre Habe.

Befremdlich ist die neue Freiheit. Wie ein unbeaufsichtigtes Kind kann sie umherziehen, ohne jemandem Rechenschaft ablegen zu müssen. Sie nimmt das Zimmer 55 im Hotel Acropolis, 160 Boulevard St-Germain. Briefe an Hugo in London zeigen weitere Adressen. Unter diesen Bedingungen kann sie arbeiten, zwei, drei Stunden am Morgen, danach zum Lunch mit Eduardo oder anderen Freunden, dann wieder zwei, drei Stunden Arbeit, Treffen von Freunden in einem Café, vor dem Abendessen eine weitere Arbeitsphase und am Abend Henry oder Gonzalo. Sie gibt kein Geld mehr aus für Taxis, ißt für sechs Francs und findet das sehr gut. Leben auf das Einfachste reduziert, das paßt zu einer Künstlerin.

Ende Januar 1938 kommt Hugo zu Besuch und «verhält sich wie ein hungriger Liebhaber». Anaïs fühlt sich schuldig, daß sie ihn allein nach London hat gehen lassen. Sie versucht, ihre Liebe nun als Abenteuer zu betrachten – zwischen zwei Künstlern, einem Maler und einer Schriftstellerin. Da Hugo nur als «Liebhaber» auftaucht, der keine Rechte auf ihre andauernde Anwesenheit anmeldet, intensivieren sich ihre Gefühle für ihn.

Merkwürdige sexuelle Phantasien hat sie manchmal. Sie ist wieder das kleine Mädchen, und der Vater nimmt sie mit in die Dachstube, um sie zu züchtigen. Er schlägt sie auf den entblößten Hintern. «Ich fühle seine Hand auf meinem Körper. Aber er hört auf, mich zu schlagen, ist zärtlich mit mir, dringt mit seinem Penis in mich ein. Oh, ich genieße das… Aber nein, meine Mutter kommt die Treppe hinauf. Wir haben keine Zeit… Ich glaube, daß das wirklich geschehen ist. Nicht, daß mein Vater wirklich sexuell intim geworden ist, aber ich glaube, daß er zärtlich mit mir war, während er mich schlug…» Verwundert stellt sie fest, daß sie diese Lust nicht verspürt hat, als sie in der Erwachsenheit wirklich mit dem Vater geschlafen hat. Die Phantasie dagegen löst einen Orgasmus aus.

Im Februar 1938 kann sie in ein neues Hausboot ziehen. Hugo, der sein Atelier in London wie ein Boot gestalten will, ist neidisch. Von außen sieht die «Belle Aurore» heimelig aus. Das Boot hat einen kleinen Arbeitsraum mit Oberlicht und kleinen Fenstern rundherum. Eine Treppe führt in den Bauch des Schiffes zu einem weiteren großen Raum, ebenfalls mit kleinen Fenstern, einer Küche mit großem Kohleofen, der auch für warmes Wasser sorgt. Ein Bad, ein Foyer, ein kleines Zimmer für das Dienstmädchen Albertine und Elektrizität gibt es auch. «Rundum der Fluß. Das Gefühl des Davonreisens… Ich schreibe auf die Titelseite des Tagebuchs: ‹Les Mots Flottants› (Die fließenden Worte). Um sie hervorbringen zu können, mußte ich ein Hausboot finden…»

Jean Carteret glaubt, daß Anaïs ihre Texte unter Drogen schreibt, und ist verwundert, als Anaïs ihm erklärt, daß sie ein besseres Mittel hat. «Als Kind habe ich erfahren, daß gewisse Reisen auf einen Horizont zusteuern, der niemals erreicht wird. Die weichen, verschwindenden, unsichtbaren Konturen der Illusion. Wenn Worte und Gefühle zu gleiten lernen, haben sie das poetische ‹movement perpétuel› erreicht. Gleiten bedeutet mit dem kosmischen Rhythmus verbunden sein … Gleitend habe ich Einheit gefunden. Das Boot wird von etwas getragen, von einem Wasser, das um vieles tiefer ist als das Wasser selbst. Ich lebe im Strömenden.» Moricand besucht sie auf der «Belle Aurore», bringt ihr einen Revolver, Weihrauch und ein Gedicht von Max Jacob über ein Hausboot. Viele Freunde kommen mit Geschenken. Der englische Dichter David Gascoyne «bringt seine Melancholie und meeresfarbene Augen, Gonzalo bringt seine Eifersucht und seine schwermütigen Augen».

Gonzalo ist außer sich über Hitlers Einmarsch in Österreich und die damit verbundene Bedrohung des Kommunismus, über Francos Einkesselung von Barcelona und Frankreichs Weigerung, den Eingeschlossenen zu Hilfe zu kommen. Sollte der Kommunismus zugrunde gehen, will er sich umbringen. Anaïs versucht vergeblich, ihn von der Schönheit der poetischen Welt zu überzeugen, die trotz allem immer existiert.

Mit den Freunden, besonders mit Jean Carteret, lebt Anaïs in dieser anderen Welt. Carteret ist ihr Träumer-Bruder, er darf auch einmal mit ihr schlafen, denn ihre Seelen sind gleichgestimmt; «Narzißmus, nicht Liebe». Mit ihrem psychoanalytisch geschulten Denken stellt sie fest, daß Gonzalo im Grunde von Schuldgefühlen beunruhigt wird, weil es ihm mit seiner Lethargie nicht gelingt, eine Welt zu schaffen, wie er sie sich wünscht. Zwei getrennte Welten. Anaïs lebt «in Noahs Arche, und die Sintflut, das ist die Politik». Ihr selbst, meint sie, ist es gelungen, eine Welt nach ihren Wünschen zu gestalten.

Die drei literarischen Musketiere Anaïs Nin, Henry Miller und Lawrence Durrell erreichen, daß der Verleger Jack Kahane in der «Villa Seurat Series» Millers «Max and the White Phagocytes», Durrells «Black Book» und einen Text von Anaïs Nin mit dem vorläufigen Titel «Chaotica» veröffentlichen will. An diesem Text arbeitet Anaïs fieberhaft. Er stützt sich auf das New Yorker Tagebuch aus der Zeit ihrer analytischen Tätigkeit und soll unter ihrem Namen erscheinen. Vieles muß daher verschlüsselt werden. Ihre Anwandlungen von Heiligkeit schreibt sie einer Person namens Elisabeth zu, den Inzest einer gewissen Miriam, Frigidität und Abenteuerlust der Gestalt Djuna. Der Analytiker ist ein Kompositum aus Rank und Allendy. Henry gefallen die hastig niedergeschriebenen Seiten nicht, er hält sie für wirr und allzu künstlich. Anaïs fürchtet, daß er recht hat. Nur im Tagebuch kann sie «natürlich» schreiben. Sie ist verletzt und wie gelähmt. Das Tagebuch, wie es ist, kann sie nicht veröffentlichen, und einen Roman kann sie offenbar nicht schreiben. Aber diesmal gibt sie nicht auf, sondern arbeitet an dem Problem, verändert den Text, fügt Neues hinzu. «Ich schrieb etwa hundert Seiten, sehr schöne, hastige Bekenntnisse – ein mystisches, sinnliches Buch. Henry war zufrieden – das Natürliche ist gelungen.»

Im August will sich Maruca, die zweite Frau des Vaters, scheiden lassen. Sie erträgt seinen Egoismus, seine Ansprüche und sein Fremdgehen nicht mehr. Anaïs spielt den Botschafter, reist nach Caux in die Schweiz, überzeugt den Vater von der Dringlichkeit einzulenken. Der Vater übernachtet auf ihrem Hausboot. Anaïs hat kein Mitgefühl, will nur abwenden, daß sie sich auch noch um ihn wird kümmern müssen. Maruca besorgt ihm eine kleine Wohnung in Neuilly, einen Block entfernt von der Straße, in der Anaïs geboren wurde. Im Sommer 1938 muß Anaïs ihr Hausboot ausgerechnet nach Neuilly verlegen, so verlangt es die Wasserpolizei. «Schlimmes Omen. Rückkehr. Der Kreis.»

Henry hatte einen Unfall. Anaïs pflegt ihn zehn Tage lang. Thurema kommt aus den Staaten zu Besuch, erhebt Ansprüche auf Anaïs' Liebe. Maruca verlangt Trost. Anaïs wird zerrissen von den Ansprüchen der anderen, die sie nicht offen frustrieren kann, während Henry, kaum genesen, «schreibt wie ein Gott». Er erläutert Anaïs, warum er das Wort «Cancer» (Krebs) verwendet: «Für mich ist es das Schalentier, wie die chinesischen Weisen es sahen, das Lebewesen, das sich in jede Richtung bewegen kann. Es ist das Sternzeichen des Dichters ... ihm gegenüber steht der Steinbock, das Haus, in dem ich geboren bin, das religiöse Bedeutung hat und Wiedergeburt im Tode bedeutet. Krebs heißt für mich auch die Krankheit der Zivilisation, der äußerste Punkt eines Lebens, das auf dem falschen Wege ist – das heißt die Notwendigkeit, seine eigene Richtung zu ändern und völlig neu zu beginnen. Nietzsches Lehre von der ewigen Wiederkehr, auch im tieferen Sinne die Essenz des Buddhismus: dann erscheint der Krebs als Höhepunkt des Todes im Leben, wie der Steinbock Leben im Tode ist... Ich selbst versuche, wie ich es in meinen Büchern oft gesagt habe, auf der hauchdünnen Linie zu wandern, die beide voneinander trennt. Es ist nur eine vorgestellte Linie, denn Realität hat keine begrenzenden Linien.»

Anaïs gefallen diese Ausführungen außerordentlich, weil sie in eine Form bringen, was sie selbst nebelhaft verspürt. Sie liebt Millers schriftstellerisches Können. «Was es zum Ausdruck bringt, ist genau, was ich fühle, die Extreme von Sinnlichkeit und Mythos, Spiritualität und Teuflischem.» Daß er alle überflügeln wird, denkt sie und ist stolz, daß es ihr gelungen ist, aus Miller etwas Großes zu machen. Ein Brief, den Henry Miller am 30. April 1939, nachdem er Paris verlassen hat, an Huntington Cairns schreibt, zeigt, daß Anaïs ihren Anteil an seiner Entwicklung richtig einschätzt. Cairns ist als Anwalt in den Staaten mit der Zensur von Büchern befaßt. «Ich verdanke Frankreich sehr viel ... Doch ich muß der Wahrheit zuliebe hinzufügen, daß ich nahezu alles einem einzigen Menschen verdanke: Anaïs Nin ... Wäre ich ihr nicht begegnet, hätte ich niemals das wenige, das ich geleistet habe, zustande gebracht. Ich wäre verhungert. Es war eine Frau, Anaïs Nin, die mich gerettet, angetrieben, ermutigt und inspiriert hat.»

Mitte September 1938 begreift Anaïs plötzlich, daß der Krieg vor den Grenzen ihrer privaten Welt nicht haltmachen wird. Ein Urlaub mit Hugo in Bad Ragaz muß nach zehn Tagen abgebrochen werden. Was wird geschehen? Anaïs beobachtet, daß sich die Menschen vor den Zeitungshäusern sammeln. Unruhe macht sich breit. Wie werden die nächsten Nachrichten sein? «Meine kleine Welt, von Hugo finanziell und von mir mit aller seelischen Kraft erhalten – schließlich gesteigert ins Wunderbare aufwirbelnd –, nun gestört in ihrer Harmonie durch die destruktive Gewalt der Außenwelt – Hitler.»

Die französische Politik Ende der dreißiger Jahre entspricht in vielen Zügen der europäischen Politik dieser Zeit. Die Polarisierung von Kommunisten und Faschisten, die sich im Spanischen Bürgerkrieg so extrem zeigt, bestimmt auch die Lage in Frankreich. Eine linke «Volksfront» (Radikalsozialisten, Sozialisten und Kommunisten) unter der Regierung von Léon Blum (der 1907 eine Kritik der Ehe geschrieben hatte und die Auffassung vertrat, auch Frauen sollten vor der Ehe ihre sexuellen Erfahrungen gemacht haben) steht rechten Kräften gegenüber. Hitlers Annexion des Rheinlandes wie auch der sogenannte Anschluß Österreichs an das Dritte Reich haben bei den europäischen Mächten zu einer nervösen Haltung des Nichteingreifens geführt. Im September 1938 schließen Chamberlain und Daladier in München ein Abkommen mit Hitler und Mussolini, auch wegen der Annexion deutschsprachiger Gebiete der Tschechoslowakei nicht zu intervenieren. Sie hoffen immer noch, die aggressiven Expansionsbestrebungen Hitlers durch ihre Stillhaltepolitik begrenzen zu können. Doch Ende 1938 im Jahr des Generalstreiks, notiert Anaïs, weist Frankreich seine ausländischen Bürger an, das Land zu verlassen.

Anaïs macht der Gedanke verrückt, sie könnte ihre Schutzbefohlenen, an erster Stelle Henry, Gonzalo und die Familie, nicht weiter versorgen. Die Spannung ist unerträglich. Der Ausbruch des Krieges ist nur noch eine Frage der Zeit.

Henry hat vierhundert Seiten vom «Wendekreis des Steinbocks» geschrieben, gibt Anweisungen für den Verbleib des Manuskripts und schreibt sein Testament, in dem er alles Anaïs Nin vermacht. Anaïs stellt ihm ihr ganzes Geld, eintausend Francs, zur Verfügung, damit er in die Dordogne fahren kann. Sie sucht den Vater auf, der über sein persönliches Schicksal ständig in Tränen ausbricht. Von ihm geht sie zur Mutter und zu Joaquin, die ihre Rückkehr in die Staaten vorbereiten. Gonzalo will sich wieder in den Krieg stürzen. Helba hat Todesphantasien. Anaïs fragt sich, ob ihre Kräfte reichen, den Kampf an allen Fronten zu bestehen. Nach der Behandlung eines Weisheitszahns bricht sie zusammen. Die Lektüre von Honoré de Balzacs «Séraphita» und Gespräche mit Conrad Moricand wirken als Trost.

Entwurzelung droht. Das Tagebuch muß gut verwahrt werden in der Bank. «Ich kann nicht Dynamit mit mir herumtragen. Ich kann nur leichtes Gepäck für die Reise brauchen.» Frankreich steht vor der Mobilmachung. Die Telefonverbindung nach London ist häufig unterbrochen; sollten Hugos Geldsendungen ausbleiben, sind auch ihre Schützlinge verloren. In all der Unsicherheit schreibt Anaïs: «Ich kam auf die Welt in der Straße Henry Bertier Nummer sieben in Neuilly, aber ich wurde empfangen auf dem Ozean, auf dem Weg von Kuba nach Frankreich, das heißt auf dem Atlantik.» Sie wird ihn wieder überqueren müssen.

Sehr klar sieht sie in dieser Situation die Bedeutung, die das Tagebuch für sie hat. Das Leben verliert seinen magischen Glanz, es sei denn, sie formt es um im Tagebuch. Das Tagebuch hat die beruhigende Wirkung einer Droge. «Wenn ich schreibe, lasse ich den Worten freien Lauf, da ich weiß, daß nichts mein Mysterium zerstören kann.»

In dieser Situation kann sie plötzlich entscheiden, daß die Texte über Henry, June, den Vater und andere Bekenntnisse, für die Miller den Obertitel «Winter of Artifice» findet, ihr Beitrag zur «Villa Seurat Series» sind. Durrell wird es in Kahanes Obelisk Press edieren. Für Hugo und Gonzalo stellt sie ein gekürztes Manuskript her, läßt die Erzählung über Henry und June fort, um Fragen und Auseinandersetzungen wegen ihrer Beziehung zu Miller zu vermeiden.

Vier Jahre und neun Monate hat Henry Miller in der Villa Seurat gelebt – mit Anaïs, mit seinen Freunden, mit seinen Büchern. Plötzlich wird diese Welt durch Hitlers aggressiven Wahnsinn bedroht, und Miller flieht. Nur kurz wollte er in Bordeaux bleiben, um sogleich ein Schiff nach Amerika zu nehmen. Das Münchner Abkommen zwischen Hitler und den Westmächten wird den Kriegsausbruch noch einmal aufschieben. Im September 1938 schreibt Henry an Anaïs: «Arbeit bringe ich keine zuwege. Ich gehe herum oder lege mich schlafen, absolut automatisch. Seit ich weg bin, habe ich nichts getan, als herumzulaufen wie in Trance. Ich muß Tausende Paar Schuhe angeschaut haben, Krawatten, Socken, Regenschirme, Nachthemden usw. – Wie Du es tun würdest, wärst Du... Ich habe auch mit keiner Menschenseele gesprochen – und das ist schlimm... Ich bleibe hier und warte darauf, daß Du kommst oder die Lage sich klärt.» Anaïs soll sich keine Sorgen wegen der Sachen in der Villa Seurat machen, überflüssiger Luxus in dieser Situation, «wenn die Welt zusammenbricht». Im nächsten Brief teilt er ihr mit, daß Le Havre der richtige Ort wäre, um ein Schiff nach Amerika zu bekommen.

Im Frühjahr 1939 kehrt er noch einmal in die Villa Seurat zurück und liest mit Anaïs Korrektur von «Wendekreis des Steinbocks». Anaïs ist bestürzt und weint: «Entweder muß ich mit einem neuen Buch oder mit einem ganz anderen Leben beginnen.» Aber ihr Leben kann sie nicht ändern, so wird ein neues Buch entstehen müssen. Sie fühlt sich gefangen – im Leben mit Hugo genauso wie in ihrer Geschichte mit Gonzalo und mit Henry. Immer sieht sie sich hinter der Glasscheibe hocken, gefangen in Liebe, gefangen in Phantasien, von Kindheit an. «Ich stand hinter jedem Fenster einer jeden Stadt in der Welt und hielt immer Ausschau nach etwas, das ich sehnlich wünschte und nicht haben konnte.» Niemals lassen sich die weiten Aussichten der Träume durch das Nadelöhr der Realität zwingen.

Erlebte Situationen gehen ihr durch den Sinn, die für eine literarische Bearbeitung geeignet wären: das «verlorene Hausboot – in der Strömung – im Licht – Verwandlung des Wassers – das Rauschmittel… Die Abtreibung – Albertines dünne kleine Beine und ihre großen Brüste…» Das Mädchen, das ihr auf dem Boot im Haushalt hilft, hat ihre Schwangerschaft abgebrochen, Anaïs warf den Fötus in die Seine. «Das Leben unter den Brücken. Die Clochards mit ihren Blicken. Regen auf dem Dach aus Glas…»

Am 3. Februar 1939 gibt der Vater sein letztes Konzert in Paris. Er bricht beim Klavierspiel vor der Öffentlichkeit zusammen. Er wird nach Kuba zurückgehen zu seinen Verwandten, denn Maruca bleibt bei der Entscheidung, sich von ihrem treulosen Ehemann zu trennen. «In Wirklichkeit starb Vater bei seinem tausendsten Konzert … Ich habe ihn nicht umgebracht. Ich habe ihm nie, wie Maruca, gesagt: Meine Liebe ist gestorben. Ich habe meine Rolle als Illusionen-Spenderin erfüllt … Ich ließ ihn sterben. Denn er verlangt immer, daß man ihm sein ganzes Leben opfert, Sklaverei… Er hat sein Schicksal erfüllt. Die Strafe war hart, aber sie entspricht seinen Sünden. Er hat nur sein eigenes Vergnügen gesucht … Er starb allein, auf der Bühne.»

Mit Henry liest sie nun Korrekturen von «Winter of Artifice». Nach acht Jahren ihrer Beziehung meint Anaïs, nie so glücklich mit ihm gewesen zu sein. Sie lachen über die schönen Fehlleistungen des Druckers, der gesetzt hat «I want to much you» anstelle von «I want to touch you». Seit zwei Jahren pendelt sie zwischen Henry und Gonzalo, legt den Indianerring, den Henry ihr in New York geschenkt hat, ab, wenn sie Gonzalo trifft, legt ihn wieder an, wenn sie zu Henry geht. Sie braucht beide Beziehungen gleichzeitig; es ist, als würde sie seelisch verarmen, wenn sie sich auf eine beschränkte. Henry fördert ihr Schreiben, empfiehlt ihre Texte Verlegern und Kritikern. «Alles, was ich in ‹Winter of Artifice› geschrieben habe, berührt und erfreut ihn. Er betont Sätze, die ihm besonders gut gefallen: ‹Derjenige ist ein Dichter, der den Tod aurora borealis nennt.› Ein Satz, den ich geträumt hatte.»

Von solchen Begegnungen wechselt sie über zu Gonzalo, der häufig betrunken ist, auf den sie sich nicht verlassen kann, der ihr Marx zu lesen gibt, und liebt die Ungereimtheiten seiner unkultivierten Lebensform. Geduld, sagt sie sich, er verändert sich nur sehr langsam, aber er verändert sich doch. Sie mag seinen Nacken, seine schweren Hüften, seine Kleidung, den Ledergürtel, der heute noch im Haus der Anaïs Nin in Los Angeles in einem Schrank mit Briefen, Fotos und den Skripten der letzten Tagebücher liegt und in ihren erotischen Erzählungen häufig erwähnt wird. Sie schreibt über Gonzalo, wie Henry über June geschrieben hat, aber «Henry war blind, während er es erlebt hat. Ich bin nicht blind».

Das Leben läuft weiter in diesem Rhythmus. Zwischendurch erscheint Hugo für ein paar Tage. Sie sind zusammen auf Geschäftsreisen. Dann wieder Henry und Literatur und Liebe. Dann Gonzalo und Politik und Liebe.

Unter der Gefahr des hereinbrechenden Krieges, angesichts der emotionalen Spannungen und der Sorge um den Vater streikt Anaïs' Körper. Die Fassade bricht zusammen, und sie gesteht sich noch einmal ein, wie sehr sie den Vater liebt, entscheidet sich aber dennoch, ihn nicht wiederzusehen. «Mein Gott, ob Liebe jemals stirbt, frage ich mich und werde mit dieser Frage auf den Lippen sterben. Seit Jahren schon begrabe ich ihn... unter meiner sinnlichen Liebe zu Henry... zu Gonzalo. Die Zeit tötet gar nichts in mir... Das Leben einer Besessenen. Succubus und Incubus aller Lieben. Keine Enttäuschung, kein Haß, keine Verachtung läßt meine Liebe sterben. Das ist meine Kreuzigung.»

Ihr fällt auf, daß Freunde Cocteaus Film «Les Parents Terribles» für unrealistisch halten. Aber sie selbst weiß, daß diese Freunde sich blind stellen gegen die eigentümliche seelische Realität, in der sie alle verhaftet sind. «Was mich fasziniert, sind die Nuancen eines jeden Tages, die Verwandlungen eines Menschen... Ich möchte die Schriftstellerin sein, die die Relativität der Persönlichkeit ins richtige Licht rückt, es gibt nichts Absolutes, nur Dualität, nicht gut oder böse, sondern Wandlung und Ambivalenz, nur diese Mischung.»

Im März 1939 arbeitet Anaïs an der Hausboot-Erzählung. Endlos könnte sie den Fluß beschreiben. Ihr Manuskript hat grüne Seiten und trägt den Titel «Marche Sur L'Eau» (Gang über das Wasser). Beim Schreiben verschwinden alle analytischen Gedanken, alle Zweifel, Bedenken und Ängste. Anaïs ist glücklich, wenn es fließt. Helba und Gonzalo halten ihre Unterstützung inzwischen für selbstverständlich, Helba stellt sogar Ansprüche. Und Anaïs weiß, daß sie sich nicht beklagen kann, denn sie ist es, die diese Kinder braucht, die Kinder des Albatros, wie Durrell sie einmal nennt. Sie liest alte Briefe von Rank, der ihr das alles erklärt hat, besonders ihre mütterliche Liebe. «Was mich am Leben erhält, ist mein Beschützerinstinkt für andere. Deshalb sind so viele von mir abhängig.» Abhängigmachen heißt, den anderen auf die Einheit mit seiner Beschützerin verpflichten. Am 14. Juli 1939 trifft sie Henry noch einmal in Marseille; neunzehn Tage später erreicht er Piräus, und einige Monate verbringt er bei den Durrells auf Korfu. Falls der Krieg wirklich ausbricht, ist wenigstens für ihn gesorgt.

Die Sommermonate verbringt Anaïs an der Riviera, in St-Tropez. Hugo kommt mehrfach zu Besuch, Helba und Gonzalo begleiten sie. Das Leben könnte so schön sein. Aber Helba und Gonzalo leben in einer verhexten Welt gegenseitiger Quälerei. St-Tropez ist schön wie eine Insel in den Tropen. Das Essen schmeckt gut. Die Sonne scheint. Doch sie steht über einer Welt, die nicht nur im Privaten von Auflösung und Krieg bedroht ist. Anaïs reist Ende August ab und fliegt Anfang September mit Hugo nach London. «Hugo rettet mich, besorgt und besitzergreifend: ‹Wie gut es ist, dich bei mir zu haben. Ein Krieg war notwendig, damit du nach Hause findest.›» Die Stadt London mißfällt ihr. Es regnet. Deutsche Soldaten sind in Polen einmarschiert, und die Welt wartet, daß England und Frankreich in den Krieg eintreten.

«Winter of Artifice» ist erschienen, in blauem Einband, aber in den Wirren des bevorstehenden Krieges wird es von der Öffentlichkeit nicht bemerkt.

Am 3. September 1939 erklären England und Frankreich Deutschland den Krieg. Trotz aller Schwierigkeiten gelingt es Anaïs, eine Überfahrt nach Frankreich zu bekommen. Sie muß nach Paris zurück, um Gonzalo und Helba zu retten. In den Kriegswirren unterbleibt die Überweisung des Geldes an Gonzalo. Er nimmt an, daß Anaïs ihn im Stich gelassen hätte. Anaïs sieht sich von kindlichem Egoismus umgeben. Henry schreibt Briefe aus Korfu, lobt das einfache Leben, beschreibt ausführlich das gute, gesunde Essen, badet nackt mit den Durrells, hat sich einen Bart wachsen lassen und versäumt zu fragen, wie Anaïs in der aktuellen Situation leben kann.

Anaïs meint, er könne ein sinkendes Schiff einfach verlassen und würde nicht einmal zurückschauen. Sie selbst fühlt sich mit Frankreich so stark verbunden, daß der Gedanke, mit Hugo nach Amerika zurückzugehen, sie schmerzt.

Fliegeralarm – und Hugo ist noch einmal auf dem Weg nach London, in Gefahr. «Beim ersten Alarm habe ich mich nicht versteckt. Ich wollte dem Krieg begegnen, sein brennendes Gesicht sehen. Dies sind die Augenblicke, in denen man sich des Lebens voll bewußt wird, seiner Kostbarkeit», notiert Anaïs.

Giselle Couteau kommt zu Besuch, seit zehn Jahren die Freundin ihres Bruders Joaquin. Anaïs liest Joaquins Briefe an Giselle und ist verwundert, wie poetisch, zärtlich und gefühlsbetont er sein kann. Anaïs gegenüber hat er sich in den letzten Jahren nur von der intellektuellen Seite gezeigt, kühl. Anders meint Anaïs von sich sagen zu können, sie habe jeden Tag geliebt, als würde der Geliebte sterben. «Immer habe ich es geliebt, alles zu geben, zu jeder Stunde.»

Anaïs fühlt sich verantwortlich – für Moricand, der zur Fremdenlegion geht und zurückgeschickt wird, als sie sein wahres Alter erfahren; für Hugo, dem sie nicht böse sein darf, nur weil er ihre Leidenschaft nicht zu wecken verstand; für Gonzalo und Helba, die den Erlös für den Verkauf von Anaïs' Proustscher Erstausgabe erhalten; für den deutschen Schauspieler Werner Leermann, dem sie hilft, in die Schweiz zu fliehen; für Jean Carteret, dem sie den größten Teil ihrer Bücher überläßt; für Lantelme, den früheren Sekretär ihres Vaters.

Anaïs hofft immer noch auf eine Revolution in Deutschland, die alle Gefahr abwenden könnte, aber die Wirklichkeit entwickelt sich nicht im Sinne ihrer Wünsche. In den letzten Novemberwochen trifft sie Vorkehrungen für die Verlagerung ihres Pariser Kreises nach New York. Gonzalo und Helba werden mit dem Schiff reisen. Ein Anruf von Hugo aus London: Dienstag, 7. Dezember 1939, Flug von Lissabon nach New York. Sie soll sich darauf einstellen, Samstag den Nachtzug nach Lissabon zu nehmen.

Letzte Gedanken vor der Abreise: «Wir alle wußten, daß wir für immer von einer Lebensform Abschied nahmen, von Freunden, die wir möglicherweise niemals wiedersehen würden. Ich wußte, es war das Ende unseres romantischen Lebens.»

DAKAPO
IN NEW YORK
(1940–1947)

1. Auflösung:
Sterben und Sinnlichkeit

FISCHE, DIE GEZWUNGEN sind, ihr Element zu verlassen, müssen neue Organe entwickeln – oder sie sterben; in diesem Bild läßt sich das Lebensgefühl der Anaïs Nin bei Ausbruch des Zweiten Weltkrieges fassen. So war es schon einmal. Wie damals trägt sie ihr Tagebuch bei sich und schaut zurück. Bei einem Zwischenaufenthalt auf Bermuda nimmt sie das Blatt einer Lebenspflanze mit, die ohne Wurzeln existieren kann, «um von ihr ein Leben jenseits des Entwurzeltseins zu lernen, das seine Tentakeln überall verankert, wo es auch hingerät». Die Mutter holt sie in Port Washington ab. Hugos Bank bringt sie im Savoy Plaza Hotel unter, als wollte Amerika seinen ganzen Luxus zeigen. Aber: «Die Prinzessin ist krank.» Der Arzt sagt, es sei eine Grippe; Anaïs hält das für eine Fehldiagnose. Ihre Seele ist dem Körper entschwunden, daran leidet sie.

In Gedanken geht sie dem engeren Kreis der ihr wichtigen Personen nach. Joaquin wird eine Dozentenstelle am College in Williamstown, Massachusetts, übernehmen. Er lebt mit der Mutter. Sie bedürfen nun nicht mehr der finanziellen Unterstützung durch Hugo. Anaïs meint, er habe sich in die bürgerliche Ordnung gefügt, «sucht Frieden, nicht das fieberhafte Leben». Er ist anders als sie. «Mein Vater verfällt in Havanna mit Rheumatismus in den Händen, so daß er keine Konzerte geben kann.» Anaïs weigert sich, ihn finanziell zu unterstützen, überläßt es Thorvald und Joaquin. «Meine Mutter wird alt und muß mit viel Sorgfalt behandelt werden. Ihre außerordentliche Energie läßt nach. Thorvald arbeitet für die Texas Oil Company in Bogota, Kolumbien.» Er lebt getrennt von Frau und Kindern.

Erst nach Henry Millers Ankunft in New York Anfang Januar

und Gonzalos Eintreffen Anfang Februar 1940 kann sich Anaïs dem Leben wieder mit Interesse zuwenden. Eine Zeitlang folgt ihr Alltag dem Pariser Modell. Hugo fährt nach London. Das ihre Handlungen stabilisierende und bewegende Beziehungsdreieck ist wiederhergestellt. Dazu gehört auch das aufreibende Vermeiden der Überkreuzung der verschiedenen Lebenskreise, besonders das Versteckspiel vor der mit Hugo verbundenen Bank-Gesellschaft. Sie mietet ein kleines Atelier in der zwanzigsten Straße, wo auch Gonzalo wohnt, und bringt Henry in der vierundfünfzigsten, in einem anderen Viertel, unter.

Es schneit in New York. Anaïs geht in ihren Erinnerungen spazieren und schreibt – nicht allein im Tagebuch, sondern auch an eigenen Erzählungen. Aber sie schließt sich nicht ab gegen das aktuelle künstlerische Geschehen in New York, sondern knüpft Beziehungen zu wichtigen Personen der literarischen Welt. Dazu gehört an zentraler Stelle die Gründerin des Gotham Book Mart, Frances Steloff, die in New York eine ähnliche Bedeutung hat wie Sylvia Beach in Paris. Ihre Buchhandlung ist ein Forum für die Vorstellung experimentierender Schriftsteller der künstlerischen Avantgarde. Sie hat bereits Anaïs Nins Buch über D. H. Lawrence und den Text «House of Incest» sowie durch die amerikanische Zensur geschlüpfte Exemplare von «Winter of Artifice» und einige Texte von Henry Miller gekauft.

1940 erscheint anläßlich des zwanzigjährigen Bestehens des Gotham Book Mart ein Katalog unter dem Titel «We Moderns», in dem einzelne Autoren von anderen Schriftstellern kurz vorgestellt werden. Frances Steloff beschreibt sie zusammenfassend als die «anregenden Modernen, welche die Vergangenheit herausfordern, die Gegenwart wagen und ein Licht auf die Zukunft werfen. Sie repräsentieren Kunst im Übergang, aus der neue Formen hervorgehen, die für eine Weile die literarische Szene bestimmen.» William Carlos Williams verfaßt eine kurze Einleitung: «... es ist das Wissen, wie man schreibt, was einen Schriftsteller kennzeichnet», das Wissen um Form, nicht das Verfassen eines Bestsellers.

Anaïs Nin teilt das Schicksal der Emigration mit vielen Künstlern wie Marcel Duchamp, Roberto Matta, Arnold Schönberg, Salvadore Dalí, Marc Chagall, Man Ray, Max Ernst. Durch den Krieg verlagert sich die Szene der modernen Kunst von Paris und Berlin nach Amerika. New York wird auch zum Zentrum der Surrealisten. Ihnen ist ein eigener Abschnitt des Katalogs gewidmet. Viele deutsche Schriftsteller wie Franz Werfel, Thomas und Heinrich Mann gehen ins Exil nach Kalifornien. Trauer über das Verlorene mischt sich mit dem Willen, das Beste aus dieser Übergangszeit zu machen. Alle hoffen sie, bald zurückkehren zu können.

Neben Ernest Hemingway, Franz Kafka, Thomas Mann, Kay Boyle, Eugene Jolas, James Joyce, Katherine Anne Porter, E. E. Cummings, Sherwood Anderson, Scott Fitzgerald, Gertrude Stein, Rainer Maria Rilke, Ezra Pound, William Faulkner werden in «We Moderns» auch Paul Rosenfeld, Henry Miller und Anaïs Nin vorgestellt. James Laughlin vergleicht Millers «Wendekreis»-Bücher mit dem Satyricon von Petronius. Laughlin sieht Miller in seinem «Kampf für das Natürliche im Menschen» als einen Erben von D. H. Lawrence. Michael Fraenkel schreibt über Anaïs Nin: «... auch sie hat die moderne Erfahrung gemacht, die Lawrence symbolisiert im Betrug des Lebens durch den Geist. Das nimmt ihr nicht die Träume ... sondern macht sie offen für das Leben.» In ihren Büchern spiegele sich das wider.

Entschieden sucht Anaïs ihren Platz als Schriftstellerin in New York zu finden. Sie trifft Dorothy Norman, die ihre «Birth»-Erzählung in der Zeitschrift «Twice a Year» abgedruckt hat. Schreiben und Gedrucktwerden sind lebenspendend. Nebenher stürzt sie sich fieberhaft in Aktivitäten, indem sie den Verlockungen des New Yorker Lebens nachgeht. Amerika verführt mit den glänzenden Angeboten seiner Schaufenster, mit strahlenden Erscheinungen auf Parties, mit Verschönerungen des Körpers bei Elizabeth Arden oder Helena Rubinstein, mit plastischer Chirurgie – als würde propagiert, daß jeder Mensch alle Rollen annehmen kann. Requisiten und Bühnen für den Auftritt sind in unbegrenzter Zahl vorhanden. Es bedarf nicht einmal des Einstudierens eines Textes, denn der Grundtext steht fest: Leistung, «glamour», Erfolg! So gering ihre Chancen im puritanischen Amerika auch zu sein scheinen, sosehr sie die vielen Begegnungen mit den auf pragmatisch-realistische Literatur eingeschworenen Menschen auch enttäuschen, im ersten Anlauf ist Anaïs bemüht, den Kampf mit der amerikanischen Gesellschaft zu gewinnen. Sie will nicht noch einmal, wie in der Kinderzeit, draußen stehen.

Im Stadtteil Greenwich Village, kurz «The Village» genannt, finden die Emigranten eine Atmosphäre, die immerhin an Paris erinnert. Dazu gehören die kleinen Cafés, in denen man nicht nur seinen Durst löscht, um dem nächsten Geschäftsabschluß nachzujagen, sondern wo man verweilen kann. Frauen, die ihr ähnlich sind, faszinieren Anaïs Nin; Mary Einstein zum Beispiel, die über ihr Sexualleben mit Anaïs spricht. Im Alter von acht Jahren hatte sie eine Liebesbeziehung mit einer Cousine. Beide gehen später nach China und leben fünf Jahre zusammen. «Sie muß in einer sexuellen Atmosphäre leben, selbst wenn sie keine Lust dabei empfindet. Es ist ihr Klima. Ich liebe ihr Klima. Ihre liebste Bemerkung ist: ‹In der Zeit habe ich praktisch mit jedem geschlafen.›... Das Ganze gekoppelt mit Frigidität... Sie betrügt jeden, sich selbst auch. Die Männer glauben, sie hätte immer einen Orgasmus. Aber es stimmt nicht... Die Schauspielerin in ihr. Sie spielt Heiterkeit vor und Gelassenheit, aber innerlich wird sie verrückt, alles gespalten und unwirklich, Flucht in Alkohol und Tabletten.»

Die Beschreibung ihres eigenen aktuellen Zustandes hört sich ganz ähnlich an: «Ich träume von Bordellen; von jedem Mann genommen zu werden, bis ich den Zustand vollkommener Erschöpfung und Befriedigung erreiche...» Verwundert stellt sie fest, daß sie in Begleitung solcher Phantasien gut schreiben kann. Auch der körperliche Zustand bessert sich. Das erste Mal in ihrem Leben nimmt sie an Gewicht zu, wiegt 114 Pfund, nicht mehr 107.

Sie überarbeitet die Tagebücher, beschreibt genau die Art, in der June geprochen hat. Für Caresse Crosby, die in Paris die Black Sun Press von ihrem Mann übernommen hat, will sie ein Manuskript von 1000 Seiten fertigstellen. Umrahmt wird ihr Bemühen um einen neuen Anfang von Auflösung. Nach vier leidenschaftlichen Jahren verliert sich die Begeisterung für Gonzalo. «Ich fühlte, daß etwas geschehen würde, als wir verpflanzt wurden. Etwas ist uns allen zugestoßen. Etwas ist in uns gestorben... Wir überleben nur.»

In Europa ist die Hölle los. Auf Hitlers Angriff gegen Polen am 1. September 1939 reagieren Frankreich und England wenige Tage später, indem sie dem Deutschen Reich den Krieg erklären. Damit gerät die Lawine ins Rollen. Erst sechs Jahre später kann der von Deutschland propagierte totale Krieg mit der totalen Niederlage des Dritten Reiches zum Stillstand gebracht werden. «Einmarsch in Polen. Einmarsch in Norwegen. Einmarsch in Holland. Einmarsch in Belgien. 500000 Tote … Die Deutschen sind nur noch 36 Meilen von Paris entfernt, und als wäre das nicht genug, marschiert Italien in Frankreich ein.»

In der möblierten Wohnung im Village, Washington Square Nummer 33, lebt Anaïs wieder mit Hugo zusammen. Sie fühlen sich wie zwei Gefangene. «…Wunsch, mit der Vergangenheit zu sterben… Die Finsternis der Welt verschlingt uns alle.» Wie ein Deus ex machina kommt eine neue Affäre daher, die erste von vielen in den vierziger Jahren, mit Männern, die wenigstens zehn Jahre jünger sind als sie. Mit der aufkommenden sinnlichen Begeisterung für den verheirateten John Dudley tritt die Katastrophe des Krieges für Momente in den Hintergrund. Anaïs hat wieder ein Ziel, fühlt die Lebendigkeit ihres Körpers, kann organisieren, um das scheinbar Unmögliche möglich zu machen. Caresse Crosby, die sich ebenfalls mit jungen Männern umgibt, hilft ihr dabei. Der Wunsch zu leben erhält Auftrieb. Um so tiefer fällt sie, wenn sich die sinnliche Exaltation unvermittelt in nichts auflöst. «Ich stürze in einen Abgrund… zurück zu… Mißstimmung, Erschöpfung, Altern und Sterben, zur Sorge über eine verlorene Welt.»

Ende August 1940 stellt der Arzt fest, daß sie seit drei Monaten schwanger ist. Der Wunsch, ein Kind zu gebären, kommt in dieser Situation nicht auf. Ein sechs Minuten dauernder schmerzhafter Eingriff des Arztes beseitigt das Problem. Anaïs spricht mit einer Frau, die in derselben Situation wie sie unter Schuldgefühlen leidet. Die Frau erweckt Anaïs' Mitleid und bringt sie auf gegen die von Männern gemachten Gesetze, die Frauen in Tragödien stürzen, sie moralisch verurteilen und ökonomisch ausbeuten. «Die Abtreibung ist eine Erniedrigung und ein Verbrechen. Warum muß das so sein? Mutterschaft ist eine Berufung wie jede andere. Die Frau sollte sie frei wählen können und nicht dazu gezwungen werden.»

In Caresse Crosbys neuem Haus Hampton Manor in Virginia lebt die Pariser Atmosphäre weiter. Caresse glaubte, «daß alles verpflanzt werden könne … Dieses neue Heim war nur eine zweite

Mühle, und wo einst Paul Éluard, René Crevel, D. H. Lawrence, Ezra Pound, Hart Crane, James Joyce gewohnt hatten, waren nun andere Künstler eingeladen, Henry, Salvador Dalí; und den noch Ungeborenen, den Jungen, öffnete sie ihr Haus gleichfalls, denn sie war auch eine Mutter der nur erst potentiellen Künstler.» Als John Dudley über den Tod Europas und seiner Künstler schreibt, protestiert Anaïs. Die europäischen Künstler sind sehr lebendig, sagt sie ihm, und macht auf Dalís, Millers und ihre eigenen Aktivitäten aufmerksam. Bereits in Hampton Manor entstehen die ersten Pläne, einen Verlag mit eigener Druckerpresse zu gründen.

Wie vor fünf Jahren erwartet Anaïs, daß ihr ein neuer Liebhaber begegnen wird. «Schreib, Anaïs. Jedes Wort, was du geschrieben hast, war wie ein goldener Schlüssel, der die Gefängnistür geöffnet hat. Das Lawrence-Buch hat dir Henry gebracht. ‹House of Incest› brachte Gonzalo. Es ist dein weiblicher Gesang für den Mann, für den Liebhaber. Schreib … Gestalte, Anaïs. Er wird kommen.» Das entspricht genau dem Wunschglauben des Kindes, daß es mit seinen «Briefen» den Vater herbeischreiben kann.

Ende September 1940 kann sie ein Atelier im Village in der McDougal Street mieten mit einem Kamin und einem Himmelsfenster. Die Geschichte Artauds formt sich in ihrem Kopf, wenn sie durch die Straßen geht. Am Washington Square setzt sie sich auf eine Bank und beginnt zu schreiben. Miller scheint recht zu haben, Anaïs und er brauchen die seelischen Ausnahmezustände, um schreiben zu können. Wenn sie im Gleichgewicht sind, ist nichts da, das Sprache werden muß. Gegen das Leben im festen Korsett eines Arbeitstages mit seinen im voraus verplanten Stunden setzen sie als Schriftsteller die Erfahrungen von Verdrießlichwerden, Müßiggang, Improvisation, Vergnügen und das Geschichtenerzählen, so wie es sich in dieser Atmosphäre ergibt. Mit dem Atelier beginnt alles wieder von neuem, meint Anaïs, auch die Formen des sexuellen Zusammenseins mit Gonzalo, als hätten sie noch einmal ein Hausboot gefunden. Gonzalo wird sogar aktiv, arbeitet an der Ausgestaltung des Ateliers. Fred Perlès schreibt eine Kritik über «Winter of Artifice», die Anaïs gefällt.

Selbst Hugo kommt in Schwung. Sobald er von der Bank zurückkehrt, wechselt er in eine andere Welt. William Hayter hat nun eine eigene Klasse an der «New School of Social Research» in New York. Dort vervollkommnet sich Hugo in der Kunst des Kupferstechens.

Zwischendurch, im Oktober 1940, läßt sich Anaïs auf eine verquere Sexgeschichte mit ihrem Arzt Dr. Max Jacobson und einer jungenhaften schlanken Frau ein, die den Namen Nina trägt und wie Jacobson aus Österreich stammt. Jacobson ist offenbar darauf aus, die beiden Frauen miteinander ins sexuelle Spiel zu bringen, was er auch erreicht, aber trotz aller möglichen Kombinationen von Genitalien, Mündern und Beinen, Armen, Händen bleibt die sexuelle Ekstase aus. Nächste Tagebucheintragung: «Die ‹Welt› – täglich neuer Horror, Grausamkeiten, Selbstmorde, Zusammenbrüche, Sterben. Ein gigantischer Alptraum – nicht auszuhalten… Tod, Hunger, Krankheit, Wahnsinn des Leidens, jeder voller Angst. Was können wir anderes tun, als uns weiter am Traum festzuhalten? Wir sind alle wie von Sinnen.»

Der Zweite Weltkrieg belebt für Anaïs Nin die umfassende Verunsicherung, die sie als Kind erlitten hat. Schon einmal gab es den Gleichschritt zwischen einer aus den Fugen geratenen großen Welt mit der sich auflösenden Welt des Kindes. Wie sich damals das Mädchen an das phantasierende Wünschen geklammert hat, scheint jetzt die erwachsene Frau Zuflucht zu den Umdichtungen der Realität im sexuellen Rausch zu suchen. Oft wird sie verfolgt von dem «Wunsch zu sterben», und oft erfährt sie gerade in dieser Verfassung eine sinnliche Erregtheit, die vom Gefühl der Liebe oder von der Bindung an einen bestimmten Menschen losgelöst ist. «Mein ganzes Sein schreit nach einem Akt der Gewalt.» Anaïs Nin fährt mit der U-Bahn, zufällig oder absichtsvoll berührt eine männliche Hand ihren Körper unter dem geöffneten Mantel. Die Menschen stehen eng gedrängt im fahrenden Zug. Sie gibt sich ihren Körpergefühlen hin und beschreibt sie als Orgasmus. Irgend etwas Anonymes setzt sie unter Strom.

In einer Erzählung über Artaud («Je suis le plus malade des surréalistes»), der seit Anfang 1939 in verschiedenen französischen Irrenanstalten behandelt werden muß, beschreibt Anaïs, wie ihn anonyme Mächte in Besitz genommen haben. Einen Arzt läßt sie fragen: «‹Warum sollte ich Ihnen Ihre Kraft nehmen wollen?›» –

und die Gestalt Pierre (= Artaud) läßt sie antworten: «‹Wegen des weißen Phönix, der alle hundert Jahre geboren wird. Der weiße Phönix ist der Freund des Guten. Und der Mann mit dem weißen Halstuch, der mich vor der Gefahr warnte, gehört dem Orden des weißen Phönix an, der alle hundert Jahre geboren wird und der ein Freund des Guten ist. Der weiße Phönix ist jetzt in mir, und die schwarzen Adler sind voller Neid, sie sind Freunde des Bösen und sind gegen mich. Sie kommen, sechs Männer in grauen Anzügen, und verfolgen mich. Manchmal sehe ich sie in einer Kutsche, wie ich sie vor langer Zeit einmal auf einem Bild gesehen habe...›»

Anaïs möchte sich befreien aus ihrer Mutterrolle, die sie bislang so gern eingenommen hat, will nicht mehr die Verantwortung tragen für ihre Freunde, die gierigen «Kinder», die rücksichtslos ihre Kräfte erschöpfen. Aber das erträgt sie nicht. Nachdem sie mit John Dudley und anderen gebrochen hat, erkrankt sie. «Der Arzt kam und mußte mir Opium geben. Ich litt an einer plötzlichen schmerzhaften Schwellung der Eierstöcke. Welche Symbolik.»

Die 400 Dollar, die sie monatlich von Hugo erhält, gehen zu gleichen Teilen an Gonzalo und Henry. 150 Dollar muß sie hinzuverdienen, 25 für ihren Anteil an Miete, 40 für das Essen, 5 für Elektrizität und ca. 10 fürs Telefonieren, 40 für das Dienstmädchen Millicent und die Wäsche, 5 für die Reinigung, 5 für Papier und ähnliches, 20 für Medizin.

Henry hat, von Anaïs unter Druck gesetzt, nach neun Jahren das erste Mal das Gefühl, er müsse seinen Lebensunterhalt selbst verdienen. Ein Besuch bei seinen alten Eltern, denen es schlechtgeht, weckt in ihm unerträgliche Schuldgefühle. Er hat sich weder um sie gekümmert noch um seine Tochter, hat sich statt dessen auch noch selbst aushalten lassen. Jetzt gibt ihm ein Buchhändler, der mit besonderen Büchern handelt, Barnet Ruder, 100 Dollar im Monat für pornographische Geschichten. Miller wird zum Gefangenen seiner eigenen Literatur – jetzt, da er ein Mystiker geworden ist, stellt Anaïs mit leichtem Zynismus fest.

Henry bittet Anaïs um Hilfe, da er es allein kaum schafft, Ruders Bedarf an pornographischen Erzählungen zu befriedigen, die er im Auftrag eines Sammlers zu bestellen vorgibt. Anaïs muß nicht besondere Geschichten erfinden, sie kann ganz einfach zurückgreifen auf ihre eigenen Erlebnisse. Der anonyme Sammler ist von ihren Texten begeistert, zahlt, verlangt mehr.

Eine gewisse Virginia hilft Anaïs beim Abtippen der Tagebücher. Anaïs' Beschreibungen wecken etwas in ihr; sie bemerkt – wie später, nach der Veröffentlichung der Tagebücher, viele Menschen –, daß sie bislang noch nicht geliebt, gelebt, gelitten hat. Anaïs verspürt einen Auftrag, wenn es um die Entfaltung einer Frau geht. Caresse Crosby zieht Anaïs in ihr Vertrauen, bittet um Rat, wie sie ihre heimliche Beziehung zu dem jungen schwarzen Schauspieler Canada Lee handhaben soll. In einem Brief dankt sie Anaïs überschwenglich für das Gespräch. «Es war so reizend von Dir, gestern abend so lange mit mir aufzubleiben, obwohl ich wußte, wie müde Du warst. Wieviel Verständnis für alles. Du gabst mir das Gefühl zurück, daß meine Neigungen und Wünsche gesund und wunderbar sind und daß diese heimliche Liebe gegen alle Widerstände erhalten werden sollte.» Virginia ist traurig darüber, daß Anaïs' Liebe zu Miller nicht andauern konnte. Anaïs überzeugt sie vom Gegenteil und meint, hätte sie Miller damals geheiratet und in einer der üblichen Ehen mit ihm zusammengelebt, dann wäre ihre Liebe viel eher in ein Desaster geraten. «Wenige Frauen hätten Henry so geliebt, wie ich es tat, während seine Schöpfungen um eine andere Frau (June) kreisten.»

Beim Wiederlesen der Tagebücher aus der Pariser Zeit gewinnt Anaïs die Überzeugung, daß sie die erste Frau ist, die in einer so offenen Weise ihr Selbst preisgibt: «Pandoras Büchse wurde geöffnet.» Aber welche Gestalt wird ihr Leben jetzt annehmen, ohne entsprechende Höhepunkte von Leidenschaft und Fieber? Das kleinliche Gesunderhalten von Leben, «diese Kindergartengesundheit», wie sie sie bei amerikanischen Freunden zu sehen glaubt, hält Anaïs für unreif. Wozu das Leben erhalten, wenn nichts Außergewöhnliches geschieht?

Der junge amerikanische Dichter Robert Duncan, ein Liebhaber von Eduardo, ist anders. Er liest ihr Tagebuch ebenfalls und ist fasziniert von «diesem Hunger nach Wahnsinn und Verzweiflung, der schrecklichen Bedeutung sexueller Vereinigung», die letztlich ein kosmisches Gefühl der Vereinigung mit dem Unbekannten anstrebt, etwas, das über Körpergefühle hinausgeht. Hugo kann so etwas nicht formulieren. Oft steht er wie ein Kind vor Anaïs und möchte ihr etwas mitteilen, das den schlichten Bericht vom alltäglichen Geschehen überschreitet. Statt dessen wendet er sich dann seinen stummen Zeichnungen auf verknittertem Papier zu und sucht etwas auf diesem Wege zum Ausdruck zu bringen.

Warum kann man nicht mit Gonzalo oder Hugo in diese Welten eintauchen, die sie mit Robert Duncan oder Henry teilt? «Diese Unmöglichkeit zerbricht mich. Daß niemand wagt zu sagen, ich hätte nicht versucht, mich selbst ganz nur einer Liebe hinzugeben oder einer Schöpfung, daß niemals einer wagt zu sagen, ich wäre verantwortlich für diese schmerzliche Aufspaltung.»

Die Hälfte ihres Lebens ist bereits überschritten. Mit dem Kopf und dem Herzen rennt sie immer wieder gegen diese Wand der unmöglichen Einheit. Wie eine Besessene will sie in der Beziehung zu einem geliebten Menschen alles realisieren, was das menschliche Leben nur irgend umfassen kann. Aber das gelingt nicht, denn der Traum ist immer mehr und anders als die Realität. Bindung an einen konkreten Menschen schließt dessen begrenzte Eigenart ein. Anaïs will Gott – und der läuft entgegen allen Träumen und Illusionen nicht als geschichtlich geformter Mensch auf der Welt herum. Also spaltet sie ihr Leben auf.

Miller erhält den Auftrag, für den Verlag Doubleday ein Buch über die Vereinigten Staaten zu schreiben. Ende Oktober 1940 begibt er sich in Begleitung von Abe Rattner, mit einem Vorschuß von 750 Dollar, in einem alten Buick auf die Reise zur Ostküste. Das Buch erscheint 1947 unter dem Titel «The Airconditioned Nightmare» und gerät zu einer zynischen Darstellung seiner Wiederbegegnung mit dem Heimatland. Anaïs verdient Geld mit dem Schreiben der erotischen Geschichten und arbeitet unmäßig für ihre sogenannten anspruchsvollen Kinder, die sie selbst verwöhnt hat. Ihre größte Befürchtung gilt der Gefahr, Hugo könnte seinen Beruf verlieren, so daß ihre Schutzbefohlenen ohne Hilfe dastünden. Um mehr Geld mit den Erotika machen zu können, läßt sich Anaïs auf die Ansprüche des Auftraggebers ein und hat das Gefühl, daß Henry und Gonzalo sie «anschaffen» schicken.

Pornographie aus der Feder einer Frau, das ist etwas ganz Neues. Die Erzählungen erscheinen kurz nach Anaïs' Tod unter ihrem Na-

Anaïs, etwa zwei Jahre alt

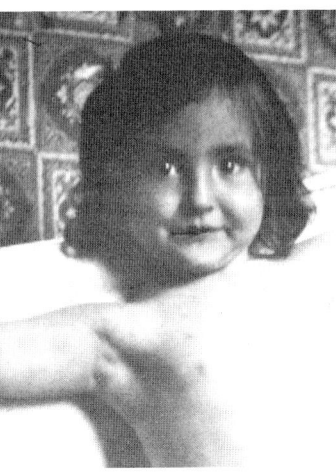

Um 1907

Mit dem Bruder Thorvald, 1907

Der Vater
José Joaquin
Nin y Castellanos,
1916

Die Mutter,
Rosa Nin-Culmell,
1920

Das Haus in
Richmond Hill,
das die Nins ab
1920 bewohnten

Familienausflug
nach Coney
Island. Stehend
in der Mitte die
Mutter, vorn
links Joaquin,
rechts Anaïs Nin
– im Körbchen
ihr Tagebuch

25 Juillet 1914

Dernier regard dans
Barcelone et
dernières pensées.

Les montagnes s'élèvent avec une majestueuse beauté. Le soleil couchant laisse voir ses dernières et pâles lueurs. Le ciel bleu, taché de ci de là de petits nuages blancs.

Parmis ces paysages des pensées diverses virent en foule.

Nous allions quitté Barcelone, ce pays si joli ! Nous ne verions plus ce ciel bleu, bob fit de mon charme. Je ne poserai plus mes lèvres sur la douce figure de grand'mère chéri. Je ne pourai plus contemplé avec tous ces magnifique paysages. je ne pourai plus me livrai a mes pensé, sans noms, qui me venai toujours, les soirs que, accudé sur le balcon, avec le silence de la nuit, je m'y livré.

Et enfin je m'atriste en pensant que nous allons quiter une pays qui a été pour nous une mère, et un porte bonheur. Anaïs

Der erste Eintrag in Anaïs' Tagebuch, 25. Juli 1914. Zu dieser Zeit schrieb sie noch in französischer Sprache.

Anaïs als Zwölfjährige

September 1919

Als Sechzehnjährige

Anaïs als Modell, 1920

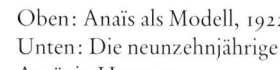

Oben: Anaïs als Modell, 1922
Unten: Die neunzehnjährige
Anaïs in Havanna

Anaïs Nin, um 1922

Hugh Parker Guiler

Anaïs und Hugo 1923
in Havanna

In Long Beach, 1924

Die junge Ehefrau

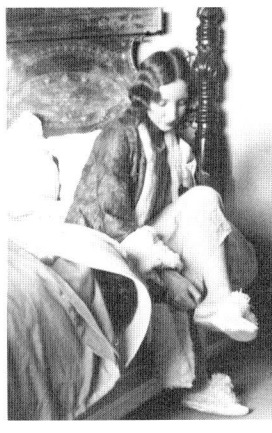

Anaïs in der Wohnung
am Boulevard Suchet 47,
Paris, 1929

Anaïs mit John Erskine.
Foto vom Titelblatt des
Tagebuchs Nr. 26, 1929

Das Haus in Louveciennes,
in dem Anaïs mit ihrer Familie
Anfang der dreißiger Jahre
wohnte

Henry Miller   June Miller

Anaïs Nin

Links:
Gonzalo More

Rechts:
Seine Frau Helba

Das Hausboot der
Anaïs Nin am
Seine-Ufer in Paris

Otto Rank (links hinten) mit den Psychoanalytiker-Kollegen Sigmund Freud, Karl Abraham, Max Eitington, Sandor Ferenczi, Ernest Jones und Hanns Sachs (v.l.n.r.) in Berlin, 1922

René Allendy, 1932

Anaïs' Tagebuch Nr. 47, 1934/35

(handschriftliche Widmung)

À toi, Anaïs chérie,
à qui je consacre,
ardents et fiers, [...]
de révolte écrits pour
l'amour de l'art à
une époque où tous
mes amours sombraient
dans le néant et mon
âme agonisait. À toi
qui as fait tout revivre,
toi mon amour

MCXXXIII

Vilsace

Widmung des Vaters im Buch
«Pour l'Art», 1933: «Für Dich,
die alles wiederbelebt hat, all
meine Liebe»

Anaïs' Vater in
den dreißiger Jahren

Fotomontage von Val Telberg zu «House of Incest»

men und tragen zur Berühmtheit der Schriftstellerin bei. Sie sind sofort auf der Bestsellerliste und bleiben es für über dreißig Wochen.

«Delta of Venus» (1977) und «Little Birds» (1979), insgesamt 396 Druckseiten stark und nur einen Teil der geschriebenen Geschichten umfassend, enthalten kleine, in sich geschlossene Erzählungen, die durch eine Fülle erotischer Pointen ihren Reiz gewinnen.

In der Erzählung «Künstler und Modelle» greift Anaïs ihre eigene Geschichte auf und spricht aus, was damals, als sie Maynard und anderen Modell stand, allenfalls den Charakter von Tagträumen hatte. Naive Neugier an ungezügelt ausgelebter Sexualität sowie die Spannung zwischen Scheu und drastischer Beschreibung der sexuellen Handlungen einer Nymphomanin, «Sklavin ihres sexuellen Hungers», entwickeln eine eigenartige Dynamik. Der Maler erzählt seinem schüchternen Modell in Greenwich Village vom Leben der Künstler am Montparnasse. Einmal beschreibt er das Dilemma eines Menschen mit knabenhafter Brust, kindlichem Penis und dahinter verborgener Vagina. «‹Du bist tatsächlich ein echter Hermaphrodit, Mafouka›, sagte ich, ‹ein Produkt unseres zwiespältigen Zeitalters, wo die Spannung zwischen dem männlichen und dem weiblichen Prinzip zusammengebrochen ist. Die meisten Menschen sind halb Mann, halb Frau. Aber ich habe es noch niemals verkörpert gesehen – ich meine tatsächlich und leibhaftig.›» Das Modell fragt sich, ob dieses Leben auch im Village existiert. Es nimmt teil an einer Künstlerparty, die sich zu einer Orgie entwickkelt, aber nur als Zuschauerin. Es hört einem Gespräch über die Ehe mit einem Mann zu, den die Frau zwar liebt, aber nicht körperlich begehrt. «Er ist feinfühlig und betet mich an. Gestern abend, ich schlief bereits, kam er zu mir ins Bett. Ich war schlaftrunken und hatte keine Gewalt über mich. In der Regel beherrsche ich mich, um ihn nicht zu kränken. Er drang in mich ein und begann, sich sehr langsam und zögernd zu bewegen. Meistens ist alles sehr schnell vorüber, und das macht es erträglich. Ich gestatte ihm nicht einmal, mich zu küssen, wenn ich es vermeiden kann. Die Berührung seines Mundes ist mir ekelhaft. Also wende ich das Gesicht zur Seite. Auch gestern nacht habe ich das getan. Also, er war da, und was glaubt ihr, habe ich gemacht? Mit beiden Fäusten habe ich auf seine Schultern gehämmert, habe meine Fingernägel in sein Fleisch gegraben. Und er? Er deutete das als Zeichen meiner Erregung, glaubte, ich könne mich vor lauter Lust nicht mehr beherrschen – und machte weiter. Dann flüsterte ich ganz leise: ‹Ich hasse dich!› Aber sofort tat es mir leid.» Das entspricht ganz und gar einer Szene zwischen Anaïs und Hugo, die Anaïs in ihrem Tagebuch beschrieben hat.

Was sie empfindet, wenn sie sich entkleidet, möchte der Künstler von der jungen Frau wissen, die ihm Modell steht. «Gar nichts. Ich komme mir vor, als sei ich bereits ein Bild. Oder eine Statue. Ich seh an meinem Körper herunter wie an irgendeinem Objekt, an etwas ganz Unpersönlichem.» Durch die Atmosphäre der sexuellen Geschichten wird das Modell ratlos. «Ich war verzweifelt, ich wollte endlich eine Frau sein, das Leben richtig auskosten. Weshalb war ich so versessen darauf, mich zuvor erst zu verlieben?» Schließlich geschieht auch das, sie wird entjungfert, führt das geheime Leben einer Maitresse. «Er hatte meinen Körper geweckt. Aber er hatte auch das Verlangen in mir wachgerufen, jeder meiner Launen nachzugeben… Mit der Zeit tat ich es auch. Mein Leben war zu einsam, ich war mir selbst zu lange überlassen.» Auch das entspricht Anaïs' eigener Geschichte. Nach ihrem ersten Orgasmus mit Hugo hatte sie dieselben Gedanken. Das Modell geht weiter seiner Arbeit nach – und nun kommt es auch zum sexuellen Rausch mit dem sonst so distanzierten Bildhauer, allerdings wird die Szene unterbrochen, das Modell flüchtet hinter eine spanische Wand. «Ich konnte die Spannung nicht länger ertragen und fuhr mit meinen Fingern zwischen die Schamlippen über die Klitoris, in das pochende Loch – wie es Millard getan hatte. Dann preßte ich die Beine zusammen, schloß die Augen und stellte mir vor, daß Millard in mir war. Ich kam in langen, explodierenden Wellen.»

Anaïs Nin beschreibt alle Versionen und Perversionen der Sexualität. Ärgerlich reagiert sie, wenn der fiktive «Sammler» der Erotika Kritik üben läßt an zu langen poetischen Passagen, sie solle schneller zur Sache kommen. Anaïs Nin dagegen meint, daß Sexualität ihren Reiz nur ausübt, wenn sie mehr umfaßt. Später sieht sie darin den Unterschied zwischen männlicher und weiblicher Sexualität. Ihre «eher lyrischen Beschreibungen erotischer Beziehungen» hätten damit zu tun, daß Frauen dazu neigten, Geschlechtlichkeit mit Gefühl, mit Liebe zu verschmelzen und sich lieber einen einzigen Mann auszusuchen, als häufig den Partner zu wechseln. Im übrigen müßten die Frauen es noch lernen, «darüber zu schreiben». «Diese Erotika... schrieb ich unter dem Eindruck einer von Männern verfaßten Literatur. Deshalb glaubte ich immer, ich hätte die weibliche Sache verraten. Aber... am Ende entschloß ich mich zu einer Veröffentlichung der Erotika, weil sie die ersten Schritte einer Frau auf einem Gebiet belegen, das bisher nur Männern überlassen war. Sollte die unzensierte Fassung des Tagebuchs je veröffentlicht werden, wird diese weibliche Sicht deutlicher werden.» Die «New York Times» schreibt 1969: «Dies ist das schönste und direkteste Buch, das je von einer Frau geschrieben worden ist. Was es zum doppelten Genuß macht, ist seine Sprache: delikat und geschmeidig, direkt und sinnlich.»

Anfang der vierziger Jahre weiß die amerikanische Öffentlichkeit nichts von einer solchen Schriftstellerin, und es wird sich das Selbstbild der Amerikaner noch sehr verändern müssen, ehe für den Erfolg der zensierten wie der unzensierten Tagebücher der Boden bereitet ist. Anaïs Nin leidet darunter, daß sie in New York keinen Verleger findet. Aber mit ihrem psychologisch geschärften Blick sieht sie noch etwas anderes. Wenn sie sich, dem Rat von Freunden folgend, in Gesellschaft begibt, um Beziehungen zu wichtigen Verlegern und Kritikern zu knüpfen, geht ihr ein endloses Band der «Selbstbezichtigung, Selbstzerstörung und Selbstzerfleischung» im Kopf herum. «Ich zerfleische mich selbst. Ich sage: Anaïs, du bist ein Nichts und ein Niemand, du kannst nicht einmal sprechen. Du kannst nicht sprechen. Immerzu ist mir bewußt, daß ich nicht sprechen kann wie Varèse, wie Tanguy, Durrell, Henry. Ich kann nur sprechen, indem ich schreibe. Ich bin wahrhaftig stumm, ich bringe keinen Ton heraus. Ich muß schreiben. Wenn ich schreibe, kann ich weinen, schluchzen, zu Menschen sprechen, sie rühren. Laßt mich doch sprechen! Wenn ihr mich nicht druckt, versiegelt ihr meine Lippen, begrabt mich und leugnet meine Existenz.» Auch Anaïs wird sich also ändern müssen, wird ihre Scheu, in der Öffentlichkeit zu sprechen, überwinden müssen. Ein privater Besuch bei dem surrealistischen Maler Yves Tanguy, einem Freund von Walter Lowenfels, für den er in Paris einen Buchumschlag gestaltet hat, schüchtert Anaïs ein. Sie kann seine Ironie nicht ertragen, hat wieder das Gefühl, dumm und uninteressant zu sein.

Amerika wird für Anaïs zu einer Art Sündenbock; wenn Amerika anders wäre, dann könnte auch sie ganz anders sein. Es mag wohl stimmen, daß Amerika den europäischen Exilanten nicht mit offenen Armen begegnet und daß die pragmatisch ausgerichtete Haltung wie auch das puritanische Gehabe dem Schreiben der Anaïs Nin nicht gerade entgegenkommen. Aber das war in Europa, das sie rückblickend zu idealisieren beginnt, nicht viel anders. Wie in der Kindheit verschließt sich Anaïs nun doch gegen die feindlich erlebte alte Neue Welt. In den ersten Jahren glauben die Emigranten, New York sei nur ein Zwischenaufenthalt. Auch Hugo wünscht, nach Kriegsende wieder in Paris zu leben. Anaïs gibt eine Party für nichtamerikanische Künstlerfreunde. William Hayter wird eingeladen, der surrealistische Maler Roberto Matta, der Bildhauer Isamu Noguchi; dasselbe Problem: «Ich fühle mich nicht wohl in einem großen Kreis. Ich schrumpfe, kann mich nicht unterhalten.» Ähnlich geht es ihr bei einem Aufenthalt in Caresse Crosbys Landhaus «Hampton Manor» in Virginia, wo sie Salvador Dalí und seine Frau Gala kennenlernt.

Im April 1941 hat die Mutter einen kleinen Unfall mit Schürfwunden, nichts Ernstes. Anaïs fährt sofort nach Williamstown, etwa fünf Stunden von New York entfernt, um sie zu pflegen. Ambivalente Gefühle. Solange die Mutter hilflos ist, kann sich Anaïs ihr liebevoll zuwenden. Sobald jedoch die alte Haltung der «Batailleuse» wieder ins Spiel kommt, belebt sich Anaïs' ganzer Groll. Eigentlich sei die Mutter für sie gestorben, als sie verheiratet aus Havanna zurückkam und die Mutter das Gefühl hatte, daß Anaïs sie im Stich ließ. «Sie ist immer noch die Löwenmutter, die nicht in der Lage war, mich mit ihrer Milch zu nähren, als ich gerade geboren war, weil ihre Milch unentwegt sauer wurde durch ihre Rage und ihren Zorn in den Schlachten mit meinem Vater.» Die Schlacht scheint anzudauern, jedenfalls liebt die Mutter es, den Vater bloßzustellen, indem sie Anekdoten aus dessen Leben preisgibt. Als junger Mann hatte er ein Hausmädchen geschwängert, das abtreiben mußte. Man gab dem jungen Mann den zwei Monate alten Fötus in einem Schuhkarton, damit er ihn ins Meer werfe. Statt dessen kleidete er sich in Schwarz, ging durch die Cafés und zeigte den Fötus seinen Freunden. «Seht, dieses ist mein Kind, ich habe es getötet. Jetzt muß ich Trauer tragen.»

Henry hat sich in Kalifornien verliebt und wünscht, daß Anaïs ihn in Hollywood besucht. Anaïs befürchtet immer noch, ihn ganz zu verlieren, wenn sie nicht in seiner Nähe ist. Ein ganz neues Lebensproblem rückt in den Blick: ihr Alter. Sie ist achtunddreißig Jahre alt. Die ersten Zeichen des Alterns hat sie an Henry beobachtet, «sein wachsendes Interesse am Mystizismus und sein abnehmendes Interesse für Frauen», die nachlassende Stärke auch bei Gonzalo, er hat beträchtlich zugenommen, Helba auch, Hugo hat graue Schläfen, und alle haben mit kleineren körperlichen Gebrechen zu kämpfen. «Seelisch haben wir unsere Jugend in Europa gelassen. Herausgefordert vom amerikanischen Leben, zeigten wir den Mangel der Anpassungsfähigkeit von Vierzigjährigen. Ich war die Jüngste. Ich kämpfte, nicht zu altern, körperliche Schwächen nicht zu akzeptieren. Ich wählte junge Liebhaber (schlechtes Zeichen), Henry hat sich gelassen einem veränderten Rhythmus gefügt.»

Amerika, das Land der jungen Menschen, weckt Befürchtungen. Dagegen stellt Anaïs die Beschreibung ihres Körpers: «Ich habe den Körper eines Mädchens. Ich wiege 113 Pfund, habe eine markante Taille. Meine Brüste sind zierlich, die Spitzen rosig. Meine Haut ist durchscheinend. Nur meine Hände sind gealtert, aber sie waren immer alt. Und es gibt ein paar zarte Falten um die Augen herum. Ich habe wenige graue Haare. An anstrengenden Tagen ist mein Kinn weniger fest. Aber das Mädchen bei Elizabeth Arden, das es wissen muß, sagt: ‹Abgesehen von den Falten um die Augen ist alles in Ordnung. Die Muskeln sind fest.› Ich kann jeden täuschen, sogar einen Arzt. Ich gehe glatt für dreißig durch. Mein Gang ist schwungvoll, frei, meine Schritte sind leicht.»

Daß sie so sehr in der Vergangenheit lebt, kommt ihr allerdings verdächtig vor. Als sie Conrad Moricand kennenlernte, Anfang der dreißiger Jahre in Paris, fand sie es befremdlich, wie sehr der Fünfzigjährige in der Erinnerung an seine Dichterfreunde Max Jacob und Blaise Cendrars lebte und alle neuen Begegnungen daran zu messen gewöhnt war. Jetzt geht es ihr selbst so. Die Schauspielerin Luise Rainer «ist für mich ein Echo von June... Dorothy wie ich vor meinem dichterischen Leben, als ich nur Einsicht und Objektivität kannte. Sie ist statisch... das schon gelebte Leben.» Unruhig, geradezu nervös sehnt sie sich nach einem neuen Leben. Unerträglich ist das Gefühl, mit der Alten Welt zugleich selbst zu zerfallen.

2. Protest:
Bücher kann man selber drucken

Nicht das zu schnelle Leben und Sichverlieren tragen uns dem Tod entgegen, sondern das Stillstehen. Blut muß kreisen. Es muß Verwandlung geben. Wer lebt, sucht Verwandlung. Nur wer stillsteht, bemerkt den Tod. Etwa so hat Rank in der Analyse mit Anaïs Nin gesprochen.

Das Gefühl zu altern stellt sich besonders dann ein, wenn keine Aussicht auf Verwandlung besteht. Amerika nimmt für Anaïs die Gestalt einer Falle an. Aber sie ist darauf aus, ihr Leben zu erweitern, immer unterwegs zu neuen Möglichkeiten. Sie sinnt auf Ausbruch. Sich attraktiv kleiden und schmücken, durch New Yorks Avenuen gehen und genau beobachten, ob die entgegenkommenden Männer sie beachten – diese alte Methode kommt ihr verdächtig vor. «In Wahrheit bin ich eine ziemlich kranke Person, die eine Liebe braucht, wie sie nur Hugo geben kann, um vor Krankheit und Tod geschützt zu sein», gesteht sie sich manchmal ein. Aber Hugo kann die Sehnsucht nach einer machtvollen Leidenschaft nicht erfüllen, und Anaïs kann darauf nicht verzichten.

Den August 1941 verbringt sie in Begleitung von Helba und Gonzalo in Provincetown, einem Ort am Meer, den die New Yorker Künstler lieben. Hugo kommt ebenfalls für ein paar Tage. Helba und Gonzalo scheinen gleichsam zur Familie zu gehören. An einer Bar sieht Anaïs plötzlich den männlichen Mann («He-Man»), «den Cock im Gefieder des Don Juan», einen nördlichen Wikinger, der ihr das Herz stillstehen läßt. Edward Graeffe, dem sie den Namen Siegfried geben wird, ist der «Sonnenmensch», der sie wieder aufleben läßt. Anaïs trägt ihre blaue marokkanische Jacke, hat Haar und Hals mit Muscheln geschmückt und weiß genau, wie es ablaufen wird. «Ein schöner Mann, die Sanddünen, die Sonne, Sinnlichkeit ohne Sorgen.» Gonzalo erfüllt diesen Traum nicht mehr. Anaïs hat Lampenfieber. Eine Party mit Luise Rainer und Dorothy Norman. «Er sieht aus wie ein Gott», sagt eine französische Sängerin; Siegfried hat blondes Haar, blaue Augen, er ist Sänger und stammt aus Wien. Begehren frei von Liebe. Berührung im Wasser, Zärtlichkeiten im Sand. Das Leben ist leicht, nur ein Spiel. Sie wird wohl doch nicht über das Älterwerden schreiben, sondern über Erneuerung und Wiedergeburt. «Das schöne Abenteuer.» Er erinnert sie an den Vater. Wenn eine Frau versucht, aus einem Don Juan einen liebenden Mann zu machen, erlebt sie ein Inferno, befürchtet Anaïs.

«Liebe bewirkt eine Verwandlung», die derjenigen entspricht, die der Schauspieler beim Zuschauer hervorbringt: «Man wird in das Wesen eines anderen aufgenommen und wird zum Zeugen seiner Eigenarten, seiner Zärtlichkeit, seiner Begierde, seiner Träume, seiner Verlassenheit, … Kleinheit, Kindlichkeit, Schwäche, wie sie auch im Augenblick der Liebe sichtbar werden.» Im Zustand der Liebe sehen wir die Möglichkeiten des anderen, die bislang nicht entdeckt und nicht entfaltet wurden, «das Unbekannte, Ungeborene, das Begrabene». Das entspricht der Erfahrung, daß alles anders wird, je nachdem, in welcher Verfassung wir uns in der vermeintlich identischen Realität bewegen. Auf dem Hintergrund der Beobachtung, daß die ganze Wirklichkeit, um uns und in uns, sich im Zustand der Liebe verwandelt, entwickelt Anaïs Nin eine besondere Sensibilität für die Verwandelbarkeit der Wirklichkeit überhaupt. Es steht uns nicht die physikalische Realität gegenüber mit irgendwelchen identischen Merkmalen oder Kennzeichen. Wer seine Sicht auf das naturwissenschaftliche Konzept der Realität reduziert, lebt in einer entzauberten Welt. Selbst der intellektuelle André Breton, der sie Anfang Oktober besucht, kommt ihr vor wie ein Wissenschaftler des Unbewußten, den nicht die poetischen Wandlungen des Seelenlebens, sondern eher die Rekonstruktion seelischer Prozesse interessieren.

Frauen scheinen mehr Mut zu haben, die Wirklichkeit perspektivisch wahrzunehmen. Mit Luise Rainer, der Frau des Bühnenschriftstellers Clifford Odets, versteht sich Anaïs in dieser Zeit besonders gut. «Ihr ausdrucksvolles, belebtes Gesicht zeigt wie in ihren

Filmen (Frou-Frou, The Great Waltz) eine größere Traurigkeit, als Rolle oder Situation verlangen.» Wie Schwestern hocken sie zusammen in Luises Wohnung, blicken aus dem gekästelten Fensterglas, das wie Wasser wirkt, hören Rachmaninov und genießen, daß keine männliche Betrachtungsweise ihre Träumereien stört. «Meine Freundschaften mit Frauen sind wie Liebesbeziehungen... sie inspirieren mich wie Liebe und verfolgen mich wie Liebe.» Anaïs empfiehlt sich Luise als Spiegel, in den sie schauen soll, wenn sie fürchtet, nur auf der Bühne interessant zu sein, nicht aber im Leben.

Zu Auseinandersetzungen kommt es, wenn Freundinnen oder Freunde Anaïs' psychologischen Rat suchen und ihm nicht folgen. Kindheitskränkungen für Anaïs; die kleineren Brüder wählen ihren eigenen Weg ins Glück oder Unglück und weisen ihren Ratschlag ab, wie Luise Rainer, die Anaïs gegenüber klagt, daß sie wegen der Untreue ihres Mannes aus dem Gleichgewicht geraten ist und nicht arbeiten kann. Luise beschwert sich nach dem Gespräch, daß Anaïs ihre Reaktion als neurotisch bezeichnet habe. Sie brauche keine analytischen Ratschläge, sie werde sich mit Disziplin selbst besser helfen können. Anaïs meint, Luise weiche aus vor einer Konfrontation mit ihrem wahren Ich.

Anaïs hat selbst Schwierigkeiten, was ihre Arbeit, das Schreiben, angeht. «Wenn ich mit einer Erzählung beginne, werde ich von einer Ängstlichkeit befallen, die mich gefrieren läßt. Nur beim Tagebuchschreiben fühle ich mich leicht. Dieses ist das wahre Geheimnis meines bewußten Schreibens oder meines mangelhaften Könnens.» Nach der Artaud-Geschichte, die in Robert Duncans Zeitschrift «Experimental Review» erscheint, schreibt sie über Jean Carteret «The All-Seeing» (Der All-Sehende) und findet jeden eigenen Satz steif und schwerfällig. Das hat weniger mit ihrem beschränkten Können als mit ihrem hohen Anspruch zu tun. Glücklich ist Anaïs, wenn ihr ein Text gelingt wie «The Voice», den sie als Konzentrat schätzt, in dem jedes Wort sein Gewicht und eine Fülle von Implikationen hat. «Ich kann es immer wieder neu lesen und Nahrung daraus gewinnen, wie aus einem Brühwürfel, eine synthetische Mahlzeit – gemacht für unser modernes Zeitalter, sogar geeignet für Fallschirmspringer.» Wenn sie sich vergegenwärtigt, daß ihr das manchmal gelingt, fühlt sie sich wieder stark.

Henry hat eine für ihn zubereitete zweite Fassung ihres Tagebuches über die Zeit mit Allendy, Artaud, Rank gelesen und ist verblüfft, erst jetzt, aus der Distanz, zu sehen, «wie neurotisch» Anaïs war. Sofort hat Anaïs Angst, sie könnte ihn verletzt haben. Aber Henry gefällt diese «volle, alles aufsaugende Welt» des Tagebuchs; er schüttelt den Kopf und lacht über ihre fixe Idee, sie dürfe einen anderen nicht verletzen. Er spürt, daß sie eine Sonderfassung für ihn präpariert hat, und begreift nicht, warum sie auch ihn meint belügen zu müssen. Für ihn ist die Vergangenheit, besonders die Zeit mit June, so weit weg. «Es ist alles tot. Möglicherweise schreibe ich ein Buch, das mit dem Ich, dem Persönlichen und Autobiographischen überhaupt nichts zu tun hat», teilt er Anaïs mit. Miller hat bereits ein Buch von der Art, den «Koloß von Maroussi», geschrieben, einen mystischen Bericht über seine Begegnung mit Menschen und Göttern in Griechenland. Leser, die mit seinen drastisch-vulgären Texten nichts anfangen können, schätzen diesen Text ganz besonders. Henry Miller hat sich in den letzten Jahren verändert. Nachdem er sich seine Vergangenheit vom Leibe geschrieben hat, sucht er ein ruhiges Leben. «Er träumt von einer friedlichen Insel, wo das Leben nichts kostet. Bald wird er mich fragen, ob ich mit ihm in ein friedliches Paradies entfliehen will.» Anaïs will alles andere als das, sie will Amerika erobern.

Hugo stellt im November 1941 erstmals seine Graphik aus in der «New York School for Social Research» in New York. Anaïs bittet Ruder, den scheinbaren Repräsentanten des anonymen Sammlers der Erotika, der etwas für sie tun möchte, zwei Stiche zu erwerben. Es ist ihr wichtig, daß Hugo mit seiner künstlerischen Arbeit Erfolg hat. Gonzalo hat die Stiche gerahmt und ist Hugo beim Drucken zur Hand gegangen. Die Freunde sind begeistert. Hugo strahlt und ist Anaïs dankbar, denn er weiß, daß er sich ohne ihren Zuspruch nicht an die Kunst herangewagt hätte.

Anaïs steht unter Strom, verliert Gewicht, hat Herzschmerzen. Dr. Jacobsen rät Ruhe an, mit Injektionen sei ihr nicht zu helfen, sie muß ihren Lebensstil ändern. Jeder scheint seine Chance zu haben, nur Anaïs verausgabt sich für andere. Sie braucht etwas Geld, um das Problem der Veröffentlichung ihrer Texte zu lösen. Aber sie hat weder Geld noch Zeit für sich selbst. Wenn sie eine eigene Druckerpresse hätte, wäre sie unabhängig vom Urteil der amerikanischen Lektoren und Kritiker. Ihr ganzer Zorn trifft den amerikanischen Literaturbetrieb. Sie meint beobachten zu können, daß die Schriftsteller nur Auftragsarbeiten erledigen, nachdem sie einmal mit einem eigenwilligen Werk die Aufmerksamkeit der Verlage erregt haben. Sie beklagt den Mangel an Respekt für die Individualität. Schreiben werde wie die Kleidermode vermarktet.

Japan überfällt am 7. Dezember 1941 ohne Vorwarnung die amerikanische Pazifikflotte in Pearl Harbour. Etwa dreieinhalbtausend Tote. Das amerikanische Volk steht nun hinter F. D. Roosevelts Politik eines Eintritts der USA in den Zweiten Weltkrieg. Am 8. Dezember erklären die USA und Großbritannien Japan den Krieg. Am 11. Dezember erklären Deutschland und Italien den USA den Krieg. «Krieg ist nur das vergrößerte Drama, das aus Schwäche, Haß, Negativismus, Neurose, Ängsten, Schizophrenie herauswächst.» Hitler ist der Kriminelle, der es der Welt millionenfach heimzahlt, daß ihm einmal ein Leid angetan wurde, meint Anaïs. Er wird fallen, denn er ist ein Verrückter.

In dieser Situation betreibt Anaïs die Realisierung ihres Wunsches nach einer Druckerpresse. Es hilft nicht, darauf zu warten, daß Amerika sie entdeckt, sie muß aktiv werden und sich mit ihrem Werk zeigen. Erst Jahrzehnte später wird es ihr auch gelingen, Amerika zu entdecken. Hugo, Henry und Eduardo steuern Geld bei, Hugo gibt einhundertfünfzig Dollar, die er mit einem Nebenjob, außerhalb der Bank, verdient hat. Auch Frances Steloff hilft mit einhundert Dollar. Anaïs zögert noch, findet es unpassend, ihre Bücher zu drucken in einer Zeit, da die Welt durch den Krieg zerstört wird. In ihr Tagebuch vom Jahresende 1941 klebt sie eine Reihe von Zeitungsfotos ein, die die Kriegsgreuel der Deutschen zeigen: tote Leiber russischer Gefangener, die nackten Leichen von verhungerten Kindern, tote Körper in einem Massengrab in Polen, ein zum Skelett verhungertes Baby mit aufgedunsenem Leib, das von einem sadistisch blickenden Mann gerade umgebracht wird. Die Fotos sagen mehr, als eine noch so perfekte Beschreibung in Worten es könnte. Man kann sich fragen, ob Anaïs diese Bilder an die beängstigende Aktion ihrer eigenen Geschichte erinnern: die mangelnde Fürsorge für den sechs Monate alten Fötus im eigenen Leib.

Henry und Hugo helfen ihr, die Bedenken wegen des egoistischen Interesses an einer eigenen Druckerpresse zu überwinden. Gonzalo, der zunächst ablehnt, weil er sich der kommunistischen Sache als einfacher Fabrikarbeiter widmen will, kommt zu der Überzeugung, daß das Drucken angenehmer sein werde. Außerdem scheint er ein Faible für Maschinen zu haben; die Druckerpresse ist ein vierzig Jahre altes Modell (ein Jahr älter als Anaïs) und wird wie ein Fahrrad per Fuß betrieben.

Am 16. Januar 1942 wird die Maschine im Atelier im Village, McDougal Street Nummer 144, zusammengebaut, so daß Anaïs mit dem Setzen beginnen kann. Eine halbe Seite nimmt anfangs etwa eine Stunde in Anspruch. Anaïs zentriert nun ihre ganze Energie um das Veröffentlichen, betreibt das Kopieren der Tagebücher, arbeitet regelmäßig an der Druckerpresse. Eduardo hilft beim Setzen, und Gonzalo druckt die Bogen.

«Wir haben es auf dem dornigen Weg gelernt, durch Erfahrung, ohne Ausbildung, haben allein entdeckt, erfunden, getestet, gesucht... Wir haben das Ganze noch einmal setzen müssen. Es war zu lose... Arbeiteten sieben, acht Stunden pro Tag... Wir träumten, sprachen und verdauten die Druckerpresse. So viel zu lernen. Alle drei enthusiastisch. Nach sowjetischem Vorbild. Gonzalo aktiv, dynamisch.» Zwei weitere Helfer werden wegen Faulheit und Trunkenheit wieder fortgeschickt. Es fehlt an Geld für das Papier.

Anaïs genießt das körperliche Arbeiten. «Man lebt in den Händen, in körperlicher Gewandtheit, indem man die Entwicklung seines Könnens gegen konkrete Widersacher richtet. Die Siege sind vollständig, konkret, endgültig und erwiesen. Wieviel größer, als wenn es um Abstraktionen und Theorien geht.» Anaïs entwickelt ihre praktische Seite, entdeckt voller Freude, wie geschickt und erfindungsreich sie ist. Auch Gonzalos Begabung kann sich entfalten. Nun ist es schließlich gelungen, eine gemeinsame gestalterische Tätigkeit zu finden, die sie über das Bett hinaus verbindet.

Sie beginnen mit den Texten über den Vater («Winter of Artifice») und über Rank («The Voice»). «Ich bin zufrieden. Ich habe keine Zeit für irgendwelche fixen Ideen.» Die Arbeit verlangt ihre ganze Aufmerksamkeit und Energie. So einfach ist das – das Arbeiten schafft, was das Analysieren nicht bewirken kann. Wichtig ist allerdings, daß es eine Arbeit ist, mit der die Erfüllung eines lange gehegten Wunsches ermöglicht wird: mit dem eigenen Werk endlich die Aufmerksamkeit der Öffentlichkeit erreichen. Hugo wird von nun an die Bücher seiner Frau unter dem Künstlernamen Ian Hugo («Ian» = umgekehrte Mitte von «Anaïs») illustrieren. Anaïs verschickt Subskriptionsaufforderungen mit einer Originalgraphik von Hugo und der Kritik von Alfred Perlès und bietet ihr handgesetztes Buch, Auflagenhöhe 750 Exemplare, zum Preis von 3 Dollar an. «Gleich zu Anfang», schreibt Perlès, «wird der Leser in ein Niemandsland geführt, das zwischen Chaos und Morgendämmerung liegt… Manchmal, wenn sie nicht das richtige Wort finden kann – da, was sie zur Sprache bringen will, kaum sagbar ist –, nimmt sie Zuflucht zu Kunstgriffen, sinnreichen Ausflüchten, geschickten Wiederholungen…»

Nach vier Monaten ist das Buch gesetzt. Ein Experte für Typographie an der New York University, Otto Walter Fuhrmann, schreibt einen bewundernden Brief: «Ich habe nie eine Amateurarbeit von solcher Perfektion gesehen… Ihr Buch wird den Studenten gezeigt, die selbst gern tun möchten, was Ihnen gelungen ist; sie werden begreifen, daß es auf dem Weg der Erfahrung gelernt werden muß.» Unter der fetten Überschrift «Zur Verwirrung der Spötter» berichtet «Everybody's Weekly, the Philadelphia Inquirer» am 5. Juli 1942 von dem Ereignis: «Na also! Nun müssen die ums Überleben kämpfenden Schriftsteller nicht mehr klagen, wenn kein Verleger ihr Meisterwerk drucken will. Sie können dem kühnen Beispiel der Autorin Anaïs Nin folgen. Als niemand ihr letztes Buch ‹Winter of Artifice› verlegen wollte, kaufte sie sich eine Druckerpresse und druckte es selbst.» Zwei lange Spalten mit Fotos erzählen von dem Unternehmen und vom Lebenslauf der Schriftstellerin.

Eine Kurzfassung des Tagebuchs wird vom Verleger Houghton Mifflin in Boston mit lobenden Bemerkungen bedacht. «…so etwas wie eine dekadente Heilige. Ganz gewiß außergewöhnlich geschrieben; die Kadenzen, die Fähigkeit, Intensität des Gefühls auszudrücken.» In der gegenwärtigen Kriegssituation würde allerdings eine solche «morbide Beschäftigung mit dem eigenen Innenleben trivial erscheinen», fünf bis zehn Jahre nach Kriegsende dagegen könnten Anaïs Nins Texte auf Interesse stoßen. Ihre Beschreibungen der Sexualität werden diesmal nicht zum Problem, sondern ausdrücklich gewürdigt.

Diese Ablehnung kann Anaïs im Augenblick nicht treffen. Durch die Arbeit des Druckens gewinnt sie, jedenfalls für einen kurzen Zeitraum, ein ganz neues Selbstgefühl. Während des Setzens gehen ihre Gedanken in der Zeit zurück, sie denkt über all das nach, was sie schon zu schreiben gewagt hat, und ist plötzlich sicher, daß sie die Frau der Zukunft ist. «Ich weiß, daß ich das neue Bewußtsein erweitern kann ... Ich habe schon so viel gesagt, so viel in mysteriöser Weise. Ich habe mich in befremdliche Regionen vorgewagt. Die zyklische Krankheit der Frau, Schlaflosigkeit, Frigidität, Neurose, Wahnsinn, Täuschungen, das Versagen männlicher Theorien, die Bedeutung unserer Rettungswünsche, die wir an den Psychoanalytiker richten. Ich habe alle Krankheiten der Seele beschrieben, der heutigen und der zukünftigen Seele...» So weit ist nicht einmal Breton vorgedrungen, meint Anaïs, höchstens die Maler.

Etwas unheimlich wird einem zumute, wenn Anaïs Nin 1942 schreibt, sie sei die Frau der Zukunft und deshalb akzeptiere man sie in der Gegenwart nicht. Ihre «Krankheit» hält sie für das Leiden einer übersensiblen Künstlerin, die in einer Welt des Terrors und der Gewalt als hochentwickeltes Instrument Vibrationen empfängt, die die anderen nicht wahrnehmen. Größenwahn? – Tatsächlich wird Anaïs in den sechziger Jahren eine weltweite Wirkung entfalten mit den Texten, die sie in den vierziger Jahren schreibt.

Das Erscheinen von «Winter of Artifice» wird im Gotham Book Mart gefeiert. Die Machart des Buches wird allgemein bewundert. Einhundertzehn Bücher sind in drei Wochen verkauft. Der Dichter William Carlos Williams, den sie von Paris her kennt, wird für «New Directions» eine viertausend Wörter umfassende Rezension schreiben. Frances Steloff meint beobachtet zu haben, daß sich die Käufer in das Buch verlieben, und gibt Anaïs den Auftrag, auf ihrer Presse Durrells «Black Book» ebenfalls nachzudrucken. Eduardo Roditi will für «Psychoanalytic Review» über das Buch schreiben. Anaïs hat das Gefühl, eine Hürde genommen zu haben. Aufträge gehen ein. Hugh Chisholm und Caresse Crosby trauen der Presse etwas zu, und Anaïs hofft, daß Gonzalo als Drucker finanziell unabhängig werden kann. Im August 1942 machen sie noch einmal

Ferien in Provincetown, dieses Mal fühlt sie sich Hugo nahe, dieses Mal braucht sie keinen «Chinchilito» in Gestalt eines schönen Sängers.

Miller, der den Winter 1941/42 in New York verbracht hat, geht im Januar wieder nach Hollywood. Das Leben im Westen gefällt ihm, zumal Freunde wie die Künstler Gilbert und Margaret Neiman auch finanziell ein wenig helfen. Henry haßt die Hektik New Yorks, die besinnungslose Aktivität. In einer Vielzahl von Briefen machen Anaïs und Henry Miller einander heftige Vorwürfe. Anaïs fühlt sich ausgenutzt und meint, daß Miller verantwortungslos in den Tag lebt. Im Grunde haben beide Angst sich einzugestehen, daß sie keine gemeinsame Zukunft haben werden. Im September 1942 schreibt Miller, daß ihm das Nichtstun ungeheuer gefällt. «Statt also zu überlegen, wie ich in der kürzesten Zeit das meiste Geld verdienen könnte, beginne ich über das Gegenteil nachzudenken: wie ich möglichst wenig tun könnte, ohne mich allzu unbehaglich zu fühlen... Ich sehe nichts, womit ich mich ernsthaft befassen möchte. Ich habe keinerlei Ehrgeiz ... Die Weisheit würde zweifellos eine Art Anpassung diktieren – die Suche nach einem Weg, dasjenige zu tun, was man gern tut, und durchzusetzen, daß es der Welt gefällt... [Doch] welchen Unterschied macht es letztendlich, ob ich etwas zu Papier bringe und sie zwinge, es zu lesen, oder ob ich es für mich behalte ... Du klingst wie die personifizierte Aktion. Du hast die Hürden genommen. Du bist eine Arbeiterin. Wenn ich doch nur an die Arbeit glauben könnte. Aber ich hasse die Arbeit. Schöpferische Tätigkeit ist keine Arbeit – sie ist Spiel.» Miller meint in Hollywood beobachten zu können, daß die Leute seiner Umgebung nur sinnlose Dinge tun. Man hat ihm einen Job als Ghostwriter angeboten, er sollte für einen alten Schauspieler eine Biographie schreiben. «Ein schönes Haus, gutes Essen usw. Aber was für ein Idiot! Warum sollte ich seine Biographie schreiben?»

Über Anaïs' privates Leben scheint er weitgehend im unklaren zu sein. Sie reagiert sehr empfindlich auf seine Briefe, die sie als kalt und lieblos erlebt. Seit Miller in Griechenland war, scheint das Band zwischen ihnen zerrissen zu sein. Daß er dort eine Affäre mit der Bildhauerin Betty Ryan hatte, weiß sie nicht. Dennoch schreibt Miller Ende 1942: «Unverändert habe ich den hoffnungslosen

Wunsch, es gäbe einen Weg, mit Dir hier zu leben. Ein schrecklicher Gedanke, daß man den richtigen Ort und den richtigen Menschen hat, aber beides einfach nicht zusammenführen kann. Und im Grunde geht es um die Frage nach dem richtigen Leben ... Du darfst meinetwegen nicht mutlos und pessimistisch sein. Ich bin froh, daß Du in so guter Stimmung bist. Jemand muß das Ruder in der Hand behalten.»

Es ist keine Frage, daß Miller eine Begabung dafür hat, Menschen zu finden, die ihn unterstützen. Das gelingt ihm auch in Kalifornien. Anaïs gerät in einen Konflikt. Einerseits möchte sie sich von Miller trennen, andererseits aber erträgt sie es nicht, ersetzt zu werden. Ein weiteres: Sie fühlt sich Miller gegenüber schuldig, weil sie es ja ist, die schon lange nicht mehr wünscht, mit ihm zu leben, und doch so tut, als wäre es noch so. Jedenfalls ist es ihr offenbar unmöglich, Millers Aufforderungen ernst zu nehmen, sie solle sich nicht für ihn kaputtarbeiten. Sie möchte einfach nicht glauben, daß er ohne ihre Hilfe zurechtkommen wird. Wenn Miller sich lustig macht über die Menschen, die so versessen aufs Geldverdienen sind, erlebt Anaïs ihn als zynisch, da er weitgehend vom Geld dieser Menschen lebt. Für sie steht jedenfalls fest, daß sie nicht zu ihm nach Kalifornien fahren wird.

Noch will sie New York von sich überzeugen. In ein paar Jahren versteht sie Millers Flucht in den Westen. Aber dann lebt sie mit einem anderen Mann, und Miller wird verheiratet sein, Vater von zwei Kindern, und in Big Sur leben.

Der Höhenflug beim Erscheinen von «Winter of Artifice» erweist sich als trügerisch. William Carlos Williams charakterisiert Anaïs – nach ihrer Interpretation – als Männerfeindin, was sie entrüstet. Die großen Zeitungen schweigen. Nur der «Erfolg im Untergrund ist konstant». Die Euphorie, mit der Druckerpresse Geld verdienen zu können, erweist sich als Fehleinschätzung. Sie geben mehr Geld aus für Miete, Papier und das Binden der Bücher, als sie mit dem Verkauf einnehmen. «Ich weinte: Ich bin ein Versager.» Und die Liebe? «Ich bin überzeugt, wenn man, wie ich, drei auserlesene Männer intensiv liebt, hat man alles erfahren.» Wieder am Ende.

Keine Zukunftsaussichten, zuwenig Geld, zuviel Arbeit, zuwenig rote Blutkörperchen – Jacobson gibt ihr ein neues Mittel. Jahre später ist er berüchtigt als Doctor Feelgood, da seine Injektionen Weckamine enthalten, die euphorisierend wirken und abhängig machen. Für kurze Zeit fühlt sich Anaïs wie verwandelt, stark und schön. Sie meint sogar, ihre Schüchternheit in der Öffentlichkeit zu verlieren. Wenn sie in der Galerie von Peggy Guggenheim an einer Vernissage teilnimmt, reden die Leute bewundernd, sieh nur, «da geht Anaïs Nin, das ist Anaïs Nin». Sie hat ihren Auftritt vor interessantem Publikum, macht Eindruck auf Marcel Duchamp und auf wichtige Kritiker von «New Republic» und «Time». Aber es ist nur ein Zwischenhoch – so wie ihr ganzes Leben in einem ständigen Wechsel von Euphorie und Niedergeschlagenheit verläuft.

3. Ideologie:
«Meine tausend Jahre alte Weiblichkeit»

SUCHE NICHT IMMER nach der Wirkung *auf die Welt*, auf die Menschen um Dich herum, für die Du Dich verausgabst, denk einmal an Anstrengungen, die einen Wert in sich selbst haben, einen *Wert für Dich.* Trotz der an Herkules erinnernden Anstrengungen ist keiner von uns in der Lage, sehr nachhaltig auf die Welt zu wirken. Vielleicht überhaupt nicht, wenn wir ehrlich sind. Aber wir können unser eigenes Schicksal in die Hand nehmen, unsere eigene Zukunft, und auf dem Weg erreichen wir schließlich auch die Welt... Die Welt kam zurecht, lange bevor Du oder ich geboren wurden. Sie wird zurechtkommen, nachdem es uns nicht mehr gibt... Einem anderen Mut machen heißt, ihn in dem bestärken, was er selbst glaubt tun zu wollen», schreibt Miller Ende 1942. Das trifft einen wunden Punkt. Miller zwingt Anaïs, ihn nach seiner Façon selig werden zu lassen, worauf sie sehr heftig reagiert: «Du träumst die unmöglichsten Sachen und hast es mir überlassen, sie wahr zu machen. Du hast Dich vor jeder Pflicht gedrückt, vor jeder Disziplin, jedem Versklavtwerden durch Liebe, durch das Leben, jedem Opfer... Mein wahres Selbst lebte in meinen phantastischen Erzählungen, in ‹House of Incest› und in Märchen. Ich kann so etwas nicht mehr schreiben ... Die Mutter wurde schließlich von den Träumern umgebracht.»

Anaïs hat Schwächeanfälle mit Herzschmerzen, fühlt sich wie ein Invalide (trotz der temporären Wunderwirkung von Jacobsons Injektionen, wie einer der Sklaven, die unter Deck rudern, während sich die Privilegierten oben ihren Gelüsten hingeben. Sie weiß gleichwohl, daß sie selbst es war, die ihre Rolle Miller gegenüber gewählt hat; «meine mystische Exaltation hat eine Märtyrerin aus mir gemacht». Miller ist erschrocken, erschüttert, will ihr helfen. Aber er wehrt sich auch gegen den Vorwurf, er hätte die Träumerin in ihr umgebracht. «Nein, das konntest *Du* nur selbst tun.» So wie sie ihm in Louveciennes beigebracht hat, daß es nicht die Welt ist, die einen behindert, sondern daß der wahre Grund im Menschen selbst liegt, fordert er jetzt von ihr, diesen Gedanken auf sich selbst anzuwenden.

Überarbeitung und die Trennung von Miller führen erneut zum körperlichen Zusammenbruch. Anaïs Nin sucht Martha Jaeger auf; sie will es noch einmal mit der Psychoanalyse versuchen. Ihre Geständnisse und Jaegers Verständnis lösen die Spannung. Anaïs fühlt sich wie ein kleines Kind, weint und gibt sich ihrer Schwäche anheim, kann schlafen wie lange nicht mehr. «Ich hatte alle Arten von Beziehungen mit Männern. Jetzt ist mein Drama das der Beziehung einer Frau zu sich selbst.» Jaeger beginnt an derselben Stelle wie Rank vor neun Jahren, indem sie das Thema der Weiblichkeit in den Mittelpunkt der Behandlung stellt. Anders allerdings als bei ihren männlichen Analytikern fühlt sich Anaïs frei von Verführungsabsichten. Jaegers Praxis liegt am Fuß der *Haven* Avenue, und Haven bedeutet Zufluchtsort – ein gutes Omen, denkt Anaïs.

Liebe und Selbstaufgabe, Liebe und Verlassenwerden, Liebe und Mißbrauchtwerden, Leidenschaft und Zweifel werden in der Behandlung von der Kindheitsgeschichte abgeleitet. Die Idealisierung des Ehemanns, der nur in Ausnahmesituationen als Liebhaber angenommen werden kann, weil sonst Gefahr bestünde, auch mit ihm in den Strudel der Auflösung zu geraten, wird thematisiert. Die Beziehung zu Gonzalo verliert an Bedeutung. Aber «obwohl ich sehe, daß Hugo für mich der wirkliche Ehemann ist – der einzig wahrhaft Verheiratete aufgrund der Ähnlichkeiten des Charakters und Verstehens, der einzig absolut Zugewandte, bin ich traurig, zu ihm zurückzukehren – ich kann nicht einmal behaupten, daß meiner Ehe jeder romantische oder leidenschaftliche Wert fehlt. Ich kann das wahrhaftig nicht sagen, denn seit Hugo mir den Anfangsschock gab, mich zunächst zu bedrängen und dann freizugeben, hat er doch zwanzig Jahre wie ein Ritter des Mittelalters alle Beweise seiner Liebe gegeben, die ein Mann nur geben kann, indem er immer wieder neu um mich warb und wie eine Frau auf die Rückkehr ihres Ehemanns wartet.»

Immer wieder verwundert, stellt Anaïs fest, daß sie nicht ausruhen, nicht verweilen, nicht dort sich aufgehoben fühlen kann, wo sie eigentlich meint, gerade glücklich zu sein. «Ich möchte überall sein.» In einem Brief vom Dezember 1942 schreibt Miller, daß ihn die weibliche Gestalt der Pellegrina Leoni in der Erzählung «The Dreamers» von Isak Dinesen (Karen Blixen) an Anaïs erinnert. Darin heißt es: «Niemals wieder werde ich mein Herz und mein ganzes Leben mit *einer* Frau identifizieren» und: «Von jetzt an werde ich immer viele Personen sein.»

Wenn Anaïs ausgeht, ist sie enttäuscht. Nirgendwo findet sie den neuen Liebhaber. Sie nimmt interessante Männer nur wahr mit der heimlichen Frage, ob der neue Liebhaber in ihnen verborgen sein könnte. Ist er es nicht, bleibt nichts Interessantes an dem Menschen, sie muß weitersuchen.

Sie spricht mit Jaeger über die ausbleibende öffentliche Anerkennung ihres schriftstellerischen Könnens. Das Buch über Lawrence erschien wenige Monate bevor der Verlag von Edward Titus seine Tätigkeit einstellen mußte, kam kaum in den Handel, wurde keinem wichtigen Kritiker zugeschickt, brachte keinen Pfennig Geld. Michael Fraenkel, der «House of Incest» herausgebracht hat, verlor schnell das Interesse. Das Buch kam ebenfalls nicht in die Buchhandlungen, keine Rezensionen, keinerlei Reaktion. Hätte Anaïs nicht die Initiative ergriffen und fünfzig Exemplare an Frances Steloff verkauft für einen halben Dollar pro Exemplar, während es für fünf Dollar weiterverkauft wurde, so wäre auch dieser Text eine Totgeburt gewesen. Ebenso «Winter of Artifice», das Durrell und seine Frau Nancy finanziell unterstützt haben, so daß es in Jack Kahanes Obelisk Press eine Woche vor Ausbruch des Krieges erscheinen konnte – dieses Buch verschwand in den Turbulenzen der Zeit, geriet ebenfalls nicht in die Öffentlichkeit. Und selbst die schöne handgesetzte Ausgabe wurde von den großen Kritikern mit Stillschweigen übergangen.

Ob darin nicht eine heimliche Absicht auf Anaïs' Seite steckt, fragt die gewitzte Analytikerin Martha Jaeger und rührt an den alten Komplex von Schaffen und Schuldgefühl bei Anaïs. Schaffen und

Weiblichkeit – wie läßt sich das vereinbaren? Das Zentralmotiv ihrer Schuldgefühle sieht Anaïs darin, daß ihre Schöpfungen «Konfessionen» sind, da sie ihr eigenes Leben beschreibt. Teilweise möchte sie ihr altes Selbst verlassen, zum anderen Teil kommt sie in der Analyse zu der Überzeugung: «Was ich für meine schwachen Züge halte, sind weibliche Züge (Unfähigkeit zu zerstören, Unwirksamkeit im Kampf). ‹Mir geht es genauso›, sagt Jaeger.» Sie kommen überein, daß Anaïs im Unterschied zu anderen schöpferischen Frauen ihre Weiblichkeit bewahrt hat, «ich habe weder den Mann imitiert, noch bin ich ein Mann geworden».

Nach den Gesprächen mit Jaeger hat sie den Eindruck, daß etwas Wesentliches besprochen wurde, das alle Frauen auf der Welt angeht. «L'évolution de la femme. Ich durchlebe und erleide es für alle Frauen.» Mit dem Fortgang der Analyse hat sie wieder «das Gefühl zu fließen, was nach dem Verlassen des Hausbootes mehr und mehr zum Stillstand kam. Neurose ist Stillstand, Gelähmtsein, Verdorren.» Aber «ich habe einen Horror vor unabhängigen Karrierefrauen». Sie fürchtet ihre eigene Stärke, denn die könnte dazu führen, daß sich kein Mann mehr in sie verliebt. «Aktionen der Unabhängigkeit, scheint mir, werden damit bestraft, daß man allein gelassen wird. Männer fürchten die Stärke von Frauen.» Immer meint Anaïs, die schwachen Männer um sie herum (die kleinen Brüder?) vor ihrer Stärke beschützen zu müssen. Gonzalo gibt sie das Gefühl, daß die Idee mit der Druckerpresse von ihm stammt, als stünde sie ohne seinen Einsatz nicht in der McDougal Street. Manchmal wirkt sie wie ein Schutzengel, der seine eigenen Flügel kappt.

Die wichtigste Wirkung der Behandlung bei Martha Jaeger liegt darin, daß sie auf Anaïs eine Zeitlang als Vorbild wirkt: Sie kann als Frau, als Mutter, als intuitiver Mensch etwas bewirken, was weder Allendy noch Rank gelungen ist.

Wieder besinnt sich Anaïs auf ihr eigenes Können. Kein Mensch, glaubt sie, hat so konsequent wie sie selbst alles ausgelebt, was in ihm steckt. Sie fragt sich, wie sie diese universale Erfahrung so auf andere Charaktere verteilen kann, daß sie darstellbar wird. Wie andere Schriftsteller die Archive durchforschen, will Anaïs das Archiv ihrer eigenen Geschichte benutzen, um dem Menschen etwas über den Menschen zu sagen; genauer, um die Frau mit ihrer genuin weiblichen Lebensform und Weltsicht vertraut zu machen. In «Winter of Artifice» hat sie damit begonnen. Lilith gab sie ihre ‹kühle› Seite, den Dämon, und Djuna ihre warme Seite, die zärtliche Gebundenheit an die Vergangenheit.

Nach der jüdischen Überlieferung ist «Lilith» Adams erste Frau, die sich mit dem Mann nicht verträgt, entflieht und ein dämonisches, zerstörerisches Nachtwesen wird. Mit der Wahl prototypischer Gestalten, zunächst wählte sie «Alraune», sucht Anaïs die Fülle ihrer Erfahrungen zu ordnen. Sie schreibt durchaus nicht einfach ihre eigene Geschichte auf und wählt irgendwelche Namen, um das Geschehen zu verschlüsseln, sondern versucht, jeweils eine typische Haltung in einer Gestalt zu kristallisieren. Das setzt sich fort in allen folgenden Romanen, die sie als Zusammenhang, als Ganzes begreift, nicht weil sie eine Fortsetzungsgeschichte schreibt, sondern weil dieselben Grundhaltungen eine Rolle spielen. Dabei geht es nicht um verschiedene Frauenschicksale, sondern Anaïs projiziert ihre eigene seelische Vielfalt auf verschiedene Personen.

Anfang 1943 schickt Miller Geld, das Anaïs nach Belieben, wenn sie will, für den Druck ihrer Tagebücher verwenden soll. Er hat geschafft, was Anaïs nicht für möglich hielt, er hat ein bißchen Geld gemacht und gibt es, seinem Naturell entsprechend, einem Menschen, dem er helfen kann. Er möchte etwas gutmachen. Anaïs kann ihr Radio aus der Reparatur holen und Papier kaufen, um ihre Erzählungen zu drucken, nachdem die Auftragsarbeit, das Buch «Misfortunes of the Immortals» von Paul Éluard mit Graphiken von Max Ernst für Caresse Crosby erledigt ist. Der Künstler kommt in die McDougal Street, begutachtet selbst die Qualität der Drucke und ist sehr zufrieden. Anaïs gefällt das Buch nicht, Inhalt und Design seien ohne Wert. Sie hat offenbar keinen Sinn für das veranschaulichte Surreale.

Nachdem die gemeinsame Welt mit Henry Miller zerfallen ist, spürt Anaïs das dringende Bedürfnis, ein neues Buch zu schreiben. Sie spricht in Briefen an ihn davon, noch einmal neu zu beginnen. Jaeger scheint bemüht, die Wiedergeburt in Richtung einer Belebung der Ehe der Anaïs Nin zu lenken, «aber erotisch scheint es hoffnungslos zu sein, unmöglich», notiert Anaïs. «Jaeger sagt, er *ist* mein Mann, der reife Ehemann. Ich liebe seinen Charakter und sein

Verhalten.» Zu ihrer eigenen Überraschung hat Anaïs nach etwa zehn Jahren das Gefühl, daß ihr Widerstand gegen Hugo jetzt schwindet. In Wirklichkeit wird sie jedoch viel stärker von der Angst bedrängt, sie könnte Gonzalo verlieren. Aber Anaïs fühlt sich wieder frei, geht zu Parties, genießt das Gespräch und scheint ihre Schüchternheit in Gesellschaft zu verlieren. «Ich bin so offen für die Welt, so offen, so sehr in Verbindung mit ihr, als wäre ich in einer großen kosmischen Liebesaffäre.»

Im Frühjahr 1943 wird der Bruder Joaquin zum Militär eingezogen. Anaïs fürchtet, sich um die Mutter kümmern zu müssen und in die Vergangenheit zurückgezogen zu werden, in das bürgerliche Leben von Richmond Hill. Wegen einer Erkrankung der Mutter fährt Anaïs nach Williamstown und wird erneut mit ihren eigenen Schuldgefühlen konfrontiert.

Zurückgekehrt fühlt sie sich gezwungen, mit Gonzalo endlich eine Auseinandersetzung wegen Helba zu wagen. Sie bilden ein merkwürdiges Dreieck. Anaïs bemüht sich, Helba gern zu haben, obwohl sie deren hysterisches Verhalten haßt, das offenbar die Ursache für Helbas Krankheiten ist. Ihr wird allmählich klar, daß sie dieses Dreieck zerstören muß. Neue mögliche Liebhaber tauchen auf, aber die Gespräche mit Jaeger verscheuchen die Besessenheit für eine Weile.

Bei Erscheinen des Max-Ernst-Buches und einer gleichzeitigen Ausstellung seiner Zeichnungen trifft Anaïs den Künstler wieder, ebenso André Breton, Peggy Guggenheim, den Bildhauer Ossip Zadkine und eine große Zahl amerikanischer Kunstliebhaber. Auf einen gewissen Albert Mangones wird Gonzalo eifersüchtig – mit Recht, Albert wird in Anaïs' Leben noch eine Rolle spielen. Im Mai 1943 allerdings ist sie bemüht, ihre «irrationalen Reaktionen» im Zaum zu halten. Die sind auch Thema in der Analyse. Jaeger meint, Anaïs würde ihre irrationalen Empfindlichkeiten auf andere Frauen projizieren, müsse lernen, diese Seite bei sich selbst zu akzeptieren. Ihr ganzes Interpretieren und Analysieren im Tagebuch dienten letzten Endes nur dazu, ihre eigenen irrationalen Züge zu leugnen.

Die Realität ihrer eigenen Gefühlskonflikte, das Desaster ihrer unerfüllbaren Träume, Absichten, Pläne, der unvermittelt sich entziehende Schwung, die Niedergeschlagenheit und die unbegreifliche Spannung, unter der ihre Handlungen stehen, sind Motiv ihres Schreibens; kurz, alles, was sich unter dem Etikett der «Angstneurose» verbirgt. Anaïs will das beschreiben, und zwar in allen Faserungen, um deutlich zu machen, daß diese schwer greifbare Realität nicht weniger explosiv ist als die Realität, die im Kriegsgeschehen offen vor aller Augen liegt. Die häufig als Nabelschau verpönte Betrachtung der Erlebensseite menschlicher Aktionen war von Anfang an Medium ihres Schreibens. Sie bemüht sich nachzuweisen, daß darin nicht nur ihre persönliche Besessenheit zum Ausdruck kommt. Neben das als Realismus favorisierte Lebenskonzept stellt sie ihre beschreibende Betrachtung der seelischen Realität.

«Du warst nicht im Konzentrationslager, Du warst nicht auf dem Flüchtlingsschiff, das nirgendwo Landeerlaubnis erhält. Du hast nicht in Spanien im Gefängnis gesessen, Deine Familie wurde nicht durch Franco gequält. Nichts von der Art. Aber während Du die Straße überquerst und der Wind Staub aufwirbelt – noch bevor er Dein Gesicht berührt, hast Du ein Empfinden, als wäre dieser Horror Dir selbst widerfahren – Du fühlst die namenlose Angst, das Zusammenkrampfen des Herzens … unsichtbares, gnadenloses Drama. Nur der Analytiker entdeckt dieses Drama und hört Deinen Schrei. Niemand sonst. Jedermann begreift, was Hunger bedeutet, Tod, körperliche Krankheit, Armut, Sklaverei – aber niemand begreift, daß in diesem Augenblick, als ich die Straße überquerte, eine verlockende, verführerische Persönlichkeit, alle meine Privilegien von Liebe, Sehnsucht, Nahrung, Gesundheit, Wohnstatt vollständiger vernichtet wurden als durch eine konkrete Katastrophe.»

Mit Martha Jaeger sucht Anaïs in den Verzweigungen ihrer persönlichen Geschichte nach den Konflikten und Krisen, die sie nicht lösen konnte, weshalb es nicht gelingt, sie – als vergangen – ruhen zu lassen.

Im September 1943 glaubt Hugo endlich den Weg gefunden zu haben, viel Geld zu verdienen. Anaïs entgegnet, dann werde sie nur noch teure Kleider kaufen, ihre Schönheit pflegen und Mademoiselle Frou-Frou spielen. «Und Hugo antwortet ebenso spaßend: ‹Jetzt nähern wir uns der Wahrheit: Du *bist* Frou-Frou, und ich liebe das, es macht dich so begehrenswert.› Und es war alles klar, Hugos erotische Neigung zu einer erotischen Anaïs.»

Manchmal gewinnt man den Eindruck, daß Hugo, ohne es recht zu wissen, am Zustandekommen von Anaïs' Doppelleben beteiligt ist. Es deutet sich ein Problem an, das Heinrich von Kleist im Bild des mit Schmutz beworfenen Schwans beschrieben hat. Im Topos der Umkehrung der Heiligen in eine Hure oder des Engels in einen Teufel zeigt sich der gleiche Komplex. Anaïs und Hugo scherzen durchaus nicht nur in dem Gespräch. Es weist eher auf Hugh Guilers Schuldgefühle hin, daß er aus dem reinen Mädchen Anaïs Nin schließlich, nach langem Zögern, eine Frau gemacht hat, die Freude hat an der «schmutzigen» Sexualität. Aus Hugos Kindheitsgeschichte und aus Anaïs' Beschreibung der ersten Ehejahre geht klar hervor, daß Sexualität für ihn etwas Verpöntes war. Wenn er sich blind stellt gegen Anaïs' Affären, mag der Grund darin liegen, daß er von seinen unsinnigen Schuldgefühlen dadurch entlastet wird, daß auch andere Männer Anaïs «erniedrigen».

Eine Affäre mit dem Schauspieler Canada Lee, einem Schwarzen, gibt Anaïs' Handlungen wieder Schwung. Es ist eine Sache, sich mit Bluttransfusionen zu erneuern, und eine ganz andere, die eigene Natur durch sinnliche Expansion wieder zu erfahren. «Ich verstehe, daß wir uns den Schwarzen zuwenden, zur Quelle zurückgehen, aber ich begreife nicht, warum sie uns begehren, warum sie uns schätzen..., diese schwache, blasse, geisterhafte Rasse!» Das vibrierende Geräusch, das die Hände von Albert Mangones den Trommeln entlocken, der warme Sommer bringen einen neuen Rhythmus in ihr Leben. Albert spiegelt «Tanz, Musik, Sonne. Seine Haut hat die Farbe der Sonne.» Richard Wright, der in seiner Autobiographie «Black Boy» die Schwierigkeiten eines Schwarzen in den Vereinigten Staaten beschrieben hat, gehört ebenfalls zu dem neuen Kreis. Anaïs findet das Leben in den Cafés wieder, ein Bistro in der achten Straße wird zum Treffpunkt. Die junge Schriftstellerin Carson McCullers, die mit ihrem Roman «Reflections in a Golden Eye» großen Erfolg hat, weckt ambivalente Gefühle in Anaïs. Mit Radfahrerkappe, Tennisschuhen und Hosen paßt sie nicht in Anaïs' Vorstellung von Weiblichkeit.

Die Menschen in Amerika haben nach Anaïs' Ansicht eine merkwürdige Beziehung zu Büchern. Sie schätzen nicht die Kunst, sondern sind zufrieden, wenn sie Zeit und Umstände, unter denen sie leben, noch einmal vorgestellt finden. Sie suchen etwas anderes als Anaïs, eine vertraute Atmosphäre, die ihnen wegen der Vertrautheit ein Gefühl der Sicherheit gibt. «Hier in Amerika hat sich der Narzißmus der Menschen stärker entfaltet als in Europa, hier, wo das SELBST zur bewußten Unterhaltung keinen Zugang erhält.» In Europa haben sie gerade im Unvertrauten das große Versprechen für die Erweiterung des Selbst gesucht. Die farbigen Haitianer repräsentieren für Anaïs das Unvertraute in Amerika. Jean Brierre, ein anderer Haitianer, besucht sie im Atelier, bringt ein Gedicht für Anaïs mit und spricht wie Charles Baudelaire oder Paul Verlaine. Auch die Parties mit den Surrealisten waren vergleichsweise langweilig, ohne den Charme der Verführung, ohne körperliche Schönheit. Hugo schließt sich den Treffen an und erlernt die Kunst des Trommelns von den Haitianern. Doch für Anaïs ist er ganz einfach lästig.

Anaïs macht sich zurecht für ein Tête-à-tête mit Albert. Sie badet in Sandelholzschaum, parfümiert das Haar, versieht ihre Nägel mit einem kupfergoldenen Ton, zieht die schwarze Spitzenunterwäsche an, das türkisfarbene Kleid, das Albert liebt, und läßt ihr Haar, das sie meist hochsteckt, offen auf die Schultern fallen. Sie sprechen französische Worte, während Anaïs ihre ganze Kunst des sexuellen Spiels entfaltet. «Ein sexueller Akt nach Art eines Tanzes.» Sein Körper hat feinere Formen als der von Gonzalo. «Albert, ich nahm Dich in die Arme, und ich werde Dich in mein Tagebuch aufnehmen, in mein verwüstetes Leben, das nun durch Dich erneut zu blühen beginnt.»

Der Verleger Donald Friede, Canada Lee, Albert Mangones, Jean Brierre, alle sind jünger als Anaïs, auch ihre Nachfolger werden einer anderen Generation angehören. Mit ihnen fühlt sich Anaïs jung, von ihnen wird sie bewundert, sie lieben ihre erotische Ausstrahlung und ihre Art, die Welt in gesteigerten, verschönerten Dimensionen zu sehen. Sie wird aktiv, heiter und neugierig. Der Umgang mit ihnen hat, ganz im Gegensatz zu den Beziehungen mit Gonzalo und Hugo, etwas Leichtes. Das Arbeiten mit Gonzalo an der Druckerpresse kommt ihr jetzt wie ein Gefängnis vor.

Die Suche nach der einen Liebe scheint für Anaïs in den vierziger Jahren nicht zwingend zu sein. «Da sind andere, die ich lieben kann.

Eine volle, reiche Welt. Meine Liebe kann jede Richtung einschlagen, sich vielen neuen Welten zuwenden, neuen Ländern, neuen Seelen.» Eine merkwürdige Leichtigkeit erlebt Anaïs – «im Übergang zwischen Freiheit und Leere». Sie nennt das auch einen Zustand der Gnade und dankt ihrer Analytikerin mit einer herzlichen Umarmung dafür. Anaïs meint, daß die erneute Belebung ihrer Verliebtheit und Verführungskunst eine Wirkung der Analyse ist. Jaeger scheint bemüht zu bremsen, sucht ihr klarzumachen, daß keine Notwendigkeit besteht, jedermann zu verführen.

Aber Anaïs lebt ihre körperliche Erregtheit aus, fühlt sich stark und unabhängig wie ein Mann, der jede Frau nimmt, die er begehrt. Nicht die Liebe zählt, sondern die körperliche Ekstase. Sie genießt als Freiheit, daß sie sich nicht an einen Mann klammern muß, nicht in Zustände der Verlorenheit stürzt, wenn er von der Bildfläche verschwindet. Den Augenblick genießen nennt sie das und ist sicher, mit diesem Können ein spezifisch weibliches Problem endlich gelöst zu haben. Sich in der Suche nach der alles erfüllenden einen Liebe zu verausgaben erscheint ihr jetzt als neurotisches Verhalten. «Gonzalo wird nicht länger sein mein Himmel, meine Hölle, meine Stimmung, mein Leben, mein Sein, meine Augen, mein Klima, mein Herz…» Kleine Papierschirmchen, die sie in der achten Straße in einem chinesischen Laden erwirbt, steckt sie als Zeichen der Freiheit ins Haar, und jedermann dreht sich nach ihr um. «Jaeger wußte die ganze Zeit, ich würde nicht eher ruhen, bis ich mein tiefstes primitives Selbst gefunden hätte.» Dieses primitive Selbst bringt Anaïs in Zusammenhang mit der Ursprünglichkeit der Schwarzen. Die dekadente Kultur, meint Anaïs, zwingt die Frau, die etwas in der Welt bewirken will, den Weg des Mannes einzuschlagen.

Auf Gedanken von D. H. Lawrence zurückgreifend, beklagt sie den Niedergang der westlichen Kultur. Der weiße Mann hat seine Verbundenheit mit dem Primitiven, mit der Natur verloren, indem er sich die Erde untertan gemacht hat. «Er segelt, fliegt, schießt, hat Macht, aber in dem Maße, wie er die Elemente zu beherrschen gelernt hat, verliert er seine Kraft, je mehr er erfunden und mechanisiert hat, … desto impotenter wurde seine ganze körperliche Kraft», so daß er schließlich unfähig wurde, «die Frau zu befriedigen. So hat schließlich die Frau, die niemals die Verbindung zum Ursprünglichen verlor, ihrerseits männliche Fähigkeiten entwickelt» – als Folge der Enttäuschung über den schwachen Mann, der Sensibilität und Gefühl preisgegeben hat. Kein Wunder, meint Anaïs, daß sie sich den Schwarzen zuwendet.

Als Albert Mangones nach Haiti zurückgehen muß, bricht sie zusammen, vertraut ihren Kummer jedoch nicht der Analytikerin an, sondern Dr. Jacobson, der eine Nierenentzündung als Folge sexueller Exzesse diagnostiziert und Medikamente verordnet. Das Ganze ist begleitet von Herzschmerzen. Frances Brown, die ihr in diesen Jahren besonders nahesteht, rät ihr, den «Sohn» Albert aufzugeben. Anaïs nimmt Tabletten, um schlafen zu können, und gerät in eine merkwürdige Verfassung; ihr ist, als würde sie sterben. Es ist schwierig, das Ideal der Freiheit zu leben. Mit geballtem Trotz wehrt sie sich gegen die Tragödie – es gibt ja so viele Liebhaber. Donald Friede, Chinchilito oder Siegfried verstehen sich gut aufs Trösten und erinnern in aufregender Weise an den Vater. Aber es ist nur ein Abbild erfüllter Liebe. «Orgasmus der Seele», dieser Zustand ist ihr vertraut, ihr Körper dagegen scheint trotz aller sexuellen Erregtheit oft leer auszugehen, «tief im Innersten ist er immer noch unberührt. Es ist nur ein So-tun-als-ob...»

Im Juli 1943 macht Anaïs, einer Aufforderung Caresse Crosbys folgend, in Southampton auf Long Island Ferien. Caresse, die eine Zeitlang mit Canada Lee zusammenlebt, hat dieselbe Zuneigung zu jungen Männern wie Anaïs. Anaïs liegt am Strand, schläft viel, will sich unbedingt körperlich erholen – und leidet unter Einsamkeit. Sie weiß nicht, wofür sie lebt. Sie kann nicht ohne Leidenschaft leben. Freunde kommen zu Besuch, auch Gonzalo, auch Hugo – nichts hilft, nicht einmal das Schreiben. Enttäuscht grübelt sie über den Mangel an öffentlicher Anerkennung und den Tod ihrer Liebe zu Gonzalo. Das einzig Stabile scheint Hugos Liebe zu sein. Das Schicksal der «Frauen von gestern»: sie haben gelernt, sich selbst in einem anderen zu erfüllen, im Ehemann, in den Kindern, und wenn das nicht gelingt, sind sie verloren, kranke, unvollständige Wesen. Dem Mann bleibt wenigstens die Erfüllung in seiner beruflichen Aktivität.

Anfang September kehrt sie nach New York zurück, möchte sich in Aktivität stürzen, schreiben, drucken, um das Gefühl, lebendig begraben zu sein, zu verscheuchen, aber sie ist wie gelähmt. Ihre Freundschaften mit Frauen sind schwierig, jede scheint eifersüchtig darauf zu achten, daß Anaïs gerade ihr am meisten Aufmerksamkeit entgegenbringt. «Thurema, Maria, Frances, Irina..., mein Harem voller Frauen.»

Gonzalos Elend rührt mütterliche Gefühle in Anaïs wach. Für ihn macht sie einen Plan. Sie sollten Anaïs' Erzählungen drucken, die Arbeit wird ihm helfen, mit seinem Gefühl fertig zu werden, zu nichts nutze zu sein. Eine Kur, die Anaïs auch auf sich selbst anwenden kann. In der Analyse konfrontiert Martha Jaeger sie mit ihrem uralten Problem: «der Feind ist innen», er hat mit Anaïs' «dunklen Seiten» zu tun, die sie vergeblich auf andere projiziert, mit ihrem Idealisieren und ihrem Träumen. «Glück stellt sich nicht ein durch den Mann.» Den eigenen Schatten müsse sie akzeptieren lernen. Anaïs kommt es so vor, als würde sie vermeiden, aus dem Traum aufzuwachen – aus lauter Angst, worauf sie dann stoßen werde.

Sie nimmt ihre Aufzeichnungen der letzten Tage in die Analyse mit, und Jaeger antwortet überschwenglich. «Sie sagte: ‹Es ist wunderbar, wie Sie das zum Ausdruck bringen, kristallklar.› Ihr Gesicht war voller Bewunderung... ‹Sie werden etwas ganz Wesentliches zur Entwicklung der Frau beitragen. Sie zu analysieren ist ein Privileg für mich... Da Sie all diese Erfahrungen so tief mit so viel Leiden durchlebt haben, werden Sie anderen Frauen viel zu sagen haben.›»

Martha Jaeger kommt eine besondere Bedeutung zu, was die Weiterentwicklung der Schriftstellerin Anaïs Nin angeht. Sie hilft Anaïs bei der Suche nach der Botschaft ihres Schreibens. Das Thema der Entwicklung der Frau, die sich im Übergang von einem herkömmlichen Bild zu einem noch unkenntlichen Bild der Zukunft befindet, erhält in der Analyse bei Jaeger einen hohen Stellenwert. Es gefällt ihr auch, daß Anaïs' Beschreibungen nicht mit einem vorweg feststehenden Konzept beginnen, sondern dem Unbewußten selbst zu entstammen scheinen.

Die Folge für Anaïs ist eine Konzentrierung ihrer Kraft. Sie ist wieder bereit, dem Tagebuch, das sie erneut als ihren Schatten entdeckt, den Rücken zu kehren und sich noch einmal dem Risiko der

Produktion von Texten zu stellen, die veröffentlicht werden können. Wenn es stimmt, sagt sich Anaïs, daß sie bevorzugt mit Menschen umgeht, die gleichsam stellvertretend für sie selbst bestimmte Haltungen übernehmen, warum dann nicht über sie schreiben? So muß sie aus sich selbst nicht einen unbegrenzten Charakter formen, sondern kann ihre verschiedenen Seiten auf viele verteilen. Das ermöglicht, die konkrete Geschichte anderer Frauen als Material einzubeziehen:

«Irina: mein maskulines Ich, das Romane schreibt.

Thurema: mein mütterliches Ich, das sich – tapfer – anderen zur Verfügung stellt,

Frances: das träumende Ich, das analytische Ich,

June: das aufsehenerregende, unbewußte, dramatische Ich,

Lucia: das schüchterne, kindliche Ich aus einem orientalischen Harem,

Elena: das kalte, egoistische Ich, die verfeinerte, versteinerte, unmenschliche Göttin der Märchen,

Jaeger: das heilende, intuitiv beschützende Ich.»

Zugleich will Anaïs die Konsequenzen von Aktivität und Passivität untersuchen, indem sie von der Stärke dieser Frauen ausgehend verständlich macht, warum sie sich nicht bannen lassen von einem Mann, der sie beherrschen könnte. Sie wählen den schwachen, kindlichen Mann, um ihre Stärke als Mutter, Ehefrau und Muse entfalten zu können und zugleich aus dem Mann das zu machen, was sie selbst nicht zu werden wagen. «June, die aus Henry den Schriftsteller macht, da sie ihre eigene Unfähigkeit zum Schaffen erkennt, statt dessen wünscht, durch sein Schreiben geschaffen zu werden. Thurema, die durch die Kinder lebt und wünscht, daß Joaquin ihr künstlerisches Können als Musikerin realisiert. Lucia, die eigentlich Malerin werden wollte und dann aus Francesco einen Maler machen will. Frances, die lieber Tonis schriftstellerisches Können und seine Entwicklung fördern will, als einen Mann in ihm zu sehen, der ihr gleicht und sie besitzen möchte, alle diese Frauen, die nicht passiv sein wollen, weichen davor aus, daß man sie besitzen könnte. Sie spielen die aktive Rolle. Also: Sie leiden an der Liebe und verwirken die Gestalt, der man den Hof macht, die man liebt wie andere Frauen. Sie leiden unter ihrer Weiblichkeit, leiden unter dem Mann, der ihren Traum nicht realisiert...»

Auch die Wirkung, die dieses Verhalten der Frauen auf die Gestaltung des Sexuallebens hat, will Anaïs beschreiben. Was geschieht mit dem Mann, wenn die Frau die aktive Rolle beansprucht? Was stellt sie an mit dem Mann, und was bedeutet das für sie selbst? Wird sie maskulin, wird sie rivalisieren mit dem Mann, oder wird sie lesbisch? Ein sehr kompliziertes Problem tut sich auf – für «die neue Frau». Wenn es auf Rivalität zwischen den Geschlechtern hinausläuft, fürchtet Anaïs, daß die Liebe dahin ist. Wird die Frau sich aufs Nörgeln verlegen, wenn sie nicht mehr passiv und sexuell gehorsam ist? Läßt sich vermeiden, daß sich ihr Unbehagen in der Bevormundung von Mann und Kindern ausdrückt, weil sie ihr eigenes Wollen und Können nicht auf die Probe zu stellen wagt? «Der Mann wird sagen, wie kann ich einen Scharfschützen lieben...»

Die Frau könnte sich dafür rächen, daß sie jahrhundertelang ihre Bedeutung nur im Umkreis von Mann und Kindern gewinnen konnte. Die Kultur hat es ihr versagt, ihr Interesse wie der Mann einem Werk zuzuwenden, das über menschliche Beziehungen hinausgeht. Die Rache, meint Anaïs, trifft besonders den in kindlicher Weise anspruchsvollen Mann, der die Frau zur Mutter macht, um Stärke für sein eigenes, egoistisches Werk zu finden. Eine Gefahr sieht sie darin, daß diese Mütterlichkeit zu einer vernichtenden Bevormundung des Mannes führen kann, als würde die Frau sagen, ich mache aus dir etwas Großes, aber wehe dir, du realisierst es nicht. Mit diesen Problemen wird sich die neue Frau genauso wie der Mann der Zukunft auseinanderzusetzen haben.

Mit charakteristischen Farben will Anaïs ihre Protagonisten versehen: Frances in Braun und den neutralen Farben der Philosophie; Irina in diskreten Tönen, den Farben der Konvention; Thurema in Blau; Elena in Blaugrau, männlich. Anaïs ist so entschieden wie lange nicht mehr darauf aus, mit ihrem Schreiben das Tagebuch zu verlassen. Mit den Haitianern gewinnt sie ihr künstlerisches Können des Geschichtenerzählens zurück. Körper und Seele scheinen nicht mehr auseinanderzudriften, was sich für Anaïs darin anzeigt, daß sie mit Hugo glücklich sein kann. «Eine schwache Flamme nach den Bränden der Leidenschaft...», aber endlich begleitet von dem

Gefühl, «ganz» zu sein. «Integration» nennt Jaeger das in der Analyse. Immer wenn es Anaïs gelingt, Hugos Geliebte zu sein, hat sie dieses Gefühl, wenn sie sich ihrer Wohnung zuwendet, wenn sie sich dem Schreiben widmet, wenn sich die «Wanderlust» verliert – das heißt, wenn sie im engeren Umkreis ihres Lebens verweilen kann. Dann merkt sie auch, wie anstrengend es ist, vor Hugo die Geheimnisse ihres Doppellebens zu verbergen.

Anaïs räumt auf, innen wie außen, sondert Dinge aus und trennt sich von allem Überflüssigen. Sie liebt leichtes Gepäck. Sie verschafft sich einen Überblick über ihre Garderobe. Viele Kleidungsstücke sind älter als fünf Jahre, manches sind Geschenke von Freundinnen, einiges stammt aus teuren Pariser Geschäften, anderes aus Secondhandläden. Es gibt Schubladen für elektrisches Zubehör, für Farben und Reinigungsmittel usf. «In meiner Wohnung herrscht eine perfekte Ordnung. Das gibt Kraft.» Früher hat sie die vierzehnte Straße mit den amerikanischen Menschen gehaßt. Jetzt geht sie dort ganz einfach hin, die violette Farbe zu kaufen, mit der sie ihr Bücherregal streichen will. «Es ist eine neutrale Straße. Kein Monster. Gewiß, sie symbolisiert die Häßlichkeit New Yorks, aber diese Häßlichkeit kann mir nichts anhaben. Mich füllen andere Dinge aus» – kleine, überschaubare Aktivitäten, die ihr sonst zu langweilig waren.

Im Oktober 1943 schreibt Henry aus Kalifornien einen kurzen Brief, er werde seine Aquarelle ausstellen, ob Anaïs ihm für den Zweck einige Blätter, die aus der Pariser Zeit stammen, leihen kann. Er kommt gut zurecht, möchte wissen, was Anaïs macht. Sie hat wenig Neigung, den Brief überhaupt zu beantworten. Sie will sich nicht mehr irritieren lassen und traurig dem Verlorenen nachhängen.

Von den kleinen Aktivitäten ausgehend, findet Anaïs wieder zum Schreiben. Sie verfaßt im November 1943 ein Vorwort zu den größtenteils in New York geschriebenen Prosastücken, die unter dem Titel «Under a Glassbell» veröffentlicht werden. Es scheint ihr wichtig, darauf hinzuweisen, daß sie vor dem Krieg geschrieben wurden, in einer Welt der dekadenten Dichter. Es sei nur eine vorübergehende Phase gewesen. Man solle die Geschichten wie Träume lesen. Mit der Geschichte «Birth» habe sie sich der Wirk-

Eduardo Sanchez

Antonin Artaud

Alfred Perlès

Jean Carteret

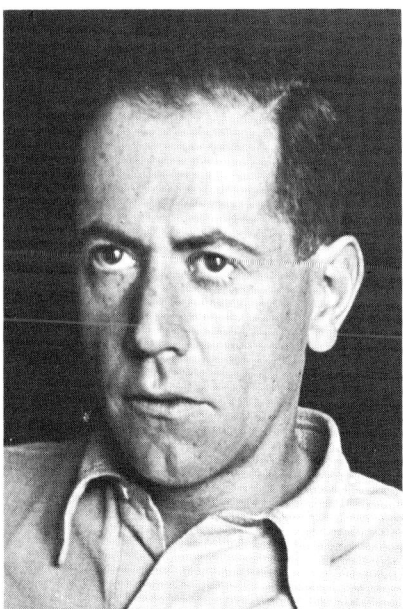

Richard Wright

For my twin
Anaïs,
with Love
gi...

James Herlihy

Thurema Sokol   Louise de Vilmorin

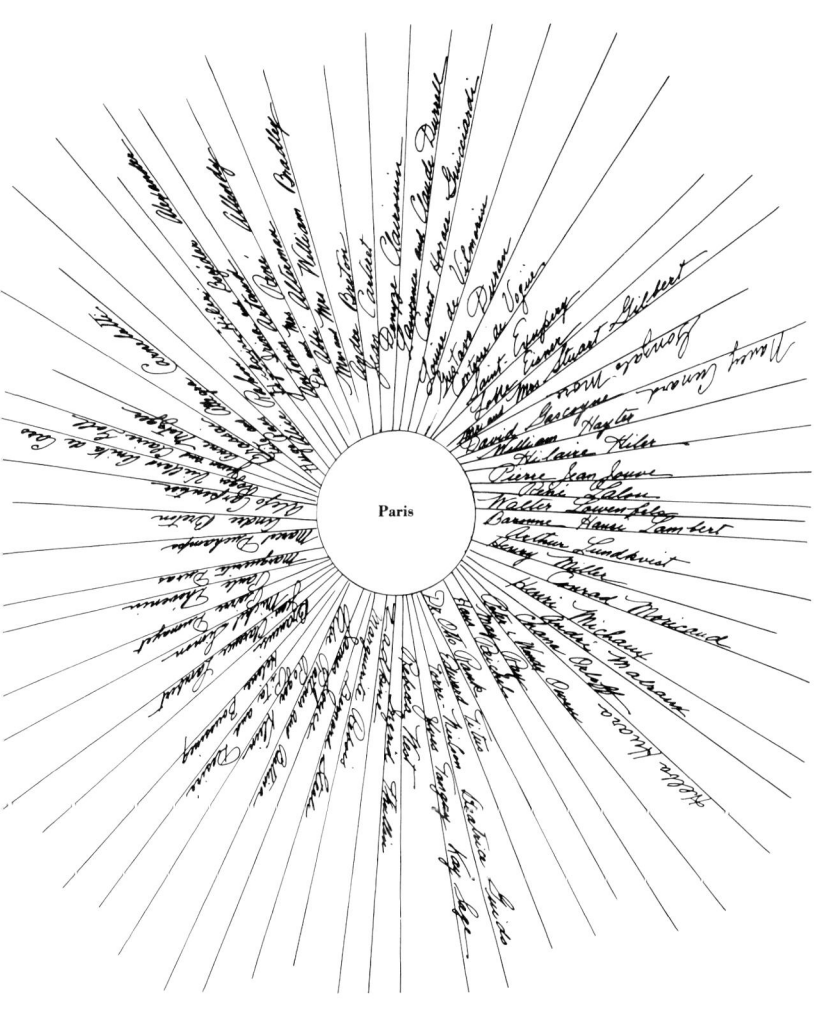

Anaïs' Bild ihrer Freundschaften und Beziehungen
während der Pariser Jahre

Die drei Musketiere:
Anaïs Nin, Henry Miller
und Lawrence Durrell

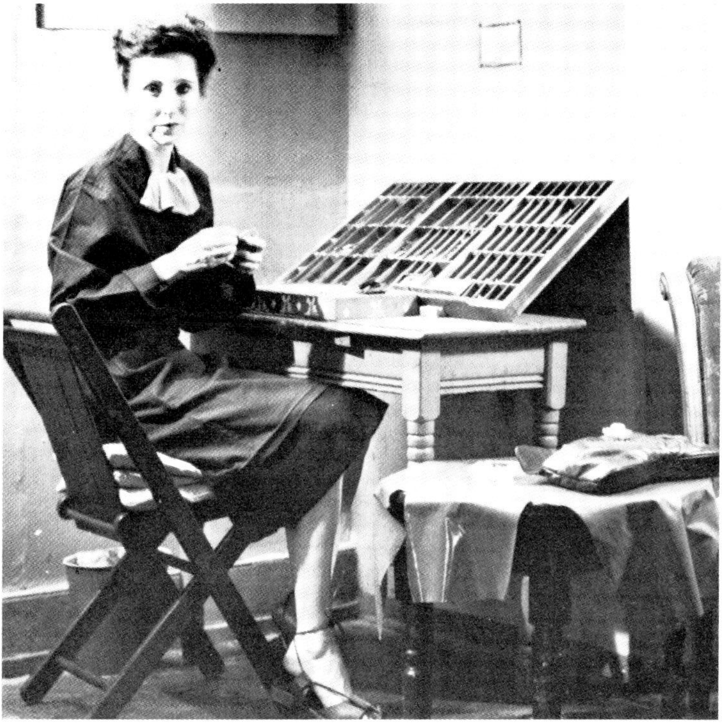

Anaïs Nin in ihrem Studio in der
Mac Dougal Street, New York

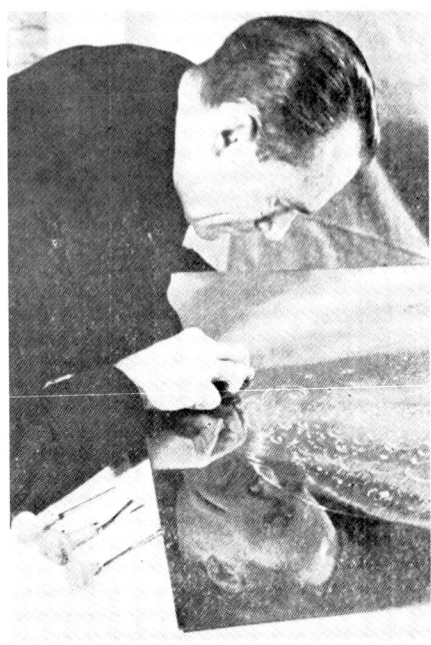

Ian Hugo bei der Bearbeitung
einer Kupferplatte

Arbeiten von Ian Hugo

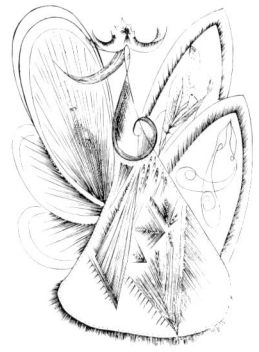

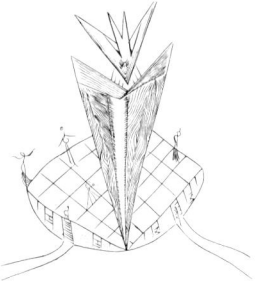

Edmund Wilson.
Zeichnung von Levine

Gore Vidal als
Siebzehnjähriger

Joaquin Nin-Culmell mit der Sängerin Olga Averino

Anaïs Nin und Rupert Pole

RESIDENT ALIEN'S BORDER CROSSING IDENTIFICATION CARD

A. R. No. 4194452
NAME Anaïs Nin Guiler
ADDRESS 215 W. 13th Street,
AT TIME OF ISSUE New York 14, N.Y.
DATE OF BIRTH February 21, 1903
PLACE OF BIRTH Paris, France
SEX Female NATIONALITY Cuban
HEIGHT FT. 5 IN. 5 WEIGHT 113 LBS
COMP. Medium HAIR brown EYES Green
VISIBLE MARKS OR PECULIARITIES none

SIGNATURE OF HOLDER

No. 407347

CARD VALID TO May 24, 1948

REVALIDATED TO NOV 24 1948
AT LOS ANGELES, CALIF.
INSPECTOR
REVALIDATED TO Jan. 12, 1950
AT New York, N.Y.
INSPECTOR
REVALIDATED TO August 28, 1950
AT
INSPECTOR
REVALIDATED TO JUN 5 – 1951
AT LOS ANGELES, CALIF.
INSPECTOR
REVALIDATED TO FEB 7 1952
AT LOS ANGELES, CALIF.
INSPECTOR
REVALIDATED TO OCTOBER 10, 1952
AT New York, N.Y.
INSPECTOR

No. 407347

Anaïs Nin mit dem Hund Tavi in Sierra Madre,
Anfang der fünfziger Jahre

Marguerite Young

Dr. Inge Bogner

Henry Miller

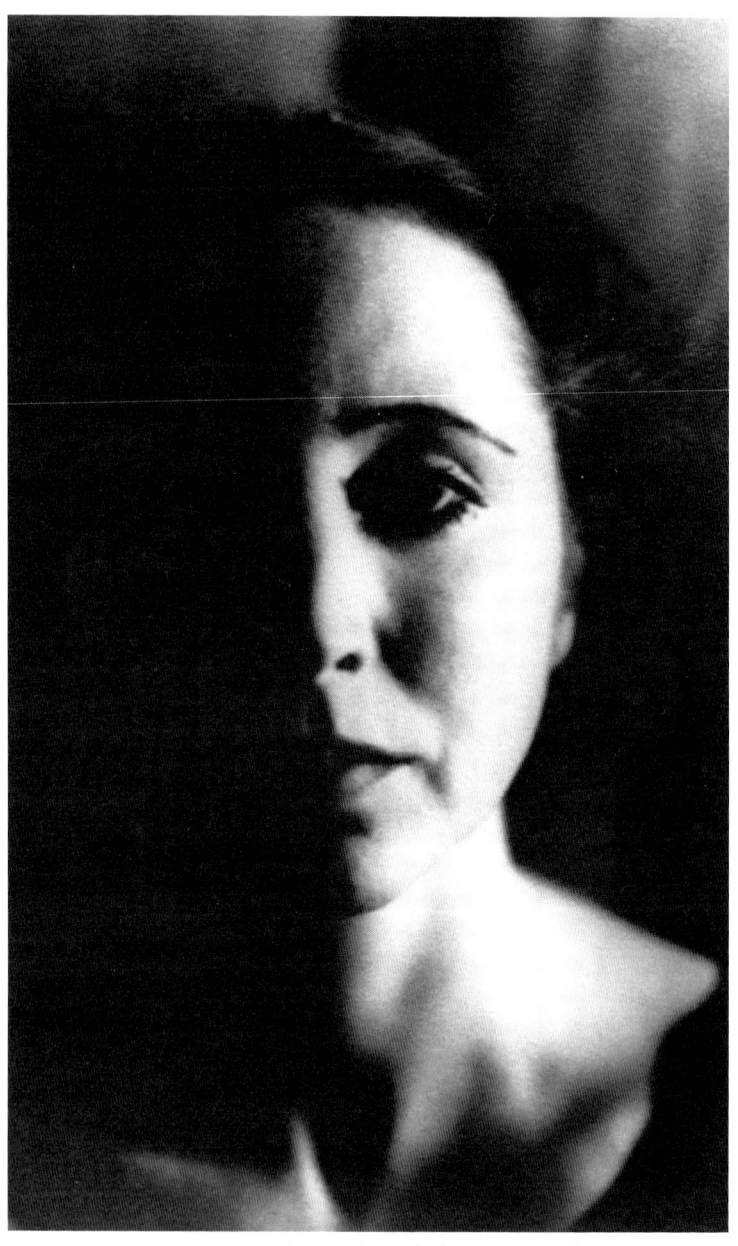

Anaïs Nin Ende der vierziger Jahre in New York.

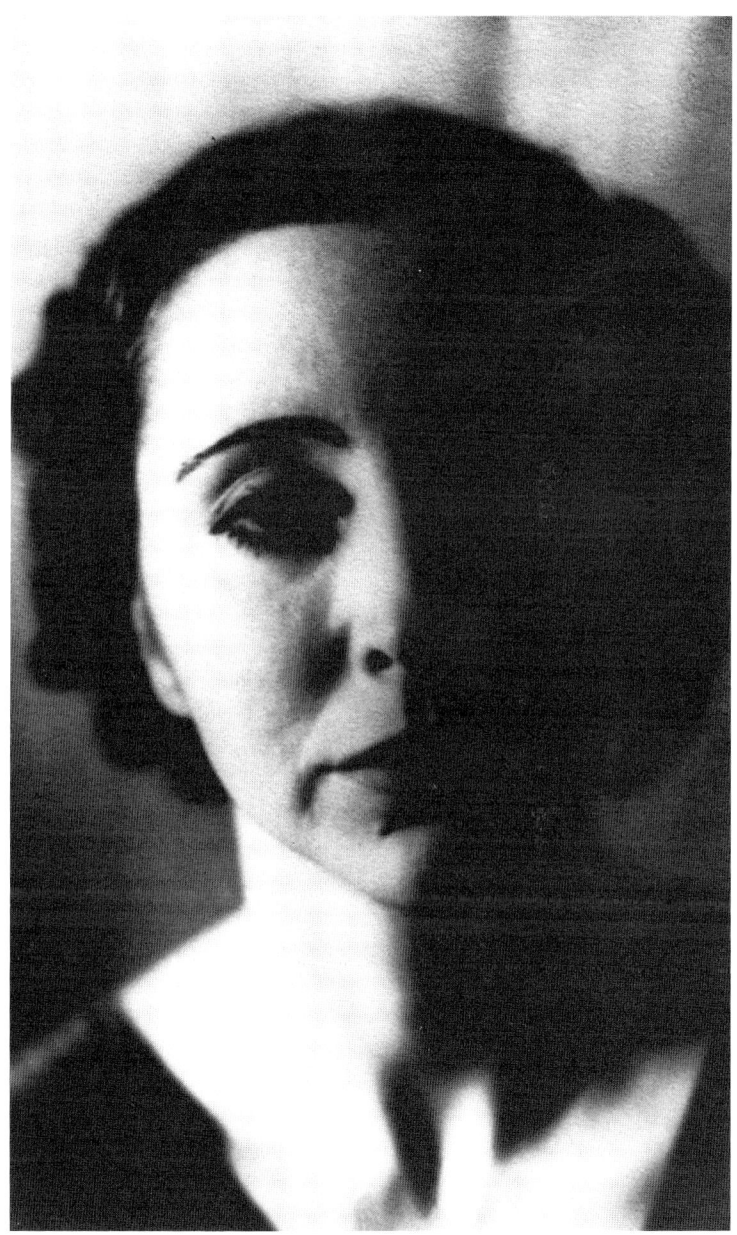

Doppelporträt, von ihr selbst entworfen

Rupert Pole als Forest Ranger,   Anaïs mit Rupert (links)
um 1950   in Sierra Madre, 1953

Anaïs, Rupert mit Tavi, im Hintergrund Reginald Pole –
auf der Flucht vor einem Waldbrand.

Anaïs Nin und Ian Hugo in der Wohnung 35 West 9th Street,
New York. Um 1950

Ian Hugo in den fünfziger Jahren.

Anaïs als Scheherazade im Maskerade-Happening
«Tausendundeine Nacht». Fotomontage von Renate Druks.
Anaïs am linken und rechten Bildrand, unten links Renate
Druks. Los Angeles, 1953

lichkeit gestellt und entdeckt, was unter den Gebäuden der Kunst existiert. Auch der Spanische Bürgerkrieg habe ihr die Augen für die Realität geöffnet. Ihrer gegenwärtigen Einsicht im Rahmen der Analyse mit Jaeger folgend, weist sie auf die Gefahren des Träumens hin und auf die Notwendigkeit, die romantische Einstellung zugunsten einer Auseinandersetzung mit der Realität aufzugeben. Der Krieg habe jeden, auch den Dichter der Vorkriegszeit, gezwungen, die soziale Realität wahrzunehmen. Wenn man die Verbindung zu ihr verliert, werde man verrückt, wie es Pierre in der Geschichte über Antonin Artaud widerfahren ist. Weil die äußere Wirklichkeit monströs war, hat sich der Dichter den Konstruktionen seiner Phantasie zugewandt. Aber das sei ein Leben in Noahs Arche und nur um den Preis von Einsamkeit und Wahnsinn zu erreichen gewesen. Von der Haltung der Wahnsinnigen, Anarchisten und Neurotiker, die Kunst als Droge brauchen, distanziert sich Anaïs jetzt. Das Vorwort hat sie im Halbschlaf unter dem Einfluß von Schlaftabletten geschrieben. Sie stellt fest, daß sie die neue Haltung des Realisten erst noch erlernen muß. Ihr ganzes Schreiben will sie von nun an neu gestalten.

Was soll man davon halten? Macht Anaïs Nin Konzessionen an ihre potentielle amerikanische Leserschaft? Warum betont sie, die Geschichten seien bereits vor dem Krieg entstanden? Wir wissen, daß das nur für einen kleinen Teil gilt. Die meisten Erzählungen haben ihre endgültige Gestalt erst nach dem Verlassen von Paris erhalten. Die Erfahrungen des Krieges, für Anaïs auf die schmerzliche Trennung von Paris begrenzt, kann als Erklärung für die Kehrtwende nicht hinreichen. Will sie den Kampf um die Bedeutung ihrer bisherigen Vision wirklich aufgeben? Das sieht nach einer allzu plötzlichen Bekehrung aus. Sie geht sogar so weit, ihr bisheriges Schreiben, nach dem Bild großer Dichter, als Irrtum zu erklären, und äußert den Wunsch, alles bisher Geschriebene zu vernichten. Ist das Koketterie, oder verkennt sie ihr eigenes Können?

Als Leser, dem gerade die frühen Texte besonders gefallen, ist man unwillig, ihr auf diesem Weg zu folgen. Es wirkt wie Verrat an den Möglichkeiten der Kunst, die unaufhebbaren Paradoxien menschlicher Existenz spürbar zu machen. Die Künstlerin Anaïs Nin steht Ende 1943 an einem Scheideweg. Es zeichnet sich ab, daß ihr schriftstellerisches Engagement in Zukunft der Gestaltung eines neuen Frauenbildes gilt. Damit wendet sie sich ab von einer Form der Dichtung, die C. G. Jung als visionär beschreibt, und folgt ihrem Interesse an psychologischer Aufklärung.

Zusammen mit Gonzalo druckt Anaïs die acht Prosastücke für das Buch. Sechsundfünfzig Subskribenten haben sich bereits angemeldet. Immer noch ist es nur ein kleiner Kreis von Menschen, der ihre Bücher schätzt. Anaïs ist enttäuscht. Auch die neue Einheit mit Hugo, der das Bändchen illustriert hat, trägt nicht. «Gleichgültig, was ich tue, den Dämon der Depression kann ich nicht besiegen. Er hat mich mein Leben lang verfolgt. Ich kann verstehen, warum sich Menschen umbringen. In solchen Augenblicken kommt mir das sehr natürlich vor.» Jaeger weist darauf hin, daß das Gefühl der Einsamkeit jeden Individuationsprozeß begleitet.

Von der Gruppe der Surrealisten, die das vergangene Pariser Leben repräsentieren, möchte sich Anaïs abwenden. Max Ernst, Breton, Jolas, Zadkine, Léger und auch Kay Boyle kommen ihr nun ganz unlebendig vor. Außerdem meint sie, daß Peggy Guggenheim, Max Ernsts Frau, die Surrealisten korrumpiert. Ein bißchen Neid mag wohl auch eine Rolle spielen. Sie schätzen zwar Hugos Graphiken und auch die Bücher der «Gemor-Press», wie Anaïs ihre kleine Druckerei getauft hat («G» für Gonzalo, «emor» für seinen Namen More), aber sie verkörpern eine Kunstauffassung, von der Anaïs sich lossagen will. Allerdings bedient sie sich weiter derselben Methoden, wenn sie bei ihrem Schreiben die Technik der Assoziation, die sich um ein Schlüsselwort zentriert, beibehält.

Aus der Druckerei will sie sich lösen. Auch hier nimmt sie Abschied vom «Romantizismus», von ihrer Idealisierung der Zusammenarbeit mit Gonzalo. Er soll in eigener Regie ein Geschäftsunternehmen daraus machen. Sie will sich ganz von Gonzalo lösen. Auch dabei hilft Jaeger ein Stück weiter, und ganz allmählich, dem Ende ihrer Beziehung mit Miller entsprechend, drängt sie darauf, daß Gonzalo sie (bzw. Hugo) nicht länger finanziell belastet. Hugo spielt mit dem Gedanken, die Bank zu verlassen. Er möchte ebenfalls als Künstler leben und nicht länger die Rolle des realistischen Bankers spielen, nur um sich von Träumern wie Gonzalo ausnutzen zu lassen. Doch die finanziellen Verhältnisse erlauben das noch nicht. Anfang 1944 haben Anaïs und Hugo eintausend Dollar Schulden und brauchen tausend Dollar für einen neuen Start. Hugo bricht unter der Last zusammen und überläßt endlich einmal Anaïs die Auseinandersetzung mit diesem Problem.

Anaïs' Anstrengungen, eine neue Lebenshaltung zu gewinnen, beziehen sich auch auf ihre selbstauferlegte Pflicht, anderen unbegrenzt zur Verfügung zu stehen. Offen den eigenen Interessen zu folgen, was für sie gleichbedeutend mit Egoismus ist, bedarf besonderer Rechtfertigungen. Jetzt probiert sie es einmal mit Härte und Selbstbehauptung, indem sie ihre Arbeit des Druckens und ihr Leben mit Hugo an erste Stelle setzt. Das fällt ihr schwer. Immerhin hat sie, indem sie sich von anderen benutzen läßt, eine große Rolle spielen können. Mit Miller zum Beispiel – sie meint, daß seine Hinwendung zur Malerei, die sie für schlecht hält, seinen Grund darin hat, daß sie ihm als Schriftsteller nicht mehr den Rücken stärkt.

Mit großer «Ernsthaftigkeit, Rigorosität und Disziplin» verfolgt Anaïs Nin nun ihre eigene Karriere. Es ist Unsinn zu warten, bis andere etwas für sie tun. Sie ist überzeugt, daß die Erzählungen gut sind. Anfang März 1944 erscheint «Under a Glassbell». Die Freunde reagieren enthusiastisch. Paul Rosenfeld umarmt sie spontan voller Bewunderung für das Werk. Zu einer Party bei Frances Brown kommen auch Bill Hayter, Hugos Lehrer im Kupferstechen, und der Maler Hans Hofmann, der, aus Deutschland emigriert, in New York eine eigene Kunstschule mit großer Wirkung auf die amerikanische Malerei der fünfziger Jahre ins Leben rief.

Erfolg! Aber Erfolg macht Anaïs auch traurig. Warum muß sie um Anerkennung kämpfen? Warum sehen die anderen nicht aus freien Stücken ihre «potentiellen Ichs»? Die Freundin Irina stellt verwundert fest: «Ich stehe in Verbindung mit der Bewegung meiner eigenen Seele, wenn ich dich lese... Ich fühle jedes Wort, das du schreibst...» Und «Dollie Chareau sagte etwas sehr Treffendes: Alle Geschichten enden in b-Moll – fast monoton. Ausdruck geheimer Revolte, vielleicht Verzweiflung. Das ist das einzige, was ich kritisiere.» Anaïs kommentiert im Tagebuch: «So ist also immer noch eine hinabführende negative Kurve in mir, die mich im Schreiben verrät – die plötzliche Versagung des Orgasmus – der unbefriedigte Akt – aha.»

Im übrigen wird Anaïs vom Erfolg überrascht. Man schätzt besonders den poetischen Stil der Erzählungen, und ihre Bedenken, die Leser könnten sie für esoterisch halten, entsprangen nur ihrem Mißtrauen gegenüber der New Yorker Gesellschaft. Auch Henry schreibt einen bewundernden Brief und erzählt von der Begeisterung seines Freundes Yanko Varda. Ihre Bewunderer seien in Kalifornien zu finden, besonders den Frauen gefällt ihr Buch, sie bitten Miller scharenweise um Anaïs' Anschrift. «Da liegt eine Mission, und nur Du kannst sie erfüllen.» Sogar Hugos Illustrationen bewundert er.

Die Besprechung von Edmund Wilson, dem maßgeblichen Literaturkritiker im New York der Mitte des zwanzigsten Jahrhunderts, dringt in die Öffentlichkeit. Sein Artikel erscheint am 1. April 1944 im «New Yorker», dem berühmten Forum für Kunst und Kultur. Wilson meint, daß Anaïs' Erzählungen zu einer bestimmten literarischen Gattung gehören, die gelegentlich auch bei Virginia Woolf zu finden ist. «Sie sind halb Kurzgeschichten, halb Träume, und manchmal mischen sie exquisite Poesie mit einfacher realistischer Beobachtung. Schauplatz ist eine besondere Welt, eine Welt weiblicher Wahrnehmung und Phantasie ... Aber das Wichtigste: Fräulein Nin ist eine sehr gute Künstlerin, wie es vielleicht keiner der surrealistischen Schriftsteller ist. ‹Die Maus›, ‹Unter einer Glasglocke›, ‹Rag Time› und ‹Geburt› sind wirklich schöne kleine Texte.»

Es sieht so aus, als würde Anaïs mit Erscheinen des Buches «Unter einer Glasglocke» die Glasglocke endlich durchbrechen können, «eine zweite Geburt, ich werde sichtbar und berührbar... Ich bin ans Tageslicht gelangt.» – «Der Innenraum der Seele gleicht der Dunkelkammer des Photographen. Ein Laboratorium. Einzelzelle des Neurotikers.» Ihre Lebensgeschichte beschreibt sie als Odyssee vom inneren Leben zum Leben in der Außenwelt.

Zu einem Fototermin der Zeitschrift «Town & Country» erscheint Anaïs in ihrem «schönsten Gefieder: einer Spitzenbluse, die mir Barbara Reis ausgeliehen hat», der «New Yorker» liegt auf dem

Tisch. Telefonanrufe. Briefe. Anaïs ist die gemachte Frau. Die drei-hundert handgesetzten Exemplare sind binnen einer Woche ver-kauft. Millers Freund Varda schickt ein großes Paket mit einer Col-lage: «Frauen rekonstruieren die Welt». Frances Steloff bestätigt, daß die Nachfrage in ihrer Buchhandlung groß ist. In Washington gibt es eine Vernissage mit Ian Hugos Illustrationen in Caresse Crosbys Galerie, Anaïs wird um Widmungen gebeten. Sie treten als befreundete Künstler auf, nicht als Ehepaar. Tausend weitere Ex-emplare sollen gedruckt werden. Sam Goldberg leiht das Geld. In der Buchhandlung Chaucer, Fifth Avenue, die das Buch in der Aus-lage zeigt, kauft Luise Rainer ein Exemplar und erzählt voller Stolz, sie sei eine Freundin der Autorin.

Neue Räume werden angemietet; das Drucken, nun Gonzalos Profession, verläßt das Stadium des Hobbys. Mit unglaublichem Eifer und hohem körperlichem Einsatz arbeiten Anaïs und Gonzalo an der neuen Auflage, im Mai 1944 täglich acht bis neun Stunden. Im Juni helfen Freunde, das Papier zu schneiden für die 1000 An-kündigungsblätter. Ein Auftrag muß zwischendurch erledigt wer-den, eine Käthe-Kollwitz-Lithographie für einen Buchumschlag. Erfolg und Aktivität führen zu einem Höhenflug. «Ich sehe mehr. Ich fühle mehr.»

4. Ödipus: Glück liegt
in den Träumen der Jungen

WIEDER LEBT ANAÏS, Don Juan verstehend, in einem Stadium der Verliebtheit in die Anfänge des Liebens, in die Einheit von Leidenschaft, Ekstase und Poesie. Nach ihrem Auftritt als Schriftstellerin in der Öffentlichkeit rücken die sexuellen Abenteuer erneut an die erste Stelle. In die Frage nach der wahren Liebe will sie sich nicht mehr verstricken. «Es gibt kein größeres Vergnügen als den Orgasmus. Das ist die Synthese... die Kraft der Ganzheit. Nicht die mystische Ganzheit, die ich in Paris in der Mitte aller meiner Liebesbeziehungen erfuhr, sondern die reale Ganzheit...»

Der erste junge Mann einer langen Reihe von Männern, die Anaïs Nin in den vierziger Jahren auserwählen als mütterliche Gestalt, als Wegweiserin, als Schriftstellerin, als Liebhaberin, heißt Harry Herschkowitz. Henry Miller hat ihn zu ihr geschickt. Wie Henry nennt er sie «Anis». Auch seine Erzählungen erinnern sie an Miller. Anaïs ist fasziniert von den jungen Männern, die auf sie wirken, als wären sie aus der Ehe zwischen Miller und ihr hervorgegangen. Die neue Generation entdeckt die Welt der Boheme in New York, wie Anaïs sie vor etwa fünfzehn Jahren in Paris gefunden hat. Aber Harry ist nur «ein Echo meines Lebens mit Henry». In der Beziehung zu Harry erlebt sie sich als unabhängig und genießt die Rolle der Eroberin. Nur keine Liebe, die macht alles viel zu kompliziert.

Zahlreiche Briefe junger Männer, die sie bewundern, erreichen sie. Anfang Januar 1945 schreibt ein junger Student aus Yale, Bill Pinckard, der durch Henry Miller und dessen Freund Wallace Fowlie auf sie aufmerksam wurde. Die Erzählungen in «Under a Glassbell» treffen offenbar genau das Lebensgefühl der Zwanzig- bis

Dreißigjährigen. Die poetische Qualität jedes Satzes und die Einheit jeder Geschichte bewundert Bill Pinckard. So möchte er auch schreiben, aber bislang habe er noch nichts veröffentlicht. Wallace Fowlie, der zu den Emigranten aus Paris gehört, bringt seinen Studenten in Yale die französische Literatur (Baudelaire, Rimbaud, Gide, Verlaine, Proust und viele andere) nahe. So kommt es, daß die Jungen, Anaïs' eigenen Lesewegen folgend, einen Zugang finden zu ihrer Art des Schreibens.

Anaïs' gesellschaftlicher Umgang mit ihrer Analytikerin Martha Jaeger im Alltagsleben führt zum selben Ergebnis wie vor etwa zehn Jahren mit Rank. Als Analytiker sind sie bedeutungsvolle Persönlichkeiten, im Alltag zeigen sich ihre Grenzen. Anaïs meint, sie können analysieren, aber nicht leben; im übrigen sei das Analysieren nur gut, wenn es einem schlechtgeht. Im Vergleich mit ihren Analytikern sieht Anaïs ihre eigene Stärke darin, daß sie sich dem Leben anheimgeben, «ins Unbewußte tauchen», ihren Körper genießen kann. Ein gewisser Pablo Mendez beginnt eine Rolle zu spielen, er ist neunzehn Jahre alt, stammt aus Panama und erinnert sie an Albert. Pablo meldet sich per Telefon an, er liebe ihre Bücher, sei einen Tag in New York und müsse sie unbedingt kennenlernen, bevor er wieder zur Marine zurückgehen muß. Auch der Liebhaber Edward Graeffe taucht wieder auf. Sein wohlgestalteter Körper verführt sie, befriedigt ihr Begehren, macht ihren Körper leicht und lebendig.

Lanny Baldwin, Vater zweier Kinder, den sie in Gothams Book Mart kennengelernt hat, schlägt vor, alles stehen- und liegenzulassen, nach Mexiko zu gehen und, mit dem einfachen Leben auf einem Bauernhof zufrieden, sich nur dem Schreiben zu widmen – eine Phantasie, die etwa fünfzehn Jahre später von vielen jungen Leuten realisiert wird. Anaïs muß solchen Phantasien nicht folgen. Sie bevorzugt den Schwebezustand ihrer schriftlichen Umgestaltung der Wirklichkeit. Mit Lanny arbeitet sie an ihrem neuen Buchprojekt «This Hunger». «Aber, warum hältst du dich nicht an die Realität?» fragt Lanny. Anaïs antwortet: «Weil sie nicht interessant genug war.» Der Text besteht aus drei separaten Teilen: «Hejda», «Stella», «Lillian and Djuna». Die Frauencharaktere sind ein Compositum mixtum aus den Freundinnen Luise Rainer

(«Stella»), Thurema Sokol («Lillian»), Lucia («Hejda») mit Versatzstücken aus Anaïs' eigenem Leben.

In dem Textabschnitt «Hejda» präsentiert Anaïs Nin den Querschnitt der Lebensgeschichte einer Frau, die als ungestümes Kind beginnt, um dann alle Wildheit unter Schleiern zu verbergen. Sie wird eingeschnürt durch gesellschaftliche Selbstverständlichkeiten des Orients. Allein in ihren Augen lebt etwas Feuriges fort, das in Handlungen nicht Ausdruck gewinnen kann. Hejda kommt nach Paris, lernt malen und heiratet einen Maler, der ebenso stumm und verschlossen ist wie sie selbst. Ihre Weiblichkeit lehnt Molnar ab. Er zwingt sie zu Künstlichkeit und Stilisierung. «Hejda fühlt sich unterdrückt», sie hat bisher «nie das kleine Universum», das vom Mann begrenzt wird, verlassen. Und doch erweitert sich etwas in ihr. Durch den Kampf mit der Realität wird eine neue Hejda geboren. Sie will Molnars Schwäche beschützen. In der Welt draußen fühlt sie sich stärker. Aber wenn sie nach Hause zurückkommt, spürt sie, daß sie in die Unterwerfung, in Molnars Proportionen zurücksinken muß. Als Hejda sich verändert, wird ihr Mann, der sich nicht verändern will oder kann, aggressiv. «‹Deine Ambitionen sind vulgär›», gibt er ihr zu verstehen. «Ein Teil von ihr möchte sich ausdehnen, ein Teil ihres Wesens möchte mit Molnar zusammenbleiben. Dieser Konflikt zerreißt sie.» Es kommt zur Trennung, Hejda entfaltet ihre Weiblichkeit, indem sie ihrem kindlichen Ungestüm freien Lauf läßt, «als habe sich die Kompression zur Inflation gewandelt». Anaïs zeichnet ein sprachlich schön gestaltetes Persönlichkeitsportrait, ein Psychogramm, das mit Symbolen arbeitet. So könnte man die Frauengestalt in einem Theaterstück beschreiben – das Stück selbst wird allerdings nicht geschrieben. Es bleibt bei der psychologisch verständig charakterisierten Frauengestalt, deren Brennpunkt darin liegt, daß Veränderung, Entfaltung, Befreiung zur Trennung führen.

Auch der Textabschnitt «Stella» liest sich wie eine poetische Fallanalyse. Wieder wird eine Künstlerin dargestellt, diesmal eine Schauspielerin. Im Alltag ist sie kindlich und unentwickelt, auf der Leinwand ist sie eine attraktive Frau, die in ihren Bewunderern die Neigung weckt, ihre Weiblichkeit zu formen. Wieder geht es um behinderte Freiheit und drohende Trennung. Stella fragt sich, ob sie eine «Masochistin» ist, so wie Hejda meinte, eine «Exhibitionistin» zu sein. Sooft Stella in den Spiegel schaute, sah sie eine «verkleidete Schauspielerin, die sich in viele Gestalten aufteilte... Doch weil jede Rolle nur einen Aspekt enthielt, unterstrichen sie alle nur Stellas Zerrissenheit... Vor dem Spiegel zerfällt sie in hundert Gesichter... Stella versucht, ihr eigenes Ich zu finden.» Es folgt eine Darstellung der gespannten Beziehung zum Vater. Und der Text endet: «Wieder hatte sie einen Film gedreht und erschien in einer neuen Rolle auf der Leinwand. Ihr Gesicht war unbeweglich wie eine Maske. Es war nicht Stella, es war nur ihre Hülle.» Damit gibt Anaïs Nin ein Bild für die psychologische Kategorie der «Persona», einer gesellschaftlich wichtigen Rolle, die das individuell Lebendige des Menschen allerdings einengt und verbirgt.

Der Titel «This Hunger» legt etwas anderes nahe, als die Beschreibungen bieten, er verspricht eher eine Erzählung, die Schwung hat, in Bewegung hält, etwas, das wie Anaïs' Hunger nach Liebe unbedingt gestillt werden muß. So überrascht es, einen Text zu finden, dem eine vergleichbare Dynamik fehlt. Es sind die eigenwilligen Bilder, Metaphern, Symbole und Analogien, die dennoch zu einem Lesevergnügen besonderer Art führen.

Verglichen mit Ereignisfülle und Dynamik des Tagebuchgeschehens erscheinen die verschiedenen Abschnitte statisch. Nur die analytischen Elemente des Tagebuchs werden aufgenommen. Das zeigt sich bereits im «Prolog»: «Dieses ist der erste Band, der sich mit der Destruktion der Frau befaßt. Ich muß beginnen, wo alles beginnt, in Blindheit und Schatten. Ich muß den Anfang der Entwicklungsgeschichte der Frau dort suchen, wo alle Dinge beginnen: in der Natur, bei den Wurzeln. Es ist notwendig, zum Ursprung der Verwirrung zurückzukehren, zum Kampf der Frau um das Verständnis ihrer eigenen Natur. Der Mann kämpfte mit der Natur, suchte das Elementare mit seiner Objektivität zu überwältigen, mit seinen Erfindungen und seiner Beherrschung. Die Frau war nicht in der Lage, ihre eigene Natur zu rekonstruieren, ... weil sie nicht die Perspektive des Bewußtseins einnehmen konnte. Sie war Natur. Der Mann half ihr nicht dabei, denn seine Interpretationen, ob sie nun psychologisch, intellektuell oder künstlerisch waren, erfaßten sie nicht. Und sie konnte nicht für sich selbst sprechen.» Anaïs Nin betont, daß die Frau zumeist dem männlichen Muster gefolgt ist und sich selbst aus dem Blick verloren hat, indem sie den Mann nachahmte. «Die Frau, die im Kriegszustand mit sich selbst lebt, hat noch keine Verbindung zum Mann aufnehmen können, nur mit dem Kind im Mann, da ihr nur die Haltung der Mütterlichkeit vertraut ist.» Die Frau kennt sich nach Anaïs Nins Auffassung bislang nur in ihren Spiegelungen, nicht in ihrer wirklichen Natur; insofern ist sie noch eine «unvollständige Frau».

Der Spiegel, in dem sich die Frau mit ihrer Eigenart vertraut macht, ist für Anaïs Nin die Liebe. Im Text ist die Rede davon, daß die Frauen völlig greifbar, sichtbar, gegenwärtig waren, aber die beschriebenen Frauen reden und denken hauptsächlich. Sie verwikkeln sich nicht in eine Geschichte; das Geschehen fließt nicht, es entwickelt sich nichts. Ereignisse der Vergangenheit werden mehr konstatiert als erzählt. Oder meint «This Hunger» gerade das, was die statische Form spürbar macht, einen Hunger, der nicht gestillt wird, ein Begehren, das unbefriedigt bleibt, sein Ziel nicht erreicht?

Anaïs Nin experimentiert mit einer neuen Form des Schreibens. Es ist ihre erklärte Absicht, das herkömmliche Schema der Beschreibung eines in Zeit und Raum verankerten Geschehens mit Anfang, Höhepunkt und Ende zu überwinden. Wie Marcel Proust möchte sie schreiben. Ein Buch über Proust von Léon Pierre-Quint, das sie in den dreißiger Jahren in Paris gelesen hat, formuliert, was ihr vorschwebt: «... Philosophie der Unbeständigkeit, Beweglichkeit, des Fließens, der Kontinuität... Unser unbewußtes Sein ist die höchste Stufe der Wirklichkeit in unserem inneren Leben... Alle Personen sind bei Proust als große, unfertige Fresken gemalt, sie sind den Statuen von Rodin vergleichbar, die Raum für das Geheimnisvolle lassen. Die fehlenden Teile stimmen mit der Entwicklung der Figur überein, und die sorgfältig ausgearbeiteten Partien sind mächtig genug, um das Leben dieser Person in Vergangenheit und Zukunft anzudeuten... Ein besonderes Merkmal seiner Vision von den Menschen ... war das Teleskopische. Das brachte ihm Menschen sehr nahe, begrenzte sein Gesichtsfeld, aber es gab ihm die Erkenntnis ihrer ganzen Vielschichtigkeit.»

Auch Marcel Proust «analysiert» das Seelenleben, aber seine Zergliederungen stehen in einem größeren Rahmen. Das Problem von

Vergänglichkeit und Erinnerung, von Zeit und Zeitlosigkeit geht durch alle einzelnen Episoden hindurch. Dadurch gewinnt das Geschehen eine epische Qualität, die eine ganze Welt eröffnet. «Nicht Reflexion – Vergegenwärtigung ist Prousts Verfahren.» (Walter Benjamin)

Um ähnliches zu erreichen, müßte Anaïs ihre Neigung zum Analysieren von Beziehungskonflikten überwinden, da es den Raum für «das Geheimnisvolle» einengt. Der Zwang zum Analysieren, Rekonstruieren, Interpretieren kommt ihr immer wieder in die Quere. In dieser Hinsicht ergeht es Anaïs Nin mit dem Schreiben nicht anders als mit dem Leben. Im Alltag kann sie sich von diesen Zwängen durch das intensive Erleben der Sexualität für Augenblicke frei machen. Was das Schreiben angeht, fehlt ein ebenso wirksames Mittel.

Mit diesem Dilemma hat sie sich zeit ihres schriftstellerischen Lebens auseinanderzusetzen. Eine Lösungsform mögen die zum Symbol verdichteten poetischen Sequenzen sein. Jedenfalls gewinnen ihre sogenannten Romane einen eigenen Stil aus dem Kontrast zwischen psychologisch-analytischer Reduktion und poetisch gestalteten Zonen des Unbestimmten.

Den jungen Männern gegenüber empfindet sie eine beschützende Zärtlichkeit. «Es gibt eine feminine Qualität bei Männern, die mich erregt. Eine gewisse Schüchternheit.» Anaïs sieht sich selbst als leidenschaftliche Frau. «Meine Realität ist mein Körper, da bin ich vollständig und ganz.» Das erinnert an ihren Vater, den sie nun ganz anders einschätzt als vor Jahren: «Ich sehe seine treulos tanzende Gestalt auf der Suche nach Liebe nicht mehr als Feind, denn ich bin diese Gestalt selbst. Ich habe mich in ihn verwandelt. In mir lebt ein jugendlicher Mann, der verzweifelt das Feminine in Männern begehrt. Meine Seele war ein zarter junger Mann. Meine Männlichkeit hat das Gewand meines Vaters angelegt (es paßt perfekt, kein Zweifel, wie die Anzüge von Eduardos jungen Männern, die mir in Paris genau paßten), und jetzt bin ich er. Möglicherweise wäre ich glücklicher, wenn ich den Frauen den Hof machte, die sich zu mir hingezogen fühlen, die in mich verliebt sind. In meinem letzten Buch erschien plötzlich eine Frau, die alle Frauen liebt. Hinaus, hinaus aus deiner verdrehten Liebe, Tochter des Don Juan...»

Die Beziehung zu dem jungen Dichter Lanny Baldwin wird bald für Anaïs belastend. Sie hat sich in den jungen Mann verliebt, aber er will nur Freundschaft, befriedigt ihr Verlangen nicht. Daraufhin trennt sie sich mit einem bitteren Brief von ihm, leidet, zittert, weint, erträgt es nicht, daß sich noch einmal eine Sehnsucht nicht erfüllt. Anaïs hält ihn für «feminin», entscheidungsunfähig, masochistisch und letzten Endes sehr aggressiv gegen sie. Sie redet sich ein, daß sie frei ist und daß ihr diese neue Auflage vertrauter Konflikte nichts anhaben kann: ein Mann, der an eine andere Frau gebunden ist. Aber sie leidet, kann nicht arbeiten und lehnt sich zugleich gegen dieses Gefühl auf. Sie braucht doch wohl keinen Mann, um ihr Buch schreiben zu können!

Ein paar Tage am Meer, ausgefüllt mit Tanzen und Lachen, versetzen sie wieder in die Lage, sich ihren anderen «Jeunes Filles En Fleur» zuzuwenden, den jungen Männern, ihren «Söhnen», dem Vetter Eduardo, dem englischen Dichter Charles Duits, Pablo Mendez und allen voran dem siebzehnjährigen Bill Pinckard. «Ich bin wirklich reich mit den Träumen und der Verehrung dieser jungen Männer.» Wären es Franzosen, meint Anaïs Anfang März 1945, wären sie ihre Liebhaber, und sie könnte sie in das Leben wie in die Kunst einführen. «Aber sie sind die geschlechtslosen Künstler der Zukunft. Armes Amerika. Ich bin die himmlische Madame, und diese Welt wird mich kastrieren, wenn ich nicht bald einen MANN für mich finde.» Bill versteht etwas vom Hypnotisieren, macht ein Experiment mit Pablo Mendez, versetzt ihn in sein frühestes Lebensalter und fragt ihn nach seiner Heimat Panama. Was er tun möchte? Im Sand liegen. Ob er schreiben und malen möchte? «Nein. Ich möchte im Sand liegen.» Und in New York? Da möchte er schreiben und malen. Es ist ein Spiel mit der Hypnose, vermischt mit Angst.

Bill Pinckard fasziniert Anaïs mit seinen dunklen blauen Augen, seinem sinnlichen Mund. «O Gott, Beichtvater, Analytiker, helft mir, daß ich nicht meine Söhne begehre. Daß ich nicht wünsche, die Liebhaberin meiner Söhne zu sein.» Die Begeisterung für Bill hilft ihr über die Enttäuschung mit Lanny hinweg. Anaïs' Leben scheint mit den Träumen dieser jungen Männer noch einmal zu beginnen. «Alles ist neu, ich bin neu, ich bin jünger als vor zehn Jahren.»

Selbst damals wäre sie bereits fünfzehn Jahre älter gewesen als Bill. Im März 1945 schreibt Henry, ihre Bücher würden zusammen mit denen von Fraenkel und Durrell in den Schaufenstern der Pariser Buchhandlungen liegen. Jack Kahanes Sohn würde unter dem Namen Girodias (dem Namen seiner Mutter) den Verlag seines Vaters weiterführen. «Schreib mir, wenn Du kannst, ich vermisse Dich.»

Bill hat als Siebzehnjähriger Probleme mit seinen Eltern, die Angst haben, daß er auf die schiefe Bahn gerät, und erwarten, daß er im Geschäft seines Vaters arbeitet. Eines Tages war er bei Anaïs mit einem Koffer aufgetaucht, «und unser Traum begann».

Anaïs gibt eine Party, ist glücklich, wenn sie ihm nahe sein kann; wenn er wenigstens siebenundzwanzig wäre, denkt sie. Als sie dann miteinander schlafen, hält Anaïs das für eine mystische Handlung und liebt den Gedanken, einen Mann zu schaffen. «Er ist mein Sohn. Und mein Liebhaber… Die Initiation im Schaffen und Leben zugleich… Das Kind und der Mann… Die Freude erotischer Mutterschaft.»

Die jungen Männer gehören zum Freundeskreis des Ehepaars Guiler. Häufig halten sie sich in Anaïs' Atelier, manchmal auch in ihrer Wohnung auf, schreiben, malen, lesen und reden über die großen Rätsel des Lebens. Bill wohnt bei Frances, die ebenfalls mit einem jungen Mann liiert ist. Anaïs meint, in ihre Jugendzeit zurückzukehren. «Ich bin wieder siebzehn, lebe in der Zeit, als ich Eduardo nicht berühren konnte. Und ich habe einen Liebhaber… Ich bin gesegnet mit einem zweiten Leben, mit der Freude, die mir damals versagt war, der Macht, die ich nicht hatte, der tieferen Freiheit, die mir gefehlt hat. Durch mein Leiden habe ich dieses zweite Leben verdient. In diesem Leben gibt es in diesem Augenblick keinen Eduardo und keinen Hugo, nur Bill.»

Heitere Spiele. Bill schneidet einen kleinen Vogel aus Silberfolie, befestigt ihn an der Decke, und er schwingt mit jeder Bewegung im Raum. Anaïs wird mit einem kleinen Spiegel zwischen den Augen versehen, ihre Zehennägel mit Silberpapier. Anaïs, Pablo, Bill sind fröhlich. Manchmal darf Hugo mitspielen. Bill lernt in einer Stunde, wie man Kupferstiche macht. Das Leben kann so leicht sein. Atmosphäre der Kindlichkeit. Ein verrücktes Bohemeleben mit einer Dame mittleren Alters auf der Suche nach ihrer Jungmädchenzeit.

«Das Gefühl allein schenkt Ganzheit.» Bill ist von zu Hause wegge-laufen. Anaïs ist seine Freiheit. Die Eltern stellen Nachforschungen an, und das schöne Spiel droht plötzlich zerstört zu werden. Anaïs trägt sich mit Selbstmordgedanken; «was wirklich zählt, mein tief-stes Bedürfnis, meine fixe Idee ist mein Traum von der Liebe, und die kann ich nicht besitzen, sie ist nur ein vorübergehender Zustand. Und ich möchte sie total, kontinuierlich, den Wahnsinn, die Orgie, Fülle, selbst wenn ich mit dem Tod bezahlen muß.»

Sie erwägt, ob sie Hugo nicht endlich verlassen sollte, seinen Schutz. Ohne ihn hätte sie wie die Dichter der Romantik gelebt. Wenn sie sich gesundheitlich schwach fühlt, erinnert Hugo sie an ihre Blutarmut, verursacht ihr Schuldgefühle und droht, die jungen Männer hinauszuwerfen. Anaïs will völlige Freiheit und weiß zu-gleich, daß sie dann verloren wäre.

Bills Vater droht, das Gericht einzuschalten. Er sucht Bills Un-terkunft bei Anaïs' Freundin Frances auf. Aber er kann nicht mehr sagen, als daß er Anaïs' Bücher bizarr findet. Ihre Bücher, Millers Bücher und Comte de Lautréamonts «Les Chants de Maldoror» hat er einem Anwalt übergeben.

Anaïs meint, ein einziger romantischer Augenblick im Leben sei das ganze Leben wert. Wieder sind alle um Anaïs bemüht, Hugo fertigt kupferne Ohrringe für sie an, Pablo photographiert sie. Gon-zalo trifft sie mit Bill auf der Straße. Jeder ist auf jeden eifersüchtig, und Anaïs steht im Zentrum. Sie leidet unter der Angst, daß Bill sich wieder von ihr trennen könnte. Während eines Konzerts im Mu-seum of Modern Art, ein Quintett von Joaquin wird gespielt, hat Anaïs das Gefühl, daß sie dieses Leben mit allen Formen der Liebe, die immer zur Tragödie führt, nicht länger erträgt. Frances ist die einzige, die ihr in dieser Zeit wirklich hilft.

Die Analyse bei Martha Jaeger setzt sich immer noch fort. Sie findet die Affäre der zweiundvierzigjährigen Anaïs mit einem Sieb-zehnjährigen bedenklich. Anaïs besinnt sich auf ihr Schreiben. Sie liest das Buch von Wilhelm Reich über den Orgasmus und sieht ihre Aufgabe darin, die Entdeckungen der neuen Wissenschaft Psycho-logie mit den Mitteln der Kunst zum Ausdruck zu bringen.

Sie habe selbst erfahren, daß Lust mit Entspannung und Schmerz mit Spannung verbunden ist. «Den größten Teil meines Lebens habe ich in einem Zustand der Spannung, also im Schmerz verbracht. Es ist noch nicht lange her, daß ich Entspannung kenne und dementsprechend Lust (und Orgasmus). Diese Entspannung habe ich zuerst mit Henry gefunden, und deshalb konnte er mir das Beste meines heidnischen Lebens bieten, er hat mich entspannt. Angst zerstört diese Verfassung.»

Geradezu stolz ist sie darauf, daß sie ihrem siebten Sinn folgt. Auf Tatsachen kommt es nicht an. Die Vögel der Seele sind es, die zählen, die Vögel des Begehrens. Allein was jenseits der Fakten existiert, interessiert sie. Alles kommt darauf an, daß man in Stimmung gerät und die kosmische Bewegung erspürt, was immer das sein mag.

Allerdings gerät sie mit diesem Lebenskonzept erneut in die Enge. Der junge Liebhaber Bill, dem sie sich so nahe fühlt, bleibt gefühlsmäßig in Distanz. Todtraurig kommt sie zu dem Resümee, daß Henry, Gonzalo und Hugo, jeder auf seine Weise, wirklich zu ihr passen, nicht dagegen diese femininen Jungen. Dennoch gehört Bill Anfang 1945 ihre ganze Leidenschaft. Frances warnt sie vor Illusionen in bezug auf die Jungen, da sie selbst gerade eine Enttäuschung mit einem von ihnen, Tom Marshall, erlebt hat. Nach einer heftigen Auseinandersetzung mit Anaïs über das Thema Freiheit zieht sich Hugo in ein Hotel zurück. Bill kommt zu Anaïs. Als der schöne Abend mit ihm zu Ende ist, hält Anaïs es allein zu Hause nicht aus, sie geht zum Hotel und bittet Hugo, nach Hause zu kommen, was er glücklich lächelnd tut. Dann bitten sie einander um Vergebung. Nun kann Anaïs wieder in Ruhe schlafen.

Bill teilt ihr mit, daß er zum Militär gehen wird. Anaïs ist außer sich. Sein Brief ist so kühl wie Henrys Briefe aus Kalifornien. Das hilft ihr über die Trennung hinweg.

Frances Brown hat ein Psychologiestudium aufgenommen. Sie führt Rorschachtests mit ihren Freunden durch, auch mit Anaïs; Ergebnis: «Ein freier Verstand, aber ohne Macht über ihre gefühlsmäßigen Neigungen.» Anaïs setzt fort: «Wenn ich gescheitert bin, kommt mein Verstand, um mich zu retten... Denn in mir existiert eine moderne, starke Frau mit einer aktiven Kraft.» Sie hat das Gefühl, daß Hugo ewig in seiner Zurückgezogenheit verharrt, während sie sich selbst entfaltet in «Ekstase und Schmerz. Himmel und Hölle.»

Eine merkwürdige Begabung hat Anaïs, sich in Probleme zu stürzen, die nicht lösbar sind. Die Trennung von Bill Pinckard führt zu Grübeleien über sich selbst. «Mein Naturell: gefühlvoll, ursprünglich, kindhaft, impulsiv, voller Sehnsucht, wollüstig, nachgiebig, großzügig, expansiv... Mein Verstand gleicht dem von Hugo und Frances, entwickelt, klar, reif; ... aber er regelt meine Gefühle nicht.» Diesen Konflikt zwischen dem mit Gefühlen verbundenen Leiden am Zuviel auf der einen Seite und der Tendenz zu Perfektionismus und Intoleranz auf der anderen Seite erträgt sie nicht.

Also muß sie sich bewegen, also muß sie im Übergang leben. «Ich bin diejenige, die zwischen Subjektivität und Objektivität gereist ist, zwischen Romantizismus und Modernismus, Christentum und Heidentum, Tragödie und Glückseligkeit.» Dementsprechend lauten ihre Lieblingsworte: «transzendieren, transferieren, transfigurieren, transformieren, transfundieren, transsubstantiieren, transluzid, transmigrieren, transmutieren, Transparenz, Transport, transponieren...» Da hat sie wohl ein Wörterbuch zu Rate gezogen.

Anaïs ist ein Nomade, meint Frances. Anaïs erinnert sich, daß sie mit fünf Jahren von zu Hause weglaufen wollte. Später sei diese Tendenz unterdrückt worden – und wird es immer noch – durch Hugo. Die Strenge der Mutter sei es gewesen, die alle Bewegung ins Tagebuch verwiesen hat, und Hugos Strenge habe sie gezwungen, sich ihr Teil in aller Heimlichkcit zu nehmen in Gestalt anderer Liebhaber. In Hugos Liebe und seinem sexuellen Begehren sieht sie etwas Böses. Es kommt ihr vor, als würde «die Dunkelheit das Licht verzehren, die Erde die Seele verschlingen, die Blindheit Augen schlucken, das Langsame und Schwere Erleuchtung und Manna essen».

Frances macht sich lustig über Anaïs' Idealisierungen und Ausschmückungen. Es erscheine so unwirklich, wenn Anaïs in ihrer Wohnung sitzt und ißt. Sie verhalte sich wie ein Mensch, der sich niemals die Nase putzen muß, niemals durch Krankheit beeinträchtigt ist. Was sie denn dagegen haben, fragt Anaïs, warum finden sie es nicht schön, und Hugo erläutert: Die Menschen um sie herum haben offenbar das Gefühl, sie müßten sogleich alle banalen Le-

bensformen aufgeben und mit Anaïs in höhere Regionen davonflie-
gen. Das macht ihnen angst. Nach Hugos Auffassung wirkt Anaïs
auf die anderen wie ein lebendiger Vorwurf. Anaïs hat das Gefühl,
daß Hugo ihr die Flügel stutzen will. «Armes kleines Pussykätzchen», sagt er oft. «Er liebt mich schwach, hilflos, klein. Wenn sich
meine Stärke zeigt, gesteht er ein, daß ihm das nicht gefällt.»

Mit Gonzalo und Hugo druckt sie im Mai / Juni 1946 eine biblio-
phile Portfolio-Ausgabe von «House of Incest». Die Schulden, die
sie macht, um ihre Bücher drucken und Gonzalo unterstützen zu
können, sind Hugos Machtmittel. Das sieht nach einer stillen Über-
einkunft aus: solange er zahlt, kann er Forderungen stellen. Und da
Anaïs es offenbar nicht aushält, allein zu leben, unternimmt sie auch
keine Schritte, die zur Unabhängigkeit führen würden. Einmal
mehr beweist sich die Behauptung Virginia Woolfs, die Emanzipation der Frau beginne mit finanzieller Selbständigkeit.

Im Juli 1945 schickt sie Hugo mit Freunden zur Erholung. So
kann sie Bill, der zu einem Urlaub vom Militär nach New York
kommt, ungestört empfangen. Anaïs weiß, daß sie keine gemeinsame Zukunft haben werden. Der Augenblick ist alles. Eine Frau,
die nicht zu leiden bereit ist, kann nach Anaïs' Auffassung kein
Glück erleben.

Von seinem Urlaub zurückgekehrt, liest Hugo den letzten Teil
von «This Hunger», «Lillian and Djuna», und fragt mit ängstlicher
Naivität, ob «Jay» Henry Miller sei und ob Anaïs mit ihm ein Verhältnis hatte. Anaïs erträgt es nicht, ihn leiden zu sehen. Eher ist sie
bereit, ihr Schreiben, das ihre Geschichte vor Hugo offenbaren
könnte, aufzugeben; ein Konflikt, den sie bis zu ihrem Lebensende
nicht zu lösen versteht. Anaïs ist unzufrieden mit dem Text. Verfäl-
schungen. Wäre Hugo nicht, könnte sie offen die Wahrheit schreiben. Dann könnte ein Text entstehen, so schön wie ihre Briefe an
Bill Pinckard. Im Leben scheint ihr das Verfälschen und Lügen
leichter zu fallen als im Schreiben. Sie setzt die Aufspaltung ihrer
eigenen Persönlichkeit in verschiedene Gestalten fort. «Sabina, die
Frau der Leidenschaft, Lillian, die Frau von Instinkt und Gewaltsamkeit, Djuna, die Frau der Seele, und Stella, die Schauspielerin,
die durch Osmose lebt…» Um Hugo zu beschwichtigen, läßt sie
«Jay» mit Lillian verheiratet sein, «in der Hugo nicht einen Teil von

mir entdecken wird». Hugo werde Anaïs mit Djuna identifizieren, denn sie entspreche seinem Bild von ihr. In der Erzählung ist es Djuna, die Jay (= Henry) zu führen versteht, ohne ein Verhältnis mit ihm zu haben. Aber Djuna kann nicht allein ein Prinzip sein, sie muß ebenfalls verkörpert werden in einer wirklichen Geschichte.

Es ist interessant, daß Anaïs in der Zeit mit den Jungen gerade ihre Geschichte mit Miller zum Gegenstand macht. Nach dem vergeblichen liebevollen Bemühen um einen femininen jungen Mann Gerard, der ihre Stärke nicht erträgt, wie er schon die seiner Mutter nicht ertragen konnte, wendet sich Lillian der Freundin Djuna zu. «Djuna war äußerlich die Verkörperung der Weiblichkeit ... eine duftige, gefüllte Blüte. Sie wirkte wie ein gestärkter, sich bauschender Petticoat oder ein Ballkleid mit vielen Rüschen, das sich in der Form einer Seemuschel entfaltet. Im Innern jedoch war ihre Natur klar, geordnet, einsichtig, beherrscht.» Am Ende der Kindheit war sie «durch Anwendung aller bekannten Instrumente der Persönlichkeitsbildung – Kunst, Ästhetik, Philosophie und Psychologie – gezähmt worden.» Lillian spricht mit Djuna über die Kompliziertheiten der Männer, und sie erklären schließlich einander ihre Zuneigung. «‹Ich wünschte, du wärst ein Mann›, sagt Lillian immer wieder.» Sie enttäuschen, verletzen, kränken, bevormunden, verlassen einander nicht.

Plötzlich begegnet der verheirateten Lillian der kühne Liebhaber Jay. Ihr Mann Larry ist besorgt. Djuna erklärt William, warum es so kommen mußte – als würde Anaïs ihrem Mann psychologisch verständlich machen, warum Miller in ihrem Leben wichtig werden konnte: «Wenn du versuchst, dich zu verändern, ... wirst du auf einen subtilen, unerklärlichen Widerstand stoßen und vielleicht sogar auf Sabotage! Innerlich ist jede Lebensweise eine Form, die zum Gefängnis wird. Und dann ist es unsere Aufgabe, sie zu zertrümmern. Eine Veränderung ist schwierig, Versuche zu entrinnen sind häufig: blinde Fluchtversuche, Flucht vor toten Beziehungen, vor falschen Beziehungen, vor falschen Rollen und manchmal auch vor dem tieferliegenden Ich, Flucht wegen des großen Widerstands, auf den man stößt, wenn man das Ich behauptet...»

«This Hunger» ist ein erneuter Versuch der Anaïs Nin, eine Ideologie zu finden, die ihre eigenen Lebens- und Liebesprobleme als

Ausdruck allgemeiner seelischer Konflikte verständlich werden läßt. Während «House of Incest» die sur-reale Schicht des Seelenlebens in den Blick rückt, geht es in «This Hunger» um die seelischen Konflikte der Emanzipation. Der Text endet mit den Worten: «Die Gedemütigten, die Besiegten, die Unterdrückten, die Versklavten. Die mißbrauchte und entstellte Kraft der Frauen...» So deutlich ist sie mit feministischen Äußerungen später nur selten gewesen.

Verfälschung, Lüge und Schöpfung liegen untrennbar nah beieinander. Als Simone de Beauvoir 1947 mit dem Gedanken spielt, ihre Affäre mit dem amerikanischen Schriftsteller Nelson Algren in einem Roman zu verarbeiten, war es für sie überhaupt keine Frage, daß der literarische Text die Fakten, um Jean-Paul Sartre zu schonen, «umlügen» würde. Aber Anaïs Nin hat Skrupel. Sie hängen mit den vielfältigen Motiven zusammen, die sie zum Schreiben veranlassen: schreiben, um sich der eigenen Geschichte zu vergewissern, sich selbst mit ihr vertraut zu machen; schreiben, um allen zu zeigen, daß sie da ist, um in den Annalen «der Frau» ihrem individuellen Leben ein Denkmal zu setzen; schreiben, um zentrale Probleme jeder Frau aufzudecken; schreiben, um die banale Wirklichkeit zu erhöhen, indem sie ihr Größe und Glanz verleiht; schreiben, um die eigene Geschichte als Kunstwerk gestalten zu können: das Gelebte soll einem interessanten Text gleichen, das Geschriebene auf neue Fährten im Leben hinweisen; schreiben, um von sich reden zu machen; schreiben, um die Kluft zwischen Tagtraum und sinnlich erfahrener Realität aufzuheben; schreiben, um ein Stück Vergangenheit wiederzubeleben. Immer wenn das Schreiben darauf abzielt, die Gegenwart in Einklang mit der Vergangenheit zu bringen, scheint sich Anaïs gegen die fiktionale Abwandlung zur Wehr zu setzen, da sie fürchtet, ihr Schreiben werde den Dienst der Selbstbehandlung nicht leisten.

Frances bewundert, wie es Anaïs in «This Hunger» gelingt, am Ende doch die Wahrheit zu sagen, nämlich die psychologische Wahrheit des Geschehens. «Wahrheit und Realität sind die Basis all meines Schreibens (ich kann immer den Anlaß nachweisen, der zum Schreiben, zur Gestaltung der Charaktere, des Ortes usw. führte), aber weil ich darauf bestehe, die Essenz zu gewinnen und nur ein destilliertes Produkt zu geben, wird das Gebilde zu einem Traum, in dem alle Wirklichkeit nur in symbolischer Gestalt erscheint. Alles, was ich schreibe, wird übersetzt werden müssen. Wie wenn man Träume liest.»

Anaïs übersieht, daß ein Traum seine Botschaft erst mitteilt, wenn er auf dem Hintergrund einer ganz konkreten Alltagsgeschichte interpretiert wird, nicht jedoch, wenn er ohne den Kontext eines gelebten Zusammenhangs dasteht. Anaïs selbst kennt natürlich diesen Zusammenhang, kennt zumindest die Geschichte, aus der ihre Texte herauswachsen, so daß die sogenannte Essenz auf dem Hintergrund dieser Geschichte für sie selbst bedeutungsvoll ist. Aber was fängt der Leser mit einem Konzentrat oder mit bildhaft-psychologischen Interpretationen an, wenn ihm die Phänomene für die Verflüssigung des Konzentrats vorenthalten werden? Kein Wunder, wenn er ratlos ist. Dennoch entwickelt Anaïs Nin in diesen Jahren eine gewisse Sicherheit, was die Eigenart ihres Schreibens angeht.

Mitten in die Geschichte ihrer persönlichen Verwirrungen trifft am 8. August 1945 die Nachricht, daß die Amerikaner über Hiroshima eine Atombombe abgeworfen haben. Anaïs ist so entsetzt, daß sie ernsthaft glaubt, die Atombombe werde das Leben aller Menschen umstürzen. Sie will die Geschichte der Seele schreiben in Analogie zu den wissenschaftlich-technischen «Errungenschaften».

Bill ist abgereist, und ein neuer junger, blasser, intellektueller Mann tritt auf, David Moore, achtundzwanzig Jahre alt. Er hat Anaïs zu seiner Muse erklärt, komponiert für sie, schreibt Gedichte, will sie malen. Er hat zehn Bücher geschrieben. Von Beruf ist er Flugzeugingenieur. Er ist einer von den jungen romantischen Männern, auf die sich Anaïs eigentlich nicht mehr einlassen möchte. Zwischendurch geht sie ihrem Vergnügen mit Edward Graeffe nach, der immer wieder auftaucht. Die leidenschaftliche Beziehung zu Bill scheint überwunden. Als sie jedoch erfährt, daß er als Soldat nach Japan gehen wird, ist sie außer sich vor Angst.

Ab Ende August arbeitet sie mit vollem körperlichem Einsatz am Druck von «This Hunger», genießt die Arbeit und fühlt sich stark. Das ist immer so, wenn sie etwas schaffen kann.

Der Schriftsteller und Kritiker Edmund Wilson, der sich von seiner Frau, der Schriftstellerin Mary McCarthy, getrennt hat, wendet sich nach seiner Rückkehr aus Europa Anaïs zu, liest ihr seine Geschichten vor. «Ein reizender, sanfter Mann, der intellektuelle Frauen schätzt und darunter leidet, daß gescheite Frauen so hoffnungslos neurotisch sind.» Sie trifft ihn im Restaurant «Longchamps». Anaïs fühlt sich gut, stark und unabhängig, spielt alle Möglichkeiten der Verführung aus. Hugo ist noch in Ferien. Gonzalo oder Edward Graeffe sind phantastische Liebhaber. Sie ist offen für jeden, zum Beispiel auch für Marshall Rarer, einen weiteren jungen Mann von zweiundzwanzig Jahren. «Ich bin die große Liebhaberin der Welt.»

Als ihr im Briefwechsel mit Bill klar wird, daß der Siebzehnjährige ihre Leidenschaft nicht mit derselben Intensität beantwortet, bricht sie zusammen und wendet sich an einen neuen Analytiker, Dr. Clement Staff, einen Mann von fünfunddreißig Jahren, der aussieht wie ein Spanier. Die Analyse bei Martha Jaeger hat, wie die anderen Therapien, ein unglückliches Ende genommen. Jaegers Kummer über einen Selbstmordversuch ihres Mannes Hye ließ sie die Rollenverteilung der Analyse vergessen. Sie nahm Anaïs' Trost und Hilfe in Anspruch. Das Vertrauen ihrer Analytikerin schmeichelte Anaïs, und sie war glücklich, als reife Frau einer anderen helfen zu können. Anaïs führte psychologische Gespräche mit Jaegers Mann. Nachdem jedoch die Distanz einmal aufgehoben war, Jaeger zu Parties eingeladen wurde und allmählich zum Freundeskreis gehörte, fühlte Anaïs sich schließlich ausgenutzt und brach ihre Analyse bei Jaeger ab.

Ihr neuer Analytiker gefällt Anaïs. Dr. Staff wirkt aktiv, dynamisch, klug und hat eine warme, menschliche Stimme. Er will sie zur Realität zurückführen. Anaïs erträgt nicht, daß der intensive Wunsch, ihren Traum von der Liebe mit Bill zu realisieren, wieder gescheitert ist, der romantische Traum. Sie fühlt sich von Selbstmordgedanken bedroht. Sie steht auf dem Balkon und will sich aus der Höhe des elften Stockwerks hinabstürzen. «Sterben, lieber sterben als den Traum, diesen unmöglichen, unerfüllbaren Traum aufgeben.» Staff macht ihr deutlich, daß sie in der Liebe zu den Jungen selbst wieder klein werden wollte, «ein Kind wie Bill, so daß ich wieder das kleine Haus der Unschuld betreten konnte und der Tatsache, daß ich eine erwachsene Frau bin, entfliehen wollte».

Also wendet sie sich Edmund Wilson zu, dem väterlichen Mann,

der um sie wirbt und immerhin ein wichtiger Kritiker ist. Er hält sie
für die exquisiteste Frau, die ihm je begegnet ist. Anaïs genießt seine
Komplimente. Am Abend des Tages, nachdem sie mit Graeffe geschlafen hat, geht sie mit Wilson ins Bett – aber keiner von beiden
rückt ihr körperlich und seelisch so nahe wie der verlorene jugend-
liche Liebhaber Bill Pinckard. Ihr kommt es vor, als würde sie Wilson, den sie im Grunde nicht begehrt, nun erleiden lassen, was sie
selbst mit Bill hat erleiden müssen: eine unzulänglich erwiderte
Liebe.

Anfang Oktober 1945 begegnet ihr Maya Deren, eine Frau, die
experimentelle Filme dreht. Sie scheint Anaïs vorbildlich, da sie mit
Entschiedenheit für ihre vom üblichen Film abweichende neue
Form kämpft. Anaïs will auch für ihre umstrittene Art des Schreibens kämpfen. Frances kritisiert zum Beispiel, daß ihre Frauengestalten zweidimensional sind; Dr. Staff merkt an, es gebe in ihrer
Arbeit keinen Schweiß; die Freundin Irina bemängelt, daß ihre Romane jenseits von Zeit und Raum, von gesellschaftlicher Schicht,
…Zeitgeschichte und Umwelt spielen.

Dr. Staff mutet Anaïs Nin eine harte Kur zu, indem er sie mit
ihren Idealisierungen konfrontiert. «Hinter meinem Masochismus
verbirgt sich Sadismus. Hinter meiner Indirektheit liegt nicht Weiblichkeit, sondern ein verkrüppelt ängstliches Selbst, das sich nicht
hervorwagt. Hinter meinen Idealisierungen liegt eine ursprüngliche
Frau, dieser Hunger, ein indirekter Weg, Macht auszuüben, und
eine verborgene Art von Destruktivität. Am Boden zerstört. Bittere
Wahrheiten. Mein Ausdruck verändert sich, das Gesicht der anderen verändert sich in meinen Augen. Ich stelle mich meiner Angst
vor Häßlichkeit, Stärke und Macht. Eine Unmenge von Ausflüchten… Bill… ist nicht Kaspar Hauser, sondern ein rauflustiger,
realistischer, grausamer kleiner Balg, der benutzt, was immer er
brauchen kann…» Dr. Staff erklärt, daß Masochismus und Nymphomanie zusammenhängen. «Um dem Leiden zu entkommen, um
es zu lindern, suche ich Lust. Das bringt einen Ausgleich, rettet mich
vor Katastrophen, aber das bringt kein Glück… Ich habe all meine
natürliche Wirksamkeit verdrängt, habe nur die Ausdrucksform der
Sexualität akzeptiert (unnatürliche Stilisierung des Lebens, ich
putze mir nicht in der Öffentlichkeit die Nase, ich gebe mich nicht

dem Essen hin usf.). Nur Sexualität (wie mein Vater, der in allem anderen streng war). Masochismus ist ein falscher Weg auf der Suche nach Liebe... auch das Schreiben ein Versuch, unerträgliche Spannungen loszuwerden, die Neurose zum Ausdruck zu bringen. Außer mit Hugo spiele ich allen anderen eine Rolle vor, eine unnatürliche Rolle..., auch im Schreiben. Ich zeige der Welt nur ein perfektes Bild.»

Als Anaïs einmal in der Analysestunde wirklich zu weinen beginnt wie ein Kind, gibt ihr Staff zu verstehen, daß sie diese zarte, sanfte Seite einbeziehen muß in ihr Bild, statt sie zu verbergen. Ihre Liebe zu den Jungen gilt ihrer eigenen sanften, zärtlichen, spielerischen Seite, die sich nicht entfalten kann. Da sie meint, das Kind nicht selbst sein zu dürfen, möchte sie es wenigstens um sich haben. Sie liebt das Kindliche und übernimmt – inzwischen erwachsen – zugleich die Rolle einer Mutter, die es beschützt.

Bei Aufnahme zu einem Film Maya Derens im Central Park fühlt sich Anaïs nach langer Zeit wie ein Kind, das mitspielen darf und zugleich anerkannt und bewundert wird. Sie ist glücklich. Doch Mitte Oktober wird sie wieder mit der Härte der Realität konfrontiert. Sie hat das Gefühl, daß ihr neues Buch abgelehnt wird, und fühlt sich erniedrigt. Für Anaïs zerfällt die Wirklichkeit in zwei Teile. Unvereinbar erscheint ihr: «die Welt des Kindes», des Künstlers, des Spiels, der Reinheit, der Schöpfung, der Phantasie, der Freiheit – mit der «Welt der Realität», des Geldes, der Macht, des Krieges und der Politik, der Selbstliebe, der Korruption, «der Langeweile und Einschränkungen der bürgerlichen Welt». Am liebsten möchte sie nur in der zuerst umschriebenen Form leben, in der ihr Handeln dem Lustprinzip folgen kann.

An Wilson mißfällt ihr alles, was an die feine, bürgerliche Welt des Vaters erinnert. Aber sie genießt seine Entschiedenheit, die Energie seiner Inbesitznahme, das Artikulierte, die Leidenschaft und besonders seine Verehrung ihrer Person. Wenn sie nicht zu ihm kommt, kann er nicht arbeiten. Er will sie immer um sich haben, will ihr eine größere Welt zugänglich machen; und er will eine positive Kritik über ihr Buch schreiben. Er wirkt wie Rank und führt sie in dasselbe Restaurant in der 86. Straße. Wilson macht Geschenke, ein Spitzennachthemd, aber Anaïs sagt offen, daß sie ihn nicht liebt.

«Als er mich gegen Mitternacht verließ, sagte er merkwürdig bewegt: ‹Daß du mich nie vergißt!› Wie ein Abschied. Und das höre ich mit meinem ganzen Gefühl.» Seine sexuelle Stärke und seine Macht in der Welt der Literatur gefallen ihr.

Aus den Ambivalenzen der Liebe zu älteren Männern, die auf sie formenden Einfluß hatten, will Anaïs sich lösen. Psychoanalytisch betrachtet, kommt es zu einer Belebung der ödipalen Konstellation mit veränderter Platzanweisung. Während sie früher mit den Großen (Miller, Vater, Rank) groß sein wollte, genießt sie es nun, mit den Jungen jung zu sein; als könnte sie noch einmal zurück an den Punkt vor Beginn ihrer Ehe, nun aber verändert – als Schriftstellerin, deren Werke öffentlich besprochen werden.

«Die Anwesenheit der Jungen... macht aus einer bedrückenden, endgültigen, erstarrten Welt eine veränderliche Welt, die immer die Möglichkeit bietet, wunderbar, formbar, veränderungsfähig, noch erschaffbar zu sein.» An Miller schreibt sie in froher Stimmung, daß einer der Söhne ein Hausboot gemietet hat und daß sie nun alle ihre Erzählungen ausleben. «Ich glaube, das junge Amerika hat Dich und mich auserwählt, um uns nachzufolgen. Yin und Yang.»

Interessant und belebend ist wieder die gleichzeitige Teilhabe an verschiedenen Welten. Behende kann Anaïs Nin aus der Welt der Jungen umsteigen in eine Welt ihres fortgeschrittenen Könnens als erwachsene Schriftstellerin. Im Umgang mit Edmund Wilson überprüft sie ihre eigene Position. Wilson ist ihr wohlgesinnt wie ein strenger Vater. Wenn er ihr Werk beurteilt, lobt und tadelt er zugleich, setzt Maßstäbe und legt mit entschiedenem Urteil Entwicklungsziele für ihr zukünftiges Schreiben fest. Der Schriftsteller Malcolm Cowley schreibt: «Keiner kann besser als er Sinn und Bedeutung eines Werkes interpretieren; aber Wilson interessiert sich auch für die Persönlichkeit des Verfassers.»

Die Novelle «This Hunger» hält Wilson zwar nicht für eine handwerkliche Meisterleistung, aber sie sei wichtiger als manch anderer zeitgenössischer Roman, da sie versucht, «eine neue, eine weibliche Anschauungsweise zu artikulieren». Er lobt Anaïs' erstaunliche, wunderbare Einsichten, das Aufbrechen von Klischees bei der Charakterisierung von Gefühlsregungen, aber er kritisiert, der Roman habe keine Form. Bestimmte poetische Teile seien nicht eingebettet in die Handlung und nicht so vorbereitet, daß sie für das Gesamtthema ihre Funktion erfüllten. Wilsons Kritik endet mit dem Hinweis, daß Anaïs Nin ein Geheimtip sei und daß es nicht recht sei, daß ihre Bücher im Selbstverlag erscheinen müssen, denn sie verdienten eine große Leserschaft.

Für Anaïs ist Wilson «der Mann der Tradition … erstarrt und unbeweglich… er hat konventionelle Vorstellungen von Form und Stil». Dem setzt sie entgegen: «Ich schreibe wie ein Medium; ich fürchte Kritik, weil ich fürchte, sie zerstört meine Spontaneität… Ich lebe vom Impuls und von der Improvisation, und ich will auch so schreiben.» Immer wieder beruft sie sich auf das Unbewußte, das dieses großartige Gewebe hervorbringt, «diese mannigfachen Ebenen und Facetten», oder sie nennt es «symphonisches Schreiben».

Doch insgeheim weiß Anaïs, daß sie lernen muß, im Schreiben wie im Leben Entscheidungen zu fällen. Daß sie ihre literarischen Geschichten nicht absichtsvoll gestalten kann, ist nicht mangelndes literarisches Können, sondern Ausdruck ihrer ganzen Persönlichkeit. Sie hat Angst vor Begrenzung, hat Angst, etwas zu verlieren, das sie Spontaneität nennt. «Wo ist meine Richtung? Konstruktion? Absicht? Ich muß begrenzen, bestimmen, konstruieren… Ich habe mich ins Unbegrenzte erweitert. Ich muß mich um mein eigenes Wollen zentrieren.»

Sie ist im Begriff, ein anderes Konzept von Freiheit zu entwikkeln. Nicht das waghalsige Überschreiten von Grenzen macht frei. Es führt zur Abhängigkeit von Gefühlen, das heißt von etwas, das ohne unser Zutun Handlungsrichtungen bestimmt. Wahl, Entscheidung, Setzen von Grenzen, Sichfestlegen sind Aktivitäten, die Freiheit ermöglichen, denn Freiheit ist ein paradoxes Gebilde; Grenze und Bindung gehören dazu.

Schon nach kurzer Zeit scheint Staff mehr zu sehen als Anaïs' frühere Analytiker. Wie ein braves Kind nimmt Anaïs die Interpretationen des Analytikers in ihr Denken auf. Das scheint ihr stärkstes Abwehrinstrument gegen Veränderung zu sein. Staff spürt, daß Anaïs' intellektuelle Gelehrigkeit ein Versuch ist, sich gegen tiefer gehende Einsichten zu wappnen. Bereits in ihrem Tagebuch zeigt Anaïs häufig sehr klare psychologische Einsichten, aber sie bewirken keine Veränderung ihres Handelns. Intellektualisieren hat

Freud diesen Vorgang genannt, der vor schmerzlicher Veränderung schützen soll, indem wir uns taub machen gegen die wirklich empfindlichen Punkte unserer Geschichte.

Im November 1945 folgt Anaïs einer Einladung der Young Men's Hebrew Association. Ihr graut vor dem Auftritt im Poetry Center – warum? Angst, sich zu zeigen, wie sie wirklich ist, meint Staff, mit ihrer Selbstverteidigungswaffe, der Poesie. Sie fürchte, wie in der Kinderzeit, nicht geliebt zu werden, wenn sie sich in ihrer Eigenart und nicht in der Verstellung des braven Kindes zeigt. Also sagt Anaïs sich am Morgen des Tages: «Dieses soll mein Geburtstag sein.» Sie zieht ein schwarzes Kostüm an. Hugo, Frances und Eduardo begleiten sie. Während sie aus «This Hunger» liest, «einfach und gefühlsbewegt», greift diese Haltung gleichsam auf die Zuhörerschaft über. Nach dem Satz «Sie sprach zu dem Kind, das in ihr lebte...», erhält sie Applaus.

Das Tagebuch Nr. 69, das den Zeitraum von November 1945 bis Mai 1946 umfaßt, erhält den Titel «Das transparente Kind». Sich selbst durchsichtig sein wollen wie ein Kristall ist eigentlich ein beängstigendes Bild äußerster Kontrolle. Doch Anaïs liebt dieses Bild. Das Verhältnis von Kindlichkeit und Erwachsenheit wird in den Gesprächen mit Staff zum ständigen Thema. Glücklich ist Anaïs über die Wiederentdeckung der Analogien zwischen dem verantwortungsfreien Spiel des Kindes und der Verfassung des künstlerischen Schaffens. Im Alltag dagegen können uns unsere kindlichen Empfindlichkeiten ganz unberechenbar in die Quere kommen. Dann beschränken sie Handlungsspielräume.

Die Erfahrungen der frühen Kindheit sind so zwingend, weil wir sie in einer Verfassung machen, da uns die zufällige Konstellation unserer jeweiligen Geschichte das vermeintlich «richtige» Bild vom Leben bietet – und nicht nur eines aus der Vielzahl möglicher Bilder. Erst später begegnen wir Menschen, die ganz anders mit uns umgehen, aber dann nehmen wir sie auf der Folie der frühen Gefahren und Empfindlichkeiten wahr und machen aus ihnen Repräsentanten der anfangs erfahrenen Welt. Auch die Methoden, mit denen wir uns ursprünglich vor Liebesverlust und Versagen zu schützen gesucht haben, behalten wir bei.

Nun ist es keine Schwierigkeit, einem halbwegs intelligenten

Menschen klarzumachen, daß er längst nicht mehr das kleine, abhängige Kind ist, sondern im Kultivierungsprozeß an Stärke und Selbständigkeit gewonnen hat. Aber mit intellektuellen Einsichten finden wir die Verbindung zu den Erfahrungen und Prozessen nicht, die ihre Wirkung und Funktion in einer Zeit lange vor Ausbildung intellektueller Bewältigungsstrategien entfaltet haben. Es sind die vorbewußten Haltungen, die in das Erwachsenenleben einfließen. So besteht das Kunststück der Analyse darin, einen Anschluß an Erlebensformen zu finden, über die wir zwar zu sprechen lernten – Anaïs' Tagebuch ist übervoll von solcher Rede –, über deren Wirksamkeit oder Unwirksamkeit wir jedoch mit dem Einsatz aller denkbaren bewußten Strategien nicht verfügen können.

Wenn Anaïs die unbewußten Probleme der Frau, die Konflikte, die die Psychoanalyse entdeckt hat, zu ihrem literarischen Programm machen will, könnte ein Analytiker sagen, es sei immer verdächtig, wenn jemand mit solcher Bewußtheit meint, vom Unbewußten handeln zu können. Literatur, die etwas im Leser aufkommen läßt, das mehr als eine intellektuell begreifbare Botschaft bietet, ist von anderer Art. Sie läßt sich gewiß nicht konstruieren, in diesem Punkt hat Anaïs recht. Aber sie läßt sich auch nicht mit bemühten symbolischen Verschlüsselungen von vorher bereits bekannten Einsichten herstellen. Ludwig Klages hat bereits zu Beginn des Jahrhunderts das Problem vom «Geist als Widersacher der Seele» als zentrales Problem seiner Zeit charakterisiert. Anaïs versucht, in ihrem Schreiben die Erfahrungen ihres Lebens mit einem alten Konzept zu sortieren. Auf diese Weise wird sie als Schriftstellerin zu einem Mentor der Psychologie des frühen zwanzigsten Jahrhunderts, unter besonderer Akzentuierung der gesellschaftlich-kulturellen Probleme der Frau. C. G. Jung nennt das «psychologische Dichtung». Er unterscheidet sie von der «visionären Dichtung», die seelisches Neuland entdeckt, das auch die Psychologen noch nicht kennen.

Staff ist auf der Hut vor seiner Analysandin mit psychologischem Scharfblick, die den Erfolg seiner Behandlung allzusehr lobt, um entkommen zu können, bevor die Gefahr besteht, in der analytischen Situation aktuell zu spüren, wovor sie davonläuft.

Anaïs wählt gerade die jungen Männer, die sich ihr nicht ganz hingeben, so daß sie die Vergeblichkeit ihres Einsatzes wiedererfährt, die ihre Kinderzeit belastet hat. Das früh erfahrene Leid sagt ihr, daß ihr Leben nur in dieser Form in Ordnung ist. Dieselbe Geschichte von Täter und Opfer spielt sich mit Wilson ab, allerdings mit dem Unterschied, daß sie dieses Mal der Täter ist. Was sie in der einen Beziehung zu erleiden hat, gibt sie in der nächsten Beziehung einem anderen zu leiden. Ihre vielen Liebesverhältnisse, interpretiert Staff, sind nicht Ausdruck ihres reichen Lebens, sondern Folge der Aufspaltung ihres Lebens, mit der sie sich vor den Problemen, die mit jeder Bindung gegeben sind, schützt. «Aber wenn ich mich mit aller Intensität einem Menschen zuwende, zerschmettert es ihn», fürchtet Anaïs.

Es ist wirklich alles viel zu schwierig, also gibt sie sich wieder der Lust des Augenblicks mit den «Kindern» hin; Staff nennt sie «die liebeshungrigen Monster». Beim Lesen der Aufzeichnungen aus den Jahren 1944 bis 1946 verliert man den Überblick über die Anzahl der jugendlichen Liebhaber, fragt sich, wie viele Marshalls und Bills es denn nun sind, und kommt schließlich zu der Einsicht, daß dieses zu wissen nicht wirklich wichtig ist. Die meisten sind, was ihre Bedeutung für Anaïs' Leben angeht, weitgehend austauschbar.

Am 18. November 1945 begleitet sie den Freund Kimon Friar zu seiner Lesung über Liebe im Poetry Center. Neben Anaïs sitzt ein hübscher Mann, Lieutenant Gore Vidal, zwanzig Jahre alt. Ein junger Mann aus gutem Hause, der sie mit der Geschichte gewinnt, er sei verwandt mit dem französischen Troubadour Vidal aus dem Mittelalter. Seine Stimme erinnert an Bill Pinckard. Er hat «Under a Glassbell» gelesen und ahnte, daß die attraktive Frau, die neben ihm Platz genommen hat, Anaïs Nin ist. Er möchte sie besuchen.

Gore Vidal macht Eindruck auf sie. Er entstammt einer vornehmen, reichen Familie. Was ihn darüber hinaus auszeichnet, ist seine Position eines Lektors im renommierten New Yorker Dutton Verlag. Mit siebzehn Jahren hat er seinen ersten Roman geschrieben, der in ein paar Monaten bei Dutton erscheinen wird. Er hebt sich von der Schar der anderen jungen Männer ab. Ihn interessiert die Politik, und er liebäugelt mit einer politischen Karriere.

Intensiver intellektueller Austausch, freundschaftliche Umarmungen verbinden Gore mit Anaïs. Er ist homosexuell und hat Lust und Liebe getrennt.

Anaïs arbeitet an einem weiteren Roman: «Bread and the Wafer» («Das Brot und die Hostie»); sie soll ihn im Frühjahr abschließen, dann wird Gore Vidal das Buch bei Dutton herausbringen. Gore besucht sie regelmäßig. Sie sprechen über seine Gedichte und das Schreiben. Anaïs macht ihre Wohnung schön, kauft eine Couchdecke, näht Kissenbezüge, trennt sich von Muscheln, japanischen Papierschirmchen – «dem romantischen Schmuck». Sie wirft auch alle Kleidungsstücke fort, die an Boheme erinnern, und läßt sich ein elegantes schwarzes Kleid schneidern. «Die Liebe zur Verfeinerung habe ich nie verloren.» Anaïs spürt, wie sich, allen vernünftigen Einsichten zum Trotz, nun doch leidenschaftliche Gefühle zu Gore bei ihr einstellen. Verzweifelt fragt sie sich, warum sie die platonische Beziehung nicht hinreichend finden kann.

Ihr Schreiben charakterisiert Anaïs als «Kontinent aus Papier und Tinte», eine schöne, neue Welt, gestaltet nach den eigenen Wünschen. Gore, der ebenfalls im Alter von elf Jahren nach Amerika kam, fühlt sich wie Anaïs in diesem Land nicht heimisch. Er erzählt Anaïs, daß er sich in keiner Welt zu Hause fühlt. «Zufällig durchwandere ich sie.» In jedem jungen Mann sieht Anaïs einen Mystiker und Poeten, auch in Gore. Es macht sie daher unglücklich, wenn sie wahrnehmen muß, daß er wie Hemingway schreibt, dessen Texte sie als realistisch ablehnt. Gore wird für Anaïs zu einer Zwillingsgestalt, manchmal scheint sie sich geradezu zu verwechseln. Anaïs meint, sie seien von derselben Art und verstünden einander vollkommen. Wenn sich dann zeigt, daß der oder die andere tatsächlich anders ist, erlebt sie das als Verrat.

Im Umgang mit Anaïs scheint sich Gore Vidal befreit zu fühlen von den üblichen Zwängen gesellschaftlichen Auftretens. Anaïs gibt ihm Liebe, Bewunderung, Sicherheit, sie spricht über seine Lebensprobleme mit ihm. Sie nimmt ihn liebevoll in den Arm. Gore liest ihren gerade entstehenden Roman, der ihm gefällt, und gibt Ratschläge: nachdem sie bisher so sehr in die Tiefe gegangen ist, müsse sie nun auch in die Breite gehen mit dem beschriebenen Geschehen. Wenn Gore so etwas sagt, erlebt sie es, anders als bei

Wilson, nicht als einschüchternde Kritik. Anaïs genießt es zu beobachten, wie «sein verborgenes Selbst zum Vorschein kommt, wie die Maske fällt» – das wünscht sie auch für sich selbst. Sie meint, ihm gegenüber keine Rolle anzunehmen. Wenn Gores Angst vor Versagen aufkommt, gibt Anaïs Stärke und Sicherheit. Er spricht in aller Offenheit über seine Liebhaber und klagt, daß sie ihm, abgesehen von sexueller Befriedigung, nichts bedeuten. Er denkt darüber nach, ob ihm eine Ehe mit einer Frau ohne Sex möglich wäre, und scheint sich mehr und mehr in diese Phantasie einzuspinnen. Ihr Umgang miteinander kompliziert sich dadurch.

Gore Vidal scheint eine Begabung dafür zu haben, sich der Frau Anaïs so liebevoll zuzuwenden, daß sich eine leidenschaftliche Szene eröffnet. Sobald Anaïs, ihre vorsichtige Reserve aufgebend, ihn jedoch küssen und umarmen will, weicht er vor der Nähe aus. Jeder anlaufende Verführungsversuch endet in einer Versagung. Für Anaïs kommt das einer Folter gleich. «Das sexuelle Verlangen nach Gore hält mich in erotischer Erregung, und ich habe kein Verlangen nach irgendeinem anderen.»

Um so schwieriger gestaltet sich ihre Beziehung zu Hugo, wenn er sie begehrt. Ihr Körper lehnt sich gegen ihn auf. Am liebsten würde sie ihn abweisen. Aber «das würde sein Leben zerbrechen. Ich kann es nicht. Also ergebe ich mich, schließe meine Augen. Wenn er einmal in mir ist, ist es leichter, ich stelle mir vor, daß Bill oder Gore über mir liegt.» Mit dieser Phantasie hat sie dann doch einen Orgasmus. Aber sie nimmt es Hugo übel, denn er ist nicht der Richtige. Nach Anaïs' Einschätzung ist er meist gehemmt und depressiv.

Gore ist eifersüchtig auf Anaïs' Liebhaber wie auf ihren Mann und hat Angst, er werde sie verlieren, weil er nicht mit ihr schläft. Anaïs setzt alles ein, um ihn zu gewinnen, verspricht, ihm in Zukunft treu zu sein. Als sie sich nach geraumer Zeit nicht daran hält und Edward Graeffe wiedersieht, den sie zwar nicht liebt, der aber ein vorzüglicher Liebhaber zu sein scheint, hat sie ein schlechtes Gewissen und gesteht Gore zerknirscht ihre Treulosigkeit. Sie ist bemüht, ihrem Umgang etwas Spielerisches zu geben. Sie möchte Gores finstere Miene aufhellen. Das hätte seine Mutter auch immer gewollt, entgegnet der junge Mann. Nein, meint Anaïs, bemuttern werde sie ihn nicht. «Das legt dich fest», sagt er lachend.

Oft sieht es nach einer Freundschaft zwischen zwei scheuen Kindern aus: «Wir gingen zusammen ins Ruban Bleu ... Wir saßen nah beieinander, Arm an Arm, indem wir Händchen hielten ... Er erzählte, daß ihn seine Mutter manchmal blau geschlagen hat. Und ich sagte ihm: Niemand wird dich je so sehr lieben wie ich.»

Die Analyse bei Dr. Staff läuft mit drei, vier Sitzungen pro Woche weiter. Staff sieht in Gore und Bill Repräsentanten ihrer Gespaltenheit. «Ich suche Teil-Beziehungen. Ich fürchte Ganzheit. Das ist es auch, was der Homosexuelle fürchtet.» Anaïs sehnt sich nach einem richtigen Mann. «Wenn Gore nur zehn Jahre älter wäre. Dann wären wir gleichaltrig, denn mein Körper ist laut Dr. Jacobsen dreißig Jahre alt.» Sie ist jetzt zweiundvierzig.

In der Analyse wird auch ihr altes Problem der Beziehung zur Realität diskutiert. Anlaß ist eine Rezension Diana Trillings von «This Hunger», in der sie kritisiert, daß Kinder und Mann der Gestalt Lillian nicht hinreichend realistisch geschildert werden. «Wieso soll ich mich zwanzig Seiten lang damit aufhalten», sie ««real› zu machen, wenn sie doch für Lillian nicht real sind». Sie erklärt ihrem Analytiker, daß sie mit ihrem Schreiben dasselbe erreichen will wie er mit der Analyse. «Ich schreibe, wie die meisten Leute heute leben. Ich kann sie zur Klarheit über ihr Erleben bringen. Es kann nicht alle Welt eine Analyse durchmachen.» So kann es eine Aufgabe für die Literatur sein, den Menschen in ihrem Kampf mit den Grundproblemen des Lebens zu helfen. Anaïs Nin will durch ihr Schreiben «eine unmenschliche Welt in einen Zustand der Menschlichkeit, den Neurotiker in die Realität führen. Anders können sich weder Politik noch Geschichte verändern.»

Anaïs meint zu erinnern, daß Staff ihr nahegelegt habe, sich öffentlich gegen Diana Trillings Kritik zu wehren und klarzumachen, daß sie keine Fallgeschichten schreibt. Psychoanalyse bedeutet für Anaïs eine neue Art von Philosophie, ähnlich wie für Marcel Proust die Philosophie Henri Bergsons. Mit der Psychoanalyse rechtfertigt sie ihre Darstellung von Charakteren. «Die reine Essenz der Persönlichkeit» will sie darbieten, losgelöst «von Zeit und Raum», das «innerste Sein». Es geht ihr mehr um die Beschreibung bestimmter seelischer Verfassungen wie «Schlaflosigkeit, Obsession, Frigidität». «Wenn die Neurose herrscht, wird alles Leben zu einem symbolischen Spiel. Es ist diese Geschichte, die ich erzählen möchte, die Geisterhaftigkeit unseres modernen Lebens.» Aber Anaïs verteidigt sich nicht öffentlich, sie trägt das nur in ihr Tagebuch ein. Es käme darauf an, mit einem besseren Buch, mit der eigenen Arbeit zu überzeugen.

In Wirklichkeit beschäftigt sie in den ersten Monaten des Jahres 1946 viel stärker das Verlangen nach dem Liebhaber, das Gore wegen seiner Neigung zu Jungen und Männern, die er vor Anaïs nicht verbirgt, nicht stillen kann. Er kann Anaïs umarmen und küssen, er kann sie lieben, als wäre sie seine Mutter. Zwar möchte Gore sie heiraten und mit ihr leben, aber er kann ihr sexuelles Begehren nicht befriedigen. Statt dessen schreibt er Gedichte für sie:

Return
Stars and shadows
Flowers and light
Sun and day
and the night
I wanted them all
and possessed them all
But I come
Back to the moon
For I am one with the moon
Particles of silver light.

(Wiederkehr
Sterne und Schatten
Blumen und Licht
Sonne und Tag
und die Nacht
Ich wollte sie alle
und besaß sie alle
Aber ich kehre zurück zum Mond
denn ich bin eins mit dem Mond
Teilchen aus silbernem Licht)

Sie besuchen Ausstellungen, gehen zu Parties, und sie leiden an ihrer Beziehung. Anaïs fühlt sich wie eine Drogensüchtige, der die

Curtis Harrington, Anaïs Nin, Kenneth Anger und Renate Druks bei
den Dreharbeiten zu Angers Film «Inauguration of the Pleasure Dome».
Los Angeles, Dezember 1953

Anaïs-Porträt von Renate Druks

Eine Partyszene mit Hugo (links am Rand)
und Anaïs, 1955, vermutlich in Paris

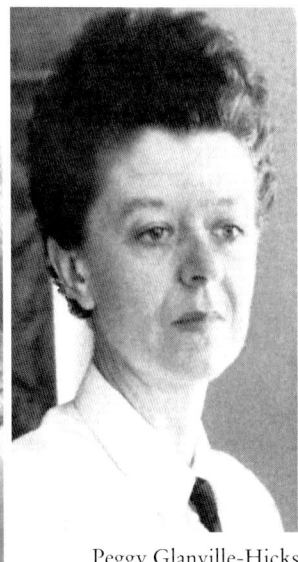

Peggy Glanville-Hicks

Luise Rainer

Collage von Yanko Varda: «Women Reconstructing the World» –
«Frauen bauen die Welt wieder auf»

Szene aus dem Film «The Gondola Eye» von Ian Hugo

Anaïs an der Schreibmaschine, 1963 – in der Glasscheibe
spiegelt sich Rupert.

Das Haus in der Hidalgo Avenue 2335, Los Angeles, wo Anaïs Nin mit Rupert Pole ab 1960 lebte. Architekt war Ruperts Halbbruder Eric Lloyd Wright, ein Enkel von Frank Lloyd Wright.

Anaïs und Hugo

Mit Rupert. Foto: Jill Krementz   Ian Hugo

Anaïs Nin mit ihren Tagebüchern, 1966

Gunther Stuhlmann und
seine Frau Barbara

Anaïs mit der
Schauspielerin Jeanne
Moreau, 1971 in Paris,
bei Aufnahmen für eine
deutsche Fernseh-
sendung

Auf Reisen: 1966 in Kambodscha

1973 in Puerto Vallarta, Mexiko

Auf Bali, 1974

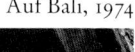

Anaïs Nin 1971 in Louveciennes mit einem
deutschen Fernsehteam

Doktorin honoris causa, 1973

Anaïs mit Studenten in ihrem Haus in Los Angeles

Im Gespräch mit Kunststudenten in Los Angeles, 1972

Bei einer Lesung in der St. Clement's Church in New York, 1972

Zu Besuch bei Henry Miller in Pacific Palisades,
um 1971. Foto: Jill Krementz

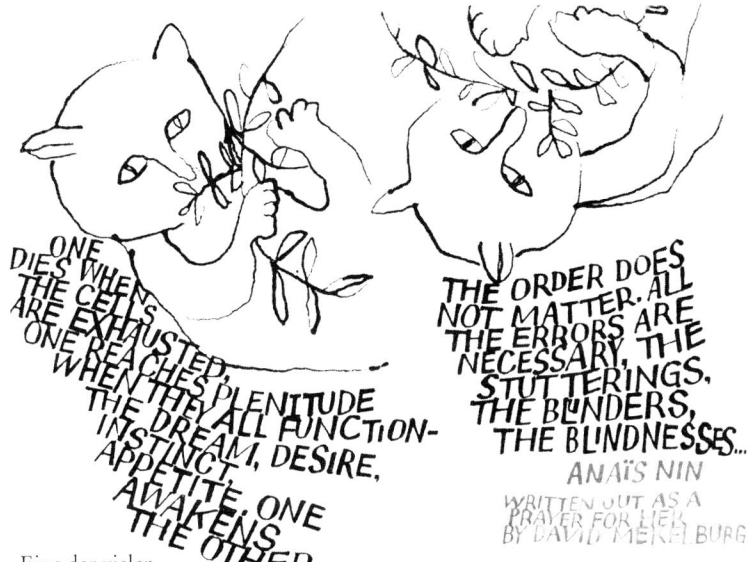

ONE DIES WHEN THE CELLS ARE EXHAUSTED, ONE REACHES PLENITUDE WHEN THEY ALL FUNCTION- THE DREAM, DESIRE, INSTINCT, APPETITE, ONE AWAKENS THE OTHER...

THE ORDER DOES NOT MATTER. ALL THE ERRORS ARE NECESSARY, THE STUTTERINGS, THE BLUNDERS, THE BLINDNESSES...

ANAÏS NIN

WRITTEN OUT AS A PRAYER FOR LIEB BY DAVID MEKELBURG

Eine der vielen Dankesgaben, die Anaïs seit Erscheinen des Tagebuchs von ihren Lesern erhielt

Los Angeles Times
Women of the Year
Award
1976
Anaïs Nin
FOR OUTSTANDING ACHIEVEMENT

Die Zeitung «Los Angeles Times» verlieh Anaïs Nin 1976 wegen besonderer Leistungen die Auszeichnung als Frau des Jahres.

Droge vorenthalten wird. Ohne Liebhaber ist alles tot. Sie braucht die Gespräche mit Staff mehr denn je, bittet um zusätzliche Termine. Ihr Leiden entspringt wieder einmal dem Sachverhalt, «daß Traum und Wirklichkeit nicht ineinander überführbar sind».

Gelegentlich spielen Anaïs und ihre jugendlichen Freunde eine Rolle in Maya Derens experimentellen Filmen. Bei den Aufnahmen zu einer improvisierten Partyszene spürt Anaïs, daß die Männer und Frauen keine wirkliche Beziehung zueinander haben. «Die Männer sind homosexuell, die Frauen unbefriedigt.» Alle Mitspieler sind jünger als Anaïs, sie hat das Gefühl, auf ihr Alter getestet zu werden. Eine herbe Enttäuschung erlebt Anaïs beim Betrachten des Films «Ritual in Transfigured Time», in dem sie neben Marshall Barer, Paul Mathiesen und Josephine Premice mitgespielt hat. Anaïs meint, daß Derens Nahaufnahmen nur beabsichtigt haben, sie alt aussehen zu lassen. Ihre Freundschaft mit Maya Deren endet plötzlich, als es Anaïs nicht gelingt, die Vorführung des Kurzfilms im Poetry Center zu verhindern.

Dr. Staff will Anaïs von ihrem Zwang zum Idealisieren befreien. Insbesondere ist er bemüht, ihr die Last der Selbstidealisierung zu nehmen. Jaeger hatte Anaïs in diesem Punkt nicht helfen können. Ihr eigenes Interesse, die Frau und alles Weibliche zu idealisieren, stand im Wege. Auf Anaïs' Rat hin sucht auch Gore einmal ein analytisches Gespräch mit Staff. Der Analytiker teilt Gore mit, die Beziehung sei gut für Anaïs, da sie Anaïs' Trend, alles in übertriebener Weise zu sexualisieren, behandelbar macht. Als Gore ihr das mitteilt, ist Anaïs entrüstet und verliert ihr Vertrauen zum Analytiker, der ausplaudert, was sie ihm mitzuteilen wagte.

Im April 1946 reist Hugo für zehn Tage allein nach Kuba. Anaïs stellt entsetzt fest, daß sie die Zeit ohne Liebhaber verbringen muß. Sie gibt eine Party, und Gore gesteht ihr, daß die kleinen Jungen ihn langweilen, er wolle einen Jungen, der genauso ist wie Anaïs. Gore spielt den Ehemann, räumt die Gläser weg, nachdem die Gäste gegangen sind, küßt Anaïs und läßt sie voller Verlangen zurück.

Am Tag darauf wendet sie sich wieder Gonzalo zu. Der genießt ihren Körper. Es kommt zu einer Aussprache über Untreue. Anaïs ist entsetzt, sie will nicht hören, wann und wo Gonzalo andere Frauen geliebt hat. Es verletzt sie, was Gonzalo nicht versteht, denn ihm habe es nichts bedeutet, und es seien wenige gewesen, während Anaïs in den neun Jahren wohl mehr als fünfzig Liebhaber gehabt hätte. Er frage sich immer, wie sie ihre Liebeskunst erworben habe. Anaïs entgegnet, Millers Frau habe sie unterrichtet. Sie verbirgt alles vor ihm. Aber sie weint, weint über das Hinschwinden der Liebe. Die wiederholte Erfahrung, daß alles Schöne ein Ende hat, macht sie traurig. In Hugos Abwesenheit sucht sie ein Abenteuer.

Unvermutet kommt der junge Bill Pinckard; auch Edward Graeffe, der Sänger, steht zur Verfügung; Gore ist eifersüchtig, macht Avancen; und Gonzalo meldet seine Rechte an. Anaïs ist wieder im Spiel. Wie eine Besessene beschreibt sie in ihrem Tagebuch die körperliche Erregung, die sie in einer weiteren Nacht mit Bill erlebt, beschreibt seine Bewegungen, seine Hände auf ihrem Körper, ihre eigene Offenheit; wie schön, wenn es Gore gewesen wäre. Dennoch hat sie sich hingegeben und den entspannenden Zustand der Auflösung genießen können. In dieser Verfassung schreibt sie die Geschichte «A Child Born Out of the Fog» («Das Kind, das aus dem Nebel geboren wurde»), drei Seiten, die die Trennung von Gonzalo in verschlüsselter Form darstellen: «die tägliche Gefahr des Verlustes... Don sagte jeden Tag: ‹Es ist Zeit für mich, ich muß gehen.›»

Anaïs scheut sich, Gonzalo zu eröffnen, daß ihre Liebe zu ihm gestorben ist. Dann erinnert sie sich an Henry Miller, der durchaus nicht verloren war ohne sie, sondern nach wenigen Jahren sogar geheiratet hat und in Kalifornien, in Big Sur, in einem neuen Leben froh geworden ist. So wird wohl auch Gonzalo die Trennung ertragen.

Das Tagebuch über den Zeitraum November 1945 bis Mai 1946 widmet sie Gore. Verschiedene Fotos von ihm klebt sie ein. Sie wünscht, mit dem Ende des Tagebuchs ihre unglückliche Liebe zu überwinden. «Frei von allen Wünschen nach dem Unmöglichen, frei von Leiden und Frustration... Ich möchte Erfüllung, Fülle und Frieden, um schreiben zu können, um vollkommen lieben zu können und vollkommen geliebt zu werden... Ich kann mich nicht von Gore trennen, solange ich mich nicht von dem Kind in mir selbst getrennt habe...» Todesangst befällt sie bei diesem Gedanken der Trennung. «Dieses Tagebuch endet wie Gores Roman: ‹Gewiß, du mußt gehen›, sagte sie und starb sanft.» Aber Anaïs Nin stirbt nicht an den Frustrationen – sie schreibt.

Der Zweite Weltkrieg, in dem etwa 36 Millionen Menschen ihr Leben verloren, ist zu Ende. Das private und wirtschaftliche Leben wendet sich dem Wiederaufbau und der Normalisierung des Alltags zu. Auch die Verlage in Paris nehmen ihre Arbeit wieder auf. Im Frühjahr 1946 schreibt Henry Miller, daß er für seine Bücher in Paris wahrscheinlich demnächst 410000 Francs erhält, die er mit Anaïs teilen möchte. Im März 1946 war Miller aufgrund des französischen Anti-Pornographiegesetzes von 1939 schuldig gesprochen worden. Eine Gruppe französischer Schriftsteller, zu denen auch André Breton, Albert Camus, Paul Éluard, Maurice Nadeau, Jean-Paul Sartre und André Gide gehörten, setzte sich für Miller ein, woraufhin das Verfahren eingestellt wurde. Als ein amerikanischer Buchhändler wegen des Verkaufs der verbotenen Bücher zu drei Jahren Gefängnis verurteilt wurde, erhob kein einziger amerikanischer Schriftsteller die Stimme. Anaïs spielt mit dem Gedanken, nach Paris zurückzukehren, und schreibt Henry Miller, sie wolle ein neues Leben mit einem der jungen Männer aufbauen; wenn nicht in Paris, dann in New York.

Hoch erfreut ist sie, als im April 1946 wirklich ein Scheck von Miller eintrifft. «Er machte mich glücklich – auf eine tiefe Art. Daß Du mich beschenkst, bedeutet für mich etwas, das noch größer ist als die Freude und die Freiheit, die mir das Geld bringt. Ich suche mir jetzt eine eigene Wohnung, um mein neues Leben zu beginnen, und gönne mir vielleicht die Ruhepause im Juli und August, die ich brauche. Ich rechne damit, im Herbst eine Vortragstournee machen und dabei Dich besuchen zu können. Erzähl mir von Deinem neuen Haus.» In einem weiteren Brief schreibt Anaïs, sie fühle sich in New York einsam, habe Heimweh, «trotz der vielen Verehrer».

Im Juni schickt Gore Vidal auf Anaïs’ Vorschlag sein Buch «In a Yellow Wood» an Henry Miller. «Bemerkenswert, weil er erst zwanzig ist», schreibt Anaïs an Miller. «Ich erlaubte es nur, weil er sehr viel für mich getan hat... eine Zeile von Dir würde ihm sehr viel bedeuten. Seine wirkliche Rolle bei mir ist die eines treuen Sohnes. Und welches Kind ich auch immer habe, es erwählt Dich als das Mannwesen dazu. Symbol der Trinität. Er hat eine Seite, die Dir stark ähnelt. Wir könnten ihn gezeugt haben: halb Du, halb ich. Gib ihm also Deinen Segen!» Gleichsam zum Tausch für Millers Wohlwollen will sie den Dutton Verlag auffordern, den Rechtsstreit für Henrys «Wendekreis»-Bücher zu riskieren.

1979 schreibt Gore Vidal im Vorwort zu Peggy Guggenheims Autobiographie «Out of this Century», wie Anaïs in dieser Zeit auf ihn gewirkt hat. «Unsere lange und schwierige Beziehung ... begann in der Kälte, ... Anaïs war eine strahlende Erscheinung und wirkte jünger, als sie war [42 Jahre], sie sprach mit sanfter Stimme und merkwürdigem Akzent; sie erzählte Lügen, die wegen ihrer reinen Schönheit und Befremdlichkeit noch besser waren als die Bücher, die sie schrieb – vielleicht, weil ihr Schreiben immer glaubwürdig, wenn nicht ehrlich war, während ihr Reden darauf abzielte, zu gefallen – sich selbst und anderen.» In dieser Art, und in seinen Romanen sehr viel aggressiver, wird er über Anaïs schreiben, als sie sich Ende 1948 trennen.

Noch sehen seine Briefe, die er aus Guatemala schickt, anders aus. Anaïs möchte am liebsten alles hinter sich lassen. Sie will sich von Gonzalo lösen, auch von Gore. Gonzalo hat aus seiner Druckerei kein Unternehmen machen können. Die Schulden waren so hoch, daß die Arbeit eingestellt werden mußte. Jetzt erhält er vorübergehend Geld von einer amerikanischen Wohlfahrtsorganisation. Als Kommunist findet Gonzalo keine Arbeit in den USA. Nach Peru mag er nicht zurückgehen, weil die Kommunisten erwarten würden, daß er für sie arbeitet. Außerdem schämt er sich, seiner Mutter als Versager unter die Augen zu treten. Am liebsten möchte er wieder in Paris leben, aber ... Anaïs ist entsetzt über seine Lethargie, er nimmt einfach nichts in Angriff. Einmal mehr kann Anaïs nicht begreifen, wie sie aus diesem Mann in ihren idealisierenden Träumen etwas so Außerordentliches hat machen können. Was soll diese wahnhafte Umdichtung der Realität?

Mit Gore und den weniger wichtigen jungen Männern geht es ihr ebenso. Gores Buch «The City and the Pillar», soeben bei Dutton erschienen, zerstört auch ihr Ideal von Gore. Zynischen Realismus entdeckt sie in ihm, während sie selbst an Illusion, Gefühl, Poesie festhalten will. Anaïs erträgt es nicht, in der Gestalt der Maria auf eine Frau reduziert zu werden, die lediglich «zwei Kriege erlebt hat, die Falten um die Augen hat und die keine befriedigende Beziehung finden kann. Nachdem alle Männer sie verlassen haben, wird sie – wie du sagst – einwilligen, die Mutterrolle anzunehmen», die ihr verträumte Jünglinge zuschreiben. Sie versucht Gore Vidal zu erklären, daß «Werte und Schönheit... durch die eigene Sehweise» entstehen; in seiner Sehweise aber sei alles häßlich. Wieder stellt sie fest, daß ihre Liebe umgebracht wurde. «Du bist verrückt, Anaïs», konstatiert sie. «Also, das war's.»

In solchen Situationen kehren ihre Gefühle zu Hugo zurück: «Hugo ist mein Gefängniswärter und mein Lebensretter. Daß ich ihn brauche, liegt an meiner eigenen Schwäche. Das Kind in mir sehnt sich nach Güte, das ist wichtiger als die Sehnsucht der Frau nach Leidenschaft.» Hugo scheint nur auf diese Augenblicke zu warten, um ihr erneut seine Liebe anzutragen, eine neue Liebe, die stärker sein werde als die alte.

In einer Antwort auf Leo Lermans Bitte um Auskunft über ihre Lebensgeschichte faßt Anaïs ihr unstetes Leben zusammen: «Die Fakten lügen. Wie Don Quijote habe ich meine eigene Welt geschaffen. Ich bin die fünf Frauen in meinen Erzählungen, dem endlosen Roman. Ich habe sechzig Tagebuch-Bände gebraucht, um mein Leben zu schildern... es ist unmöglich, mein Leben darzulegen, ... ich verwandele mich jeden Tag, meine Muster, Konzepte, Interpretationen. Ich kann sagen, daß ich aus einer Reihe von Stimmungen und Empfindungen bestehe. Daß ich tausend Rollen gespielt habe. Daß mein Werk die Essenz dieses großen menschlichen Abenteuers ist. Daß ich einen Mythos geschaffen habe und eine Legende und eine Lüge und eine Wunderwelt und eine Welt, die jederzeit zusammenbricht und die mir das Gefühl gibt, denselben Weg zu gehen wie Virginia Woolf. Daß ich versucht habe, die eine nichtneurotische, nichtdestruktive Frau der Literatur zu sein, ... nichtromantisch, und dennoch all dieses auf versteckte Weise war... Daß ich mehr an Menschen interessiert bin als am Schreiben, stärker interessiert bin an der Liebe als am Schreiben, stärker interessiert am Leben als am Schreiben. Daß ich stärker daran interessiert bin, ein Werk der Kunst zu sein, als eines zu schaffen, ... eine begabte Mutter-Schwester-Geliebte-Liebhaberin-Freundin-Ehefrau-Muse.» All das sei nicht für die Zeitschrift «Harper's Bazaar» geeignet. Schließlich bezichtigt sie sich zu großer Ernsthaftigkeit und daß sie in der Tiefe gelebt habe, daß sie außerhalb der selbstgemachten Welt nicht atmen könne, daß die erste Tragödie ihres Lebens sie auf den Grund des Meeres versetzt habe, von wo sie kaum jemals wieder auftauchen werde, daß sie die Kostümierungen, den Schaum, das Ästhetische, noblesse oblige liebe.

Die Analyse bei Dr. Staff führt gelegentlich zur Befreiung aus ihren masochistischen Anwandlungen und auch von dem, was sie ihre Ernsthaftigkeit nennt. Ihr Leben in den vierziger Jahren ist immer dann leicht, wenn sie Sexualität ohne Liebe genießen kann – mit weiteren jungen Männern: Bill Howell, Carter Harman, Steven Hedrick, Bill Burford, Bernard Pfriem. Auf Parties trägt sie ein hautenges weißes Kleid über dem nackten Körper, meint wie Kleopatra auszusehen, läßt sich in die Schulter beißen und von jedem in Erregung bringen. Hugos Bedenken, sie würde ihr eigenes Niveau verlieren, übergeht sie mit Leichtigkeit. Sie ist stolz, daß sie Männer nimmt, wie Männer eine Hure nehmen. Wie eine Besessene jagt sie ihrem Vergnügen nach und fühlt sich stark und sicher wie ein Mann – auch wenn sie Lesungen gibt und Vorträge hält. Es ist ein bestimmtes Bild des Mannes, das sie in diesen Jahren kopiert. Der He-Man oder Macho scheint für Anaïs ein Sinnbild für das größtmögliche Ausmaß an «Freiheit» auch für die Frau zu sein. Die Beschreibung einer intimen Szene mit der Freundin Tana, der Austausch vehementer Küsse, Umarmungen, Streicheleien – in einem Badezimmer unter dem Vorwand einer Kleiderprobe – krönt die Darstellung einer Party mit den Jungen. Genauso, stellt Anaïs herausfordernd fest, möchte sie leben; es entspreche ihrer Natur.

Wenn eine der Parties in ihrem Atelier in der 13. Straße Nummer 215 West vorüber ist, räumt Anaïs auf. Als schlüpfte sie von der Jekyll-Gestalt in die Hyde-Persönlichkeit, entfernt sie die Spuren: das verkleckerte Wachs der Kerzen, die überquellenden Aschenbecher, die Flecken von Rotwein und anderem, räumt Geschirr, Gläser, Flaschen und Kissen vom Boden, auf dem man gelagert hat – und nimmt ein Bad, das ihr die «Reinheit» wiedergibt. Rimbaud und Baudelaire, meint sie, hätten ebenso rauschhaft gelebt, es sei die Ekstase des künstlerischen Menschen, «der bittere Geschmack der Entheiligung».

Mit ihrem Alter hat das alles nichts zu tun, denn «das Altwerden», stellt Anaïs Nin lapidar fest, «ist kein physisches Phänomen; es zeigt sich nur an, wenn man seine eigenen Schritte im voraus kennt, da sich alles nur noch wiederholt». Doch in einem Augenblick des Alleinseins gesteht sich die Dreiundvierzigjährige ein, daß sich ihre Abenteuer wiederholen und daß ihre Sehnsucht nach «der allergrößten Leidenschaft» nicht erfüllt wird. In der Dämmerung, wenn der Nachmittag in den Abend übergeht, fühlt sich Anaïs allein, verlassen, ohne Ziel und Zuflucht. Sie meint in den überfüllten Bussen und Taxis Menschen zu sehen, die alle ihrem Glück, einem Menschen, den sie lieben, entgegeneilen.

Nur als Abenteuergeschichte, die man sich selbst erzählt, sei das Leben zu ertragen, glaubt Anaïs Nin. In den vierziger Jahren scheint das Muster der Filme mit Marlene Dietrich vorbildlich, besonders wegen der Verwandlungen von der ehrbaren Frau in eine Dirne oder umgekehrt; beide Rollen sind möglich, und ein besonderer Reiz liegt im Übergang von der einen zur anderen. Marlene Dietrich wie Anaïs Nin faszinieren besonders als amoralische Animafiguren, die die Männer dominieren und der schlichten Devise folgen: «Ich bin von Kopf bis Fuß auf Liebe eingestellt...» Ihre jungen Liebhaber, alle werdende Dichter, halten sie für eine Göttin, eine Circe, eine Königin, einen Engel. George Cukor hat von Marlene Dietrich einmal gesagt, sie hätte es verstanden, Erotik zu schaffen, allein indem sie signalisierte, was sie dachte. Mit dieser Art Erotik habe sie sich der strengen amerikanischen Zensur entziehen können.

Ähnliches kann man über Anaïs Nin sagen. Das maskenhaft geschminkte Gesicht mit den ausgezupften Augenbrauen, die dem Vorbild der Dietrich folgend durch eine selbstbestimmte Linie neu plaziert werden, der verloren wirkende und doch erobernde Blick, der bewußte Einsatz von Gestik, Körperhaltung und Kleidung – alles das entspricht den Stilisierungen der Schauspielerin und löst ähnliche Wirkungen aus. Die androgyne Gestalt, mit der Marlene Dietrich ihr Publikum schockierte und begeisterte, das Spiel mit dem Flair des Lesbischen findet sich auch auf einer Fotomontage, die Anaïs in den vier Versionen der Frau von «This Hunger» zeigt. So individuell sich ihre Lebensgeschichte auch gestaltet, als Frau entspricht Anaïs Nin zugleich einem Typus der Zeit.

Ende 1946 geht sie auf eine Lecture Tour. Das ist eine Einrichtung mit Tradition in Amerika; es gibt eigene Agenturen dafür. Viele Emigranten haben eine Zeitlang ihr Leben so finanzieren können. Man hält Vorträge, meist für «Damen der mittleren und hohen Bourgeoisie, Mitglieder der berühmten ‹women-clubs›», aber auch «Studentenorganisationen, schöngeistige Zirkel, religiöse Sekten», schreibt Klaus Mann Ende 1937. Ludwig Marcuse beschrieb seinen Eindruck Anfang der vierziger Jahre im Westen Amerikas ganz ähnlich. Miller und Durrell fragen sich, wie Anaïs diese neue Herausforderung mit ihrer Angst vor öffentlichen Auftritten und mit ihrer wenig klangvollen Stimme bewältigen wird. Anaïs ist selbst über das Zittern ihrer Stimme und über ihren französischen Akzent erschrocken, als sie im Dezember 1946 die Tonbandaufnahmen ihrer Lesung von «Ragtime» im Poetry Room der Harvard Library hört. Aber sie reist weiter, liest erfolgreich vor vierhundert Studenten in Dartmouth, fährt zum Goddard College und erfährt, daß sie mit den Studenten unbefangen über ihre Bücher reden kann. Kleinere Affären bringen sie in Schwung und auch wieder dazu, ihre sexuelle Erregung in allen Einzelheiten im Tagebuch aufzuzeichnen. «Die Menschen sind unglücklich und verspannt, weil sie unter einem Mangel an Sexualität leiden.»

Dreihundert Menschen kommen zum Gotham Book Mart, um mit Anaïs Nin das Erscheinen von «Ladders to Fire» zu feiern. Es ist ihr erstes Buch, das in einem amerikanischen Verlag, bei Dutton, erscheint. Sie hat es Gore Vidal gewidmet. Anaïs signiert Bücher, und ihre Fans sagen: «Machen Sie so weiter… ändern Sie nichts… es ist so wirklich… es veränderte mein Leben.» Weitere Parties in den Buchhandlungen Young, Maxwell und Four Seasons folgen, und Anaïs erfreut sich der Komplimente. Doch die «Sunday Times» verreißt das Buch unter der Überschrift «Surrealist Soap Opera». Leo Lerman meint, sie sollte sich wegen der lesbischen Anwandlungen verstecken, was Anaïs besonders ärgert, da er die Homosexuellen schützt und ermutigt.

Anaïs ist erbost über ihre Rezensenten und schreibt den literaturtheoretischen Traktat «Realism and Reality», in dem sie erklärt, warum sie so schreibt, wie sie schreibt. Diese Überlegungen sind in den Diskussionen mit ihren jungen Dichterfreunden und Collegestudenten allmählich zu einer eigenen «Theorie» gereift. Gunther Stuhlmann gibt dem Text später den Untertitel: «Überwindung des konventionellen zeitgenössischen Romans». Nicht das Faktum, sondern die Bedeutung von Fakten zähle. Fragmentarisch und wenig bewußt verlaufe das Leben des Menschen. Nachts träumten wir zwar in den Bildern der Dichter, aber am Tag distanzierten wir uns davon – doch genau diese Realität der Bilder und Symbole möchte Anaïs Nin mit ihrem Schreiben für das Tagesbewußtsein retten. In ihnen zeige sich die Kreativität eines jeden Menschen, die er mit den Dichtern teilt. Die verwirrende innere Welt sei ihr Gegenstand. Es gehe ihr nicht um die auf Zweckmäßigkeit festgelegten Dinge, sondern um deren symbolische Aufladung, wie sie sich im Traum offenbart. Warum sie die Dinge so darstellt? «Weil ich annehme, daß in Wirklichkeit die Welt des Traumes und die Welt meiner Bücher beschreiben, wie wir unser Leben wahrnehmen, und ich erwarte, daß die Menschen die Konturen der Welt oder ihre Konturlosigkeit ohne Angst wahrnehmen (die verwirrende Eigenschaft des Traumes besteht darin, daß er keine Rahmung hat, keine Wände, Türen, Grenzen... wie meine romanhaften Erzählungen). Die Angst, welche mein Schreiben hervorbringen mag, kann nur die Angst sein, die Menschen angesichts eines unvollständigen, aber höchst bedeutsamen Traumes fühlen.»

Anders als der Dichter würde sie allerdings nicht allein Symbole vorstellen, sondern auch bemüht sein, eine Interpretation zu bieten. Der konventionelle Roman sei nicht mehr geeignet, das Wissen des Menschen um seine eigene Existenz zu vermitteln. Seit James Joyce im «Ulysses» die literarische Methode der freien Assoziationen als Mittel der Darstellung des aktuellen Lebens angewandt habe, führe kein Weg mehr zurück zu der alten Erzählweise. Aber es bedürfe nicht einmal des Rekurses auf die alten Mythen, seit der Mensch weiß, daß das Unbewußte selbst anders strukturiert ist, als unser Wachbewußtsein nahelegt. Assoziationen und Wiederholungen seien das strukturierende Prinzip. Seit D. H. Lawrence seine Romane geschrieben habe, könne ein jeder wissen, daß das Unbewußte Produktionsstätte von Mustern und Plots jeder Art ist. Das Wissen des Psychoanalytikers müsse das Handwerk des modernen Romanautors bereichern.

Anaïs Nin macht klar, daß es nicht um die Darstellung neurotischen Verhaltens geht, wenn der Romanautor das Wissen um die
Unschärfezonen des Seelischen benutzt. Das unbewußte Drama
eines Menschen sei vielmehr ein wesentlicher Bestandteil eines jeden Charakters. «Gewiß leiden wir an einer kollektiven Neurose,
und deshalb ist der Roman, der sich nicht mit diesem Sachverhalt
befaßt, kein Roman, der unserer Zeit entspricht. Die kollektive
Neurose kann nicht länger als Ausnahme, als pathologisch oder als
dekadent abgewiesen werden. Sie ist ein Ergebnis unseres gesellschaftlichen Lebens.»

Solange wir diese Realität leugnen, meint Anaïs Nin, werden wir
niemals verstehen, was in uns und um uns herum geschieht. Die
Reportage – das Gegenextrem zum «unbewußten Schreiben» –
biete nicht Realität, denn ohne Interpretation sei sie bedeutungslos.
«Und was wir nicht gefühlsmäßig begreifen, wird unsere Sicht auf
die Dinge nicht verändern... Die reichste Quelle der Erfahrung ist
das gefühlsmäßige Gewahrwerden, dem eine Vision seiner Bedeutung folgt. Das Medium eines Schriftstellers sind nicht Tinte und
Papier, sondern sein Körper: die Empfindsamkeit seiner Augen,
seiner Ohren und seines Herzens. Wenn sie ihren Dienst versagen,
sollte der Schriftsteller seine Tätigkeit einstellen.»

William Burford, einer der jugendlichen Liebhaber der Anaïs
Nin, sucht eine Lanze für ihr Schreiben zu brechen, indem er betont, daß man ihrer Kunst mit den herkömmlichen Standards nicht
gerecht wird. Die Muster, welchen Jane Austen in ihren Romanen
gefolgt ist, der Entwicklung eines Charakters, des Aufbaus eines
Spannungsbogens, der Konstruktion einer Geschichte gehörten der
Welt eines anderen Jahrhunderts an. Die jungen Schriftsteller würden sich nicht an Jane Austen, sondern an Anaïs Nin orientieren, da
ihr Schreiben ihr eigenes Lebensgefühl und eine andere Ordnung
der Dinge zum Ausdruck bringt.

Die Schriftsteller des Realismus würden eine Welt der Gewalt
beschreiben, aber in der Literatur gehe es nicht darum, die gesellschaftlichen Entgleisungen zu wiederholen, sondern um eine neue
Vision. Die Charaktere in den Romanen der Anaïs Nin würden zeigen, wie sich eine neue Welt schaffen lasse. Man halte ihre Charaktere für unnormal, da sie in der üblichen Literatur nicht zu finden

seien. Doch Anaïs Nin habe, anders als die realistischen Schriftsteller, die Spaltung zwischen Literatur und Leben überwunden. «Die Gestalten in ihren Romanen hungern nach Destruktion und Neuschöpfung, genauso wie wir selbst.» Die Charaktere in den Romanen der Anaïs Nin seien niemals zufrieden mit dem nur Möglichen, sie wollen das Perfekte. Ihnen gehe es darum herauszufinden, was der eigenen Natur entspreche, und dem zu folgen. Erfolgreich seien in ihren Romanen nur die Menschen, die etwas riskierten. Darin liege der Mythos des modernen Menschen.

Es verwundert nicht, daß die jungen Männer, die während des Krieges zum Militär eingezogen waren, sich zu den Auffassungen der Schriftstellerin Anaïs Nin hingezogen fühlen. In den Gesprächen mit ihr erfahren sie von dem Eigenrecht einer anderen Wirklichkeit. Die Utopie der Gestaltbarkeit des persönlichen Lebens erscheint ihnen besonders auf dem Hintergrund der Realität des Krieges wie ein Gegenmittel. Sie erfahren sich nicht mehr nur als x-beliebige Soldaten, die in einer gigantischen Maschinerie des unbegreiflichen Tötens funktionieren müssen, und genießen es, wieder zu verspüren, daß ihr Einzelschicksal von Bedeutung ist. Geschichte und Politik repräsentieren nur eine Seite des Lebens.

Der teils gefeierte und teils verrissene Roman «Ladders to Fire» wiederholt in einem ersten Teil die Abschnitte «Stella» sowie «Lillian and Djuna» aus «This Hunger». Als zweiter Abschnitt folgt «Bread and the Wafer», eine Fortsetzung der Geschichte mit Miller (= Jay). Wilson schreibt im «New Yorker», der neue Teil zeige einen Fortschritt in ihrem Schreiben an, und obwohl die Geschichte ein wenig formlos sci, wären hübsche Passagen darin. Aufgrund dieses Artikels, meint Anaïs, spricht man wieder über sie, was sie sehr froh macht.

Am 27. Februar 1947 besucht Anaïs eine der Parties, zu der Hazel McKinley, Peggy Guggenheims Schwester, in einem New Yorker Hotel eingeladen hat. Anaïs soll einen attraktiven jungen Mann für die zweihundert Pfund schwere Gastgeberin mitbringen. Anaïs hält sie für eine Nymphomanin, die keinen Mann länger als eine Nacht halten kann. Aber es ist eine Möglichkeit, meint Anaïs, Bernard Pfriem wieder loszuwerden.

Ein junger Mann begleitet mit Freunden Hazel McKinley durch

das Foyer des Hotels. Im Aufzug steht Anaïs neben diesem sehr großen jungen Mann, dessen Blick sich in ihrem Ausschnitt zu verfangen scheint. Sie betrachtet seine schweren Lider und denkt: «Ein weiterer Homosexueller, aber dieses Mal, Anaïs, wirst du dich nicht verwickeln.» Er habe sein Spanisch verlernt, als er zu Ende des Krieges in Italien war und versucht hat, ein paar italienische Wendungen zu erlernen, teilt er ihr mit. Seine Hände zeigen Spuren von Druckerschwärze. Sie sprechen über das Drucken. Er hat ein bißchen Geld verdient, indem er für seinen Freund, den Maler Eyvan Earle, Weihnachtskarten druckte. Er stellt sich als Schauspieler vor, der keine Arbeit hat. Und Anaïs erzählt ihm, sie hätte ein Buch gesetzt, aus dem man ein schönes Schauspiel machen könnte.

Der junge Mann heißt Rupert Pole, hat in Harvard Musik und Mathematik studiert, hat eine Schauspielerin geheiratet und ist mit einer Schauspieler- und Musikantengruppe bei Kriegsende nach Europa gegangen, um die amerikanischen Truppen zu unterhalten, die nicht sogleich in die Staaten zurückkehren konnten. Er ist auch einmal auf dem Broadway aufgetreten und hat eine Rolle in einer Gilbert-und-Sullivan-Produktion gespielt. Leonard Bernstein war ein Studienkollege von ihm. Seine Eltern sind ebenfalls Schauspieler. Rupert Pole ist in Palm Springs geboren und im Westen aufgewachsen, in der Obhut von Mutter und Großmutter. Sein Vater, Reginald Pole, der in England mit Rupert Brooke die Marlow Society gegründet hat, ging bald nach der Geburt seines Sohnes nach New York. Seine Mutter trennte sich schließlich von ihm, und als Rupert acht Jahre alt war, heiratete sie Lloyd Wright, der wie sein berühmter Vater Frank Lloyd Wright Architekt ist.

Rupert ist von seiner ersten Frau Jeannie geschieden und im Begriff, seinem Schauspielerleben den Rücken zu kehren. Der Wettkampf um den ersten Rang, die ständige Konkurrenz und die kommerzielle Seite des Theaters behagen ihm nicht. Er will noch einmal von vorn beginnen, schwankt zwischen Politik und einem Beruf im Freien, in der Natur; er will Forest ranger werden, möchte ein Studium der Forstwirtschaft in Los Angeles und San Francisco beginnen. Des überdreht ehrgeizigen Kulturbetriebs in New York ist er genauso überdrüssig wie Anaïs. Nachdem ihr der wichtige Schritt der Veröffentlichung ihres letzten Romans «Ladders to Fire» bei

Dutton gelungen ist, wünscht sie eine neue Wendung ihres Lebens. Die «allergrößte Leidenschaft» fehlt noch.

Wenige Tage nach der Party ruft Rupert an. Anaïs lädt ihn zum Dinner in ihre Wohnung ein, und es geschieht, worauf sie schon lange gewartet hat. Anders als in allen bisherigen Liebesbeziehungen kann sie sich beim ersten Zusammensein ganz und gar hingeben. «Er war so vehement, lyrisch, leidenschaftlich und elektrisierend... Im Radio wird ‹Tristan und Isolde› gespielt.» Anaïs ist hingerissen von diesem «unglaublich schönen Gesicht... ein Ausdruck der Leidenschaft». Wenige Tage später kommt er mit seiner Gitarre und singt romantische amerikanische Volkslieder. Anaïs liebt ihn und hat Angst, sie könnte ihn verlieren. Für ihn möchte sie wieder «rein» sein. Sie will sich auf kein weiteres Abenteuer mehr einlassen. Selbst Gore bringt sie nicht mehr in Verwirrung. Sie träumt von Rupert, dem Träumer.

Rupert hat von Anaïs' Wunsch gehört, nach Mexiko zu gehen, und schlägt vor, zunächst mit ihm in seinem kleinen Ford durch die Vereinigten Staaten nach Los Angeles zu fahren. «Warum nicht», sagt Anaïs, kauft die erste lange Hose in ihrem Leben und sieht sich auf Landkarten die Route durch den Südwesten an. Rupert schwärmt; was er ihr alles zeigen wird! Er liebt das Land, in dem er geboren wurde, und macht Anaïs klar, daß Amerika mehr ist als New York.

PERPETUUM MOBILE
DER AMBIVALENZ
(1948–1959)

1. Aussteigen:
Go West!

Anaïs lässt sich gern «entführen». Sobald New York hinter ihnen liegt, genießt sie eine neue Form der Freiheit. Rupert weiß alles über die amerikanischen Straßen, Restaurants, Motels. Er kennt sich aus bei dieser Reise durch die Staaten: Über Washington, Virginia, North und South Carolina, Atlanta in Georgia, Alabama, New Orleans, wo sie Gore Vidal besuchen, Louisiana, Lake Poutchertrain, Delta Country mit dem Mississippi, Little Rock in Arkansas, Oklahoma, Texas, Albuquerque in New Mexico, Santa Fé, Taos mit einem Besuch bei D.H. Lawrence' Witwe Frieda, nördlich von Denver in Colorado, nördlich der Rocky Mountains, Fraser in Colorado, westlich durch Royal Gorge zur Grand Junction in Colorado, Red Rocks, Colorado River, südlich durch das Land der Navajo-Indianer in Arizona, durch mexikanische Hitze, durch Monument Valley nach Tuba, nördlich des Grand Canyon durch Arizona, National Park in Utah, St. George, Las Vegas, durch die Hitze der Wüste erreichen sie schließlich Los Angeles, das nach Orangenhainen duftet. Das erinnert an Prospekte von Reisebüros. Sofort könnte man sich wieder aufmachen.

Sie fahren mit aufgeklapptem Verdeck. Rupert nimmt keine Rücksicht auf Anaïs' Empfindlichkeit gegen Sonne und Fahrtwind. Er meint, die Berührung mit der Natur tue ihr gut, werde sie abhärten. Er mutet ihr etwas zu, das mit einfachem Leben zu tun hat. Das ist genau, was Anaïs gleichermaßen sucht und fürchtet. Sie hält ihn zwar für rücksichtslos, möchte sich aber doch dem natürlichen Leben gewachsen zeigen. Darauf hat sie sich bislang nicht eingelassen. Anaïs schwankt zwischen dem artifiziellen Pariser oder New Yorker Leben und dem Versuch, sich – über ihre sexuellen Erfahrungen hinaus – auf sinnliche Qualitäten der Wirklichkeit einzulassen. Die Nächte mit Rupert sind wunderbar. Nach Hugos verhaltener und gehemmter Lebensart gefällt ihr dieser aktive junge Mann. Kein Wenn und Aber, sie packen geschwind, alles scheint so leicht. Anaïs liebt den Wechsel der Canyons, Felder, Gebirge, Flüsse, Seen, Sümpfe, Wüsten. Vielfalt und Veränderung haben sie immer fasziniert.

Rupert spricht von dem Zuhause, nach dem er sich sehnt, von einer Frau und vielen Kindern. Anaïs wird es unbehaglich zumute; sie macht einen Scherz daraus: sie wird die Frau sein, die ihn dort wegholt. Rupert scheint gar nicht wahrzunehmen, daß sie vierundvierzig Jahre alt ist und zudem verheiratet. Er erzählt von seinem Leben, es sei ganz und gar nicht interessant, eher gewöhnlich. Anaïs nimmt das nicht ernst, und wenn sie miteinander schlafen, ist ohnehin alles Gesprochene außer Kraft gesetzt. Anaïs' Beschreibung ihres Lebens im Hausboot macht ihn eifersüchtig, der kleine Ford sei ihr Hausboot. Auch auf nachgesandte Post reagiert er voller Eifersucht.

Später hält Anaïs es für einen Fehler, daß sie sich Ruperts Führung auf der Reise unterworfen hat. Es habe bei ihm die falsche Vorstellung geweckt, daß er sie auch in Zukunft werde bestimmen können. Außerdem ist er ein «Fehlerfinder» und hat schulmeisterliche Züge. Aber zugleich ist er der liebevollste Mann und der versierteste Liebhaber, dem Anaïs Nin je begegnet ist.

Von Los Angeles fährt Anaïs nach San Francisco, um George Leite aufzusuchen. In seiner Zeitschrift «Circle» hat er Anaïs' Erzählung «Hejda» abgedruckt. Wieder lebt sie für kurze Zeit im Kreis der Jungen. Der Dichter Bern Porter, der sich besonders für Millers Bücher interessiert, ist unter ihnen. Dann geht es weiter nach Monterey zum Maler Yanko Varda. Auf dem Rückweg nach Los Angeles besucht sie Henry Miller in Big Sur. Seit etwa fünf Jahren haben sie nur noch gelegentlich Briefe ausgetauscht. Henry sitzt vor seinem Haus an der Schreibmaschine – und ist für Anaïs nun ein ganz fremder Mensch, den sie in Zukunft nur noch «von außen» kennt; das schmerzt. Sie reist bald wieder ab und denkt über Varda und Miller nach, die ganz ihrer Kunst leben, abseits vom gesellschaftlichen Leben der großen Städte. Das möchte sie auch. Ob sich ein solches Leben mit Rupert zusammen realisieren ließe, ist durchaus fraglich. Sie sind auseinandergegangen, ohne Zukunftspläne zu schmieden. Anaïs weiß nicht einmal, ob sie ihn überhaupt wiedersehen wird.

Gore Vidal hat geschrieben, daß er gern mit ihr zusammenleben möchte, wenn sie seine nichtsexuelle Liebe akzeptieren könne. Sollte allerdings ihre Affäre mit Rupert für sie wichtiger sein, wolle er auch das akzeptieren. Sie solle so leben, wie es ihr richtig erscheine, und alle Energie darauf richten.

Anaïs folgt der Einladung in sein Haus nach Antigua in Guatemala. Dort beginnt eine Phase ihres Lebens, in der sich die New Yorker Szene weiter zuspitzt: Sie gibt ganz und gar ihrem körperlichen Verlangen nach. Als sich die Frustrationen im Kreis der homosexuellen Freunde Gore Vidals jedoch wieder einstellen, reist Anaïs kurz entschlossen nach Acapulco in Mexiko weiter. Zunächst wohnt sie im Hotel Mirador, einem kleinen Familienhotel. Da ihre Liebhaber in schneller Folge wechseln, wird ihre Anwesenheit dort nicht mehr geliten, und Anaïs kauft ein einfaches Häuschen. Sie liebt dieses Land, in dem die Sprache ihres Vaters, das Spanische, zu Hause ist. Es erinnert an ihre Kindheit. Sie genießt das Leben im Licht, im Freien, im Wasser, in einer Welt, die nur mit dem Körper «begriffen» werden kann, wie einen Drogenrausch. Nichts fordert auf, sich «sophisticated» zu gebärden. Zwei Freunde aus Antigua reisen ihr nach, sie tanzen exzessiv und verbringen manche Nacht am Strand. Wie Fische bewegen sie sich im Meer, liegen nackt in der Sonne und sehen über alles hinweg, was stören könnte.

Sieben Jahre später beschreibt Anaïs ihren Aufenthalt in den Tropen mit nüchternem Blick: «Angst, Gefahren, die Verantwortungslosigkeit der Mexikaner. Die Ratten, die Unmöglichkeit, Eis, Essen und Licht zu beschaffen. Die Gefahren des Alleinlebens. Die nicht erfüllten Versprechen, die Betrügereien, die Unmoral, der Lärm, der alte Mann, der an Asthma starb, die unentwegt krähenden Hähne... Die Diebe. Die Krankheiten. Lepra, Elefantiasis und Fieber. Die unzulänglich ausgebildeten Ärzte... Die Sinnlichkeit, die Auflösung, das Mitgefühl, der Zug zum Niedrigen, die Bereitschaft, allem nachzugehen, was Lust verspricht, jedes Verbrechen zu begehen, um dieses gesteigerte Leben fortsetzen zu können. Die Unfähigkeit zu disziplinierter Arbeit...» In den Texten «Solar Barque» (1958) und «Seduction of the Minotaur» (1961, dt. «Labyrinth des Minotaurus) wird sie die gegenläufigen Erfahrungen dieser Zeit später noch einmal literarisch überformen.

Mit ihrem neuen Buch «Children of the Albatross» («Kinder des Albatros») meint Anaïs, von dem stürmischen Leben mit den jungen Männern in New York Abschied nehmen zu können. Zunächst weist sie den Leser darauf hin, daß dieses Buch mit «Leitern ins Feuer» und ihren noch folgenden Büchern wie ein Teil einer Tapisserie verbunden ist. Man könne den einzelnen Text jedoch auch als ein eigenständiges Ganzes lesen.

Das Buch zerfällt in zwei separate Abschnitte: «Der versiegelte Raum» und «Das Café». Der Titel «Der versiegelte Raum» weist auf einen Seelenraum des Menschen hin, der sich wie ein Haus in viele kleinere Räume gliedert. Das Bild des versiegelten Raumes entstammt der äußeren Realität: Die Fassade des Hauses in Louveciennes gliederte sich durch eine Anordnung von Fensterläden, von denen einer verschlossen blieb, da das dahinter befindliche Fenster zugemauert war. Ganz ähnlich wird zu Ende der Kindheit ein wichtiger Raum des Seelenlebens versiegelt. Der Raum des Wunders wird unzugänglich und lebt als unlösbares Geheimnis fort. Die Begegnung mit den jungen Männern verspricht der erwachsenen Gestalt Djuna (= Anaïs), die lebt «wie eine ewige Braut, die eine Aussteuer vorbereitet», diesen Raum entsiegeln zu können.

Die Hauptgestalten des Romans werden, wie schon in «Leitern ins Feuer», mit psychologischem Verständnis bilderreich beschrieben. Sie alle sind Kinder ihrer Zeit, die voller Angst rastlos einem vorwärts treibenden Schiff nacheilen – wie der Sturmvogel Albatros. Festlegende Bindungen vermeiden die jungen Männer, denn sie sind «immer auf der Flucht...» Etwa in der Mitte des Buches beschreibt Anaïs Nin ihre Weltanschauung der vierziger Jahre: «Sie schaffen eine neue Welt für mich, dachte Djuna, eine Welt größerer Heiterkeit. Vielleicht ist es ein Traum, und es ist mir nicht erlaubt zu verweilen. Sie sehen in mir eine der Ihren. Denn ich glaube, was sie glauben. Ich fühle wie sie. Ich hasse den Vater, Autorität, Männer der Macht, Männer mit Reichtum, jede Art von Tyrannei, jede Art von Autorität, alle Verhärtungen. Ich empfinde wie Lawrence und

Paul: draußen liegt eine mächtige Welt voller Grausamkeiten und Verderbtheit, wo man seine Anmut und Verspieltheit für wenig Geld verkauft und eine strenge Welt betritt, eine Welt der Disziplin, der Pflichten, der Verträge und Konten. Eine undurchsichtige, düstere Welt ohne Leuchtkraft. Ich möchte für immer in diesem Zimmer bleiben. Aber nicht mit Mann, dem Vater, sondern mit Mann, dem Sohn, und ich möchte malen, tanzen, träumen, gestalten und immer wieder anfangen, jeden Tag neu geboren werden, niemals altern, voller Vertrauen und Ideen sein, mich in jedem Wind drehen und wenden wie ein Mobile. Ich kann die Menschen nicht lieben, die aufgehört haben zu fließen, zu glauben, zu fühlen. Alle, die nicht mehr weich sein und sich begeistern können, die sich nicht betrügen lassen können, über Verluste lachen können – alle, die gebunden und erstarrt sind.»

Gore Vidal gelang es im Frühjahr 1947, den Verlag Dutton zu einer zügigen Veröffentlichung des Manuskripts zu bewegen, das nur mit Vorbehalten angenommen wurde. Der Verlag befürchtete, daß auch diese Darstellung seelischer Probleme wie «Leitern ins Feuer» keinen großen Absatz haben würde.

Anaïs' Reise in den Westen findet zu einem Zeitpunkt statt, da feststeht, daß Hugo und sie nicht nach Paris zurückkehren werden. Die Bank braucht ihn dort nicht. Vor ihrer Abreise konfrontierte Anaïs Hugo erstmalig mit ihrer Absicht, ein unabhängiges Leben zu führen. Hugo fürchtet, sie zu verlieren. Sie will herausfinden, ob sie die banale finanzielle Seite ihres Lebens allein bewältigen kann. Sie weiß genau, daß sie von Hugo abhängig bleiben wird, solange sie dieses Problem nicht selbst lösen kann. Noch wichtiger allerdings ist es für sie, in Erfahrung zu bringen, wie ihr Leben ohne Hugos «Aufsicht» aussehen mag.

Hugo, der mit einer Analyse bei Dr. Inge Bogner in New York begonnen hat, nutzt die Zeit ohne Anaïs, nach seiner Aussage zum ersten Mal, für die Betrachtung der eigenen seelischen Probleme: Er schreibt seine Träume nieder und auch die zugehörigen Einfälle, die Elemente der Träume mit Ereignissen seiner Lebensgeschichte verbinden. Die Spannung zwischen der Liebe zur Mutter, einer sachlich kühlen Frau, und der Liebe zu Anaïs, einer Frau, die ganz auf die Gefühlsseite des Lebens setzt, rückt in den Blick. Er meint, damit zwei Seiten seiner selbst wahrzunehmen. Die poetische Seite, die in seinen surrealen Graphiken Ausdruck gewinnt, hat er nicht in das sachliche Bankerleben integrieren können.

Seine Ehe scheint nach dem Muster der Ergänzung von zwei isolierten Hälften zu funktionieren. Wie Anaïs den Einsatz ihres Mannes in der von ihr gehaßten Berufswelt braucht, ist er darauf angewiesen, daß sie für seine künstlerische Entfaltung kämpft. Dennoch spielt ein jeder sein Engagement gegen die fixe Idee des anderen aus. Wie Anaïs Hugos Befangenheit in der Welt bürgerlicher Berufstätigkeit ablehnt, entrüstet sich Hugo über ihre traumtänzerische Leichtfertigkeit, die keine Konzessionen macht, was die alltäglichen Notwendigkeiten angeht. Hugo fürchtet, daß er sich das Ruder hat aus der Hand nehmen lassen, indem er Anaïs' Ideal von einem Künstler gerecht zu werden sucht.

Ohne Anaïs zu fragen, wählt er eine neue Wohnung, die ihrer Forderung nach zwei getrennten Lebensbereichen Rechnung trägt; die Wohnung hat zwei Eingänge. Anaïs meldet sich früher als vereinbart und kündigt ihre Rückkehr an. Hugo frohlockt, daß sie mit ihrer Selbständigkeit gescheitert sei, und schreibt abweisend. Er könne sie erst vom 30. September an wieder finanziell unterstützen. Kaum hat er das Telegramm abgeschickt, tut es ihm leid. «Die Wahrheit ist, daß ich sie wieder zu Hause haben möchte. Gleich jetzt.» Er gesteht sich ein, daß sie beide zu weit gegangen sind und nun sehen müßten, wie sie wieder zusammenkommen.

In seinen Aufzeichnungen beschäftigen ihn seine sexuellen Probleme; nie habe er sich seine merkwürdigen sexuellen Obsessionen eingestanden. Jetzt beunruhigt ihn die Frage, was ihn bei den Schaufensterpuppen so stark anspricht. Er habe diese Dinge bislang nicht zu notieren gewagt. Die Angst, Anaïs könnte seine Aufzeichnungen lesen, habe ihn daran gehindert. Er hätte auch Rechenschaft ablegen müssen über seine außerehelichen sexuellen Erfahrungen, die ihn bedrängen, «obwohl es nur wenige waren». Offenbar genießt er es, einmal ganz auf sich allein gestellt, seinen Einfällen, Erinnerungen und Wünschen nachzugehen, ohne Anaïs' kontrollierenden Blick fürchten zu müssen. Dabei findet er heraus, daß es sein eigener Wunsch ist, Bankerdasein und künstlerische Interessen in Einklang zu bringen. Er spürt, daß er sich entscheiden muß.

In ihr Tagebuch Nr. 73 fügt Anaïs eine Sammlung getippter Briefe ein, die sie von Hugo im Jahr 1948 erhalten hat – endlose Variationen analytischer Betrachtung seiner eigenen Befindlichkeit. Es fällt ihm auf, daß er Anaïs bislang seiner Vision von einer Traumfrau entsprechend gestaltet hat und offenbar zu stark in der Phantasie lebt. Nun möchte er die wirkliche Anaïs kennenlernen. «Es wird sein wie ein neuer Morgen der Welt.» Auf Long Island mietet er ein Hausboot. Doch Anaïs hat sich nicht nur räumlich, sondern auch gefühlsmäßig sehr weit von ihm entfernt.

Rupert ist inzwischen in den Schoß seiner Familie zurückgekehrt. Diese wohnt in einem großzügigen Haus, North Doheny Drive 858, am Rande des Griffith Park, erbaut nach den Plänen des Stiefvaters. Lloyd Wright und Ruperts Mutter achten darauf, daß der siebenundzwanzigjährige Sohn – nach seiner mißglückten Ehe mit der Cousine Jeanny, nach den Europa-Exkursionen und der mühseligen Schauspielerkarriere – nun ein ordentliches Leben führt. Sonntags wird Hausmusik gespielt. Man hat ein Auge darauf, daß er die Nacht im elterlichen Haus verbringt. Schließlich muß er früh aufstehen, der Unterricht im College beginnt pünktlich um acht Uhr. Reisen kann er nur in den Ferien, zum Beispiel im Dezember 1947, als Anaïs ihm ein Flugticket für Acapulco schickt.

Er trifft sie, wann immer er kann; auf ihrem Rückflug von Mexiko nach New York für eine Woche in Denver, wo er Arbeitsmöglichkeiten erkundet. Das Leben ohne Rupert wird für Anaïs unerträglich. Im Mai 1948 ist sie mit Hugo in Houston. Rupert kommt über das Wochenende zu ihr, nachdem Hugo nach New York zurückgeflogen ist, um seine Analyse bei Dr. Inge Bogner fortzusetzen. Rupert ist ein braver Student. Er geht jeden Tag zur UCLA. Soviel Disziplin beeindruckt und beunruhigt Anaïs. Rupert wagt nicht, Entwürfe für eine gemeinsame Zukunft zu machen, da er kein Geld verdient und befürchtet, dem Lebensstil der Anaïs Nin finanziell nicht gewachsen zu sein.

Verwundert stellt Anaïs fest, daß ihre Liebe, nachdem sie von ihrem Vater auf ihre Mutter, dann auf Hugo, später auf Henry und Gonzalo übergegangen ist, nun zurückkehrt zu Hugo in Gestalt des jungen Rupert Pole – als wäre er Hugos Sohn. Rupert ähnelt

Hugo stärker als irgendeiner ihrer früheren Liebhaber. Als der Bruder Joaquin Rupert das erste Mal in San Francisco sieht, überrascht auch ihn die Ähnlichkeit mit dem jungen Hugh Guiler.

Selig ist Anaïs, als Rupert ein Jahr nach der Begegnung in New York den Vorschlag macht, sie sollten ein Haus in Monterey mieten, wenn er nächsten Winter in Berkeley studiert. Monterey liegt im Südwesten von San Francisco, nahe bei Big Sur, wo Miller lebt.

Anaïs hält sich immer häufiger in Ruperts Nähe auf. Sie wohnt im Hotel Montecito in Hollywood und geht morgens zu Frank's, wo es zum Frühstück wunderbare Pfannkuchen gibt. Rupert sieht sie nur an Wochenenden. Sie läßt sich in einem Schönheitssalon von Elizabeth Arden behandeln – um die Spuren von ihrem Leben «in der Hölle», so nennt sie jetzt die letzten New Yorker Jahre, tilgen zu lassen. Sie genießt die Sonne wie in der Kinderzeit, fühlt sich, gepudert und erneuert, wunderschön. Sie lernt Auto fahren und ist erstaunt, daß es ihr gelingt.

Dem Fußgänger bleibt Los Angeles verschlossen. Denn es ist keine Stadt im herkömmlichen Sinne, sondern eine durch spaghettiförmige Highways verbundene großflächige Verteilung meist kleiner einstöckiger Häuser. Nur hier konnte sich die Drive-in-Kultur entwickeln. Während sich New York in den Himmel spitzt und ihn gerade dadurch dem Blick der Passanten verbirgt, verliert sich Los Angeles auf der Fläche, und der Blick rutscht gleichsam weg in eine horizontlose Weite. In New York muß man «Spitze werden», ganz nach oben gelangen. In Los Angeles dagegen neigt alles dazu, sich auszubreiten, was sich auch in einem anderen Zeitgefühl und in der Maxime «Leben und leben lassen» anzeigt. Lange vor dem Konzept einer Postmoderne hat man in Los Angeles eine entsprechende Alltagskultur entwickelt. Bertrand Russell sagte einmal, daß Los Angeles im Hervorbringen des Nicht-Zusammenpassenden am weitesten gegangen sei. In der Architektur wird das augenfällig. Neben den Häusern im mexikanischen Stil stehen pagodenähnliche Bauten, gotische Gebilde stehen neben Häusern mit Schieferdächern, daneben finden sich Türme und Fassaden der dreißiger Jahre – und so fort.

Banales und Bizarres finden sich in unmittelbarer Nachbarschaft mit Exquisitem und Einzigartigem. Los Angeles möchte offenbar den Beweis für die Behauptung «anything goes» erbringen. Dazu trägt auch die Mischung verschiedener Kulturen bei.

«Das Leben in Los Angeles ist nicht so vergiftet wie in New York. Die Nähe zum Orient und zu Mexiko hat die Menschen weniger ehrgeizig werden lassen, sie lieben das Leben mehr. Jeder hat seinen Garten, und die Menschen sind nicht von der Uhr versklavt. Die Japaner haben die Gärten angelegt, und die Mexikaner beeinflussen den Rhythmus des Lebens. Man spürt die Gegenwart der Wüste, wenn die Menschen von den Santa-Ana-Winden sprechen, die an den Samum von Mallorca denken lassen. Man spürt die Fruchtbarkeit der Cañons und die Gegenwart des Meeres. Die Sonne lockt einen aus dem Haus... Den Surrealisten würde das plötzliche Auftauchen einer U-Bahn-Station auf einem Lastwagen, die zu einem Filmstudio gebracht wird, gefallen; die Filmdörfer, über die Nathanael West schrieb, die Nachbildungen von Westernstädten, von Schweizer Dörfern, von Herrenhäusern des Südens. Man geht auf der Straße und sieht plötzlich ein Haus auf Rädern näher kommen; es füllt die ganze Straße.»

Im Hotel liegt ein Brief von Hugo. Er will Anfang 1949, zwei Jahre vor seinem Pensionsanspruch, seine Stelle bei der Bank aufgeben und sich als Finanzberater selbständig machen. So kann er wieder reisen, wie er möchte, und seinen künstlerischen Ambitionen nachgehen. Die Analyse habe aus ihm einen neuen Menschen gemacht. Er plant eine gemeinsame Zukunft, eine neue Form der Ehe. Freunde wie die Filmemacher Kenneth Anger und Curtis Harrington haben in Anaïs' Abwesenheit im Hotel angerufen, und Anaïs konstatiert: «die ständige Sonne und das Hauptthema ‹wir gehen an den Strand›, ‹kommst du an den Strand?›, ‹heute ist ein guter Tag, um an den Strand zu gehen›, usw. ist hellenistisch».

«Under a Glassbell» ist inzwischen, um fünf Geschichten erweitert, noch einmal bei Dutton erschienen. Als sie an ihren Schreibtisch zurückkommt, liegt da ein Umschlag mit Zeitungsausschnitten und Rezensionen über ‹Under a Glassbell›.» Elizabeth Hardwick schreibt eine häßliche Rezension im «Partisan Review»: «kein Schriftsteller, den ich kenne, hat sich je leidenschaftlicher im luftleeren Raum bewegt... Anaïs Nin, eine unserer selbstbewußtesten, kompromißlosesten Schriftstellerinnen, scheint altmodisch zu sein. Sie ist vage, verträumt, hoffnungslos prätentiös, das kränkelnde Kind vornehmer Eltern – der Avantgarde der zwanziger Jahre – und unglücklicherweise furchtbar langweilig…» Das ist verletzend, besonders da Elizabeth Hardwick gar nicht Bezug auf den Text nimmt. Aber es trifft Anaïs nicht. Sie schreibt an der Gonzalo-Geschichte, meint, daß es ihr gelingt, in der romanhaften Rekonstruktion der Vergangenheit auf Strukturen zu stoßen, die ihr damals verborgen waren. Und außerdem: «Die Gegenwart ist wunderschön. Wie in Acapulco herrscht hier eine gedämpfte, aber ständige Atmosphäre von Fiestas. Die Vögel singen in der Nacht.»

Anaïs fühlt sich frei mit ihrer Gebundenheit an Rupert, sie geht in der Gegenwart auf und ist glücklich. Gerade dadurch, daß sie Rupert nicht jederzeit um sich haben kann, interessiert er Anaïs noch stärker. Er spielt Viola in einem Quartett, hilft seiner Mutter, putzt die Fenster, chauffiert Mitglieder der Familie, erledigt seine Hausaufgaben und eilt zur Schule. Er benimmt sich wie ein braver Junge. Das heißt zum Beispiel, daß er Anaïs nicht bittet, ihn zu seinem Arbeitsplatz in Fraser, Colorado, zu begleiten; die Kollegen könnten ihn schief ansehen, wenn er mitten in der Wildnis mit einer so exotisch aussehenden Geliebten auftritt. Anaïs fährt kurz entschlossen nach New York, zu ihrem ganz gewöhnlichen Alptraum: Gonzalo bittet nach wie vor um Hilfe, im Leben mit Hugo übernimmt sie nur noch der Form nach die Rolle einer Ehefrau.

Rupert lebt in einem Konflikt zwischen seiner Familie und Anaïs, zwischen seiner Arbeit und Anaïs, zwischen seiner Diszipliniertheit und Anaïs. In Liebesdingen passen sie vollkommen zusammen. Anaïs hat nur Bedenken, wenn sie Rupert mit hübschen jungen Frauen flirten sieht. Ebenso ungeplant, wie sie abreist, kehrt sie für drei tolle Tage mit Rupert nach Los Angeles zurück. Sie feiern seinen Geburtstag am 19. Februar, ihren Geburtstag am 21. Februar. Rupert wird achtundzwanzig. Wie alt sie ist? Wer kann das schon in Erfahrung bringen? Anaïs entscheidet, fünfunddreißig Jahre alt geworden zu sein; in Wahrheit ist sie fünfundvierzig.

Voller Angst, Rupert verlieren zu können, akzeptiert Anaïs seine Bedingungen. Sie fährt fort, Rupert vermißt sie. Sie kehrt zurück, Rupert ruft jeden Abend an. Sie können nicht mehr ohne einander leben. Beide leiden unter Eifersucht, haben das Gefühl, den anderen immer erneut für sich gewinnen zu müssen. Anaïs hat einen merkwürdigen Traum: Rupert erzählt von einer Frau in einem Restaurant, die ihn fasziniert hat. Er fertigt eine Zeichnung von ihr an. Sie trägt einen orientalischen Schleier, eine spanische Mantilla, das Gesicht halb verborgen – es ist Anaïs.

Anaïs meint, Rupert habe sie von ihrer Treulosigkeit und ihren Heimlichkeiten befreit, habe sie wieder in einen Zustand der Unschuld versetzt. Rupert löst sie auch eine Zeitlang von dem Zwang zur Innenschau und Selbstinquisition. Er lebt in der Welt, zeigt ihr die Außendinge, und das gefällt Anaïs. Sie begleitet ihn, wohin immer ihn seine Arbeit führt, wenn er das wünscht. Jede Fahrt ist ein Abenteuer, in welchem sie neue Regionen der amerikanischen Landschaft, neue Regionen der Liebe entdecken. Sie schwimmen unbekleidet in Flüssen, lieben sich im Wasser und am Ufer. Rupert pflanzt einen kleinen Baum an dieser Stelle. Anaïs lacht – sie sei Pan begegnet, immer habe sie gewünscht, Pan zu begegnen.

Aber wenn er sie wegen seiner Arbeit oder, schlimmer noch, wegen seiner Familie allein läßt, fühlt sie sich verlassen und wird von der Vergangenheit heimgesucht. Das hängt auch mit dem Text zusammen, an dem sie zur Zeit arbeitet: «Menschen bringen gemeinsam eine Illusion hervor, und dann wird sie durch die Wirklichkeit zerstört... So schreibe ich nun über Gonzalo, wie er einmal war, und ich habe begonnen in aller Einfachheit und Menschlichkeit. Das ist der letzte Akt meiner Liebe. Es wird ein Denkmal sein, das er nicht, wie unser Leben, zerstören kann!» (26. Juni 1948)

Schreiben bedeutet für Anaïs Nin «hinabsteigen, ausgraben, in den Untergrund gehen. Das menschliche Leben und die Kunst sind für mich immer Gegensätze gewesen. Wann werden sie sich zusammenfügen lassen?... Selbst wenn ich erfindungsreich, schöpferisch bin, etwas Neues hervorbringe, ist doch die Wahrheit, daß ich durch die Auffassungen der jeweils geliebten Menschen beeinflußt wurde. Ich wurde beeinflußt durch Henrys Revolten und seine Amoralität. Ich wurde beeinflußt durch Gonzalos Dogmatismus und Vorurteile, sein blindes Vertrauen in den Kommunismus. Ich wurde beeinflußt durch Bills und Ruperts Bewunderung konventioneller Literatur (der Klassiker in Literatur und Musik und des Mißtrauens gegen moderne, zeitgenössische Literatur).» Jetzt will sie die ganze Wahrheit schreiben, was für Anaïs bedeutet, die destruktive Seite ihrer Geschichte nicht zu leugnen, wie sie es in «Kinder des Albatros» noch getan hat. Sie will nicht mehr idealisieren.

Ende 1948 nimmt Rupert sein Studium an der Berkeley University in San Francisco auf. Anaïs mietet ein kleines japanisches Teehaus in einem Garten, das sich jedoch als zu feucht erweist. Hugo erklärt sie ihre Aufenthalte in Kalifornien damit, daß sie in der Atmosphäre des Westens mehr Ruhe zum Schreiben findet; doch das ist nur die halbe Wahrheit. Als Hugo Anaïs in San Francisco besucht, mieten sie ein Apartment mit Blick über die Buchten. Joaquin und der Mutter macht sie weis, daß sie dort allein lebt. Aber sie richtet sich dort mit Rupert ein. Er baut Tische und Regale selbst, und sie streichen alles in Anaïs' Lieblingsfarbe «violet blue». Der Frisiertisch wird aus einer Kombination von Regalen, Spiegeln und Glasbausteinen hergestellt. Die aus Paris nachgesandten Antiquitäten, die Anaïs an Henry und Gonzalo erinnern, verkauft sie. Es soll nichts mehr von der Vergangenheit um sie sein. Mit Rupert beginnt sie ganz von vorn; alles scheint leicht wie ein Spiel; sie fühlt sich jung, als würde sie selbst noch einmal als Studentin beginnen.

Im Frühjahr 1948 hatte Ruth Witt-Diamant Anaïs Nin zu einer Lesung am San Francisco State College eingeladen. Deren «Haus ist ein Gästehaus für Dichter, die sie in ihr Poetry Center einlädt: Dylan Thomas, W. H. Auden, Kenneth Patchen, Harold Norse, Kenneth Rexroth... sie hat sich der Dichtung verschrieben.» Jetzt besucht Ruth sie häufig und lädt sie zu Parties und Versammlungen ein. «Aber ich fühle, daß es meine Pflicht ist zu schreiben. Wenn ich jeden Abend ausgehe, kann ich am nächsten Tag nicht gut schreiben.» Das Leben mit Rupert gestaltet sich offenbar anders als das mit den Jungen in New York, das nun etwa ein Jahr zurückliegt. Das rauhere Klima von San Francisco mäßigt auch die Versuchungen, die Tage am Strand zu verspielen. Anaïs fragt sich, ob ihr Drang zu schreiben vielleicht verschwinden würde, wenn sie in Acapulco oder Los Angeles lebte. «Würde eine bloße Veränderung der Kultur unsere Ruhelosigkeit, unsere Unzufriedenheit, unser Bedürfnis, etwas zu schaffen, was nicht vorhanden ist, beenden?... Wann werden für mich schöpferische Arbeit und Leben eins sein, und wann werde ich mich in beiden gleichermaßen wohl fühlen?»

In New York sucht sie wieder ihren Analytiker Dr. Clement Staff auf, dem sie die erste Ausgabe von «Children of the Albatross» gewidmet hatte: «Für seine menschliche Integrität, seine tiefe Weisheit als Psychoanalytiker, seine Einsicht in den menschlichen Charakter, die meine Arbeit bereichert haben». Sie hat Angst, die Beziehung zu Rupert sei nur eine Illusion, werde nicht dauern, obwohl das Zusammenleben mit ihm in den ersten Jahren ohne größere Enttäuschung abläuft. Sie hofft, Hugo werde für sich selbst eine neue Form des Lebens finden, und wünscht sehr, daß er ohne sie glücklich sein möge – die Vorstellung, ihm weh zu tun, hindert sie an einer endgültigen Trennung. Wenn Hugo nach Brasilien oder Kuba reist und sie das Gefühl haben kann, daß es ihm gutgeht, ist alles in Ordnung. Sobald er jedoch nach seiner Rückkehr anruft, leidet sie wieder unter dieser unerträglichen Spannung. Anaïs möchte ihr Leben gern noch einmal vereinheitlichen – mit Rupert.

Rupert und Anaïs fürchten beide, der andere sei womöglich nur an einer sexuellen Affäre interessiert, die schnell vorübergehen könnte. Für Rupert ist die Erfahrung vollkommener Befriedigung offenbar genauso neu und beglückend wie für Anaïs. Sie passen auf diesem Gebiet ganz und gar zueinander. Anaïs läßt ihr Haar wachsen, trägt es sanft und leicht gewellt wie ein junges Mädchen. Das gefällt Rupert. Und ihre Bücher, ihr ganzes Schreiben bewundert er.

Anaïs liebt ihn, denn neben dem typischen amerikanischen Jungen, der sich für Hollywood-Stars begeistert, der auf ganz bestimmte Marken (beim Senf zum Beispiel) festgelegt ist, der stundenlang über Politik und andere praktische Dinge reden kann, existiert ein ganz anderer Mann mit sensiblen Einsichten. Seine Kollegen bei den Forest rangers hören gern, wenn er zur Gitarre die alten Volkslieder singt. Abgesehen von gelegentlichen Wutausbrüchen, die mit Ungeduld zu tun haben, erlebt Anaïs ihn als großzügig und gütig anderen Menschen gegenüber. Am liebsten ist sie in den ersten Jahren allein mit ihm zu Hause. Manchmal unternehmen sie Ausflüge, botanisieren und bestimmen Pflanzen, was zu Ruperts Studium gehört.

Den Wechsel von Rupert zu Hugo kann sie kaum ertragen. Ohne Tabletten kann sie nicht schlafen. Wieder sucht sie Dr. Staff auf. Ja, sie fühlt sich mit Hugo verbunden, aber sie begehrt ihn nicht. Was tun? Sie kann sich nicht trennen. Rupert erlebt sie als einen Hugo, den es hätte geben können, der aber nicht existiert. Manchmal verwischen sich die Konturen, und beide Männer verschmelzen zu einer Gestalt. Wie gern hätte sie Hugo gegenüber so empfunden, wie sie Rupert gegenüber empfindet!

Anaïs sieht sich als eine Frau, die leidet. Ihre Romane sollen leben lehren, sie sollen dasselbe bewirken wie die Analyse. Hugo ist – bis zu seinem Lebensende – in Behandlung bei Dr. Inge Bogner. Er genießt es, über sein Leben in analytischen Kategorien nachzudenken. Die Beschäftigung mit seinem Innenleben, mit den Übergängen zwischen Vergangenheit und Jetztzeit werden zu einer Obsession. Seine Briefe an Anaïs enthalten Bekenntnisse, Einsichten und Besserungsabsichten. Bogner scheint bemüht zu sein, ihm klarzumachen, daß es sein Besitzanspruch ist, der Anaïs vertreibt. Manchmal geht es ihm so schlecht, daß die Analyse nicht reicht und er auch den Arzt Dr. Jacobson aufsucht. Jacobson meint, Hugo sei der neuen Freiheit nicht gewachsen, die er mit dem Verlassen der Bank gewonnen hat.

Hugo haßt seine Vergangenheit und die Menschen, die in seiner Kindheit um ihn waren, seine Mutter und dann seine Tante Annie in Schottland. Er fühlt die Last von vielen neurotischen Generationen auf seinen Schultern und möchte selbst gern anders sein. Er glaubt, man habe ihn gelehrt, die Wirklichkeit geringzuschätzen und Abstraktionen und Idealen den Vorrang zu geben. Unentwegt fragt er sich, wer und wie er eigentlich sei, rekapituliert sein Kinderschicksal, betrachtet seine künstlerischen Ambitionen und beruflichen Möglichkeiten. Ganz auf die Gegenwelt des freien Künstlers zu setzen, wagt er nicht; freiberuflich wird er als Finanzberater tätig sein. Es muß ein Leben sein, das irgendwie dazwischen liegt. Sein Umgang mit Anaïs soll eine neue Gestalt annehmen. Er möchte sie in ihrer Eigenart akzeptieren: «– manchmal sanft und warmherzig, manchmal sehr zornig, manchmal vernünftig, manchmal unvernünftig, manchmal so schrecklich im Recht, manchmal so schrecklich im Unrecht, manchmal grausam, manchmal freundlich, und er will Dich ganz, alles, was Du bist, in die Arme nehmen, um Dich zu zähmen». (2. Mai 1948)

Es ist keine Frage, daß Anaïs sich mit ihrem Mann auf intellektueller Ebene gut versteht, aber das reicht nicht, um miteinander ein glückliches, erfülltes Leben zu führen. Hugos Briefe nach Kalifornien sind oft mehr als fünf Schreibmaschinenseiten lang. Über Anaïs' Antwortbriefe freut er sich immer, weil sie voller Verständnis sind. Er verspricht sich alles von ihrem Wiedersehen, «wenn unsere neuen Ichs zusammenkommen». (6. Mai 1948) Er schreibt von Freunden, die Anaïs' Bücher lieben, und er schreibt über seine Lektüre. Einmal findet er in einem Buch des Psychoanalytikers J. C. Flugel etwas über den Zusammenhang von Künstlertum und Realitätsferne. Das greift sein ureigenes Problem wieder auf, das Versinken in Tagträumen und die Rolle, die Über-Ich und Gewissen dabei spielen. Flugel erläutert, daß der Künstler versucht, seinen Traum im Tagesleben zu realisieren, um Es, Ich und Über-Ich in einen fruchtbaren Austausch zu bringen. Auf die Weise steht der Künstler dem Handelnden näher als dem Träumer. «Der Held», wie Rank sagt, «ist frei von Schuld, daher ist er frei zu handeln. Vom Traum frei zu sein ist der erste Schritt zur Handlung, als Mensch und als Künstler.»

Sehr erschrocken ist Hugo über die Einsicht, daß er insgeheim ein rebellischer, unzufriedener Mensch ist. Er hat Anaïs seine Rebellionen zugeschoben, um sich über seine Frau disziplinierend entrüsten zu können. Er weiß, daß Anaïs jahrelang seine einzige Verbindung zur Welt der Gefühle gewesen ist. Dafür dankt er ihr. In der Hoffnung, seine Gefühlskälte nun überwunden zu haben, verspricht er für die Zukunft, alle Zärtlichkeit, die er von ihr empfangen habe, ihr seinerseits entgegenzubringen. Er vermeidet kein Thema in diesen Briefen, erwähnt nicht nur seinen Zorn, sondern auch seine Verstopfung. Im Rahmen der Analyse entdeckt er Analogien zwischen dem Symptom der Obstipation und seinem Interesse am Geld. Er entdeckt die Hinfälligkeit der Werte, die ihm bislang wichtig waren. «In Wahrheit ist es eine Wiedergeburt, die ich durchmache, mit allen dazugehörigen Schmerzen.»

In der Buchhandlung «Brentano's» findet er ein Buch, das junge Menschen auf die Ehe vorbereitet, und kommentiert traurig, daß er selbst mit den Problemen der Intimität überfordert war. Er bestätigt Anaïs noch einmal, wie sehr sie ihm geholfen habe. Ohne ihr Verständnis hätte er möglicherweise niemals ein halbwegs normales Gefühlsleben entwickelt.

Der Schock, den Anaïs ihm versetzt hat, als sie darauf bestand, ihr Leben in eigener Regie fortzusetzen, ist offenbar für Hugo sehr fruchtbar. Er hat die Bank verlassen, hat sich in Analyse begeben, reist als freiberuflicher Finanzberater nach Südamerika, später auch nach Europa, setzt auf die Entfaltung seines künstlerischen Könnens und sieht sein ganzes Leben aus einer neuen Perspektive. Etwas Tragisches liegt allerdings darin, daß er glaubt, einen neuen Anfang für seine Ehe gefunden zu haben, während Anaïs insgeheim die Trennung wünscht. Merkwürdig wirkt auf den Leser der Tagebücher, daß Anaïs abwechselnd einmal mit Rupert nach Acapulco reist, ein anderes Mal mit Hugo, der dort seinen ersten experimentellen Film dreht.

Aus finanziellen Gründen und um ihrem Werk einen weiteren Wirkungskreis zu erschließen, folgt Anaïs jeder Möglichkeit zu Lesungen und Vorträgen. Im Oktober liest sie am Dartmouth College in New Hampshire. Dort trifft sie auch den berühmten japanischen Photographen Soichi Sunami, der sehr schöne Portraitaufnahmen von ihr macht. Im Village signiert sie Bücher in der Buchhandlung von Lawrence Maxwell. Weitere Vorträge folgen Anfang November am Bennington College in New England und in der Washington Art School. Am 12. November 1948 folgt sie einer Einladung von Wallace Fowlie an der Chicago University. Fowlie stellt Anaïs Nin als surrealistische Schriftstellerin vor.

Am 24. Oktober 1949 erhält Anaïs ein Telegramm: «Vater starb heute. Alles Liebe. Joaquin». Sie ist erschüttert. «Diese schreckliche unerfüllte Liebe. Ihm niemals nahegekommen zu sein, niemals mit ihm eins gewesen zu sein... Schuld... Ich hätte ihm mein Leben opfern müssen. Ach, diese Schuld... dieser Wunsch zu sterben. Das Schlimmste von mir starb mit ihm, ein Verlangen nach Heiligkeit, die Anwesenheit des Wahnsinns, sein Wahnsinn. Ich habe darum gekämpft, nicht zu sein wie er, losgelöst von den Menschen... Ich wünschte so sehr, ich wäre eine Heilige.»

Nur die Arbeit kann helfen. Sie hat ihr neues Buch «The Four Chambered Heart» («Das Herz mit den vier Kammern») abgeschlossen. Den Titel für die Gonzalo-Geschichte fand Anaïs in einem von Ruperts Biologiebüchern. Doch Dutton will ihr neues Werk nicht verlegen. Erst nach längerem Zögern ist der New Yorker Verlag Duell, Sloane und Pearce interessiert, der es 1950 veröffentlicht.

1951 bezieht Anaïs zusammen mit Rupert ein Haus in Sierra Madre, North Santa Anita Avenue 2219, eine Autostunde von Los Angeles entfernt. Rupert hat sein Studium abgeschlossen und übernimmt eine Stelle im Staatlichen Forstdienst. Im kalifornischen Gebirge besteht die Tätigkeit eines Försters auch im Kampf gegen Waldbrände, die dort in den heißen und trockenen Sommern nicht selten auftreten.

Sierra Madre ist ein unbedeutender kleiner Ort, der keinerlei Abwechslung bietet. Für Anaïs ist das manchmal schwer zu ertragen, da sie sich von allem abgeschnitten fühlt. Wenn sie in New York weilt, schickt Rupert seine schönsten Liebesbriefe, vermischt mit Nachrichten aus dem banalen Alltag eines Forest rangers. Rupert schreibt ungern Briefe. Als er in Harvard studierte, hat er zum Leidwesen seiner Mutter nur im äußersten Notfall nach Hause geschrieben. Seine frühen Briefe an Anaïs, zumeist im Telegrammstil geschrieben, sind gerade aufgrund dieser Verdichtungen sehr eigenartig, intensiv und schön. «My True love… My Only love… My raison d'être». Dann folgt ein Bericht über eine böse Nachbarsfrau, die den Cockerspaniel Tavi bedroht, und schließlich endet der Brief mit «solange wir zusammengehören, ist unser Leben rund und schön. Su hombre [Dein Mann]» (undatierter Brief aus dem Jahr 1951, Briefkopf: «United States Department of Agriculture. Forest Service. Angeles National Forest)

Seine Bewunderung für Anaïs' Stil beflügelt nicht gerade seinen Mut zum Schreiben. Außerdem ist es offenbar seine Sache nicht, Stimmungen, Gefühle und Gedanken zur Sprache zu bringen. Er zeigt das eher in liebevollen Handlungen. Seine Briefe erreichen Anaïs in New York unter einer Deckadresse des Freundes Lawrence Maxwell, in dessen Wohnung sie zu leben vorgibt. Die Adressen ändern sich im Lauf der Jahre mehrfach. 1953 erreichen seine Briefe Anaïs unter Jim Herlihys Anschrift, 256 West 73. Street.

Rupert lebt in dem Glauben, daß Anaïs sich von Hugo getrennt hat und mit einer Freundin ihre Wohnung teilt. Eine Schwierigkeit, die ihre Beziehung von Anfang an belastet, denn Rupert, vielleicht mehr noch seine Eltern, wünschen eine Heirat. Ruperts Eltern gefällt die Verbindung ihres Sohnes mit dieser exzentrisch gekleideten älteren Frau, deren Bücher sie nicht schätzen, überhaupt nicht. Sie haben Angst, er könnte auf eine schiefe Bahn geraten.

Anaïs fühlt sich mit Recht von ihnen abgelehnt. Zunächst gibt sie sich die größte Mühe, ist freundlich und entgegenkommend. Als ihr 1951 die Freundin Kay in Sierra Madre und Ruperts leiblicher Vater Reginald erzählen, daß die Wrights in ihrer Abwesenheit häßlich über sie reden, schreibt sie ihnen einen Brief: «Dear Helen and Lloyd!» Es sei schwer für sie gewesen, offen auf sie zuzugehen, nachdem sie mit der Bemerkung empfangen wurde, sie sei nicht die Frau, die sie sich für Rupert wünschten. Sie verstehe ihre ablehnende Haltung, da sie anfangs eine verheiratete Frau war. «Nun, jetzt bin ich geschieden.» Diese Wahrheit erfindet Anaïs zu Ruperts und seiner Eltern Beruhigung. Dann betont sie, wie glücklich und gesund Rupert mit ihr lebe, daß sie ihn nicht vom Studium abgehalten, sondern im Gegenteil ihm geholfen habe, es abzuschließen usf. Sie könne die ablehnende Haltung gegen sie als Schriftstellerin nicht ertragen, deshalb sei es wohl besser, wenn sie Rupert bei seinen Besuchen in Zukunft nicht mehr begleite.

Es schnürt ihr die Kehle zu, daß man ihr Werk nicht schätzt. Im April 1952 sitzt sie weinend mit Hugo in einem New Yorker Restaurant und erwägt allen Ernstes, das Schreiben aufzugeben. Dennoch meint sie, daß ihr als Schriftstellerin etwas ganz Besonderes gelingt. Oft betont sie, welche Opfer sie gebracht hat, um die seelischen Abgründe des Menschen darstellen zu können. Bis an den Rand des Wahnsinns habe sie ihre Erfahrungen expandieren lassen, und es sei ihr gelungen zurückzukehren, um darüber zu schreiben. Es macht sie zornig, daß Schriftsteller wie Paul Bowles, Carson McCullers, Tennessee Williams und Truman Capote anerkannt werden. Zu Unrecht bestimmen sie die Szene, denn sie erzählen, so Anaïs' Einschätzung, pubertäre Phantasiegeschichten. Die amerikanische Gesellschaft treibe einen Kult mit der Jugendlichkeit. Anaïs schätzt die homosexuellen Schriftsteller nicht – nicht wegen ihrer Homosexualität, sondern weil sie noch mit fünfzig Jahren alle Symptome des Jugendalters zur Schau stellen; sie seien aggressiv, widersprüchlich und unausgeglichen. Wenn Anaïs in ihren Büchern äußere und innere Realität in einer neuen poetischen Ausdrucksweise ineinanderfügt und den Doppelsinn der Realität aufscheinen läßt, akzeptiert das niemand. Stolz ist sie darüber, wenn ihr eine Zusammenführung von zwei in eins gelingt, indem sie die symbolische Bedeutung der Dinge aufdeckt. Integration im Schreiben ist ihr so besonders wichtig, da sie im Alltag keinen Weg findet, ihrem Doppelleben zu entkommen.

Offenbar hat Anaïs Nin, nun 49 Jahre alt, ihrem unsteten Leben mit den Jungen ganz den Rücken gekehrt und ist bemüht, eine ruhigere Form zu finden. Das Hin und Her zwischen Los Angeles und New York, zwischen Leidenschaft und Pflicht, macht sie deshalb Anfang der fünfziger Jahre fast verrückt. Hugos Forderungen nach Zuwendung, im Mai 1952 zugespitzt durch einen Bandscheibenvorfall, der Anaïs und die Haushälterin Millicent, eine zur Lehrerin ausgebildete Schwarze aus Brooklyn, für mehr als sechs Wochen voll beansprucht, bringen Anaïs zu der Klarheit, daß sie mit Rupert leben möchte. Ein sechswöchiger Urlaub, den Rupert seit einem Jahr geplant hat, scheint durch Hugos Zustand unmöglich zu werden. Er lehnt es ab, sich von einer Krankenschwester pflegen zu lassen. Anaïs hält Rupert mit Ausflüchten per Post und Telefon hin, aber eines Tages erscheint er beunruhigt in New York. Es bleibt ihr nichts übrig, als ihm von Hugos Pflegebedürftigkeit zu berichten. Die Freundinnen Lila und Thurema sowie der junge Schriftsteller James («Jim») Herlihy sind eingeweiht in Anaïs' Doppelleben und helfen ihr in dieser prekären Situation; Jim hält zuweilen Nachtwache in Anaïs' Wohnung, so daß sie ausgehen und Rupert treffen kann. Nachdem sich Rupert hat überzeugen können, daß Anaïs selbst die Spannung zwischen der Pflicht Hugo gegenüber und ihrer Liebe zu ihm kaum erträgt, begibt er sich, ohne Vorwürfe zu machen, allein auf die Reise. Anaïs findet, er verhält sich wie ein verständnisvoller Erwachsener und Hugo wie ein unvernünftiges Kind, das quengelt und klammert.

Sie möchte Rupert heiraten, da sie nun erfahren hat, daß er ihr in einer wirklich schwierigen Situation Vertrauen und Verständnis entgegenbringt, statt Forderungen zu stellen und eine Entscheidung herbeizuzwingen.

Mit Jim Herlihy kann sie über alles sprechen. Seit ihrer Lesung vor fünf Jahren im Black Mountain College, South Carolina, haben sie in Briefen ihre Gedanken über das Schreiben ausgetauscht. In Los Angeles traf sie ihn wieder im Satyr Book Shop am Hollywood Boulevard, wo Anaïs damals ihre Briefe von Hugo und New Yorker Freunden abholte. Jim meint, Hugo sei zu alt für sie, und Anaïs erinnert sich, daß Hugo bereits mit fünfundzwanzig Jahren alt war, förmlich und steif. Auf einem sommerlichen Abendspaziergang einmal ohne Hut herumzulaufen war ihm unvorstellbar. Wenn sie mit Dr. Inge Bogner spricht, bei der sie seit Sommer 1951 ihre eigene Analyse fortsetzt, ist sie voller Groll gegen Hugo. Und doch macht sie sich Vorwürfe, daß sie ihn nicht lieben kann. Sie meint ihn lieben zu müssen, weil er für sie sorgt. Aber sie ist gegen ihn, weil er gleichzeitig das größte Hindernis ihrer eigenen Freiheit, Leidenschaft und Lust im Leben ist und war.

Anaïs glaubt immer noch, daß ihre Ehe glücklich verlaufen wäre, wenn sich Hugo in der Zeit in Paris mit ihr zusammen hätte ändern können, statt sich schmollend zurückzuziehen und ihr das Gefühl zu geben, ihr Wunsch nach körperlicher Lust sei unnatürlich. Die Betrachtungen über ihre Ehe führen Anaïs zu der Einsicht, daß Hugo und sie sich in ein Muster verstrickt haben, das beide fesselt. Hugo spielt die Rolle eines überlegenen Vaters, an den sie sich anlehnen kann. Dementsprechend spielt sie die Rolle einer Frau, die seine Phantasie von einer passiven, gehorsamen Frau befriedigt.

Aber es ist noch komplizierter. Es reicht ihm nicht, mit einer hilflosen, abhängigen Frau zu leben, sie soll außergewöhnlich sein, eine Künstlerin, die ihm gehören muß, da sie realisiert, was seinem Leben mangelt. Sie «brauchen» einander, denn keiner hat sich zu einem ganzen Menschen entwickelt. Da Anaïs die «leichte» Seite des Seins sowohl gewählt als auch zugeschoben bekommen hat, erlebt sie Hugo wie eine Last, die sie mitschleppen muß. Dr. Bogner warnt, gibt zu bedenken, daß Rupert ganz ähnliche Züge hat wie Hugo. In Gesellschaft hat auch er etwas Zurückgezogenes und Steifes. Wie Hugo vergißt er tausend Sachen, verliert und verlegt sie und ist abhängig von Anaïs' lebenspraktischer Umsicht.

Im Juni trifft sie Rupert in Miami. Jim kümmert sich um Hugo und erhält dafür die Hälfte von den 400 Dollar, die Hugo ihr monatlich überläßt. Hugo ist einverstanden, benutzt ihn als Laufburschen und Sekretär. Jim schätzt Hugo, hält ihn aber für langweilig und um sich selbst kreisend.

Rupert empfängt sie mit Geschenken, die er aus Haiti, Puerto Rico und Jamaica, wo er nun allein gewesen ist, mitgebracht hat, um sie zu trösten. Sie begleitet ihn auf seiner Rückreise nach Los Angeles. Wieder sind sie in dem kleinen Ford mit offenem Verdeck auf der offenen Landstraße. So gefällt ihr Rupert am besten. Anaïs kann nur eine Woche fortbleiben. Hugo glaubt, daß sie zu ihrer Mutter gefahren ist. Die Sorgen um Hugo, die täglichen Anrufe, die Vorstellung, wie er auf dem Krankenbett liegt mit den Gewichten, die seine Beine festhalten, stürzen sie immer neu in Schuldgefühle, so daß sie ihr Glück mit Rupert nicht wirklich genießen kann.

Zurück in New York, teilt sie Dr. Bogner mit, sie werde sich scheiden lassen, um Rupert zu heiraten. In Wirklichkeit aber sorgt sie intensiver denn je für Hugo. Wie ihr Leben weitergehen wird, ist ganz unklar. Eine erste Fassung ihres neuen Buches, «A Spy in the House of Love», wird von elf Verlagen abgelehnt; Kimon Friar nimmt ihre Texte nicht in eine Anthologie moderner englischer und amerikanischer Schriftsteller auf; René de Chochor, ein junger Franzose, der die Rolle eines Literaturagenten für sie spielt, bewirkt ebenfalls nichts.

Wieder in Sierra Madre, beginnt sie mit der Überarbeitung von «A Spy in the House of Love», einer Belebung ihrer «wilden» New Yorker Jahre. Gegen alle Einwände der Lektoren setzt sie eine zuweilen überraschende Sicherheit: «Ich werde einer neuen Form gerecht, die sich aus der neuen Relativität psychologischer Realität entwickeln wird.» Tatsächlich wird es ihr erfolgreichster Roman.

In einem Alter, das C. G. Jung als Lebenswende charakterisiert, stellt sich Anaïs Nin in dem Roman dem Problem der Fragmentierung. Die Hauptfigur Sabina denkt über ihr Verhältnis zu sich selbst nach, indem sie ihre Beziehungen mit Männern Revue passieren läßt. Sie beschreibt den treuen Ehemann Alan, der Sicherheit und Zuflucht bietet, daneben die verschiedenen Episoden, in deren Rahmen Sabina Versionen der Liebe in Erfahrung gebracht hat. Sie fühlt sich schuldig wie ein «Verbrecher». Und doch fragt sie, ob sie nicht lernen sollte, sich als Frau sexueller Ekstasen so frei zu bedienen, wie es einem Mann ihrer Kultur wohl möglich ist. Das Hin und Her zwischen dem Gefühl der Geborgenheit im Umgang mit dem Ehemann – den sie belügt – und dem Gefühl der Freiheit in den Episoden mit verschiedenen Liebhabern – die sie belügt – führt dazu, daß sich Sabina von einem «Lügendetektor» verfolgt sieht. «Zuweilen erschienen ihr ihre Lügen als komplizierte Schutzmaßnahmen und nicht als Verrat.» Wie ein Spion wechselt sie das Lager und paßt sich den Wünschen und Gewohnheiten der jeweiligen Partner an. Wie ein Spion wechselt sie Kleidung, Verhalten und Selbstverständnis.

Weder in sich selbst noch in der Außenwelt scheint es etwas zu geben, das einer solchen Verwandlungskünstlerin zeigen könnte: «das bist du und das bist du nicht. Sie fürchtet sich, weil nicht eine einzige Sabina existiert, sondern eine Vielzahl von Sabinen, die sich aufgaben, niederlegten und entgliedert wurden, in alle Richtungen zerstreut ... Es war eine grenzenlose Weite, an die sie sich nicht klammern konnte, und sie weinte: ‹Jemand soll mich halten – mich halten, damit ich nicht weiter von einer Liebe zur anderen rase, mich teile, mich spalte... Füge mich zusammen!›»

Darin deutet sich ein Eheproblem der Anaïs Nin an. Ein Teil ihres Selbst verübelt es ihrem Mann, daß er ihre Ungebärdigkeit nicht mit einer aktiv fordernden und schützenden Liebe zu stoppen verstand. Das erinnert ein wenig an verwahrloste Kinder, die sich waghalsig in abenteuerliche Handlungen stürzen, da sie keine ausgewogene Form von Halt und Freiheit durch ihre Eltern erfahren.

Sabina ist gefangen in einem Teufelskreis der Sucht nach Selbstvervielfältigung um den Preis von Spaltung und Zersplitterung. «Wem hätte sie erklären können, daß sie die Schauspieler [nur] um die Leichtigkeit beneidete, mit der sie nach dem Spiel aus ihren Rollen traten, sich abschminkten und in ihr wahres Ich zurückkehren konnten? Sie hätte gewünscht, daß sich die Metamorphosen ihrer Persönlichkeit auf der Bühne abspielten, damit sie auf ein Signal hin wüßte, daß sie beendet sind und sie in eine unveränderliche Sabina zurückkehren kann.»

Wie ein Baum neue Wachstumsringe ansetzt, hätte sie jedes Jahr fähig sein müssen, zu ihrem Ehemann zu sagen: «Alan, hier ist eine neue Version von Sabina, füge sie zu den anderen, verschmelze sie miteinander, halte sie zusammen, wenn du sie umarmst; sonst wird jedes Bild ein eigenes Dasein führen, und es wird nicht eine Sabina sein, sondern es wird sechs oder sieben oder acht geben, die manchmal durch mühsame Synthese miteinander verschmolzen sind, manchmal aber auch getrennt bleiben.»

Ihren Zwang zu Verkleidung und Maskierung erklärt sich Sabina mit dem ungezügelten Phantasieleben ihrer Kinderzeit. «Es gelang mir, aus meinem gewöhnlichen Ich oder aus meinem gewöhnlichen Leben herauszutreten und, ohne Verdacht zu erregen, in vielfältige Ichs und Leben einzugehen... Ich verdarb das, was man Wahrheit nennt, zugunsten einer schöneren Welt.»

Zum Abschluß des Textes erklärt der Lügendetektor Sabina wie ein verstehender Analytiker ihr Verhalten. «Sie haben irgendeinen Schock erlebt. Deshalb mißtrauen Sie einer einzigen Liebe. Sie spalteten die Liebe zum Selbstschutz.» Während Sabina einem Beethoven-Quartett zuhört, überkommen sie schließlich tröstliche Gedanken: «Durch Erhebung geriet das Bewußtsein in ständige Bewegung, es überwand den Tod und erlangte in gleicher Weise die Fortdauer der Liebe, indem es sich ihres unpersönlichen Kerns bemächtigte... Die Identität des Menschenpaares war nicht ewig, sondern austauschbar, damit der Austausch von Geist und Seele gewährleistet blieb...» Die Vorstellung von einem großen Plan universaler Liebe befreit Sabina vom Problem der Frage nach der «wahren» Liebe.

Anaïs Nin hat mit Sabina einen Menschen schildern wollen, der «unter uns» lebt. «Sie gehört in unsere Zeit der Angst.» Die Darstellung dieser «Geschichte vieler fragmentarischer Lieben, wie sie sich in unserer Welt immer ereignen», war Anaïs Nin wichtig als Gegenbild zur romantischen Liebe. Bei Erscheinen des Buches (1954) werden ihr viele Frauen schreiben, daß sie sich selbst in der Gestalt der Sabina wiedererkennen.

Das läßt sich so beschreiben – aber wie wird Anaïs' Leben weitergehen, nachdem sich die vielen Fragmente nun um zwei konkurrierende Lebensformen gruppiert haben? Nie ist sie der Möglichkeit der Vereinheitlichung ihres Lebens so nahe gewesen wie jetzt. Jim Herlihy schreibt im Juni 1952: «Ich sehe nun ganz deutlich, daß Du nichts tun kannst, um Hugo vor seinem Unglücklichsein zu retten, gleichgültig, ob Du aus Schuldgefühlen, Mitleid oder Liebe handelst; Du mußt Dein Leben führen und Dich loslösen, und mir war niemals etwas klarer als dieses: Du hast absolut keinen Grund, Dich schuldig zu fühlen. Wenn Du so empfindest und handelst, beziehst Du Dich auf eine legendäre Moral, nicht auf die Realität. Du wirst erwachsen, es ist Zeit, das Zuhause zu verlassen, natürlich ist Papa unglücklich, aber das ist nicht Dein Fehler. Ich habe Dich so gern, Anaïs, und ich habe über einen langen Zeitraum beobachten können, wie zärtlich, gewissenhaft, freundlich und liebevoll Du bist; es entspricht Deiner Natur. Aber der katholische Anteil daran ist scheußlich. Folge bitte, um Himmels willen, der Pflicht Dir selbst gegenüber, wenigstens dieses eine Mal! Ob Du meinst, vor Ende Juli hier sein zu sollen oder nicht, bleibt Dir überlassen, aber komm nicht aus Pflicht- oder Schuldgefühl! Du hast hier nichts wiedergutzumachen. Auch mag es ein Schock für Dich sein und Dein Ich leicht verletzen, aber Hugo kommt jetzt recht gut ohne Dich zurecht. Was er braucht, ist erstklassiger Service und Gesellschaft; und wirklich, Anaïs, Du bist ein verdammter Dummkopf, wenn Du noch mehr von Deiner Zeit, Energie und Hingabe diesen Dingen widmest, die er entweder selbst im Umgang mit Freunden kultivieren oder die er sich kaufen muß.»

Hugo schreibt von seinen Plänen, mit seinem Kompagnon Archibald Anfang Juli nach Paris zu fahren, um Anaïs dann Ende des Monats in Venedig am Lido zu treffen. Seit Verlassen der Bank beschäftigt sich Hugo mit dem Filmen. 1950 hat er «AY-YÉ», einen Kurzfilm mit Aufnahmen aus Mexiko, fertiggestellt. In Venedig will er seinen neuen experimentellen Kurzfilm «Bells of Atlantis» auf dem Festival zeigen. Es folgen weitere Briefe der Selbstbetrachtung. «Hugo: Anaïs hat recht. Ich bin unordentlich und habe ein neurotisches Bedürfnis, rund um die Uhr betreut zu werden. Aber 1., soweit mein Problem neurotisch ist, kann es nur in der Analyse gelöst werden, und 2. fehlt mir das Geld, einen solchen Menschen einzustellen.» Einander analysieren können sie sehr gut, aber zusammen ihr Leben gestalten, das gelingt ihnen nicht mehr. Nur im Reden oder Schreiben über ihre Probleme sind sie einander näher als irgendeinem anderen Menschen.

Das Leben mit Rupert in Sierra Madre läuft ganz anders ab. Um acht Uhr erklingt mexikanische Musik aus dem Radiowecker. Rupert dreht sich schlaftrunken um. Anaïs steht als erste auf, kämmt sich, wäscht das Gesicht, putzt die Zähne, schminkt das Gesicht, zieht ihre zünftigen Jeans an, Californian style, leicht verwaschen und etwas schmutzig, und einen Pullover. Dann kocht sie den Kaffee. Rupert sieht verschlafen aus, hat kein Interesse am Frühstück. Anaïs fühlt sich erst wohl mit dem warmen Kaffee. «Wir sitzen am Küchenfenster, können die Straße sehen, dahinter die Berge, das Forest-Service-Büro... Ich kann das Tal sehen. An bestimmten Nachmittagen sieht es blau aus, und ich stelle mir vor, daß Acapulco dahinten liegt, Wasser und Berge, besonders, wenn es einen feurigen Sonnenuntergang gibt. Ich habe ein Haus sauberzumachen, das Geschirr zu spülen, einzukaufen und Schilder zu bemalen mit ‹No Smoking. No Fire. Closed Areas›, etc.»

Nach dem Überarbeiten ihres Romans beschäftigt sie sich mit Proust, den zu studieren sie nie müde wird. Auf der Post liest sie Hugos Briefe, die voller Einsichten und Verständnis sind – aber sie glaubt dem Hugo der Briefe nicht mehr. Wenn sie mit Rupert glücklich ist in diesem einfachen Leben, das ihr Raum zum Schreiben läßt, kann sie Hugo vorübergehend ganz vergessen. Während Rupert wie ein Kind sein kann – mit dem Hund Tavi, seinem Violaspielen und mit seinen Umarmungen –, weiß sie, daß Hugo niemals so offen, spontan oder spielerisch war.

Aber warum, fragt sich Anaïs ängstlich, kann sie einem Leben mit Rupert allein nicht trauen? Welche Ambivalenzen hindern sie an einer Entscheidung? Dr. Bogner meint, Hugo sei ein Teil ihres Lebens mit Rupert. Es könnte immerhin sein, daß ihr Zusammensein mit Rupert erst auf dem Hintergrund ihrer Bindung an Hugo seine Qualität des Besonderen gewinnt.

Manchmal verdreht sich alles. Anaïs fühlt sich von beiden Männern kritisiert, beide machen eine sorgende Mutter aus ihr, verlangen ärgerlich, daß sie weiß, wo die verlegten Scheren, Stifte, Radiergummis zu finden sind. Sie merkt nicht, daß die Kindlichkeit beider Männer auch eine Antwort auf ihren Anspruch ist, die große Schwester zu sein, die jederzeit den Überblick hat. Außerdem finden Hugo wie Rupert immer irgendeine Kleinigkeit, die Anaïs nicht perfekt handhabt, und wenn es nur die Bemerkung ist, sie hätte wohl zuwenig Wasser für die Spaghetti in den Topf getan. So etwas verletzt sie. In übertriebener Weise braucht sie die Bestätigung, daß alles, was sie macht, wunderbar und perfekt ist. Es ist fast egal, wer ihr das sagt. Manchmal reicht es, wenn die Nachbarin Kay mit ihrer Bewunderung Anaïs wieder aufbaut.

So stellt sich allmählich ein merkwürdiger Rhythmus ein. Wenn das Leben mit Rupert im Westen verdrießlich zu werden droht, wechselt Anaïs den Schauplatz. Am 29. Juli 1952 hat sie einen Termin in New York wegen ihres Antrags auf amerikanische Staatsbürgerschaft; sie hat immer noch ihren kubanischen Paß. In New York findet sie einen aufgelösten Hugo vor, der fürchtet, «Bells of Atlantis» nicht rechtzeitig für das Venedig-Festival am 20. August fertigstellen zu können. Die Aufnahmen stammen aus einem Urlaub mit Anaïs in Acapulco. Wegen technischer Probleme hat er den Filmkünstler Len Leye hinzugezogen, der – nach Anaïs' Ansicht – mit seinen Abstraktionen alles verdirbt. Sie weiß, wie der Film in Acapulco aussehen muß: Originalaufnahmen, die sie selbst im Wrack eines Schiffes zeigen, sollen überblendet werden mit den Bewegungen des Wassers. Bebe und Louis Barron, die in den vierziger Jahren ein Tonstudio für die Aufnahme von Dichterlesungen eingerichtet haben und Kompositionen elektronischer Musik für Theater und Film gestalten, kommen Hugo zu Hilfe. Sie arbeiten Tag und Nacht. Anaïs ist das zuviel, zumal sie Hugos mürrisches und forderndes Gehabe nicht erträgt. Sie fühlt sich unter Druck. Dazu tragen Ruperts Briefe bei; er klagt darüber, daß sie ihn allein läßt, und wünscht ihre Rückkehr.

Plötzlich wird ihr klar, daß sie keine Zuflucht mehr hat. Der alles verstehende, väterliche Hugo existiert nicht mehr. Er stellt seine eigenen Werke in den Vordergrund. Und das Vergnügen mit Rupert ist getrübt, auch er hat seine unleidlichen Seiten. Sie möchte fliehen. Das hat sie bislang getan, indem sie sich in eine neue Affäre stürzte. Die erotische Bindung an Rupert scheint jedoch so stark geworden zu sein, daß dieser Weg versperrt ist.

Auf dem Hintergrund genießt sie den Umgang mit Jim Herlihy, der manchmal phantasiert, wie es mit ihnen beiden sein könnte, wenn er nicht homosexuell wäre. Anaïs warnt: Das sei gerade das Wunderbare an ihrer Freundschaft, daß sie frei ist von Problemen, die jede sexuelle Beziehung mit sich bringt. Herlihy liebt ihr Tagebuch, ihm gefallen auch ihre Romane. Er bestärkt oft ihr Vertrauen, auf dem richtigen Weg zu sein, auch wenn sich Lektoren und Kritiker nicht um ihre Bücher reißen.

Was ihre Schwierigkeiten mit Rupert angeht, fragt sie sich, worauf sie eigentlich so überempfindlich reagiert. Sie will Ruperts Jugendlichkeit und seine Leidenschaft, so weit, so gut; aber sie sucht auch Hilfe und Schutz, was er ihr in diesen frühen Jahren ihrer Beziehung nicht geben kann, er ist zu jung. «Du bist allein», gesteht sie sich ein. «Niemand ... an den du dich wenden kannst.» Die Analyse bei Dr. Bogner hilft allerdings, denn dank der Analytikerin entdeckt sie Zusammenhänge mit früheren Situationen, die sie ebenfalls nicht ertragen konnte. Wenn sie während des Essens zum Beispiel nicht mit Rupert sprechen kann, weil er Nachrichten und politische Kommentare hören will, belebt sich für Anaïs darin die Unzugänglichkeit des Vaters, der sich hinter einem Buch verbarg, wenn sie alle am Tisch saßen, und der nichts davon hören wollte, was Frau und Kinder beschäftigte.

In den nächsten Jahren lebt Anaïs ihre Ambivalenzen physisch aus, in der Bewegung von Ost nach West und zurück. Auf Hunderten von Tagebuchseiten modelliert sie Vorzüge und Nachteile dieser und jener Lebensform heraus und gerät in Aufregung durch die Frage, welches das bessere, ihr wirklich angemessene Leben ist. Einmal obsiegt Rupert, ein anderes Mal gewinnt Hugo; die Möglichkeit, allein zu leben, kommt ihr nicht wirklich in den Sinn.

Oftmals hat sie das Gefühl, daß letztlich ihre gemeinsamen Interessen an Kunst und Psychologie mit Hugo zählen. Außerdem, sagt sie sich, beschützt er sie eigentlich doch. Er schenkt ihr schöne Dinge, Bilder von Dan Harris und Alice Paalen, einen Pelzmantel, mexikanische Tonfiguren, er gibt ihr Geld, daß sie regelmäßig ihre Haare färben lassen kann, die grau geworden sind. Die gemeinsame Wohnung in der 9th Street, West, No. 35 gefällt ihr. Weiche graue Teppiche, schwere violett-blaue Vorhänge aus Filz und fuchsrote Sofas. Hugo ist ein Freund, ein Bruder, ein Vater, alles – nur kein Liebhaber. Wenn er intim wird, duldet sie ihn und sehnt sich nach Rupert. Das erotische Leben mit ihm ist dann ihr ganzes Glück. Es ist zum Verrücktwerden, keine der Lebensformen enthält das Ganze, keine ist perfekt. Anaïs kann sich nicht entscheiden, hat

Angst, daß Schmerz und Gefahr wüchsen, würde sie eine der beiden Lebensformen ausschließlich wählen.

Die Haushälterin Millicent, die seit Anfang der vierziger Jahre in New York bei ihr ist, weiß von ihrem Doppelleben, zeigt Verständnis und bemüht sich, Hugos Ansprüche in Anaïs' Abwesenheit zu erfüllen. Anaïs träumt von einer perfekten Frau für Hugo, dann wäre sie frei, frei von Schuld und Verantwortung. Mit Hugo teilt sie viele Freunde, die ihre Bücher und Hugos Filme schätzen. Bei einer Lesung von Anaïs im Square Theatre in New York fehlen zwar wieder die maßgeblichen Kritiker und Literaturmanager, auch die bekannteren Künstlerkollegen wie John Cage, William Carlos Williams, James Laughlin, Charles Rolo; aber die Freunde kommen: Anne und Maxwell Geismar, Paolo Milano, Lila Rosenblum, Larry Maxwell, Woody Parish Martin, Stanley Haggert, Yela Bruchta, Lavinia Williams, Eduardo Sanchez, Thurema Sokol und viele mehr, insgesamt etwa hundert Zuhörer. Sie sind neugierig auf den Text, «A Spy in the House of Love», den so viele Verlage abgelehnt haben. Inhalt und Vortragsweise finden Anklang. Die Schriftstellerin Anaïs Nin hat seit Mitte der vierziger Jahre ihren Kreis zuverlässiger Bewunderer, sie hat ihre «entourage». Dennoch kommt sie sich vor wie die «unsichtbare Frau der Literatur». Millionen von Menschen, meint Anaïs, kämpfen in New York. Entweder es gelingt, die eigene Identität zu behaupten, oder man geht unter in der anonymen Masse der Roboter.

«Während die weißen Wolken an mir vorüberziehen, denke ich über diesen Zustand zwischen New York und Los Angeles nach, wenn ich allein bin und mir ganz allein gehöre. Eine neutrale Zone, eine Brücke aus Seufzern, weißem Sehnen; wenn ich wieder auf die Erde komme, werde ich mein menschliches Leben wiederaufnehmen. Ich bin aus einer schwarzen Nacht in reines Weiß geflogen.» (11. Dezember 1952) Über den Wolken scheint ihr jede Lebensform möglich zu sein, in einer Kabine, die gegen Druck gesichert ist. Auf der Erde ist wieder alles belastend. Das Weihnachtsfest im Kreis von Ruperts Familie ist anstrengend. Anaïs gibt sich erneut große Mühe, eine gute Schwiegertochter zu sein. Doch Ende des Monats kehrt sie nach New York zurück.

In der Silvesternacht gehen Hugo und Anaïs mit Freunden ins

Savoy Hotel. Ausgelassene Atmosphäre, Fröhlichkeit, Tanz. Hugo scheint ein guter Tänzer geworden zu sein. Um sie herum tanzen schöne Körper in anmutiger Bewegung. Anaïs wird von Teddy, dem verwöhnten Star des Savoy, der Hof gemacht. Sie freut sich und kann darüber lachen, sagt zu der Freundin Lila, Teddy hätte einen Großmutterkomplex. Hugo lächelt, tanzt, ist beweglich, hat abgenommen und seine gute Figur wiedergewonnen. Morgens um drei Uhr, Mitternacht in Los Angeles, denkt Anaïs an Rupert. Kontrast und Dissonanzen. Sie weiß, daß Rupert mit langweiligen Freunden in einem sehr teuren Restaurant den Jahreswechsel feiert.

Hugo freut sich über Anaïs' Erscheinung. Es geht friedvoll zu. Anaïs meint wieder einmal, ein neuer Hugo sei hervorgekommen, nachdem er seine Rollen abgelegt habe, ein menschlicher, vitaler, wacher Mann. Das gefällt ihr. Noch ein kleiner Schritt, denkt sie, und er wird etwas von der Ausstrahlung des Tänzers Teddy haben, der sie sehnsuchtsvoll an Rupert denken läßt.

Mit Freunden, den Barrons, schreiben Hugo und Anaïs an einem Stück, nachdem sie eines von Kenneth Rexroth gesehen haben, das ihnen nicht gefiel. Anaïs scheint sich in New York wieder wohl zu fühlen. Auch ihre Träume enthüllen, daß sie sich in dem anderen Leben in Sierra Madre eingeengt fühlt. Die Schönheit der Nächte wird durch das Tagesgeschehen vertrieben, das von Politik, Haus und Garten, Hollywood-Filmen und dem «Time»-Magazin bestimmt wird.

Anaïs leidet darunter, daß sie immer noch nicht den großen Erfolg als Schriftstellerin hat. Kathryn Winslow versucht vergeblich, Anaïs' Manuskripte, das Stück für 50 Dollar, in Chicago zu verkaufen. Gore Vidal dagegen erhält 1500 Dollar für das Manuskript von «City and the Pillar». Aber es sind doch genügend Schriftstellerfreunde um sie, daß sie das Gefühl haben kann, es geschehe etwas Bedeutsames. Sie steht mit vielen in Verbindung, muß Manuskripte, Bücher und Briefe verschicken, an den Literaturkritiker Maxwell Geismar etwa oder an den Filmemacher Curtis Harrington in Italien, auch an Jim Herlihy.

Dennoch fliegt sie wieder nach Los Angeles. Wie kann sie das nur rechtfertigen? Ist es wirklich Erholungsbedürftigkeit, fragt sie sich selbst. Nimmt ihr das Leben in New York zu viel Kraft? Hat es damit zu tun, daß sie in New York unter Hochspannung lebt? Jedenfalls beobachtet sie, wie alle Spannung von ihr abfällt, sobald sie dem einfachen Leben im Westen entgegenfliegt, einem Leben in der Provinz des ihr stumpfsinnig erscheinenden Kaliforniens.

Hugo hat zwei Spanielhündchen gekauft, bevor Anaïs davonflog. Zärtlich und besorgt geht er mit ihnen um. Nachts steht er auf, um nachzusehen, ob sie auch nicht frieren. Wenn Rupert mit dem Spaniel Tavi spielt, überlagern sich die Bilder. Wer ist eigentlich wer? Im Körperbau ähneln sie einander, in ihrer schottischen Haltung auch – beide haben Vorfahren in Schottland – und ebenso in ihrer Art, mit Anaïs umzugehen, wenn sie ihr Handeln kritisieren.

Im Augenblick ist ihre Neigung zu Hugo stärker. Rupert kommt ihr nun selbstsüchtig vor in seiner Liebe zu ihr. Anaïs meint, er brauche sie, weil sie eine Verbindung zum Leben für ihn bedeutet. Wenn sie sich einmal körperlich schwach fühlt, ist sein Gleichgewicht dahin. Nach fünf Jahren kommt erstmals der entschiedene Wunsch auf, sich von Rupert zu lösen. Sie meint ihn jetzt objektiv zu sehen, seinen Besitzanspruch, seine Unsicherheit, seine Selbstbezogenheit. Doch allmählich ahnt sie, daß das endlose Vergleichen der beiden Männer zu nichts führt. Sie müßte sich mit den Problemen beschäftigen, die der Aufspaltung ihres Lebens zugrunde liegen. Egal, zu welcher Seite sie fliegt, entdeckt sie mit Dr. Bogner, beleben sich alte Ängste. In Los Angeles sieht sie sich mit ihrer Eifersucht und der Angst konfrontiert, Rupert an eine junge Frau zu verlieren. In New York fühlt sie sich grau und alt. Es geht nicht um diesen oder jenen, sondern um die Wahl von Risiko und Leidenschaft einerseits oder von Sicherheit und Monotonie andererseits. Vor beiden Seiten flüchtet sie. Aber Körper und Seele wollen wieder eine Einheit werden.

Seit Jahren hat Anaïs Schmerzen im rechten Unterbauch, doch die Ärzte finden nichts. Sie schämt sich und denkt, wie in der Kinderzeit, sie sei eine eingebildete Kranke – wie man es ihr damals beigebracht hat. Etwas für die Analyse also, sie sucht Inge Bogner auf. Die Schmerzen halten an. Dr. Jacobson schickt sie zu einem Spezialisten, der entdeckt schließlich einen apfelsinengroßen Tumor am Eierstock. Am Freitag, dem 29. Januar 1953, wird sie operiert. Sie informiert Rupert nicht, denn sie befürchtet, er könnte nach New York kommen. Das würde Komplikationen bedeuten. Im New York University Hospital hat sie ein kleines Zimmer mit zwei Fenstern. Sie bemerkt, daß sie in extremer Krankheit ganz passiv, gehorsam, kindlich, vertrauend wird. Anaïs fürchtet, daß sie Krebs hat. Man gibt ihr Äther, keine Injektion. Als sie wieder zu sich kommt, stellt sie erschrocken fest, daß man den Bauch aufgeschnitten hat. Sie ruft einige Tage danach Rupert an und ist wie gewöhnlich bemüht, sich nichts anmerken zu lassen. Sie schreibt ihm, als wäre nichts gewesen.

Freunde besuchen sie: Herlihy und sein Freund Dick, Lila, Dr. Brichta, Maxwell Geismar und andere. Nach neun Tagen darf sie das Krankenhaus verlassen und weint vor Freude. Hugo ist voller Angst. Wie Rupert kann er nicht ertragen, Anaïs, die ihn schützen soll, schwach zu sehen. Das bringt Anaïs schnell wieder auf die Beine.

Hugo bezahlt den Druck von «A Spy in the House of Love», um sie, wie Anaïs meint, vor der Wahrheit zu schützen, daß man ihre Texte ablehnt. Das gemeinsame Schicksal des um Erfolg kämpfenden Künstlers verbindet sie in neuer Weise und bietet Anaïs zugleich eine neue Rationalisierung ihres «Davonlaufens»: er soll sie reisen lassen, sie brauche Sonne, Frieden und Erholung von ihrer beider Krankheit. Hugo lebt in der beständigen Furcht, dem Standard des Museum of Modern Art nicht gerecht zu werden, zögert deshalb mit der Fertigstellung des Films, an dem er gerade arbeitet, schneidet ihn um, variiert endlos, ohne Gewißheit, daß das Werk besser wird. Anaïs hat beobachtet, daß er auch manche Kupferplatte durch immer neues Überarbeiten verdorben hat. Sein ganzes Leben scheint nun davon abzuhängen, ob den Leuten seine Filme und Graphiken gefallen oder nicht. Das kommt Anaïs verrückt vor. «Ich verstehe einfach nicht, warum es mich beunruhigen, mir den Schlaf rauben sollte, wenn Toshka im Four Seasons Bookshop mein Schreiben nicht gefällt und ablehnt, meine Schallplatten zu verkaufen, oder wenn Wallace Fowlie, der ein Buch über Surrealismus und Poesie schreibt, zu Henry Millers Büchern Stellung nimmt und nicht ein einziges Wort über mich verliert, oder wenn Kimon Friar an einem Abend einfach ‹vergessen› hat zu kommen. Wir haben so vieles, das uns Freude macht, und leiden darunter, daß wir nicht erreichen, was viele gute Künstler nicht erreicht haben. Franz Kafka, Anna Kavan, Djuna Barnes, Isak Dinesen. Armer Hugo. Beide werden wir gequält von diesem Bedürfnis, durch unsere Kunst Lob, Liebe und Verständnis zu gewinnen.»

Während der Rekonvaleszenz begibt sich Anaïs ganz unter Hugos Fittiche und öffnet sich seinen Bedürfnissen und Schwierigkeiten. Das mildert ihre Schuldgefühle. «Wir haben von der Religion eine falsche Entwicklungsreihe abgeleitet: daß Schuld Böses tun bedeutet, daß das Geständnis Buße und Reue bedeutet, daß dieses letztlich Wiederherstellung, Rückkehr zum ursprünglichen Zustand bedeutet. Da wir das nicht wünschen, bauen wir eine Abwehr auf, Schuld führt zum Verteidigungskrieg. Aber jetzt ist mir der wahre Entwicklungsgang klar. Schuld ist eine Form der Selbstzensur. Will man sich von ihr befreien, muß man das eigene Selbst so akzeptieren, wie es ist, und die Realität der eigenen Handlung auch...»

In ihren Einzelanalysen bei Bogner begreifen Hugo und Anaïs, daß jeder von ihnen seiner Besessenheit folgt. Diese Einsicht hat zur Folge, daß sie einander nicht mehr so heftig bekämpfen. Auf dem Hintergrund des Wissens um die eigene Obsession bringen sie – eine Zeitlang wenigstens – Verständnis für den anderen auf.

Anfang der fünfziger Jahre lernt Anaïs Peggy Glenville-Hicks, Komponistin und Musikkritikerin der New Yorker «Herald Tribune», kennen, eine Frau, die es ebenfalls in der von Männern beherrschten Kunstszene nicht leicht hat. Anaïs gefallen ihr beweglicher Intellekt, ihre klare Ausdrucksweise und ihr scharfer Witz. Manchmal begegnet Anaïs einzelnen Menschen, die sich für ihre Bücher begeistern. Besonders tröstlich ist das, wenn sie gerade wieder von Literaturkritikern abgelehnt wird. Bei Lesern, die mit ähnlichen Erfahrungen vertraut sind und die sich mit Problemen auseinandersetzen, welche über die Tatsachenebene hinausreichen, kommen Anaïs' Bücher meist gut an. Peggy meint in «Children of the Albatross» Menschen wiederzuerkennen, mit denen sie befreundet ist. Sie glaubt den Schriftsteller und Komponisten Paul Bowles und dessen Frau Jane beschrieben zu sehen, die Anaïs jedoch damals gar nicht kannte. Anaïs trifft offenbar charakteristische Züge der Lebensform von Künstlern, die sich, wie sie selbst, mit ihrem Leben auf Entdeckungsreise begeben. Es sind nicht die Geschäftstüchtigen und Angepaßten – die scheinen in großer Zahl besonders unter Kritikern und Verlegern vertreten zu sein.

Für Anaïs ist Peggys Begeisterung Balsam auf die Wunden des Vernachlässigtwerdens. «Ich schreibe lieber für einen Menschen von Peggys Qualität als für die Millionen anderen.» Das stimmt und stimmt nicht, denn im Grunde reichen ihr Achtungserfolge bei einzelnen nicht. Sie will groß herauskommen mit ihrem eigenen Namen. Ihr Bedarf an Anerkennung, Liebe, Bestätigung ist riesengroß, was auf dem Hintergrund ihrer Kindergeschichte nicht verwundert. Dennoch erträgt sie diese langen Durststrecken und bleibt ihrer literarischen Sicht der Dinge treu, unterwirft sich nicht dem Geschmack des großen Publikums. Ohne Hugos Schutz wäre sie vielleicht gänzlich verzweifelt.

Peggy Glanville-Hicks charakterisiert das Schreiben der Anaïs Nin als «fließend». Ja, sagt sie sich selbst, das Leben, wie sie es gewählt hat, ist reich, überreich, in jedem Fragment lebt sie ganz und gar; bleibt nur die Frage, wie alles miteinander zu verbinden ist. Nicht durch konventionelle Formen, das ist ihr klar, «Integration» ist nur möglich «im Offenen, Unbegrenzten… Wir brauchen eine neue Architektur für unser Leben wie für unser Werk. Zuerst hat man nicht gewußt, ob sich Debussys Musik in Auflösung verloren hat. Heute wissen wir, daß er die fließende Qualität des Seelischen entdeckt hat, genau wie Alban Berg die Sprache unserer Nerven. Und mein Schreiben, wohin wende ich mich? Auf welchem Weg? Und woher komme ich? Relativität ist das Schlüsselwort. Fließen. Ist es nur für Amerika charakteristisch, daß man keinen Sinn für die Wirklichkeit seelischer Probleme hat? Das Tagebuch hat seinen Zusammenhalt in mir. Die Romane? In wessen Bewußtsein bilden sie ein Ganzes?»

2. Reisen: Das Einfache
ist das Fremde

AM 12. MÄRZ 1953 BRECHEN Rupert und Anaïs von Sierra Madre zu einer Reise durch die Staaten nach Jucatan in Mexiko auf. In einem Brief an Anne und Max Geismar schreibt sie: «Euer Eskapist Nummer eins, Doktor der Philosophie des Flüchtens, Bakkalaureat der Kunst des Flüchtens, Bakkalaureat der Wissenschaft des Flüchtens, Magister aller Fluchtwelten schreibt Euch, während er mit fünfundsiebzig Meilen durch Mexiko reist.» Sie erinnert sich an den Ausspruch eines Dichters: «Wenn man verletzt wurde, reist man so weit wie möglich fort von der Verletzung.»

Die Reise erweist sich jedoch als Strapaze für Anaïs. Sie sind sieben Wochen lang unterwegs, nicht selten bis zu acht Stunden täglich «on the road». Ihr Reisebericht ist eine einzige Klage. Die Hotels in Mexiko sind unmöglich, in den primitiven Betten kann sie nicht schlafen, es ist zu laut, die Decken sind zu dünn, das Essen ist furchtbar. Das einfache Leben bringt sie zwar auf die Erde, aber genau das ist schwer zu ertragen. Das Zusammensein mit Rupert ist voller Spannungen. Er erkrankt an einer schweren Bronchitis, so daß sie den Wagen steuern muß – fünf Tage lang durch einen Sandsturm in der Wüste. Anaïs fährt ihm zu langsam. Auf der Reise verliert sie fünf Pfund an Körpergewicht und dreißig Prozent ihrer roten Blutkörperchen.

Nach New York zurückgekehrt, muß sie Hugo pflegen, der wieder an Rückenschmerzen leidet. Aber nach einer Übergangzeit der Unzufriedenheit schlüpft sie, dank Dr. Bogners und Millicents Unterstützung und einiger Injektionen, in ihr New Yorker Leben. Hugo spekuliert mit seinem ersparten Geld an der Börse und verliert. Immer ist er kurz davor, das große Geld zu machen, aber es gelingt nicht. Wieder steht Anaïs vor dem Problem, selbst Geld zu verdienen. Ruperts Arbeit als Forest ranger bringt nur 250 Dollar im Monat ein. Aber wie kann Anaïs hinzuverdienen, wenn sie sich um den Haushalt kümmern muß? Für beide Männer ist sie die große Organisatorin. In New York reinigt und ordnet sie etwa hundert Kupferplatten, ordnet Hugos Filme, schafft alle überflüssigen Sachen aus der Wohnung, räumt mit ihrer Kleidung auf, verändert die in Mexiko erworbenen Kleidungsstücke. Sie liebäugelt mit dem einfachen Leben einer Künstlerin, die eigentlich keinen Komfort braucht und mit wenig Geld auskommt, und doch fällt ihr das Akzeptieren der damit verbundenen Unbequemlichkeiten sehr schwer.

Rupert schreibt selten. Das kränkt Anaïs und sie reagiert, indem sie vorübergehend auch nicht schreibt. Jetzt sieht es so aus, als könnte das New Yorker Leben das Ganze sein. Aber es bleibt immer das Verlangen nach dem einfachen erotischen Glück mit Rupert. Bogner gibt wieder zu bedenken, daß ihr Problem der Dualität nicht mit der Trennung von dem einen oder anderen Mann verschwinden würde, da es in Anaïs' eigenem Seelenleben begründet ist.

Max Geismar bestätigt ihr in dieser Zeit – wie viele vor ihm –, daß das Tagebuch ihr eigentliches schriftstellerisches Können zeigt. Wieder erwägt sie Wege des Veröffentlichens; wenn es denn sein muß, will sie das Tagebuch sogar unter einem Pseudonym erscheinen lassen. Die Geismars führen ein Leben, das Anaïs mit skeptischem Interesse beobachtet: «Ein Haus, Kinder, Hunde, Garten. Erde und Geist.» Das sieht aus wie die Integration eines einfachen, menschlichen Lebens mit dem kultivierten Interesse an Kunst. Aber auch dabei fehlt Anaïs etwas: «Nichts Subtiles und kein wirklicher Sinn für Ästhetik.» In ihrem Leben mit Rupert ist es ähnlich. «Wenn er seine Schauspielerkarriere wiederaufnehmen könnte», denkt Anaïs manchmal; «er wäre ein guter Gerard Philippe.» Aber Rupert sieht die Hindernisse. Und Anaïs fürchtet, ihn zu verlieren, wenn wirklich ein anerkannter Schauspieler aus ihm würde; sonst hätte sie ihn gewiß stärker unter Druck gesetzt.

Geismar betrachtet Literatur aus einer politischen, kommunistisch orientierten Perspektive und hat zunächst Bedenken gegen

Anaïs' Schreiben, weil es ihm allzu abgehoben erscheint. Nachdem er einige längere Passagen gelesen hat, die Anaïs nicht für die Veröffentlichung zensiert hat, findet er das Materiale dann doch, und zwar in Anaïs' «akkuraten Beschreibungen des Liebeswahns. Das ist Literatur erster Güte; und nebenbei Form. Natürliche Form.»

Als zentrales Thema sieht Geismar den Entwicklungsprozeß der Heldin, ihren Befreiungs- und Reifungsprozeß, den Kampf gegen die Neurose, das Sichabschließen gegen Realität. Eine Hexe, die Heldin, meint Geismar; aber wie unbeschönigt sie dargestellt wird, mit welchem Humor und mit wieviel Einsicht, das gefällt ihm sehr. Die ganze Geschichte hat Bewegung, zeigt Veränderung. Er findet keinen Einwand gegen eine Veröffentlichung. Anaïs müsse sich entscheiden, ob sie sich in erster Linie als Frau oder als Schriftstellerin begreifen will. Geismar bekräftigt, daß sie zuallererst Schriftstellerin ist, was sich mit Rücksichtnahme auf das Privatleben nicht vereinbaren läßt. Im Zeitalter der Atombombe sollten Leben und Literatur nach seiner Auffassung das Unmittelbare, Direkte, Einfache über alles stellen. «Denn jederzeit kann es vorüber sein.»

Trotz des Lobes fühlt sich Anaïs von ihm nicht verstanden. Ihr scheint, daß Geismar wie die meisten Menschen den «Liebeswahn» als Illusion abwertet. Nach ihrer Ansicht begreift niemand, wie wichtig das Gefühl der Ganzheitlichkeit im Liebeswahn ist. In Poesie und Leidenschaft bekundet sich, was sie «die größte Wahrheit» des Lebens nennt. Daß diese Augenblicke nicht andauern, berechtigt nicht, die Verfassung der Leidenschaft zu einer Farce zu erklären und zu entwerten. Dann müßten wir auch das Leben entwerten, weil letzten Endes der Tod alles hinfällig macht. Selbst wenn sich die Liebesbegeisterung durch das Alltagsleben abschwächt, darf man ihr nicht die reale Kraft der Verwandlung absprechen, durch die ein ganz normaler Mensch zur Gestalt eines Mythos werden kann.

Im Juni 1953 findet sie den Mut, Hugo in aller Offenheit zu sagen, daß sie zwar gern mit ihm lebt, aber auch Zeiten braucht, in denen sie allein sein kann. Er scheint das jetzt akzeptieren zu können. Seit er an seinen Filmprojekten arbeitet, hat er andere Künstler gefunden, die mit ihm arbeiten und denen seine Filme gefallen. Später wird er auf die Frage André Bays, der Anaïs Nins Bücher in

Frankreich veröffentlicht, wie er Anaïs' Lebensform ertrage, antworten, daß man einer Frau von ihrer Art Freiheit gewähren müsse. Das Gefühl, Hugo gegenüber offener sein zu können, hilft Anaïs eine Zeitlang, ihren Gefühlskonflikt zwischen den beiden Männern zu ertragen.

Mit Inge Bogners Hilfe hat Hugo herausgefunden, daß der plötzliche Verlust der liebevollen Einheit mit der Mutter seine Gefühlswelt geprägt hat. Der Vater hielt sich während der ersten zwei Lebensjahre seines Sohnes zumeist in Puerto Rico auf. Etwa zur Zeit seiner Rückkehr wurde Hugos Bruder John geboren. Mit beiden mußte er dann die Mutter teilen, was für ihn kaum zu ertragen war. Ob er deshalb seine Ehe nach dem frühen Muster dieser Einheit von zweien unter Ausschließung der Welt zu gestalten gesucht habe, fragt Anaïs. Hugo bejaht. Warum er dann nicht eine andere geheiratet hat, meint Anaïs – es gebe doch viele Frauen, die so zu leben wünschten. Weil das Mütterliche allein ihn später nicht mehr glücklich gemacht hätte, entgegnet Hugo; er hat sich nach einer intellektuellen Frau wie Anaïs gesehnt. Beide hatten sich zu Beginn ihrer Ehe in eine Zwillingsphantasie eingesponnen. Anders als Hugo hat Anaïs jedoch vor dieser exklusiven Nähe Angst bekommen.

Dieses Mal fährt sie nach Sierra Madre mit der entschiedenen Absicht, offener zu leben; vielleicht kann sie dann auch weniger verklausuliert schreiben. Ja, sie liebt Ruperts Liebe, aber sie liebt nicht das Leben mit ihm und die «einfachen» Menschen in Sierra Madre. Auch die Schönheit der Frauen in Hollywood macht ihr zu schaffen. Sie fürchtet zu unterliegen.

Hugo scheint den Kampf um Anaïs aufnehmen zu wollen. Als sie im August 1953 nach New York zurückkehrt, holt sie ein ganz veränderter Ehemann am Flughafen La Guardia ab. Er wirkt lebhaft und fröhlich, geht nicht mehr abgekapselt und blind durch die Welt. Sein Film «AY-YÉ» hat in Paris einen Preis gewonnen, und ein Film, den er in einem mexikanischen Zoo gedreht hat, wird von der Ford Foundation ins Programm «Omnibus Child» aufgenommen.

Mit seiner Kamera sieht er mehr als andere. Anaïs posiert für ihn, wenn sie durch New York gehen. Hugo filmt besonders gern ihre Spiegelung in den Schaufenstern, die Überlagerung mit den Schaufensterpuppen. Anaïs gefallen seine freien Improvisationen. Während er den Film wechselt, nehmen sie irgendwo einen Martini. Anaïs genießt dieses veränderte Leben. Anders als in Sierra Madre fühlt sie sich nicht unruhig und rebellisch. Sie ist eine wundervolle Frau für einen Künstler wie Hugo. Wenn sie ein Kleid sieht, das sie haben möchte, gibt er das Geld. Wenn Millicent Urlaub hat, könnte sie vorübergehend jemand anders einstellen, der ihr die Hausarbeit abnimmt. «Das Leben ist frei und fließend», notiert sie.

Jim Herlihy, der sich von seinem Liebhaber Dick getrennt hat, lebt wieder eine Zeitlang mit ihnen. Er ist nach wie vor von Anaïs' Schreiben und dessen Bedeutung für die Zukunft überzeugt. Herbert Alexander, Cheflektor in einem Taschenbuchverlag, liest fünfhundert Seiten des Tagebuchs und glaubt ebenfalls, daß Anaïs die Schriftstellerin der kommenden Zeit ist; jetzt könne er allerdings nichts für sie tun. «A Spy in the House of Love» ist immer noch ohne Verleger. Anaïs trifft ihren Agenten René de Chochor, bespricht Möglichkeiten der Veröffentlichung und fährt mit Herlihy, einem Freund und Hugo nach Long Island an den Strand, um das alles zu vergessen.

Die Doppelbilder und Doppelbelichtungen in Hugos Filmen gefallen ihr. Als Künstler verstehen sie einander vollkommen. Hugo liest nun auch Marcel Proust, ihren Lieblingsautor. Anaïs hält Hugo für den ersten wahren Dichter des Films: Freie Assoziationen von Bildern führen später zu einem Thema, das alle Bilder nach einer eigenen Logik zu verbinden scheint. Sie meint, durch Hugos Filme einen neuen Blick für den Broadway zu gewinnen.

In dieser Zeit der Gemeinsamkeit mit Hugo wird sie von Alpträumen bedrängt, die mit Rupert verbunden sind – ganz so, wie sie bisher Hugo gegenüber empfunden hat. Das Leben mit Rupert ist fern, unwirklich. Wenn sie telefonieren, berichtet er ausführlich vom Hund Tavi und dessen Problemen. Mit Hugo dagegen harmoniert sie in dieser Zeit intellektuell, glaubt an sein Filmen und findet es richtig, daß er sehr viel Geld dafür einsetzt. Angstvoll beobachtet Anaïs, daß ihre Leidenschaft für Rupert zu schwinden scheint, und zweifelt, ob sie in sein Leben paßt. Ihr wahres Leben spielt sich jetzt in New York ab. «Man kann sich nicht mit dem Sohn vermählen. Die Liebe des Sohnes ist von der Art eines Trapezaktes, dann und wann verschwindet das Netz, der Abgrund liegt offen vor Augen, und eine allzu kleine Verbindung wird offenbar. Du stürzt ab. Reife Liebe ist unbegrenzt. Unreife Liebe ist begrenzt.» So hat sich auch der Freund Jim Herlihy im Vergleich mit Hugo als Kind erwiesen.

Hugo würdigt, wie sehr sie ihm bei seinem Film «Jazz of Lights» hilft, und Anaïs meint, als Künstlerin und als Frau eines Künstlers sei sie am besten; Frau eines Bankers hätte sie nicht sein können. Sie begreift blitzschnell, was er vorhat, wenn er Schönheit und Häßlichkeit der 42. Straße filmen will, und bringt es auf die Formel: die Gestalt des Jazz im Licht. Es macht sie glücklich, daß Hugo ihre Anregungen aufgreift. Jetzt weiß sie, daß ihre Rebellion gegen das Leben einer Banker-Frau gerechtfertigt war. Wäre sie nicht vorangegangen, hätte Hugo niemals den Schritt zu einem Künstlerleben gewagt. «So leben wir in Frieden», notiert sie am 15. September 1953.

Rupert dagegen gerät jetzt in Hugos frühere Rolle. Er meint, sie müßten erst Geld und ein Haus besitzen, um später Filme und Kunst machen zu können. Aber später «wäre ich nicht einmal mehr am Leben», fürchtet Anaïs. Jetzt hat sie Rupert schon sechs Wochen lang allein gelassen. Alles dreht sich um Hugos Film, der rechtzeitig für eine Vorführung im Museum of Modern Art fertiggestellt werden muß. Sie hält Rupert hin, erfindet Ausreden und fühlt sich schlecht. Wieder müssen Dr. Jacobsons Injektionen neue Energie spenden. Doch schließlich verdrießt es Anaïs, daß sie in New York nur für andere lebt, für Hugos Film, für Max Geismars Party, und keinen Spielraum für ihr eigenes Werk hat. Hugo redet unentwegt, nimmt sie ganz in Beschlag, auch mit trivialen Dingen. Sie muß fort. Zugleich bemerkt sie, daß ihr Idealisieren der Menschen – von Hugo wie von Rupert – «ein Verbrechen gegen das Menschliche» ist. «Ich war ein Schöpfer, aber ebensosehr ein Rebell.»

Ende September 1953 fliegt sie wieder nach Sierra Madre. Einen Monat später besucht sie die Mutter, die seit einigen Jahren mit Joaquin in San Francisco lebt. Joaquin ist für ein paar Tage auf Reisen. Es fällt Anaïs schwer, mit der Mutter zu leben. Verschlossene Jalousien, Ärger über lärmende Kinder. Die Mutter fertigt Spitzenarbeiten an, liest Detektivgeschichten «und wartet... Schrecken des Alters, die Taubheit, die falschen Zähne, das eingeschränkte Leben». Als die Mutter erzählt, wie sie durch Anaïs' Vater gedemütigt wurde, weil ihr dänischer Vater ein Jude war, fühlt sich Anaïs ihr wieder nahe. Aber das einfache, häusliche Leben, für das die Mutter steht, kann sie nur ablehnen. Sie fühlt sich dem Vater verbunden, weil sie seine ästhetische Ansicht des Lebens teilt. «‹Dein Vater›, sagte meine einfache, prosaische Mutter einmal, ‹hatte so einen starken Sinn für die Illusion.›»

Nach Sierra Madre zurückgekehrt, begegnet ihr auch dort die ganze Misere des einfachen Lebens. Ruperts leiblicher Vater ist im Haus, um sich von einer Prostata-Operation zu erholen. Gleichsam zur Begrüßung überreicht er Anaïs einen von Blut und Urin beschmutzten Pyjama, den sie waschen soll. Reginald Pole ist ein merkwürdiger alter Mann von siebzig Jahren, ein Hypochonder, der ganz bestimmte Nahrungsmittel braucht, was das Einkaufen sehr zeitaufwendig macht. Anaïs erlebt ihn als Parasiten, der nichts für andere tut. Unvorstellbar, daß er einmal interessante Vorträge über Themen gehalten hat wie: «Der Eintritt der Frau in die moderne Welt», «Die geistige Quelle der Kunst», «Vom Wert der Muße», «Beethoven und der heroische Geist» und (wie ihr Vater) über «Das Wesen der Schönheit». Jetzt ist er für jeden eine Last. Die Ärzte sind verwundert, daß er bei seinem schlechten körperlichen Gesamtzustand – er ist dünn wie ein Skelett – die Operation überlebt hat. Zornig notiert Anaïs im Tagebuch, daß er einfach nicht sterben will.

Rupert läßt sich weiter von der Familie einspannen. Anaïs rebelliert. Während Reginald in allen Einzelheiten seine Operation beschreibt und Rupert einen Familientermin, den zweiten in einer Woche, bei seiner Mutter festlegt, faßt Anaïs den Entschluß, sich von dieser Wirklichkeit nicht einfangen zu lassen und in die Vergangenheit zu reisen. Indem sie einen Tagebuch-Band abtippt, belebt sie das Ende ihrer Beziehung zu Gonzalo wieder, den Zusammenbruch des Verlages, ihre Affären mit Albert Mangones, Bill Howell, Edward Graeffe und anderen.

Selbst wenn Rupert einmal über Literatur und nicht über die alltäglichen Probleme spricht, erfüllt er Anaïs' Ansprüche nicht. In dieser Zeit kann er machen, was er will, alles kommt Anaïs trivial vor. Sie hat das unangenehme Gefühl, mit Rupert in eine Falle geraten zu sein. Durch Leidenschaft gebunden, lieben sie doch die Lebensformen des anderen nicht. Rupert wünscht sich in den ersten Jahren ihrer Beziehung eine Ehe mit herkömmlicher Rollenverteilung; Anaïs soll nicht mehr verdienen als er. Er möchte sie im Haus haben. Sie fügt sich äußerlich diesen Wünschen, kann aber sein Kritisieren und Kontrollieren kaum ertragen.

Manchmal ahnt Anaïs, daß ihr Hin und Her von Zuneigung zu Rupert und Abneigung gegen Hugo und umgekehrt ein wesentlicheres Problem aus dem Blick drängt. Sie ist sich selbst nicht genug, sie hält es mit sich allein nicht aus. Lebte sie allein, müßte sie ihr Tun und Lassen selbst einschätzen, Glück und Enttäuschung aus ihren eigenen Handlungen ableiten und würde Opfer ihrer eigenen Kritik. Rupert und Hugo schützen sie davor. Solange sie deren Unzulänglichkeiten aufspürt, bleiben ihre eigenen im Halbschatten. Oft hat man das Gefühl, daß sie mit ihren fünfzig Jahren immer noch jemanden um sich haben muß, der sie vor ihren riesigen Erwartungen an das Leben schützt.

Als sie Anfang November 1953 nach New York zurückkehrt und Hugo von der Idee besessen scheint, mit seinen experimentellen Filmen auch finanziell erfolgreich zu sein – sie müßten mit ihrer künstlerischen Arbeit fünftausend Dollar pro Jahr zum Gesparten hinzuverdienen, meint Hugo –, ist Anaïs entsetzt. Sie weiß, daß man mit experimentellen Kurzfilmen nicht reich werden kann, und schlägt ihm vor, die Ausgaben einzuschränken. Sie teilt Hugos Ansprüche auf einen gehobenen Lebensstandard nicht. Die Haushälterin Millicent meint zudem, Hugo würde in Anaïs' Abwesenheit das Geld zum Fenster hinauswerfen und sei ein nörgelnder, anspruchsvoller und manchmal rücksichtsloser Mann. Außerdem fürchtet Anaïs, sie könnten sich mit den Filmprojekten vor einer größeren Öffentlichkeit blamieren. Er sollte sich lieber in der Filmarbeit verbessern und nicht wieder den Banker spielen, der das große Geld machen muß. Sie möchte nicht mehr mit diesem anspruchsvollen Mann leben.

Da Rupert in dieser Zeit keine Zuflucht zu bieten scheint, gerät sie in ein Dilemma. Für Rupert wie für Hugo, meint Anaïs, muß die Qualität des Alltagslebens erst gesichert sein, bevor sie sich der Kunst widmen können. Rupert möchte nach kalifornischen Standards in einem eigenen Haus mit Garten und Swimmingpool leben. Er glaubt, Anaïs diesen Komfort schuldig zu sein. Immer neu versucht er, sie davon zu überzeugen, daß sie dafür sparen sollten. Anaïs aber findet die Vorstellung vom trauten Heim schrecklich. Unmißverständlich macht sie Rupert klar, daß sie diesen Traum nicht teilt.

Unter dem ins Schöne stilisierten Ausdruck der Anaïs Nin schwelen Zorn und Rebellion; es geht im Grunde nicht um diesen oder jenen Mann, um diesen Erfolg oder jenes Mißlingen. Anaïs führt eine wütende Anklage gegen das Schicksal. Eigentlich möchte sie ein friedliches Leben führen. Aber wohin mit den Enttäuschungen, daß es nicht gelingt, den bahnbrechenden modernen Roman des zwanzigsten Jahrhunderts zu schreiben? Warum ist nicht mit einem Schlage alles anders? Warum ist der Wunsch nach einem künstlerischen Leben durch tausend kleine Hindernisse versperrt? Warum entzieht sich das dauerhafte Glück?! Warum immer dieser riesige Abgrund zwischen Wunsch und Erfüllung, zwischen Vision und aktuell gestalteter Wirklichkeit?

Wenn Hugo anders wäre, wenn Rupert anders wäre, wenn auch sie selbst ein bißchen anders wäre, dann könnte es so schön sein; aber sie sind allesamt Menschen – und nichts anderes. Selbst in Los «Angeles» leben die Engel nicht. Es muß mehr sein als das kleine banale Glück – wie und was das wäre, läßt sich schwer fassen. Damit es doch behandelt werden kann, gibt Anaïs ihm eine Gestalt und einen Namen: sie spricht dann von Kunst. «Kunst» ist das Zauberwort für eine Gegenwirklichkeit, die über alle Kleinlichkeit menschlicher Begrenztheit hinausreicht. Kunst wird für Anaïs zu einer Bezeichnung für ein unstillbares Verlangen, das man metaphysisch oder religiös nennen könnte.

Seit längerer Zeit geht Anaïs' Leben in Kalifornien nicht mehr ausschließlich im engen Zusammensein mit Rupert auf. Auch in Los Angeles hat sie einen Kreis von Künstlerfreunden. Renate Druks, eine knapp zwanzig Jahre jüngere, aus Wien stammende Malerin, wird zur Freundin, der sie alles anvertrauen kann. Sie lernen sich Anfang der fünfziger Jahre kennen, in einer Zeit, da sich die Frauen in Amerika trotz aufkommender Emanzipationsneigungen noch immer als schönes Objekt stilisieren, um einen Mann auf sich aufmerksam zu machen. Renates Leben wird durch einen Drang nach Unabhängigkeit bestimmt. Ihre Aktivität beruhigt sich nicht im

Vorführen ihres attraktiven Körpers – so wichtig das für sie auch ist. Bewunderung und Anerkennung der Männerwelt brauchen Anaïs und Renate, um ihr Werk auf die Welt bringen zu können. Mag sein, daß die große Bedeutung der Väter in ihrer Kinderzeit beide auf diese Spur gesetzt hat.

Sie wollen mit einem Werk in die Öffentlichkeit, Renate mit ihren Bildern und Anaïs mit ihren Büchern. Beide sind unzufrieden, wenn sich ihr Leben auf Heim und Herd beschränken soll. Sie suchen den Ausdruck ihrer Erlebnisse, Ängste und Begeisterungen in der Kunst. Renate meint, Anaïs habe sie geschaffen, und Anaïs ist bereits bei ihrer ersten Begegnung überrascht, daß Renate spricht, als wäre sie eine Gestalt aus ihren Romanen. Wie Zwillinge verdoppeln und ergänzen die beiden Frauen einander. Verbunden fühlen sie sich auch aufgrund ihrer europäischen Herkunft. Allerdings kann sich Renate anders als Anaïs ohne den Zwang zur Maskierung und Stilisierung, ohne Rücksicht auf Konventionen und guten Anstand entfalten. Unzensiert und ungebrochen gibt sie ihre Kommentare in der jeweiligen Situation, gleichsam ohne Rücksicht auf Verluste. Sie kann «tierisch» gut lachen. Der überempfindlichen, feinen Anaïs geht das manchmal zu weit, doch zugleich genießt sie, daß Renate es wagt, überkommene Formen zu sprengen.

Renate scheint ihr ein vorbildlich freies Leben zu führen. Sie lebt zusammen mit Paul Mathiesen in einem schönen Haus in Malibu, mit Blick über den Pazifik. Paul malt ebenfalls und schreibt gelegentlich kleine Artikel – unter anderem über Henry Miller. Paul Mathiesen, der Anaïs mit Renate bekannt gemacht hat, war Anaïs zuerst in den vierziger Jahren begegnet. Er gehörte in New York zur Gruppe der jungen Homosexuellen. 1947 traf sie ihn in Acapulco wieder, im Kreis um Gore Vidal. Obwohl Paul in sie verliebt war, hat er damals nicht mit ihr schlafen können. So war Anaïs natürlich neugierig, Renate kennenzulernen, die ihn «bekehrt» zu haben scheint. Früher wäre sie wahrscheinlich mit einem Gefühl der Unterlegenheit Renate eher aus dem Weg gegangen. Auf dem Hintergrund ihrer sexuell glücklichen Beziehung zu Rupert jedoch ist Anaïs' Verlangen nach Bestätigung ihrer Attraktivität nur noch eine Attitüde, jedenfalls was den sexuellen Bereich angeht. Den Kampf um die Liebe der Welt trägt sie jetzt symbolisch aus mit ihren literarischen Werken.

Renate ist Mittelpunkt eines Kreises von jungen Künstlern. Einige von ihnen, wie die ambitionierten Filmemacher Kenneth Anger und Curtis Harrington, kennt Anaïs seit Ende der vierziger Jahre. Am Strand sind sie oft zusammen. Unzufrieden mit der Prüderie ihrer Zeit, mit dem Glamour der kommerziellen Hollywood-Filme, mit dem auf Realismus eingeschworenen Literaturgeschmack, verbindet die Mitglieder dieser kleinen Künstlergruppe ihr Interesse an einer Gegenkultur. Spielerisch bewegen sie sich in den Übergängen zwischen ausgelassener Kostümfest-Atmosphäre und einem neuen Bild von Wirklichkeit in Kunst und Leben.

Sie laden Anaïs zu einer Party ein, die unter dem Motto steht: «Come as your Madness» («Komm in Gestalt deiner Verrücktheit»). Rupert ist nicht begeistert, er will kein Geld für das Kostüm verschwenden. Anaïs hat einen Einfall für ein billiges Kostüm. Ruperts Beobachterposition symbolisierend, wird sein nackter Oberkörper mit Augen bemalt, und er erhält eine Krone aus Pingpongbällen, die ebenfalls mit Augen bemalt werden. Anaïs trägt ein Kostüm der Nacktheit, bedeckt die Brustspitzen mit kleinen Leopardenfellohrringen. Auch ihr Rücken wird wild bemalt. Der Kopf steckt in einem Vogelbauer, das Haar ist goldbestäubt, die Augen sind mit sehr langen Wimpern akzentuiert. Um die Handgelenke gewunden trägt sie Papierrollen mit ausgewählten Sentenzen aus ihren Romanen. Jeder Gast erhält einen Spruch. «Curtis Harrington nannte es den Lochstreifen des Unbewußten.»

Die fünfzigjährige Anaïs erlebt diese Party als großen Erfolg. Die Männer reißen sich darum, mit ihr zu tanzen. Das bedeutet ihr sehr viel, denn das Bild der attraktiven Frau beginnt sich Anfang der fünfziger Jahre zu verändern. Mit seinem Film «Gentlemen Prefer Blondes» (1953) kreiert Howard Hawks die Doppelgestalt aus berechnender Sexbombe und verletzlicher Kindfrau. Mit Marilyn Monroe verläßt die Frau den Salon. Sie steckt ihre runden Formen in enge Jeans und hautenge Pullover. Nasse, vom Wind zerzauste Haare stehen ihr noch besser als die vor dem Spiegel zurechtgesteckte Frisur. Sie schreckt auch vor der Rolle des naiven

Dummchens nicht zurück, da es insgeheim durchaus in der Lage ist, die Fäden nach eigenem Wunsch zu ziehen.

Anaïs hat sich zwar die Haare neuerdings blond färben lassen, aber im übrigen bleibt sie ihrer gemessenen Künstlichkeit treu.

Auf der Party wird sie laufend photographiert und bemerkt mit Genugtuung, daß sie jüngere Frauen ausstechen kann. Rupert steht etwas linkisch daneben, kümmert sich um das Kaminfeuer und tanzt selten. Eigentlich ist es Anaïs, die fürchtet, Rupert könnte sich an jemand anders verlieren. Aber Rupert gefallen solche Parties nicht.

Künstler dieser Art kennt er zur Genüge, sie sind ihm zu labil. Anaïs setzt dagegen, sie hätten den Mut, ihre Phantasien auszuleben, während er Angst davor habe, seinen Don-Juan-Phantasien nachzugehen. Das sieht nun zwar nach einer Projektion aus, denn Anaïs tritt auf der Party mit der ganzen Verführungskunst einer Doña Juana auf. Rupert möchte wirklich gern mit Anaïs leben und weiß selbst nicht, warum er sich so oft über Kleinigkeiten aufregt. Und Anaïs weiß, daß allein ihre Möglichkeit abzureisen die Beziehung zu Rupert vor einer Katastrophe bewahrt.

Die Party «Come as your Madness» nimmt Kenneth Anger 1954 zum Anlaß für seinen experimentellen Film «Inauguration of the Pleasure Dome». Wie die Kunstform des Happenings zwischen kindlichem Klamauk, Dada-Elementen und Visionen des Surrealismus changiert, sucht Kenneth Anger mit diesem Film ein Werk zu gestalten, das unser vertrautes Wirklichkeitsbild ins Wanken bringt. Mythische Gestalten erhalten durch die Technik langsamer Schwenks, durch Überblendungen und Mehrfachbelichtungen magische Wirkung. Leoš Janáček komponiert die Musik.

«Kenneth Anger glaubte, daß die Maskerade ‹Komm in Gestalt deiner Verrücktheit› ihn an einen seiner Träume erinnerte, den er gemalt hatte; das Bild hing in Samson de Briers Studio.» Zu den Filmaufnahmen kommen sie noch einmal in denselben Kostümen. «Zu mir sagte er: ‹Ich möchte dich als Astarte, als Göttin des Lichts. Du bist eine magische Gestalt. Ich möchte dieses Leuchten einfangen, das jeden auf der Party überraschte. Es ist ein inneres Licht, und es ist so schwierig einzufangen.› ... Ich betrat durch ein Fenster den Raum. Paul hatte mich mit unzähligen Metern blauen

Musselins eingewickelt wie in einen Kokon. Mein Kopf steckte in dem Vogelkäfig, den ich bei dem Maskenfest getragen hatte. Ich trug Spitzenstrümpfe und stieg langsam auf eine pelzbezogene Bank hinunter, die bei der Berührung zu knistern schien. Der Kontakt mit dem Pelz war sinnlich; der Pelz schien seine Haare aufzurichten, um den Füßen zu begegnen... Es gab eine Höhle, spinnweb-ähnlich, labyrinthisch, in der ich im Licht roter Scheinwerfer tanzte. Samson aß Perlen.» Renates Freundin Cameron Parsons verkörpert das Böse, «hypnotisierend, eine Stimmung von Dekadenz und Verderben gewann die Oberhand. Renate verkörperte mit ihrer österreichischen Schönheit die Freude an der Sinnlichkeit ... Ich verkörperte die Ekstasen des Traumes. Paul befreite mich aus dem Griff orgiastischer Frauen, um Astarte zu erreichen.» Renates kleiner Sohn Peter spielt ebenfalls mit. Er steckt seinen Finger in den Kelch, der das Getränk der Ekstase enthält, benetzt seine Zunge damit und fällt in Trance. Der Film «war ein Abbild der Verrücktheiten der Menschen. Realität und Verrücktheiten vermischten sich, und es entstanden Chaos und Konfusion. Wie bei einer Verrücktheit fehlten Zusammenhänge.»

In einer weiteren Maskerade, «Tausendundeine Nacht», spielt Anaïs Scheherazade. Ein andermal führen sie eine Römische Maskerade auf. Rupert kommt «als römischer Soldat, und zusammen stellten wir vor einer weißen Wand Szenen aus römischen Friesen dar. Jemand las eine Stelle aus Heliogabal...»

Das erinnert Anaïs an die experimentellen Filme von Maya Deren, in denen sie Mitte der vierziger Jahre mit anderen Laienschauspielern – Paul Mathiesen und Gore Vidal gehörten zu ihnen – mitgespielt hatte. Wie eine ältere Schwester genießt Anaïs die Zuneigung der zehn bis zwanzig Jahre Jüngeren, deren «Kindlichkeiten» sie entwachsen ist und die sie aus überlegener Position zugleich doch teilen kann. Bereitwillig räumen sie ihr eine Sonderstellung ein.

Aber anders als noch vor zehn Jahren ist Anaïs jetzt auch ein Leben wichtig, das man als irdisch bezeichnen kann. «Es ist wahr, daß es in Kunst und Musik eine Art Entrücktheit gibt, die uns hilft, das Leben zu bestehen, indem sie unseren Kummer in Schönheit verwandelt. Aber es ist ebenfalls wahr, daß wir in unserem menschlichen Leben manchmal in solche Abgründe stürzen, daß die Kunst uns nicht zu retten vermag, und dann wird es wesentlich, daß wir unser menschliches Leben begreifen, unsere Verwirrungen.»

Anaïs sieht den Künstler als einen Menschen, der zwischen Leben und entrückter Verfassung vermittelt. Das kann er, so meint sie, wenn er sich seine Sensibilität erhält. «Sie ist das Element, das er in seinem Beruf braucht. Der Künstler sucht sehr aufmerksam sein Leben dem imaginierten Bild vom Leben anzupassen, das heißt, er lebt stärker durch seine Imagination als die anderen, die ihr Leben an Familientraditionen und allgemeine Lebensmuster anzupassen suchen. Der Künstler lebt in größerer Abgestimmtheit mit seinem eigenen Charakter und ist deshalb der Freiheit und Individualität näher.» Denn er mißtraut den vermeintlichen Selbstverständlichkeiten und spürt wie in Kenneth Angers oder Maya Derens Filmen die verrückten Qualitäten auf. Eklektizistisch werden Elemente aus verschiedenen Kulturen, Mythen und Märchen, gelenkt durch ein Verlangen nach ekstatischem Erleben, miteinander montiert – ganz so, wie es Anaïs in den Verästelungen des Seelenlebens findet.

Die geringe öffentliche Anerkennung ihrer Bücher, in denen sie den Bauplan dieser Verästelungen zu beschreiben sucht, belastet Anaïs. Ähnlich ratlos steht sie auch den Komplikationen ihrer Ehe gegenüber. Endlose Klärungsversuche mit Hilfe analytisch-verstehender Überlegungen werden in Briefen von Küste zu Küste geschickt und auch in das Tagebuch eingetragen. Immer jedoch bleibt ein Rätsel übrig, das groß genug ist, die Verbindung zu Hugo nicht abbrechen zu lassen. Wenn sie Renates Leben mit ihrem eigenen vergleicht, stellt sie klagend fest: «Ich habe den Preis dafür bezahlt, mich nicht von der bürgerlichen Welt zu trennen und völlig als Künstlerin zu leben. Warum?»

Dann rechnet sie aus, wieviel Geld sie wirklich braucht – zweihundert Dollar pro Monat vielleicht; und da sie davon ausgeht, nicht älter als sechzig Jahre zu werden, stellt sie fest, daß etwa dreiundzwanzigtausend Dollar genügen würden. Die sollten doch zu beschaffen sein. Dann wäre sie frei.

In New York geht sie wieder eine Zeitlang in der gehobenen Boheme auf. Hugos Kurzfilm «Bells of Atlantis» wird im Museum of Modern Art gezeigt. Anaïs sorgt für Werbung und trommelt alle Freunde zusammen. Der neun Minuten lange Film ist eine Übersetzung von Anaïs' «House of Incest» ins Filmische. Bei den Licht- und Farbeffekten hat der aus Neuseeland stammende Künstler Len Leye mitgeholfen, der ebenfalls experimentelle Filme dreht. Die elektronische Musik stammt von Bebe und Louis Barron. Anaïs liest aus ihrem Buch: «Ich erinnere meine erste Geburt aus den Wassern...», und sie ist auch die Frau, die mit Überblendungen im Wasser gefilmt wird. Bei dem Regisseur Abel Gance ruft der Film denselben Eindruck hervor wie Rimbauds «Une Saison en Enfer» oder «Le Bateau Ivre». Anaïs notiert: «Meiner Meinung nach ist es der erste *poetische* Film, der diese Bezeichnung verdient. Das Zusammenspiel von Bild, Text und Ton ist dergestalt magisch, daß man sie unmöglich trennen kann... das Unbewußte wird fehlgeleitet und entzückt. Und wenn ein Kunstwerk dem Biß der Analyse nur den undurchdringlichen Marmor bietet, ist es einem Meisterwerk sehr nahe.» Das werde in naher Zukunft jeder so einschätzen, «wenn Gutenberg schließlich den Wettlauf zwischen Wort und Bild verliert». Cornelia Runyan, einer Bildhauerin, die Anaïs durch Rupert kennengelernt hat, flüstert sie zu, sie möge Rupert nicht erwähnen. Bei solchen Gelegenheiten ist Anaïs immer wieder überrascht, wie schnell die Freunde begreifen und bereit sind, ihr Geheimnis nicht preiszugeben. Außerdem kommen Luise Rainer, Anne Ryan, Peter Grippe und allerlei Berühmtheiten der New Yorker Kunstszene.

Für Cornelia gibt sie eine Party in ihrer Wohnung, die der Veränderung bedarf, um vor den Blicken der Freunde standzuhalten. Anaïs näht neue Vorhänge, Überdecken und Kissenbezüge. Die einfache Boheme ist nur ein Phantasieprodukt. Beschämt trägt sie ins Tagebuch ein, daß sie sich keine neuen Möbel leisten können.

Voller Verdruß klagt sie in ihrem Tagebuch, daß sie im Bus, im Wartezimmer bei Dr. Jacobson und überall nähen muß, obwohl sie sich körperlich so schwach fühlt. Seit sieben Jahren leidet sie unter aufsteigender Hitze, ihre Glieder schmerzen oft, sind steif, nachts hat sie Krämpfe in den Beinen, sie hat ein vergrößertes Herz, das merkwürdige Geräusche macht, und leidet unter chronischen Nasenscheidewandproblemen mit häufigem Nasenbluten. «Wenn ein Symptom beseitigt ist, entwickele ich ein anderes. All dies zusammen mit häufig auftretender Anämie ist genug, um jedermanns Ge-

duld zu überstrapazieren.» Sie fühlt sich durchaus nicht immer
wohl in ihrer Haut. Außerdem ist ihr oft kalt, so daß sie mehrmals
im Jahr an einer Bronchitis erkrankt.

Ein gewisser Stanley Haggert lädt sie zum Essen ein und erzählt
ihr in allen Details von einer Affäre, die Hugo in Anaïs' Abwesenheit mit Faith Dane hatte, einer jungen Tänzerin. Sie sei ganz das
Gegenteil von Anaïs, ein recht irdisches Wesen. Hugo soll so heftig
beim Geschlechtsverkehr gewesen sein, daß die junge Frau Stanley
gefragt habe, ob Hugo nicht ganz normal sei.

Wenn das so ist, denkt Anaïs, daß Hugo endlich jemanden hat,
warum hat er sie dieses Mal so sehr gedrängt, rechtzeitig von Los
Angeles zurückzukommen? Sie spricht mit Hugo, um ihm das Gefühl zu geben, daß es gut für ihn ist, wenn er von einer Frau begehrt
wird. Es scheint sie nicht zu verletzen. Mit Rupert wäre das anders,
stellt sie verwundert fest. Im übrigen ist das Leben mit Hugo in
dieser Zeit besonders von Streitereien, heftigem Schimpfen und an-
schließenden tränenreichen Erschütterungen bestimmt.

Hugos Ambitionen gelten nun der Vorführung seiner Filme im
Poetry Center (YMHA). Alles viel zu groß, meint Anaïs. Tausende
von Einladungen müssen versandt werden, tausend Programme gedruckt. Die technischen Probleme sucht Hugo wieder mit Hilfe von
Bebe und Louis Barron zu lösen. Allein das Frankieren der Brief-
umschläge wächst sich für Anaïs zu einem Alptraum aus. Über all
die Hektik der Vorbereitungen hinaus ist sie in Unruhe, Rupert, der
glaubt, daß sie geschieden ist, könnte etwas von ihrem gemeinsamen
Auftritt mit Hugo aus der Presse erfahren. Aber die Zeitungen erwähnen das Ereignis nicht, obwohl die vier Vorführungen ein Erfolg sind. Anaïs hält eine kleine Eröffnungsrede. Das Publikum
nimmt die Filme mit Begeisterung auf, besonders den heiteren Film
«Jazz of Lights». Anaïs signiert Bücher. Hugos Graphiken werden
bewundert. Finanziell bedeutet der öffentliche Auftritt allerdings
einen Verlust von mehreren hundert Dollar. Anaïs, die körperlich
wieder völlig am Ende ist, hat immerhin das beruhigende Gefühl,
Hugo ein Opfer gebracht zu haben, als würde sie einen Teil der
Hypothek ihrer Schuld abbezahlen. Hugos Opfer für ihr eigenes
Werk in den Pariser Jahren belasten sie.

Merkwürdig ist das Wiedersehen mit den Männern, die vor etwa zehn Jahren in ihrer wilden Zeit eine so große Rolle spielten. «Siegfried» (Edward Graeffe), der wunderschöne Sänger, der nun über das Körpervolumen eines Wagnersängers verfügt, hat seinen Reiz für Anaïs verloren. Allein der Musikkritiker des «Time»-Magazins, Carter Harman, mit dem sie ein Verhältnis hatte, läßt sie nicht kalt. Verlangen nach dem Rausch regt sich, aber es bleibt bei heftigen Umarmungen im Taxi. Sie strengt sich sehr an, Rupert treu zu bleiben.

Max Geismar, der Anaïs besser kennt als andere Freunde, da er die Tagebücher der Pariser Jahre gelesen hat, charakterisiert Hugos Filme: «AY-YÉ» zeigt das Primitive, den Ursprung des Lebens, die Natur, und «Jazz of Lights» rückt das Leben der Großstadt in den Blick; dazwischen «Bells of Atlantis» als Geschichte der Seele, die zwischen diesen beiden Welten zerrissen wird. Ja, so sieht Anaïs das auch, «in vier Zeilen beschreibt er Drama und Thema meiner letzten sieben Jahre, meine Flucht nach Acapulco, der einzige Ort, wo ich mich wirklich zu Hause fühlte, meine Flucht zu Rupert, der Natur für mich war, und meine Fluchten nach New York – und Anaïs, die zwischen beidem hin und her gerissen wird, in dem Schweigen, der Hängematten-Träumerei, den Stürmen und Kreuzigungen.»

Die Tagebuch-Bände 40 bis 50, die von der Zeit mit Otto Rank handeln, setzen Geismar in Erstaunen wegen der Fülle von Themen; eine ganze Nacht liest er und kann das Manuskript nicht weglegen. Anaïs' Hoffnungen, wenigstens finanziell unabhängig zu werden, steigen immer, wenn sie erfährt, daß die Tagebücher als Literatur geschätzt werden.

Auf dem Hintergrund der analytischen Sitzungen bei Bogner gelingt es Anaïs schließlich, ihre Spannungen mit Rupert distanzierter zu betrachten. Sie kommt zu dem Ergebnis, daß sie Ruperts Lebensweise nicht weiter nach ihrem eigenen Ideal umformen sollte. Er kann sich nun einmal nicht von seiner Familie lösen. Und sein Stiefvater Lloyd Wright, der verbittert den verzweifelten Kampf eines verkannten Genies als Architekt führt, läßt sich ebenfalls nicht ändern. Anaïs entscheidet, das Liebesglück mit Rupert zu bewahren und im übrigen ihren schriftstellerischen Ambitionen nachzugehen, die Freunde zu treffen, mit denen sie darüber sprechen kann, und Rupert nur einzubeziehen, wenn er selbst möchte. Im übrigen unterstützt sie ihn bei seiner Arbeit.

Im Winter 1953 ist er im Einsatz bei einem besonders gefährlichen Unwetter. Während Rupert an einem Dokumentarfilm der Forest-ranger-Station arbeitet, wird auf dem Monrovia Peak Rauch entdeckt. Rupert springt in seinen Truck. Diesmal ist es ernst, das Feuer dringt bis zu den Häusern, Menschen werden evakuiert. Rauchgeschwärzt, todmüde kommt er nach zwanzigstündigem Einsatz, um sich kurz auszuruhen und wieder davonzustürmen; es sei das Feuer, das alle Feuer beenden werde. Mehrere Tage währt der Kampf gegen das Feuer, bis auch Rupert und Anaïs das Haus verlassen müssen. In aller Eile verstauen sie Ruperts Viola und Violine, seine Noten und ein paar Kleidungsstücke sowie Anaïs' Tagebücher, Manuskripte, Filme und Dias, die Schreibmaschine und ein wenig Kleidung im Wagen. In solchen Situationen behält Anaïs einen klaren Kopf, weiß genau, was zu tun ist, leidet nicht unter Panik, sondern hilft entschlossen, indem sie den Telefondienst einer Forest-ranger-Station übernimmt. Rupert sieht aus wie ein Mann, der aus dem Krieg kommt, wenn er zwischen den Einsätzen auftaucht. Tagelang geht ein Ascheregen nieder. Anaïs bewundert Ruperts mutigen Einsatz. Für ihre Arbeit erhält Anaïs siebzig Dollar von der Regierung.

Wenn sie für ihre Bücher ein kleines Honorar erhält, zahlt sie einen Teil auf ihr gemeinsames Sparkonto ein. Seit sie auf Ruperts Liebe vertraut, kann sie die unleidlichen Umstände seines Lebens, die Streitereien im Haus seiner Eltern, die einfachen Nachbarn viel leichter ertragen. Es ist ihr möglich, in aller Ruhe zu schreiben, während Rupert mit Freunden ein Beethoven-Quartett spielt. Vier Farbschichten übereinandergefügt – so könnte man versuchen, einen Menschen darzustellen, denkt Anaïs, aber das ganze Bild eines Menschen entzieht sich doch, man kann das Leben nicht einfangen. Vergeblich versucht sie, es zu fassen. Lange Jahre hat sie sich deshalb von der wirklichen Welt abgewandt und an einer Über-Welt festgehalten, die sie als Kunst, Traum, Ideal, Illusion bezeichnet hat.

Man könnte sagen, daß Anaïs, indem sie sich auf Ruperts Lebensform einläßt, «das Gruseln» lernt. Es ist nicht die riesenhafte künstlerische Tat, die sie in der Wirklichkeit verankert, sondern die Bewältigung der kleinen Unleidlichkeiten des einfachen Alltags – wie die Fischlein, die dem Märchenhelden ins Bett geschüttet werden, ihn plötzlich ganz anders erschrecken und aufrütteln als die bedrohlichen Gespenster, die ihn vernichten wollen.

Im April 1954 entflieht Anaïs allen Sorgen für zwanzig Tage, die sie mit Rupert in Acapulco verbringt. Sie beschreibt diese kurze Zeit wie einen Traum, den sie in der Wirklichkeit mit allen Sinnen genießt. Mit Rupert teilt sie neben der Liebe zur Leidenschaft auch die Liebe zur Musik, besonders zum Jazz und zur klassischen Musik. «Kunst ist die Methode zu schweben, sein Ich von der Versklavung durch die Erde zu befreien.» Aber auch die sinnliche Erfahrung von Wind und Sonne, das Aufgehobensein des Körpers im Meer führen zu diesen Schwebeverfassungen, und die Umarmungen, ein Reigen, in dem alle Versionen der Liebe mit demselben Mann ausgelebt werden können. Nur die Südamerikaner und die Schwarzen wissen, daß Glück etwas Körpergebundenes ist, meint Anaïs. Anders als in Sierra Madre ist nun der «Biß der Schlange», der aus diesem Paradies vertreibt, für Anaïs die Kunst. Ihr Verlangen nach Kunst, eine Künstlerin zu sein, erlebt sie in Acapulco wie einen Fluch, da die Welt ihr «Geschenk ohne Dank läßt».

Wie ein Schock wirkt dann die kühle, abweisende Atmosphäre New Yorks. Das lange abgelehnte Buch «A Spy in the House of Love» ist inzwischen durch die Vermittlung ihres neuen Agenten Gunther Stuhlmann im British Bookcenter erschienen. Doch die entscheidenden Kritiker wie Edmund Wilson, Wallace Fowlie, Charles Rolo tun nichts für das Buch. Die Rezension von Maxwell Geismar unter der Überschrift «Temperament contra Bewußtsein» in «The Nation» ist ihr zu lau: «So gut Anaïs Nin in den hiesigen literarischen Kreisen und denen des Auslands bekannt ist, sowenig war sie bisher dem breiten Publikum bekannt. Ihr unveröffentlichtes Tagebuch ist eine Art Legende, und das neue Buch ist das beste aus der Reihe der Romane, die sie in diesem Land veröffentlicht hat. Ihr schriftstellerisches Handwerk zielt direkt in den Bereich des psychologischen Realismus; es ist ein Genuß, diese Prosa zu lesen. Kurz umrissen ist es die sensible und scharfsinnige Geschichte vom Liebesleben einer Frau, der es gelingt, innerhalb eines sehr kurzen

Zeitraums sich einige der Belohnungen und beinahe zu viele der Schmerzen der Leidenschaft um ihrer selbst willen zu verschaffen. Es ist ein beinahe beängstigendes Buch, das nur durch den Humor, mit dem Anaïs Nin ihr Thema bereichert, gerettet wird. Dieser Humor hebt es schließlich auf die Ebene einer kunstvollen Tragikomödie. Die Geschichte schildert die amourösen Heldentaten der Heldin Sabina, einer Veteranin solcher Schlachten; sie wird von ihrer eigenen Schuld und ihren Ängsten verfolgt und ist gefangen zwischen ihrem Temperament und ihrem Bewußtsein.»

Das hört sich doch ganz freundlich an, könnte man sagen, aber in einem Brief an Geismar stellt Anaïs dagegen, was ihr selbst an dem Roman wichtig ist: «tiefer in die Motivationen des Donjuanismus einzudringen», den «Einbruch in die Ganzheit der Liebe» zu beschreiben und «den Ernst des neurotischen Konflikts» zu verdeutlichen. Ein anderer Punkt ist, «daß Sabina die Befreiung des Menschen suchte, indem sie die Freuden der Sinnlichkeit von den Schmerzen der Liebe trennte, *aber es mißlang ihr*». Außerdem wehrt sich Anaïs gegen Geismars kommunistisch ausgerichtete Literaturtheorie, indem sie Freud gegen Marx stellt. «Ich führe die Arbeit von Freud weiter, von der ich glaube, daß sie wichtiger ist als das Werk von Marx. Hätten wir uns intensiver mit Freud beschäftigt, wären wir vielleicht weiser und politisch großmütiger daraus hervorgegangen, als wir es sind... Ich möchte den Kern der Menschen verändern. Das bedeutet psychologisches Tiefseetauchen... Es ist der Puritanismus, der die Wirkung der Psychoanalyse behindert hat. In Sabina liegt nicht Leidenschaft um ihrer selbst willen, es ist die Leidenschaft für die Ganzheit, die durch Intensität erreicht wird.» Schließlich gerät ihr Brief an Geismar zu einem Plädoyer gegen den sozialen Realismus. Die Symbole, mit denen sie die Zersplitterung der Gefühle als Sabinas Leiden beschreibe, müsse er ernst nehmen. Die «Kunst des Schreibens» ist für Anaïs ein «Mittel der Verwandlung von Realismus in Gefühlsrealität». Das «psychologische Erforschen der Motivationen der Menschen» interessiert sie, «das Experimentieren und das Entdecken neuer Grenzen... Literatur in Amerika hat sich dem falschen Realismus überlassen, und solange die Neurose nicht als negativer Beweis eines machtvollen Unbewußten anerkannt ist, das auch auf positive Weise wirken kann, werden wir diese innere Reise ablehnen, die für die Ganzheit und umfassende Vision unbedingt notwendig ist, die uns schneller als neue Systeme humanisieren werden.»

Unmißverständlich macht sie klar, daß ihr Schreiben weder als L'art pour l'art abgetan noch als Reinszenierung neurotischer Konflikte begriffen werden kann. In aller Deutlichkeit gibt sie Geismar zu verstehen, daß ihre Romane auf ein neues Bild des Menschen zielen. Sie will den Menschen mit den Komplikationen des Seelenlebens vertraut machen und hofft, damit eine Wirkung zu erreichen, die bis in das politische Verhalten hineinreichen kann. «Ich glaube nicht, daß soziales Bewußtsein die McCarthys mit ihrer Verfolgung der Kommunisten in den USA vernichten wird, sondern nur das psychologische Bewußtsein der Menschen, die uns regieren.»

Die Komponistin Peggy Glenville-Hicks ist wie viele Freunde begeistert von dem Buch. Von Anfang an hat Anaïs unter den Intellektuellen und Künstlern ihre eigene Schar von Anhängern. Auch ein Brief des österreichischen Dichters Felix Pollak zeigt ihr, daß es durchaus Menschen gibt, die ihre Botschaft verstehen und schätzen. «‹A Spy in the House of Love› ist tiefgründig, beinahe verzweifelt ernsthaft, und der Einwand der Kritiker, das Buch sei unverständlich, erscheint mir als eine begreifliche Rationalisierung ihres unbewußten Widerstandes gegen das Buch. Da es sich einzig und allein mit dem Individuum beschäftigt (und noch nicht einmal mit einem typischen und sicherlich nicht mit einem konventionellen Individuum), mehr noch, sich einzig mit den geheimsten und beunruhigendsten Aspekten des Lebens beschäftigt, wie es andere nur nachts in ihren Träumen leben, was andere nur Ärzten unter dem Siegel des Berufsgeheimnisses anvertrauen…, rennt es gegen die Tabus einer geistig kaum interessierten Massenzivilisation an, die den Menschen nur von einem soziologischen Standpunkt aus betrachten kann und die auf ihrer kleinen Werteskala gut und böse nur nach dem bestimmt, was für die ‹Gesellschaft› nützlich oder schlecht ist. Das Thema des Romans muß in einem Land, das trotz seiner hektischen Überkompensation noch immer unter der puritanischen Bürde zu leiden hat, etwas Hassenswertes sein; denn sogar in den schwülstigen Romanen, die hier geschrieben werden, wird Sex stets nur funktional betrachtet, als immer wiederkehrendes Bedürfnis, das zu immer wiederkehrenden Handlungen führt, zu Zugeständnissen, die entweder bedauert oder bejaht werden, als natürliche Funktionen, die bedient werden müssen, damit sie vergessen werden können und Platz für das Höhere schaffen. Dagegen wird in Ihren Büchern und ganz besonders in ‹Spy› Sexualität als die ständig gegenwärtige Lebenskraft dargestellt, als das Leben der Sinne, das alles durchdringt. Eros und Sinnlichkeit werden als die Zündfunken gezeigt, die die ganze Maschine in Gang setzen, als die Quelle, die Triebfeder, der Schlüssel, die Mütter im Sinne Goethes.»

Jim Herlihy bewundert, daß es Anaïs gelingt, sich nicht in deprimierenden Stimmungen traurig zu verlieren, sondern sie in schriftstellerische Produktivität umzuformen. Das schätzt er hoch, da es seinem Freund und ihm nur schwer gelingt. Selbst der Bruder Joaquin meldet sich mit einer positiven Reaktion. Wie immer sei er überrascht über die musikalische Qualität ihrer Sprache. «Heutzutage redet jeder über die dreidimensionale Illusion; nur wenige befassen sich wie Du mit den drei inneren Dimensionen, nicht weniger faßbar, nicht weniger wirklich. Eine gute Arbeit. Könntest Du nicht eine andere Bezeichnung als ‹Roman› erfinden, um die Lichtbilder des menschlichen Verhaltens zu charakterisieren, die Du uns durch Dein Mikroskop sehen läßt?» Joaquin hat bislang zu ihren Veröffentlichungen geschwiegen, daher freut es sie besonders, daß er so positiv reagiert. Anaïs konzediert, daß sie keine Schriftstellerin für die breite Öffentlichkeit ist, aber daß es doch eine Zwischenwelt gibt, in der Menschen existieren, die sie durchaus erreichen kann.

Hugo macht weiterhin Probleme, was das Geld angeht, obwohl sie über ein Kapital von vierundsechzigtausend Dollar verfügen. Streitereien wegen des Geldes sind zwischen ihnen an der Tagesordnung. Neben der Mitteilung psychoanalytischer Gedanken über seine Person ist das Geld ein zentraler Punkt seiner Verbindung zu Anaïs. Mitte 1954 bietet er seine Dienste erneut der Bank an, die er vor fünf Jahren verlassen hat, und ist deprimiert, da man ihn nicht sofort wieder einstellen will.

3. Generationswechsel:
Anfänge einer Gegenkultur

AM 3. AUGUST 1954 STIRBT Anaïs' Mutter im Alter von dreiundachtzig Jahren. Lange schon befürchtete Anaïs bei ihren Besuchen, es könnte das letzte Mal sein, daß sie zusammen sind. Aber als es wirklich soweit ist, begreift sie es nicht. Sie sitzen im gemütlichen Wohnzimmer des Hauses, das die Mutter mit Joaquin in Oakland bewohnt. Anaïs arbeitet an einer Decke und fragt die Mutter, ob sie die Arbeit nicht lieber fertigstellen will, sonst würde es ewig dauern. Die Mutter winkt ab. Anaïs scherzt: «Aber ich mache sie doch für dich!» Später bittet sie die Mutter, wie schon oft, ihre Lebensgeschichte zu erzählen, die sie ins Tagebuch aufnehmen möchte. Die Mutter winkt wieder ab. Joaquin, der gerade an einer Komposition arbeitet, meint, das sei nicht freundlich. Dann wollen sie mit der Mutter Canasta spielen. Aber sie legt lieber Patiencen. Manchmal schließt sie die Augen, als wäre sie müde.

Am Nachmittag machen sie eine Autotour über die Hügel von Oakland. Am Abend gehen Joaquin und Anaïs ins Kino, nachdem sie einen Martini getrunken und herumgealbert haben. «Warum spüren wir nicht, wenn die Menschen, die wir lieben, sterben, so daß wir ihnen ein Wort der Liebe geben können, das sie so sehr brauchen.» Doch die Mutter wußte selbst nicht, daß sie dem Tod so nahe war. Am nächsten Morgen gehen sie gemeinsam zur Messe. Mittags lehnt die Mutter ab, etwas zu essen. Nachmittags ein weiterer kurzer Ausflug. Die Mutter blickt über die Felder, und Anaïs begreift in den Tagen danach nicht, warum sie nicht gespürt hat, daß es das letzte Mal war. Auf dem Sofa liegt die Handarbeit der Mutter, eine Spitzendecke; sie ist noch nicht fertiggestellt.

Am Abend reist Anaïs ab. Nächstes Mal solle sie länger als zwei

Tage bleiben, sagt die Mutter beim Abschied. Während Anaïs im Flugzeug sitzt, stirbt die Mutter an einem Herzanfall. «Es ist nicht nur meine Mutter gestorben, sondern auch meine Hoffnung, doch noch Einheit und Verständnis mit ihr zu finden.» Gefühle der Schuld über ihre Rebellion gegen alles, was die Mutter schätzte, verfolgen sie. Die Mutter hat sich gegen sie verschlossen vor vielen Jahren, als Anaïs ihre Arbeit als Modell aufnahm, und dann endgültig, als sie heiratete, meint Anaïs. Seltene Augenblicke der Gemeinsamkeit; zuletzt, als die Mutter erzählte, daß Anaïs' Großvater ein Jude war. Da konnte sie die Mutter liebevoll in den Arm nehmen, und die ließ sie gewähren.

Joaquin überführt den Leichnam nach Havanna, wo die Mutter neben ihrem Vater, Thorvald Christensen Culmell, begraben werden wollte. Anaïs reist nicht zur Beerdigung. Joaquin zuliebe, der befürchtet, in ihrer Anwesenheit eher die Fassung zu verlieren; und auch Thorvald zuliebe, für den die Reise aus gesundheitlichen Gründen eine Strapaze wäre – wenn Anaïs nicht fährt, kann auch er leichter fernbleiben. Sie bewundert Joaquin, der trotz seines Zusammenlebens mit der Mutter eine selbständige Persönlichkeit geworden ist. Er leitet jetzt an der Universität Berkeley die musikwissenschaftliche Abteilung.

Mit dem Tod der Mutter verändert sich Joaquins Beziehung zu Anaïs, die seit der Miller-Affäre sehr gespannt war und zu einer gewissen Entfremdung geführt hat. Ein paar Tage hält er sich bei ihr in New York auf. Anaïs merkt, wie sich in ihr die Gefühle einer Ersatzmutter aus der Kinderzeit wieder regen. Sie will sehr achtsam sein, ihn mit ihrer Neigung zum Bemuttern nicht in eine kindliche Position der Abhängigkeit bringen.

«Arglos setzen unsere Eltern uns zweimal in die Welt, das zweite Mal durch ihren Tod. Gegen den Tod aufbegehrend, akzeptieren wir leichter das Vermächtnis ihrer Charakterzüge.» Joaquin habe die Ganzheitlichkeit der Mutter in sich fortgeführt, und sie selbst die Gespaltenheit des Vaters. Die Nähe zu den Eltern könne man nur erhalten, wenn man der Idealgestalt folgt, die die Eltern für die Zukunft des Kindes entwerfen. Anaïs hat sich dagegen aufgelehnt. Deshalb war das Verhältnis zur Mutter so gespannt. Joaquin dagegen ist gleichsam der veredelte Vater geworden, ein Pianist und

Komponist, aber ein Mann, auf den sich die Mutter stets verlassen konnte. In ihrer rebellischen Zeit hat Anaïs ihn deswegen als Muttersöhnchen verurteilt. Jetzt bewundert sie sein Können, seine Selbständigkeit und Heiterkeit. Er hebt den Schmuck der Mutter für Anaïs auf und schickt ihr die Briefe, die sie im Laufe ihres Lebens an die Mutter geschrieben hat.

Zwei glückliche Monate mit Rupert gehen zu Ende. Mehr und mehr kann sie ihn, ganz ähnlich wie Joaquin, nun auch in seiner Eigenart akzeptieren, obwohl ihr manches nicht gefällt. Mit Renate und Paul, die ihre künstlerischen Verrücktheiten teilen, ist sie häufiger ohne Rupert zusammen. Anaïs hat in Ruhe an einem neuen Text schreiben können: «Solar Barque» («Sonnenschiff»), das später den ersten Teil von «Seduction of the Minotaur» bildet, ist eine Geschichte, in der die zeitenthobene Verfassung Mexikos eine große Rolle spielt.

Das Zusammenleben mit Hugo gestaltet sich auf einer neuen Ebene. Sie leben geschwisterlich – «Die Scheidung von Mann und Frau ist vollzogen», notiert sie im August 1954 –, jeder in seinem Bereich. Wie einem sehr guten Freund hilft sie ihm und schenkt ihm Ideen für einen neuen Film, der ohne viel Geld machbar wäre. Sie fahren gemeinsam ans Meer. Hugo hat sich wieder in seine kühl distanzierte Haltung zurückgezogen.

Anaïs schreibt weiter an «Solar Barque». Im September 1954 gibt sie ihrem Agenten René de Chochor ein Manuskript von hundert Seiten. Er hält es für unverkäuflich. Nachdem von «A Spy in the House of Love» in drei Monaten nur 2400 Exemplare verkauft werden konnten, was in Amerika wenig zu sein scheint, rät er ihr ab von ihrem Vorhaben, alle ihre Romane nach Prousts Vorbild als zusammenhängenden «Roman fleuve» zu gestalten, zumal die ersten Bände nicht mehr im Handel erhältlich sind; sie solle einen neuen Anfang mit einem «richtigen» Roman machen, wie die Leute ihn gern lesen. Daß er ihr Schreiben besonders schätzt, betont er in dem Gespräch auch.

Anaïs ist außer sich, wendet sich an Hugo, der ihr Manuskript mit versteinerter Miene liest, da er sich selbst beschrieben findet als verschlossenen Menschen, der den Mund nicht aufbekommt. So geht es ihm dann auch beim Lesen. Die Situation wird zum Auslöser für eine ganze Serie von Streitereien. Alle Enttäuschungen ihrer Geschichte türmen sich erneut vor ihnen auf, eine undurchdringliche Mauer. Konflikte und offene Auseinandersetzungen erträgt Anaïs nicht. Wenn die ganze Analyse nur dazu dient, zwei rebellierende Monster aus der Tiefe hervorzuholen, will sie lieber die Analyse beenden. Unmenschlich sei das, wie die Rebellion gegen die Eltern, in die wir uns verstricken, weil sie uns nicht geben können, was wir brauchen. «Und nach ihrem Tod entdecken wir, wie sie, losgelöst von unserer Beziehung zu ihnen, waren – und spüren, daß wir ihnen nicht geben konnten, was sie brauchten.» Ähnlich fühlt sie sich Hugo gegenüber schuldig, auch sie können einander nicht geben, was sie brauchen.

Anaïs sucht diesen Kampf um innere Unabhängigkeit mit Arbeit wegzuschieben. Sie will wenigstens finanziell unabhängig werden. Aber als läge ein Fluch des Vaters über ihr, gelingt es ihr ebensowenig wie ihm; er hat auch immer vom Geld anderer gelebt.

Anaïs Nin sammelt Argumente, was ihre Einschätzung der amerikanischen Kultur der Zeit angeht, indem sie ins Tagebuch Statements einfügt, die ihre Auffassung stützen, so von Adlai Stevenson (September 1954): «Ich bin tief über einen Trend zur ‹Konformität› besorgt, ein Anwachsen des Anti-Intellektualismus, der sich in einer verunglimpfenden Haltung gegenüber Bildung, Wissenschaft und Kunst manifestiert. Die Tendenz geht dahin, geistige Freiheit zu unterdrücken, die die wahre Grundlage eines demokratischen Lebens und seiner Entwicklung ist.»

Angesichts der Unlösbarkeit des Problems, Traum und alltägliches Leben in Einklang zu bringen, beschreibt Anaïs verschiedene Schichten des «Menschlichen»: «Wenn wir bloß unser menschliches Leben in einer ungebrochenen Weise realisieren, unterwerfen wir uns den unmenschlichsten Bedingungen: Versklavtsein in Familie, nationalen Tabus, Kriegen, Krankheiten, Armut, Tod. Selbst die Redewendung, wir müßten unseren Lebensunterhalt verdienen, ist unmenschlich. Wenn wir ohne Religion oder Kunst oder Analyse den baren Schrecken zu überwinden suchen, infizieren wir uns mit der Krankheit unserer Zeit, mit ihrer Verehrung des Realismus. Ein Gemälde in einem Haus ist dazu da, eine Farbe, eine Form, eine Sphäre zu vergegenwärtigen, die wir nicht erlangen konnten. Ein

Buch öffnet Reiche, die uns wegen der Not, unseren Lebensunterhalt verdienen zu müssen, unzugänglich geworden sind. Alles, was uns hilft, das Unerträgliche in einen Mythos zu verwandeln, der eine Distanz zu diesem unmenschlichen Leben hervorbringt..., ist menschlich. Wenn wir dessen Bedeutung leugnen (wie wir es unzählige Male getan haben), verlieren wir alles, das uns ein höheres (nobles) Bild vom menschlichen Leben zeigt; es bleiben nur die abstoßenden Aspekte des Krieges. Was die Menschen am Künstler bekämpfen, ist seine Freiheit, seine Anstrengungen, sich von der menschlichen Sklaverei zu befreien... Der Künstler zahlt mit dem Preis der Einsamkeit.»

Nicht im alltäglichen, sondern im künstlerisch gestalteten Leben gelingt es, die Vision von einer zweiten Wirklichkeit zu erhalten, die Anaïs Nin die «edle» oder «höhere» nennt. Kunst ist für sie das geeignete Mittel, dem Alltäglichen seine Übermacht zu nehmen.

Junge intellektuelle Leser wie Jim Leo Herlihy und viele seiner Generation finden in den Büchern der Anaïs Nin ihre eigenen Ansichten wieder. Sie wehren sich dagegen, daß die Gesellschaft besonders diejenigen Mitglieder schätzt, die ihre ganze Kraft im Berufsalltag verbrauchen und die verbleibende freie Zeit bloß nutzen, um wieder für ihren Beruf zu Kräften zu kommen.

Mitte der fünfziger Jahre beginnt in Amerika ein Umwandlungsprozeß. Selbstverständlich scheinende Werte sind bedroht. Mit der Kommunistenverfolgung unter der Ägide des Senators Joseph McCarthy gerät das demokratische Ideal des «Leben und leben lassen» in Gefahr. Das Anerkennen des «Anderen» sowie das Vertrauen in den Selbstregulierungsprozeß unterschiedlicher Lebensformen werden gestört. Anaïs wie viele andere Intellektuelle und Künstler spüren, daß es nicht nur um Unduldsamkeit gegenüber bestimmten politischen Auffassungen geht. Der autoritäre Angriff auf jede Haltung, die nicht in das Bild von patriotischer Karriere und wirtschaftlichem Streben paßt, muß abgewehrt werden. Anaïs gehört zu den Pionieren einer Gegenkultur, die sich zehn Jahre später in den nachfolgenden Generationen entfalten wird. Anaïs Nins Lesungen in Hochschulen und Buchhandlungen zeigen, daß ihre literarisch gestaltete Gegenwelt von den Studenten mit großem Interesse aufgenommen wird. Während Anaïs sich vom Lebensbild der Mutter abgewandt hat, scheint die jüngere Generation den Auffassungen der fünfzigjährigen Anaïs nicht feindlich gegenüberzustehen – im Gegenteil.

Jim Herlihy schreibt: «‹Solar Barque› ist wunderschön und hat mir, wie das Tagebuch, stärker in meinen persönlichen Problemen geholfen als irgendein Text, den ich überhaupt gelesen habe; er reist direkt zu den wesentlichen Augenblicken... Du bringst uns dazu, daß wir bald ein neues Wort schöpfen müssen, das dem Sachverhalt von ‹flight› [Flucht, Flug, Schwung, Gedankenflug] vollkommen gerecht wird.» Anaïs schreibt in dem Text, daß die Atmosphäre von Golconda (Acapulco in Mexiko) wie eine Droge des Vergessens wirkt; Reise, Traum, Jazz, Improvisation, Verwandlung, sinnliche Unmittelbarkeit, das Goldene Zeitalter imponieren als Elemente einer Gegenwirklichkeit zur alltäglichen Welt des Arbeitens, die auf diesem Hintergrund gänzlich absurd erscheint. Überlegungen dieser Art wie auch die Fotos der Anaïs Nin könnten zu der Annahme verleiten, daß sie ein Mensch ist, der luxurierend sein Leben gestaltet. Das wäre völlig falsch. Mit größerem Kräfteeinsatz als viele Menschen, die morgens ihr Büro aufsuchen, um ihren Lebensunterhalt zu verdienen, arbeitet sie an ihren Romanen und Tagebüchern. Ebenso arbeitet sie, indem sie Hugo als Filmmacher bekannt zu machen sucht und Verlage für ihre eigenen Texte interessiert. Außerdem ist sie als Hausfrau tätig. Anaïs Nins Tätigkeit unterscheidet sich von der Arbeit anderer Menschen dadurch, daß sie ihr eigener Auftraggeber ist. Das verlangt ein hohes Maß an Selbständigkeit und Disziplin.

Im Mai 1954 schreibt Jack Kerouac an Allen Ginsberg in Mexiko einen Brief über den Buddhismus. Die Botschaft: Man muß sich aus den alltäglichen Verpflichtungen lösen, um in einer enthobenen Verfassung die seelische Seite der Wirklichkeit spüren zu können. Kerouac prägt die Wendung von der unaussprechlichen Vision des Individuums. Anaïs Nin gehört nicht zu den «wilden Kindern» Walt Whitmans, wie Neeli Cherkowski die Beats nennt, aber sie teilt deren Vision von der durch das alltägliche Geschehen bedrohten anderen Wirklichkeit. Die Beat-Künstler, die im Rhythmus der Geschlagenen ihre Werke schlagen, wenden sich den großen Gestalten des demokratischen Amerika zu: Henry David Thoreau,

Ralph Waldo Emerson und Walt Whitman. Den englischen Visionär, Maler und Poeten William Blake mit seinem Kult der Nacktheit machen manche, wie Ginsberg, zu ihrem Säulenheiligen. Sie alle verleihen der Gesellschaftsverdrossenheit beredten Ausdruck. Auch Anaïs leidet an den Aufspaltungen des Lebens, aber während Kerouac und Ginsberg sich offen zu ihrem Anderssein bekennen, indem sie die gesellschaftlichen Normen lächerlich machen, anfeinden, ad absurdum führen, bleibt Anaïs mit ihrem zur Schau gestellten Leben durchaus in den Grenzen der gesellschaftlichen Normen. Ihre Revolte spielt sich in aller Heimlichkeit ab.

Sie stellt fest, daß ihr Schreiben – im Tagebuch einerseits, in den Romanen andererseits – ähnlich aufgespalten ist wie ihr Leben mit Hugo und Rupert. Beiden erzählt sie jetzt, sie würde zur jeweils anderen Seite reisen, weil sie dort besser Geld verdienen kann – mal zu Ruperts, mal zu Hugos Entlastung. Aber es will ihr nicht gelingen. Im September 1954 hat sie gerade mal einhundert Dollar verdient. So steht sie ständig unter Druck. Hugo fordert, daß sie möglichst schnell zurückkommt; Ruperts Mutter will, daß Rupert und Anaïs, wenn sie schon zusammenleben, endlich heiraten.

Auf dem Rückweg nach New York macht sie im Oktober 1954 einen Zwischenhalt in San Francisco, um Joaquin zu besuchen, das erste Mal nach dem Tod der Mutter. Sie schläft im Bett der Mutter. Von ihrer eigenen Traurigkeit lenkt sie sich ab, indem sie Joaquin hilft, über den Verbleib der Dinge zu entscheiden. Die Nähmaschine, Stricknadeln und den goldenen Fingerhut der Mutter möchte Anaïs behalten. Die Photographien werden verteilt zwischen Joaquin, Anaïs und Thorvald. Die unwichtigen, kleinen Gegenstände – der Kamm der Mutter, Zahnbürste, Gesichtspuder – beleben die Hilflosigkeit angesichts der Absurdität des Todes in besonderer Weise. Befremdlich wirken auch die Erinnerungsobjekte: Milchzähne der Kinder, Haarlocken, Anaïs' erste Handarbeit, die ersten Schreibversuche: Besichtigung des Mausoleums der eigenen Kindheit.

Joaquin erzählt von seinen Plänen. Er möchte García Lorcas «Bluthochzeit» als Vorlage für eine Oper aufgreifen. Er spricht über eine langjährige Freundin, weiß nicht, ob er sie heiraten will oder nicht. «Joaquins Traurigkeit, die asketische Strenge seines Lebens, vor der ich stets davongelaufen bin, wogegen ich rebelliert habe, und das Leben meiner Mutter, ergeben, einfach, primitiv, sind das Band, das mich zu Rupert führte.» Die Mütterlichkeit habe sie von der Mutter übernommen, «und was mich Rupert lieben ließ, war meine Liebe zu Joaquin».

In New York nimmt sie wieder am gehobenen gesellschaftlichen Leben teil. Hugos Filme werden vor einem Kreis von Menschen gezeigt, die mit Haiti verbunden sind. Anaïs spielt als aufmerksame Ehefrau die Gastgeberin, serviert Getränke und Essen, erlaubt Hugo, im Mittelpunkt zu stehen. Was ein Film über Haiti kosten würde, fragt man ihn. Stanley Haggart tritt als möglicher Produzent auf. Ob Hugo bessere Chancen hätte, sein Leben neu zu gestalten, wenn sie sich von ihm trennen würde, denkt sie manchmal. Aber sie wagt nicht, mit ihm zu brechen. Mit Dr. Bogner stellt sie fest, daß es ihr niemals gelungen ist, von sich aus eine Beziehung zu beenden. Sie konnte nur davonlaufen oder dem anderen die Verantwortung zuschieben.

Jim Herlihys Briefe und die Lesungen, die sie Anfang November 1954 im New York City College hält, helfen ihr über die private Misere hinweg. Jim bietet sich als «der dritte Mann» an für den Fall, daß sie weder Rupert noch Hugo länger erträgt. Aber Anaïs unterwirft sich den Pflichten einer sorgenden Ehefrau, näht wieder einmal Kissen und Decken und verschönert das Heim. Außerdem tippt sie ein Manuskript von «Spy in the House of Love», das die Northwestern University Evanston ankaufen will; das Original ist verlorengegangen. Die Bibliothek erwirbt, vermittelt durch Kathryn Winslow, alle ihre Bücher sowie neununddreißig veröffentlichte und unveröffentlichte Manuskripte für etwa 500 Dollar.

Auf einer Party bei Herlihy mit fünfzehn homosexuellen jungen Männern und fünf Frauen wird sie angehimmelt. «Liegt es daran, daß ich eine von den wenigen bin, denen man verzeiht, daß sie eine Frau ist...?» Sie will den maßgeblichen Roman über die Homosexuellen verfassen, den diese selbst nicht schreiben können. Jim gibt ihr seine Aufzeichnungen über die Party zu lesen, die ihr dann doch besser gefallen als ihre eigenen. Sie meint, sie habe ihn mit ganz anderem Erfolg als Gore Vidal in seinem Schreiben fördern können, weil er selbst Sinn für die nackte Wahrheit hat. Er kann sensibel, intelligent, intuitiv schreiben. Sie ist froh, daß ihre Bindung zu Rupert sie davor schützt, sich in Jim zu verlieben. Schade nur, daß sie mit Rupert gar keine Ebene für Gespräche über Kunst finden kann.

Immer wieder stellt sie die Frage, warum das große amerikanische Publikum ihre Bücher ablehnt. Ob denn die Autoren, mit denen sie sich verwandt fühlt, wie Jean Giraudoux, Marcel Proust, Djuna Barnes, Isak Dinesen, Anna Kavan, Pierre-Jean Jouve, Jean Genet, sich auch so gefühlt haben? Von den Erfolgreichen schätzt sie Tennessee Williams und jetzt auch Truman Capote, nicht aber T. S. Eliot, Dylan Thomas, Gertrude Stein oder Kenneth Rexroth. Entweder sind sie ihr zu manieriert oder zu grob.

Sie sucht sich mit Verallgemeinerungen zu trösten: «Diese Unterdrückung unseres seelischen Lebens zugunsten eines Musters, das durch die Gesellschaft geformt wurde, mag der Grund dafür sein, daß jede künstlerische Revolte und Innovation, jedes Experiment angefeindet wird. Hauptsächlich weil es eine etablierte Ordnung stört oder eine künstlerische Konvention.» Die Amerikaner haben ihren Abenteuersinn verloren, meint Anaïs Nin, kein Wunder also, daß die jungen Leute dem standardisierten Leben, der Monotonie und Uniformität zu entkommen suchen. Mit Jim kann sie über all das sprechen, nicht jedoch mit denjenigen, die etwas für ihre Bücher tun könnten. Max Geismar, scheint ihr, stiehlt sich mit seinem Buch über William Dean Howells, einen amerikanischen Schriftsteller der Jahrhundertwende, vor den aktuell drängenden Problemen der Kunst davon. «Der Kontakt mit den Jungen ist der Kontakt mit der Zukunft.» Sie verstehen, daß der Künstler «ein Abenteurer im Land des Irrationalen» ist.

Als sie Ende November 1954 wieder zu Rupert nach Sierra Madre fliegt, stellt sie erschrocken fest, daß sie in der New Yorker Wohnung den Schlüssel auf dem Geheimfach mit ihren Tagebüchern hat steckenlassen. Der Gedanke, Hugo könnte nun die nackte Wahrheit erfahren, macht ihr solche Angst, daß sie Jim Herlihy einschaltet. Erst als er herausfindet, daß Hugo nicht an dem Fach gewesen ist, und das Schlüsselchen an sich nimmt, gewinnt sie ihre Ruhe zurück und genießt das Zusammensein mit Rupert. Sie sehen sich französische Filme an, treffen Ruperts Eltern im Beach Club, lesen viel – Rupert über Politik, Anaïs über James Joyce – und verlieren sich in ihren Umarmungen.

Zum Jahreswechsel fliegt Anaïs wieder nach New York, wo sie während der nächsten fünf Wochen mit Hugo an seinen Filmen arbeitet.

4. «Flight»:
Klaustrophobie der Seele

WIEDER FLIEGT ANAÏS durch die Wolken, hoch hinaus, in eine andere Welt. Sie wird Rupert in Mexiko treffen. Die Gespräche mit der Analytikerin Dr. Inge Bogner, die Injektionen Dr. Jacobsons, die Masken und Massagen bei Elizabeth Arden haben ihr eine Jugendlichkeit verliehen, daß der Filmemacher Willard Mass ihr ein Alter von dreißig Jahren zuschreibt, obwohl er zu wissen glaubt, daß sie um die Vierzig ist – in Wirklichkeit steht sie kurz vor ihrem dreiundfünfzigsten Geburtstag.

Angstvoll fragt Anaïs, ob sich das Glück in Mexiko wiederfinden lassen wird. In einem weißen Wollkostüm mit Pelzgürtel erwartet sie ihren jungen Liebhaber im Hotel Geneve in Mexico City, um zusammen mit ihm nach Acapulco weiterzureisen. Zehn Tage lang geben sie sich dem Tanzen hin, schwimmen im Meer, liegen in der Sonne, lieben sich, und hätte Rupert nicht von seiner Begegnung mit einer Hure in Juarez erzählt, wäre alles wunderbar gewesen. Anaïs ist außer sich – warum muß er davon erzählen? Sie revanchiert sich, indem sie von ihrem Wiedersehen mit Bill Pinckard erzählt, mit dem sie geschlafen hat, als die Beziehung zu Rupert auf ihrem Höhepunkt war.

Auf der Rückfahrt äußert Rupert, wie schon so oft, den Wunsch, sie zu heiraten. Alle Abwehr von Anaïs nutzt diesmal nichts. Mehrfach hat sie ihm klargemacht, daß sie nicht wieder heiraten will, sie sei neurotisch, er solle sich ihr gegenüber nicht verantwortlich fühlen. Aber als Rupert in Quartzville, Arizona, beim Friedensrichter vorfährt, läßt sie ihn gewähren, zunächst in der Annahme, es werde sich schon ein unüberwindliches Hindernis einstellen. Dann spürt sie jedoch eine gewisse Lust, die Gesetze geringzuachten: «Zur

Hölle mit den Gesetzen!» Als Rupert mit seinem unwiderstehlichen Lächeln insistiert und sie so glücklich und zärtlich ansieht, kann Anaïs ihm seinen Wunsch nicht länger abschlagen. Ein häßlicher, dicker, deutschstämmiger Friedensrichter mit dem Namen Hardley in frisch gestärktem weißem Hemd ohne Krawatte vollzieht die Zeremonie. «Sein Bauch hatte den Umfang eines Bierfasses, sein Nacken war dick wie der eines Schlachters. Weder er noch der Ort hätten häßlicher sein können. Die Häßlichkeit war so extrem, daß das Ganze schon etwas Komisches hatte.» Es bewegt Anaïs, daß Rupert die Sache so ernst nimmt. Zwar weiß sie, als Bigamistin nun auf die Liste der Kriminellen, die im Büro aushängt, zu gehören, aber es ist doch wohl keine wirklich strafbare Handlung, wenn sie einen Menschen glücklich macht?

Mit Hugo in New York teilt sie längst nicht mehr das gemeinsame Schlafzimmer, also – warum nicht? Daß sie sich Hugo gegenüber immer schuldig fühlt und meint, etwas wiedergutmachen zu müssen, belastet sie ohnehin. Viele Seiten des Tagebuchs füllt sie mit Auflistungen, wer wem was geopfert oder angetan hat. Angestrengt versucht sie sich einzureden, daß sie einander nichts schulden. Hugos Leben hat sich erweitert, indem er durch sie seinen eigenen Weg zur Kunst gefunden hat. Durch ihr unkonventionelles Leben hat er sich aus seiner Starrheit lösen müssen und können. Anaïs ihrerseits verdankt ihm Schutz, Sicherheit, gelegentlich Großzügigkeit. Also: quitt? Nein, die Rechnung geht nicht auf. Etwas in ihr sagt: «Bleib bei Hugo», doch ihre «Gefühle sind bei Rupert».

Mit Hugo ist sie nur noch intensiv verbunden, wenn sie streiten. Sie lehnen sich gegeneinander auf, wie Kinder gegen ihre Eltern. Hugo redet immer wieder von dem Geld, das er aus dem Geld machen will, und Anaïs rechnet vor, daß sie es ist, die in letzter Zeit ein wenig Geld aus der Kunst gemacht hat: 178 Dollar für «Spy in the House of Love»; 100 Dollar für Lesung und Filmvorführung an der Brown University; 100 Dollar für eine weitere Lesung in Chapel Hill; 144 Dollar vom British Bookcenter. Aber schlimmer als das Geldproblem ist ihre seelische Lage. Sie kann sich von Hugo nicht trennen, und sie kann ihn auch nicht lieben. «Alles ist verkehrt.»

Bogner stellt Zusammenhänge zur Jugendzeit her, als Anaïs sich finanziell auf eigene Beine gestellt hat. Wie damals hat sie auch jetzt das Gefühl, trotz all ihrer Arbeit – sie kümmert sich um den Vertrieb von Hugos Filmen, reicht sie bei Festivals ein, bespricht sich mit Hugos Filmverleiher Kosoff – «keine Stimme, kein Einspruchsrecht, keine Macht, keine Kontrolle, überhaupt keine Funktion im Außenministerium» der ehelichen Gemeinschaft zu haben. Das war im Zusammenleben mit der Mutter ganz ähnlich. Wie damals wagt Anaïs nicht die klärende Auseinandersetzung, sondern verwickelt sich in strapazierende Streitereien und ordnet sich danach äußerlich wieder unter.

Wenn es unerträglich wird, wechselt sie den Ort. Dann ist Rupert ihre Zuflucht. Wird das Leben mit ihm unerquicklich, weil er ebenfalls beginnt, zu kontrollieren und zu sparen wegen des Hauses, das er bauen will, dann teilt Anaïs dem Tagebuch ihren Zorn mit und macht Hugo zur Zuflucht.

Sie bringt es einfach nicht über sich, ihre Wünsche und Forderungen durchzusetzen, bedrängt von der Angst, der andere könnte sagen: Geh doch, wenn dir unser Leben nicht gefällt. Seitenlang entwickelt sie im Tagebuch die Theorie, destruktives Verhalten sei Ausdruck der Neurose, obwohl sie im Grunde spürt, daß ihr Vermeiden von «Destruktion» zu einer Abhängigkeit führt, die nur zu ertragen ist, indem man Ausflüchte findet und Zuflucht sucht. Zorn und Rebellion werden vom Alltagsleben abgespalten und nähren ein Ressentiment im Untergrund. Auf der Oberfläche stilisiert sie ihren Ausdruck zur Maske einer Dauerlächlerin, doch eigentlich fühlt sie sich mißhandelt und ist enttäuscht.

Anaïs nennt diesen Zustand Klaustrophobie der Seele. «Wer unter Klaustrophobie der Seele leidet, muß über ein riesengroßes Schaltpult verfügen, das ihn in ein weiteres Universum, in das internationale Leben, Paris, Mexiko, New York, United Nations, die Welt der Künstler wechseln läßt.» Das hört sich ganz hübsch an, aber zugrunde liegt eine große Verzweiflung über die Schwierigkeit, die verschiedenen Welten, in die sie jeweils umsteigen kann, zusammenzuhalten. Das Schaltpult ist eben nur ein Bild, und das Rangieren ist oft schmerzlich.

Mit ängstlicher Erwartung begibt sie sich im Herbst 1954 auf eine Reise nach Paris. Hugo, der neben seiner Filmarbeit freiberuflich als Börsenmakler zusammen mit Archibald, dem Mann von Eduardos

Schwester, arbeitet, hat dort zu tun. René de Chochor, ihr Agent, hatte berichtet, das Paris, welches Anaïs vor fünfzehn Jahren verlassen hat, existiere nicht mehr.

Aber sie findet es auf der Suche nach Spuren ihrer Vergangenheit doch wieder. Natürlich hat sich vieles verändert, aber die Atmosphäre stimmt, und die Kunstgeschäfte, Buchhandlungen, Antiquitätengeschäfte, auch die Cafés «sind unverändert. Die Bücherstände waren immer noch da mit den erotischen Büchern, die in Cellophan verpackt sind, mit ihren pornographischen Postkarten und seltenen Büchern für Kenner.» Zufällig kommt sie an einer Buchhandlung vorbei, in der ihre Freundin Louise de Vilmorin ein neues Buch vorstellt und signiert. Sie reiht sich ein in die Schlange und denkt an die Vergangenheit. Sie besucht den Bildhauer Ossip Zadkine in der Rue d'Assas und findet den Freund Jean Carteret, der sich «in esoterische und obskure Theorien» versteigt. Sie sucht auch Richard Wright auf, der froh ist, Amerika verlassen zu haben. In Paris begegnen ihm die Menschen freundlich; sogar die Bäckersfrau weiß, daß er ein wichtiger Schriftsteller ist, und fragt, ob sie ihm helfen könne. Das Rassenproblem scheint nur in Amerika zu existieren.

«Das Paris, das ich liebte, ist nicht tot. Die Liebenden lieben sich noch immer. Die Seine glitzert noch immer im Licht der Kähne und Boote.» Und George Whitmans Buchhandlung an der Seine («Shakespeare & Company» als Nachfolge der Buchhandlung von Sylvia Beach) bietet den zeitgenössischen Expatriates eine große Palette englischsprachiger Literatur. Schriftsteller können kostenfrei bei ihm unterkommen; das ist heute, im Jahr 1994, noch immer so. In den fünfziger und sechziger Jahren gehen die Beatschriftsteller zu ihm. Er verkauft die Bücher von Allen Ginsberg, Jack Kerouac, William S. Burroughs. Allerlei Versuche macht Anaïs, leider vergeblich, ihr Hausboot «La Belle Aurore» wiederzufinden.

Zurückgekehrt nach Sierra Madre, ist sie glücklich, im Kreis um Renate Druks in abgewandelter Form die künstlerische Atmosphäre der dreißiger Jahre in Paris wiederbelebt zu sehen. Aber auf einer Party flirtet die hübsche Raymunda Orselli mit Rupert. Anaïs ist verärgert – warum muß er flirten, wenn sie in Los Angeles ist, er kann es tun, wenn sie nicht da ist, warum vor ihren Augen? Immer hat sie Angst, Rupert könnte sich einer jüngeren Frau zuwenden. In diesen Jahren ist wieder ihr Wunsch stark, sich von Hugo zu trennen, um sich ganz mit Rupert zu verbinden.

Zurück in New York und bei Dr. Bogner, erfährt sie, daß ihre seelischen Probleme sich gerade dann zuspitzen, wenn sie die Neigung hat, ihr Leben zu vereinheitlichen. Alles schwankt und dreht sich. Auf dem Hintergrund ihrer Ängste bei Rupert wirkt das Leben mit Hugo in New York dann plötzlich friedlich. Er ist diesmal guter Dinge, hofft einen Weg gefunden zu haben, wie er Geld verdienen kann. Anaïs unterhält seine neuen Geschäftspartner Herrn und Frau Saint Phalle. Wieder organisiert sie, eröffnet ein Konto für Hugos Filmgeschäfte, erledigt tausend kleine Botengänge, läßt sich im Elizabeth-Arden-Schönheitssalon auffrischen, geht zu Dr. Jacobson, der weiterhin ihre Anämie behandeln muß. Mit Dr. Bogner spricht sie über ihre Angst, irgendwo Wurzeln zu schlagen. «Wurzeln schlagen, einen Kamin haben und einen schönen Blick würde bedeuten, auf Höhenflüge zu verzichten.» Das erträgt sie nicht, denn sie befürchtet, die aufregenden Möglichkeiten der großen Welt zu verlieren.

Das Leben mit Hugo ist beengend. Erst wenn Anaïs die Wohnung verläßt, hat sie das Gefühl, wieder frei atmen zu können. Mit Rupert geht es ihr ganz ähnlich. Als sie ihn anruft, um ihm mitzuteilen, daß sie mit dem Air-France-Flug 071 um acht Uhr in der Frühe in Mexico City sein werde, fragt er nur, ob sie weiß, wo er seine gelbe Badehose finden kann.

Am 25. Mai 1955 hat sie eine Lesung in der Northwestern University in Evanstone, Illinois. Dort will man ihre Tagebücher erwerben. Mit dem Geld könnten Rupert und sie dann endlich ihr Haus bauen.

Henry Miller schreibt ihr, Fred Perlès werde in Frankreich eine Miller-Biographie veröffentlichen, in der von ihrer Beziehung die Rede ist. Anaïs ist außer sich vor Angst, daß ihre bislang so sorgsam geheimgehaltene Liebesgeschichte mit Miller öffentlich bekannt wird. Sie setzt alles in Gang, um das Vorhaben zu stoppen. Sie hat das Gefühl, daß alle Welt sie verfolgt. «Wenn ich nicht nach Paris gehe und ein Leben führe wie Genet, nichts verbergend, als Kriminelle und Monster, werde ich sterben.» Auch als Miller erklärt, daß sie keine Ahnung hatten, welche Schwierigkeiten persönlicher Art

Anaïs im Publikwerden ihrer Affäre sieht, und verspricht, ihren Namen in dem Buch ändern zu lassen, reagiert Anaïs, als hätte sich ein Komplott gegen sie gebildet.

In einem Brief vom 8. Mai 1955 schreibt Fred Perlès, daß ihn Anaïs' Aufregung überrasche, und fragt, ob sie sich wirklich um Hugo Sorgen mache. «Die Sache dürfte für Hugo ja wohl keine Neuigkeit sein, es sei denn, er wäre komplett schwachsinnig, was er, wie ich weiß, nicht ist.» Sie möge sich bitte nicht aufregen, er werde alles tun, um ihr Kummer zu ersparen. In einem zweiten Brief teilt er ihr mit, daß sein Verleger Neville Armstrong in London dagegen ist, in einer Biographie eine fiktive Gestalt einzuführen. Er selbst hat den Text noch einmal durchgesehen, es sei wirklich keinerlei Hinweis auf die Affäre darin. «Im übrigen, was ist so schlimm an der Freundschaft? Oder an der Liebe gar...? es liegt an Deiner Überempfindlichkeit und einem unbegründeten Schuldgefühl, daß Du Dinge siehst, die nicht da sind.» (Brief vom 9. Mai 1955) Neville Armstrong fragt, was an einer Geschichte, die zwanzig Jahre zurückliegt, denn so dramatisch sei, weist darauf hin, daß er gleichzeitig mit der Miller-Biographie ihr Buch «Spy in the House of Love» veröffentlichen wird, auf das in einer Fußnote der Biographie hingewiesen würde, so daß eine größere Leserschaft davon erfahre.

Schließlich löst Perlès das Problem, indem er Anaïs Nin in zwei Gestalten aufspaltet. Er läßt sie unter ihrem Namen auftreten als die Frau mit den Tagebüchern, die Miller in Louveciennes besucht und die das Vorwort zu «Wendekreis des Krebses» verfaßt hat. Was Anaïs an der Darstellung ihrer Person in der Biographie mißfallen könnte, schreibt er einer fiktiven Gestalt mit dem Namen Liane de Champsaur zu. Diese pragmatische Lösung macht, psychologisch gesehen, Sinn. Die Anaïs der dreißiger Jahre läßt sich auf diese Weise angemessen beschreiben. Sie hat damals mit wenigstens zwei Identitäten gelebt. Umfangreiche Passagen des Buches, das bereits gedruckt war, müssen neu gesetzt werden. Armstrong ist wütend und schickt Anaïs eine Rechnung über 100 Dollar.

Mit ihrer Idee der Veröffentlichung der Tagebücher gerät Anaïs in dieselbe Klemme. Rupert, Joaquin und Hugo, die sie für menschlich gut und nahezu heilig hält, will sie keinesfalls verletzen. Sie leidet darunter, daß sie nicht die Wahrheit ihres Lebens erzählen kann. Sie weiß jetzt, was ihr «Verbrechen» ist, das sie nicht schlafen läßt, das Alpträume macht: «Was die Menschen nur träumen, habe ich ausgelebt, ich habe dem Traum gehorcht. Aber ich war nicht in der Lage, mich von Schuld freizusprechen. Und Dr. Bogner konnte mir keine Absolution erteilen... Man kann sich in Vater oder Bruder verlieben. Man kann gegen die Mutter revoltieren. Man kann seine Rivalen umbringen. Man kann Liebe stehlen. Man kann seinen Mann und seine Liebhaber betrügen – im Traum. Man kann ein amouröses Leben führen, orgiastisch, man kann tausend Frauen sein – in seinen Träumen. Doch wenn man einen dieser Träume auslebt, ist man eine Kriminelle, in den eigenen Augen wie in den Augen der Welt, und man ist zum Tode verurteilt. Aber ich habe doch anderen so viel gegeben! Niemand hat so vielen das Gefühl gegeben, daß sie nicht allein sind. Ich weiß, daß Hugo an mir hängt, an einer halben Ehefrau, weil er, selbst wenn ich nicht da bin, sich weniger allein fühlt. Die Anspannung der Lesungen hat auch damit zu tun, daß ich zu den Hörern eine innere Verbindung aufbaue, daß ich sehe, höre, fühle, was sie gesehen, gehört, gefühlt wünschen.» (Juni 1955) Ebenso hat sie Ruperts Leben bereichert; sogar seinem Stiefvater Lloyd Wright begegnet sie mit Verständnis, obwohl sie seine Kritik an allem und jedem haßt – und doch scheint ihr Leben ein einziger Fehlschlag zu sein.

Sie strengt sich sehr an, lieb zu sein, und stimmt schließlich sogar Ruperts Wunsch zu, alles Geld für ein Haus zu sparen, obwohl sie eine Welt mit Heim, Herd und Garten nicht liebt. «Wie der wandernde Jude» müsse sie sich nun auch neben Rupert ihre eigene «innere Welt erschaffen», meint sie. Aber es will nicht gelingen, mit einem neuen Buch zu beginnen. Wenn niemand außer Jim Herlihy positiv auf ihr Schreiben reagiert, wenn es niemand drucken will, wenn es sich nicht verkaufen läßt, wenn alle Welt von ihr Romane nach Art von Françoise Sagans «Bonjour Tristesse» erwartet, dann hat sie das Gefühl, wirklich auf verlorenem Posten zu stehen.

Aber sie gibt nicht auf, wendet sich erneut der Arbeit zu, indem sie die handgeschriebenen Tagebücher abtippt. Ein Teil ist im Schließfach einer Bank in Pasadena, einen anderen Teil holt sie aus San Francisco. Band 50 enthält das Ende der Miller-Story, die sexuellen Abenteuer in New York, in Paris, den Beginn der Beziehung zu Gonzalo. Vergangenheit als Zuflucht. «Überblendungen und Doppelbelichtungen» lautet der Titel des neuen Tagebuchs der Monate Juni, Juli, August 1955. Sie erinnert sich, daß Henry Miller damals das Gefühl hatte zu altern; aber dann hat er zwanzig Jahre später eine Frau geheiratet, die dreißig Jahre jünger ist als er, Eve McClure, also muß er wohl immer noch ein guter Liebhaber sein.

Das Außersichsein in der Liebe ist es, das Anaïs an Gonzalo gefesselt hat und das sie jetzt an Rupert bindet. Unerträglich sind ihr die Niederungen des alltäglichen Lebens. Bei Hugo war es die Bank, bei Rupert der amerikanische Lebensstil; bei Henry Miller störten die Bettelei, das Borgen und die Verantwortungslosigkeit; bei Gonzalo die parasitäre Haltung und die Abhängigkeit von Helba. Merkwürdig überlagert sich die ausgelassene Atmosphäre von Paris mit den langweiligen Treffen in Ruperts Familie. Renate Druks und Paul Mathiesen dagegen «könnten unmittelbar in das Tagebuch Nr. 50 eintreten und sich dort einrichten». Renate erzählt die schönsten Geschichten aus ihrer Kindheit. Als sie anderthalb Jahre alt war, fragte ein Musikwissenschaftler, der in einem anderen Raum auf der Orgel gespielt hatte, woher die Musik gekommen sei. Renate wies auf ihr Herz und sagte «von hier». Renates Erzählungen wird Anaïs zehn Jahre später in dem Text «Collages» verarbeiten.

Im Spiegel des Tagebuchs sieht Anaïs sich selbst in zwei Gestalten. Ihren Donjuanismus der dreißiger und vierziger Jahre meint sie durch Ruperts Liebe überwunden zu haben, und mit dem Abklingen ihrer Verführungsneigungen, die sie als männlich einschätzt, kommen seit dem Tod der Mutter verstärkt mütterliche Seiten zum Vorschein. Sie fragt sich, ob die Mutter, wie sie selbst, aufbegehrt hat gegen die Rolle der Frau als gehorsame Dienerin. «Weiblichkeit ist mit einem so großen Verlust von Prestige und Macht, mit solcher Knechtschaft verbunden, daß ihre Selbstbehauptung nur die negative Form des Zornes annehmen kann.»

Im Sommer 1955 ist sie einer festen Verbindung ihres Lebens mit Rupert so nah wie nie zuvor. Doch in New York begegnet ihr ein Ehemann, der sie braucht. Hugos Mutter ist gestorben, er fühlt sich verlassen und kommt mit seiner Arbeit nicht voran. Anaïs meint, sie müsse für all das Verständnis aufbringen, und fühlt sich schlecht, weil sie sich letztlich doch wieder abwendet. In dieser Not der doppelten Verpflichtungen belebt sie die Ideologie, man müsse nur lernen, «in der Gegenwart zu leben», und das persönliche Drama nicht so wichtig nehmen. «Das Leben fließen lassen.» Sie gehen ins Theater, sehen einem Mambo-Tanzwettbewerb zu, fahren ans Meer, und Anaïs strengt sich an, geduldig zu sein, wenn Hugo stundenlang über seine geschäftlichen Probleme spricht. Sie läßt sich die Zähne richten, so daß sie sich beim Lachen nicht schämen muß; Dr. Jacobsons Behandlungen stabilisieren wieder den Körper, Dr. Bogner die Seele. Im September 1955 fährt sie gestärkt zu Rupert zurück. Anaïs fügt sich ganz in sein Leben ein, macht einen Kurs in Erster Hilfe, versorgt die zwei Jungen der Nachbarin für kurze Zeit und spielt Familie. Sie will ihren Frieden machen mit Ruperts irdischem Leben und nicht weiter ihre Ausflucht im alternativen Leben in New York oder in ihren romantischen Träumen suchen.

«Mag sein, daß ich sterbe, ohne Bali gesehen zu haben, aber mir bleiben doch andere Dinge. Ich kann einen Menschen glücklich machen. Ich bin einem Menschen nahe, näher als irgend jemandem zuvor. Meine natürliche Sanftheit stellt sich wieder ein.» Streit, Eifersucht, Fluchttendenzen scheinen überwunden. Sie genießt eine Art innerer Ruhe, «sieben Wochen frei von Depression und Angst».

Bogner traut Anaïs' Veränderung nicht, und Anaïs verteidigt sich. «Ich habe irdische Wurzeln in meinem Leben mit Rupert... Ich strebe nicht mehr das Unmögliche an (veröffentlicht zu werden, in Paris oder Italien zu leben, etc.).» Bleibt nur das Problem der Trennung von Hugo. «Ich frage mich, ob wir jetzt vielleicht den Gipfel von Verständnis und Verzeihen erreichen und ohne Desaster und Bitterkeit auseinandergehen können.» Zudem sagen ihr die gemeinsamen Freunde Bebe und Louis Barron, daß Hugo sich anders gibt, wenn Anaïs nicht in New York ist. Er kann dann bezaubernd sein und aktiv. In Anaïs' Gegenwart dagegen wird er passiv, weil Anaïs diese Rolle übernimmt.

Das Testament von Hugos Mutter bringt Anaïs auf den Gedanken, ihr eigenes zu machen. Aller Besitz soll an Hugo gehen, aber nicht die Tagebücher, die sind bei Jim Herlihy am besten aufgehoben. Der liebt ihr Schreiben, mit ihm kann sie vollkommen offen sein, auch wird ihn – anders als Hugo oder Rupert – nichts verletzen. Er wird umsichtig sein, wenn er sie einmal veröffentlichen sollte; außerdem braucht er Geld, das damit zu verdienen wäre.

George Simenons Bücher interessieren sie in dieser Zeit. Besonders gefällt ihr, wie es ihm gelingt, das einfache häusliche Leben einzufangen, die kleinen Details des Alltags, auch das Häßliche, die Verdrehtheiten. «Er ist ein Gegenpol zu mir.» Anaïs wundert sich, daß sie, die all dieses ja auch wahrnimmt, vorzieht, es zu ignorieren. Aber sie mag das Leben nicht als schwerfällig und häßlich darstellen. Wieder hadert sie mit den unleidlichen Querelen ihres Alltagslebens mit Rupert. Die Schönheit seines Körpers ist es, die sie an ihn bindet. «Bleibt mir noch Zeit, dem Künstler zu begegnen, den ich heiraten will?» fragt sie sich angstvoll. «Ich bin für immer gefangen im menschlichen Leben…» Renate und Paul haben ebenfalls Probleme, die sie Anaïs unterbreiten. Renate möchte ein normales Leben, aber Paul kann die Vielfalt seiner sexuellen Beziehungen, die Männer einschließt, nicht aufgeben. Renate leidet darunter. Anaïs kann sie beide verstehen. «Ich bin beide.» Paul möchte wie Anaïs eine Vielzahl von Leben zur gleichen Zeit führen.

Anfang 1956 macht Dr. Bogner ihr klar, daß Hugo eine Trennung niemals überwinden würde. Niemals, fragt Anaïs. Niemals, antwortet Bogner. «Das war ein tiefer Schock für mich, weil es bedeutet, daß ich mein ganzes Leben in einer Form der Dualität verbringen werde.» Sie beginnt unter Herzschmerzen zu leiden, aber eine Untersuchung ergibt, daß ihr Herz physiologisch in Ordnung ist. Dennoch, sie erträgt es nicht, ihren liebevollen Mann im Westen zu verlassen, um ihren fordernden Mann im Osten zu trösten. Sie vertraut Hugo an, daß sie ihre Ehe als tot empfindet, daß sie die Analyse aufgenommen hätte, um wieder zurückzufinden, aber es sei nicht gelungen. Beide sind erschüttert und weinen. «Geh fort für ein Jahr», sagt Hugo, «und laß uns sehen, was geschieht.» – «Aber du mußt versuchen, eine Frau für dich zu finden, jemanden, der dir nahesteht», entgegnet Anaïs. Wieder blickt sie in ihre Geschichte zurück. Bereits nach sechs Jahren wirkte Hugo grau wie ein alter Mann, während der viel ältere John Erskine voller Vitalität war. Hugo kommt zu dem Schluß, daß ein Individualist wie Anaïs wohl nicht für die Ehe tauge. Sie sieht das anders. Sie sei durchaus in der Lage, mit einem anderen zusammenzuleben. Aber sie erwähnt Rupert nicht.

Ihre Freundschaft mit Peggy Glenville-Hicks vertieft sich, als jene erkrankt. Peggy erzählt ihr von einer kurzen Affäre mit dem Schriftsteller und Komponisten Paul Bowles, der sie verlassen hat, als seine Frau Jane seelisch erkrankte. Vier Tage ist Anaïs ganz um Peggy bemüht, die nach einer Operation sich selbst überlassen wurde. Sie sprechen über ihr Leben und kommen überein, daß es für eine Frau in dieser Zeit genauso schwierig ist, intellektuell zu sein, wie für einen Mann, wenn er gefühlsbetont lebt. Einen Augenblick lang hat Anaïs die Phantasie, daß es eine gute Lösung für ihre Probleme wäre, wenn sich Peggy mit Hugo verbinden würde, mit ihrer vernünftigen Art würde sie gut zu ihm passen. Aber Hugo erträgt es nicht, wenn Peggy ihm in ihren Gesprächen widerspricht. Peggy beschäftigt das Problem, daß Männer offenbar keine intelligenten Frauen schätzen, denen ihr eigenes Werk wichtig ist.

In Sierra Madre wird Anaïs noch einmal mit dem elenden Leben von Reginald Pole, Ruperts leiblichem Vater, konfrontiert. In einem Gespräch mit Rupert versichert er ihm, wie sehr er ihn als Kind geliebt hat, aber Anaïs hat das Gefühl, er spricht nur über sein verzweifeltes Leben und sieht nicht, was er anderen zufügt. In dieser unerträglichen Situation wendet sie sich wieder ihrem eigenen Tagebuch zu, tippt den Band 68 ab und lebt noch einmal in der Zeit, als sie in New York mit Gonzalo den kleinen Verlag mit Druckerei hatte. Jetzt meint sie, das sei eine glückliche Zeit gewesen, mit vielen Freunden, mit der hilfreichen Analyse bei Martha Jaeger. Sie erinnert sich an die lebhafte Freundschaft mit Frances Brown (jetzt Field), mit Lanny Baldwin und Thurema Sokol. Sie tippt und überarbeitet dieses Tagebuch für Jim Herlihy, der immer noch die große Leserschaft für sie ersetzt. Für Jim bemüht sie sich, die Menschen vollständiger zu beschreiben, als sie es damals tat. «Ist es die Distanz, die Menschen interessant erscheinen läßt?»

Während sie an der Schreibmaschine sitzt, liegt der Cockerspaniel Tavi ihr zu Füßen. Er ist jetzt acht Jahre alt, ist taub und sieht nicht mehr gut. «Und ich habe mich in diesen acht Jahren nicht verändert. Ich stehe um sieben oder acht Uhr auf, mache Frühstück, räume das Haus auf, mache Einkäufe, gehe zur Post, bringe die Wäsche zur Wäscherei, koche und ruhe mich ein bißchen aus, dann tippe ich, schreibe Briefe, verschicke Bücher, lese die Bücher, die andere geschrieben haben. Fast jeden Abend gehen wir aus. Ich fühle nicht das Nachlassen von Energie, es sei denn, ich bin niedergeschlagen. Die Arbeit an den Tagebüchern scheint mich vor Depression zu schützen.»

In New York findet sie einen Ehemann vor, der, seit er Tabletten gegen Angstzustände nimmt, anders mit ihr umgehen kann, zärtlich wie die Homosexuellen, meint Anaïs. «Er sagt mir, daß ich schön bin, umarmt mich, beißt mir in die Schultern, aber er nimmt mich nicht. Weil er fühlt, daß ich ihn nicht begehre?» Anaïs ist verwirrt und traurig. Sie liest in ihrem Roman «Solar Barque», als hätte jemand anders den Text geschrieben. In Los Angeles entfernt sie das Etikett auf ihren Tabletten, auf dem Mrs. Guiler steht, und in New York entfernt sie das Etikett, auf dem Mrs. Pole steht. Auch mit Hugo geht sie jeden Abend aus. «Dieses zweigeteilte Leben ist maßlos anstrengend.» Als Hugo den Abend vor einer Reise nach Kuba mit einer anderen Frau verbringt, ist Anaïs verwundert, daß sie das alles zwar gewünscht hat, aber daß es sie nicht erfreut. Sie fühlt sich wie ein Kind, das seinen Vater verliert. Auch die sexuellen Schwierigkeiten in ihrer Ehe sieht sie nun in einem Zusammenhang mit Hugos väterlicher Rolle. Bei einem morgendlichen Gespräch in Hugos Bett über ihre Situation fragt Hugo, ob sie denn erwartet hätte, daß er ohne Begehren lebe. Anaïs kämpft mit ihren Gefühlen. Einerseits ist sie froh, denn nun muß sie sich nicht länger schuldig fühlen, und andererseits – ach, sie versteht ihre eigenen Gefühle nicht. Hugo ist genauso verwirrt wie Anaïs und wendet sich an Dr. Bogner.

Auch Anaïs drängt darauf, die Therapeutin zu sehen, geht früher aus dem Haus zu ihrer Stunde und läuft verloren durch die Straßen. Sie erinnert sich an die Mutter, die ihr Schreiben so sehr abgelehnt hat. Anaïs fühlt sich allein gelassen und leidet unter Angst. Es beginnt eine lange Zeit, in der sie nur mit Schlaftabletten zur Ruhe kommt. Die Gespräche mit Bogner helfen immerhin, an «Solar Barque» weiterzuarbeiten – erfindungsreich, nicht dokumentarisch wie im Tagebuch. Das tut ihr gut. Aber Bogner betont auch wieder,

daß Hugo eine Trennung nicht ertragen würde. Wenn man Anaïs'
Tagebuchaufzeichnungen trauen kann, wäre das wirklich eine
merkwürdige Einmischung einer Analytikerin in die Entscheidungen ihrer Patienten. Anaïs fühlt sich offensichtlich von Bogner unter Druck gesetzt.

Ende 1956 gerät Anaïs in Angst; ihre Leidenschaft zu Rupert
schwindet, als sie das erste Mal ernsthaft befürchten muß, Hugo zu
verlieren. Seit ihre Ehe nicht mehr das Schlachtfeld ist, auf dem ge-
genseitige Vorwürfe und Enttäuschungen ausgetragen werden, läßt
sich das Zusammensein mit Hugo wieder ganz harmonisch an. Welche Verwirrung der Gefühle! Anaïs sieht sich von Nebel umgeben.
Beinahe vier Monate hat sie glücklich mit Rupert zusammengelebt –
es zerreißt sie. Sie kann nicht mehr schreiben, nur vierundachtzig
Seiten in zwei Jahren. Das ist beängstigend. Eine merkwürdige Begegnung hat sie mit einer gewissen Karon, die sie umarmt, küßt und
verführen will. Anaïs wird an die Frauen erinnert, die in ihrem Leben eine erotische Rolle gespielt haben, June Miller, Thurema Sokol. Aber Karon bedrängt sie so sehr, daß Anaïs ausweicht. Gleichzeitig erträgt sie die Vorstellung nicht, daß Hugo eine Beziehung
mit Karon haben und ihr ungehindert nachgehen könnte, wenn sie
Ende Oktober wieder nach Los Angeles zu Rupert fliegt.

Annette Nancarrow, die Freundin, mit der sie in Mexiko war,
kommt nach New York. Sie macht für ein mexikanisches Touri-
stenbüro eine Weltreise. Anaïs ist erschrocken, wie alt die Freundin
geworden ist, ihre Schönheit ist dahin. Männer, meint die 53jährige
Anaïs, altern in anderer Weise als Frauen. Sie werden zu Bronzesta-
tuen, gewinnen Patina, aber verlieren nicht ihre eigenartige Schönheit. Frauen dagegen, deren Weiblichkeit sich in Seide, Satin, Blumen und Schleiern zeigt, «können nicht schön werden wie ein Stein
aus Jucatan». Alternde Frauen gewinnen keine neue, andersartige
Schönheit, findet Anaïs.

Sehr allmählich kehren ihre Gefühle für Hugo zurück. Sie quälen
einander nicht mehr. Seine Affäre ist vorüber. Nun gerät Anaïs Rupert gegenüber in eine schwierige Lage. Sie will ihm nicht weh tun.

Weihnachten 1956 möchte sie eigentlich Hugo nach Haiti begleiten. Sie ist bereit, Rupert zu enttäuschen. Als Hugo die Reise
aufgibt, entscheidet sie sich dann halbherzig doch für Los Angeles,

während sie für Hugo schön verpackte Weihnachtsgeschenke zurückläßt. Mit Rupert kommt es zu Spannungen, da er sich nicht aus den Verpflichtungen der Familie gegenüber löst. Er reagiert mit einer Bronchitis, so ist auch die Neujahrsfeier ein Fehlschlag.

Rupert, der nach einigen Prüfungen Lehrer für naturwissenschaftliche Fächer an der High-School «Immaculate Heart» in Los Angeles geworden ist, verdient dreihundert Dollar im Monat. Anaïs muß hinzuverdienen und kann seine Vorstellung von einer fröhlich auf ihn wartenden Hausfrau nicht erfüllen. Das muß er doch einsehen! Sie können nicht von seinem Gehalt leben und darüber hinaus noch für ein Haus sparen – ganz abgesehen davon, daß sie die Welt der Kunst und der Künstler nicht missen will. Zur Zeit verspricht das Leben mit Hugo in dieser Hinsicht mehr. Wie ein junger Mann scheint er von seiner künstlerischen Zukunft zu träumen. Mit ihm kann Anaïs über die Bücher und die Musik, die ihr gefallen, sprechen. Er zwingt sie nicht zu einem langweiligen und noch dazu unharmonischen Familienleben, wie es Ruperts Eltern führen, die keinen Sinn für Literatur haben. Lloyd Wright verlangt von seinem Stiefsohn Rupert, von seinem Sohn Eric und von seiner Frau Helen, daß sie «der Sache» dienen, die ihm selbst alles bedeutet: der anspruchsvollen Architektur, die im Amerika der fünfziger Jahre nicht gefragt ist. Schon der berühmt gewordene Vater Frank Lloyd Wright mußte darum kämpfen, den Amerikanern seine Theorie nahezubringen, daß Funktion und Form eine Einheit bilden sollten. Eric erinnert sich an eine Szene, in der Anaïs den Schwiegervater wütend als Tyrannen bezeichnet hat, weil er Rupert, der ohnehin unter Rückenschmerzen litt, zwang, auf dem neuerworbenen Grundstück in Malibu große Felsbrocken fortzuräumen.

Anaïs ist erfreut, dieses Mal in New York eine Atmosphäre spielerischer Freiheit vorzufinden. Hugo hat ein Objekt erworben mit Licht und Spiegeln und Brechungen des Lichts, das sie photographieren. Jim Herlihy und sein Freund Dick, mit dem er nach vielen Spannungen wieder zusammenlebt, nehmen Anaïs mit in ihre Welt der verrückten Ideen und des Schreibens. Sie nennt sie ihre Kinder des Lichts. Jim hat sein zweites Schauspiel verkauft, das der Schriftsteller und Regisseur John van Druten inszenieren wird.

Mit dem Cheflektor Tom Payne, der «A Spy in the House of

Love» als Taschenbuch bei Avon-Paperbacks herausbringt, fühlt sich Anaïs in eine erotische Stimmung versetzt. «Wie lange, o wie lange wird mein Charme noch wirken», fragt sich die Vierundfünfzigjährige. Ob sie Rupert idealisiert hat? Er ist so jung, «und doch so widerspenstig gegen meinen Einfluß, eingeschlossen in sein statisches Leben, ohne Einsicht in sein eigenes neurotisches Verhalten, ohne zu merken, wie er das Muster seines Vaters reproduziert». Sie braucht jetzt Frieden und Zärtlichkeit, die sie im New Yorker Kreis findet. Bebe und Louis Barron, die zu Gore Vidals Theaterstück «Visit to a Small Planet» die Musik komponiert haben, nehmen Anaïs zu einer Vorstellung mit. Nach fast zehn Jahren spricht Anaïs das erste Mal wieder mit ihm. Sie ist eine der wenigen wichtigen Personen seiner Vergangenheit, die noch leben. Sie sprechen über seine Einsamkeit und seinen Groll, als Anaïs das Leben mit Rupert wählte und Gores Angebot, mit ihm nach Europa zu gehen, ausschlug.

5. Umschwung:
Gegenwart und Vergangenheit

MAN SCHLEPPT DIE ganze Vergangenheit mit sich, ob man will oder nicht. Alles aktuell Erfahrene bricht sich an den alten Strukturen. Man kann nicht entkommen, denn die alte Geschichte mustert das gegenwärtig Wirksame. Gegenwart und Vergangenheit sind in einem Doppelbild verbunden. Das hat 1957 der Gehirnforscher Dr. Wilder Penfield mit speziellen Untersuchungen bestätigen können. Er beschreibt zwei Formen des Bewußtseins: Die eine nimmt alles Gegenwärtige auf, während die andere alles bewahrt, das unbewußt erinnert wird. Sie könnten das Vergangene filmisch durch eine Umkehrung von schwarzen und weißen Linien darstellen und sie als Überblendung auf die farbige Gegenwart fügen, schlägt Anaïs Hugo vor, mit dem sie wieder zusammen über neue Filmideen nachdenkt. Das Doppelte wird auch Thema ihrer Analyse im April 1957. «Warum kann ich nicht meine Wahl treffen, eine Entscheidung fällen, statt so wie jetzt zwischen diesen beiden Leben zu stecken?»

Anaïs' Doppelleben mag wohl auch ein Versuch sein, dem durch die Vergangenheit gemusterten Leben, das seine Schatten auf das aktuelle Geschehen wirft, zu entkommen. Mal repräsentiert das Zusammensein mit Hugo in New York das Vergangene, mal die Lebensform mit Rupert. Anaïs hat die Möglichkeit, das Vergangene, schon rein räumlich, hinter sich zu lassen, indem sie einfach zur anderen Seite fährt. Sie versucht es aus dem Blick zu rücken und kann sich dann, eine Zeitlang zumindest, ganz dem aktuellen Neuen widmen. Bis sich das Ganze wieder dreht, sobald sie das Gefühl hat, daß sich in dem Neuen ebenfalls etwas Altes breitmacht. Mit der Abreise läßt sie es hinter sich und hat die Chance, nun wieder auf der anderen Seite Spuren für etwas unbelastet Neues zu entdecken. Würde sie ihr Leben vereinheitlichen, könnte sie dieses Spiel des Umgewichtens nicht fortsetzen.

In New York lernt sie Walter Starcke, einen Freund von Jim Herlihy, kennen. Der sechsundzwanzigjährige Produzent gefällt Anaïs. Er vertraut ihr seine Geschichte an. Lange war er der Liebhaber des Schriftstellers und Regisseurs John van Druten, der ihm alles beigebracht hat, was man vom Theater wissen muß. Aber schließlich wollte er auch selbst einmal ein Stück inszenieren und nicht nur Produzent sein. Jims neues Stück «Crazy October» gefällt ihm, er glaubt, daß Jim Herlihy einmal besser sein wird als Tennessee Williams. Er wird es inszenieren. Anaïs verliebt sich und begehrt ihn. Nach einem gemeinsam verbrachten Abend kommt Anaïs nach Haus, Hugos Tür ist verschlossen. Sie fühlt sich allein und unter Spannung, sehnt sich mit der ganzen Macht körperlichen Begehrens nach dem jungen Mann.

Nach jahrelangem großzügigem Umgang mit Schlaftabletten, Beruhigsmitteln und Alkohol verzichtet sie in dieser Nacht darauf und hat eine weitreichende Einsicht. Sie spürt, daß im Untergrund ein Problem verborgen ist, das sie bisher zu lösen suchte, indem sie sich auf ein sexuelles Abenteuer einließ. «Ich kam mir vor wie ein Alkoholiker, dem seine Droge versagt wird. Ich mußte mich mit meinem Hunger auseinandersetzen. Statt mich in eine Affäre zu stürzen...»

Das alte Problem von Einheit und Nähe. Sie erinnert sich, daß sie von ihrem dreizehnten Lebensjahr an mit der Mutter in einem Bett geschlafen hat. Als sie mit sechzehn Jahren endlich ein eigenes Bett haben wollte, bekam sie ein Doppelbett, und die Mutter schlief weiterhin bei ihr. «Eine Lücke in meiner Erinnerung. Ich erinnere nicht, was ich gefühlt habe, als ich mit meiner Mutter schlief... Wärme und Trost könnten andere Gefühle in mir geweckt haben, die ich nicht zugelassen habe, und ich werde ein eigenes Bett gewünscht haben, weil ich allein schlafen wollte. Ich erinnere noch, wie ich am Fenster in unserem alten Holzhaus in Richmond Hill stand, die Männer beobachtet habe, die das Schlafzimmer brachten, von dem ich geträumt hatte, elfenbeinweiß, und wie sehr ich enttäuscht war, als ich ein Doppelbett sah. Ich hatte mir ein Einzelbett vorgestellt und ein Zimmer für mich allein haben wollen.» Der Mutter erklärt sie, sie könnte abends nicht in ihr Tagebuch schreiben, wenn die Mutter allzufrüh das Licht löscht, weil sie abgearbeitet und müde ist. «Ich war es, die für sich allein sein wollte und sich von einer verschlingenden Liebe getrennt hat. Ich war es, die sich von Hugo körperlich getrennt hat.» Der Schatten der Vergangenheit ist lang.

Ende April 1957 ist Anaïs wieder in Los Angeles. Hugo schreibt, wie traurig ihn der Gedanke macht, daß Anaïs unter seiner Distanziertheit zu leiden hatte. Sie kämpfen mit demselben Problem, «sehen dieselbe schreckliche Wahrheit. Ich habe meine Einsamkeit mit Leidenschaft und vielen feurigen Verhältnissen verdeckt, aber darunter lagen die Schwierigkeiten mit der Nähe. Zur Zeit lese ich über Proust: ‹Sein einzigartiges Verständnis für den Menschen war in der Beobachtung begründet, daß ein einzelnes Gesicht hundert Masken tragen kann, daß Persönlichkeit auf eine diskontinuierliche Reihe psychischer Zustände zurückgeführt werden kann.›»

Beim Abschreiben der Tagebücher begegnet ihr diese Frage wieder. Hat sie vielleicht ein falsches Bild von Gore Vidal und Bill Pinckard gehabt? Sie versteht ihre Faszination von damals nicht mehr. Beim Wiedersehen mit Gore im Restaurant Romanoff's, ähnlich bei einer zufälligen Begegnung mit Bill Pinckard etwa dreizehn Jahre nach ihrer Affäre, findet sie die Menschen nicht mehr, die sie damals in ihnen gesehen hat. Genauso wird es ihr ergehen, wenn sie Henry Miller 1962 in Los Angeles wiedersieht. Warum ist nichts mehr von der Verbundenheit zu spüren?

Sie kann sich kaum mehr erinnern, wie es eigentlich dazu kam, daß die Verbindung zu Gore verlorenging. Weil sie nicht in Antigua bleiben wollte und nach Acapulco ging? Weil sie ihn mit Rupert besucht hat, den er haßerfüllt anblickte? Weil er danach in New York so verletzend war? Weil er einen Rückblick auf die Literatur der vierziger Jahre schrieb und sie nicht erwähnte? Weil sie ihm einen Brief, in dem er sie der Zerstörungslust bezichtigt, zurückgesandt hat mit dem Vermerk: «Falsche Adresse. Es ist ein Brief an Deine Mutter, nicht an mich.» Oder lag die einfache Wahrheit darin, daß sie einander nicht geben konnten, wonach sie sich sehnten: «Er wünschte eine mütterliche Gestalt ohne Leidenschaft und ich einen leidenschaftlichen Liebhaber... Impotenz, vermute ich. Ist das der Tod einer Illusion oder ein ganz natürlicher Tod?»

Im Mai trifft sie Gore in Los Angeles,   . Aber er berichtet auch von seinem Problem, eine sinnliche Beziehung über die ersten drei Begegnungen hinaus aufrechtzuerhalten. Er verdient viel Geld. Er fragt sich, ob man heute noch einen Roman schreiben kann. Und Anaïs meint, gewiß – wenn man wagt, das seelische Leben zu beschreiben.

Bei der nächsten Begegnung sprechen sie sich aus. Anaïs erklärt ihre Abwendung. Sie war zornig, als er die vierzehn Jahre jüngere Schriftstellerin Carson McCullers über alles lobte und sie nicht einmal erwähnte. «Wer hätte damals vorhergesagt, daß Gore und ich zehn Jahre später in einem offenen Auto durch Hollywood fahren würden, braungebrannt, und beide, wie er sagte, erreicht haben, was wir wollten, er den Erfolg und ich die Liebe.»

Rupert hat ein Stück Land gekauft, jetzt will er bauen. Anaïs macht ihm klar, daß sie sich in Kalifornien von ihrem eigentlichen Leben abgeschnitten fühlt. Rupert entgegnet, er müsse dieses Haus bauen. Das Schicksal seines Vaters, der in schäbigen Hotels ein rastloses Leben führt, will er nicht wiederholen. Er müsse Wurzeln schlagen, brauche ein festes Zuhause. Anaïs glaubt zu dieser Zeit, das werde für sie der Schlußpunkt der Trennung sein.

Sie kann sich ganz anders in Gesellschaft von Menschen entfalten, die ein reiches Schicksal haben und gern darüber sprechen. Ob sie bei dem jungen amerikanischen Schriftsteller William Goyen eingeladen ist, der «Haus aus Hauch» geschrieben hat, oder bei Roman Gary, dem französischen Konsul in Los Angeles, immer gehen Menschen auf sie zu, die ihr Verständnis suchen. Schon bei einer ersten Begegnung haben sie das Gefühl einer gewissen Vertrautheit. Anaïs glaubt, ihr geheimer Charme liege darin, daß sie den Menschen ihre ungeteilte Aufmerksamkeit schenkt. Das scheint im Amerika der fünfziger Jahre Mangelware zu sein. «Ich bin ganz und gar an dem Anderen interessiert, suche für den Augenblick die volle Gemeinsamkeit, mit dem Blick, dem Gefühl, den Gedanken... Diese Gabe, Nähe herzustellen, eine private Welt, in der Menschen sich selbst finden können, ihr eigenes Leben spüren. Das könnte auch der Roman haben. Meine Romane jedenfalls haben das.»

Jim und Dick sind für sie die erfreuliche Ausnahme. «Wie kommt das nur», sagen sie, «daß mit dir alles leuchtender und aufregender wirkt? Das ist das Geheimnis deiner Verführung. Du gestaltest eine intime Atmosphäre, die jedem das Gefühl gibt, wirklich zu existieren.» Mit Hugo sei das ganz anders, manchmal wirke er offen und nah und dann wieder unerreichbar fern für jeden, vertrauen sie Anaïs an.

Ruperts Halbbruder, der Architekt Eric Wright, hält es für Anaïs' hervorstechendste Eigenschaft, daß sie wie kein anderer wirklich zuhören kann. Nähe im Gespräch und die Entdeckung von Zusammenhängen, die dem anderen eine so noch nicht gesehene Seite seines Lebens zeigen, geben Anaïs ein Gefühl von Gemeinsamkeit und Sicherheit. Auf dieser Ebene ist sie auch Hugo nahe, der oft acht Seiten lange Briefe nach Los Angeles schickt, in denen er seine seelische Lage erörtert. Meist geht er von neuen Einsichten aus, die er in der Analyse bei Dr. Bogner gewinnt. Nach zehn Jahren Analyse zeigt sich, daß sein Problem mit Nähe möglicherweise mit den Standards seines distanzierten Vaters verbunden ist, dessen Liebe er gewinnen wollte. Darauf führt er auch die Anfangsschwierigkeiten in seiner Ehe mit Anaïs zurück, unter denen er noch immer leidet.

Bei allem Respekt vor der Analyse hat es auch etwas Komisches, zu lesen, wie sich ein neunundfünfzigjähriger Mann im Betrachten der Weichenstellungen seiner frühen Geschichte verliert. Vielleicht wäre es angemessener, Anaïs aufzugeben und eine neue Richtung einzuschlagen? Wenn die Belebung der Vergangenheit die Gestaltung der Gegenwart ersetzt, ist das zumindest unproduktiv. Anaïs, die mit ihren psychologischen Einsichten ihrem Mann meist einen Schritt voraus ist, sagt ihm, er solle doch nicht die Gegenwart mit seiner Trauer über die Vergangenheit zerstören.

Im März 1957 in New York genießt sie es geradezu, die langweilige Seite des Lebens in Los Angeles zur Vergangenheit zu erklären und auf dieser Folie die anderen Qualitäten des Jetzt zu genießen. Angenehm sind die Wochenenden ohne die ewigen Kommentare, die Katastrophenmeldungen und Lebensratschläge aus dem Radio, denen Rupert ununterbrochen zuhört. Alles, was man braucht, läßt sich in der Nähe kaufen, während man in Los Angeles für jede Kleinigkeit manchmal eine halbe Stunde mit dem Auto fahren muß. Frank Lloyd Wright hat Los Angeles als Ansammlung von Vororten charakterisiert, die eine Stadt suchen. Los Angeles ist eine Stadt der Dekadenz, sie hat keine Mitte. Im Village in New York ist alles zu Fuß zu erreichen, das schöne alte Café Figaro liegt in der Bleeker Street, um die Ecke sozusagen. Dort spielt man Schach, und die Menschen reden nicht nur über Sport und Politik.

Wenn sie mit Jim Herlihy, Dick Duane, Hugo und René de Chochor zum Essen ausgeht, in einem Leinenkleid, kreiert von der American Painters Association, braungebrannt, entspannt durch Massagen, dann ist eigentlich alles so, wie sie es möchte – wäre Hugo nur anders. Er verhält sich passiv, gestaltet nicht das Gespräch. Auch Rupert ist in dieser Hinsicht enttäuschend. Anfangs wirkte er so dynamisch und aktiv. Aber inzwischen hat Anaïs bemerkt, daß er keineswegs souverän ist, sondern vor Auseinandersetzungen eher ängstlich ausweicht. Anaïs wünscht im Grunde einen Mann, der die Führung übernimmt. Noch besser wäre es, sie hätte gewagt, allein zu leben wie die Freundin Annette, mit der sie in Acapulco zusammen war; Annette reist selbständig durch die Welt und kann ihren jeweiligen Liebhaber so wählen, wie es ihr gefällt.

Zurück in Los Angeles, ist sie jedoch über Rupert sehr froh, der glücklich ist, als sie ihm eines Tages ihr wahres Alter mitteilt. «Da ich dir so wenig zu bieten habe», sagt er, «macht es mich glücklich, daß ich dir wenigstens meine Jugendlichkeit geben kann.»

Immer wieder schreibt Anaïs begeistert über den Jazz, die Kunst des ursprünglichen Amerika. Die Jazzkünstler «haben Sprache, Stil, Lebensart. Sie leben frei, poetisch, gehen an die Grenzen; sie sind unsere Troubadoure, sie unterhalten uns, und sie erhalten den vitalen Rhythmus des Lebens.» Genauso möchte sie schreiben. Wieder ist es Jim Herlihy, der ihr Selbstvertrauen als Schriftstellerin stärkt. Sie habe Fehlschläge erlitten mit ihren bisherigen Veröffentlichungen, aber wenn sie das Tagebuch veröffentlichen würde, könne sie jeden erreichen. Im Tagebuch spüre man alles. In den Romanen komme das üppige Leben nur noch in destillierter, allzu stark verkürzter Form zur Darstellung. «Das Tagebuch reißt mich vom Hocker. Es wirft mich um», bekennt Jim enthusiastisch.

Manchmal macht ihr der Körper zu schaffen – gewiß, die anderen

Menschen altern, aber sie selbst? Gerade hat sie ein schmerzhaftes Rückenleiden überwunden, schockiert von der Vorstellung, sie könnte ihre körperliche Wendigkeit beim Liebesspiel verlieren. Wenn sie Rupert am Strand mit Teenagern scherzen sieht, verletzt sie das. Im Vergleich kommt sie sich häßlich vor. Sie fürchtet, Rupert zu verlieren. Für zwei Wochen trifft sie Ende 1957 Hugo in Mexiko und leidet unter der Vorstellung, daß Rupert nun ungestört mit den jungen Mädchen flirten kann. Körperliche Schönheit, meint sie, ist für Rupert sehr wichtig. Anaïs fühlt sich wieder in ihre Vergangenheit versetzt: «Ich bin eifersüchtig auf meines Vaters Interesse an schönen Frauen. Ein oberflächliches Interesse. Wenn es auch nur ein sexuelles Interesse war, nur auf Eroberung aus, so war doch dieses Interesse der Grund dafür, daß ich ohne seine Zärtlichkeit und Liebe leben mußte.»

Es beunruhigt sie die Frage, ob ihre Verbindung mit Rupert ähnlich oberflächlich, rein körperlich ist. Sie meint den Vater noch zu hören, wie er über irgendwelche Frauen sagt, sei seien schön. Nie hat er dem Mädchen Anaïs «den Apfel gereicht». Das war wie ein Programm für ihr Leben. Sie hat alles darauf verlegt, in den Augen der Männer wirklich schön zu erscheinen, und auf diese Weise viele Männer gewonnen. Aber es war ihr nicht genug, daß man sie schön fand. Sie hat Liebe gesucht.

Sie erinnert sich an eine Szene im Bois de Boulogne. Es ist kühl, Hugo möchte einen Moment auf einer Bank ausruhen, Joaquin zieht sein Jackett aus, so daß Anaïs sich nicht auf die kalte Bank setzen muß, und sie erlebt eine Sekunde des Begehrens, die allerdings ihre weitere Beziehung zu Joaquin nicht belastet hat. Sie erinnert sich an den Vater, der nachsah, ob sie wirklich während des obligatorischen Mittagsschlafs schlief, und fragt sich, ob sie vielleicht sein Betrachten verspürt und genossen hat. Sie erinnert sich noch einmal an ihre sexuelle Phantasie, in der sie das Geschlagenwerden durch den Vater in Zärtlichkeit umdrehte. Ihre Analytikerin meint, das mag Phantasie oder Wirklichkeit sein, in jedem Fall ist es ein Ursprung von Schuldgefühlen.

Mit Dr. Bogner spricht sie auch über ihr Erröten, unter dem sie seit etwa zehn Jahren leidet. Wäre es ein Symptom der Menopause, meint Bogner, könnte es nicht so lange andauern. Es muß damit zu tun haben, daß sie sich ihrer sexuellen Phantasien schämt. Dazu gehört ihr Zwang, im Zentrum stehen zu müssen, «im Zentrum der Aufmerksamkeit, der Liebe, der Welt – das Vorrecht des Kindes, unverändert».

Das Buch «Justine», den ersten Teil des «Alexandria-Quartetts» von Lawrence Durrell, erhebt Anaïs zum Ereignis des Jahres 1957. Sie erinnert sich an ihre erste Begegnung mit Durrell im Café du Dôme in Paris. Durrell hatte offenbar die Autorin von «House of Incest» als eine Gestalt nach Art von Gertrude Stein erwartet; und sie dachte, es käme ein Mann, der Hemingway ähnelt. Statt dessen erschien ein kleiner, vierschrötiger junger Mann. Mit der Trennung von Miller hat sich Anaïs von allem, das mit ihm zusammenhing, auch von Durrell, gelöst. Das tut ihr jetzt leid, und sie meint, daß Durrell als Schriftsteller ihr männliches Gegenstück ist. Er sei der beste der «Musketiere».

«Justine», die Geschichte einer verheirateten Frau mit vielen Affären, hält Anaïs für ein gelungenes Zusammenspiel «von Realität und Surrealität. Oberfläche und Tiefe. Die Verwobenheit und Wechselwirkung zwischen verschiedenen Bewußtseinsschichten, perfekt eingefangen. Die schwankenden Grenzen zwischen Traum und Gefühl.» Als würde Durrell Anaïs beschreiben, sagt er über Justine, sie habe gewiß manchen Menschen verletzt. «Aber die sie am meisten verletzt hat, hat sie produktiv gemacht. Sie hat die Menschen über ihr altes Selbst hinausgetrieben.» Darin kann sie sich selbst wiedererkennen. In ihrem Brief an Durrell erzählt Anaïs auch von ihrer eigenen Gegenwart: «Ich führe ein zweigeteiltes Leben. Eines in New York mit Hugo-dem-Vater, hübsches Appartement, schicke Kleider, Leben auf voller Flamme, viele Freunde, Caféleben im Village, Trips nach Mexiko, Geschäftliches; und daneben ein anderes Leben hier mit Rupert-dem-Sohn, Enkel von Frank Lloyd Wright, ein Mann der Natur, ein Strandmensch, irrtümlich ein Professor, dem Temperament nach ein Gitarrenspieler, der die Arbeit haßt, der salopp gekleidet ist und wann immer möglich zum Strand fährt, von Schiffen und Surfboards träumt, wir haben Freunde, aber farblos, weil Kalifornien farblos ist wie eine billige Droge, gemischt aus Bicarbonat und Zahnpasta, eine Pseudo-Beruhigungspille.»

Durrells Bücher gefallen ihr besser als die von Jack Kerouac, dessen «On the Road» sie zur selben Zeit liest. Bei Kerouac fehlt ihr die Verschönerung der Wirklichkeit. In ihren Augen bringt er nur den äußeren Rhythmus des Jazz. «Ich dachte, Jazz-Leben würde Tempo, Schlag, Rhythmus und Leben im Schreiben bedeuten, aber es kommt mir vor wie das Leben von Wilden.»

Wie Anaïs glauben die Schriftsteller der Beat-Generation, daß es gegen die katastrophale Wirklichkeit nur ein Mittel gibt: die kreative Handlung. Wie Anaïs folgen sie einer «Kunst der Befreiung», die sich auf amerikanische Politik und Wirtschaft und auf den Kulturbetrieb gleichermaßen bezieht. Ein Unterschied zu Anaïs Nin besteht allerdings darin, daß sie sich gänzlich vom Establishment abwenden und eine Gegenbewegung kultivieren, während Anaïs Nin, die immer mit einem Bein in der bürgerlichen Welt bleibt, darunter leidet, daß die offiziellen Medien ihre Bücher nicht schätzen. Nelson Algren prägt den Slogan: «It's better to be out than in. It is better to be on the lam than on the cover of Time Magazine.» (Besser, man ist «out» als «in»; besser, man ist auf der Flucht als auf der Titelseite vom «Time Magazine»). In einer frühen Anthologie der Beat-Schriftsteller heißt es: der heutige Schriftsteller, der HIPSTER, sei ein Produkt aus dem Zeitalter der Angst, ein Mensch ohne Heimatland – der alles ausgräbt und den nichts schockiert –, dessen größter Anspruch an die Gesellschaft darin besteht, daß er sich unbehelligt seinen eigenen ‹Kicks› hingeben darf.

Als Allen Ginsberg, durch die Dozentin des Poetry Center am San Francisco State College, Ruth Witt-Diamant, auf Anaïs aufmerksam gemacht, 1956 schrieb, er werde mit Gregory Corso nach Los Angeles kommen, um eine Dichterlesung zu halten, trommelte Anaïs einige Freunde zusammen. In dem typisch kalifornischen Holzhaus von Lawrence Lipton las Ginsberg sein Gedicht «Das Geheul» (The Howl): «eine große, lange, verzweifelte Klage, der Kampf, aus allem – Dingen, Menschen und Umgebung – Dichtung zu machen. Manchmal gelingt ihm eine Art amerikanischer Surrealismus, eine bittere Ironie. Das Gedicht besitzt eine wilde Kraft, in bestimmten Momenten klang es wie das Heulen eines Tieres. Es erinnerte mich an Artauds Auftritte in der Sorbonne.» Als Ginsberg von einem Zuhörer unflätig beschimpft wurde, entkleidete er sich und forderte den Angreifer auf, er solle sich ebenso nackt zeigen, wenn er jemanden angreift, der wagt, seine nackten Gefühle zu zeigen. Ein Kunstspektakel nach Art der Happenings, die in den nächsten Jahren zu einer eigenen Kunstform avancieren. Anaïs ist das nicht feinsinnig genug, sie liebt solche Direktheit nicht.

Sie beschreibt ihr Leben in Los Angeles: «Die Tage verlaufen angenehm und anspruchslos. Um sieben Uhr stehe ich auf, pudere mein Gesicht, kämme die Haare, gieße für Rupert den Tee auf und streiche seine Butterbrote für die Schule. Dann steht er auf. Am Morgen ist er wie tot, obwohl sein Gesicht immer diesen englischen Teint hat, einen warmen rötlichen Ton. Er trinkt seinen Tee, nimmt seine Schultasche und die Butterbrote und geht. Tavi läuft ihm nach, eine Gewohnheit aus der Zeit, als Rupert ihn im Truck mitnahm. Um acht Uhr habe ich abgewaschen und das Bett gemacht... Ich tippe die Tagebücher ab, mache Besorgungen und halte die Wohnung in Ordnung. Wenn der Rücken schmerzt, bewege ich mich oder lasse mich von einer Belgierin, die ganz in der Nähe wohnt, massieren. Wir sprechen französisch... Wenn mein Rücken wieder in Ordnung ist und ich meine Beweglichkeit wiedergewonnen habe, arbeite ich weiter. Gegen vier oder fünf Uhr kommt Rupert zurück. Tavi und ich begrüßen ihn überglücklich. Rupert ist müde. Aber das Haus ist sauber, die Socken sind gestopft, das Essen schmeckt. Und das gefällt ihm. Und nachts lieben wir uns. Menschlich sind wir einander nahe. Er sehnt sich genauso nach Berührung, Wärme, Intimität wie ich. Er lebt gern in einem Zwillingszustand. Er hat gern, daß ich da bin, wenn er Musik macht, auch wenn sie nicht besonders gut ist. Welche Konflikte es auch gibt, wenn wir uns in der weiteren Welt bewegen, unser privates Leben ist schön, und ich weiß es zu schätzen.» Selbst seinen Unbeherrschtheiten gewinnt sie manchmal etwas ab, und es gefällt ihr, wenn er zögert, einem seiner Schüler eine schlechte Note zu geben. «Wenn sich im erwachsenen Mann das Kind erhält, ist er immer unwiderstehlich. Ich weiß nicht warum. Es ist das Geheimnis seines Charmes.» Manchmal sitzt Rupert noch am Schreibtisch, wenn sie bereits im Bett liegt und ein paar Notizen macht. Sie wundert sich über diese ruhigen Abende ohne Niedergeschlagenheit und fragt sich, welchen Göttern sie danken soll, «Bogner oder Jacobson oder der Massage oder der Astrologie. Jedenfalls hab ich zu allen gebetet.»

Ende 1957 ergreift sie die Chance, ihr Zwei-Küsten-Leben beruflich zu nutzen. Lawrence Lipton gründet die Zeitschrift «Eve» und bittet Anaïs, als freie Redakteurin mitzuarbeiten. Jetzt kann sie ihr New Yorker Leben aufgreifen, indem sie befreundete Künstler im Westen bekannt macht. Liptons Kunstauffassung, die er mit den Beats teilt, schätzt sie zwar nicht, aber als er einen Vorabdruck von «Solar Barque» für die Zeitschrift einplant und für den Abdruck wie für ihren «Brief aus New York» ein Honorar von 310 Dollar bietet, mildert sich ihre Kritik. Auch eine Dichterlesung, verbunden mit einem Jazzkonzert, überzeugt sie, und sie meint nun, daß sie mit ihrem Anspruch vielleicht dem Experimentieren der jungen Dichter nicht gerecht geworden ist. Es gefällt ihr, daß Ginsberg und Corso in Frankreich «den Zeitungen erklären, sie seien Mystiker und keine Literaten. Sie erläutern das Credo der Beat-Generation. Der Beatnik, halb Vagabund, halb Krimineller, hat die amerikanischen Götter Business, Fernsehen, Publicity zugunsten eines Lebens außerhalb der sozialen Schranken aufgegeben. Er sucht ein *erleuchtetes, reines* Leben.»

Mit der Arbeit für «Eve» könnte sie ihren Platz in der amerikanischen Kulturszene erobern. In New York sammelt sie «das beste Material... Talbergs Photographien, Beiträge von Louis Barron, Peggy Glenville-Hicks, eine Geschichte von James Leo Herlihy». Mit der Herausgeberin der Zeitschrift, Jane Morrison, versteht sie sich gut. Anaïs' Beiträge gefallen Jane, weil sie etwas aussprechen, das viele Frauen denken. Anaïs schreibt über «die tiefere Bedeutung der Kleidung, die tiefere Bedeutung der Rolle der Frau, die Notwendigkeit, Rollen abzustreifen».

Von der Bedeutung der Kleidung versteht Anaïs Nin viel. Immer waren ihr Kleider, Schleifen, Farben, Spitzen wichtig. Man kann wohl sagen, daß sie sich niemals unbedacht gekleidet hat. Kleidung «ist untrennbar mit der Kunst, Freundschaften zu pflegen, und der Kunst zu leben verbunden. Die Wahl eines Schals, einer Frisur, eines Schuhs, einer bestimmten Farbe vermag die poesievolle Rolle zu erfüllen, die den inneren Reichtum einer Frau enthüllt. Die Kunst, sich zu kleiden, ist im Leben ebenso wichtig wie auf der Bühne.» Als sie vor ein paar Jahren das «Living Theater» in New York unterstützte, indem sie ihm unter anderem einen Teil ihrer

abgelegten Garderobe gab, erwiesen sich ihre Kleider sogar als büh-
nenreif.

Anaïs bewältigt ein enormes Arbeitspensum, doch ihr Körper
wird nicht müde. Das Gefühl, daß man ihre Auffassungen schätzt
und daß man sie lesen wird, bringt sie in Schwung. Den bisher aus-
gebliebenen Erfolg als Schriftstellerin erklärt sie sich jetzt damit,
daß sie zu früh nach Amerika gekommen ist. Die Begegnung mit
den Jungen in den vierziger Jahren, «die sich auf der Suche nach
ihren fliegenden Teppichen der Science-fiction, den Drogen und
dem Alkohol zuwandten» und ihre Verpflichtung gegenüber
Proust, Joyce und dem Surrealismus nicht anerkennen wollten,
sieht sie nun mit Vorbehalten. «Die anderen Schriftsteller, die ich
verteidigte und schützte, Miller, Durrell, Djuna Barnes, warteten
hinter der Bühne auf den richtigen Augenblick.» Durrell hat mit
«Justine» großen Erfolg in Amerika. Der Verlag Dutton sichert mit
finanzieller Unterstützung Durrells freie schriftstellerische Arbeit.
Für Anaïs ist das ein Anzeichen für die Veränderung der amerikanischen Leserschaft. Vielleicht wird Amerika allmählich reif für eine
andere Art, die Wirklichkeit zu betrachten.

Anfang 1958 erscheint ihr Büchlein «Solar Barque», illustriert
mit den Kinderzeichnungen von Renates Sohn Peter Loomer. Anaïs
ist voller Hoffnungen. Dodd Mead, ein Verleger, erwägt ernsthaft,
zwei- bis dreitausend Exemplare von «Solar Barque» zu bestellen
und es mit eigenem Umschlag zu verkaufen. Auch Joaquin spricht
sich lobend über das Buch aus. «Schöne Dichtung, in der es erstaunliche Übergänge von einer Realität in die andere gibt. Du besitzt
unbestreitbar die große Gabe, das Unsichtbare wirklich werden zu
lassen, beredtem Schweigen Töne zu entlocken. Für Dich ist der
Dialog nicht Sprache, sondern etwas anderes, entfernter, tiefgrei-
fender und doch immer realer. Es scheint, als seist Du mit einer
materiellen Seele oder einem immateriellen Körper beschenkt. Triff
Deine Wahl.» Zur selben Zeit macht William Kozlenko von Metro-
Goldwyn-Mayer den Vorschlag, «Ein Spion im Haus der Liebe»
für eine Verfilmung bearbeiten zu lassen; ein Hollywood-Film,
das wäre toll. Ihre Erwartungen werden jedoch gedämpft, als Curtis
Harrington, der bislang vorwiegend surrealistische Filme gedreht hat, ihr erzählt, daß er ein Drehbuch verkauft hat, mit dem

nun schon zwei Jahre lang nichts geschieht. Aus einer Geschichte, die Lesley Blanch verkauft hatte, wurde ebenfalls kein Film.

Während sie neues Material für «Eve» sammelt, gerät sie noch einmal in eine Romanze mit Thomas Payne, der für den Avon Verlag arbeitet. Beide bewegen sich an der Grenze einer leidenschaftlichen Beziehung. Mit niemandem kann sie sich so gut unterhalten. Anaïs übernimmt die vertraute Rolle einer analytischen Beraterin. Tom erzählt von seiner schwierigen Verbindung mit Gloria, Anaïs von ihrem Leben im Hin und Her. So teilen sie neben dem Interesse für Kunst und Literatur auch ihr Leiden an den Problemen der Liebe.

Für die Zeitschrift «Eve» schreibt Anaïs über Ionescos Stück «Die Stühle», dessen Symbolismus sie schätzt. In Washington führt sie ein Interview mit Caresse Crosby und schreibt über ihre Pariser Zeit. Caresse Crosby hat damals Pässe drucken lassen für Weltbürger, einen Menschentypus, der über die Länder- und Sprachgrenzen hinweg in der Welt der Kunst seine Maßstäbe findet. Dazu gehörte auch eine Aktion mit dem Programm «Frauen gegen den Krieg».

In Briefen an Rupert äußert Anaïs ihren Unmut über sein kleinliches Haushalten mit dem Geld, erklärt, daß sie für die Telefongespräche mit ihm aufkommt und im übrigen viele Unkosten über «Eve» abrechnen kann. Beinahe wäre er ein Mann mit Haus ohne Frau geworden, denn bei der Landung in New York fing eine Tragfläche Feuer; es ist aber glimpflich ausgegangen. Einen Brief vom 14. Januar 1958 unterzeichnet sie mit «your inexplicit wife».

6. Europa: Das höhere Leben
anderswo

*I*M JULI 1958 FLIEGT Anaïs mit Hugo nach Brüssel zur Weltausstellung. Alles erscheint ihr kleiner, formvollendeter, menschlicher als im gigantischen Amerika. Anaïs genießt den Aufenthalt im
Hause von Baronin und Baron de Lambert – luxuriös und gediegen.
Wie im Wunderland steht alles bereit; die Butler lesen jeden
Wunsch von den Augen ab, die Handtücher sind gewärmt, Bilder
von Paul Klee hängen im Salon. Anaïs trifft interessante Menschen,
mit denen sie über Literatur sprechen kann. Eine Woche lang erfreut sie sich an Kreativität, Erfindungsreichtum, Geschmack,
Schönheit, Geist: all das scheint es nur in Europa zu geben. Sie fühlt
sich wohl in dieser Atmosphäre, die sie an Prousts Salon erinnert.
Eine zivilisierte Welt nach ihrem Geschmack. Die Diener tragen
Handschuhe. Niemand verletzt einen anderen im Gespräch. «Nicht
mehr im Dschungel. Meine Abwehr schmolz dahin. Ich war zärtlich, charmant. Ich hätte vor Glück weinen können, daß alle Ge-
spanntheit von mir abfiel.»

Auf der Weltausstellung wird Hugos Film «Melodic Inversions»
neben weiteren 135 Filmen anderer Künstler gezeigt. Anaïs erinnert
sich an die Kinderzeit in Uccles, «...wo ich als Achtjährige gelebt
habe, wo ich beinahe im Krankenhaus gestorben wäre, wo ich die
deutsche Schule besuchte». Aber sie leidet nicht unter der Belebung
der Vergangenheit. Von Brüssel aus fährt sie weiter nach Paris und
wohnt im Hotel Crillon – heruntergekommene Eleganz mit Kri-
stalleuchtern. Wie unter dem Einfluß von LSD imaginiert sie eine
prachtvolle Welt. Vergangenheit und Gegenwart schließen sich zusammen. «Wir sind 20 000 Meilen entfernt von Klischees und Plati-
tüden.» Sie geht mit Hugo an der Seine spazieren und entdeckt die

Schönheit von Paris auf neue Weise, da nichts wie früher selbstverständlich ist. Auf angenehme Art unterscheiden sich die kleinen Cafés, Theater und Restaurants von der Massenversorgung in New York. Selbst die Zeitungen kommen ihr intelligenter vor. «Ich fühlte mich zu Hause. Ich wollte bleiben. Aber jeden Morgen mit dem Frühstück kam ein Brief von Rupert...» Ein Verleger lädt sie ein in sein Haus, das an Louveciennes erinnert. Wie früher nimmt sie den Zug von der Gare St-Lazare. Sie fühlt sich leicht, trägt ein farbiges indisches Baumwollkleid an einem warmen Sommertag. André Bay wird nach einigem Zögern ihre Bücher in Frankreich verlegen. Anaïs' Literaturagent Gunther Stuhlmann und Jean Fanchette haben ihn auf Anaïs Nins Bücher aufmerksam gemacht.

Sie besucht einen Filmemacher, der in der Villa Seurat wohnt. Dort hat sich ihr Leben mit Henry Miller abgespielt. Die Erinnerungen machen sie nicht traurig. Ihr Leben ist schön. Sie fühlt sich viel freier als damals, springt leicht in ihren Schuhen mit hohem Absatz über das Kopfsteinpflaster; «ich war nicht so fröhlich und leicht. Denn jetzt lebe ich in Harmonie mit Hugo und in Leidenschaft mit Rupert, und es gibt keine Hölle.»

Hugo rückt ihr auf diese Weise wieder näher. «Ich konnte ihn wieder lieben.» Die gemeinsam bestandenen Gefahren, die geteilten Verzweiflungen verbinden sie. Mit Hugo kann sie in den gehobenen Kreisen der Gesellschaft auftreten. Er sieht elegant aus und kann sich gewandt unterhalten. Sie macht sich klar, wie sehr sie unter Henrys Egoismus und Gonzalos dunkler Welt gelitten hat. «Hugo war nicht länger der Feind meines Lebens.» Sie machen eine Reise in die Vergangenheit nach Louveciennes, und Anaïs ist überrascht, daß alles viel kleiner und schäbiger aussieht als in ihrer Erinnerung. Alles in allem ist sie froh zu erfahren, daß die Vergangenheit nicht mehr auf ihr lastet. Als Hugo seinen Finanzgeschäften nachgeht, kommen aber doch wieder die alten Spannungen auf, und Anaïs entflieht kurz entschlossen nach Los Angeles.

Rupert hat erfahren, daß das Grundstück mit Blick auf den Pazifik, das er in Malibu gekauft hat, abrutscht. Dort kann er sein Haus nicht bauen. Es sieht so aus, als wäre das mühsam Ersparte mit dieser Fehlinvestition verloren. Anaïs will ihn auf dem Hintergrund ihrer wiedergefundenen Liebe zu Europa überzeugen, daß es Schöneres gibt in der Welt als ein Grundstück in Malibu. Er verspricht, nach Europa zu kommen. Anaïs reist bald wieder zurück, um Hugo für einen weiteren Monat nahe zu sein. Nach fünf Wochen erzählt sie Hugo, sie wolle mit einer Freundin Rachel durch Frankreich, Spanien und Italien reisen; sie trifft jedoch Rupert in England.

Sechs Tanten, die Schwestern von Ruperts Vater, erwarten ihn am Flughafen. Anaïs meint, Rupert benimmt sich ihnen gegenüber so selbstsüchtig, wie Reginald es getan hätte. In einem englischen Landhaus übernachten sie im Zimmer, das eine der Tanten ihnen abgetreten hat, und Anaïs weiß nicht, ob sie so nah aneinanderrücken, weil sie ihre Liebe wiedersuchen oder weil es entsetzlich kalt ist. Ständiger Streitpunkt ist das Geld, das Rupert für das gemeinsame Haus in Kalifornien zusammenhalten will. Deshalb erzählt Anaïs ihm, eine Modezeitschrift würde für die Unkosten ihrer Reise aufkommen. Sie bemerkt enttäuscht, daß er ihr den Spaß am Reisen verdirbt. Einen Pullover und ein Körbchen, die ihr auf dem Markt gefallen, darf sie nicht kaufen, klagt sie in ihrem Tagebuch. Sie wirkt wie eine erwachsene Frau, die zur Gestalt eines gekränkten Kindes zurückkehrt.

Ein Besuch bei den Durrells in Südfrankreich wird zu einer erfreulichen Wiederbegegnung nach achtzehn Jahren. Durrell, der nicht viel verdient, lebt zurückgezogen in einem alten Bauernhaus mit Garten und eigenem Gemüse in der Nähe von Nîmes, in Sommières. Das Haus ist voller Kinder aus früheren Ehen. Durrell wirkt verschlossen, seine Frau Claude spricht dagegen viel. Erst mit Hilfe von Champagner und einigen Flaschen Rotwein kommt etwas von der alten Pariser Atmosphäre wieder auf. Durrell möchte, daß Anaïs für den Druck von «Asylum in the Snow» und «Zero» in Amerika sorgt, zwei Texte, die Miller und Anaïs gewidmet sind. «George Leite hatte die Widmungen weggelassen.»

Das einfache Leben in der Provence, abgeschnitten von allen öffentlichen Ereignissen, denkt Anaïs bei der Rückfahrt, wäre nicht das Leben, wie es ihr vorschwebt. Es war fast so simpel wie in Mexiko, «kein heißes Wasser, kein Badezimmer und keine Toilette». Rupert und Anaïs reisen weiter nach Italien. Hugo schreibt ihr «poste restante» in die großen Städte. Während Rupert schläft, sitzt sie am frühen Morgen auf der Terrasse der Hotels und liest Hugos

Briefe. In Barcelona spitzen sich die Probleme wegen des Geldes zu. Sie besuchen eine Flamenco-Vorführung. Als die Zigeuner Geld einsammeln, ist Anaïs entsetzt, daß Rupert nicht einmal in dieser Situation großzügig sein kann. Joaquin, der bei Freunden in Barcelona Ferien macht, besucht sie allein. Anaïs fühlt sich leer und enttäuscht. Zurück in Paris, trennt sie sich von Rupert, der seinem Lehrerberuf in Los Angeles nachgehen muß, und besteigt den Zug nach Venedig, um Hugo zu treffen.

Venedig erreicht sie in der Nacht. Die Lichter glitzern golden auf dem Wasser. Das Schwappen des Wassers gegen die Stufen. Ein in Anaïs verliebter Italiener begleitet sie. Im Grand Hotel erwartet Hugo sie mit Champagner, und Anaïs «weiß»: So möchte sie leben. Sie will – immer noch – ihren Mann in das Leben führen, vor dem er so ängstlich ausweicht mit seinem Bemühen, das große Geld zu machen. Zwei harmonische Wochen verbringt sie mit Hugo am Lido in Venedig. Sie fühlt sich erinnert an ihr Golconda-Acapulco. Die Gondeln versetzen sie in einen Schwebezustand, «ein Traum von Hingabe und Kontemplation».

In Europa findet Anaïs den Kunst- und Lebensstil, der ihrem Geschmack entspricht. Geld hat man ganz einfach; es ist nicht fein, in Gesellschaft über Geschäftliches zu sprechen. Sosehr sie auch in bestimmten Phasen ihres Lebens gegensteuert, die Welt der Künstler bleibt für Anaïs Nin letztlich verbunden mit höheren Kreisen, mit Erlesenheit des Geschmacks, mit Verschönerung, geistvoller Feinsinnigkeit und Komfort. Merkwürdig, wie stark sie an den hierarchischen Strukturen hängt, die in ihrer Kindheit fraglos anerkannt wurden. Gekränkt durch die ausbleibende Anerkennung als Schriftstellerin in Amerika, bedrängt durch eine nun schon vier Jahre während Schaffenspause, läßt sie sich im Tagebuch aus über die Niedrigkeiten des amerikanischen Lebens: entweder primitive Boheme der Beats oder spießige Welt der Geschäftstüchtigen. Den Stil der Beat-Schriftsteller hält sie für schlampig. Umgangssprache gehört nach ihrer Meinung genausowenig in die Literatur wie die Beschreibung einfacher Menschen.

Das stört sie auch an dem neuen Roman von Jim Herlihy, dessen Gestalten auf sie verkümmert und halbtot wirken. «Stell Dir die Welt vor, in der ich gelebt habe, und vergleiche damit die Welt, die

Du in ‹All Fall Down› beschreibst. Sie ist mir so fremd, ich kann nichts für sie empfinden.» Anaïs ist enttäuscht, daß er sich in «unbedeutende Menschen versetzt... in solch begrenzte, furchtsame, unartikulierte, beinahe geistig beschränkte Menschen». Herlihy geht verständnisvoll mit ihrer Kritik um: «Seit Deiner Kindheit warst Du gezwungen, die gewöhnlichen, einfachen, oder wie Du sagst, die Hafergrützen-Menschen abzulehnen... Durch Dich habe ich viel über das Schaffen des Künstlers erfahren, über den Künstler in mir und in anderen, über die Entwicklungen im Künstler, über seinen Geist und seine Psychologie, seine grenzenlose Unzufriedenheit und über die Kreativität, die sie bewirkt... Niemand behandelt dieses Gebiet mit auch nur vergleichbarer Präzision, Kraft und Schönheit. Ich spreche über das Material Deiner Arbeit, das der Künstler selbst ist, nicht über sein Produkt. Dein größtes Werk, Deine bedeutsamste Leistung ist das Tagebuch, in dem Du die Seele des Künstlers begreifbar gemacht hast.»

Sein Brief fordert Anaïs zu einer Erklärung heraus, wie sie die Aufgabe des Schriftstellers sieht: «Vielleicht bin ich von meinem Gefühl beeinflußt, daß der Schriftsteller die Welt bereichern soll. Die Welt, in die wir geworfen sind, ist eng. Du weißt, die Welt, in die ich geworfen wurde (die Familie), war auf andere Weise eng als Deine.» Herlihy gibt diesem Gedanken einen anderen Akzent, wenn er betont, «daß der Schriftsteller jede Herausforderung annehmen muß, damit sich seine Sehweise erweitert». Aber Anaïs' Sehweise scheint inzwischen eine feste Kontur zu haben. Jetzt, nach fünfundzwanzig Jahren, würde sie kaum einen Roman wie «Wendekreis des Krebses» gerade aus dem Grund schätzen, daß der bürgerliche Überbau weggeschlagen ist.

Ein kurzer Aufenthalt in Los Angeles wirkt auf dem Hintergrund der Zeit in Venedig wie eine kalte Dusche. Anaïs ist eifersüchtig auf die hübsche Violinistin Sylvia in Ruperts Quartett. Sie nimmt eine Einladung von William Kozlenko an und muß erfahren, daß ihr Filmprojekt von «Ein Spion im Haus der Liebe» bessere Chancen hätte, wenn sie mit ihm schliefe. Das liegt ihr fern, bringt aber ihren ganzen aufgestauten Zorn gegen die Kulturmächtigen in den Vereinigten Staaten in Bewegung. Gore Vidal schreibt ihr voller Stolz, daß Hollywood die Rechte für Durrells «Justine» erworben und ihn um eine Drehbuchbearbeitung gebeten hat. Außerdem ärgert sie sich über das Vorwort für die englische Ausgabe von «Kinder des Albatros», in dem Durrell sie wieder zur Tochter reicher Eltern macht, «ein Kind der Grand Hotels». Das kränkt, weil es nicht der Realität entspricht; ohne Unterstützung durch den Großvater mütterlicherseits hätten sie mit dem kleinen «Salär eines Musikprofessors an der Schola Cantorum» auskommen müssen. Schließlich erfährt sie, daß die Zeitschrift «Eve» nicht weiter finanziell unterstützt wird, so daß sie ihren Traum von der Tätigkeit einer freien Redakteurin bedroht sieht.

Ausgesprochen tröstlich ist in dieser Zeit ein Gespräch mit Lesley Blanch, deren zehn Jahre jüngerer Mann Romain Gary, Kulturattaché in Los Angeles, immerfort Affären mit jungen Frauen hat und hysterisch reagiert, wenn in einer Fernsehsendung davon die Rede ist, seine Frau hätte etwa hundert Liebhaber gehabt. Alltägliche Dramatik in jeder Gesellschaftsschicht? Anaïs fragt sich, warum sie nicht den Mut aufbringt, Rupert in Sylvias Arme zu treiben. Dann wäre sie frei für ihr «reifes und schöpferisches Leben mit Hugo».

7. Krisis: Alles durchlebt
und beschrieben?

*E*INE DURCH DURRELL vermittelte Begegnung mit Jean Fanchette in Paris bringt Anaïs in gehobene Stimmung. Jean Fanchette ist ein «junger, schöner Neger,... Student der Medizin», der besonders «Ein Spion im Haus der Liebe» schätzt. Er hat eine positive Kritik über Durrell geschrieben und will ein Magazin herausgeben, das Anaïs in Amerika vertreten soll: «Two Cities»; solche Dualität spricht Anaïs unmittelbar an. Sie bewundert den dreiundzwanzig Jahre jungen Familienvater, der einen Preis für Dichtung in Frankreich gewonnen hat und sich die Herausgabe einer zweisprachigen Zeitschrift zutraut, die sich mit zeitgenössischer Literatur beschäftigt. Etwas beklommen ist ihr zumute, noch einmal in einen Kreis einzutreten, der mit Durrell und Miller verbunden ist – ein Rückschritt? Aber in Amerika interessiert sich niemand in ähnlicher Weise für ihre Bücher, warum also nicht? Immerhin könnte es ihr Start in Frankreich sein. Außerdem wäre ihr ein neues Betätigungsfeld sehr willkommen.

Außer vor ihrer Analytikerin Dr. Inge Bogner hat sie bislang geheimgehalten, daß sie keine Erzählungen oder Romane mehr schreiben kann – «vor Hugo, Rupert, meinem Verleger, meinem Agenten, meinen Freunden. Warum? Warum? Ich suche nach Gründen in meinem Leben, der Aderlaß für meine zwei Doppelleben, die Arbeit an den Tagebüchern..., aber was immer es ist, ich kann nicht beginnen – ich habe nicht geschrieben seit den Jahren von ‹Solar Barque›.» Es hilft auch nicht die Aufforderung, die sie an sich selbst richtet: «Beginne mit einem Buch, Anaïs.» Anaïs befürchtet, am Ende eines Zyklus zu stehen. Das bezieht sich auf ihr Schreiben wie auch auf ihr Leben in Los Angeles.

In New York begibt sich Anaïs mit ihrer Analytikerin erneut auf die Reise in die Vergangenheit. «Diese ständige Rückkehr…, um den Ursprung für bestimmte Beziehungen zu finden … und das Heilmittel auch.» Masochismus wird diesmal zum Thema ihrer Analyse. «Wenn meine aufregende romantische erotische Beziehung zu meinem Vater mit Grausamkeit behaftet war und all meine späteren Beziehungen – zum Liebhaber – auf ähnliche Weise mit dessen Selbstsucht etc., so besteht die Heilmethode in der Entdekkung, daß ich, obwohl ich alles ertrug, niemals die masochistische Situation akzeptiert habe. *Ich war kein Masochist.* Ich habe es nicht genossen, verletzt, ausgenutzt oder beherrscht worden zu sein. Ich habe rebelliert.»

Manchmal geht Anaïs mit analytischen Kategorien recht naiv um. Selten liegt die Lust am sadomasochistischen Verhaltensmuster offen auf der Hand; sie liegt in seiner unbewußten Wirkungsweise. Es ist nicht zu übersehen, daß Anaïs sich sowohl Hugos als auch Ruperts Dominanz um des lieben Friedens willen unterwirft. Ihre Rebellion gegen Rupert besteht aus heimlichen Aktionen «im Untergrund»: «Lügen, um mich vor seiner Knauserei mit Geld zu schützen, Lügen, um meine Gesundheit zu erhalten, meine Kraft, Lügen darüber, wieviel ich für die Reinigung bezahlt habe, Lügen über die Einnahmen aus meinen Büchern, Lügen, um mich angemessen kleiden zu können, Lügen, um meiner Reiselust nachgehen zu können…» Bilanz: Anaïs scheut es, sich in diesen Punkten durchzusetzen, und steigert dadurch ihren Verdruß. So erhält sich das böse Spiel des Enttäuschtwerdens und der geheimen Gegenaggression. Natürlich macht das auf bewußter Ebene kein Vergnügen, aber zugleich arbeitet Anaïs auf diese Weise an der Erhaltung des Musters, als suchte sie eine Art Strafe. Häufig geraten ihre Emanzipationsbestrebungen an ihr Ende, wenn es darum geht, eigene Ansprüche offen durchzusetzen. Gewiß wäre das für eine Frau in den fünfziger Jahren auch schwieriger gewesen als heute.

Sich erinnernd, formt Anaïs ihre Geschichte um. Stolz notiert sie: «Ich löste die einzige Form der Verbindung auf, die ich zu meinem Vater hatte: das Geschlagenwerden. Das war der einzige Augenblick, in dem mir seine Aufmerksamkeit gehörte, ein Augenblick der Gewalt, des Gefühls der Erniedrigung, der Wonne, der Rebellion und der Erotik, aber ich war es, die dem Geschehen ein Ende setzte! Ich war es, die die Verbundenheit mit meiner Mutter auflöste – wir schliefen im selben Bett, seit mein Vater uns verlassen hatte, bis ich im Alter von sechzehn Jahren darum bat, in einem eigenen Bett schlafen zu dürfen, und meine Mutter ein Doppelbett kaufte und weiterhin bei mir schlief bis kurz vor meiner Hochzeit.» Dann folgt ein stolzer Bericht, daß sie es war, die sich von Henry, Gonzalo, Bill, Gore und allen schmerzlichen Beziehungen getrennt hat.

Daß die Trennung zum sadomasochistischen Verhaltensmuster gehören könnte, kommt ihr nicht in den Sinn, ebensowenig die Wiederholung desselben Musters in der nächsten Beziehung. Das Tagebuch ist übervoll mit Klagen über die Selbstsucht ihrer Partner. Grenzen der Wirksamkeit psychoanalytischer Behandlung? Jedenfalls läßt sich nicht übersehen, daß Anaïs über weite Strecken mit Rupert und Hugo verbunden ist durch ein Zank-, Streit- und Quälmuster, durch Forderung und Enttäuschung, durch Zuneigung und Kränkung. Es kommt ihr selbst manchmal kleinlich vor, wenn sie sich im Tagebuch beschwert, daß sie nicht die Briefmarken kaufen kann, die sie für richtig hält, daß sie nicht zu dem Strand gehen kann, wo sie schwimmen möchte, daß Rupert nicht die Bücher liest, die sie interessieren, daß sie die Tür öffnen muß, wenn der Hund bellt, daß sie das Telefon beantworten muß... Offenbar ist es leichter für sie, immer wieder über diese Kleinigkeiten Buch zu führen, als sie zu ändern.

Anaïs vertritt lebenslang die Auffassung, daß die Psychoanalyse «der einzige Weg ist, um kulturbedingte Verhaltensmuster zu ändern, die Gehirnwäsche der Kindheit zu neutralisieren und sich selbst kennenzulernen». Trotz allem verliert die früh erfahrene Mischung von Ekstase und Leid für Anaïs nicht ihre Anziehungskraft. Zu einem späteren Zeitpunkt nähert sie sich dem Komplex des Masochismus erneut und gewinnt neue Einsichten. «Als ich dann rebellierte (ich weinte hysterisch und wies die Schläge zurück), gewann ich meine Freiheit, aber selbst heute erinnere ich, wie stark ich danach unter Schuld- und Verlustgefühlen litt. Ich hatte die Verbundenheit preisgegeben, die einzige, die ich hatte. Dasselbe wiederholte sich, als ich gegen die Szenen aufbegehrte, die meine Mutter machte, und sie ‹zähmte›, so daß sie mich nicht mehr anschrie. Ich gewann meine Freiheit, aber ich verlor die einzige Verbundenheit mit meiner Mutter (die auf Streiterei basierte). Von da an hatte ich das Gefühl, wenn sinnliche Liebe dieselbe Beimischung von Schmerz (symbolisches Geschlagenwerden) erhielt, ich müsse das ertragen, mich fügen, da *das* Verbundenheit bedeutete.»

In ihren Träumen ist Hugo häufig grausam, was er in Wirklichkeit nicht ist. Jetzt verbindet Anaïs diese Trauminhalte mit dem Vater. «Wenn ich der Aussage meiner Träume folge, habe ich meinen Vater geheiratet, erwartete Schmerz; und was ich sonst noch von Hugo nicht erhielt, habe ich in den Nächten heraufbeschworen und schließlich bei Henry, Gonzalo und Rupert gefunden. Manchmal habe ich meine Liebhaber womöglich gezwungen, mir zu geben, was mir ein unverzichtbarer Teil erotischer Liebe zu sein schien.» Es fällt ihr nicht leicht einzugestehen, daß sie vielleicht doch eine gewisse Lust aus dem masochistischen Verhaltensmuster gewinnt.

Ende der fünfziger Jahre notiert Anaïs zu einem Buch von Jim Macy über Zen-Buddhismus: «Wir haben einen überentwickelten Verstand – es ist der Verstand, der uns in der Vergangenheit leben läßt oder in der Zukunft und dadurch unsere Gegenwart zerstört. Es ist der Verstand, der ein Wissen über die Wirklichkeit anstrebt, das immer falsch ist. Dieser Augenblick ist alles, was wir haben... Aber wenn der Verstand krank ist und in Vergangenheit oder Zukunft lebt, wird Zen das heilen? Nein.» Anaïs mißtraut «Instinkt und Gefühl» als Wegweisern. Das impulsive Ausleben ihres sexuellen Begehrens mit den «Jungen» in den vierziger Jahren hatte sie bis zur beängstigenden Suizidneigung getrieben «Instinkt und Gefühl» hält sie seitdem für zerstörerisch.

Ihr geht es um den rechten Gebrauch des Verstandes, nicht um seine Ausschaltung. Zen ist für sie «das Gegenteil von Analyse», und an die Wirksamkeit der Analyse als Heilmittel glaubt sie nun einmal, das heißt an den methodisch kontrollierten Umgang mit unbewußt gewordenen Qualitäten der Erfahrung. Sie muß spüren, daß sie diese Dinge im Griff haben kann. Deshalb hält sie auch nichts von der befreienden Wirkung der Droge LSD.

In einem Gespräch mit Aldous Huxley, dessen Frau und der Ärztin Betty Eisner betont sie, beim Schreiben Zugang zu ihrem Unbewußten zu haben. Das gilt jedoch nur für ihre frühen Texte, die entstanden, als ihr Leben aus der Bahn geriet. Auch in den frühen Erzählungen «Waste of Timelessness», die zu einer Zeit entstanden, als sie unruhig wurde in ihrer fertig scheinenden Lebensform, zeigt sie unvertraute Qualitäten der Wirklichkeit. In «House of Incest» und in den Erzählungen «Under a Glassbell» sowie «Winter of Artifice» gelingt es ihr noch besser. Aber seit Mitte der vierziger Jahre bestehen ihre Romane aus Reproduktionen der eigenen Geschichte, die sie einer psychologischen Analyse unterzieht.

Ein Text, den sie unter dem Einfluß von LSD schreibt, das sie im Rahmen eines durch den Arzt Dr. Oscar Janiger kontrollierten Experiments genommen hat, nähert sich dem frühen Stil noch einmal an.

«Jetzt war ich in vier Welten gleichzeitig zu Hause... nahm vier Ebenen wahr. Hinter mir lag die unschätzbare Welt des Magischen, und hier draußen eine Welt, die ich nicht mochte, aber verstand... Kurz bevor ich golden wurde, haben mich die Worte beschäftigt. Während ich einen Küstenstreifen betrachtete, in dem sich kleine Wellen aus Licht kräuselten und im Augenblick des Auslaufens kleine Wellen aus Rauch, aus goldenem Haar, aus Radium, aus Quecksilber wurden, verspürte ich die Unmöglichkeit, das Geheimnis des Lebens zu schildern, da das Geheimnis des Lebens Metamorphose und Verwandlung ist, die sich viel zu schnell und flüchtig ereignen. Der Kobold Anaïs macht sich über Worte lustig, über sich selbst. Ah, ich halte mich also für die Königin der Symbolisten (diesen Titel hatte Max Geismar mir vor kurzem in einem Essay verliehen), ich hielt mich für den schnellsten Geist, und doch gab es keine Worte für diese Metamorphose... Und dieses wollte ich, sollten meine Worte tun: atmen und andere dazu veranlassen, durch sie zu atmen und sie in ihrem Körper zu fühlen. Unter meinem Cape wurden Worte und Gesten eins. Ich beugte meine Schultern unter dem Gewicht und dem Hinwegfließen der Worte, als würden sie über mich hinwegrauschen und mich niederbeugen. Die Worte wurden eine Geste, so anmutig und geschmeidig wie Tang. Laß sie sich verflüssigen und auflösen und Farbe werden. Das ist das Geheimnis, betrachte wie Blau zum Klang wird, sich der Klang in Grün verwandelt und Grün ein Wort wird, kalt. Ein kaltes Wort. Wieder Eiszeit.

Mich schaudert. Dann wieder das Goldene Zeitalter. Nein, das Geheimnis besteht nicht darin, zu atmen, zu fließen, sondern zu SEIN, ich bin rot, bin blau, bin golden.»

Das entspricht den Erfahrungen anderer Menschen, die unter dem Einfluß von Drogen schreiben. In diesem Text zeigt sich jedoch noch einmal in aller Deutlichkeit Anaïs Nins ursprüngliche Vision vom Sinn des Schreibens: Es geht darum, angemessene Worte zu finden, die Verwandlung und Wirklichkeit-Werden («SEIN») beschreiben und gleichzeitig als seelische Verfassung hervorbringen. Eine dergestalt intensiv-ursprüngliche Verfassung stellt sich nur in Ausnahmesituationen ein, vorsprachlich etwa im Orgasmus. Kein Mensch, kein Schriftsteller, kein Künstler kann sie durch bewußte Planung herstellen. Zudem ist es ein unheimlicher Zustand, wenn das eigene Seelenleben zum Ausdrucksfeld von Qualitäten wird, über die man nicht willentlich verfügt.

In den fünfziger Jahren wurde Anaïs Nins Leben von der Not bestimmt, sich nicht in Verfassungen zu verlieren, die sie zum Spielball machen könnten. Abhängigkeiten sind es, die sie nicht erträgt, was sich in Trennung und Ambivalenz ausdrückt. So hat sich in ihrem Schreiben mehr und mehr das kontrollierende Moment des psychologischen Verstehens durchgesetzt. Auch in Verbindung mit ihrer Neigung, den Menschen von Abhängigkeiten zu befreien, indem sie aus ihrer eigenen Geschichte eine Botschaft der Emanzipation im weitesten Sinne extrahiert, scheint ihr das Psychologisieren eine gewisse Befriedigung zu bieten. Außerdem hat diese Art des Schreibens den Vorteil, daß sich nichts ihrer Kontrolle entzieht.

Anaïs steht Ende der fünfziger Jahre erneut an einem Wendepunkt. Indem sie mit ihrer ursprünglichen Vision vom Schreiben scheitert, wird sie frei für die Überarbeitung ihrer Tagebuchaufzeichnungen, die sie nun so modellieren kann, daß sich eine Botschaft zeigt. Damit nimmt sie einen anderen kindlichen Traum wieder auf, der sich an den Taten Jeanne d'Arcs orientierte. Als Jeanne d'Arc der Worte wird sie zu einer wichtigen Orientierungsgestalt in der zweiten Hälfte des zwanzigsten Jahrhunderts. Daß sie ihr Handeln durch die Überarbeitung gelegentlich in ein günstigeres Licht stellt, als es den tatsächlichen Ereignissen entspricht, ist weniger wichtig.

Nicht allein, weil die immense Arbeit am Rohmaterial der Tagebuchaufzeichnungen ihre ganze Zeit beansprucht, schreibt sie keine romanhaften Texte mehr (abgesehen von der kurzen Ergänzung zu «Solar Barque» und dem Text «Collages»), sondern weil sie ihrer ursprünglichen Vision vom Schreiben nicht mehr gerecht werden kann.

1959 stellt sie fest: «Ich bin im Tagebuch gefangen – wo ich auch beginne, es führt mich zurück zu bereits gezeichneten Charakteren.» Vielleicht hat auch die Begegnung mit der Schriftstellerin Marguerite Young und die Bewunderung ihres Schreibens zu der Einsicht geführt, das Schreiben von Romanen besser aufzugeben. Marguerite Young, die Anaïs bereits 1956 bei John Kennedy kennenlernte, ist ebenfalls bestimmt durch die Erfahrung der Untrennbarkeit von Traum, Irrationalem, Mythos und Faktizität. In ihrem umfangreichen Werk «Miss McIntosh, My Darling», an dem sie seit vielen Jahren arbeitet, beschreibt sie die Wirklichkeit fließender Übergänge zwischen dinghafter Realität und visionärer Transformation. Anders als Anaïs Nin kann sie phantasierend erfinden. Anaïs ist verwundert, daß die nach ihrem Geschmack häßliche Dozentin für kreatives Schreiben so bilder- und einfallsreich einen endlosen inneren Monolog ausspinnen kann, und fragt sich traurig, warum sie selbst nicht phantasierend erzählen kann.

Die Wohnung der Marguerite Young kommt Anaïs vor wie ein Antiquitätenladen, voller Möbel der Jahrhundertwende, Nippes, Puppen, viktorianischer Gebrauchsgegenstände, künstlicher Blumen, Bilder. Auf dem Hintergrund ihres eigenen Ordnungszwangs mißfällt das Anaïs. Bei der Überarbeitung ihres sechshundert Seiten langen Manuskripts ist Marguerite verärgert, Wiederholungen zu finden, und stellt fest, daß sich das Unbewußte selbst wiederholt; wie in der Poesie, sagt Anaïs. In Anaïs' Schreiben sieht Marguerite Young «kontrollierte Wildheit», was ihr zu gefallen scheint.

Marguerite mißtraut femininen Frauen. Sofort fühlt sich Anaïs abgelehnt, «und ich fühlte einmal mehr, daß ich zu hübsch gekleidet war, zu ästhetisch... Wie Situation, Ort oder Begebenheit auch beschaffen sein mögen, es gipfelt immer in demselben: Ich werde ausgeschlossen.» Aber sie zieht sich nicht zurück von Marguerite Young. Ihr gefallen der beständige Übergang zwischen «Realismus und Realität, Leben und Tod…, die außergewöhnlichen Höhenflüge der Phantasie, die Bilderwirklichkeit, die sanfte Menschlichkeit, …die Liebe zum menschlichen Detail… Es ist kosmisch und klangvoll, melodisch und unermeßlich.» Marguerite Young versöhnt Anaïs mit Amerika: «endlich eine sprachgewaltige Schriftstellerin»! Sie erzählt Anaïs: «Unsere ausgeprägteste Kunstform ist die Poesie; eine Phantasie bis an die Grenze des Wahnsinns. Europa besitzt Stabilität, Traditionen, Kunstformen, Architektur, Zeremonien, Gesellschaftsklassen, Muster und Strukturen. Amerika hat außer Autobahnen und Supermärkten nichts. Deshalb kann ein Amerikaner alles sein. Er ist unbestimmbar; er besitzt nur das WORT.»

Es tut Anaïs wohl zu hören, daß auch diese Schriftstellerin von Zweifeln an ihrem Können geplagt wird; Marguerite meint, nur der Mittelmäßige kenne keinen Zweifel. Anaïs gibt ihr zu verstehen, daß sie es mit ihren Texten auf dem Buchmarkt schwer haben wird, weil sie so tief im Strom des Unbewußten leben. Denn «die Menschen fürchten am meisten, was Du immer wieder beschreibst, die Metamorphose. Alles ist auf dem Weg, etwas anderes zu werden.»

WAHRHEIT UND WIRKSAMKEIT
EINER LEGENDE
(1960–1977)

1. Revision:
Leben mit einer Botschaft

*H*ALLO, ANAÏS NIN!
…Wir haben Sie gern, Anaïs Nin. Sie sind neu, erfrischend, kümmern sich nicht um die Konvention. Wir wären auch gern neu. Helfen Sie uns. Kommen Sie und sprechen Sie zu uns…, so daß wir an etwas wirklich Realem Gefallen finden können… Wir alle wollen groß werden und unsere eigenen ‹Ichs› sein. Aber um das zu können, müssen wir erst von anderen lernen, von schöpferischen Menschen, individuellen Menschen, einer ‹Ich›-Sorte von Menschen. Ja, bitte kommen Sie. Erleuchten Sie unser Klassenzimmer mit Ihrer Erscheinung…» Diese Einladung mit dem Briefkopf der High School of Art and Design in Manhattan erhält Anaïs Anfang Januar 1960 von Daisy Aldens Kurs für schöpferisches Schreiben. Während man in Europa dazu neigt, den Schriftsteller als Genius mit angeborenem Talent zu betrachten, kann man «Creative Writing» in Amerika wie ein Handwerk erlernen. Den aktuellen literarischen Strömungen entsprechend werden die Studenten mit Regeln, Techniken und Tricks vertraut gemacht, erfahren etwas über die Gestaltung von Spannung und überraschenden Wendungen im Handlungsverlauf und über den Aufbau von Geschichten.

Es spricht sich langsam herum, daß die siebenundfünfzigjährige Schriftstellerin den jungen Studenten etwas zu bieten hat. Das geschieht nicht zum ersten Mal. Gelegentlich hat Anaïs von verschiedenen Schulen und Universitäten Einladungen für Lesungen erhalten, zuletzt im Herbst 1959 von den Studenten in Harvard, die Geld gesammelt haben, um Reise- und Aufenthaltskosten für sie bezahlen zu können.

Als Daisy Alden beabsichtigte, über die amerikanischen surrealistischen Schriftsteller zu schreiben, hat sie sich mit Anaïs Nin in Verbindung gesetzt. Alden begann als Schauspielerin und studierte dann bei Anna Balakian, Professorin für Romanistik und Vergleichende Literaturwissenschaft an der New York University. Daisy Alden muß ihre Bücher ebenfalls auf eigene Kosten drucken lassen und selbst vertreiben. So verbindet beide die Erfahrung der um Erfolg kämpfenden Schriftstellerinnen.

Eine Edition von Anaïs' gesammelten «Romanen» in einem Band wurde allerdings gerade (1959) von Alan Swallow verlegt. Der Sammelband mit «Leitern ins Feuer», «Kinder des Albatros», «Das Herz mit den vier Kammern», «Ein Spion im Haus der Liebe» und «Solar Barque» trägt den Titel «Cities of the Interior». Endlich kann jeder Leser sehen, daß die einzelnen Texte zusammengehören. Dieselben Gestalten treten in den verschiedenen Teilen wieder auf, die ein Quintett, aber keine Serie im Sinne einer sich weiterentwickelnden Geschichte nach Art einer Saga bilden. Das Buch erscheint leider ohne Seitenzählung und Register. Alan Swallow, selbst ein Dichter, unterhält in seiner Garage in Denver eine kleine Druckerei für Bücher, die keinen kommerziellen Erfolg versprechen und deshalb von den großen Verlagen abgelehnt werden. Anaïs hatte ihn 1947 auf ihrer ersten Reise in den Westen mit Rupert besucht. Swallow bringt auch die in der Gemor Press unter dem Titel «Under a Glassbell» («Unter einer Glasglocke») veröffentlichten Texte und die längeren, unter dem Titel «Winter of Artifice» zusammengestellten Erzählungen heraus. Das ist noch kein Durchbruch, aber immerhin sind ihre Texte nun wieder in den Buchhandlungen zu erhalten. «Die Gefahr, in Vergessenheit zu geraten, ist gebannt. Aber ich frage mich häufig, wie viele Schriftsteller wir verloren haben. Wie viele gibt es, die aufgehört haben zu schreiben?»

Ihr Agent, Gunther Stuhlmann, der sich seit 1954 um ihre Bücher kümmert, erweist sich als Glücksgriff für Anaïs' Karriere. Als Immigrant aus Deutschland hat er auch gute Kontakte nach Europa. In England, Schweden und Holland sind die ersten Übersetzungen erschienen. Es folgen Frankreich und Deutschland. Mit der Veröffentlichung im Ausland sind Einladungen und Reisen verbunden. Für jemanden, der wie Anaïs Nin gern reist, ist das ein doppeltes Vergnügen.

Eine erste Einladung erhält sie im Frühjahr 1960 aus Schweden. Sie trifft in Paris Billy Kluver vom Museum of Modern Art und fliegt mit ihm weiter nach Stockholm. Es wird ein Erfolg. Man vergleicht sie mit Marlene Dietrich. Interviews werden auf der ersten Seite der Tageszeitungen abgedruckt. Hugo fliegt ebenfalls nach Stockholm. Seine Kurzfilme «Bells of Atlantis» und «Melodic Inversion» werden gezeigt. Sie lernen viele Künstler kennen, auch die Schauspielerin Ingrid Thulin. Anaïs liest im Museum für Moderne Kunst, wird vom Direktor Nils Hulten eingeladen und besucht viele Parties. Nach der Gleichgültigkeit in Amerika erlebt sie das als besonders beglückend. Der schwedische Dichter Artur Lundkvist macht ein Rundfunkinterview mit ihr.

Der Rückweg führt sie zunächst in ihr geliebtes Paris, das sie als heiter, offen, frivol erlebt. «Wie ehrlich ist doch die Welt der Prostitution.» Sie besucht Henri Michaux. «Er wohnt in einem dieser phantastischen, riesigen alten Häuser am linken Seine-Ufer – Relikte der Belle Époque... Wir saßen in der Bibliothek, und er erzählte begeistert über seine Entdeckung des Unendlichen, aber nicht über Dichtung. Er spricht, wie er schreibt. Er sagt, er greife nicht häufig zu Drogen, vielleicht einmal im Jahr, die andere Zeit verbringe er damit, den vollkommensten Ausdruck dieser Erfahrung zu finden. Er arbeitet mit ungeheurer Sorgfalt und Genauigkeit. Ich erzählte ihm von meiner LSD-Erfahrung.»

In ihren täglichen Briefen an Rupert findet sich keinerlei Andeutung, daß sie das Leben mit ihm nicht mehr befriedigt. Im Gegenteil, sie schreibt zärtlich und einfühlsam. Auch Rupert schreibt schöne Briefe – humorvoll, prägnant, informativ und liebevoll. Einen Brief im Juni 1960 beendet er mit einer Art Gedicht:

Jeder sendet Dir Liebe – – –

Tavi sendet Liebe (er schläft auf der purpurnen Couch),

Aber ich sende am meisten Liebe – – –,

Denn ich habe am meisten – – –

So viel – – –, daß wir immer intensiver leben müssen – – –,

Um es ganz auszuschöpfen – – –

In den nächsten dreißig Jahren.

Und Rupert berichtet darüber, wie der Bau ihres Hauses im Silverlake District von Los Angeles voranschreitet.

Nach einem Entwurf seines Halbbruders Eric, der inzwischen nach einer langen Lehrzeit im Atelier seines Großvaters Frank Lloyd Wright in Taliesin (Arizona) selbst ein guter Architekt geworden ist, entsteht ein Haus im Licht. Rupert wünscht, daß sie möglichst bald zurückkommt, aber er wünscht auch, daß das Haus bis dahin fertig ist. Und immer wieder ermahnt er sie, nicht zu viel zu arbeiten. Ein Bericht über seine Kommilitonen in Harvard aus Anlaß der zwanzigsten Wiederkehr ihres Abschlusses zeigt ihm, welch langweiliges Leben die anderen führen. Er ist stolz auf vier Worte seiner eigenen Geschichte: verheiratet mit Anaïs Nin.

Die Gartenfront des Hauses besteht aus Glas und läßt den Blick über ein weites Tal in den Sonnenuntergang wandern. Rupert gelingt es, seinen Wunsch zu realisieren, Anaïs mit Schönheit zu umgeben. Er schafft einen Ort, wo sie in Ruhe an ihren Tagebüchern arbeiten kann. Wahrhaftig ein Traumhaus. Wenn man durch die gläsernen Schiebetüren ein paar Schritte in den Garten macht, kann man in einem Pool untertauchen, der nichts von der Häßlichkeit der schematisch blau grundierten Hollywood-Pools hat. Er ist mit weichen Sandsteinen und kleinen Latschenkiefern eingerahmt. Niemand hat Einblick, so daß sich Anaïs und Rupert unbehelligt wie im Garten Eden bewegen können. Eine große Kiefer, Bougainvilleen in Weinrot und Orange, eine kleine Trauerweide, ein paar Limonenbäume für «Margaritas». Das Haus besteht aus einem sehr großen Raum mit Kamin, abgesondert liegen nur ein kleiner Arbeitsraum für Anaïs und ein Bad. Das Bett läßt sich auf Wunsch durch eine Ziehharmonikaholzwand abgrenzen.

Anfang Juli nach Los Angeles zurückgekehrt, ist Anaïs von dem schönen Haus so sehr angetan, daß sie nun doch Neigung hat zu bleiben. Eine Wand des Küchenraumes belegt sie selbst mit etwa fünfzehn Quadratzentimeter großen Goldplättchen. Sie verrutschen leicht und nehmen im Laufe der Jahre einen leichten Grünton an, der zum rosagolden gestrichenen, reliefartig gemaserten Holz der Einbauschränke sehr gut paßt. Später schreibt sie: «Das Haus hatte etwas Einladendes... Es war auf eine Weise schön, daß ich nie ein Gefühl von Verlust, Abbruch oder Enttäuschung empfand, ob ich nun aus Mexiko oder Paris zurückkam. Die Reise dauerte an. Die Lichter des Hauses, die sich im Pool spiegelten, konnten die Lichter von Acapulco sein, die Lichter der italienischen Riviera. Ein neues Leben begann, ein neuer Zyklus.»

Wenn sie mit Hugo durch Europa reist oder längere Zeit in New York weilt, erklärt sie Rupert, daß sie nur fort ist, um das Geld zu verdienen, mit dem die Hypotheken abgezahlt werden können.

Im November 1960 fährt sie noch einmal mit Hugo nach Paris. Rupert glaubt, sie würde sich für ein Magazin die neueste Mode ansehen, vielleicht auch in Florenz oder Rom, sie weiß es noch nicht. Trotz aller Liebesbeteuerungen trägt sie in ein kleines Ringheft ein: «Morgens um fünf Uhr dreißig wachte ich mit dem Gedanken auf, ich sollte Rupert und Hugo verlassen und in Paris unter den Künstlern bleiben, mein Tagebuch veröffentlichen und mit meinem wahren Leben beginnen. Mir erscheint das Leben in Paris offen, kompromißlos, natürlich, impulsiv, instinktiv, ich kann meinen erotischen Gefühlen freien Lauf lassen, der Imagination, dem Schaffen, ich sah sogar das Böse, die offen zur Schau gestellte Sinnlichkeit, Frauen wie Rassehunde.»

Sie begleitet Hugo, der wieder im Business aufgeht, auf einer Geschäftsreise. Anaïs wartet bei einem Glas Martini im Foyer des Hotels, während er seine Klienten trifft, und würde sich viel lieber über Film und Literatur unterhalten. «Ich könnte zu meiner Rolle zurückkehren – eine elegant gekleidete Frau, mit einem Parfum von Guerlin, die einen schlanken lavendel- und goldfarbenen Schirm trägt, ein schwarzes Kleid, einen Pelzumhang, und die mit den Menschen der naheren Umgebung nichts verbindet, mit deren Interesse an Politik und Wirtschaft... Ich schreibe an Rupert, aber das Gefühl stellt sich nicht ein. Auch nicht für Hugo. Ich sehe und höre Dinge, die mir gefallen, mich faszinieren, aber durch irgendeine unheilbare Krankheit ist alles abgetötet.» Wenn die Taxifahrer Sokrates und Balzac zitieren, ist sie selig; auch im Gespräch mit George Whitman und mit André Bay, der eine Übersetzung von «Spy in the House of Love» in Auftrag gegeben hat, der selbst schreibt und auch malt. Sein Eindruck von Anaïs Nin: «Die Frau war viel zu schön, um echt zu sein.» Ein weißes Pudelchen, das ihr Vetter Eduardo in Florenz schenkt, wird sie mit nach Amerika nehmen.

Ihr intensives Leben in der Pariser Boheme mit Henry Miller liegt nun dreißig Jahre zurück. Nie wieder sind für Anaïs Liebe und schriftstellerisches Engagement so stark in einer Einheit verbunden gewesen. Angstvoll gesteht sie sich ein, daß ihr auch in Zukunft nichts Ähnliches mehr gelingen wird.

1961 erreicht Henry Miller in den Vereinigten Staaten mit seinen bislang veröffentlichten «Wendekreis»-Büchern den großen Durchbruch. Am 18. Februar unterzeichnet er im Hotel Atlantic in Hamburg mit Barney Rosset einen Vertrag, mit dem er der Grove Press die amerikanischen Rechte für «Wendekreis des Krebses» und «Wendekreis des Steinbocks» überträgt. Miller erhält einen Vorschuß von 50000 Dollar. So viel Geld hat er noch nie besessen. Ihm ist leicht schwindelig, auch weil er befürchtet, bei der Einreise nach Amerika verhaftet werden zu können.

Amerika beginnt erst, die Zensur der Bücher abzuschaffen, die der Obszönität verdächtigt werden. Man meint immer noch, die erwachsenen Amerikaner durch Bevormundung in den Grenzen einer bestimmten Moral halten zu müssen. Bereits «Ulysses» von James Joyce hatte es 1940 schwer, die Zensur zu passieren, ebenso 1957 Allen Ginsbergs «Howl» und 1959 D.H. Lawrences «Lady Chatterley». Es sind die Präzedenzfälle, auf die man sich berufen kann. Raubdrucke in Shanghai und Wien haben Miller bisher um die Tantiemen gebracht. Nach den fünf legalen Auflagen in Frankreich erschien 1940 in Amerika der erste Raubdruck, «Imprenta de Mexico». Jacob R. Brussels bekam für diesen Trick zwei Jahre Gefängnis. Der Versuchung, eine gereinigte Fassung zu veröffentlichen, hat Miller widerstanden. Auf die Veröffentlichung folgt eine Serie von über dreißig Gerichtsverfahren, noch 1962 droht man Miller mit Gefängnisstrafe. Ein wahrer Presse-Feldzug gegen die Zensur wird entfacht. Maßgebliche Kritiker und Schriftsteller unterzeichnen einen Aufruf für die Freigabe des Buches; auch Edmund Wilson ist unter ihnen. Eine wirksamere Werbung kann man sich kaum vorstellen. Millers nächster Roman «Rosy Crucifixion», der 1965 erscheint, wird dann Platz eins der Bestsellerliste einnehmen.

Anfang der sechziger Jahre faßt Gunther Stuhlmann den Plan, aus Millers Briefen an Anaïs Nin ein Buch zu machen. Anaïs hat erfahren, daß Miller ihre Briefe an ihn kürzlich mit anderen Manuskripten der Abteilung für Special Collections der UCLA (University of California, Los Angeles) vermacht hat. Wieder befürchtet sie, jemand könnte ihr Verhältnis mit Miller entdecken und in die Öffentlichkeit tragen. 1962 besucht sie Henry, der ihr das Copyright seiner Briefe an sie zugesagt hat und ihr 2500 Dollar – «Wiedergutmachung» – zukommen läßt. Anaïs bietet Lawrence Clark Powell zum Tausch Millers Briefe an sie an. So schlägt sie zwei Fliegen mit einer Klappe, das «gefährliche» Material kommt in ihren Besitz, und es kann veröffentlicht werden, so wie sie es wünscht.

Seit ihrem kurzen Besuch in Big Sur Anfang der fünfziger Jahre haben sie sich nicht mehr gesehen. Sie ist überrascht, daß Millers Sohn und seine Tochter wie Millionen anderer Teenager wirken, als wären sie nicht die Kinder eines außergewöhnlichen Vaters. Henry liebt seine Kinder mehr als alle anderen Menschen, hatte Millers dritte Frau Eve, von der Henry gerade geschieden wurde, Anaïs einmal geschrieben. Miller ist jetzt siebzig Jahre alt und wirkt hinfällig in Anaïs' Augen. Sie selbst fühlt sich mit ihren neunundfünfzig Jahren jung. Auf Anaïs wirkt Henry wie ein buddhistischer Mönch. Er gibt auch Lebensweisheiten zum besten. «‹Erfolg, Anaïs, ach, Erfolg bedeutet nichts. Das einzige von Bedeutung sind die wenigen herausragenden Briefe, die man im Laufe des Jahres erhält, die eine persönliche Reaktion erkennen lassen!› Er war unverändert bescheiden, natürlich, naiv und nicht ichbezogen, der Henry, der für einen Heiligen gehalten werden will.» Alte Wunden brechen auf. Sie denkt, ihm sei ein Leben in der Öffentlichkeit immer wichtiger gewesen als das mit seinen Frauen, er würde niemals an gebrochenem Herzen sterben – aber das sagt sie ihm nicht, solche Gedanken vertraut sie nach wie vor dem Tagebuch an.

Eine mühsame Arbeit des Datierens und Zensierens der Miller-Briefe beginnt. Die Freundschaft zwischen zwei angehenden Schriftstellern macht Gunther Stuhlmann zur Leitlinie für Auswahl und Kürzung der Briefe. Der entstehende Text ist interessant genug, um einen Verlag zu gewinnen und ein Verkaufserfolg zu werden.

Warum soll das nicht auch mit Anaïs' Tagebüchern möglich sein? Die Zeit ist reif und die Situation günstig. Man könnte die Jahre mit Miller herausgreifen. Es muß ja nicht das Original veröffentlicht werden. Das Thema der einander fördernden Schriftsteller gibt offenbar genug her. Im übrigen muß man nicht alles konkret benennen, sondern kann durchaus die auszusparenden intimen Verhältnisse atmosphärisch anklingen lassen. Warum soll man Tagebücher nicht redigieren? Stuhlmann erhält die maschinengeschriebene Fassung des Originals, und gemeinsam erwägen Anaïs und er die Möglichkeiten und Notwendigkeiten einer Überarbeitung.

«Ich versinke in der Überfülle meines Materials. Ich war so lange spontan und kapriziös, daß ich nicht konstruieren kann. Auch will ich nicht ein Chaos bedeutungslosen Stoffes gestalten, wie Kerouac manchmal, meistens, oder wie Miller mit seinem Pseudorealismus... Wo stehe ich? Suche ich eine rationale Konstruktion, wie die Kontinuität bei Proust? All diese Beats heute leben in der Gegenwart, in Fragmenten. Ich habe diese Haltung nicht von Henry übernommen – ich sehe die Verbindungen von Vergangenheit, Gegenwart und Zukunft.» Das ist neu, so hat sie das vor dreißig Jahren nicht gesehen. Aber welches sind die Verbindungswege? Was hält eigentlich ihre Geschichte zusammen? Geht wirklich ein roter Faden hindurch? Was soll und kann gezeigt werden? Was interessiert den amerikanischen Leser an dieser Geschichte einer Immigrantin, einer Frau, die so oft hat flüchten müssen?

Nichts versteht sich von selbst, schon gar nicht die eigene Lebensgeschichte. Es wandelt sich der Sinn bestimmter Ereignisse nach Maßgabe der jeweiligen Perspektive. Wie sieht die Perspektive aus, unter der Anaïs Nin ihr Leben zu Beginn der sechziger Jahre betrachtet? Was bedeutet das Leben, das sie vor dreißig Jahren in Paris geführt hat, jetzt für sie? Gewiß, man hat *eine* Lebensgeschichte, aber der Auslegungsspielraum ist immerhin groß. Das bloße Faktum gibt es nicht. Es erhält einen anderen Stellenwert aus der Retrospektive. Die bis zur aktuellen Situation weitergelaufene Lebensgeschichte stellt die «Fakten» in eine andere Ganzheit, so daß sich deren Stellenwert, Bedeutung, Sinn verändern. Man kann wohl sagen, daß Anaïs Nin die Tagebücher im Sinne einer Autobiographie überarbeitet. Sie «erfindet» ihre Geschichte noch einmal. Anders als den meisten Autoren einer Autobiographie steht ihr mit dem originalen Tagebuchmaterial eine Fülle von Details zur Verfügung. Das kurz nach der jeweiligen Situation Protokollierte wird nun so montiert, wie Anaïs es in der aktuellen Situation braucht und erträgt. Bereits die Aufnahme in das Originaltagebuch folgte einer Auswahl und wohl auch einer Modellierung von Ereignissen.

Wie schön wäre es, sie könnte ihre zukünftigen Leser und sich selbst davon überzeugen, daß man sein Leben als Künstlerin erfolgreich gestalten und sich mit einem Gewinn an Selbstvertrauen und Stärke aus den üblichen Bahnen herausbewegen kann, daß es sich lohnt, seiner eigenen Vision vom Leben zu folgen. Anaïs überarbeitet die Tagebücher in dem Sinne, daß sie die Gestalt einer erfolgreichen Befreiungsgeschichte einer Frau annehmen, die sich als Künstlerin versteht. Eine besonders feinsinnige Paradoxie liegt darin, daß gerade die so erzählte Geschichte den lange vermißten Erfolg bringen wird – was mit den Romanen selbst nicht gelungen ist.

Anaïs läßt das Tagebuch mit dem Jahr 1931 beginnen, als ihr erstes Buch, die Lawrence-Studie, erschienen war. In die Zeit fällt auch ihre Begegnung mit Henry Miller, deren Beschreibung ihr besonders geeignet erscheint, die Leser für die dramatische Geschichte ihrer Emanzipation zu interessieren. Der Bogen spannt sich von der Beschreibung der meterdicken Mauern des Hauses in Louveciennes auf der ersten Seite bis hin zum dreifachen «Good-bye» in der letzten Zeile. «Wenn ich vom Fenster aus auf das große grüne Eisentor schaue, nimmt es das Aussehen eines Gefängnistores an. Ein ungerechtfertigtes Gefühl, da ich weiß, daß ich diesen Ort, wann immer ich möchte, verlassen kann, und da ich weiß, daß Menschen ihre Verantwortung für ein Hindernis auf einen Gegenstand oder einen Menschen verlagern, während dieses Hindernis doch immer in ihnen selbst liegt. Trotz dieses Wissens stehe ich oft am Fenster, starre auf das große geschlossene Eisentor, als hoffte ich bei dieser Betrachtung eine Vorstellung von meinen inneren Hindernissen für ein volles, offenes Leben zu gewinnen.» Von dieser Ausgangsszene auf der zweiten Seite führt das Geschehen hin zu einer heroischen Einsicht auf der vorletzten Seite: «Dieses Streben, nach meiner eigenen Wahrheit zu leben, ist so schwierig, so aufreibend. Eine vertrackte Rechenaufgabe, immer. Ich bin wie der Abenteurer, der alle verläßt, die er liebt, und mit einem Arm voller Gold zurückkehrt; und dann sind sie glücklich und vergessen, wie sehr sie den Abenteurer von seinen Entdeckungsreisen und seinen Erkundungen zurückzuhalten versucht haben.»

Etwa die Hälfte des Textes der von 30 bis 40 durchnumerierten Originaltagebücher, die den Zeitraum 1931 bis 1934 umfassen, wird aufgenommen. In seiner Einleitung weist Stuhlmann ausdrücklich darauf hin, daß es sich um revidiertes Tagebuchmaterial handelt: «Bei der Vorbereitung dieses Bandes hatten Frau Nin und der Herausgeber auf verschiedene private und gesetzliche Einschränkungen zu achten, die durch die Natur des Tagebuchs gegeben sind. Verschiedene Personen, vor die Frage gestellt, ob sie im Tagebuch auftreten wollten, ‹so wie es ist› – denn Anaïs Nin wünschte ihre Darstellungen im wesentlichen nicht zu ändern –, entschieden sich dafür, ganz aus dem Manuskript gestrichen zu werden (darunter auch ihr Gatte und einige Mitglieder der Familie). Die Namen nur gelegentlich auftretender Personen wurden gestrichen oder geändert, da die tatsächliche Identität einer Person … im Zusammenhang des Tagebuchs im Grunde genommen bedeutungslos ist. Anaïs Nins Einsichten sind, wie man bemerken kann, psychologischer Art … ‹Wir sind auf dem Weg zum Mond›, hat Anaïs Nin geschrieben. ‹Das ist nicht weit. Der Mensch muß auf dem Weg in sich selbst sehr viel weiter gehen.›» Außerdem werden in Europa bedeutende Künstler, wie Antonin Artaud, dem amerikanischen Publikum eigens vorgestellt. Stuhlmann achtet darauf, daß die Beschreibung seelischer Vorgänge mit «mehr Realität, mit Daten und Fakten» angereichert wird, so daß der Text neben der Befreiungsgeschichte eine zweite Linie in der Dokumentation von Kunst und Kultur der Zeit erhält.

Bei der Suche nach einem Verleger hatte Anaïs Nin bereits 1955 dem Literaturagenten Georges Borchardt ihr Tagebuch empfohlen, indem sie ihm eine Liste der beschriebenen Persönlichkeiten zusandte. Darunter sind zu finden: Henry Miller, Fred Perlès, Dr. René Allendy, Rebecca West, Hans Reichel, Lawrence Durrell, Joaquin Nin, Dr. Otto Rank, Tennessee Williams, Truman Capote, Gore Vidal, Edmund Wilson, Maxwell Geismar, René Lalou, Dorothy Dudley, Stuart Gilbert, Caresse Crosby, Armand Godoy, Paul Rosenfeld, Luise Rainer, Abe Rattner, Yves Tanguy, André Breton, Eugene Jolas, Dylan Thomas, Wallace Fowlie, Louise de Vilmorin, Canada Lee, Bill Hayter, Kenneth Anger und Maya Deren.

Kurz bevor Anaïs an der Revision der Tagebücher arbeitet, schreibt sie Briefe an einen Häftling. Roger Bloom ist ein literarisch interessierter Mann, der – zu lebenslanger Haft verurteilt – im Gefängnis sitzt. Er schreibt Gedichte. Ihm übermittelt Anaïs in vielen Briefen ihre Botschaft von der inneren Freiheit. Bloom erhielt ihre Anschrift von Miller, den er um Exemplare von Jean Fanchettes zweisprachiger Literaturzeitschrift «Two Cities» gebeten hatte. Henry Miller und Anaïs Nin setzen sich für Blooms Begnadigung ein. In ihrem ersten Brief schreibt Anaïs: «…die Welt steckt voller Vorurteile aller Art, und man lernt, mit ihnen zu leben. Es gibt eine Möglichkeit, die negativen Aspekte der Gewalt umzukehren. Sie kann zum aktiven Willen des Künstlers werden, zur Behauptung kreativer Fähigkeiten… Wenn man nicht mehr kreativ sein kann, wird man destruktiv… Wenn Sie entlassen werden, denken Sie an das Märchen der Eskimos, die glauben, daß nichts zählt, was man in der Vergangenheit getan hat. Man muß nur auf den Gipfel eines Berges steigen, den alten Namen ablegen, einen neuen annehmen, und wenn man auf der anderen Seite nach unten steigt, hat man sein früheres Ich hinter sich gelassen.»

Das ist immerhin ein Stück tröstlicher Ideologie, mit der Anaïs sich auch selbst gut zuzureden scheint. «Ich kann mir nichts Schlimmeres als den Verlust der Freiheit vorstellen, und da Ihnen die körperliche Freiheit genommen ist, möchte ich dies ein wenig durch die andere Freiheit, die Freiheit der Phantasie und der Kreativität ausgleichen.» Sie wundert sich, warum man einem so gebildeten und begabten Mann wie Bloom keine psychologische Hilfe zuteil werden läßt. «Es ist so schwierig, dies allein zu tun. Auch Freud gelang die Selbstanalyse nicht… Ich mußte viele symbolische Gefangenschaften erdulden, aber das ist nicht das gleiche, und es geschah freiwillig, um andere Menschen glücklich zu machen.»

Bloom findet in Anaïs' Briefen und Romanen mit den verständnisvollen psychologischen Kommentaren Trost. So wird er gleichsam zum Prototyp der zukünftigen Leser des Tagebuchs, das mit der Beschreibung der Befreiungsgeschichte der Autorin emanzipatorische Wirkung haben wird. Ohne Kenntnis, welche Art von Verbrechen Roger Bloom ins Gefängnis gebracht hat, schreibt Anaïs, daß jeder, «der sich ernsthaft mit seinem wahren Charakter auseinandergesetzt hat, erkennt, daß er zu jeder Handlung fähig ist und daß uns nur ein kleiner Schritt von denen trennt, die ihre gewalttätigen Gefühle ausagieren… Jemand, der zu diesem Mittel greift, handelt im dostojewskijschen Sinne für uns! Und wir haben das Gefühl, zumindest ich, die Folgen mittragen zu sollen; wir, die Träumer, die nur in unseren Alpträumen zornig werden und töten.»

Die Beat-Schriftsteller Allen Ginsberg, William S. Burroughs und ihre Freunde Lucien Carr, Neal Cassedy und andere gehören allerdings nicht zu denen, die wie Anaïs nur in ihren Alpträumen zornig werden können. Wegen Drogen- oder Waffenhandels, wegen Diebstahldelikten oder fahrlässiger Tötung müssen sie Haftstrafen hinnehmen oder werden wie Ginsberg in die Psychiatrie eingewiesen. Das Delikt gehört eine Zeitlang durchaus zum Mittel ihrer Rebellion gegen die Repräsentanten des Establishments, die nicht vor dem Einsatz der Atombombe zurückschrecken, Ginsbergs Text auf den Fensterscheiben seiner Studentenbude «Butler hat keine Eier» und «Fickt die Juden» (Ginsberg ist selbst Jude) jedoch für eine Ungeheuerlichkeit halten, die mit Relegation bestraft werden muß.

An den für Bloom zuständigen Ausschuß der Justizbehörden richtet Anaïs ein Schreiben, in dem sie sich vorstellt als «Schriftstellerin, die Psychoanalyse studiert und zwei Jahre als Assistentin von Dr. Otto Rank praktiziert hat», womit sie ihrer Einschätzung des Häftlings mehr Gewicht verleihen will. Einer Miss Bacon, die ebenfalls versucht, dem Häftling zu helfen, stellt sie sich vor als Autorin, die seit zwanzig Jahren schreibt und deshalb glaubt, «einen Charakter recht gut beurteilen zu können». Der Brief schließt ähnlich wie der andere mit der Aussage, daß sie Roger Bloom nicht für einen Rückfallgefährdeten hält, sondern für einen Menschen «mit Gewissen und Bewußtsein», der «in der Lage ist, sein Leben und Denken zu kontrollieren». Die Zukunft hat dieser waghalsigen Aussage recht gegeben. Anaïs wirkt tatsächlich auf den Häftling, und zwar in erster Linie durch ihr Verstehen – auf dem Hintergrund ihrer eigenen heimlichen Verstöße gegen Recht und Moral wirken ihre Briefe authentisch. Auch ihr Vertrauen in die Kraft des anderen, seinem Leben eine neue Richtung zu geben, verfehlt seine Wirkung nicht.

Anaïs' Anschauungen beeindrucken nicht nur Roger Bloom. Auch in den literarischen Kreisen von Los Angeles und San Francisco ist sie inzwischen mehr als ein Geheimtip. Man munkelt, daß sie Henry Miller, dem «größten zeitgenössischen Autor», in den Pariser Jahren sehr nahestand. «The Greatest Living Author» ist Titel eines Essays von Karl Shapiro, zuerst erschienen in «Two Cities». Der Text leitet zugleich das Buch «Wendekreis des Krebses» ein, das für alle Underground-Dichter eine Lanze bricht. Auch Anaïs' Vorwort wird im «Wendekreis»-Band abgedruckt, so daß nun alle Miller-Leser in Amerika auf diese Schriftstellerin neugierig werden. Karl Shapiro erwähnt zudem in seiner Einleitung, daß Miller seine amerikanischen Leser auf fremdartige Meisterwerke hingewiesen hat, dazu gehöre das Tagebuch der Anaïs Nin, «das er (wie andere Schriftsteller) für ein Meisterwerk des zwanzigsten Jahrhunderts hält». Auch die Neuauflage ihrer Texte bei Swallow sowie ihre Beiträge in der Zeitschrift «Two Cities», die Anaïs in Amerika bekanntzumachen sucht, tragen dazu bei, daß immer mehr Leser auf sie aufmerksam werden. Der alternative Radiosender KPFK in San Francisco und Los Angeles, der durch seine Zuhörer finanziert wird und daher keiner Zensur unterworfen werden kann (Free Speech Radio), entdeckt Anaïs Nin und sendet 1961 den Text «The Party», den Rupert und Anaïs mit verteilten Rollen vortragen.

Ihre Lesungen in öffentlichen Bibliotheken werden häufiger, und die Aufnahme bei den Zuhörern ist herzlich. Ein Auditorium von «real house fraus» macht Anaïs' Vorurteile gegen Frauen zunichte, die ihre Aktivitäten im Rahmen der Familie entfalten. Voller Zuneigung überreichen sie ihr Geschenke. Mit Renate Druks und ihrem Mann Ronnie Knox versucht sie «A Spy in the House of Love» unter Einbeziehung von «Solar Barque» in ein Drehbuch umzuarbeiten. Anaïs ist in gehobener Stimmung. «Ich habe das Gefühl, daß dies mein Jahr ist. Ich werde in der Lage sein, Dir etwas zurückzugeben von all dem, was Du für mich getan hast, für meine Arbeit, meine Gesundheit, mein Leben», schreibt sie Hugo nach Europa. Ihre Briefe an ihn lesen sich immer wie Liebesbriefe.

Am 8. Dezember 1961 berichtet eine New Yorker Zeitung über eine Lesung, die sie mit Daisy Alden vor dem Kurs «Kreatives Schreiben» im Wagner College abgehalten hat. Der Bericht nimmt Bezug auf Anaïs Nins Vorwort für «Tropic of Cancer», verweist einmal mehr auf Millers Lob für ihr Tagebuch und informiert, daß ihr Buch «Seduction of the Minotaur» soeben erschienen ist. In diesem letzten Teil von «Cities of the Interior» ergänzt Anaïs «Solar Barque» mit Ausführungen über den Masochismus, mit Passagen über Henry und June sowie mit Ausschnitten aus Hugos Lebensgeschichte. Dabei greift sie wieder auf Tagebucheintragungen zurück. Der Gestalt Lillian gelingt eine Lösung aus der Gebundenheit an die Vergangenheit, als sie auf dem Rückflug von einer Mexiko-Reise in ihrem eigenen Spiegelbild im Fensterglas der mythologischen Gestalt des Minotaurus begegnet. Lillian kann sich darauf von dem «maskierten Teil ihres Wesens, der ihr selbst unbekannt war, der ihr Handeln beherrscht hatte», befreien. *Wie* sich eine derart umstürzende Wandlung vollzieht, wird dem Leser allerdings nicht vermittelt. Im Leseprozeß fehlt jedes Pendant. Lillians Umwandlung wirkt papieren, erdacht und wird auch durch die Wiederholung psychoanalytischer Gedanken nicht lebendig: «Alles wird so lange wiederholt, bis die geistige oder emotionale Erfahrung begriffen, aufgelöst und bewältigt ist.»

Die Kontinuität geschichtenhafter Texte ist für Anaïs Nin ein Problem. Das mag in der Erfahrung des Zerfalls der ersten geschichtlichen Einheit, der Familie, begründet sein. Entschiedenheit und Verfehlen, Festlegung und Austragen der Konsequenzen sind Grundzüge des Existierens in der Zeit. Anaïs Nin hat sie nicht als Stabilisierung ihres Handelns erfahren, sondern eher als Reduktion, als Verlust von Vielfalt. Das führt, entgegen ihrer eigenen Aussage, zu einer Reihung von Fragmenten. Problematisch bleibt für sie auch das Alltäglich-Banale, das jede Lebensgeschichte fundiert. Anaïs wird immer von der Angst verfolgt, im Realistischen steckenzubleiben und eindimensional zu werden wie ihre Mutter. Daraus folgt ihre Hochschätzung des Symbolischen, die Öffnung der Realität im Sinne ihrer Vielbedeutsamkeit. Ein weiteres Problem ist verbunden mit ihren außerehelichen «Geschichten», die sie vor ihrem Mann verbirgt. Ganz ähnlich hat sie in der Kinderzeit ihre exzessiven Phantasiegeschichten, an erster Stelle die der Wiedervereinigung mit dem Vater, verborgen. Auf diesem Hintergrund entwickelt sie ein besonderes Verhältnis zum Geheimnis, zum Geheimhalten, zur Mystifikation.

Anaïs' Beziehung zu Rupert scheint sich, seit das Haus existiert, zu konsolidieren. Was immer sie sieht, tut und hört, sie hat ihn in Gedanken bei sich. Von anderen Männern gehen keine Versuchungen mehr aus. Das erlebt Anaïs als Entlastung. Sie hat das Gefühl, nicht mehr so viel von den Menschen erwarten zu müssen. So fallen die Enttäuschungen weg. «Der wunderbarste Keuschheitsgürtel ist eine große Liebe.»

In New York gründen Lila Rosenblum, Don Coombs und Stanley Haggart, ein befreundeter Fotograf, die Zeitschrift «Fair Sex». Anaïs soll als «fliegender Reporter» mitarbeiten. Es schweben ihr Artikel vor über die Bildhauerin Cornelia Runyan, über Yanko Varda und Kim Stanley. Sie will auch Rupert einbeziehen, er könnte die Fotos zu ihren Artikeln beisteuern. Ein junger Millionär aus Phoenix, der das Projekt finanzieren will, woraufhin sie Visitenkarten drucken lassen und vor Begeisterung ganz aus dem Häuschen sind, erweist sich als Flop. Er war nur der Gärtner eines Millionärs!

Ab September 1961 schreibt Anaïs humoristische Briefe aus der Hundeperspektive des Pudels Piccolo an «Dear Papa» (Brief vom 23. Oktober 1961), der nach Paris und weiter zum Filmfestival in Venedig reist. Piccolo ist ein Wortschöpfer, er fragt nach dem «smellaroma» von Paris und beklagt, daß in Hugos Filmen keine echten Hunde eine Rolle spielen. Auch erzählt er von seinem sexuellen Übergriff auf ein Baby in seiner Größe, in das er sich verliebt habe, was die Erwachsenen schockierte. Komisch wirkt es, nun aber unfreiwillig, wenn Anaïs von der Freundin Tracy erzählt, die, stell Dir nur vor, noch nach zehn Jahren Analyse weder auf eigenen Beinen stehen noch mit Jerry, ihrem Mann, leben, noch einen anderen heiraten kann...

1962, als Anaïs einen langen Sommer in Kalifornien verbringt, trennt sich Hugos Geschäftspartner Saint Phalle von ihm. Steuern für das vergangene und laufende Jahr sind zu zahlen, ebenso das teure Appartement am Washington Square, das während vieler Monate leer steht; Hugo klagt über die finanzielle Lage. Anaïs verspricht in einem Brief vom 30. April, alles zu tun, um ihm zu helfen. Sie knüpft mit Hilfe der Barrons Kontakte, um vielleicht Hugos Kurzfilme verkaufen zu können. Auch mit Lotte Eisner, einer Emigrantin aus Berlin, die in Paris die Cinémathèque mitbegründet hat, wechselt sie wegen Hugos Filmen Briefe. Hugo und Anaïs kennen sie schon, seit Hugo Kurzfilme dreht. In ihrem Büro hängt eine Graphik von Hugo, ein phantastischer Märchenvogel.

Anaïs arbeitet jetzt mit großem Krafteinsatz an den Tagebüchern. Sie hat in Erfahrung gebracht, daß das Kinsey Institute für seine Dokumentation der Beschreibungen von Sexualität ihre erotischen Erzählungen aus den vierziger Jahren angekauft hat. Da man der Auffassung war, es handele sich um authentisches Tagebuchmaterial, bietet Anaïs ihnen nun das echte Tagebuchmaterial zum Kauf an. Aber sie haben nicht genügend finanzielle Mittel.

Durch diese Verhandlungen scheint sich jedoch für Anaïs etwas zu klären: «Ich glaube endlich zu wissen, wie ich das Tagebuch behandeln soll.» Die ständig belastende Frage ist für sie, wie sie enthüllen kann, ohne Hugo oder die beschriebenen Personen, zu denen sie selbst auch gehört, zu verletzen und ohne die potentiellen Leser zu langweilen. «Da es wie ein Skizzenbuch geschrieben ist, bedarf es des Könnens eines Schriftstellers, um die richtige Auswahl zu treffen und Streichungen vorzunehmen. In einem Skizzenbuch wird dieselbe Person auf der Suche nach immer neuen Blickwinkeln, Veränderungen und einer neuen Sehweise vielleicht fünfundzwanzigmal festgehalten. Diese beinahe identischen Wiederholungen müssen gestrichen werden. Menschen verändern sich, und Veränderungen wollen festgehalten werden, aber in der Auswahl, im Feststellen fehlender Brücken liegt ein künstlerisches Element… Ich beginne jetzt als Tagebuchautorin und Realistin. Daran werde ich für den Rest meines Lebens arbeiten. Die Poesie und das Märchen… haben mich zu sehr isoliert und der Welt entfremdet.»

1963 entscheidet Anaïs Nin, «als Hauptfigur des Tagebuchs abzutreten», von jetzt an wird es «Journal des Autres» (Tagebuch der anderen) heißen. Das bedeutet für sie, daß ihr eigenes Innenleben und ihre Aktionen von den sechziger Jahren an nicht mehr zentraler Gegenstand sein werden. Das Tagebuch der nächsten zehn Jahre gerät zu einer Loseblattsammlung, die größtenteils mit der Beschreibung von Freunden gefüllt wird. Anders als bisher begreift Anaïs Nin ihr aktuelles Leben als ihre Realität und nicht mehr als vorläufigen Zustand, dem etwas völlig anderes folgen muß. Ebenfalls anders als bisher belastet sie ihr zweigeteiltes Leben nicht mehr so stark. In sechzehn Jahren ist ihr das Pendeln zwischen Ost und

West nun selbstverständlich geworden. Mit der Revision ihrer Geschichte im Dienst der Veröffentlichung des Tagebuchs bindet sie sich an kontinuierliches und zielstrebiges Arbeiten. Voller Dankbarkeit und Stolz, wie ein braves Schulmädchen, gibt sie ihrer Analytikerin Dr. Inge Bogner einen Bericht über ihre veränderte Haltung: nicht mehr so leicht verletzbar durch Kritik; in der Lage, eigene Interessen und Ansprüche vorzubringen, was sich auf die Verhandlungen über eine Verfilmung von «Spy» bezieht; natürlich und voller Selbstvertrauen. (Brief vom 11. Januar 1963)

Anaïs wird nun sechzig Jahre alt. Das paßt weder zu dem Bild, das sie im Spiegel sieht, noch zu ihrem Lebens- und Körpergefühl. Sie ist traurig. Aber Renate weiß Trost. Sie erzählt ihr eine Anekdote. Renates neunzehnjähriger Cousin hatte eine Affäre mit der sechzigjährigen Schauspielerin Anna Magnani. Als seine Mutter ihm Vorwürfe machte und fragte, was er denn mit einer alten Frau wolle, entgegnete der Sohn: «Aber Mutter, sie ist keine alte Frau, sie ist Anna Magnani!»

Anfang der sechziger Jahre schließt Anaïs einen offiziellen Vertrag ab über den Verbleib der Tagebücher nach ihrem Tod: Sie sollen von Dr. Inge Bogner und Gunther Stuhlmann in Obhut genommen werden. Also läßt sie die Texte von Los Angeles nach New York bringen: 150 Dollar. Der Vertrag beim Anwalt kostet 600 Dollar. Monatliche Miete für das Schließfach in der Bank in Brooklyn: 30 Dollar. Das alles während einer Zeit, in der sie monatlich über 200 Dollar für Flug- und Lebenshaltungskosten verfügt. Bislang haben die Tagebücher nur Geld gekostet. Stuhlmann bemüht sich, eine Universitätsbibliothek zu finden, die Geld für die Originale zahlen könnte. Für alle Tagebücher, die bisherigen und die zukünftigen, für die Erstausgaben von «Under a Glassbell», «Winter of Artifice», «House of Incest», den gesamten Briefwechsel, Fotos, 1000 Seiten Erotica, ein Miller-Manuskript mit Publikationsrechten bietet ihr ein Interessent, der offenbar ein gutes Geschäft wittert, 50000 Dollar an. Das ist Anaïs zuwenig, das Doppelte müßte es schon sein, dann hätte sie für den Rest ihres Lebens ein monatliches Einkommen von etwa 500 Dollar.

Schriftsteller sollten stärker gefördert werden, meint Anaïs und wendet sich an Tennessee Williams, der eine Stiftung für Schriftsteller gegründet hat. Sie will für Marguerite Young Geld beschaffen, die ihren Lebensunterhalt als Lehrerin verdienen muß. Außerdem gibt Young eine Zeitschrift «Tiger's Eye» heraus, die einen Auszug von «Kinder des Albatros» und Anaïs' Essay über Jean Tinguelys Kunst-Maschinen gedruckt hat. Anaïs wünscht, sie hätte ihr geholfen statt Henry Miller. Sie selbst bewirbt sich vergeblich um ein Stipendium bei der Guggenheim-Stiftung.

Oliver Evans, ein intimer Freund von Tennessee Williams, beabsichtigt ein Buch über Anaïs' Werk zu schreiben. Er geht davon aus, daß die Romane autobiographischen Charakter haben, und plagt Anaïs mit Fragen nach ihrer Lebensgeschichte. Ärgerlich lehnt sie ab, darüber Auskunft zu geben. Evans wohnt eine Zeitlang in ihrem Appartement am Washington Square. Anaïs hofft, daß sein Buch einige Aufmerksamkeit auf sie lenken wird.

Im Februar 1963 schreibt sie ihrem Agenten Gunther Stuhlmann, sie hätte an Michelangelo Antonioni einige Bücher geschickt. Sie verspricht sich viel davon, wenn jemand einen ihrer Romane in ein Drehbuch umformte, denn berühmt werden kann man heutzutage am besten mit einem Film: «Wenn nur eine Sache durchkommt, würde die Herde schon folgen...»

In den sechziger Jahren wächst allmählich die Zahl der Künstler, Wissenschaftler und Studenten, die nicht mehr nur mit Drogen experimentieren, sondern sie zum legitimen Mittel der Bewußtseinserweiterung erklären. Aldous Huxleys Buch «Die Pforten der Wahrnehmung» ist inzwischen erschienen. Anaïs begegnet den Wissenschaftlern Timothy Leary und Richard Alpert, die mit Experimenten in Harvard begonnen hatten. Alpert und andere Freunde, auch Bebe Barron, erzählen Anaïs, daß sie Anaïs' Texte wie «Seduction of the Minotaur» («Labyrinth des Minotaurus») nach ihren LSD-Erfahrungen besser verstehen. Also müßte sie vielleicht jedes Buch mit etwas LSD liefern, als Gebrauchsanweisung für den Text?

Vorboten dieser weiter anwachsenden Welle der «Selbstbefreiung» sind die Beat-Dichter, die bereits seit Ende der vierziger Jahre ihre Erfahrungen mit Rauschmitteln gemacht haben: William Burroughs, Allen Ginsberg, Gregory Corso, Lawrence Ferlinghetti, Jack Kerouac. Einige von ihnen haben längere Zeit in Mexiko gelebt und die Wirkung des Yage und Peyote erprobt, Drogen, die schon

Antonin Artaud nach Mexiko zu den Tarahumaras gelockt haben. Bereits 1953 war unter dem Titel «Junky» Burroughs' Beschreibung seiner Drogensucht erschienen.

1963 ruft Timothy Leary eine «International Federation for International Freedom» ins Leben. Sie soll in Zihuatanejo, einem kleinen Dorf hundert Kilometer nördlich von Acapulco, in Mexiko ihren Sitz haben. Ziel der Gemeinschaft ist die Überwindung von zwanghaftem, stereotypem Verhalten und mechanischer Intellektualität. Sie wollen die wachsende Entfremdung vom natürlichen Rhythmus des organischen Lebens aufheben. Die ekstatischen Lebensformen, die dem Karrierestreben des durchschnittlichen Amerikaners geopfert wurden, sollen Spielraum erhalten. Erforderlich ist die Wiederbelebung vernachlässigter Werte wie Ehrfurcht vor dem Natürlichen, Körperbewußtsein, Bewußtseinserweiterung, unmittelbare Erfahrung, spielerische Flexibilität, äußere und innere Freiheit, Humor, Verständnis für Zen-Buddhismus und die Bedeutung der Individualität.

Eine Fülle von Themen, die Anaïs' eigenem Credo entsprechen – doch sie reagiert kritisch. Sie befürchtet, man könnte durch die Drogen die Kontrolle über sich selbst ganz und gar verlieren. Außerdem hat es doch eine ähnliche Befreiungsbewegung bereits gegeben: Anfang der dreißiger Jahre in Paris im Kreis der Surrealisten. Es gefällt ihr nicht, daß man in Amerika ohne Kenntnis der Erfahrungen der künstlerischen Elite nun dasselbe im Stil einer Massenbewegung ins Leben ruft. Im übrigen hat sie Vorbehalte gegen das künstliche Herstellen der Freiheit. Daraus werden kein Michaux und kein Varda hervorgehen, sondern nur richtungslos Dahintreibende, fürchtet sie. Der künstliche Chemismus einer Droge kann doch nicht einfach das Risiko des individuellen Ausbruchs ersetzen.

Erst nach und nach begreift sie, daß sich diese Entwicklung auch anders einschätzen läßt: die Angehörigen der Beat-Generation suchen die Nähe zum Leben, sie suchen Liebe, sie suchen Leichtigkeit, sie entdecken einen freizügigen Umgang mit Sexualität, sie lehnen die etablierte Welt ab, in der man funktionieren muß – das sind womöglich Anaïs' Kinder und Schutzbefohlene. Unversehens wird ihr klar, daß sie zu dieser neuen Generation gehört – als Leitfigur. Sie kann ihnen zeigen, daß Schätze verborgen sind, sie kann diesen naiven Grenzüberschreitern und Sehnsüchtigen einen Weg zur Kunst weisen, so wie sie sie versteht, als Imagination und Phantasie. Jeder Mensch ein Künstler! Das Leben selbst ein Kunstwerk! Der Künstler als Mensch, der «Spontaneität, Naivität und Sehweise der Kindheit» zurückgewinnt, «die jedes Kind befähigen, zu malen und zu singen».

Ihre eigene Lebensgeschichte, dokumentiert im Tagebuch, wird plötzlich zum Prototyp einer neuen Lebensgestalt. In dem Rahmen kann sie auch der LSD-Erfahrung eine Bedeutung zubilligen. «Die Schönheit der LSD-Erfahrung liegt darin, daß sie eine Reise ist, auf die man sich spontan begibt, befreit von allen Bindungen, rigiden Gewohnheiten und Verantwortungen. Aus diesem Grund ist das Wort ‹Freiheit›, innere Freiheit, damit in Verbindung gebracht worden. Die Wirkung des LSD gleicht einer beschleunigten, kompakten Psychoanalyse. Das wirkliche Ich wird aus den Formen befreit, in die das Leben es gepreßt hat. Die Gesellschaft übt großen Druck aus, um uns zu standardisieren, um uns zu einem nützlichen Zahnrädchen in der Maschine zu machen, zu einem Roboter in der Organisation ... Die Unterdrückung des wahren Ich schafft Müdigkeit und Langeweile.»

Was die amerikanischen Lebensformen für die jungen Menschen sind, war für Anaïs die Maschinerie der Tradition, die aus der Frau ein Zahnrädchen in der Organisation Familie machen wollte. Die Analogien sind deutlich. Yoga als ergänzende Methode der Bewußtseinserweiterung erregt das Interesse im Umfeld der neuen Befreiungsbewegung. Marihuana, Meditation, Atemtechnik und Körperbeherrschung, lebendiges Schweigen, «die Reise nach innen» erlebt Anaïs im Haus von Virginia Denison in extra eingerichteten Kursen oder auf Parties. Leary und Alpert, Alan Watts, Aldous Huxley und Christopher Isherwood sind auch dabei. Anaïs wird von Rupert begleitet. «Huxley sagte einmal zu mir: ‹Sie haben Glück, Ihnen stand der Zugang zu dieser Welt auf natürliche Weise offen. Das läßt sich an Ihren Büchern erkennen.›»

Im übrigen läuft das Geschehen, zumindest in der akademischen Jugend Amerikas, nicht so naiv und unkultiviert ab, wie Anaïs das befürchtet. Auch Durrell, der glaubt, die Beschäftigung mit Zen habe keine tiefere Bedeutung für die jungen Leute, ist durchaus nicht unterrichtet über die Art und Weise, wie sich die Beat-Generation mit Literatur beschäftigt. Burroughs, Ginsberg, Kerouac lesen Rimbaud und beschreiben ihr wildes Leben wie Anaïs Nin als «Zeit in der Hölle». Sie lesen, schätzen und diskutieren Prousts «Suche nach der verlorenen Zeit» und greifen alles auf, das ihre eigene waghalsige Befreiung aus Konventionen und Restriktionen zu rechtfertigen geeignet ist.

Die ganze Struktur ihres Verlangens nach alternativen Lebensformen ist beschrieben in einem Text, der in den sechziger Jahren in Amerika zum Kultbuch wird: «Der Steppenwolf» von Hermann Hesse, in Deutschland zuerst erschienen im Jahr 1927. Leary hat einen Essay über das Buch verfaßt unter dem Titel: «Meisterführer zum psychedelischen Erlebnis». Das mag zwar ein Mißverständnis sein, da es keinen eindeutigen Beweis dafür gibt, daß Hesse neben Alkohol andere Rauschmittel genommen hat, interessant ist jedoch, was Leary an Hesses Text heraushebt. Einmal betont er, daß Hesse sein Leben als «gefährlich schmerzliches Experiment» realisiert und sich ständig am Rand des Abgrunds bewegt hat, um «das Bodenlose unter seinen Füßen» zu spüren, denn anders hätte er nie etwas schreiben können. Zum anderen interessiert Leary die Auflösung der durch psychologische Selbstanalyse entdeckten Dualität von Kultiviertheit und Wildheit. Er zitiert Hesse: «Zum Schluß... bleibt noch... eine grundsätzliche Täuschung aufzulösen. Alle ‹Erklärungen›, alle Psychologie, alle Versuche des Verstehens bedürfen ja der Hilfsmittel, der Theorien, der Mythologien, der Lügen; und ein anständiger Autor sollte es nicht unterlassen... diese Lügen nach Möglichkeit aufzulösen... Harry [die zentrale Gestalt des Romans] besteht nicht aus zwei Wesen, sondern aus hundert, aus Tausenden. Sein Leben schwingt (wie jedes Menschen Leben) nicht bloß zwischen zwei Polen, etwa dem Trieb und dem Geist, oder dem Heiligen und dem Wüstling, sondern es schwingt zwischen Tausenden... Der Mensch ist eine aus hundert Schalen bestehende Zwiebel, ein aus vielen Fäden bestehendes Gewebe.» Das entspricht durchaus den Erfahrungen unter LSD-Einfluß und paßt vollkommen zu Anaïs' Leben in den frühen dreißiger Jahren, als sie mit Miller den Aufstand probte.

In der Bearbeitung ihres Briefwechsels mit Miller wie auch beim

Überarbeiten der Tagebücher rückt ihr diese Zeit sehr nahe. Um so befremdlicher ist es für sie, bei einer Einladung der Universität Illinois in Carbondale in der speziellen Sammlung der Bibliothek Briefe zu sehen von D. H. Lawrence, Henry Miller und anderen, auch Tagebücher und Fotos, «Schätze, Indiskretionen und Verrat, der mit Gold bezahlt wurde... Werde auch ich in diese Schubladen aufgenommen werden?... Auf mich machte dies alles einen gespenstischen Eindruck. Ich sehe Millers Briefe an Caresse [Crosby], Aquarelle,... Schnappschüsse.» Es sind auch Briefe von ihr dabei. Das eigene Leben mumifiziert. Es schaudert sie bei dem Gedanken, daß hier einmal Biographen herumschnüffeln könnten. «Welche Gattung Mensch, die sich mit dem Leben anderer ernährt.» Eine unheimliche Erfahrung muß es sein, wenn man sieht, daß das eigene Leben zu einer offiziellen Geschichte erstarrt. «Hinter Glas die Geschichte von Gonzalo und mir, aus den Tagen, als wir ein Buch für Caresse druckten und sie als anspruchsvolle, schwierige Auftraggeberin kennenlernten...»

Anaïs steht mit Harry Moore, einem Freund von Oliver Evans, der die Aufsicht über die Sammlung hat, in Verhandlungen, ihr Tagebuch der University of Southern Illinois zu verkaufen. Zu diesem Zweck versieht sie die abgetippte Fassung mit Inhaltsverzeichnissen. Zu ihrer eigenen Überraschung stellt sie fest, daß sie etwa tausend Menschen im Tagebuch charakterisiert hat – «mehr als Balzac», teilt sie Hugo voller Stolz mit. Zwar mag auch der Wunsch eine Rolle spielen, daß man sie einer Biographie für wert erachtet; aber Anaïs Nin scheint besorgt zu sein, was die Biographen mit ihrem Material anstellen könnten. «Man wird viele Lügen erzählen, vieles erfinden, verzerren, und trotz der Dokumente wird das Leben als ein Roman erzählt.»

Wie man das macht, wird sie selbst vorexerzieren; mag sein, daß sie in Wirklichkeit fürchtet, ihre Biographen könnten von der «Wahrheit» berichten. Nur gut, daß die Wahrheit so ein schwerer philosophischer Brocken ist, daß keiner wissen kann, was sie ist. Die bloßen Fakten sind niemals die Wahrheit. Es gilt, die Spur zu finden, auf der sich ihr Sinngehalt entdecken läßt. Für den Biographen heute ist es eine durchaus befremdliche Erfahrung, in den gekühlten Bibliotheken der Universitäten oder im Haus der Anaïs

Nin Relikte ihrer Geschichte zu befingern wie Haarlocken und Milchzähne des Kindes, die frommen Bücher, den Ledergürtel von Gonzalo, kleine Notizbücher mit der Eintragung von Selbstmordgedanken an einem ganz bestimmten Tag und manches mehr. «... im Flugzeug nach St. Louis las ich ‹Le Temps Retrouvé›», die wiedergefundene Zeit – ja, das mag wohl die Aufgabe des Biographen sein. Er muß «Fakten und innere Zustände zu einer Einheit» verbinden.

Anaïs arbeitet 1963 an drei verschiedenen Projekten: an der Edition der Miller-Briefe, an der Überarbeitung der Tagebücher und an einem neuen Buch mit dem Titel «Collages». Das Buch braucht sie als Gegengewicht, um nicht von der Vergangenheit verschlungen zu werden. Erinnerungen werden wach, auch an Kränkungen. Die «drei Musketiere» der Literatur Lawrence Durrell, Henry Miller und Anaïs Nin sind längst keine Einheit mehr. Anaïs grollt darüber, daß beide, deren Briefwechsel im Frühjahr 1963 erscheint und in Gotham's Book Mart gefeiert wird, sie allein gelassen haben. Beide erfreuen sich eines großen Erfolges in Amerika und lassen sie im Stich. Sie seien nicht länger «loyal», schreibt sie an Henry. Anaïs kann nicht verwinden, daß Henry «House of Incest» vor dreißig Jahren als «Brokat» abgetan hat, woran er selbst sich gar nicht mehr erinnert. «Kann man nicht loyal sein, selbst mit immer wechselnden Ansichten über dies und das?» fragt Miller; Durrell hätte sein Buch «Sexus» auch einmal sehr schimpflich heruntergemacht, aber deshalb hätte sich doch seine Freundschaft zu ihm nicht verändert.

Mit «Collages» nimmt Anaïs Nin eine Art des Schreibens wieder auf, die sich in den frühen Erzählungen bereits andeutet. Neunzehn kurze Episoden, die eine überraschende humoristische Wendung haben, verbindet sie zu einem Rondo; die letzten fünf Zeilen wiederholen die Anfangszeilen. Anaïs widmet das Buch «R. P.» = Rupert Pole, «dem wahren Gärtner, der eine Welt geschaffen hat, in der ein heiteres Buch Blüten treiben konnte». Einige Geschichten hat die Freundin Renate Druks ihr geschenkt, die mit Anaïs einen ganz eigenen Geschmack an der Wendung menschlicher Unternehmungen in etwas Heiter-Absurdes teilt. Nichts Schwülstiges, nichts Verschönerndes, nichts Psychologisierendes belastet den Text, er kommt in leichter Erzählweise daher, «ich schreibe wie die Niagara-Fälle».

Im Frühsommer begegnet sie in Paris wieder vielen interessanten Menschen, zum Beispiel Maurice Nadeau, dem «größten Kritiker, der Miller und Durrell ‹gemacht› hat», der eine Entwicklungsgeschichte des Surrealismus geschrieben hat und Artaud nahestand. Interviews mit «Le Figaro» über die Pläne für eine Verfilmung von «Spy», mit dem «Lausanne Express», mit Radio Canada, Treffen mit André Bay, Gespräche mit dem Verlag Gallimard. Klagen über die Anstrengungen vermischt sie mit der Anmerkung, «wie gut, daß ich bislang nicht berühmt war». Aber das täuscht nicht darüber hinweg, daß sie es außerordentlich genießt, endlich gefragt zu sein. Als Freunde in Paris nicht akzeptieren wollen, daß sie nach einer Woche wieder nach Los Angeles zurückfliegt, zeigt sie ihnen Ruperts Foto, und «jeder gibt zu, daß er für so einen Mann Paris aufgeben würde».

Briefe von Hugo zeigen, daß er manchmal mit Anaïs’ geschäftlichen Angelegenheiten in New York befaßt ist. Er steht in Verbindung mit ihrem Agenten, kümmert sich um Manuskripte, aber er berichtet auch vom Kränkeln der siamesischen Katze Chico, schickt kleine Botschaften der Katze an den Hund Piccolo, schreibt, daß er viel an Anaïs denkt, und unterzeichnet: «mit Liebe und Bewunderung, Dein Hugo». Außerdem berichtet er von seinen Filmprojekten – von der Musik, die er mit den Bildern kombinieren will, von Filmpreisen, die man ihm kaum zuerkennen wird, weil man meint, er brauche als Finanzberater selbst kein Geld. Verwundert ist er über eine Wendung in Anaïs’ letztem Brief aus Los Angeles: «‹als ich nach Hause kam›, ich hoffe, Du meintest nur Dein zweites Zuhause!»

Am 16. August 1963 schreibt Hugo, daß Anaïs’ Agent Gunther Stuhlmann sehr optimistisch ist, was ihren zukünftigen Erfolg angeht. Hugo hat ihn eingeladen, seinen neuen Film zu betrachten, was in den nächsten Jahren zu einer festen Einrichtung wird. Während Anaïs ihr heiteres Buch schreibt, gelingt es Hugo, in seinem Film ebenfalls ein wenig Humor unterzubringen. Anaïs beantwortet seine Briefe umgehend, weist die Schubladen an, wenn er gelegentlich sein Filmmaterial nicht findet, tröstet ihn, als er nach Fertigstellung eines Films in eine «After-birth-Depression» fällt. Ende

November hat sie ihr Buch abgeschlossen. Peter Owen, ihr Verleger in London, ist interessiert. Stuhlmann erwartet weitere Erzählungen von ihr, aber die leichte Stimmung ist verflogen, es stellen sich keine neuen Geschichten mehr ein. Ende November zeigt Hugo seinen Film mit Erfolg in Paris. Ja, schreibt Anaïs, der Erfolg ist die beste Vitamintablette! Sie plant, Hugos Filme auch an der Universität Illinois zu zeigen. Wenn sie Lesungen hält, gehören Hugos Filme zum Beiprogramm; das wird allmählich Tradition.

Am 22. November 1963 wird die Welt erschüttert durch die Nachricht von der Ermordung des amerikanischen Präsidenten John F. Kennedy. Der 1960 gewählte dreiundvierzigjährige Präsident war zur symbolischen Gestalt eines neuen Amerika geworden. Mit einem liberalen Regierungsprogramm und dem Appell «Get the country moving again» hatte er die jüngeren Generationen angesprochen und unter ihnen besonders die Intellektuellen. Robert F. Kennedy, ein Bruder des Präsidenten, wurde Justizminister – im Alter von 35 Jahren. In den Reaktionen auf die Ermordung John F. Kennedys sieht Anaïs Nin ein gutes Zeichen für eine neue Sensibilität in Amerika: «wirkliche Tränen, wirkliche Gefühle der Schuld und wirkliches Verständnis für den Symbolismus – unser einziger Aristokrat!» Für sie selbst ist es wie der Tod eines Familienmitglieds.

Anaïs empfiehlt Hugo, er solle sich in Europa entspannen. Er will nach Padua fahren. Eduardo lebt in Florenz, wo er sich mit historischen Studien der Renaissancephilosophen beschäftigt. Er könnte Hugo ein wenig herumfahren und ihm die Gegend zeigen; Anaïs bietet ihm an, Geld zu schicken, sollte es daran mangeln. «Es ist wichtig, daß Du Dich nach der vielen Arbeit erholst. Ich wäre so froh, wenn Du das machen würdest, einfach lebst, Dich erholst, Deine Freiheit und den Erfolg Deines Films genießt.» Nachdem Anaïs den Film «Das Messer im Wasser» von Roman Polanski gesehen hat, an dem ihr die Symbolik banaler Handlungen besonders gefällt, meint sie, Hugo und sie sollten solche Filme entwerfen. Für eine Zeitschrift hat sie einen Artikel über Ian Hugo als Filmemacher geschrieben, in dem sie Lotte Eisner zitiert. Es geht um Hugos Film «Gondola Eye», eine längere Version von «Venice, Etude Number One»: «Noch stärker als in dem ersten Film empfindet man hier auf seltsame Weise den Zerfall der Stadt im Meer, das Leiden, die Unruhe, den Kampf. Die leprösen Wände der alten Paläste springen ins Auge. Arbeit, soziales Bewußtsein und die Probleme der Armut werden anschaulich. In der großen Sehnsucht, ‹le temps perdu› und den Glanz der Vergangenheit zu finden, liegt etwas Melancholisches.»

Mindestens alle zwei Tage schreibt Anaïs an Hugo in Europa, erzählt von ihrer Arbeit am Tagebuch, an ihrem «Proustschen Werk». Insgeheim hofft sie immer noch, daß sie groß herauskommen wird, wenn endlich ein Film aus dem Buch «Ein Spion im Haus der Liebe» entsteht. Marguerite Duras wird für die Herstellung eines Drehbuchs gewonnen. 1964 fährt Anaïs nach Europa, um sich mit ihr darüber zu besprechen. Jerry Bick interessiert Robert Wise, der sich gerade in Salzburg zu Aufnahmen der «Trappfamilie» aufhält. «Salzburg ist zauberhaft. Ein breiter Fluß, eine alte Stadt, Blumen und Berge. Jedes Café, jede Bäckerei trägt den Namen Mozart: Café Mozart, Konditorei Mozart, Mozart-Lichtspiele.» Anaïs liebt diese Wiederholungen; sie sind ein Stilmittel ihres Schreibens. Merkwürdig ist es für sie zu verfolgen, wie die Gestalten ihres Buches unter Duras' und Jerry Bicks Hand sich verändern und wachsen. Marguerite Duras ist eine ganz andere Frau als Anaïs Nin; ihre flachen Schuhe, «ihre unauffällige Bluse, der abgetragene Pullover, die braune Lederjacke, ihre Natürlichkeit, Direktheit und Jungenhaftigkeit beeindrucken die Amerikaner sehr... Lange anstrengende Gespräche..., aber die Duras ist... nicht empfindlich... Ich beschränke mich darauf zu ermutigen, zu unterstützen und zu übersetzen... Selbst wenn der Film nicht ‹Ein Spion› werden sollte, so wird er doch einen Durchbruch für die anderen Bücher bringen.»

In ihrem Hotelzimmer in Paris findet sie Rosen und Belegexemplare der französischen Ausgabe von «Ein Spion im Haus der Liebe», die gerade gedruckt wurde. «Fernsehen, Rundfunk, Pressekonferenzen.» Ein Besuch mit Jerry Bick beim Kultusminister André Malraux, ein Interview mit «Art», ein Besuch beim Artaud-Herausgeber Paul Thevenin. Die Fahnen der Übersetzung von «Haus des Inzest» müssen durchgesehen werden. «Ein Interview mit Du Mallet für das Fernsehen. Er fragte mich, warum mein Name stets mit Miller und Durrell in Verbindung gebracht wird.

‹Sie haben mit ihnen nichts gemein. Sie stehen Marguerite Duras näher. Sie sind unverfälschter, menschlicher.›»

Wie gern sie das hört! Alles sieht nach einer späten Ernte aus. Pierre Brodin will in seiner Geschichte der amerikanischen Literatur ein Kapitel über die Autorin Anaïs Nin schreiben. Sie rechnet sich Möglichkeiten aus, daß Michelangelo Antonioni «Seduction of the Minotaur» und Federico Fellini «Collages» verfilmen. Doch alle Filmpläne scheitern letztlich. Erst die Veröffentlichung der Urfassung des Tagebuchs «Henry and June» (1931 / 1932) wird Philip Kaufman 1990 als Vorlage für einen Film dienen.

Hugo erzählt Anaïs in einem Brief, daß Stuhlmann ihre persönlichen Auftritte für besonders wirksam und wichtig hält. Wenige Schriftsteller können andere Menschen so sehr für sich einnehmen wie Anaïs Nin. André Bay von der Édition Stock will weitere Bände von «Cities of the Interior» veröffentlichen, und Gallimard ist an den Miller-Briefen und an «Collages» interessiert.

Hugo berichtet Anaïs von einer Untersuchung der Träume. Sie werden zunehmend als Botschaften in Bildern, die entschlüsselt werden können und dem Träumer wichtige Hinweise auf sein Leben geben, wissenschaftlich anerkannt. Hugos Filme sind Botschaften, die wie der Traum in Bildern leben; Anaïs' Bücher machen reichlich Gebrauch von Tagträumen. Vielleicht weckt ihr Werk bei den Lesern solcher wissenschaftlichen Berichte ein neues Interesse. Womöglich stehen die Chancen dafür jetzt in Amerika sogar besser als in Frankreich, wo man die Psychoanalyse eher anfeindet.

In einem Brief an Nona Balakian, Kritikerin des «New York Times Book Review», fragt Anaïs, warum die Kritiker in Amerika ihr Werk bislang übersehen hätten. Nona Balakian antwortet im Juni 1964, sie seien offenbar nicht vorbereitet, Tiefe, Originalität und Experiment im Schreiben der Anaïs Nin zu würdigen. Außerdem hätten es alle Bücher schwer, die nicht in den großen Verlagen (Knopf, Random, Harpers, Harcourt, etc.) erschienen. Sie will gern etwas für Anaïs' Bücher tun und bittet um Zusendung von «Collages». Bei einem Treffen amerikanischer Verlage in Los Angeles stellt Anaïs mit Genugtuung fest, daß es ihr Verleger Alan Swallow ist, der nicht über Geschäft und Erfolg spricht, sondern über die Schriftsteller, die ihm gefallen. Swallow beschreibt seine Freude, wenn er Außenseiter entdeckt, die eine neue Art Literatur schreiben und deshalb von den großen, kommerziell interessierten Verlagshäusern übersehen werden.

Marguerite Young berichtet Anaïs aus New York, daß beider Antrag auf ein Stipendium von der Guggenheim-Stiftung abgelehnt wurde. Youngs Buch «Miss McIntosh, My Darling» wird bei Scribner's erscheinen; das ist immerhin ein schöner Erfolg. Im übrigen bittet sie Anaïs, möglichst bald wieder nach New York zu kommen, sie sehnt sich nach den Gesprächen mit ihr. Allmählich bildet sich eine stärker werdende Gruppe von Schriftstellerinnen, die einander unterstützen, trösten, fördern, wie es bislang selbstverständlich war unter männlichen Collegeabsolventen oder im Kreis homosexueller Künstler.

Beatrice Wood, eine Künstlerin, die schon mit Marcel Duchamp zusammengearbeitet hat und die Zeichnung für das Cover der ersten Dada-Zeitschrift in Amerika, «The Blind Man», entwarf, führt ein unabhängiges Künstlerleben. Als junge Frau stand sie Ruperts leiblichem Vater Reginald Pole sehr nahe. Sie modelliert in Ton, experimentiert mit Farbmischungen und entdeckt eine eigene Methode des Lasierens. 1993 wird man sie anläßlich ihres hundertsten Geburtstages mit einem Dokumentarfilm als «Mama of Dada» feiern. Was hätte Anaïs für ein Leben führen können, wäre Beatrice Wood ihr zu einem früheren Zeitpunkt begegnet! Vielleicht wäre sie sicherer und selbständiger durchs Leben gegangen, wenn sie ein anderes Vorbild gehabt hätte. Die Forderungen der Mutter, dem Frauenbild des neunzehnten Jahrhunderts zu entsprechen, haben sie verunsichert.

Für Anaïs wird es immer wichtiger, anderen Frauen gegenüber die Rolle einer Mutter einzunehmen, die sie in ihrem Selbstvertrauen stärkt. Als Renate Druks ihr vollkommen verstört vom Freitod ihres Sohnes Peter erzählt, ist Anaïs sehr bemüht, der Freundin über ihre Gefühle von Trauer und Schuld hinwegzuhelfen. Allerdings erlebt Renate Anaïs' Forderung, sich in dieser Situation nicht gegen ihre Freunde abzukapseln, als unpassend und wendet sich eine Zeitlang auch von Anaïs ab. Peter war schon als Kind eine selbständige Persönlichkeit. Renates Künstlerfreunde haben den kleinen, verträumten Jungen ernst genommen. Er durfte sogar bei ihren

Happenings mitspielen. Als Jugendlicher zog er sich jedoch in sich selbst zurück. Niemand bemerkte, daß er in Probleme mit Drogen geriet. Er schämte sich dessen so sehr, daß er es nicht wagte, sich seiner Mutter anzuvertrauen. Der Emanzipation der Frau läuft von den mittleren sechziger Jahren an eine Emanzipation der Jugendlichen parallel. Für Renate war es ganz unbegreiflich, daß ein großes Maß an Selbständigkeit auch verhindern kann, Abhängigkeit und Hilfsbedürftigkeit zu zeigen.

Im Oktober 1965 wendet sich Anita J. Faatz, Sekretärin der neugegründeten Otto Rank Association, an Anaïs Nin. Dr. Jessie Taft, erste Biographin Otto Ranks, hat mit Dr. Virginia Robinson und anderen an der University of Pennsylvania, School of Social Work unterrichtet. Sie nahmen Ranks psychoanalytische Gedanken auf, um sie im Bereich der Erziehung fruchtbar zu machen. Nach dem Tod von Dr. Taft ist Anita Faatz verantwortlich für den Nachlaß, in dem sie Anaïs' Lawrence-Buch fand. Durch eine Passage über Rank in den Miller-Briefen weiß Faatz von ihrer Analyse bei Rank. Faatz bittet Anaïs um Mitarbeit, und Anaïs schreibt in den nächsten Jahren Beiträge für das Otto-Rank-Journal, das vorwiegend von Frauen gestaltet wird.

Deena Metzger ist eine der ersten «Töchter» der Anaïs Nin, zu der sich nach Veröffentlichung des Tagebuchs noch viele hinzugesellen werden; eine junge Schriftstellerin, die in der Beat-Zeitung «Los Angeles Free Press» die ersten begeisterten Rezensionen über Anaïs' Bücher schreibt.

Ende 1964 hat Anaïs über tausend Seiten der Originaltagebücher durchgearbeitet und begonnen, die Erlaubnis für die Veröffentlichung bei den Personen einzuholen, die im Tagebuch auftreten. Einige verweigern ihre Zustimmung. Rebecca West ist so beunruhigt, daß sie mit einem höflichen Telegramm vom 3. November 1965 ihre Absage erteilt; ihr Anwalt wendet sich zudem an Stuhlmann, den Herausgeber. Wahrscheinlich fürchtet sie, Anaïs könnte erwähnen, daß sie einen unehelichen Sohn von H. G. Wells hat. Ein umfangreicher Briefwechsel entwickelt sich mit Joaquin, der in akribischer Kleinarbeit Aussagen über die Familie richtigstellt. Er warnt vor allem davor, die Erzählungen des Vaters über das Herkommen der Nins für bare Münze zu nehmen. Die berühmte Fami-

lie Guëll in Barcelona z. B. gehöre nicht zur näheren Verwandt-
schaft. Es sei eine verhängnisvolle Neigung des Vaters gewesen,
seine Familie zu idealisieren, Angeberei hart an der Grenze zum
Lügen. Und wenn sie unbedingt die Guëlls erwähnen muß, weil die
den ersten surrealistischen Künstler, den Architekten Antoni
Gaudí, gefördert haben, so sollte sie abschwächend formulieren,
etwa: «wie mein Vater gern erzählte…»

Ein Kollege von Joaquin, den sie bei einem Konzert in Los Angeles kennenlernt, bezeichnet Joaquin als «Heiligen». «So haben wir
schließlich doch einen Heiligen in der Familie», teilt sie Hugo amüsiert mit. Joaquin ist lebenslang dem katholischen Glauben treu geblieben und spielt in der katholischen Gemeinde in Berkeley eine
gewisse Rolle. Er heiratet nicht. Eine Aura des Mönchischen umgibt ihn. Manche sind überzeugt, daß er homosexuell ist. Aber sie
wissen nicht viel von seinem Privatleben und seiner Freundin in
Barcelona.

Die Überarbeitung des Tagebuchs fordert Anaïs' ganze Aufmerksamkeit. Ein Problem sind die vielen Wiederholungen; sie
sucht zu streichen, zu straffen, gerade faßt sie die verstreuten Aufzeichnungen über Otto Rank in einem ihm gewidmeten Abschnitt
zusammen. Miller beschwert sich über kleine Nebenbemerkungen,
die Beschreibung seiner Person betreffend; er habe nie darunter gelitten, daß er kein besonders schöner Mann ist. Er sucht jedoch zu
helfen. Seine Freundin Renate Gerhart, Lektorin des Rowohlt Verlags, will sich für eine deutschsprachige Ausgabe seiner Briefe an
Anaïs einsetzen und scheint auch am Tagebuch interessiert zu sein.
Als französischen Übersetzer empfiehlt er Anaïs seinen Freund
Georges Belmont.

Auch Eduardo ist nicht einverstanden damit, wie er dargestellt
wird. Anaïs sagt ihm zu, nichts über ihn zu veröffentlichen. In einer
scherzhaften Anmerkung schreibt Joaquin, Eduardo wähle damit
eine merkwürdige Form des Selbstmords. Der Bruder Thorvald
versagt ebenfalls seine Zustimmung, im Tagebuch erwähnt zu werden. Joaquin ist bemüht, Spannungen auszugleichen, die bei einem
Besuch Hugos in Miami zwischen Thorvald und Hugo aufgekom-
men sind und etwas mit den kubanischen Kunden von Hugo zu tun
haben, die in großer Anzahl in Miami leben. Anaïs schickt Thorvald

ein wertvolles Briefmarkenalbum, und Thorvald schenkt ihr einen alten Ring, der in der Familiengeschichte eine Bedeutung hat. Joaquin arbeitet das Tagebuchmanuskript so aufmerksam durch, daß Anaïs ihn als «Herausgeber Nr. 1» bezeichnet. Mit Henrys Hilfe kann Anaïs June Miller ausfindig machen, die eine Zeitlang in einer psychiatrischen Anstalt hat leben müssen. Dem Psychiater Dr. James E. Baxter gelingt es, Junes anfänglichen Widerstand zu überwinden und die Genehmigung für die Veröffentlichung einzuholen.

Anfang 1965 hat Anaïs Nin zusammen mit Yanko Varda einen Auftritt in der Brand Gallery in Glendale, Los Angeles. Das Gebäude hat postmodernen Charme; es ist dem Tadsch Mahal in Indien nachgestaltet. Umgeben von Vardas Papier- und Stoffcollagen, liest Anaïs aus «Collages». Zum ersten Mal sind auch Ruperts Eltern von ihr beeindruckt. Der Radiosender KPFK in Los Angeles bittet sie um ein Interview über die Miller-Briefe und die Arbeit am Tagebuch. Robert Steele von der Universität Boston, ein Filmfachmann, plant eine Veranstaltung mit Hugos Film «Bells of Atlantis» und Anaïs' Tonbandaufnahme von «House of Incest». Die Gespräche mit Oliver Evans über Anaïs' Werk werden in Los Angeles weitergeführt.

Mehr und mehr gerät Anaïs in den Blick der Öffentlichkeit. Die Atmosphäre stimmt. Es fehlt nur noch der Paukenschlag. Alle Energie zentriert sich im Kampf um Erfolg. Endlose Briefe über die Publikation des Tagebuchbandes in Frankreich. André Bay meint, nur einen Teil veröffentlichen zu können. Anaïs sieht ihr Werk zerstückelt. «Bis ich den Stempel einer amerikanischen Erfolgsautorin habe, wird ganz Europa zittern und zagen. Welche Ironie.» Wenn Hugo Mitte Mai 1965 nach Paris fährt, wird er eine vorläufige Kopie des Tagebuchs mitnehmen, um die Fragen an Ort und Stelle zu klären.

Eine letzte Selbstüberwindung: «Ich muß es wagen, und das nicht mit einem Kunstwerk, das von meinem Ich getrennt ist, sondern mit dem Einsatz meines ganzen Ichs, meines Körpers, meiner Stimme und meiner Gedanken, die preisgegeben werden.» Trotz ihrer «Revision» der Originaltagebücher steckt Anaïs in einem tiefen Konflikt. Gern, allzugern möchte sie ihr Werk veröffentlicht sehen. Zugleich fürchtet sie sich vor dem Schritt, ihre eigene Geschichte zu offenbaren – als könnte sie vernichtet werden. Nach angstvollem Zögern gestattet sie schließlich Gunther Stuhlmann, den Text verschiedenen Verlagen vorzulegen. Bereits im Dezember 1961 hatte Hiram Haydn, damals Mitarbeiter des Atheneum Verlags in New York, Anaïs sein Interesse bekundet. Sollte die Veröffentlichung der Tagebücher Swallows Möglichkeiten überschreiten, werde er sich dafür einsetzen. Er schätze ihr Werk. Inzwischen arbeitet Hiram Haydn als Lektor für den großen Verlag Harcourt Brace. Dort wird das Tagebuch schließlich angenommen.

Am 11. August 1965 unterzeichnet Anaïs den Vertrag; Abgabetermin für das Manuskript: September 1965. Jetzt ist sie auf Fotojagd und um genaues Datieren der Fotos bemüht, wobei Joaquin wiederum hilft. Anaïs sucht Dr. Inge Bogner auf und bittet um Absolution. Sie kann die Bedenken, ihr Leben zur Schau zu stellen, nicht vertreiben. «Ich hatte bereits unter der Auffassung leiden müssen, daß jedes Tagebuch narzißtisch und daß Selbstbeobachtung neurotisch ist, obwohl ich wußte, daß meine Liebe zu anderen unerschöpflich ist, daß Selbstbeobachtung der einzige Weg ist, um die innere Reise der Selbsterschaffung zu bewältigen.» Der Wunsch, sich zu zeigen, ist schließlich stärker als der Wunsch, sich zu verbergen.

Kaum hat Anaïs Nin das Tagebuchmanuskript aus der Hand gegeben, wird bei einer gynäkologischen Untersuchung ein Tumor im Unterleib entdeckt, der operativ entfernt werden muß. Am 2. November 1965 muß sie sich im Doctor's Hospital, East End Avenue Nr. 170 in New York einfinden. Kurz vorher schreibt sie ihrem Anwalt Shively: «Am 3. November werde ich mich einer Operation unterziehen, und ich möchte Sie bitten, eine Änderung meines Testaments vorzunehmen. Ich hoffe, das macht keine Schwierigkeiten. Ich möchte Rupert Pole zum Erben meines literarischen Nachlasses einsetzen ... Ich könnte Montag, den 1. November in Ihrem Büro sein und Ihnen meine Unterschrift geben.» Der Gynäkologe Dr. Parks entdeckt während der Operation, daß die Bauchhöhle voller krebsartiger Wucherungen ist. Der Tumor ist zu groß, um entfernt werden zu können. Anaïs wird nach dem Eingriff nicht über ihren gesundheitlichen Zustand in Kenntnis gesetzt. Man teilt ihr lediglich mit, daß sie wegen der Folgen ihrer Blinddarmoperation in der Kindheit noch einmal von einem Team von Spezialisten operiert werden muß.

Wiedergeburtsphantasien, die mit dem Erscheinen des Tagebuchs verbunden sind, und Todesgedanken überkreuzen einander. Das erinnert an Anaïs' seelische Verfassung vor einunddreißig Jahren, als sich der Tod ihres Kindes mit der Phantasie verschränkte, selbst wiedergeboren zu sein. Damals hörte sie das Stöhnen einer krebskranken Frau. Man könnte lange über das geheime Zusammenwirken von körperlichen Symptomen und seelischen Konflikten in dieser Situation ihres Lebens nachdenken! Renate Druks hat einmal gesagt, daß Anaïs Nins Leben ein langer Kampf um das Geborenwerden war. Alle möglichen Anstrengungen hat sie auf sich genommen, damit man sie endlich wahrnimmt. Erst in dieser Spiegelung würde ihr das eigene Leben real vorkommen. Zugleich hat Anaïs die Vorstellung erschreckt, sie könnte dem Betrachter nicht gefallen; sie könnte einem Medusenblick begegnen.

2. Verheißung: Man liest mich, also bin ich

MARGUERITE YOUNG CHARAKTERISIERT Anaïs Nins Tagebuch als «sich entwickelnden Strudel, in dem sich Geschichten in Geschichten drehen». Nach der Lektüre des Manuskripts
schreibt sie: «Jeder Mensch, der Interesse an Schöpfungsvorgängen
hat, wird dieses Buch lesen. Ein absolut faszinierendes Buch, und es
erzählt so vieles über das menschliche Seelenleben... Mir gefällt das
Suchen, man verspürt den Drang des Erkundens ... Es ist eine
kunstvolle Arbeit. Es hat die Schönheit fiktionaler Texte, das Literarische nimmt eine andere Form an, es ist sehr persönlich, eine
wahrhaftige Enthüllung. Eine beachtenswerte Dokumentation der
äußeren Realität und auch eine subjektive Autobiographie aus der
Innenperspektive, wie man sie nicht oft findet.»

Während der Rekonvaleszenz liest Anaïs die Korrekturfahnen in
ihrem schönen Haus in Los Angeles, umsorgt von Ruperts aufmerksamer Liebe. Obwohl sie nur allmählich wieder zu Kräften
kommt, stimmt sie einem halbstündigen Fernsehinterview über
Millers Briefwechsel zu. Und schon macht sie sich an die Vorbereitung eines weiteren Tagebuch-Bandes. Diese Arbeit an der Herausgabe ihrer Tagebücher wird sie bis zum Lebensende begleiten. Am
27. Januar 1965, nachdem sie dreihundert Seiten zusammengestellt
hat, folgt die zweite Operation. «Der übliche Alptraum, Angst vor
dem Tod, Angst vor der Narkose. Abschiednehmen von der Welt
am Fenster des Doctor's Hospital am frühen Abend, bevor der vertraute Rolltisch kommt, die vertrauten Injektionen, die einen in
Halbschlaf versetzen...» Bei dieser zweiten Operation wird ein
großer Teil des Darms entfernt. Noch während des Krankenhaus-
aufenthaltes erreicht sie eine Einladung ihres japanischen Verlegers

Kawade Shobo. Die Idee einer Reise dorthin ist für sie wie ein Talisman. In der Kindheit hat sie oft in einem japanischen Reiseführer geblättert und ist in den Bildern dieser fremden Welt phantasierend umhergewandert.

Mit der Veröffentlichung des ersten Tagebuch-Bandes im April 1966 zeigt sich sogleich, daß Anaïs nicht nur eine interessante Schriftstellerin für andere Autoren und Künstler ist, sondern auch für ein breites Publikum. Sie ist näher am Puls der Zeit, als die Lektoren der großen Verlage Random House und Putnam meinten, die das Manuskript abgelehnt haben.

Sogar die «New York Times», die bisher negativ gegenüber Henry Miller eingestellt war und Anaïs Nin ganz ignoriert hat, bringt eine positive Kritik von Jean Garrigue. Ebenso positiv reagieren Harry Moore und Marian Simon im «National Observer», Deena Metzger in «The Free Press» und Robert Kirsch in der «Los Angeles Times». «Camera Three» gestaltet eine Fernsehsendung «mit realitätsgetreuen Kulissen von Louveciennes». Anaïs liest aus dem Tagebuch. Sie weiß nicht, warum sie den Mut nicht finden konnte, der Bitte nachzukommen, die Erzählung «Birth» vorzulesen. Zu einer Signierstunde in Gotham's Book Mart am 12. Juni 1966 kommen so viele Menschen, daß sich eine Schlange bis hinaus auf den Bürgersteig bildet. In Berkeley streut Lawrence Ferlinghetti, ihr Lieblingsdichter unter den Beat-Schriftstellern, in Codys Book Shop Rosen auf ihr Haupt. Ferlinghettis Roman «Her», eine Mischung aus Miller und Beckett, hat Anaïs 1960 mit großem Vergnügen gelesen: «Ich trug einen weißen Phallus durch den Wald der Welt, ich suchte eine Stelle, wo ich ihn hinstecken, eine Stelle, wo er sich ausliefern könnte», heißt es zu Beginn von Ferlinghettis Text.

Eine Auseinandersetzung gibt es mit Hilda Lindley, die im Auftrag des Verlages Harcourt in allen möglichen Zeitschriften und Magazinen für Anaïs' Bücher Anzeigen drucken läßt, nicht aber in Zeitungen wie «Village Voice», die Anaïs' Bücher immer positiv rezensiert haben. Anaïs wehrt sich dagegen, daß man sie aus dem «Underground» herauslösen möchte. «Aber ich gehöre zum Underground, ich möchte in Verbindung mit ihm bleiben … Life, Time, Saturday Review haben nie Notiz von mir genommen.»

Das Tagebuch verkauft sich sehr gut. Es wurde nur eine Auflage von 3000 Exemplaren gedruckt, die binnen einer Woche verkauft sind. Sofort werden weitere 2500 Bücher auf den Markt gebracht, und im Zeitraum eines Jahres werden über 8000 Exemplare verkauft. Alle Wunden, Angriffe, Anfeindungen, Enttäuschungen werden in kürzester Zeit zu einem bloßen Schatten der Vergangenheit. Über den langen Artikel von Robert Kirsch in der «Los Angeles Times» freut sich Anaïs ganz besonders. Kirsch schreibt: «Man sagt, daß jedes Leben etwas von einer Offenbarung hat, wenn man seinen labyrinthischen Erfahrungen folgt. Aber wie wir hier sehen, ist noch etwas anderes am Werk. Es ist notwendig, daß jemand das Detail sieht, unter die Oberfläche dringt, die individuellen Erfahrungen mit universellen Wahrheiten verbindet ... Wir sehen uns dem Mysterium der Weiblichkeit und dem Mysterium der Identität gegenüber, dem Mysterium der Poesie und dem Mysterium der Realität, dem Mysterium von Dingen, Orten und Ereignissen... Sie kannte Schriftsteller, Maler, Musiker, Tänzer und Schauspieler; sie war selbst eine große schöpferische Kraft in dieser Zeit. Aber im Unterschied zu anderen Memoiren – beispielsweise denen von Sylvia Beach – entzündet sich das Interesse an diesem Band nicht an Ereignissen und Anekdoten. Es handelt sich hier um die eigenständige Chronik eines Lebens, das mit außerordentlicher Intensität und Sensibilität, mit großem Einfühlungsvermögen und klarsichtigem Verständnis gelebt wurde.»

Die Freundin Renate Druks betont, daß das Tagebuch «das Seelenleben des Künstlers enthüllt und gewiß ein Klassiker werden wird». Mit der «Künstlerin, für die Kunst eine Lebensform bedeutet, beschreibt Anaïs Nin ein neues Phänomen... Anaïs Nin ist die erste, die die Entwicklung einer Künstlerin aufgezeichnet hat... ein Rebell, ein Pionier der Werte der Avantgarde ... Ihr Schlachtruf: ‹Nieder mit der Mittelmäßigkeit!› – Ausgerüstet mit dem Glauben an Märchen aus ihrer europäischen Kindheit ... Küß das Ungeheuer, du Schöne, und es wird sich in einen Prinzen verwandeln. Wie im Märchen muß Anaïs eine absurde und oft schwierige Reise durchstehen, scheinbar unüberwindliche Hindernisse beseitigen, um den Punkt der Befreiung des Selbst zu erreichen. Im Märchen werden meist von einer wohlgesinnten, mysteriösen Figur einige Anweisungen gegeben. Um den Geist aus seiner schrecklichen Gestalt zu befreien, muß das kleine Mädchen häufig alptraumähnliche und verwirrende Handlungen ertragen und Rätsel akzeptieren, für die es keine Lösungen suchen darf. Anaïs ist wahrhaftig die Prinzessin aus dem Märchen, die sich auf die Suche begeben hat nach dem Vater oder den Brüdern. Ein andermal ist sie ‹die Schöne›, die das Ungeheuer vor seiner eigenen Bestialität rettet. Im modernen Mythos ist der Analytiker die gütige Gestalt, welche Anweisungen gibt, wenn das Mädchen in unbekannte Bereiche des Schöpferischen eintritt, in die nicht ausgemessenen Regionen zwischen Intuition und Logik.» Renate Druks beschreibt das Tagebuch als Suche, bei der Anaïs eine Vielzahl von Ichs auf ihrer Reise zum Wissen entdeckt. «Jedes Ich hat seine umgrenzte Rolle. Da gibt es die Mutter, die Ehefrau, die Liebhaberin, die Abenteurerin, die Künstlerin. Jede einzelne mit anders gerichtetem Interesse, mit anderen Zielen, jede in eine andere Richtung laufend. Jede will sich vollenden. Das Problem liegt darin, all diese Wünsche auszubalancieren, ohne eines der Ichs verkümmern zu lassen oder zugunsten der anderen zu zerstören. Lieber alle integrieren, als einige verbannen zu müssen.» Mit detektivischem Interesse erhascht Anaïs einen «flüchtigen Blick auf die Bedeutung ihrer eigenen, neuen Sprache, sieht ein Muster, eine Ordnung. Und wir können den schöpferischen Prozeß bei der Arbeit beobachten ...»

Nicht alle Kritiken beschäftigen sich so ausführlich und differenziert mit dem Tagebuch, aber keine Rezension fällt negativ aus. Kirsch hat recht, wenn er davon spricht, daß die individuelle Geschichte der Anaïs Nin eine Einstellung zum Leben zeigt, die etwas Universelles aufscheinen läßt. Obwohl das beschriebene Geschehen mehr als dreißig Jahre zurückliegt, haben Leserinnen und auch Leser in den sechziger Jahren das Gefühl, daß ihre eigenen Neigungen, Probleme und Erfahrungen Ausdruck finden. Wie Anaïs stellen sie die Frage, ob sich das Leben so umgestalten läßt, daß der einzelne mehr ist als ein Rädchen im Getriebe des gesellschaftlich Notwendigen. Von allen Seiten wird Anaïs bestätigt, daß sie nicht eine «ausgeflippte» höhere Tochter war, sondern ein Seismograph seelischer Erschütterungen der Menschen ihrer Zeit. «Mir ist, als wäre mit der Veröffentlichung des Tagebuchs eine neue Frau geboren. Diese neue Frau fühlt sich in der Welt zu Hause, denn über alle

Befangenheit, die sich aus früherer Zeit erhalten hat, hilft mir die Tatsache hinweg, daß mich die Menschen bei Betreten eines Hörsaals bereits kennen und mir freundlich entgegenkommen. Die menschliche Wärme schafft eine Atmosphäre, in der ich die Liebe erwidern kann, die mir entgegengebracht wird.»

Hugo schreibt ihr am 6. Juni 1966 anläßlich einer Kritik in «The Village Voice», in der betont wird, daß Anaïs Nins Romane auf dem Tagebuch basieren. Einerseits freut er sich, denn das ist gute Werbung für die Romane. Er braucht für seine Geschäftsreisen nach Europa, Südamerika, Kanada sehr viel Geld, manchmal gewiß mehr, als die Reisen einbringen. Seit Anaïs mit den Tagebüchern Erfolg hat, wird es für Hugo zur Gewohnheit, Anaïs' Agenten Gunther Stuhlmann anzurufen und zu fragen, wieviel nächsten Monat zu erwarten sei. Eine unsinnige Frage, wer kann das vorher wissen? Andererseits wünscht er, Anaïs möge klarstellen, daß die Romane natürlich sehr stark veränderte «Autobiographie» seien. Sie solle doch in den Fernseh- und Radiointerviews auch besonders darauf hinweisen, daß das Tagebuch selbst «nicht realistisch im gewöhnlichen Sinne des Wortes ist».

Anaïs stimmt weiter ihre Termine mit Hugo ab, schreibt liebevolle, mütterlich besorgte Briefe und berichtet über Einnahmen und Verträge. Im Juni 1966 wird es Übersetzungen ins Französische, Italienische und Spanisch-Katalanische geben; aus Japan ist Geld zu erwarten für die Edition der Miller-Briefe und das Tagebuch. Ob Hugo auch genug Geld für seinen bevorstehenden Aufenthalt in Paris und London hat? Und wie es möglich ist, daß ein Konto überzogen wurde? Ihre Reise nach Japan, die ihr 400 Dollar einbringen wird, hat sie so gelegt, daß die Zeit des Getrenntseins nicht zu lang wurde.

Ihr englischer Verleger Peter Owen bittet Anaïs Nin, sich darauf einzustellen, daß sie zur Veröffentlichung des Tagebuchs in London erwartet wird. Er schlägt ihr vor, von Land zu Land durch Europa zu fahren, wo das Tagebuch nun sukzessive erscheint. In Deutschland verhandelt ihr Agent mit dem Wegner Verlag in Hamburg und mit dem S. Fischer Verlag in Frankfurt. Im Juni unterzeichnet sie den Vertrag für den zweiten Tagebuch-Band mit Harcourt Brace. Am 29. Juni 1966 gibt sie eine Lesung in der Yellow

Rose Gallery in Hollywood. Eine große Menschenmenge, die auf dem Sunset Boulevard eine Warteschlange bildet. Anaïs verkauft siebzig Tagebücher und zwanzig andere Titel und kommt sich vor wie ein Filmstar.

Sie ist nun sicher, daß sie «niemals mehr eine Last» sein wird für Hugo, «möglicherweise kann ich Dir helfen, indem wir alle Ausgaben teilen». W. Colston Leigh in New York ist der Name ihres Agenten für die Vermittlung von «Lectures». Anaïs' Vorträge und Lesungen sind in den nächsten Jahren eine wichtige Einnahmequelle. Es muß ein merkwürdiges Gefühl für sie sein, daß ihr Erfolg in einem Alter beginnt, in dem man sich normalerweise aus dem Geschäftsleben zurückzieht. 1966 verdient sie 9500 Dollar, etwa 3000 verbraucht sie für ihren Lebensunterhalt.

Im August/September 1966 begibt sich Anaïs mit Rupert auf eine Reise durch Ostasien: Japan, Kambodscha, Thailand, Malaysia, Philippinen, Taiwan. Japan gefällt ihr: «Alles entsprach mir: die gedämpften Geräusche, das sanfte Benehmen, der Charme und die Anmut der Stewardessen im Flugzeug, die makellos weißen Handschuhe des Taxichauffeurs ... die stilvollen Bewegungen.» Anlaß der Reise ist das Erscheinen der japanischen Ausgabe von «Ein Spion im Haus der Liebe». In Tokio wohnen sie im «Imperial Hotel», das, nach dem Entwurf von Frank Lloyd Wright in den zwanziger Jahren erbaut, jahrzehntelang wegen seiner eigenwillig gestalteten Architektur weltweit bewundert und 1967 gegen den Einspruch internationaler Architekten und Kunsthistoriker abgerissen wurde.

Nach ihrer Rückkehr arbeitet Anaïs in Los Angeles wie in New York intensiv am zweiten Tagebuch Band. Der veröffentlichte Band ist unter dem einfachen Titel «Diary» erschienen. Erst der Erfolg führt dazu, daß weitere Bände erscheinen, die dann numeriert werden. Neben der wachsenden Anzahl von Lesungen, Vorträgen, Interviews, Fernsehauftritten gestaltet sich ihr Leben in New York wie bisher. Mit Hugo und Freunden fährt sie ans Meer. Sie sucht Dr. Bogner auf, trifft Jim Herlihy. Marguerite Young, Freunde von Hugo, die mit seinen Filmen zu tun haben, die Schwestern Balakian, Leo Lerman, die Brodins, Nobuko, Gunther und Barbara Stuhlmann und viele mehr – ein geselliges Leben, das nicht nur mit Arbeit und Karriere verbunden ist.

Im November 1966 nimmt sie an einer Tagung der Otto Rank Association teil und bewundert nun Wissenschaftlerinnen wie Anita Faatz und Virginia Robinson wegen ihres Engagements. Früher waren ihr Frauen dieser Art suspekt, da sie nichts interessant fand, was nicht mit der abenteuerlichen Einheit von Sexualität und Literatur zu tun hatte. Rank hat sie zwar als Autor psychologischer Bücher interessiert – schon 1932 las sie Auszüge aus «Art and Artist»; aber wichtiger war er für sie doch als Liebhaber. Als die Liebe zu ihm vergangen war, gerieten auch seine Bücher in den Hintergrund. Seit Anaïs nun in ihren Lesungen selbst eine Weltanschauung vorträgt, gewinnt Ranks Psychologie eine zentrale Bedeutung als methodische Anleitung zur Selbstrealisierung. Denn in jedem Menschen gilt es, den Künstler zu entdecken! Mit Genugtuung beobachtet sie, daß sich ihre Stellung zu anderen Menschen wandelt und daß ihr das Leben noch einmal aus einer veränderten Perspektive interessant wird.

Im November 1966 lernt sie Bettina Knapp kennen, die über Artaud arbeitet. Bereitwillig erzählt Anaïs von diesem in Amerika noch ganz unbekannten Schauspieler, Schriftsteller und Theatertheoretiker, der gewagt hat, bis zum Äußersten zu gehen.

Sehr betroffen reagiert Anaïs auf den Tod ihres Verlegers Alan Swallow, der etwa zehn Jahre jünger war als sie. Er starb an einem Herzinfarkt, während er am Schreibtisch über einem Manuskript saß. Wie sie selbst mußte Swallow sich gegen das Establishment der großen, finanzkräftigen Verlage behaupten. Er ist ihr niemals autoritär begegnet, sondern als Freund, den das gleiche Interesse an der Literatur zum Künstler gemacht hat. Sie vermutet, daß er an Überarbeitung gestorben ist.

Im Dezember 1966 beginnt Anaïs bereits mit dem dritten Tagebuch-Band. Man fragt sich, woher sie die Energie nimmt, und ist versucht zu denken, daß es ihr geradezu unmöglich ist, Muße zu empfinden. Fest steht, daß es ihr schwerfällt, nichts zu tun. Es treibt sie das dringende Bedürfnis, ihre ganze Geschichte in die Welt zu bringen bis zur aktuellen Situation.

Den Jahreswechsel 1967 verlebt sie zusammen mit Rupert am Kamin. Sie lagern auf einem weißen Teppich, den sie in Frankreich selbst geknüpft hat, und geben sich der Liebe hin. Aber sie ist nicht glücklich, weil sie an Hugo denken muß, der in New York im Doc-

tor's Hospital wegen einer Hepatitis behandelt werden muß. Ende
Januar ist sie wieder dort, um ihm beizustehen. In ihrem aktuellen
Tagebuch führt sie Buch über ihre Begegnungen und Aktivitäten.
Im Februar, zurück in Los Angeles, macht sie kurze Eintragungen:
«1. Februar: Deena. 4. Februar: am Meer... 10. Februar: Musik.
11. Februar: am Meer – Arbeit am Tagebuch. 12. Februar: die Barrons...» und so weiter. Was bedeutet das für sie? Eine alte Gewohnheit, die sie nicht ablegen kann? Was will sie festhalten? Das Leben,
gewiß. Sie trägt sogar ein, wann sie Briefmarken kauft, Ginger-Bier,
Umschläge, einen Kasten für Akten. Beladen mit all diesen Dingen
besucht sie Hugo im Krankenhaus, setzt sich mit ihrer Arbeit zu
ihm, die sie erledigen kann, falls er schläft; kein Augenblick darf
ungenutzt verstreichen. Sie pendelt weiter zwischen Los Angeles
und New York. Zwischendurch Auftritte vor großem Publikum,
mal im Westen, mal im Osten; im Oktober 1967 zum Beispiel in der
UCLA, in Pennsylvania, im Los Angeles Poetry Center, in San
Francisco. Im Dezember hört sie ein Konzert mit den politischen
Liedern der Joan Baez in der UCLA und begegnet demselben Publikum, das auch ihre Lesungen besucht.

Das Altsein rückt in den Blick, als Ruperts Vater Reginald, der in
billigen Hotels lebt, sich nicht mehr allein versorgen kann und in ein
Altersheim gehen muß. Eine beängstigende Atmosphäre; Anaïs
meint, dort werden nur noch Körper aufgehoben. Sie selbst ist jetzt
vierundsechzig Jahre alt, aber sie ist keine alte Frau. Eine Reise nach
Tahiti entschädigt sie für all die Arbeit. Rupert ist immer noch ihr
leidenschaftlicher Liebhaber. Als sie ihm im Sonnen- und Traum-
land Tahiti nahelegt, sich einer jüngeren Frau zuzuwenden, stellt sie
mit Genugtuung fest, daß sie endlich ihr altes Eifersuchtsproblem
überwunden hat.

Und doch trifft es sie wie ein Schlag, als sie am 20. April 1968
versehentlich einen Brief öffnet, den Rupert nach Japan geschrieben
hat und der aus unerfindlichem Grund an den Absender zurückgesandt wurde. Es ist ein Liebesbrief, den Rupert einer gewissen Suzi
geschickt hat. Anaïs schreibt dieser Frau, die ihre Bücher ins Japanische übersetzt, einen Brief von Frau zu Frau. Sie wolle ihrer Liebe
nicht im Wege stehen, sie werde sich zurückziehen, damit Rupert
glücklich sein kann.

Es muß eine merkwürdige Erfahrung für Anaïs Nin sein, daß ihr nun widerfährt, was sie selbst früher bedenkenlos realisiert hat. Eine verrückte Situation. Noch im Januar hatte sie Rupert eine Karte zum frisch aufgegossenen Kaffee gelegt: «Liebe von einer, die sich bemüht, eine japanische Frau zu sein». Das Schicksal zeigt eine zynische Seite. Rupert ist erschrocken, daß Anaïs von seinem Seitensprung weiß, und will Anaïs um keinen Preis verlieren. «Depressionen, die früher durch Leidenschaft, Aktivität, Ekstase bewältigt werden konnten, breiten sich jetzt aus... Ist dies der Anfang vom Ende? Der erste Bruch. Er sagt nein – nein – geringfügiger Anlaß – nichts Bedeutendes. Soll ich mich zurückziehen? Nein. Er sah mich voller Angst an. Es geschah vor zwei Jahren!»

Anaïs fliegt nach New York. Rupert telefoniert: «Als du abgereist warst, wurde mir klar, wie mein Leben ohne dich wäre.» Anaïs fragt sich, ob seine Liebesbekundungen ein Versuch sind, sich selbst von seiner Liebe zu ihr zu überzeugen. «Depression. Ende der Leidenschaft? Das wäre das Ende des Lebens für mich.» Dr. Bogner fragt, ob Anaïs nicht zornig sei. «Wie könnte ich. Sie [Suzi] ist liebenswert und klug und feinfühlig. Er ist ehrlich. Er lügt nicht. Wir beide hatten uns für Japan und die japanische Frau begeistert.» Anaïs ist stolz, daß sie wirklich ihr altes Problem der Eifersucht überwunden zu haben scheint. «Es kam die Zeit, als Proust sich nicht länger für das Leben interessierte, sondern nur noch für die Fertigstellung seines Werkes. Habe ich diesen Punkt erreicht?»

3. Wirkung: Brüder und Schwestern, Töchter und Söhne

GERADE DIE VERÖFFENTLICHUNG ihres Tagebuchwerkes bringt Anaïs noch einmal auf eine ganz neue Weise in das Leben. Die Leser sind sehr interessiert, die legendäre Heldin leibhaftig kennenzulernen, als wäre das eine Beglaubigung ihrer Botschaft. Sie möchten sehen, daß sie wirklich existiert, und wollen ihr nahe sein. Es geht ihnen weniger um die literarische Qualität der Tagebücher, sie sind am Inhalt interessiert und beachten die Botschaft nicht, die im Medium liegt. Techniken der modernen Kunst wie Montage, Collage, Fragment gliedern den Text. Psychologische Interpretation, lyrische Beschreibungen, Charakterportraits, Traumberichte, Reisebeschreibungen, Skizzenhaftes, differenziert erzählte Passagen, wörtliche Rede, innerer Monolog, Briefe grenzen übergangslos aneinander, ohne daß der Lesefluß dadurch gestört wird. Im Gegenteil, die Form wird aufgrund des ständigen Wechsels nicht langweilig.

Nona Balakian reagiert enthusiastisch auf den zweiten Tagebuch-Band, der die Jahre 1934 bis 1939 in Paris umfaßt. Nach der Lektüre gesteht sie Anaïs Nin, welche nachhaltige Wirkung der Text auf sie ausübt: «Ich erinnere mich an kein zweites Buch dieser Art ... es ist wie die Entdeckung eines seltenen Schatzes, eines Ideals, nach dem man sich lange gesehnt hat ... Die literarische Qualität des Tagebuchs: Ich glaube, daß Sie den schönsten Prosastil unter den zeitgenössischen amerikanischen Schriftstellern beherrschen – denn was Sie schreiben, ist reine Poesie, Erlebnis und Bild verschmelzend, um Erfahrung herauszukristallisieren ... Durch die Kunst, durch Selbsterkenntnis, durch eine außergewöhnliche, eingeborene Sensibilität haben Sie erreicht, was ich als letzten Sinn der Kunst ansehe:

eine Intensivierung des Lebens…» Der Brief schließt mit der Absicht, Anaïs Nins Bücher, nicht nur die Tagebücher, umfassend zu würdigen, um zu denen zu gehören, «die die Welt wissen lassen, was für eine große Künstlerin Sie sind». (Brief vom 15. Juni 1967)

Das wird jedoch nur selten Gegenstand der Diskussionen, die sich an die Lesungen anschließen. Viele dieser Diskussionen sind enttäuschend oberflächlich für Anaïs Nin. Anders ist es, wenn es um Fragen der Lebensführung geht. In den ersten Jahren stößt sie auf ein begeistertes, fast gläubiges Publikum. Und da sie fähig ist, auf Fragen sensibel einzugehen, gewinnt Anaïs das Gefühl, sie würde Menschen formen. Ähnlich ist es mit den etwa zweihundert Briefen, die sie nun wöchentlich erhält und zu beantworten bemüht ist.

«Als sie auf der Suche nach sich selbst ins Leben eintauchte, wurde das Tagebuch mehr als ein Schutzwall gegen die Welt. Im Niederschreiben, in der Rückschau gelang es ihr, tausend Fragmente des Ichs zu entdecken, aus denen ein tiefer und sensibler Mensch besteht… Sie bringt in anderen nicht nur eine Erweiterung ihrer selbst zum Vorschein, sondern bewirkt durch eine Art Katalyse klarsichtige Erkenntnis», schreibt Robert Kirsch in der «Los Angeles Times».

Die zu Lebzeiten der Anaïs Nin erschienenen Tagebücher erzählen die Legende einer Frau, die ganz auf sich gestellt ihr Leben in eigener Regie entfaltet. Einen Ehemann, der jahrelang den Lebensunterhalt verdient, gibt es nicht! Reisen scheinen ohne Begleiter stattzufinden. Das Hausboot, eine Art Atelier, scheint ihr Wohnsitz zu sein, während sie doch mit Hugo in der Avenue de Grenelle wohnt. Auch in Sierra Madre und in Los Angeles lebt sie laut Tagebuch allein. Rupert Pole erscheint ebenfalls nicht. Manche Leser fühlen sich getäuscht, als sie herausfinden, daß das nicht dem Alltagsleben ihrer Heldin entspricht. So fragt man sie in späteren Jahren provozierend, warum der Ehemann nicht erwähnt wird und woher das Geld kam, das ihr ein freies Leben ermöglicht hat.

«Gewöhnliches Leben» interessiert sie nicht, im eigenen Alltag nicht und schon gar nicht im überarbeiteten Tagebuch. Anaïs Nin sucht «nur die Höhepunkte», forscht «wie die Surrealisten nach dem Wunderbaren» und möchte «die anderen daran erinnern, daß es solche Augenblicke gibt», möchte «beweisen, daß der Raum, die Bedeutungen, die Dimensionen unendlich sind». Sie verführt ihre Leserinnen und Leser zu der Frage: «Wie kann ich ein begrenztes, begrenzbares Selbst akzeptieren, wenn ich in mir alle Möglichkeiten fühle?» In diesem Sinne werden die Ereignisse gesteigert. Das Schöne ist wunderschön; das Traurige ist vernichtend; das Langweilige existiert nicht; die Zuhörer ihrer Vorträge, die sich an sie wenden, sind alle kreativ; das Haus in Louveciennes wird wie ein Palast geschildert.

Die Zuhörer, meist vertraut mit Zen, Mystik, Drogen und Jazz, die sie als Mittel der Intensivierung ihrer Gefühle einsetzen, sind vorbereitet auf Anaïs' Empfehlung, das eigene Leben zu erweitern. Es gilt, die eigenen Träume zu realisieren. Anaïs' Publikum ist bereits bestimmt durch den «manischen Überschwang und den unersättlichen Appetit auf Erfahrung». Céline, Miller, Genet, Nelson Algren sind nun in den Regalen des City Lights Bookstore bei Lawrence Ferlinghetti, der auch die Beat-Dichter verlegt, in San Francisco zu finden. Lebensgefühl und Weltsicht der Pariser Künstler der dreißiger Jahre werden in Amerika entdeckt. So gibt es eine Verständigungsgrundlage auch für die persönlichen Werte, die Anaïs Nin in ihren Tagebüchern entwickelt.

Timothy Leary sieht die Antwort der sechziger Jahre auf die Frage, welche Hilfestellungen, welche Richtungen und neuen Ziele es denn noch gebe, wenn man erst einmal verstanden hat, daß der Mensch «mit Hilfe des Heraklitischen Flusses eine eigene Wirklichkeit produziert», in «Andersartigkeit, Individualismus und utopischem Optimismus». Er spricht von einer neuen Philosophie der nach Hiroshima Geborenen. Politisch gesehen liege die Betonung auf Individualismus, Dezentralisierung, leben und leben lassen. Die neue Philosophie werde den Trend zum offenen Sexualverhalten, das sich nicht an die Form der Ehe bindet, verstärken und ein ernsthaftes realistischeres Anerkennen der Ähnlichkeiten wie des magnetischen Unterschieds zwischen den Geschlechtern fördern. Das mythisch-religiöse Symbol werde nicht der Mann am Kreuz sein, «sondern ein männlich-weibliches Paar, das in einer höheren Liebeskommunion vereinigt ist». Das könnte aus einem der Tagebücher von Anaïs Nin stammen.

Auch das New American Cinema, zu dessen Vertretern Kenneth Anger, Maya Deren und Anaïs' Mann Ian Hugo zählen, in deren Filmen Anaïs mitspielt, sucht eine Kultur jenseits des amerikanischen Pragmatismus. Psycho-Mythen, Meditationen oder Rituale sind Ziel und Mittel einer neuen Ansicht von Wirklichkeit. Ein sinnliches «Hier-und-jetzt-und-real-Sein» wird gegen Planung, Verwaltung, Abstraktion, Erforschung des Weltraums, Versprechen eines zukünftigen besseren Lebens gesetzt. Bewußtseinserweiterung heißt das neue Programm. Besonders die Hippie-Generation versteht sich selbst im Bild der «Freien» (The Free People). Freiheit ist das Reizwort – nicht als Ideologie, sondern als Qualität bestimmter Augenblicke und als Verhaltensweise von Menschen, die Worte wie Wahrheit, Reinheit, Gewaltlosigkeit und Besitzlosigkeit an die Wände schreiben. Sie greifen, wie einst Anaïs Nin, auf D. H. Lawrence zurück, auf das Mysterium der Liebe und Sexualität, der Freundschaft, der Einsamkeit.

Anaïs floh in ihrer Kindheit und Jugend aus einer Welt, in der das Träumen verpönt war und kontrolliert oder verborgen werden mußte. Die Blumenkinder der sechziger Jahre brechen aus einer Wirklichkeit aus, die ihrem Traum gleichgültig und rücksichtslos begegnet. Der Wunsch nach universaler Kameradschaft im Sinne Walt Whitmans bestimmt ihre Abwendung von allen Normen, und was für Anaïs Nin zunächst das Tagebuch war, ihr verständnisvolles Double, suchen die Hippies in der Lebensform der Kommune: Aufhebung der Verschiedenheit in der Einheit der Liebe, Öffnung der utilitaristisch reduzierten Wirklichkeit zum Traum hin. In Traum und Tagtraum, in vorbewußten Erlebniszuständen, in Naivität und in ursprünglichen Gesellungsformen entfaltet sich ein neues Bild des Erwachsenen. Sie wünschen eine Wirklichkeit, die dem einzelnen die Erfahrung eines Bruchs zwischen Kindheit und Erwachsenheit erspart. Auch diese Utopie, die in den sechziger und siebziger Jahren von Psychologie und Gesellschaft in Formen des Sensitivity Training vermarktet wird, teilen sie mit Anaïs Nin.

Hal Ashbys Film «Harold and Maude», ein Kultfilm der siebziger Jahre, erzählt, wie sich einer dieser Jungen von der Welt des materiellen Überflusses seiner Mutter abwendet, um sich von einer Frau, die der Großmütter-Generation angehört, in die Welt der

Träume und der sinnlichen Erfahrung einführen zu lassen. Anaïs Nin hat häufig betont, daß die Jungen, die inzwischen ihre Enkel sein könnten, sie verstehen. Sie kommen zu Lesungen und Vorträgen, sie schreiben. Es kommen auch ihre Eltern. In den Tagebüchern finden sie Probleme beschrieben, die ihre Kinder nicht formulieren konnten. Eine andere Gruppe von Lesern und Zuhörern besteht aus Frauen, die Vermittlungsprobleme zwischen Familie und Beruf haben. Und schließlich kommen die neugierig gewordenen Amerikaner, die aus ihrem «klimatisierten Alptraum» (Henry Miller) zu erwachen beginnen.

Die Gestaltung ihres Auftritts vor großem Publikum wird nun zur Hauptaktivität der Anaïs Nin. Indem sie in improvisierter Rede ihre Botschaft von einem befreiten Leben verkündet, zelebriert sie zugleich sich selbst. Wenn sie in knöchellangem Gewand auf dunkler Bühne ohne Pult im Scheinwerferlicht steht, ist sie zugleich Jeanne d'Arc, die fromme Krankenschwester, die an der Front helfen wollte, das Mädchen, das für seinen Vater vollkommen schön und klug werden wollte, die von Rank ernannte Psychoanalytikerin, die Frau, welche durch das Zerbrechen ihrer vielen Lieben nicht zerbrochen zu sein scheint, kurz: die inkarnierte Legende einer Frau, der es gelungen ist, ihren Traum in Leben zu verwandeln.

Aus der großen Zahl der Leser und Zuhörer, Brief- und Gesprächspartner heben sich einige Intellektuelle und Künstler heraus, die Gedanken und Informationen austauschen in einer kleinen, ab 1970 erscheinenden Vierteljahresschrift: «Under the Sign of Pisces», Untertitel: «Anaïs Nin and her Circle» (Im Zeichen der Fische. Anaïs Nin und ihr Kreis). Richard Centing, Bibliothekar an der Ohio State University, gibt diesen «Newsletter» zusammen mit Benjamin Franklin heraus, der an der Michigan University arbeitet. Die Broschüre enthält Besprechungen, Informationen über Veröffentlichungen, Lesungen und Vorträge, die mit Anaïs Nin, Henry Miller, Lawrence Durrell, Daisy Alden, Marguerite Young, Caresse Crosby und anderen zu tun haben. Anaïs Nin nennt die Einrichtung das Café im Raum. «Ich hoffe, es schafft eine Verbindung zwischen uns allen, die wir gemeinsame Interessen verfolgen. Schriftsteller sind eingeladen, Beiträge zu liefern. Manche Rezensionen werden auszugsweise nachgedruckt.» Die in Amerika weitverstreut lebende «Gemeinde» pflegt auf diese Weise einen Austausch. Seit der Veröffentlichung der Tagebücher beschäftigen sich Studenten und Dozenten mit Anaïs Nins Werk. Zu ihnen gehört eine große Gruppe junger Frauen, z. B. Sharon Spencer, Bettina Knapp, Nancy Scholar, Tristine Rainer. Auch junge Doktoren der Philosophie wie Wayne McEvilly, der besonders an Analogien mit dem Zen-Buddhismus interessiert ist, begeistern sich für die den Tagebüchern zugrunde liegende Weltanschauung.

Im Herbst 1969 fährt Anaïs Nin zur Frankfurter Buchmesse, um den Band II des Tagebuchs vorzustellen, der wie Band I im Christian Wegner Verlag erscheint. Deutschland gegenüber hat Anaïs große Vorbehalte. In der Kinderzeit haben die Deutschen ihr Vaterland bekämpft, und 1939 waren es wiederum die Deutschen, die sie gezwungen haben, das geliebte Frankreich zu verlassen. Gunther Stuhlmann, Rupert Pole und auch die Analytikerin Dr. Inge Bogner haben alle Überzeugungskünste aufbringen müssen. Um so mehr ist Anaïs überrascht, daß ihr gerade in Deutschland ein Verständnis entgegengebracht wird, das ihr auf mancher Lecture Tour in den USA gefehlt hat.

Während des Fluges denkt Anaïs über das Schicksal ihrer Tagebücher nach. «In einem bestimmten Augenblick wurde mir bewußt, daß die Gestalten, über die ich schrieb, Einfluß auf die Gegenwart nehmen, mit dem zeitgenössischen Leben verbunden waren, und daß die Rückkehr zu ihnen wie eine Untersuchung der Quelle des Nils war – die Quellen der Gegenwart. Miller und die sexuelle Revolution; Otto Rank und die psychoanalytische Ausbildung der Sozialberufe; Surrealismus führte zur Pop-art, und Artaud beeinflußte das Theater. Darin lag keine Nostalgie, nicht der Wunsch, in der Zeit rückwärts zu gehen. Nein, das war es nicht. In einem bestimmten Augenblick erscheinen die Figuren historisch und nicht mehr persönlich. Der Übergang, von dem Proust spricht, hatte stattgefunden. Die Zeit hatte dies vollbracht. Ich schrieb über den Augenblick, aber die Zeit stellte uns außerhalb des persönlichen Bereichs. Nicht als ehrwürdige Statuen im Park..., sondern aktiv... Drei Rebellen – Henry gegen den Puritanismus, Rank gegen den dogmatischen Freudianismus, Artaud gegen den dogmatischen Surrealismus.»

Ihr Verleger Matthias Wegner holt sie mit seiner Frau am Flughafen ab. In Frankfurt wird sie bald umlagert. Erste Interviews für den «Münchner Merkur» und das Hessische Fernsehen, Signieren in Buchhandlungen. Monika Kruttke begleitet sie als Übersetzerin auf der ganzen Reise. «Ich spürte Zuneigung, Bewunderung, Achtung und Resonanz.» In den Räumen der Zeitschrift «Der Monat» begegnet ihr ein großes Aufgebot von Journalisten, mindestens zehn Fotografen, zwei Fernsehkameras – «die Erfüllung eines Traums: aufgrund meiner Arbeit mit einmütiger Bewunderung aufgenommen zu werden». Auch bekannte Gesichter begegnen ihr, Luise Rainer mit ihrem Mann John Knittel, Fred und Frances Haines, die auf ihr Filmprojekt «Steppenwolf» nach Hermann Hesse aufmerksam machen und den Produzenten Melvin Fishman treffen. Bob Snyder ist ebenfalls da und wirbt für seinen Film «Henry Miller Odyssey». Er wird auch einen Film über Anaïs Nin drehen. Eine Signierstunde in der Bücherstube in Darmstadt, Signieren in der Messehalle, weitere Fernsehinterviews. «Die guten Manieren der Deutschen ließen mich wieder Europäerin sein und entfremdeten mich Amerika... Die Interviews sind intelligent und geistreich. Ich habe das Deutschland der großen Komponisten und der Literatur wiederentdeckt. Blumen in meinem Zimmer; Handküsse!» Die Haltung der Menschen, die «Höflichkeit und die Liebe zur Natur erinnern an Japan».

Weiter geht es nach München, Stuttgart und Hamburg. Langsam wird es anstrengend. Ein weiterer Fernsehtermin. Dann reist sie nach Paris. Ein anderes Klima – «nach Deutschland bin ich niedergeschlagen. Die Intelligenz hier ist trocken und herzlos. Intellektuelle Piranhas. Es ist alles zu geschickt, zu schnell, zu abstrakt. Plötzlich zerbricht mein Traum von Frankreich. Kultiviert, affektiert, künstlich.» Sie macht einen «Spaziergang – am Pont Royal entlang, die Treppen hinunter, wo das Hausboot ankerte. Hier ist alles unverändert. Die Uhr an der Gare d'Orsay, die die Stunden der Liebe, der Rendezvous, der Abschiede schlug, steht still.» Mit der Schauspielerin Jeanne Moreau ißt sie zu Mittag. Schön wäre es, die Moreau würde die Rolle der Sabina spielen, wenn aus dem Drehbuch für «Spy», an dem jetzt Danièle Suissa arbeitet, etwas wird. Allmählich ärgert es Anaïs, daß die Leute ständig nach dem fragen, was nicht im Tagebuch steht, und ihre eigenen Mythen erfinden, statt zwischen den Zeilen zu lesen.

Kaum nach New York zurückgekehrt, schon am nächsten Tag, fährt sie zu einem Vortrag vor der Otto Rank Association in Doylestown, Pennsylvania. «Müde, wie ich war, floß ich über von Leben, Glauben und neuen Strömungen. Die Zuhörer reagierten auf meine Lebendigkeit.» Leben einhauchen, Menschen interessieren und wachrütteln war ihr immer ein besonderes Vergnügen. Die Jungen brauchen «das Verständnis ihrer selbst. Die Tabuisierung des Individuellen beraubte sie der inneren Suche nach Werten, die in einem Menschen liegen, nahm ihnen die Suche nach Identität, nach Selbsterkenntnis und Selbstverständnis. Die sogenannte Objektivität ließ in ihnen das Gefühl der Entfremdung entstehen.»

Anaïs' Überlegungen passen zur Weltanschauung ihrer Zeit. «... sollte ein Prophet auftreten, der wirklich eine neue Moral oder eine neue Version tradierter Moral vorträgt, so müßte seine Botschaft mit der Würde des Individuums zu tun haben, da hier die Werte liegen, die junge Menschen verstehen», behauptet Andrew M. Greely von der University of Chicago, der auf der 28. National Conference of Higher Education über die Frage der Moral unter den jungen Menschen nachdenkt. (Zeitungsbericht aus dem Jahr 1967) Unmoral und Krieg, betont Anaïs Nin einmal mehr, entstehen, «solange wir mit uns selbst im Krieg stehen, mit unseren Familien, Kindern, Ehemännern oder Ehefrauen». Für Anaïs Nin ist es die Psychoanalyse, die helfen kann, den inneren Kriegszustand zu überwinden; für andere mag es eine Weltanschauung wie der Zen-Buddhismus sein; für ihren Bruder Joaquin ist es der katholische Glaube.

Im Winter 1969 folgt sie einer Einladung des Wissenschaftlers Robert W. Newcomb an die berühmte Stanford University, um über Kunst und Wissenschaft zu sprechen: der «Sprung» ins Unbekannte verbindet den Künstler mit dem Wissenschaftler, erklärt Anaïs Nin – ohne diesen kreativen Akt stagniert alles Leben in den Wiederholungen des Alltäglichen.

4. Erfolg: Die Geister,
die ich rief...

MITTEN IM LEBEN, auf der Höhe ihres Erfolges, im Gefühl, die Liebe der Menschen durch ihr Tagebuch gewonnen zu haben, wird Anaïs Nin erneut mit dem banalen Leid konfrontiert. Eine ärztliche Untersuchung diagnostiziert einen Tumor im Uterus, der nicht operativ entfernt werden kann. Anaïs muß Bestrahlungen erdulden. Dr. Parks, der sie vor vier Jahren operiert hat, gelingt es, sie zu beruhigen. Im Krankenhaus ist sie von krebskranken Menschen umgeben. Aber sie rechnet sich nicht zu ihnen.

Jetzt ist einmal das Leugnen der Realität und ihre Kunst, eine schönere Wirklichkeit zu imaginieren, tatsächlich lebenserhaltend. Während der Bestrahlungen erinnert sie sich an ihre erste Reise mit Rupert, fährt noch einmal durch die Canyons, erinnert die Liebesszenen im Sand, das Pflanzen eines Baumes, erinnert sich an Ruperts Ankunft in Acapulco, und das Geräusch stammt nicht von einem Bestrahlungsgerät, sondern von einem Filmprojektor, der die schönsten Szenen ihres Lebens ablaufen läßt. «Wir schwimmen. Wir bauen ein Haus. Die sechs Minuten sind vorüber.» Am Tag darauf läßt sie ihre Reise durch Kambodscha Revue passieren, «kein Bild, das ich missen möchte... Ich hoffte, die Bilder würden mir nicht ausgehen. Drei Wochen lang, jeden Tag, sechs Minuten... Die Bestrahlungen schwächten mich.» Aber die Bilder gehen ihr nicht aus. Immer ist sie mit Rupert zusammen, der mit ihr sterben will, sollte ihr Leben zu Ende gehen. «Als der Tumor entdeckt wurde, dachte ich: Warum jetzt, nachdem alle meine Wünsche erfüllt sind?» Der Tod von Louise de Vilmorin und Caresse Crosby verstärkt die Angst, auch ihr Leben könnte plötzlich enden. Nach den Bestrahlungen in New York zeigen sich ihre Ärzte

Dr. Parks und Dr. Trotter zufrieden; doch in vier Wochen wird man ihr eine Strahlenkapsel in die Vagina einpflanzen, die das Wuchern des Krebses verhindern soll.

Zurückgekehrt nach Los Angeles, genießt sie den Frühling. Ihr kalifornischer Arzt Dr. Weston kommt wegen der erforderlichen Injektionen ins Haus. Sofort beginnt sie mit der Arbeit, bereitet Band IV der Tagebücher vor, gibt ein Interview für «Mademoiselle», beantwortet die Flut der Briefe und schreibt für «Merian» einen Artikel über New York. Unter dem Titel «Fünf von Millionen» berichtet Anaïs von fünf Frauen, darunter Inge Bogner und Marguerite Young, die in New York leben – denn «um eine Stadt zu kennen, muß man ihre Frauen kennen».

Besonders engagiert antwortet Anaïs auf die Fragen von Feministinnen, die sich in eine feindliche Stellung zum Mann begeben haben. Gewiß, Anaïs Nin schreibt als Frau, favorisiert Spontaneität, Fließen, Vermeiden von Plan und Kontrolle, aber ist das wirklich spezifisch weiblich? Dann haben Miller, D. H. Lawrence und Artaud auch weiblich geschrieben – und Gertrude Stein vielleicht männlich. Eine solche Unterscheidung von männlich und weiblich sagt offenbar nichts, sie ist zu grob. Die Differenzierungen liegen anderswo, jenseits der Geschlechtszugehörigkeit. Es ist ähnlich wie mit der Analyse des Krieges. Alles beginnt im Seelenleben. Anaïs Nin empfiehlt daher, die Aufteilung in männlich und weiblich zu ersetzen durch psychologische Differenzierungen. «Es gibt Persönlichkeiten, die immer abhängig sein werden; manche Männer denken irrational, manche Frauen sind kämpferisch. Ich glaube nicht, daß wir die gesellschaftlichen Moralvorstellungen oder die Männer für unsere mißliche Lage verantwortlich machen sollten... Ich liebe den Mann... meine Mappe mit ‹giftigen›, verzerrenden und feindseligen Rezensionen wurde von Männern und Frauen gleichermaßen gefüllt... Ich glaube, die mutigste Tat unserer Zeit ist es, uns selbst von innen heraus zu überwinden – und nicht andere anzuklagen. Ich glaube nicht an die Aufhebung der Unterschiede. Es führte zur Monotonie.»

Darin ist sie sich mit ihrem großen Vorbild einig, der Schriftstellerin und Analytikerin Lou Andreas-Salomé, auf die sie in ihren Vorträgen häufig Bezug nimmt. Sie verfaßt sogar ein Vorwort zu einer Biographie über Lou Andreas-Salomé von Heinz F. Peters, der Lou Andreas-Salomé als «femme fatale» charakterisiert hat. Separatismus und Gewalt sind in Anaïs' Augen keine adäquaten Methoden, die Stellung der Frau in der Gesellschaft zu verändern. Die Frau ist «für ihre Probleme selbst verantwortlich. Sie artikulierte sich nicht als Frau. Sie lernte nicht, den Mann als Verbündeten zu gewinnen... Das Problem der Befreiung ist nicht nur ein Problem der Frau. Es ist ein Problem der Rassen, der Welt, der Männer ebensogut wie der Frauen.» Wichtig ist nach ihrer Auffassung, daß es dem einzelnen gelingt, «die Gehirnwäsche der Kindheit zu neutralisieren und sich selbst kennenzulernen». Dabei kann und muß ihm häufig die Psychoanalyse helfen. «Wir müssen nach unseren eigenen Richtlinien leben. Das ist Befreiung. Wirkliche Befreiung heißt, das zu sein, was man wirklich ist.»

Das erinnert an Nietzsches Aufforderung: Werde, der du bist. Erst in der eigenen Geschichte, die man trotz aller Abhängigkeiten selbst gestalten kann und muß, läßt sich in Erfahrung bringen, «was man wirklich ist». Eine fließende, sich wandelnde Welt muß geformt werden. Das eigene Leben ist nicht einfach gegeben.

Lila Rosenblum, eine langjährige Freundin, erlebt ein Gespräch mit Anaïs einmal als tröstlich, weil es Anaïs gelingt, ihr das Gefühl von Bedeutsamkeit zu geben. Anaïs erzählt Lila, daß sie bei der Entstehung von «Ein Spion im Haus der Liebe» eine Rolle gespielt hat. Lila teilt Anaïs' «Glauben, daß wir mit der Kraft geboren werden zu verändern, was uns mitgegeben wurde».

Die Wirkung der Tagebücher entspricht Anaïs' Wirkung in einer konkreten Gesprächssituation: Sie erinnert die anderen an die Gestaltbarkeit ihres Lebens. Die eigene Geschichte ist das Hauptwerk des Menschen, und die Werke der Kunst sind nur von Belang, wenn sie darin wirksam werden. Gerade durch ihr Überschreiten der Grenzen einer konventionell festgelegten Welt wird Anaïs zur Spezialistin für die vielfältigen Möglichkeiten des Gestaltens. Im Grunde geht es um die alte Wahrheit, daß jeder der Schmied seines eigenen Glückes sei. Die Wirkung der Legende der Anaïs Nin liegt in der Belebung dieser Wahrheit.

Demgegenüber ist es sekundär, ob ihre eigene Geschichte dem Geschehen des Tagebuchs Punkt für Punkt entspricht. Selbst wenn manche Biographen mit moralischer Entrüstung nachweisen, daß Anaïs Nin in ihrer Selbstdarstellung häufig «gelogen» hat, bleibt doch die Frage nach Tendenz und Wirkung dieser Veränderung von Fakten. Es geht ihr darum, alte Stereotype aufzulösen; nicht allein, was die Einschätzung der Frau angeht, sondern ebenso in bezug auf den Mann. Das akzeptieren die streitbaren Feministinnen nicht, die gelegentlich männlichen Besuchern den Zugang zu Anaïs Nins Vorlesungen verweigern, wie es in San Francisco geschehen ist. Viele Menschen, Männer wie Frauen, sagen, Anaïs Nin habe sie befreit und es ihnen ermöglicht, einen Zustand gelähmten Verharrens in traditionellen Lebensformen zu überwinden. Als Befreierin der Frauen wird Anaïs bekannt, obwohl sie selbst die Menschen nicht im Sinne von «männlich» und «weiblich» sortiert. «Ich glaube... an zwei Menschen, Frau und Mann oder Mann und Mann oder Frau und Frau, die darangehen, ein Gleichgewicht zwischen sich herzustellen und so den Problemen des Lebens zu begegnen. Das heißt, sie dürfen sich nicht mit fixierten Eigenschaften abfinden, sondern müssen sich sensiblen Fluktuationen stellen.»

Das entspricht dem empfindlichen Punkt ihrer eigenen Geschichte. Lebenslang hat sie ihre eigenen Fixierungen behandeln müssen. Ihre Botschaft der Freiheit ist begründet in der Erfahrung, dem Bannkreis ihrer frühen Geschichte nicht wirklich entfliehen zu können. Fixiert in der Sehnsucht nach dem Unerreichbaren (Vater), gestalteten sich ihre Kinderjahre. Fixiert in der Idealisierung einer Zwillingsphantasie mit ihrem Mann, der sie beide nicht gerecht werden konnten, verbringt sie ihr Eheleben. Fixiert auf Anerkennung, geriet sie in einen Zwang zur Perfektion und in die Not, ihre allzu menschlichen Eigenschaften zu leugnen. Fixiert auf die Liebe zum Vater, sucht sie in wechselnden Liebesbeziehungen, was sie in den Kinderjahren entbehren mußte. Gebunden an ihren Mann, sieht sie sich zur Vorspiegelung falscher Tatsachen gezwungen und spaltet ihr Leben in disparate Fragmente. Fixiert auf Schönheit im Sinne von reinlich Stilisiertem, fällt es ihr schwer, harte Auseinandersetzungen auszutragen und dem «Häßlichen» etwas abzugewinnen.

Von den Strukturen des Katholizismus ihrer Kinderjahre hat sie sich nicht wirklich gelöst. Die Umwälzung ihres Lebens Anfang der dreißiger Jahre wirkt eher wie eine Fortsetzung derselben Struktur mit umgekehrtem Vorzeichen. Die Idealisierung eines heiligmäßigen Lebens kehrte sich um in eine Idealisierung des bis dahin Verbotenen.

Aus ihrer Lebensgeschichte leitet Anaïs in ihren vielen Lesungen die Moral ab, das Leben sei als Experiment zu gestalten. Wenn man die Kompliziertheit ihrer Lebensgeschichte betrachtet, könnte man zu dem Schluß kommen, die Analyse habe Anaïs Nin nicht wirklich geholfen. Sie habe zwar Einsicht in die lebensgeschichtlichen Zusammenhänge ermöglicht, aber die fixe Idee von einem unerreichbaren Ideal habe sie nicht beseitigen können. Doch wäre es nicht merkwürdig, mit der entschiedenen Gestalt einer individuellen Lebensgeschichte so umzugehen? Es wäre eine Einschätzung auf der Basis des herkömmlichen Bildes von Erwachsenheit als Zustand der Reife, Abgeklärtheit und Entsagung. Dieses Bild zu realisieren hat die Analyse allerdings nicht geholfen.

Warum nicht die Lebensgeschichte akzeptieren, wie sie ist? Offenbar war Anaïs eher bereit, Angst, Schuld, Unsicherheit und Überforderung zu ertragen, als darauf zu verzichten, ihre fixe Idee vom unmöglichen Ideal in der Form eines Experiments mit offenem Ausgang zu behandeln. So kann sie mit sich selbst vertraut werden, so kann sie handeln, schreiben und lieben. Zu diesem «Können» hat die Analyse Wesentliches beigetragen.

Auf dieser Linie entwickelt Anaïs Nin ihre Gedanken vor einem Publikum von manchmal mehr als zweitausend Zuhörern. Sie spricht ein Amerikanisch, das durch Beibehaltung des französischen «r» seine eigene Note erhält. Fraglos versteht sich Anaïs Nin als jemand, der eine Botschaft zu verkünden hat.

Im Sommer 1970 fliegt sie ein weiteres Mal über den Atlantik. In England erscheint der dritte Band der Tagebücher, in Frankreich der zweite Band. Sie reist jetzt als Vertreterin in eigener Sache und im Interesse ihrer Verleger. In London begleitet Peter Owen sie zu allen wichtigen Interviews. Die Tage sind bis an den Rand mit Terminen gefüllt. Die Journalisten erlebt sie als feindlich. Die Engländer scheinen ihr Werk nicht zu schätzen. Die Bücher der englischen Schriftstellerin Anna Kavan, die Anaïs bewundert und die ebenfalls von Peter Owen verlegt wurden, haben in England zwar gute Besprechungen, aber nur kleine Auflagen erhalten. «House of Sleep», ein Buch, das Anaïs besonders schätzt, mischt die Ebene «realistischer» Beschreibung mit traumähnlichen Partien. Während Anaïs' Aufenthalt verübt Anna Kavan Selbstmord. Sie «war bereits für den Empfang angezogen», der Anaïs zu Ehren gegeben wurde, «und hielt die Heroinspritze noch in der Hand, mit der sie sich eine Überdosis verabreicht hatte».

Anaïs Nin hat sich auch einmal mit Selbstmordgedanken getragen. In ihrer wilden Zeit in den vierziger Jahren, bevor sie Rupert Pole begegnet ist, war sie am Ende. Ihre Versuche, dem Leben durch exzessiv ausgelebte Sexualität Spannung und Aufregung zu verleihen, spielten sich in einer Zeit ab, als es nicht gelingen wollte, eine anerkannte Schriftstellerin zu werden. Typische Probleme der Lebensmitte ließen sich für längere Zeit durch das Ausleben körperlicher Ekstasen auflösen. In Acapulco hat sie die Gedanken, daß die eigene Geschichte begrenzt und daher nicht alles realisierbar ist, noch einmal durch exzessives Ausleben ihrer Sinnlichkeit weggeschoben.

Letztlich hat die Bindung an Rupert zu einer neuen Entschiedenheit geführt. Auch wenn viele Jahre durch das Hinundhergerissenwerden zwischen Rupert und Hugo ihre aufreibende Dynamik erhielten, so hat Anaïs doch schließlich durch die Kontinuität der Verbundenheit mit Rupert einen Lebensrhythmus entwickelt, der sie weiter mit dem Roman als Ausdrucksform experimentieren ließ. Schließlich haben sich zwei Einsichten herauskristallisiert. Einmal, daß sie die Verbindung zu einem Menschen nicht auflösen muß, wenn er nicht einem traumhaften Ideal entspricht; zum anderen, daß sie sich nicht umbringen muß, wenn ihr der ideale, alle begeisternde Roman nicht gelingt. Beide Einsichten führten zum Akzeptieren des Machbaren, was sich in der Überarbeitung der Tagebücher als fruchtbar erwies. Aus den Enttäuschungen und Wunden etwas machen, aus leidvollen Erfahrungen gestärkt hervorgehen – von dieser Kunst versteht Anaïs Nin sehr viel.

Die Atmosphäre in Paris gefällt ihr besser als die in London. Sie hat ein wenig Zeit, sich in der Stadt zu bewegen, und die Kritiken der «Nouvelle Française», des «Combat» und des Radio France Culture fallen durchgehend positiv aus. Zwei Tage mit einem französischen Fernsehteam; Fotoaufnahmen für die Zeitschrift «Elle»; ein Treffen mit Marie-Claire Van der Elst, der französischen Übersetzerin der Tagebücher. Sie kann parlieren, diskutieren und über jedes Thema sprechen. Das ist für die siebenundsechzigjährige Anaïs immer noch keine Selbstverständlichkeit. Der Respekt der jungen Frau vor dem «esprit français» scheint lange nachzuwirken. Man bezeichnet sie als «Detektivin des Unbewußten». Zwei Tage lang ist sie mit einem deutschen Fernsehteam unterwegs. Georg Trotter führt Regie. «Ich wurde gefilmt, wie ich im Café [du Dôme] sitze und schreibe, vor einem Hausboot, während ich durch Paris gehe und durch Louveciennes.» Anaïs Nin spielt Anaïs Nin.

In Louveciennes kehrt sich die Situation um: während sie früher das Gefühl hatte, das Eisentor nicht öffnen zu dürfen, um hinaus in die Freiheit zu gelangen, wird ihr jetzt von der Besitzerin der Zugang zum Haus der Erinnerung versagt. Auch in der Villa Seurat wird sie gefilmt. Die französische Schauspielerin Jeanne Moreau und der Schauspieler Michel Simon, von dem sie ihr Hausboot gemietet hatte, begleiten sie.

Plötzlich fühlt sie sich in Paris ganz und gar zu Hause und spinnt aus, wie es wäre zurückzukehren, um dort zu leben – aber das ist nur eine flüchtige Phantasie. Als sie wieder im Flugzeug sitzt, findet sie ihr «wahres Ich wieder. Ich bin nicht glücklich in den öffentlichen Rollen.»

Als sie nach Los Angeles zurückgekehrt ist, bemüht sie sich, die vielen neuen Briefe zu beantworten. Sie schreibt immer sehr persönlich, so daß ihre Briefpartner das Gefühl haben, auf echtes Interesse zu stoßen; ein Beispiel von vielen: «Ich möchte Ihnen versichern, daß ich immer noch dieselbe bin, daß es mir gelungen ist, zu überleben, zu arbeiten, Liebe zu finden und mit der Welt zu kommunizieren – man kann es. Was Sie in Band III spürten, waren die Schwierigkeiten. Ein Freund nannte den Band III [die Jahre 1939–1944 in New York] ‹Überleben›. Alles überlebte: Werte, eine bestimmte Art Leben, die Qualität meiner Freunde. So wird es Ihnen ebenfalls ergehen. Ich kann das am Ton Ihrer Briefe erkennen – sie besitzen eine innere Welt, und darin liegt das Geheimnis, dem Druck von außen widerstehen zu können. Eines Tages werden wir uns treffen – wenn ich in New York bin und wenn Sie glauben, Sie sollten mir zeigen, was Sie geschrieben haben. New York ist heute unbarmherziger als in den vierziger Jahren; aber alles hängt von Freunden und Aktivitäten ab. Es kann reich sein.» In einem anderen Brief schreibt Anaïs einer Leserin: «das Wachstum der Frau, ohne den Verlust der Liebe, könnte sich vielleicht als Hauptthema [der Tagebücher] herausstellen». Es ist jedenfalls das Thema, das ihr selbst am Herzen liegt. Ihre eigene Geschichte soll zeigen, daß Selbstverwirklichung nicht mit Isoliertsein bestraft wird.

An Sharon Spencer, eine Dozentin am Montclair State College in New Jersey, die 1977 ein gescheites Buch «Collage of Dreams» veröffentlichen wird, das sich mit dem Werk der Anaïs Nin befaßt, schreibt sie: «Um völlig aufrichtig zu sein, als ich zum ersten Mal davon träumte, die Tagebücher in ‹fiction› zu verwandeln, hatte ich das Gefühl, versagt zu haben. Der größere Erfolg der Tagebücher und das Schweigen, mit dem die Romane aufgenommen wurden, überzeugten mich, daß ich als Romanschriftstellerin durchgefallen war.» Der Brief endet mit der Anmerkung, die Zeit für die Anerkennung der Frau sei gekommen. «Sie stand im Schatten. Das gilt nicht nur für die Frau als Schriftstellerin, sondern auch für die Frauengestalten der Romanciers!»

Sharon Spencer wird sich auf Anaïs' Empfehlung hin einer Analyse bei Dr. Inge Bogner unterziehen. Überhaupt meint Anaïs, daß Bogner vielen Menschen hilft, die unter Erfolgszwang und Hektik des New Yorker Lebens leiden. Sharon widmet ihr Buch «in liebevoller Bewunderung Anna Balakian, Inge Bogner und allen Töchtern und Söhnen der Anaïs Nin». Sie schreibt: «Grundmotiv von Leben und Kunst der Anaïs Nin ist das leidenschaftliche Verlangen, alles, jede Erfahrung, jeden Menschen, in etwas Wertvolles und Bedeutendes zu verändern... Alchimie ist vielleicht Nins Lieblingsmetapher für den Prozeß, in dem Kunst das Gewöhnliche in etwas Außergewöhnliches verwandelt.» Spencer endet mit der Charakterisierung des Dilemmas, in das Anaïs Nin durch ihren Erfolg gerät: «Am Ende einer ihrer öffentlichen Auftritte wurde sie gefragt: ‹Schreiben Sie noch immer Tagebuch?› Nins Antwort war: ‹Nein, und das ist Ihre Schuld. Ich beantworte Briefe. Aber ich denke, das dürfte wohl die natürliche Folge der Veröffentlichung der Tagebücher sein...›»

Im Herbst des Jahres 1970 wird Anaïs Nin noch einmal nach Paris eingeladen. «Die Begegnung mit der Welt ist eine seltsame Herausforderung, die ich mir auferlege, um meiner Neigung zur Isolation entgegenzuwirken. Ich werde dafür belohnt... Aber ich gleiche einem Soldaten, der den Krieg fürchtet und der sich in die Schlacht wirft, um seine Furcht zu überwinden.»

Sie hilft Marie-Claire Van der Elst bei der Übersetzung des letzten Tagebuch-Bandes, hat Aufnahmen mit dem Schweizer Fernsehen und gibt wieder eine Vielzahl von Interviews. Auftritte dieser Art und die Beantwortung von Leserbriefen bestimmen nun ihr Leben. Ende des Jahres fragt Anaïs Nin Harry Moore, ob es nicht an der Zeit wäre, daß Amerika ihre Verdienste einmal würdigt, indem man sie für das «National Institute of Arts» vorschlägt. Es braucht weitere vier Jahre, ehe man sie zum Mitglied wählt.

Im Winter 1970/71 überarbeitet sie den vierten Band des Tagebuchs, der die Jahre 1944 bis 1947 umfaßt. Das Procedere ist immer gleich, wenn sie von den dargestellten Personen die Zustimmung für die Erwähnung im Tagebuch einholt. Sie trifft den Kritiker Edmund Wilson, mit dem sie damals eine Affäre hatte, legt ihm sein Porträt vor, fragt nach Streichungen oder anderen Veränderungswünschen – und warnt zugleich, wenn er zu viel ändern wolle, würde sie auf sein Portrait lieber ganz verzichten. Ein herbes Bild hat sie von ihm gezeichnet. «Für mich besitzt er eine Art von Verkalkung, die ich bei Männern beobachte, die Erfolg haben. Das rote Gesicht, die Saturiertheit, die Bodenständigkeit und Schwerfälligkeit...» Das ist nicht gerade eine Verschönerung. Wilson ist jedoch mit allem einverstanden und überrascht Anaïs mit Großzügigkeit und Sinn für Humor, was sie vor fünfundzwanzig Jahren so nicht bemerken konnte. In Wirklichkeit ist er weniger als Anaïs daran interessiert, dem Establishment zu gefallen. Seine Aufnahme in das «National Institute of Arts» hat er abgelehnt. Auch Gore Vidal hat darauf verzichtet – mit der schnippischen Bemerkung, daß er noch nicht reif wäre für den Altenclub.

Gore Vidal nimmt, anders als Wilson, viele Streichungen vor, allem voran bei den Beschreibungen seiner Mutter. Er wirkt fremd, haßerfüllt, gespannt auf Anaïs. Sie vermutet, daß er Fremden gegenüber seine Beziehung zu ihr als sexuell beschrieben hat. Jetzt mag er fürchten, das Tagebuch könnte zeigen, daß es nicht so war. Wenn man in Gore Vidals Buch «Two Sisters» in der Gestalt der Marietta die Karikatur der Anaïs Nin findet, fragt man sich, welche Kränkung ihn zu dieser Aggressivität veranlaßt haben mag. Das Buch beginnt mit einer Szene, in der Marietta stolz ihre Brüste entblößt und meint, niemand würde denken, daß sie zweiundfünfzig Jahre alt ist. Dann ist von ihrer verwirrenden Wirkung die Rede, die sie auf Männer ausübt. Und schließlich werden ihre Bücher lächerlich gemacht: «Es ist kein Zufall, daß ihr Lieblingsadjektiv ‹verzaubert› ist. Sie kann kein Buch schreiben, in dem das Wort nicht vorkommt. Unglücklicherweise kann ich solche Bücher nicht lesen (einmal abgesehen von der hübschen Prosa der Anaïs Nin). Das hat zu unserem abgekühlten Verhältnis geführt, da Marietta nicht allein die Liebesgöttin sein will (eine Legende zu Lebzeiten, wie die Rezensenten sagen – wie sie es selbst in ihren bislang fünf Bände umfassenden Memoiren geschrieben hat), sondern auch eine Künstlerin ersten Ranges, Erbin von Sappho, George Sand, Virginia Woolf, eine Größe der Literatur, deren Schatten auf das Ödland der Literatur des zwanzigsten Jahrhunderts fällt und die zeitgenössischen Schriftstellerinnen leichenblaß macht, die in ihrem Schatten ihr Dasein fristen, besonders Mary McCarthy, Carson McCullers und Mariettas nächste Zeitgenossin Katherine Anne Porter. – Marietta Donnegal ist achtundsechzig, nicht zweiundfünfzig; doch auf ihre Art ist sie noch schön, gut erhalten durch ihr unstillbares Verlangen nach Ruhm und Sex.»

In vielen Briefen warnt Anaïs Nin ihre Leser davor, äußere Umstände für die eigene Lage verantwortlich zu machen. Besonders betont sie, daß ihr Gedanke der Befreiung der Frau auf die psychische Befreiung zielt. Es sind die erlernten Muster, die überwunden werden müssen. «Der bewußte Griff nach der Macht wird uns nicht befreien. Befreiung ist ein Bewußtseinszustand, ein Seinszustand. Sie muß von innen erreicht werden und gewinnt dann an Einfluß. Sie strahlt nach außen, erreicht ihre Ziele und findet ihre Kraft auf kreativem Weg.»

Allmählich bricht sie unter der Last der Briefe zusammen. An einen Freund schreibt sie: «Dieses Jahr brachte mir Anerkennung und eine Flut von Briefen, Vorlesungen und Arbeit. Ich arbeite von sieben Uhr morgens bis Mitternacht! Eine neue Art von Falle – Ruhm!... Die Anforderungen, die in diesem Jahr an mich gestellt werden, sind überwältigend, und meine Energie hat nachgelassen. Ich bin unsagbar müde. Ich muß an Dreisers Geschichte denken: Ein König entdeckte die Möglichkeit, alles in Gold zu verwandeln. Die Menge belagerte ihn, um das Wunder zu erleben. Sie drängten und drängten – und erstickten ihn!»

Im Jahr 1970, das mit Krebsbestrahlungen begonnen hat, steigert Anaïs Nin ihr Arbeitspensum ins Extreme. Krankheit und Todesangst werden durch Überaktivität aus dem Blick gerückt. Wenn sie nicht gerade Vorträge und Lesungen vorbereitet, Interviews gibt oder Artikel für Zeitschriften schreibt, ordnet sie Rezensionen und bereits erschienene Artikel und Interviews. Eine Mappe für jedes Land. Konsequente Buchführung. Kein Augenblick darf verlorengehen. Bedroht durch die Krankheit, setzt Anaïs Nin alles daran, als Symbol der Selbstbefreiung zu überleben. In ihren Zuhörern und Lesern vervielfältigt sie sich. Manchmal grenzt das an Größenwahn: «Wie erreichte ich gleichzeitig die Vollkommenheit eines intimen Lebens und die Vollkommenheit eines kosmischen Bewußtseins in der Öffentlichkeit, so daß ich mich eins fühlte mit den Menschen in Frankreich, Deutschland, Amerika – überall – in Mexiko, Tahiti und selbst in Japan, wo ich die Sprache nicht verstand? Warum kann ich in die Gesichter blicken, die sich mir nähern, sie lieben und sie sofort kennen?»

Anaïs Nins Selbstidealisierung antwortet auf das Verlangen der Frauen nach einem Vorbild. Sie habe eine Million Töchter, sagt sie in einem Fernsehinterview. Aber sie fragt sich auch, was aus ihr geworden ist – eine Lehrerin, «ein weiblicher Guru? Ich muß über die angesammelte Erfahrung sprechen, denn so viele brauchten das Ende ihrer Einsamkeit, einen neuen Glauben, eine Wiederentdeckung menschlicher Werte. Ich muß meine Anwesenheit schenken, denn so viele wollten die Versicherung meiner Realität, die Versicherung, daß ich die Stimme meiner Worte, den Körper meiner Worte und das Gesicht meiner Worte hatte.» Anaïs Nin ist eine Inkarnation von Worten. «... und ich sagte in Berkeley: ‹Ich hoffe, Sie werden alles im Werk finden, denn der Tag wird kommen, an dem ich nicht mehr bin.›» So spricht eine weibliche Gottheit. Eine

Leserin schreibt, die Menschen kämen zu Anaïs Nin, «um den Saum ihres Kleides zu küssen». Erstaunt stellt Anaïs Nin fest: «Plötzlich wurde jedes Wort, das ich schrieb, gehört.»

Eine Taschenbuchausgabe der Tagebücher verkauft sich über alle Erwartungen gut. In Frankreich wird ihr der Prix Sevigné für die ersten beiden Tagebuch-Bände verliehen, und ihr Name erscheint auf der Bestsellerliste.

Allmählich jedoch beginnt sie darunter zu leiden, daß ihr Leben gar keine Bewegungsfreiheit mehr hat. Nach dem Rausch des Vergöttertwerdens und der Selbstapotheose fällt Anaïs Nin wieder auf den Boden der harten Realität zurück. Während der behandelnde Arzt Dr. Parks in New York ihr nicht mitgeteilt hat, daß sie an Krebs leidet, klärt Dr. Weston in Los Angeles sie über ihren körperlichen Zustand auf. Allerdings spricht er auch von einer wunderbaren Heilung. Als der Pianist Michael Field, der Mann ihrer Freundin Frances, plötzlich im Alter von noch nicht sechzig Jahren stirbt, nach einer Orientreise und einem hektischen Leben – «... er war ein Mensch der Öffentlichkeit und liebte sein Publikum» –, fühlt sich Anaïs Nin veranlaßt, «ernsthaft an Ruhe zu denken».

Außerdem wird ihr klar, daß es ein trauriger Zustand ist, «als Künstlerin eine Liebesaffäre mit der Welt fortzusetzen, die die eigenen intimen Freundschaften zerstört». Henry Miller schreibt ihr nach einem Krankenhausaufenthalt, daß ihn die aktuelle Literaturszene, der Erfolg und das Engagement des Schriftstellers schon lange nicht mehr interessieren. «Sich zu verteidigen, halte ich für nutzlos und albern.» Das bezieht sich auf die Attacken der Feministinnen, die ihn für ein «chauvinistisches Schwein» halten. Ob die Öffentlichkeit ihn liebt oder nicht, berührt sein Wohlbehagen nicht. Collegezeitungen, «Under the Sign of Pisces» eingeschlossen, nimmt er nicht zur Hand; «es ist nur Energieverschwendung».

«Wo ist Anaïs?», wie sieht ihre Position aus, fragt sich die öffentlich zur Heldin erklärte Person Anaïs Nin. Sie fliegt durch die Staaten von College zu College. «Ich habe ein großes Heer der Liebe in Bewegung gesetzt. Ich spüre, wie die Liebe mir entströmt und sich an den Reaktionen anderer entzündet. Das ist meine Ehrlichkeit...» Doch nach vier Jahren öffentlicher Auftritte gesteht sie sich ein, daß sie immer dasselbe erzählt. Wie die Schauspielerin in einem Erfolgsstück ist sie gezwungen, nur noch diese eine Rolle zu spielen; «...nach tausend Begegnungen läßt sich dasselbe Gefühl nicht mehr aufrechterhalten». Nicht daß sie nun eine Schauspielerin geworden ist, begründet ihre Unruhe, denn das hat ihr immer gefallen, sondern daß ihr Repertoire so schmal geworden ist. Wo bleiben Vielfalt, Verwandlung, Entwicklung, wenn man nur noch ein Ideal sein darf? Wie in Goethes «Zauberlehrling» hat sie «das Wort vergessen, dieses Wort, auf daß am Ende alles wird, wie es gewesen».

Ein wirksames Gegenmittel sind ihre Reisen mit Rupert in Länder, von denen sie lange geträumt hat: Tahiti, Marokko und immer wieder Mexiko. Die Zeitschrift «Travel and Leisure» zahlt 1750 Dollar und Unterkunft, wenn Anaïs einen Reisebericht über Marokko für sie schreibt. Warum werden die finanzstarken Blätter erst jetzt auf sie aufmerksam, fragt sie enttäuscht. Noch wirksamer als das Reisen ist allerdings die Liebe zu Rupert.

Im August 1973 widmet sie ein kleines Tagebuch der Beschreibung ihrer Liebe im Alter. «Die Natur hat es gut mit mir gemeint. Was das Wichtigste ist, sinnliche Liebe kann so lange währen, wie die emotionale Liebe lebendig bleibt. Oft begehre ich Rupert wegen irgendeiner Handlung, die mich rührt. In meinem Fall hat sich der Körper nicht häßlich verändert. Meine Füße sind unverändert, die Knöchel nicht geschwollen. Ich habe keine Krampfadern. Ich wiege immer noch hundertzwanzig Pfund, habe dieselbe Kleidergröße wie mit sechzehn Jahren. Ich halte mich gerade... Die einzigen häßlichen Zeichen des Alters waren am Hals und ließen sich operativ beseitigen... Meine Beine sind schlank. Ich kann Miniröcke tragen. Das Fleisch unter den Unterarmen ist etwas schlaff. Aber meine Brüste sind die eines jungen Mädchens, mit rosa Brustwarzen. Ich habe eine schlanke Taille.» Allerdings muß sie zugeben, daß sie sich Rupert erst zeigt, wenn sie sich zurechtgemacht hat. In aller Verborgenheit färbt sie das Haar, pflegt sie die Fingernägel, schminkt das Gesicht. Nie tritt sie ihm vor die Augen mit ungekämmtem Haar oder einem angeschmutzten Kleidungsstück. Das Bild muß stimmen.

«Wenn man jemanden lange Zeit liebt, erhält der körperliche Ausdruck, seine Anwesenheit eine emotionale Qualität, und Liebende verlieren nicht ihr Begehren durch die Zeichen des Alters.» (Tagebuch, August 1973) Rupert, der einen leichten Bauchansatz hat, wirkt auf sie noch hübscher als früher. Ihre sexuelle Lust aneinander steigert sich bei jeder Abreise und Ankunft von Anaïs. Als Rupert eine Zeit verminderter Potenz durchmacht, fragt sich Anaïs, ob das vielleicht doch mit ihrem alten Körper zu tun hat und das Liebesleben nun vorbei sei. Aber es ist nur eine normale Krise des Mannes Mitte Fünfzig. Sie geht vorüber, und die Acapulco-Liebe ist wieder da, bei vollem Mond und nach einem Martini besonders intensiv.

Eine wirklich tiefe Liebe, meint Anaïs, akzeptiert die Veränderungen des Geliebten. Wenn Rupert unbekleidet das Bett verläßt, um sich in der Küche einen «Drink» einzugießen, wirkt seine Rückenansicht auf Anaïs immer noch wie ein Donatello. In der Berührung der Haut wiederholt und steigert sich die Verbundenheit ihrer Gespräche über einen Film oder über ihre Reisen. Liebe ist für Anaïs die Umarmung der verschiedenen Seiten des Menschen, in denen sich die eigenen Züge spiegeln: «das Abenteuer dessen, der das Unbekannte sucht, des Ästheten, des Entdeckungsreisenden».

Henry Miller hat sie vor kurzem einmal nach ihrem Liebesleben gefragt, aber Anaïs ging darauf nicht ein. Sie meint, er hätte kein Verständnis für die Kontinuität der Liebe und ihrer Ausdrucksformen. «Vieles hat man geschrieben über die Erhaltung des sexuellen Begehrens beim älteren Menschen.» Bei ihr hat sich das drängende verführerische Verlangen nach vielen Männern verloren – «vielleicht, weil sich meine Erotik auf Rupert konzentriert hat».

Sie sieht ihn in vielen Gestalten in Filmen und auf der Bühne – als jugendlichen Liebhaber. «Für mich hat er eine immerwährende Jugend, das Plötzliche in seinen Gebärden, sein ungestümes Schwimmen... Wie schön ist es, zusammen ins Bett zu gehen, zu lesen, während er fernsieht mit Kopfhörern, so daß ich das Zeug nicht hören muß. Wie schön, wenn ich früh aufstehe und ihn schlafend liegen sehe und Piccolino alles anstellt, um ihn zu wecken. Wenn ich in meinem kleinen Zimmer arbeite, kommt er noch unbekleidet und umarmt mich, und dann schwimmen wir und frühstücken zusammen... Die Sonne scheint auf unser Bett, der Mond scheint auf unser Bett, und Piccolino schläft bei uns. Und so triumphiert die Liebe über das Alter.»

Auf diese Eintragungen folgt ein Teil, der überschrieben ist mit

«New York, 14. August bis 2. September [1973]». Er beginnt mit dem Satz: «Die Hymne der Leidenschaft war zu Ende.» Würde sie ihren Wünschen folgen, bliebe sie in Los Angeles. Aber der Gedanke, Hugo könnte sich einsam fühlen und sie brauchen, zwingt sie abzureisen. Wenn sich das Taxi der Wohnung im Village nähert, sinkt ihre Stimmung. Hugo wirkt gealtert, seine Haltung, seine Stimme. Er hört nicht gut. Und er ist verzweifelt, weil seine Investitionen in Europa wieder fehlgeschlagen sind und er Geld verloren hat. Anaïs versucht ihm klarzumachen, daß sie genug verdiene, aber er macht, wie immer, aus dem Geld eine weltbewegende Sache. Damit schwinden selbst ihre zärtlich-mitleidvollen Gefühle. Das Erbe seiner Mutter, 50000 Dollar, von dem Anaïs die Hälfte zusteht, die er nicht anzurühren versprochen hatte, ist verloren. Anaïs kann seine Schuldgefühle schließlich zerstreuen. Sie ist nicht entrüstet, denn sie weiß, daß Hugo mit Geld nicht umgehen kann, und sie weiß, daß Geld letztlich nichts klärt.

Hugo wirkt auf sie, als hätte er einen leichten Schlaganfall gehabt. Er geht unsicher auf der Straße, und die Ärzte behandeln ihn wegen Arterienverkalkung. Sie gehen aus, essen mit Sharon Spencer und deren Mann, mit John Ferrone, mit Barry Jones – und Anaïs leidet darunter, zu sehen, daß Hugo eigentlich keinen Kontakt zu den Menschen hat. Sie sind ihm gleichgültig. Immer wieder meint sie zu beobachten, daß er nur mit sich selbst und seinen Problemen befaßt ist. Als Dr. Bogner aus dem Urlaub zurückkommt, fühlt sich Anaïs entlastet. Er braucht die Gespräche mit der Therapeutin. Nach Anaïs' Auffassung kann er mit keiner Krise allein fertig werden. Anaïs wird von der Vorstellung bedrängt, daß Hugo allein nicht lebensfähig ist – das würde sie in einen «unlösbaren Konflikt stürzen zwischen dem wirklichen Leben mit Rupert und dem Nichtleben mit Hugo».

Hugo braucht 20000 Dollar pro Jahr; also, sagt sich Anaïs, muß sie mehr Geld verdienen. Verhandlungen über den Verkauf der Tagebuch-Manuskripte an die finanzkräftige Lelly-Bibliothek in Bloomington mit der Auflage, daß sie unter Verschluß bleiben, schlagen fehl.

Ein Anaïs-Lesebuch ist erschienen. Marguerite Young und Wallace Fowlie schreiben hochlobende Kritiken für die Tageszeitungen. Aber Hugo bleibt von alldem unberührt, auch davon, daß seine Filme mehr und mehr anerkannt werden. Er leidet unter Schuldgefühlen wegen seiner mißglückten Spekulationen. Anaïs schießt der Gedanke durch den Kopf, ihm zu sagen, daß er jedenfalls wegen ihrer sexuellen Probleme in der frühen Zeit keine Schuld empfinden müsse. «Es lag an der Natur. Er war zu groß für mich und verursachte mir Schmerzen. Er kam auch zu schnell...» Immer noch tut er ihr leid. Sie sagt: «Ich wünsche, ich könnte dich glücklich machen. Er sagte: Ohne dich käme ich nicht zurecht. Aber ich würde sterben in seinem Leben, ich blieb nur am Leben durch mein anderes Leben.» Immer wieder versucht Anaïs, ihn zu stabilisieren. Er sei kein Versager in Geldsachen; scherzhaft fügt sie hinzu, sie sei seine größte Investition gewesen, und die habe sich immerhin bezahlt gemacht. Außerdem ermuntert sie ihn, an seinen Filmprojekten weiterzuarbeiten. Voller Bedenken und gegen seinen eigenen Widerstand macht er einen ersten Versuch mit der Technik des Videofilms. Anaïs versucht ihm deutlich zu machen, daß eine neue Karriere vor ihm liegt. Das hilft.

Es hat sie ein Leben gekostet zu begreifen, daß Hugos ganzer Ehrgeiz darin bestand, das große Geld zu machen, um seinem Vater zu beweisen, daß er kein Versager ist. Wenn ihr diese Zusammenhänge klarwerden, hat sie Mitleid und bemüht sich, ihm den Rücken zu stärken gegen die Schatten der Vergangenheit.

Im Frühjahr 1972 beginnt Bob Snyder im Haus in Los Angeles, Hidalgo Avenue 2335, mit Aufnahmen von Anaïs Nin, nachdem sein Dokumentarfilm über Henry Millers «Odyssey», in dem Anaïs Nin auch auftritt, in Amerika positiv aufgenommen wurde. Für den Film, den Snyder nun über Anaïs Nin dreht, wünscht Miller eine poetischere Darstellungsweise. Sie sitzt am Pool und spricht Texte aus dem Tagebuch, sie spielt mit Piccolino im Haus, sie geht um den Pool herum mit einem kleinen Tonbandgerät, um das Zwitschern der Vögel aufzunehmen. Sie unterhält sich mit Henry Miller und Yanko Varda, sie spricht über ihr großes Vorbild, Lou Andreas-Salomé, über Djuna Barnes und andere – und wirkt wie ein schüchtern-befangenes junges Mädchen, nicht wie eine Frau von fast siebzig Jahren, die eine unkonventionelle Lebensgeschichte hinter sich hat.

An Millers achtzigstem Geburtstag, der im Frühjahr 1972 gefeiert wird, fragen sich beide, wo ihre Muße geblieben ist. Sie fanden doch in Frankreich Zeit zum Leben. Anaïs hat weiterhin einen vollen Terminkalender, auch aus finanziellen Gründen. Das Haus in Los Angeles muß bezahlt werden, die Arztrechnungen sind hoch, Hugo braucht sehr viel Geld für seine Filme, das teure Appartement und Reisen, er verdient nichts und meint, nun solle Anaïs einmal für ihn sorgen. Anaïs hofft, auf diese Weise eine Schuld abzahlen zu können. Im August 1972 hat Hugo zwei neue Filme beendet, die er gern auf dem Festival in Edinburgh zeigen möchte. «Welche Freude, sagen zu können: ‹Gewiß kannst du fahren, ich kann dir das Geld geben.› Welche Freude, ihm all die Fürsorge und den Schutz geben zu können, die er mir hat zukommen lassen.» Zeit zum Nichtstun gestattet sie sich nur, wenn sie allem entflieht, «nur in den Tropen werde ich eine natürliche Frau». Manchmal träumt sie von dem Abenteuer, einmal alle «Brieffreunde in Holland, Bagdad, Belgien, der Schweiz, in Deutschland und Japan zu besuchen».

In ihrem Postfach 26598 findet sie unter den vielen Briefen, die ihr regelmäßig nach Los Angeles geschickt werden, häufig kleine Überraschungen, ein Päckchen Kräuter zum Beispiel, die einen wunderbaren Duft über alle Briefe breiten. Auch Hugos Briefe holt sie dort ab, telefonisch ist sie für ihn nicht erreichbar.

Im Sommer 1972 bereitet Evelyn Hinz ein Buch nach Tonbandmitschnitten von acht Vorträgen vor. Anaïs wird sie zu ihrer Biographin ernennen. (Sie hat jedoch bis heute nichts Derartiges veröffentlicht.) Im Laufe der Jahre haben sich aus der Vielzahl der von Anaïs häufig improvisierten Reden bestimmte Themen herauskristallisiert: «Ein neuer innerer Schwerpunkt. Absage an die Verzweiflung. Frauen verändern die Welt. Die Frau legt den Schleier ab. Sich vom Traum führen lassen. Das eigene Leben bewußt gelebt. Der Künstler als Magier. Vertrauliches Gespräch.» Ein erstes Buch über Anaïs Nins literarisches Werk hat Hinz 1971 unter dem Titel «The Mirror and the Garden» veröffentlicht. Robert Zaller bereitet «A Casebook on Anaïs Nin» vor, eine Sammlung von Rezensionen über ihr Werk. In den nächsten Jahren folgt eine Fülle von Examens- und Doktorarbeiten, und es gibt viele Versuche, die Tagebücher zu dramatisieren.

Zwischen ihren Vorträgen macht Anaïs kurze Pausen, mal in Los Angeles, mal in New York. Im Juni 1972 gestaltet sie die Wohnung mit Hugo um, so daß sie seinen Bedürfnissen besser entspricht. Eine Woche lang arbeitet Anaïs mit Anstreichern, Schreinern, Möbelpackern. Aus dem größten Zimmer, bisher eine Art Empfangsraum für Hugos Klienten, wird ein Studio für Hugo, der seine Filmausrüstung endlich so unterbringen kann, daß sich bequem damit arbeiten läßt. Anaïs ist ein Organisationstalent. In Hugos Schlafraum, bislang mit Filmmaterial vollgestopft, passen ein Tisch hinein, ein Bett, ein Bücherregal. Anaïs' Schlafzimmer enthält zwei kleine Sofas, auf dem einen schläft sie. An den Wänden hängen Hugos Kupferplatten und Drucke, Vardas Collage «Frauen verändern die Welt» und ein Bild, das Frances Field gemalt hat. Der Schreibtisch steht direkt am Fenster.

Seit Hugo von Anaïs' Einnahmen lebt und sie immer längere Zeitstrecken in Los Angeles bleibt, meint Anaïs, sie sollten in eine billigere Wohnung umziehen. Aber Hugo hängt an seinem Zuhause und an dem kleinen Park in der Nähe, wo er gern spazierengeht. Jeden Abend um sieben Uhr telefoniert Anaïs heimlich mit Rupert. Seine Liebe zu ihr ist noch intensiver geworden, und sie bekennt: «Ich kann mir ein Leben ohne ihn nicht vorstellen.»

Mitte des Jahres beginnt sie mit der Überarbeitung des fünften Tagebuch-Bandes (1947–1955). Rupert läßt sich für ein Halbjahr von der Schule beurlauben, um ihr zu helfen, aber auch weil er das Unterrichten nicht liebt. Anaïs ist besorgt, denn wenn ihn keine äußere Struktur hält, neigt er dazu, ganz im Fernsehen und Zeitunglesen aufzugehen. Er erwartet, daß sie ihm Aufgaben erteilt. Vierhundertfünfzig Seiten des Tagebuch-Bandes haben sie, nachdem Anaïs eine Vorauswahl getroffen hat, gemeinsam zusammengestellt.

Anaïs ist stolz auf ihre Auftritte. Sie kann sich einer großen Zuhörerschaft zuwenden, als würde sie ein persönliches Gespräch mit einem Menschen führen. Manchmal tritt sie zusammen mit Daisy Alden auf, die erzählt, wie sie ihre Bücher selbst publiziert hat. Manchmal ist Adele Aldridge dabei, die Konkrete Poesie schreibt und selbst druckt.

Im Sommer kommt Joaquin zu Besuch, um das neue Tagebuchmaterial durchzusehen. Er korrigiert wieder die Beschreibungen der Familie: die Mutter sei nicht in brutaler Weise ehrlich gewesen. Sie hat ihr Leben nicht gefährdet. Der Vater war zweiundzwanzig, nicht zwanzig, als er heiratete, und so weiter.

Trotz allen Erfolgs berichtet sie im aktuellen Tagebuch der siebziger Jahre zuweilen von melancholisch-depressiven Stimmungen, oft sogar, wenn ihr Leben glücklich zu sein scheint. «Rupert ist ein leidenschaftlicher Liebhaber, ein zärtlicher Kamerad, der mir hilft. Hunderte von Liebesbriefen. Interessante Besucher... Ein Swimmingpool, ein verspielter Hund. Die Sonne. Indische Baumwollkleider im Schrank. Das Alter, ja, schließlich ist es zu entdecken, besonders auf Fotos. Unvermeidlich, doch ein Paradox, denn ich fühle mich nicht, wie ich aussehe. Ich fühle mich frisch und gelöst und nicht alt. Flecken auf den Händen und Falten, wie merkwürdig, da meine Gefühle damit in keinem Zusammenhang stehen. Die Gefühle sind kristallklar, vollkommene Melodien – niemals schrill oder heiser wie die Stimme des Alters.» Die Nähe und Verbundenheit ihrer jungen Zuhörer wie auch Ruperts Liebe, er ist jetzt Mitte Fünfzig, geben Anaïs ein Gefühl des Jungseins, das ihrem Alter – sie wird in einem halben Jahr siebzig – in keiner Weise entspricht. Sie weiß um ihre «psychische Jugendlichkeit». Aber wenn sie im Pool schwimmt, bedrückt sie eine andere Wirklichkeit, und sie ist dankbar für jeden neuen Morgen, an dem sie sich körperlich wohl fühlt. «Wie konnte ich mich so schwach fühlen und so passiv, als ich zwanzig Jahre war, und jetzt so stark? Ich kann für Hugo sorgen und wissen, daß er nur halb lebendig ist und weshalb ich ihn nicht lieben konnte. Ich kann für Ruperts Familie sorgen – eine Krankenschwester für seine Mutter, die im Rollstuhl sitzt, und auch ihre Steuern bezahlen. Es ist so wunderbar.»

Mit der verwitweten Freundin Frances Field, die erst neunundfünfzig Jahre alt ist, spricht Anaïs über Hugo. Wie gut es wäre, die beiden würden zusammenleben. «Wir sprachen so offen und ehrlich, wie es wohl nicht viele Frauen tun... Mir wäre eine Last genommen, denn Hugo ist jetzt eine Last für mich und eine Pflicht. Zuallererst war er eine väterliche Gestalt, und dann wurde er ein Kind. Mir hat er nur Abhängigkeit gegeben. Wir waren nie eng verbunden. Er ist (natürlich) ärgerlich über meine Abwesenheit, und ich bin ärgerlich, daß er mich nicht freigegeben und eine andere Frau gefunden hat.» Hugo, dem es nach einer Prostata-Operation noch nicht gutgeht, will sich irgendwo in der Sonne erholen. Er erzählt Anaïs, Frances wolle sich um ihn kümmern. Anaïs ruft Frances an und ist bereit, die Reise zu finanzieren, ja, sie wäre froh, wenn Hugo und Frances glücklich würden, während sie mit Rupert ihr eigenes Glück genießen kann.

Sie träumt manchmal, daß sie Hugo um die Scheidung bittet. Dolores Holmes, eine Frau, die sich für ihn zu interessieren scheint, kann ihn leider nicht für sich gewinnen. Hugo wünscht nur, daß Dolores etwas für seine Filme tut. Anaïs meint, daß Hugo und sie nicht gut füreinander seien, und fragt sich, warum er das nicht begreift. Bleibt die Frage, warum Anaïs sich immer noch nicht von ihm trennen kann. Als Hugo und Frances im Dezember 1972 ihre Reise zu einer Sonneninsel machen, ist Anaïs froh, daß sie ungestört mit Rupert nach Fez fahren kann. Für zwei Monate ist sie auch frei von öffentlichen Auftritten.

Immer häufiger leidet sie unter depressiven Stimmungen. Seit den Bestrahlungen hat sie Verdauungsprobleme und muß eine strenge Diät einhalten. Doch wenn sie ihr kleines Arbeitszimmer in Los Angeles aufsucht, morgens um sieben Uhr, verlieren sich alle traurigen Gedanken. Seit Jahren ist Arbeit für sie ein sehr wirksames Aufputschmittel. Die Auftritte mit dem Beifall, wenn sie einen Vortragssaal betritt, sind genauso wichtig wie ihre schriftstellerische Tätigkeit in aller Zurückgezogenheit. Im Zeitraum September 1972 bis April 1973 hält sie achtundfünfzig Vorträge. «Schließlich rebellierte mein Körper.» Wenn ihr ein Zuhörer erzählt, sie habe ihm das Leben gerettet, erscheint ihr das viele Arbeiten sinnvoll. Und wenn sie einem Freund helfen kann, etwa indem sie über Henry Jagloms Film «A Safer Place», der ihr gut gefällt, für die «Los Angeles Times» eine positive Kritik schreibt – der Film wurde nach ihrer Auffassung zu Unrecht heruntergemacht –, dann übersieht sie das Strapazierende. Jaglom bespricht ihre Romane in seinen Seminaren am College. Er möchte ihre Werke verfilmen. Anaïs vermacht ihm für einen symbolischen Dollar die Rechte. Trotz vieler Anläufe wird nichts daraus. Nach Anaïs' Tod gestaltet Tristine Rainer einen Fernsehfilm («Having it all»), der in Anlehnung an Anaïs' Lebens-

weise von einer Bigamistin handelt, die zwischen Ost- und West-
küste pendelt.

Im April 1973 hat Anaïs eine Auseinandersetzung mit ihrem
Agenten Gunther Stuhlmann, der auch ihre Tagebücher herausgibt.
Sie wirft ihm vor, daß er zu freizügig mit dem Material umgeht,
indem er streicht und ihre Ausdrucksweise verändert. Sie wirft ihm
typisch deutsche Pedanterie vor. Bislang haben seine Eingriffe zum
Erfolg beigetragen. Aber seit Anaïs eine Berühmtheit geworden ist,
sieht sie nicht mehr ein, warum sie sich den Anweisungen eines anderen unterwerfen soll. Im übrigen weiß sie durchaus, was sie ihm
zu verdanken hat. Sein Exemplar von «Cities of the Interior» trägt
die handschriftliche Widmung: «Für Gunther, der mir und meinem
Werk immer ein wunderbarer Freund gewesen ist – voller Geduld
gegen die Absurditäten der Verlagswelt, ermutigend, stets auf meiner Seite, ohne jede Eigennützigkeit, ein verständiger Kritiker und
Organisator meiner surrealistischen Angelegenheiten – in Dankbarkeit verbunden. Anaïs.»

Als sie im Mai 1973 eine Liste aufstellt, über wen und was sie gern
schreiben würde, fragt sie ängstlich, ob sie dafür noch Zeit haben
werde. Sie möchte über das veränderte Amerika schreiben, über die
jungen Menschen, die ihr voller Vertrauen und Liebe entgegenkommen. «Wie lange es gebraucht hat, daß ich mich wohl fühle in der
Welt!» Anaïs Nin ist jetzt siebzig Jahre alt. Sie genießt es außerordentlich, daß Rupert nicht unter ihrer Berühmtheit leidet, sondern
sich offenbar freut, von der Sonne ihres Ruhmes etwas abzubekom-
men. Die interessanten Menschen, die in ihr Haus kommen, gefallen ihm, die Reisen und Aktivitäten auch. Sie kann alle ihre Probleme mit ihm besprechen. Gemeinsam suchen sie die Anwältin
Phyllis Deutsch auf, um ein neues Testament aufzusetzen und Be-
stimmungen für den Nachlaß zu treffen. Allerdings ist es erforderlich, daß sie, um wegen der Bigamie nicht in Schwierigkeiten mit
den Gesetzen zu geraten, ihre Ehe wieder lösen. Rupert nimmt offenbar die Tatsache mit Gelassenheit zur Kenntnis, daß die Scheidung von Hugo nicht vollzogen wurde.

Mit ihrem neuen Lektor John Ferrone arbeitet Anaïs gern zusammen. Er betreut die Taschenbuchausgabe, ist verantwortlich für den
fünften Tagebuch-Band und wird die frühen Tagebücher vor 1931

betreuen. Er ist bezaubert von der berühmten, schönen Schriftstellerin, kocht wundervolle leichte Speisen für sie und kommt ihren Wünschen bei der Gestaltung des Textes entgegen.

Trotz ihres geringen Interesses für Politik feiert Anaïs die Aufdeckung der Watergate-Affäre und die Entlarvung Nixons. Sie hält ihn für ebenso gefährlich wie Hitler. Eine Machtstruktur auflösen ohne Gewalt, das entspricht ganz ihren eigenen Vorstellungen und Absichten.

Sieben Jahre lang hat Anaïs Nin nun die Erfahrung gemacht, daß sie bei ihren Lesungen idealisiert wird. Schließlich beteuert sie ihrer Analytikerin, die sie immer aufsucht, wenn sie in New York ist, daß sie sehr darum kämpft, dem Bild des Guru zu widerstehen. «Ein idealisiertes Bild, ein legendäres, ein erhöhtes. Ich erliege dem nicht – ich weiß, das bin ich nicht. Es ist eine Schöpfung der Menschen, die Helden brauchen, jemanden, an den sie glauben können.» Offenbar ist etwas Verpöntes im Spiel. Das entspricht dem Spiel mit dem Feuer in der Zeit vor der Ehe, als Anaïs in Havanna jeden Mann in sich verliebt machte. Das alte Schema von der Frau als einer Hure oder einer Heiligen zeigt zwei Positionen an, von denen für Anaïs ein gewisser Sog ausgeht. Vor fünfzig Jahren war die Ehe ein Schutz vor der Entwicklung zur Hure. Jetzt scheint die Krankheit vor der Entwicklung zur Heiligen zu bremsen. Die Krankheit bewahrt sie vor der inneren Qual des Wissens um die Diskrepanz zwischen Ideal und Alltagsleben. Bogner sieht eine Doppelstrategie darin, daß Anaïs, die die Sehnsucht ihrer jungen Zuhörer nach dem Glauben an ein höheres Wesen zwar psychologisch versteht, aber doch nicht erfüllen möchte, gleichzeitig äußerst bemüht ist, deren Bild zu entsprechen. Anaïs wagt nicht, die Studenten zu enttäuschen, beantwortet jeden Brief, stellt Hilfe bereit, schickt ihre Bücher an Universitäten, die sich mit Frauenforschung befassen. «In anderen Worten, Sie suchen diesem unmöglichen Ideal gerecht zu werden.»

Ja, meint Anaïs, sie wage nicht, den Glauben der jungen Menschen zu zerstören. Sie hat auch einmal so bedingungslos an einen Menschen geglaubt, an ihren Mann. Ihm ist es nicht gelungen, mit Anaïs' Idealisierung Schritt zu halten. Jetzt meint sie, er habe alles verkehrt gemacht. Als die Library of Congress einige Stiche von Ian Hugo ankaufen will, hilft Anaïs ihm, die vielen Bilder zu ordnen, doch Hugo bringt wieder alles durcheinander. Er ist entsetzlich umständlich. Als Anaïs schließlich fertig ist, macht er ihr ein Kompliment: sie hätte sicher auch im Business Erfolg gehabt – worauf Anaïs ärgerlich entgegnet, daß es für einen Künstler genauso wichtig sei, sein Material organisieren zu können. Die Hilflosigkeit von Henry und Gonzalo hat sie lange Zeit ertragen können, aber nicht die von Hugo, der die Rolle einer unfehlbaren Vatergestalt beanspruchte. Zornig ist Anaïs darüber, daß sie jahrelang nicht den Mut hatte, ihr eigenes Können voll zu entfalten, sondern sich auf das Bild der abhängigen, zum Mann aufschauenden Frau eingelassen hat. Sie kann ihren Ärger gegen Hugo, ihre Bitterkeit nicht überwinden. Warum hat er sie nicht freigegeben, als er merkte, daß sie ein anderes Leben nebenher führte, und warum kann er sie nicht wenigstens jetzt freigeben?

Selbstauferlegte und von der Kultur verfügte Grenzen überschreiten, das ist ewiges Thema ihrer Vorträge. Und doch steht sie als Siebzigjährige ihrem fünfundsiebzigjährigen Mann gegenüber und kann die eigene Botschaft nicht realisieren – als folgte sie dem ungeschriebenen Gesetz, sie dürfe die Vatergestalt nicht verlassen, obwohl sie sich als abhängiges Kind entlarvt.

Am 31. Mai 1973 fährt Anaïs zum Philadelphia College of Arts, wo man ihr die Ehrendoktorwürde (Doctor of Fine Arts) verleihen will. Szenen, die ihren Kinderträumen entstammen könnten: Anprobe von Doktorhut und schwarzer Robe, feierliches Schreiten auf die Bühne, Laudatio auf Anaïs Nin, gehalten vom Literaturprofessor Dr. Grimm, Überreichung der Urkunde, Anaïs erhebt sich und entwickelt in freier Rede ihre Gedanken über den Künstler als Magier. «... und ich spürte, daß wir unsere Kraft, unsere Harmonie und eine Synthese finden müssen, durch die wir leben können, was immer uns auch widerfährt... Um zu verhindern, daß der Roman starb, mußten wir zu den Quellen des Lebens zurückkehren, zur Biographie, das bedeutet, dem Geschehen Wahrheit zugrunde legen und dabei nicht vergessen, daß Kunst diese Wahrheit transformieren... würde... Das ist, was der Dichter uns lehrt: das freie Schweben... Ich schuf die Welt, die ich mir wünschte... Bereits der Entschluß, ein Tagebuch zu führen, war das Eingeständnis, daß das Leben nur erträglich sein würde, wenn man es als Abenteuer und als

Märchen ansah. Ich erzählte mir die Geschichte eines Lebens, und diese verwandelt Ereignisse, an denen man zerbrechen kann… Alles wird zu einer mythischen Reise, auf die sich jeder von uns begeben muß, der inneren Reise, der Reise in die klassische Literatur, die durch das Labyrinth führt. Und dann beginnt man, die Ereignisse als Herausforderung des eigenen Mutes zu sehen, und ich sage nicht, daß wir alle Helden sind, sondern nur, daß wir diese Reise beenden und daran glauben müssen, daß es einen Weg gibt, der aus diesem Labyrinth herausführt.»

Eine Abschiedsrede mit froher Botschaft und Todesgedanken? Die Ehrung ist zweifellos ein Höhepunkt ihres Schriftstellerlebens. Doch sie notiert: «Ich spüre, daß es mir nicht guttut, es ist zuviel.» Resignation, Überanstrengung, Trauer, daß das alles erst so spät in ihrem Leben geschieht? Angst, zu gut behandelt zu werden? Schuldgefühle? Von allem ein bißchen. So ist sie froh, daß sie am nächsten Abend bei Sharon Spencers Feier einmal nicht im Zentrum steht. Sharons Roman «The Space Between» ist gerade erschienen, und Anaïs kann einen fröhlichen, entspannten Abend verbringen. Sharon ist eine ihrer ranghöchsten «Töchter» in der New Yorker Welt. Wenn Anaïs sich dort aufhält, sind sie häufig zusammen. Sharons Aussehen, ihre Art zu denken und ihr Humor gefallen Anaïs. Sharon ist stolz auf diese Freundschaft, bemüht sich aber zugleich, für ihr eigenes Werk frei zu bleiben und sich nicht von der Nin-Gemeinde vereinnahmen zu lassen.

Für Anaïs ist die wichtigste Qualität eines Freundes oder einer Freundin, daß sie «completely devoted» sind – absolut loyal. Sobald sie das leiseste Anzeichen von Kritik zu verspüren meint, reagiert sie mit Abwendung. 1973 hat sie das Gefühl, daß Richard Centing, der sie häufig auf ihren Vortragsreisen begleitet, nicht nur die positiven Kritiken sammelt, sondern auch die «Klatschgeschichten», und sie argwöhnt, er werde das nach ihrem Tod veröffentlichen. Der Faktensammler Centing versteht Anaïs' Ärger nicht.

Daß Anaïs mit großer Zähigkeit an ihrer Karriere festgehalten und gewagt hat, Tabus zu verletzen, bewundert Sharon. Für sie ist Anaïs ein Gegenbild zu ihrer eigenen Mutter, die das Können ihrer Tochter von Anfang an eifersüchtig heruntergemacht hat. Anaïs spielt für ihre späten Töchter und Söhne die Rolle einer Mutter, wie

man sie sich wünscht: Zukunft eröffnend. Sie ist die «verständnis-
volle Mutter, die ich nicht hatte, die in Wirklichkeit niemand hat
und nach der wir uns alle sehnen», meint Sharon. Kate Millett
schreibt einen Artikel über Anaïs Nin unter dem Titel «Anaïs –
Mother to Us All».

Sharon kennt die beiden Leben der Anaïs Nin und ist verwundert, daß Anaïs mit Hugo zusammen Jahrzehnte älter wirkt als in
Ruperts Gegenwart. Über Hugo berichtet Sharon, er sei charmant
gewesen, hätte gern schöne Frauen um sich gehabt, wäre aber nicht
fähig gewesen zu einer herzlichen Verbundenheit mit einem Menschen. Anaïs dagegen hat eine unheimliche Gabe, sich anderen zuzuwenden und ihnen das Gefühl zu geben, daß etwas Großartiges in
ihnen steckt und daß sie etwas ganz Besonderes schaffen können.
Doch schließlich kommt sie zu einer alten Frage zurück: «Kann
man sich ohne Substanzverlust vervielfachen, teilen, erweitern?...
Ja, wenn man in alles, was man tut... Gefühl legen kann», sagt ihre
Seele. Aber ihr Körper sagt: Nein, denn das bedeutet Krebs.

5. Krankheit:
Schicksal oder Strafe

ANAÏS HAT EINEN merkwürdigen und beängstigenden Traum: «Ich bin tot. *Aber ich bin noch da.* Unsichtbar, aber anwesend.» Ist das nur ein Traum? In den Tagebüchern existiert Anaïs auf diese Weise. Deren Verbleib nach ihrem Tod beunruhigt sie neuerdings wieder. Was muß sie versiegeln, was darf auf keinen Fall in Hugos Hände fallen? Wird ihr noch genug Zeit bleiben, Band sechs und sieben zu edieren? Rupert hat eine gute Idee: In New York werden die unzugänglichen Teile aufgehoben und in Los Angeles die zugänglichen. Bleibt das Problem, was geschieht, wenn Rupert die Tagebücher zu lesen bekäme, die ihre gemeinsame Geschichte betreffen.

Als sie die Tagebücher aus dem Schließfach der Bank holen, weil dort eingebrochen worden war, und sie in einem feuersicheren Safe in Anaïs' Arbeitszimmer unterbringen, fertigt Rupert von allen Tagebüchern in einem nahe gelegenen College Kopien an. Es gilt immer noch die Vereinbarung, daß er die Originalfassung nicht liest. Beim Kopieren eines Tagebuchs, das mit «1921» gekennzeichnet ist, findet Rupert immer wieder einen «Henry» erwähnt und dann auch Gonzalo. Das paßt nicht zum Jahr 1921, also setzt er sich in eine Ecke und liest das Tagebuch und findet heraus, daß die mittleren dreißiger Jahre beschrieben wurden. Das teilt er Anaïs mit, die daraufhin meint, es sei wohl an der Zeit, daß er das ganze Tagebuch liest. Nach vier Tagen ununterbrochenen Lesens ist er einmal durch, erschöpft, verwirrt, benommen; was für eine Frau!

Anaïs ist glücklich. Endlich hat sie einen Menschen auf der Welt, mit dem sie alle Geheimnisse teilt. Nach ihrem Tod liest Rupert noch einmal in Ruhe die ihn betreffenden Passagen – und ist am

Boden zerstört. Wie gut, daß er damals in Sierra Madre nicht gewußt hat, wie unglücklich Anaïs mit ihrem Leben war. Er tröstet
sich mit dem Gedanken, daß sie gerade wegen des langweiligen Lebens in Sierra Madre Zeit zum Schreiben gefunden hat. Von dem
Roman «Das Herz mit den vier Kammern» an hat sie alle Bücher in
seiner Nähe geschrieben.

Anaïs ist verwundert, daß so viele Überlegungen in diesem Jahr
der Zeit nach ihrem Tode gelten. «Seltsam paradox» kommt ihr das
vor, denn nie hat sie sich so lebendig gefühlt. Sie schwimmt viel,
liegt in der Sonne und genießt die sinnliche Liebe mit Rupert. Interessante junge Leute suchen sie auf, schwimmen nackt im Pool; diese
Natürlichkeit gefällt Anaïs.

Rupert ist ein aufmerksamer Gastgeber geworden. Längst ist er
es, der die Einkäufe erledigt. Er bereitet die besten Martinis, kocht
vorzüglich und hält den Garten in Ordnung. Wieder fahren sie vierzehn Tage nach Mexiko. Anaïs fühlt sich an ihre Kinderzeit in
Barcelona erinnert: «Das weißgetünchte Haus. Das kleine blaue
Zimmer. Ich habe ein solches Zimmer gekannt – mit Palmen in Töpfen, Spitzendeckchen auf dem Tisch, Christusbildern (natürlich),
künstlichen Blumen und Bric-à-brac.» Aber sie leidet unter Alpträumen. «Warum sollte meine Seele so beladen sein, wenn mein
Körper sich in Mexiko zu Hause fühlt? Bei der Rückfahrt im Boot
blicke ich auf die üppige tropische Vegetation, und meine Augen
füllen sich mit Tränen. Ich will nicht sterben. Ich liebe diese Erde,
die Erde von Mexiko, die Sonne.»

In Los Angeles arbeitet sie weiter am sechsten Tagebuch-Band,
der die Jahre 1955 bis 1966 umfassen soll. Das «International Com-
munity College» gewinnt Anaïs und Lawrence Durrell als Dozenten für Kreatives Schreiben. Anaïs ist bereit, zehn Studenten in ihrem Haus zu unterrichten. Für diese «Universität ohne Wände»
schreibt sie in der Ankündigung ihres Kurses, sie unterrichte
«Schreiben als einen Weg der Reintegration, wenn Erfahrungen uns
zerbrochen haben, als Zentrum der Gravitation, als Übung kreativer Willenskraft, als Übung in der Synthese, als Weg, eine Welt in
Übereinstimmung mit unseren Wünschen, nicht mit den Wünschen
anderer zu erschaffen; als Weg, das Ich zu erschaffen; als Weg zur
inneren Reise und als Möglichkeit, uns selbst zu gebären. Ich lehre

den Wert persönlicher Beziehungen zu allen Dingen, denn sie schaffen Intimität, und Intimität führt zu Verständnis; Verständnis schafft Liebe, und Liebe besiegt die Einsamkeit.» Das ist in aller Kürze eine genaue Analyse der Motive ihres eigenen Schreibens. Es gibt jedoch Erfahrungen, deren Schwere durch das Schreiben zwar gemildert, aber deren Wirksamkeit nicht aufgehoben werden kann. Das zeigen die Tagebuchaufzeichnungen im Zeitraum 1974 bis 1976.

Am 29. September 1973 folgt sie einer Einladung nach Boulder und Denver. Eine Theateraufführung nach Motiven aus ihrem Werk lockt sie dorthin, obwohl sie sich körperlich schwach fühlt. «Tanz, symbolische Interpretation, elektronische Musik, Erzählung, im Hintergrund Dias.» Am besten gefällt ihr, wie eine junge Frau die Geburtsgeschichte vorliest. «Sie weinte, als wir uns hinterher sahen.» Eine Fülle von persönlichen Begegnungen: «‹Sie haben mir Kraft geschenkt. Sie haben mich befreit!› Die Briefe sprechen alle vom Strom des Lebens; sie sprechen von meiner Ausstrahlung, und ich wundere mich über die unerklärliche Liebe, die sich trotz meiner körperlichen Schwäche noch immer überträgt. Das Essen verursachte mir Schmerzen. Ich bin so erschöpft.»

Von September 1972 bis Juni 1973 hat sie sechzig Vorträge gehalten – eine Methode, Selbstmord zu begehen? Sie möchte die Hinfälligkeit des Alters nicht erleben, die Entstellungen. Miller lebt nach einer erneuten Operation «hinkend, mit Schmerzen, nicht mehr in der Lage zu reisen... Henry, der sonst so gesund, so fröhlich und lebendig war, der unermüdlich tanzen konnte und mit Genuß aß.»

Ende 1973, in New York, findet sie Zeit für die Arbeit am nächsten Tagebuch-Band, für Freunde, für Interviews. Die Geschichte ihrer Druckerei erscheint in einem Buch, das auch von Daisy Aldens, Adele Aldridges und Alan Swallows Aktivitäten berichtet. Aus einem Workshop-Wochenende auf Long Island geht der Text «Celebration with Anaïs Nin» hervor, der Workshop stand unter dem Motto «Magic Circle», wegen der magischen Wirkung, die von Anaïs Nins Schreiben ausgeht.

Fast täglich fragt ein College nach einem Vortrag von Anaïs Nin. Sie nimmt jetzt nur noch einen pro Monat an. In Gothams Book Mart wird der Film «Anaïs Nin Observed» von Robert Snyder gezeigt. In einer Arbeit über ihr Leben und Werk bezichtigt Nancy Zee Scholar Anaïs Nin der Selbstidealisierung. Anaïs kann diese Kritik nicht ertragen. Bogner, mit der sie aufgeregt darüber spricht, befindet, daß die Kritik nichts Böses im Schilde führt. Wenn Anaïs bei ihren Auftritten begeistert empfangen wird, ist ihr das neuerdings unheimlich. Es erinnert sie an die Berichte des Vaters von seinen Tourneen, in denen er regelmäßig von «succès fou» berichtet hat, was die Mutter den Kindern vorlas. Aber das «Einssein mit anderen – die wunderbare Vereinigung mit denen, die zu uns kamen», möchte sie nicht missen. Das entspricht dem Wunsch des Kindes, die Isolation zu überwinden. Dementsprechend fällt es ihr schwer, zu den Bitten, Wünschen, Forderungen anderer einmal nein zu sagen.

Als sie in einem Brief nach dem Altern gefragt wird, antwortet Anaïs, es sei nur ein Moment der Müdigkeit, «kein chronologischer, sondern ein psychischer Vorgang. Ich akzeptiere die deprimierende Hinnahme der Chronologie nicht, die Simone de Beauvoir vertritt. Beuge dich dem Alter, sagt sie. Ich sage, transzendiere es. Ich kann den ganzen Tag schreiben, schwimmen, Vorträge halten und reisen. Natürlich mußte ich lernen, daß meine Energie nicht unerschöpflich ist – aber erst in diesem Jahr.»

Vom 21. bis zum 31. Dezember 1973 ist sie mit Rupert in Tahiti. Sie nennt das Erlebnis von «Ekstase und Einssein mit der Natur» ihr Satori, eine plötzliche Erleuchtung. Alle Ambitionen erscheinen ihr plötzlich als Irrweg. Mit Unterleibsschmerzen kehrt sie zurück. Anfang 1974 läßt sie sich, auch wegen der lange beobachteten Blutungen, noch einmal in New York untersuchen. Der Krebs ist wieder aktiv. Es wird eine Radiumkapsel implantiert. Sie muß alle Termine absagen. «Vier Tage lang war ich ein mehr oder weniger unbeseelter Gegenstand», aber fünf Tage nach der Entlassung hat sie bereits genügend Energie, um zu packen und nach Los Angeles zu fliegen. Rupert holt sie mit einem Rollstuhl ab, doch sie nimmt alle Kraft zusammen und geht scheinbar leicht mit ihm zum Auto. Der feste Wunsch, nach Bali zu reisen, hilft ihr, den Krankenhausaufenthalt zu überstehen, und als Renate Druks sie nach ihrem Erfolgsrezept fragt, meint Anaïs: «Ich denke an die Zukunft. Ich entrücke mich der Situation... dies ist meine Rettung. Ich werde von

Ereignissen nicht versklavt und niedergezwungen, die mich treffen.» Immer hat Anaïs eine unglaubliche Stärke im Leugnen bedrohlicher Zustände gezeigt. Es sind seltene Augenblicke, in denen ihr das nicht gelingt.

«Ich hasse es, nachts aufzuwachen – in Schweigen und Dunkelheit, wenn das Leben stillsteht. Ich spüre den Gang der Zeit. Nur in solchen Momenten spüre ich den Lauf der Zeit wie eine Annäherung an den Tod.»

In Los Angeles vertraut sie sich dem Psychotherapeuten Dr. Stone an, der sie zur Meditation anleitet. Sie müsse sich «dem Killer» stellen, der in ihr wohnt, ist Stones Devise. An erster Stelle müsse der verdeckte, versteckte Zorn einmal zum Ausdruck kommen. Anaïs wird in den nächsten Jahren allen medizinischen und psychologischen Methoden folgen, die Heilung versprechen.

Doch die Arbeit drängt sich immer wieder in den Vordergrund. Es fällt ihr maßlos schwer, die vom Körper geforderte Einschränkung ihrer Aktivität anzunehmen. Selbst der Versuch, sich nur noch um die Menschen zu kümmern, die sie lieben, und nicht mehr um die anderen, die sie nur benutzen, ist für sie psychisch belastend.

Seit 1974 läßt sie sich immerhin darauf ein, daß ihr Mary Morris beim Beantworten der Briefe hilft. Für Mary ist die Zusammenarbeit mit Anaïs eine große Sache. Sie hat die schönsten Erinnerungen, wie großzügig, verständnisvoll und warmherzig Anaïs mit ihr umgegangen ist. Nach einem Vortrag sei Anaïs auf sie zugegangen und habe sie leidenschaftlich umarmt, obwohl sie selbst doch gar keine Künstlerin ist. Das erzählt sie mir, als sie mich zufällig mit Ruperts weißem Pudel Piccolo dem Soundsovielten auf der Hidalgo Avenue sieht und vermutet, daß ich «die Biographin» bin. Es ist mir manchmal so gegangen, daß sich Gespräche über Anaïs einstellten, ohne daß ich einen Interviewtermin vereinbart hätte. Die Nachbarin Muriel Jeffie erzählt von Anaïs' merkwürdiger Erscheinung im langen schwarzen Cape mit weiß geschminktem Gesicht, vor der sich ihre kleine Tochter fürchtete.

Wenn Anaïs zustimmt, Durrells Literaturklasse in der Cal Tech University in Los Angeles mit ihrer Anwesenheit zu erfreuen, und ein Gespräch im kleinen Kreis erwartet, findet sie Reporter, Fotografen, Kameraleute vor. Wenn sie Ira Progoff in der New School for Social Research in New York verspricht, über das Tagebuch mit seinen Studenten zu sprechen, ist es ähnlich. Progoff gibt Kurse über den sachgemäßen Gebrauch des Tagebuchschreibens. Das ist etwas merkwürdig. Da man um die therapeutische Wirkung des Tagebuchschreibens weiß, meint er, durch Steigerung des bewußten Gebrauchs könne man die Wirkung des Tagebuchschreibens verstärken. «Träume» und «Erinnerungen» aufzeichnen, den «Dialog mit verlorenen Freunden oder mit jemandem, der Einfluß auf das eigene Leben hat», «unterlassene Schritte» und «Vorstellungen von der Zukunft», empfiehlt er in einer Einleitung. In Amerika gibt es eine Fülle sogenannter How-to-Bücher («Wie macht man...»), pragmatische Rezepte für alles und jedes. Doch die Selbstbehandlung durch das Tagebuchschreiben kommt gerade dadurch zustande, daß man ausspricht, was in einem drängt, ohne genau zu wissen, warum es Ausdruck finden muß. Das läßt sich nicht durch bewußtes Registrieren seelischer Regungen erwirken. Tristine Rainer wird 1978 ein finanziell sehr erfolgreiches Buch veröffentlichen, in dem sie Anweisungen gibt, wie man sich durch das Tagebuchschreiben positiv verändern kann, sich zum Beispiel das Rauchen abgewöhnt. Das hat allerdings mit Anaïs' Auffassung vom Tagebuchschreiben nicht mehr viel zu tun.

Am 6. Juni 1974 verleiht ihr das Dartmouth College, in dem sie seit den vierziger Jahren immer wieder Vorträge gehalten hat, einen weiteren Ehrendoktortitel.

Vergleicht sie sich mit Lawrence (Larry) Durrell und Henry Miller, mit denen sie einen Nachmittag verbringt, fühlt sie sich soviel jünger. Der zweiundsechzigjährige Durrell klagt über Langeweile. Das Gefühl ist Anaïs fremd. «Mich interessiert alles. Es gibt noch so vieles zu sehen; es gibt noch soviel Liebe, und es warten noch so viele Erfahrungen. Larry besitzt alles, und ihm wurde es zehn Jahre früher zuteil als mir. Heute, mit einundsiebzig, werde ich in das National Institute of Arts and Letters aufgenommen.»

1974 läßt sich ihr Traum von einer Bali-Reise verwirklichen. Bekannte, die mit der Förderung des Tourismus in Tahiti, Neukaledonien und den Neuen Hebriden befaßt sind, wünschen einen Artikel von Anaïs Nin über Nouméa und Port Lila. Rupert wird als Fotograf mitreisen. «Ich hatte noch nie etwas von diesen beiden Städten gehört, die irgendwo vor Australien auf der anderen Seite der Welt liegen.» Es findet sich eine Regelung, die Anaïs gestattet, auf Bali zwischenzulanden. Sie genießt die weiche Luft, den Duft nach Sandelholz und die sie überwältigende Schönheit der Balinesen. «Selbst die alten Frauen bewegen sich so verführerisch, daß Männer ihnen folgen…» Anaïs und Rupert besuchen die Tempel, nehmen an Zeremonien teil, freuen sich über die Farbigkeit und wundern sich über die fremdartig klingende Musik. Auf Bali gibt es keine Gefängnisse, was Anaïs erstaunt. «Die Ältesten sehen es als ausreichende Bestrafung an, wenn man von Familie, Freunden und dem Schutz der Gesellschaft verbannt wird.» So hat sich Anaïs gefühlt, als sie in der Kinderzeit die ihr vertrauten Menschen verlassen mußte. «Leben, Religion und Kunst gehen in Bali ineinander über. Ihre Sprache kennt kein Wort für ‹Künstler› oder ‹Kunst›. Jeder ist ein Künstler.» Das entspricht ihrer eigenen Auffassung. «Die Götter sind menschlich. Sie finden Gefallen an Schönheit, an Musik, an den Tänzen…» Alles, was die Menschen tun, «hat eine symbolische Bedeutung und zielt immer auf Schönheit und Freiheit. So werden auf dem Vogelmarkt beispielsweise Vögel verkauft; aber es ist Sitte, einen gekauften Vogel sofort wieder freizulassen.»

Anaïs Nins Utopia ist also nicht ortlos, für sie existiert es wirklich, in Bali. Dort sterben die Menschen auch nicht im uns vertrauten Sinne – «Begräbnisse sind fröhliche Ereignisse, denn die Balinesen sehen im Tod die Befreiung der Seele – sie ist frei, davonzuschweben, sich mit den Vorfahren zu vereinen und in der Urseele aufzugehen». Sie sehen im Tod nur einen Übergang.

Beklommen fragt sie sich bei der Abreise, ob ihr Zeit bleiben wird, in dieses Paradies zurückzukehren.

Bis Ende Oktober 1974 verfaßt sie fünf Essays über die Reise. Dann arbeitet sie wieder mit Rupert am sechsten Tagebuch-Band und ist glücklich in ihrem Haus. Und doch tönt sie sich die Haare, lackiert die Nägel und packt ihren Koffer, um sich erneut den beruflichen Anforderungen zu stellen, die sie noch einmal nach Paris führen. Anaïs Nin begreift selbst nicht, welchem Impuls sie gehorcht, wenn sie aus dem friedlich zurückgezogenen Dasein nun wieder in das Leben der Öffentlichkeit mit Interviews, Kameraaugen, Einladungen, Vorträgen und Vertragsabschlüssen aufbricht.

Hugo ist ebenfalls in Paris; Bogner und Anaïs haben ihn überredet, für seine Filmarbeit zu werben. Er wohnt im Madison Hotel, während Anaïs im Hotel de l'Abbaye untergebracht ist. Als Jean Fanchette in der Öffentlichkeit erzählt, daß der Filmemacher Ian Hugo der Ehemann von Anaïs Nin ist, nimmt Anaïs ihm das übel. Spätestens seit Erscheinen der Tagebücher hat sie keinen Ehemann. Anaïs liest die Übersetzungen von «Collages» und «Seduction of the Minotaur», die in einem Band erscheinen, telefoniert mit Rupert und erinnert sich an die sexuellen Ekstasen mit Henry in den kleinen Hotels. Doch erst mit Rupert hat sie ein vollkommenes Verschmelzen mit dem Geliebten erfahren, notiert sie im Tagebuch.

Neben Jean Fanchette, der nun Psychiater ist und ein Buch über das Psychodrama geschrieben hat, begegnet sie ihrem Verleger André Bay, der Übersetzerin Marie-Claire Van der Elst und unzähligen anderen Menschen. Zugleich träumt sie von Bali, Fez, Mexiko – Ländern, die ihr jedoch allzu gefährlich erscheinen, wenn man ein Werk schaffen will.

Im aktuellen Tagebuch geht sie ihren Erinnerungen nach, an Louise de Vilmorin, Lawrence Durrell, ihr Leben mit Hugo. Sie denkt nach über die Spannungen zwischen Beruf und Kunst und die Rivalität zwischen den Schriftstellern. Die Gespräche mit den französischen Freunden haben ihrer Meinung nach ein anderes Niveau als die mit ihren Freunden in Amerika. «Dieser lebendig pulsierende Kontakt mit anderen hat etwas von Leidenschaft. Ich will noch nicht sterben. Ich bin noch nicht bereit. Aber war jemals ein Mensch bereit? Nur die, die schon im Leben tot waren, wie Reginald.» Sie liebt das Leben in Paris, doch sie vermißt Rupert. Hugo erlebt sie als Last.

Sie hat Gelegenheit zu langen Gesprächen mit Julio Cortázar, der ihr einen begeisterten Brief geschrieben hatte, als «The Novel of the Future», eine Zusammenfassung ihrer Theorie vom Schreiben, erschien. In Frankreich ist Anaïs als Schriftstellerin verwurzelt, das zeigen ihr die Gespräche über Surrealismus und Träume. Cortázar schlägt sie für den Literatur-Nobelpreis vor.

Durrell ruft sie an, fragt, woher sie nur die Energie nimmt, er selbst fühlt sich durch pausenlose Gespräche und Auftritte, wie Anaïs sie hat, halbtot. Sie hat das Gefühl, daß Henry Miller, Gore

Vidal, Lawrence Durrell sie überhaupt nicht kennen, und wünscht, daß sie niemals über sie schreiben. Oder kennen sie eine Seite an ihr, die sie selbst nicht mag? So schreibt Miller zwei Jahre nach ihrem Tod: «Mochte Anaïs auf den ersten Blick engelhaft wirken, so war sie doch alles andere. Sie war ein eher ambivalentes Wesen, um es milde auszudrücken.»

George Whitman lädt zur Signierstunde in seine Buchhandlung «Shakespeare & Co» ein. Es kommen über dreihundert Menschen, Amerikaner und Franzosen. Bob Snyders Film über Anaïs wird vorgeführt. Sie sieht die Geschichte ihres Lebens und ist befremdet. Gestorben, aber anwesend, hat sie vor kurzem im Traum gedacht.

Ein gesellschaftliches Ereignis folgt dem anderen, bei Jeanne Moreau, Jean Fanchette, bei Boulic, einem Nachbarn aus Louveciennes, der ihr nach der Lektüre der Tagebücher Fotos vom Haus zugeschickt hatte; sie trifft ihren englischen Verleger Peter Owen. In der Mistral-Buchhandlung verspricht Anaïs wiederzukommen. Sechzehn Tage Paris sind zu kurz, um den vielen Menschen gerecht zu werden, die sie zu sehen wünschen. Anaïs hat Schmerzen im Unterleib, muß Tabletten dagegen einnehmen und kommt völlig entkräftet am 16. November in New York an. Als sie in den letzten Novembertagen endlich ihr Zuhause in Los Angeles erreicht, kann sie wieder aufatmen. Doch die implantierte Radiumkapsel stoppt die Blutungen nicht. Auch verschwinden die Schmerzen nicht mehr. Schon auf Bali hat sie zum Mittel Darvon greifen müssen, wenn sie sich wohl fühlen wollte, jetzt muß sie es alle vier Stunden nehmen. Auf der Post wartet eine große Kiste voller Briefe.

Rupert hat in ihrer Abwesenheit am Band VI weitergearbeitet, weist auf Wiederholungen hin und ist froh, daß er endlich eine Arbeit gefunden hat, die ihm ganz und gar Freude bereitet. Er ist glücklich über ihr reiches Leben. Ruperts Liebe wird jetzt zum stärksten Überlebensmittel. Zum Briefebeantworten und Arbeiten fehlt Anaïs eigentlich die Energie, was sie jedoch nicht hindert, es dennoch zu tun.

Anfang Januar werden die Schmerzen schlimmer, der Krebs breitet sich aus, greift auf Darm und Blase über. Bestrahlungen können nicht mehr helfen. Eine Operation hätte einen künstlichen Darmausgang zur Folge. Die Vorstellung einer solchen Entstellung erträgt Anaïs nicht. Rupert gibt ihr all seine Zuneigung, körperlich und seelisch. Anaïs vertraut darauf, daß ihre leidenschaftliche Verbundenheit ein wirksames Mittel gegen das Fortschreiten der Krankheit ist. Nach und nach wird Rupert ihre ganze Welt. Als sie mit neun Jahren sterbenskrank war, spürte sie das erste Mal etwas von der Liebe ihres Vaters. Ihr Leben lang hat sie Liebe gesucht, und wenn sie sie fand, hat sie ihre Kraft wiedergewonnen.

Am 7. Februar 1975 notiert sie im «Book of Pain» mit zittrigen kleinen Buchstaben: «Ich habe den Eingriff überlebt, aber was folgte, war eine Schreckenszeit, die ich nicht beschreiben möchte.» Im Januar 1975 hat Anaïs eine letzte große Operation von dreizehn Stunden überstanden. Auf das Vorsatzblatt des letzten Tagebuch-Bandes läßt sie setzen: «Dieser Band ist den Ärzten Raymond Weston, Maclyn Wade, Leon Morgenstern und Edward Stadler gewidmet, die im Januar 1975 mein Leben retteten. Und Schwester Mary Maxwell, die mir ihren Mut und ihre Energie gab.» Anaïs meint, Rupert hätte sie ins Leben zurückgerufen: «Ich kann ohne dich nicht leben... Außer Rupert hat mich nichts mehr erreicht.» Sie hatte nicht mehr leben wollen. Bald darauf ehrt man sie mit der Einladung der United Nations, zum Jahr der Frau ein Gespräch mit Germaine Greer zu führen.

Freunde wie Renate Druks, Deena Metzger, Ruth Ross, Mary Morris, Jim Herlihy, Judy Hoy und ihre Schülerin Barbara Kraft dürfen sie besuchen. Im April erhält sie Chemotherapie. Rupert gibt seine Lehrerstelle auf, um sich ausschließlich um sie kümmern zu können. Die Ärzte kommen ins Haus und weitere Freunde wie ihr Lektor John Ferrone aus New York, Frances Field, Sharon Spencer und viele mehr. An manchen Tagen kann sie wieder ein wenig arbeiten. Über jeden Tag führt sie Buch. Manchmal geraten ihr die Monate durcheinander. Das Zeiterleben entspricht nicht mehr dem kalendermäßigen Ablauf. Im Mai geht es ihr ein wenig besser. «Ich würde diese fünf Monate gern aus meinem Leben streichen... Ich verlor meinen Elan, meine Freiheit, meinen Glauben in meine Kraft.» Gegen Schwäche und Hilflosigkeit hat sie immer revoltiert.

Im Juni führt sie Gespräche mit Dr. Falcon über ihre seelische

Situation. Einsicht in die Zusammenhänge zwischen der nicht zu heilenden Fistel in der Kinderzeit, als sie drei Monate im Krankenhaus lag, und demselben Symptom jetzt helfen ihr, die extreme Hoffnungslosigkeit zu überwinden. Erinnerungen, daß sich ihre Geburt verzögerte, so daß sie als blaues Baby auf die Welt kam, erlauben ihr, wieder durchzuatmen. Dr. Falcon leitet sie an, daran zu glauben, daß nur der Mensch stirbt, der zu sterben wünscht. Außerdem verdeutlicht er ihr, daß der Körper sich weigerte, zu einem Arbeitsinstrument gemacht zu werden. Ihre Angst, sie könne nicht mehr schreiben, schwindet in dem Maße, wie es gelingt, die aktuelle Situation von der kindlichen zu trennen und den Körper nicht als Feind zu bekämpfen. Dr. Falcon behandelt sie mit einer Mischung von Psychoanalyse und Suggestion. An manchen Tagen kann sie wieder Ergänzungen für das Tagebuch schreiben.

In einem Brief teilt sie Inge Bogner mit, Ruperts Liebe und die Abhängigkeit von seiner Hilfe hätten dazu geführt, daß sie ihm den Schlüssel zu ihrem Postfach gegeben hat. In all den Jahren hat Hugo seine Briefe dorthin gesandt. Sie habe Rupert gegenüber «ein vollständiges Geständnis» abgelegt. «Seine Haltung war fabelhaft. Er verstand die Beweggründe meines Doppellebens. Ich habe nie bemerkt, wie sehr mich das belastet hat, bis ich plötzlich die Last von mir lud. Er akzeptierte meine Verpflichtungen... Unter der Wirkung des Demerol, großer Schmerzen und großer Schwäche erzählte ich Rupert alles. Aber was mir angst machte, war meine offene Rebellion gegen Hugo, mein Gefühl, nicht mehr zu ihm zurückkehren zu wollen, da das doppelte Leben mich so unter Druck gesetzt hat, da das Geständnis der Wahrheit Rupert gegenüber mir plötzlich ein Gefühl von Ganzheit und Frieden gab, so daß ich nun in der Lage bin, alle Energie dem Gesundwerden zuzuführen.» Anaïs kann nicht sterben, und ihre Freunde können sie nicht sterben lassen.

«Rupert übernimmt alle Aufgaben einer Krankenschwester, verlockt mich zu essen und sieht alles positiv.» Sie telefoniert mit Hugo, schreibt auch Briefe, aber der Bruch läßt sich nicht mehr überbrücken. Ihrer Analytikerin vertraut sie an, daß Hugo in Paris wie ein «totes Gewicht» auf ihr gelastet habe. «Bitte, lassen Sie mich wissen, ob Hugo die lange Zeit meiner Abwesenheit gut übersteht.

Ich wünschte, er würde einsehen, daß er ohne mich besser dran ist… Das erste Mal in meinem Leben erfahre ich einen Frieden, den ich nie gekannt habe, weil ich *ein* Leben, *eine* Liebe lebe, eine Abwesenheit von Spannung, wie ich sie nie gekannt habe.» So schreibt man einer Mutter, die ein Problem für einen lösen möge, dem man sich allein nicht gewachsen fühlt.

Am 13. Mai 1975 fühlt sie sich das erste Mal wieder kräftig genug zu schwimmen, und sie schreibt sieben Seiten. Der Spiegel zeigt ihr ein Gesicht, das nicht von Krankheit gezeichnet ist. Sie wiegt hundertsieben Pfund.

Dr. Falcon fordert sie auf, schmerzliche Erfahrungen ihrer Geschichte in Erinnerung zu rufen; es fallen ihr nur Trennungssituationen ein: als der Vater die Familie verließ, als Thorvald in Paris der Familie den Rücken kehrte, die Umzüge in früher Kinderzeit mit dem Verlust der Spielkameraden, das Verratenwerden durch Freunde. Wut, Verzweiflung und Enttäuschung, die sich nicht äußern dürfen, hält Dr. Falcon für toxisch: sie finden geheime Wege, das Leben zu beeinträchtigen. Die Gespräche tun Anaïs gut. Im Juni kann sie die Arbeit am sechsten Band des Tagebuches abschließen.

Barbara Kraft, eine ambitionierte Tagebuchschreiberin, die Ende 1974 als «Privatschülerin» zu ihr kam, wird in den letzten Jahren für Anaïs eine wichtige Freundin. «Als ich erkrankte, spendete sie Blut für mich.» Sie haben dieselbe Blutgruppe, A negativ. Viele Freunde kümmern sich liebevoll um sie. Anaïs lebt in ihren Töchtern fort: Sharon Spencer schreibt einen Artikel für das Rank-Journal, Tristine Rainer schreibt eine Kurzgeschichte, die Anaïs gefällt, Barbara Kraft bereitet ihr eigenes Tagebuch für den Druck vor. Sie veröffentlicht es, orientiert am Vorbild von Anaïs Nin. Sie weiß nicht, daß Anaïs' Tagebücher zensiert sind, und möchte genau so mutig sein wie sie. Als ihr Mann das Buch liest, läßt er sich scheiden.

Weiterhin bemüht sich Anaïs, die vielen Briefe zu beantworten; doch es ist wie mit der Hydra – wenn sie einen Brief beantwortet, kommen zehn neue nach: «eine Liebe, die mich verschlingt, die mich umbringen wird».

Im Juli 1975 sieht sie die Tagebücher durch, die sie in der Kindheit begonnen hat. Ihr Verlag Harcourt Brace Jovanovich betraut

John Ferrone mit der Herausgabe. Die frühen Tagebücher werden unzensiert erscheinen; Kürzungen beziehen sich nur auf die religiösen Passagen. Hugo versagt dieses Mal seine Zustimmung nicht, in den Tagebüchern (1914 bis 1931) aufzutreten.

«Rupert ist leidenschaftlicher als je zuvor – die Gefahr, mich zu verlieren, scheint seine Liebe intensiviert zu haben. Er umarmt und küßt mich im Pool, er schläft mit mir, als wollte er, daß seine Liebe mich heilt.» Aber die Schmerzen verlassen sie nicht mehr. «Am traurigsten ist, daß Ruperts wunderbare Leidenschaft mir Schmerzen macht, so bleibt mir nicht einmal die Freude der Liebe, obwohl ich ihn intensiv begehre... Ich liebe ihn mehr denn je.»

Die Telefongespräche mit Hugo sind schrecklich. Er ist schwerhörig, und Anaïs kann nicht kraftvoll laut sprechen; Szenen wie aus einem Stück von Beckett. Anaïs Nin macht alle Stadien des allmählichen körperlichen Zerfalls durch. Während der Chemotherapie, die bis Juli 1975 anhält, verliert sie ihr Haar, und ihr Körper wird immer schmächtiger. Ruperts Versuche, sie mit einer Auswahl von Perücken zu erfreuen, gerät zu einer leicht makabren Heiterkeit. Obwohl Anaïs beginnt, sich ihres Körpers zu schämen, gelingt es Rupert immer wieder, ihr das Gefühl zu geben, daß sie liebenswert ist. Dr. Falcon leitet sie an, über das weiße Licht zu meditieren, behandelt sie mit Akupressur und empfiehlt Rohkost und Vitamine.

Der Nachbar von Louveciennes schreibt so reizende Briefe, daß Anaïs sich die Mühe macht, sie in ihr Tagebuch mit eigener Hand einzutragen; die französischen Worte erinnern an die Kindheit. Alle Freunde sagen, daß sie sie brauchen. Rupert arbeitet mit ihr und «kümmert sich um alles, übernimmt die Rollen eines Ehemannes, Vaters, jungen Sohnes, Liebhabers, Mitarbeiters». Barry Jones macht sich stark dafür, daß Dartmouth die Tagebücher käuflich erwirbt, was jedoch scheitert. Anaïs braucht Geld. Das Ersparte geht zur Neige. Hugo erhält von ihr 1000 Dollar pro Monat.

Valerie Harms bereitet eine Ausgabe von Anaïs Nins frühen Erzählungen vor. Anaïs verfaßt ein Vorwort. Der Titel wird sein «Waste of Timelessness», eine Anspielung auf Proust. Ronald de Leeuws schreibt einen Artikel über «Anaïs und ihr Haus à la Proust». Als Schlüsselbegriffe hebt er heraus «Fließen» und

«Leben», auch in der großen Bedeutung der Musik in Anaïs' Texten sieht er eine Parallele zu Proust.

Im Oktober 1975 beginnt Anaïs mit der Bearbeitung der Texte für den siebten Tagebuch-Band, der mit ihrem Erfolg als Tagebuchautorin beginnt. Jetzt grämt sie sich darüber, wieviel Energie sie anderen gegeben hat, denn ihr Körper hat dafür zu zahlen. Eduardo schreibt. Joaquin kommt zu Besuch. Die «San Francisco International Women's Year Conference» erkennt Anaïs einen Preis zu wegen ihrer positiven Wirkung auf die Frauen, die «Barrieren der Diskriminierung zu durchbrechen». Es wird eine Feier anläßlich des Internationalen Jahrs der Frau am 25. Oktober 1975 in San Francisco geben, zu der man sie herzlich einlädt. Doch Anaïs kann nicht teilnehmen.

John Ferrone, der auch die Veröffentlichung des siebten Bandes der Tagebücher als Lektor betreut, wünscht, daß Anaïs die Krankheit einbezieht. Aber Anaïs lehnt das ab. «Ich möchte es auf dem Höhepunkt des Lebens enden lassen. Ich möchte nicht die allmähliche Reise zum Tod eintragen.»

Mitte November spitzt sich die Krankheit erneut zu. Die Schmerzen sind kaum noch zu lindern. Rupert schenkt ihr ein letztes Tagebuch mit einer Goldprägung auf weinrotem Leder «Mon Journal. Anaïs Nin», das den Titel «Diary of Music» erhält, für Eintragungen über eine Wirklichkeit, die unbeeinträchtigt von den Schmerzen existiert. Während sie schreibt, soll sie eine gesunde Anaïs imaginieren, wie in den Meditationen, zu denen Dr. Falcon sie anleitet.

Bevor Anaïs Nin Mitte November noch einmal für Bestrahlungen ins Krankenhaus geht, spielt Rupert mit seinem Quartett im Haus. Anaïs schreibt über Musik.

Im Dezember 1975 bemüht sich Dr. Brugh Joy um Anaïs' seelischen Zustand. Dr. Joy, der vor zwei Jahren eine gutgehende Praxis aufgab und in den Fernen Osten ging, wo er eine Krankheit überwand, um als Mystiker zurückzukommen, ist überzeugt, daß er über heilende Kräfte verfügt. Bevor er zu Anaïs kommt, liest er in den Tagebüchern und begreift sofort: Zu viel Aufopferung, große Schuldgefühle. Er spricht mit ihr über die Märtyrerrolle, die sie im Leben häufig gespielt hat. Ihr «Wunsch, Krankheit und Schmerz von der Welt abzuwenden..., Opfer, Buße und Schuld» rücken in den Blick. Dr. Joy «sagte, mein Zustand würde sich nicht bessern, solange ich nicht aufrichtig lebte – und frei wäre von Hugo. Ich schreibe an Bogner. Das Schwierigste, was ich jemals zu vollbringen hatte, aber ich muß mein Leben retten – sonst sterbe ich an der Schuld.»

Ihr ganzes Leben lang hat sie Hindernisse als Herausforderung betrachtet, sie mit aller Energie zu überwinden. Es gibt kein Schicksal. Krankheit und Tod räumt sie in dieser Hinsicht keine Sonderstellung ein. Sie kann nicht von einem Leben lassen, das endlich ihren Wünschen entspricht, mit der ganzen Welt in Verbindung zu stehen, anerkannt und geliebt zu werden. Also muß sie als Schmied ihres eigenen Glückes das Äußerste versuchen.

Anaïs schreibt einen Brief an ihre Analytikerin, in dem sie bittet, Dr. Bogner möge Hugo verständlich machen, daß sie sich von ihm lösen muß. «Liebe Inge, was ich Ihnen zu schreiben habe, ist nicht neu für Sie, aber es hat sich zugespitzt. Sie wissen, wie viele Jahre Sie daran gearbeitet haben, meine Schuldgefühle Hugo gegenüber zu vertreiben. Einmal sagte ich zu Ihnen, was würde geschehen, wenn ich nicht wiederkäme. Sie antworteten: So wie ich Sie kenne, würden Sie mit der Schuld nicht leben können.» Darauf fragt sie, ob Dr. Bogner die Auffassung von Dr. Joy teile, daß man einen anderen Menschen an seiner Entwicklung hindert, wenn man meint, ihn vor einer Erfahrung schützen zu müssen. Dasselbe hat Miller vor vielen Jahren auch einmal zu ihr gesagt.

Anaïs möchte von ihrer Analytikerin wissen, ob Hugo bereit ist, sie freizugeben. Sie will immer für Hugo sorgen, aber «mit dem besten Willen der Welt – wir sind nicht gut füreinander. Bitte teilen Sie mir mit, wo Hugo steht. Wieweit er etwas ahnt. Ob ich ihn sehen soll. Ihm schreiben. Könnte er diesen Brief lesen? Er hat immer gesagt, er würde sich niemals meiner Entwicklung in den Weg stellen. Wie könnte er sich meiner Genesung in den Weg stellen?»

Anaïs Nin schreibt auch einen Brief an Hugh Guiler, aber sie schickt ihn nicht ab: «Liebling: mit aller Liebe und allen guten Absichten ist es uns nicht gelungen zusammenzuleben. Es ist mein Fehler, denn als Du vor langer Zeit versprochen hast, meiner Entwicklung nicht entgegenzuarbeiten, wußtest Du nicht, daß ich wegen meines freien Lebens in einen Brunnen der Schuld Dir gegenüber versinken würde. Inge hat jahrelang diese Schuldgefühle zu behandeln gesucht. Jede Reise, jeder Erfolg, jedes Abenteuer machte mich schuldig. Es ist wahr, Du hast ‹die andere Frau› gewählt. Was in Deinem Fall bedeutete: Bank und Business, die Dein Blut gesaugt haben. Ich brauchte mehr Leben, mehr Liebe, als Du mir geben konntest. Die Schuld ist angewachsen. Sie liegt nun meiner Krankheit zugrunde. Wann immer wir nach den möglichen psychologischen Ursachen der Krebskrankheit fragen, zeigt sich das Motiv der Schuld, sogar weil ich mehr Geld verdienen kann als Du.

Ich bitte Dich um die Liebestat, mich freizugeben. Wir werden immer füreinander dasein. Ich spüre, daß ich an der Schuld sterben könnte, wenn Du mich nicht in Frieden gehen läßt. Nichts wird sich ändern. Keine Scheidung. Niemand wird es erfahren. Ich komme zurück, um Dich zu besuchen, wenn es mir bessergeht.

Aber, Liebling, ich muß wieder gesund werden, und meine Gesundheit hängt von der vollkommenen Aufrichtigkeit zwischen uns ab, die wir niemals hatten – und alle diese Geheimnisse haben uns voneinander entfremdet. Ich konnte diese Geheimnisse nicht länger ertragen. Bitte, schreib mir. Ich hoffe, daß dieses Jahr ohne Streit Dir Frieden geschenkt hat. Die Liebe ist vorhanden, Liebling, und ich schätze Dich sehr und weiß, daß Du viel für mich getan hast. Versuch das Folgende zu verstehen: Hätte ich mich Dir nicht verbunden gefühlt, Deinem Glück, würde ich mich nicht für alles, was ich tue, schuldig fühlen. Sprich mich davon frei. Ich beabsichtige nicht, Dich nie wiederzusehen. Ich möchte für Dich sorgen, wie Du es für mich getan hast.

Alle Deine Absichten waren gut, Liebling. Ich wünschte, wir wären später geboren. Junge Ehepaare nehmen die Dinge heute soviel leichter, als wir es taten.

Wir waren einander immer die besten Freunde.

Aber beide haben wir eine andere Art Leben gesucht. Wir versuchten es zu vereinbaren und konnten es doch nicht. Dies mag für Dich schwer zu verstehen sein, da Du mir gegenüber keine Schuld trägst.

Aber ich fand jedesmal, wenn ich mein Leben untersuchte, einen Brunnen der Schuld, und das ertrage ich nicht länger.»

In einer weiteren Notiz, vermutlich ebenfalls an Dr. Bogner, schreibt Anaïs Nin: «Warum mußte die Krebskrankheit im schönsten Augenblick meines Lebens kommen? Als mir Liebe entgegengebracht wurde, Ehrungen, genügend Einnahmen, so daß ich auch keine Vorträge mehr halten mußte? Aber ich fühlte mich schuldig, weil ich glücklich war, während Hugos Leben beeinträchtigt war und vom Gefühl gezeichnet, versagt zu haben... Jetzt liege ich hier mit einer Wunde, die sich nicht schließt... Als ich krank wurde, fühlte ich, daß Hugo der Ursprung meiner Krankheit war. Es war wie eine lebenslange Überforderung, Anstrengung, Täuschung. Wir sind nie in Frieden oder Glück miteinander gewesen. Wie oft habe ich geschrieben: er ist meine Bürde – er ist der Pfahl in meinem Fleisch.»

Über diese Briefe kann man lange nachdenken. Es gibt das Phänomen wahnhafter Schuld bei sehr alten, körperlich geschwächten Menschen. Aber es ist auch möglich, daß Anaïs insgeheim, bei all ihren Ausbruchsversuchen, das Gewissen des kleinen katholischen Mädchens nicht verloren hat, das damals zur Beichte ging, selbst wenn es nichts zu gestehen hatte; die «Gehirnwäsche der Kindheit». Waghalsig hat sie sich später über alle Konventionen heimlich hinweggesetzt, um wie das «Marienkind» des Märchens angesichts des Todes einzugestehen: Ich habe die Grenzen verletzt! Anaïs Nin hat alles sehen, erfahren und werden wollen, alles glänzend Goldene, das «unmögliche Ideal». Wie das Marienkind leugnet sie, was davon abweicht. Der Brief an Hugo erinnert an das Märchen:

Es war einmal ein armes Kind, das die Gottesmutter zu sich nahm in ihr Himmelreich. Eines Tages ging Maria auf die Reise, und sie gab dem Kind einen goldenen Schlüssel zu allen Türen des Himmels. Alle Türen darf es öffnen, nicht aber die dreizehnte Tür. Sich selbst überlassen, sieht das Kind hinter jeder Tür einen Apostel, schön anzuschauen in seinem Glanz. «Nun war die verbotene Tür allein noch übrig, da empfand es eine große Lust zu wissen, was dahinter verborgen wäre...» Es zögert längere Zeit, «aber die Begierde in seinem Herzen schwieg nicht still, sondern nagte und pickte ordentlich daran und ließ ihm keine Ruhe». Schließlich «dachte es, ‹nun bin ich ganz allein und könnte hineingucken, es weiß es ja niemand, wenn ich's tue.› Es rührte ein wenig an Glanz und Feuer der Dreieinigkeit.» Einen goldenen Finger behält es, den es verbirgt. Alsbald empfand es eine gewaltige Angst, die auch nicht wieder weichen wollte, «es mochte anfangen, was es wollte, und das Herz klopfte in einem fort und wollte nicht ruhig werden». Von der Gottesmutter gefragt, ob es die dreizehnte Tür geöffnet habe, leugnet es seine Übertretung. Darauf wird es in eine finstere Welt verbannt, in der es stumm und nackt lebt wie ein kleines Tier; schließlich wird es von einem Königssohn entdeckt, der ihm «schöne Kleider» und «alles im Überfluß» gibt. Sie wird seine Frau, gebiert ihm drei Kinder, die Maria ihr wegnimmt, da sie immer noch leugnet, im dreizehnten Zimmer gewesen zu sein. So wird ein Scheiterhaufen errichtet, auf dem sie wegen Kindesmord verbrannt werden soll. «Und als sie an einem Pfahl festgebunden war und das Feuer ringsumher zu brennen anfing, da schmolz das harte Eis des Stolzes, und ihr Herz ward von Reue bewegt, und sie dachte: ‹Könnt’ ich nur noch vor meinem Tode gestehen, daß ich die Tür geöffnet habe!› Da kam ihr die Stimme, daß sie laut ausrief: ‹Ja, Maria, ich habe es getan!›» Am Himmel bricht ein Licht hervor, und ihr wird vergeben.

Am 3. Dezember 1976 wendet sich Hugo mit einem Brief ohne Anrede an Anaïs: «Inge hat mir erzählt, daß Du sie angerufen hast, wie ich vorschlug, und daß Du eine Behandlung durchmachst, die Dich vorübergehend außer Fassung bringt, die nach Meinung der Ärzte aber auf die Dauer helfen wird.

Inge sagte auch, Du hättest gefragt, ob ich etwas tun könnte, was Dir im Augenblick ‹emotionale Freiheit› gibt. Ich dachte, ich hätte genau das in meinem letzten Brief getan, als ich auf Deinen Brief einging, in dem Du schreibst, daß Du Dich in niedergeschlagener Stimmung schuldig fühlst, weil Du nur meine ‹Halb-Frau› [‹half-wife›] warst. Ich möchte Dich vollständig von dieser Schuld befreien. Es ist meine Überzeugung, daß jeder von uns sich auf seine Weise mit der Realität abgefunden hat. Du hast Dein unabhängiges Leben, und ich habe meines, und ich für meinen Teil kann sagen, daß ich das friedlich und sogar schöpferisch akzeptiert habe, und ich hoffe, daß Du es genauso empfindest. Ich lebe und erweitere mich durch die Aufmerksamkeit und Sensitivität, die Du in mir wachgerufen und zu kultivieren geholfen hast. Ich bin unendlich dankbar für das, was ich von Dir empfing, und dafür, daß Du selbst Deine Ziele erreicht hast, wie ich es vorhergesagt habe. All das ist mehr als eine Kompensation für das, was ich Dir gab. Ich bin überzeugt, daß wir einander großzügig gaben, was wir im Rahmen unserer Möglichkeiten nur konnten.

Würde ich denken, Du hättest mir gegenüber irgend etwas versäumt, würde ich mich Dir heute nicht so verbunden fühlen, wie ich es tue. Im Gegenteil, mit Dir so viele Jahre gelebt zu haben, empfinde ich trotz aller Höhen und Tiefen als Auszeichnung, auf die jeder Mensch stolz wäre. Ich werde Dich immer als die ideale Frau meines Lebens sehen.

Einmal, als Du von der Befreiung der Frau sprachst, sagtest Du, daß Du von Deinem Ehemann freigegeben wurdest. Ich möchte Dich jetzt gefühlsmäßig freilassen. Also, laß mich bitte wissen, ob Du irgendwelche weitergehenden Beteuerungen von mir brauchst. Love, Hugo.»

Sachlich einwandfrei und korrekt – und doch gibt dieser kühle und distanzierte Brief, der sie nicht einmal bei ihrem Namen nennt, Anaïs nicht die erhoffte Ruhe.

Hugo war für Anaïs lebenslang ein fester Halt, den sie als Verankerung in der Realität geliebt und auch gebraucht hat. Aber als Anwalt des Faktischen hat er ihr zugleich vor Augen geführt, daß es nicht gelingen kann, den Traum vom Leben vollkommen im Alltag zu realisieren; deshalb hat sie ihn auch gehaßt.

Gegen alle Wünsche und Realisierungen von Ungebundenheit und Vielfalt setzte Anaïs lebenslang ihren Mann gleichsam als Wächter ihrer Identität ein. Vor ihm mußte sie verbergen, daß sie in das «dreizehnte Zimmer» hineingeschaut hat. Seine zwanghafte und verhaltene Art ließ ihn prädestiniert erscheinen für die Rolle des mächtigen Zensors, der ihr Handeln bestimmt, begrenzt und gesichert hat. Indem Hugo diese Rolle übernahm, konnte sie selbst sich in der Erwachsenheit über die Moral des Kindes hinwegsetzen. Sie «wußte», daß Hugo sie immer wieder «zur Besinnung» bringen würde. Es verwundert nicht, daß sie ihn braucht und daß sie am Ende ihres Lebens gerade ihn um Absolution bittet. Das Leben mit ihm gewann auf dem Hintergrund dieser Struktur den Charakter eines Bußgangs, wogegen sie dann heimlich aufbegehren konnte. Das machte ihr Zusammenleben aber auch unleidlich. Man hat das

Gefühl, daß die Menschen Hugh Guiler und Anaïs Nin einander in ihrer individuellen Eigenart fremd geblieben sind.

Im letzten Tagebuch-Band, «Book of Music», das parallel zum «Book of Pain» entsteht, beschreibt Anaïs weitere Krankenhausaufenthalte und Heilungsversuche. Rupert macht ein japanisches Medikament gegen Krebs ausfindig, das Dr. Maruyama entwickelt hat. Wenn sie sich kräftig genug fühlt, schwimmt sie eine Runde im Pool. Sister Corita Kent, eine Malerin, die als Lehrerin am Immaculate Heart College arbeitet, führt Gespräche mit ihr. Rupert fährt Anaïs nach Ski High, wo Dr. Brugh Joy mit einer Form spiritueller Hypnose auf sie einwirkt. Ein Kreis von Menschen versucht, Energie auf die geschwächte Anaïs zu übertragen. Die Prozedur erinnert ein bißchen an Teufelsaustreibung. Als würde sie etwas Verbotenes tun, vertraut Anaïs dem Tagebuch an, daß man in Los Angeles eine dem fernöstlichen Kulturkreis verwandte Lebenseinstellung hat. Man glaubt dort an Behandlungsmethoden, die der naturwissenschaftlichen Medizin unsinnig erscheinen würden.

Glanzpunkte sind mit Briefen und Besuchen der Freunde verbunden. Lawrence Durrell hat die Absicht, «House of Incest» für das französische Fernsehen zu bearbeiten, Maï Zetterling soll Regie führen. Eine Ballettgruppe plant eine Inszenierung von «House of Incest». Anaïs sagt zu allem ja und freut sich über das Weiterleben ihres Werks. Frank Alberti, ein Dichter aus dem New Yorker Kreis, der eine Zeitlang als Sekretär von Hugo tätig war, schreibt einfühlsame Briefe. Anaïs erhält Geschenke, Parfüm und hübsche Kleider. Rupert besorgt den Haushalt, kümmert sich ganz um ihr körperliches Wohlergehen und arbeitet am siebten Tagebuch-Band.

Joaquin ruft jede Woche an und besucht sie auch. «Ich sprach mit Joaquin. Ich sagte, daß die Klage der Musik vielleicht die Trauer über die Vertreibung aus einer anderen, besseren Welt sei. Ja, er wußte von der neuen Welt, die uns verschlossen ist, er wußte von Exil und einem verlorenen Land. Ja, er kannte die Sehnsucht. Mein Vater kannte sie.»

Jean Sherman, die Übersetzerin der frühen Tagebücher, die in französischer Sprache geschrieben wurden, liest Anaïs vor. John Ferrone spricht über das Edieren der Erotika mit ihr. Eines Tages kommt auch Henry Miller in einem Rollstuhl in ihr Krankenzimmer. Zufällig hat er erfahren, daß Anaïs wie er selbst zur Zeit im Cedars Sinai

Medical Center behandelt wird. Worüber mögen sie gesprochen haben? Vielleicht haben sie einander nur angeschaut und beim Betrachten des anderen begriffen, daß ihr eigenes Leben dem Tode nahe ist. Miller hat sie allerdings um drei Jahre überlebt.

In den vierziger Jahren hat Anaïs einmal notiert: «Und in der Stunde meines Todes werde ich sagen: ‹Verzeiht mir, es war alles ein Traum›, und dann werde ich vielleicht jemanden gefunden haben, der sagt: ‹Keineswegs, es war wahr, absolut wahr.›» Dieser «Jemand» heißt Rupert Pole. Die letzten Eintragungen beziehen sich immer wieder auf Ruperts Liebe.

Angstvoll berichtet Anaïs vom Schwinden ihrer Energie. Die Menschen entgleiten ihr. Sie leidet unter dem Gefühl der Distanz. Bei einem letzten Krankenhausaufenthalt meint Anaïs, nur noch ein aufgespießtes Insekt zu sein. Der schmerzgeplagte Körper entzieht sich mehr und mehr ihrer eigenen Verfügung. Linderungsmittel, Morphium eingeschlossen, tragen dazu bei, daß ihr die Wirklichkeit immer fremder erscheint. Wenige Tage vor ihrem Tod erhält sie einen Besuch von Joan Palevsky, deren Mann durch die Erfindung eines neuen Computers reich geworden ist. Palevsky erwirbt die Tagebücher für 100 000 Dollar und schenkt sie der UCLA.

Als Anaïs Nin am 14. Januar 1977 kurz vor Mitternacht im Cedars Sinai Medical Center stirbt, besitzt sie mehr Geld, als sie je zuvor hatte. Nach ihrem Tod bringen die Romane, die gedruckten Vorträge, die Erotika und die unzensierte Version der Tagebücher sehr viel Geld ein. Rupert und Hugo erben zu gleichen Teilen.

Rupert verstreut ihre Asche von einem Hubschrauber aus über dem Pazifischen Ozean an der «Intersection Mermaid». Es erscheint eine Todesanzeige in der «Los Angeles Times» mit Rupert Pole als Ehemann und eine in der «New York Times» mit Hugh Guiler als Ehemann. Die Aufspaltung ihres Lebens setzt sich nach Anaïs Nins Tod fort. So gibt es auch eine Beerdigungsfeier in New York und eine in Los Angeles. Jede Seite meint, die wahre Anaïs Nin gekannt zu haben. Aber kann man einen Menschen wirklich kennen? «Was ist Realität?» fragt Anaïs Nin. «Tief in uns ist sie so schwer faßbar wie ein Traum, und wir sind keines Ereignisses sicher.»

ANHANG

Danksagung

Ein Buch schreibt man nicht allein. Auch am Zustandekommen dieses Buches waren viele Menschen beteiligt.

Ganz besonders hilfreich waren die Gespräche mit Joaquin Nin-Culmell in San Francisco und Paris. Intellektuelle Wendigkeit und das Interesse, einem Sachverhalt seinen Witz zu entlocken, sind ihm – wie dem Jungen in den Tagebüchern der Anaïs Nin – immer noch ein besonderes Vergnügen. Mit Gunther und Barbara Stuhlmann habe ich nicht allein neue Sorten Rotwein probiert, Gunther war auch der erste, der mir einen Weg gebahnt hat durch den Dschungel der Interpretationsmöglichkeiten, der mir alle Informationen über das Leben der Anaïs Nin an der Ostküste gab, über die er verfügte, und der mir auch die Richtung in den Westen gewiesen hat. Zusammen mit ihm ist die Idee entstanden, diese ausführliche Biographie zu wagen. Sie wäre allerdings nicht durchzuführen gewesen, wenn nicht Rupert Pole in Los Angeles den «Sesam» geöffnet hätte. Er hat mir erlaubt, in dem Haus, das er mit Anaïs Nin bewohnte, das Unterste nach oben zu kehren, um das Material durchforschen zu können, das sich in den Jahren dort angesammelt hat. Er hat mir jede Unterstützung zuteil werden lassen. Mehrere Wochen habe ich in dem Haus 2335 Hidalgo Avenue wohnen dürfen, konnte im Pool schwimmen und habe Margaritas gemixt bekommen. So waren nicht nur die zahllosen Gespräche und Diskussionen sehr hilfreich, sondern auch das Erleben der Atmosphäre.

Sehr produktiv waren die Gespräche mit Renate Druks, mit der befreundet zu sein das helle Vergnügen ist. Ihr Humor hat mir aus mancher Stimmungssackgasse geholfen. Neben Gunther Stuhlmann war auch Renate so freundlich, eine frühe Fassung des Manuskripts zu lesen und mit wichtigen Anmerkungen zu versehen.

Auch den anderen Freunden der Anaïs Nin, die sich Zeit zu einem Gespräch genommen haben, bin ich verpflichtet, allen voran Sharon Spencer in New Jersey. Wann immer ich in New York war, haben wir den «Fall» Anaïs Nin erneut aufgerollt. Ebenso waren John Ferrone, Marguerite Young und Victor Lipari sehr aufgeschlossen und neugierig, etwas über Anaïs' Leben im Westen zu erfahren. Interessante Gesichtspunkte haben sich ergeben im Gespräch mit Freunden und Bekannten der Anaïs Nin in Los Angeles: mit Kazuko Sugisaki, Frances und Fred Haines, Bebe Barron, Tristine Rainer, Curtis Harrington, Eric und Mary Wright, Muriel Jeffie und Bob Snyder; darüber hinaus mit Beatrice Wood (Ojai) und Deborah Hayden (San Francisco) sowie mit André Bay, Beatrice Commengé und Jean-Yves Boulic in Paris.

Karin Farokhifar hat mich in jeder Weise unterstützt und die Herstellung des Typoskripts übernommen. Ute Zöllner hat sich um das Literaturverzeichnis gekümmert und bei den Zitatnachweisen mitgearbeitet. Beiden danke ich auch für den Hinweis auf manchen Schnitzer im Manuskript. Anne Caiger, Manuscript Librarian im Department of Special Collection der University Research Library der UCLA, danke ich für Orientierungshilfen.

Heide Grootjans, Ursula Habich, Marina Möller-Gambaroff, Sabine von Schablowsky und Jan Walker haben mich wie gute Feen vor den Tiefen bewahrt, die neben den Höhen mit dem Schreiben dieses Buches verbunden waren.

Die Hilfe allerdings, die ich von meinem Lektor Uwe Naumann erfahren habe, kann ich gar nicht hoch genug schätzen. Stets erreichbar, hat er mit Geduld und konstruktiver Kritik meine Arbeit immer wieder auf die Fährte gesetzt und den Text bereichert. Den intensiven Austausch werde ich in der nächsten Zeit schmerzlich vermissen.

Ihnen allen möchte ich als stillen Koautoren von ganzem Herzen danken!

Linde Salber, November 1994

Zitatnachweis

Beim Zitatnachweis wurde so verfahren, daß Quellenangaben jeweils für einen ganzen Absatz gelten, bis eine neue Quelle angegeben wird. Alle Zitate aus den englischsprachigen Originaltagebüchern und Briefen wurden von der Autorin übersetzt. Bei der Übernahme von Zitaten aus den in deutscher Sprache veröffentlichten Tagebüchern, Romanen und Briefen wurden gelegentlich stilistische Veränderungen vorgenommen.

Zu den im folgenden verwendeten Kurztiteln finden sich in der Bibliographie ausführlichere Angaben. Die Nummern 62 bis 95 entsprechen den von Anaïs Nin durchnumerierten Originaltagebüchern. Darüber hinaus werden folgende Abkürzungen verwendet:

AN: Anaïs Nin
KiTaBu I: Das Kindertagebuch (1914–1919). München 1981
KiTaBu II: Das Kindertagebuch (1919–1920). München 1981
TB 1920–1921: Tagebücher (1920–1921). München 1986
ED I: Linotte. The Early Diary of Anaïs Nin (1914–1920). New York, London 1978
ED II: The Early Diary of Anaïs Nin (1920–1923). San Diego, New York, London 1982
ED III: The Early Diary of Anaïs Nin (1923–1927). San Diego, New York, London 1983
ED IV: The Early Diary of Anaïs Nin (1927–1931). San Diego, New York, London 1985
TaBu I: Anaïs Nin: Die Tagebücher der Anaïs Nin (1931–1934). München 1979
TaBu II: Anaïs Nin: Die Tagebücher der Anaïs Nin (1934–1939). München 1979
TaBu III: Anaïs Nin: Die Tagebücher der Anaïs Nin (1939–1944). München 1979
TaBu IV: Anaïs Nin: Die Tagebücher der Anaïs Nin (1944–1947). München 1977
TaBu V: Anaïs Nin: Die Tagebücher der Anaïs Nin (1947–1955). München 1978
TaBu VI: Anaïs Nin: Die Tagebücher der Anaïs Nin (1955–1966). München 1979
TaBu VII: Anaïs Nin: Die Tagebücher der Anaïs Nin (1966–1974). München 1982

D I: The Diary of Anaïs Nin (1931–1934). New York 1966
D II: The Diary of Anaïs Nin (1934–1939). New York 1967
D III: The Diary of Anaïs Nin (1939–1944). New York 1969
D IV: The Diary of Anaïs Nin (1944–1947). New York 1971
D V: The Diary of Anaïs Nin (1947–1955). New York 1974
D VI: The Diary of Anaïs Nin (1955–1966). New York 1976
D VII: The Diary of Anaïs Nin (1966–1974). New York 1979

Alba: AN, Kinder des Albatros. Erzählung. München 1982
BdL: Anaïs Nin – Henry Miller: Briefe der Leidenschaft (1932–1954).
    Bern, München, Wien 1989
Delta: AN, Das Delta der Venus. Bern, München 1978
F: Fire (enthält Tagebücher No. 48–52)
HoI, House of Incest (zweisprachige Ausgabe). München 1984
Hugo: Tagebuch Hugh Guiler. 1947 im Tagebuch No. 72
Inc: Incest (enthält Tagebücher No. 37–46)
IT: AN, Intimes Tagebuch. Henry, June und ich. Bern, München, Wien
    1989
Journal: AN, Anaïs. An International Journal. Vol. 1–12 ed. by Gunther
    Stuhlmann. Los Angeles 1983–1994
LF: AN, Leitern ins Feuer. Roman. München 1980
M: AN, Nearer the Moon (enthält die Tagebücher No. 53–61)
MJ: Mon Journal. Anaïs Nin. July 1958 to November 1958. Paris, New
    York, Los Angeles (o. S.)
Parfum: AN: Ein gefährliches Parfum. Die frühen Erzählungen. Reinbek
    1993
Spy: AN, A Spy in the House of Love. New York 1954
TH: AN, This Hunger… New York 1945
UG: AN, Unter einer Glasglocke. Erzählungen. München 1979

(Ms: Manuskript)
Ms I: «Aline's Choice»
Ms II: «The Rot»

11 *kalt, bleich, aristokratisch:* TaBu I, 108
12 *wie er mich:* TaBu I, 96
    Seine Augen: TaBu V, 77
    dunkelhaarig, blauäugig: TaBu I, 112
13 *Schnürkleider mit:* TaBu I 113
14 *Wann beginnt das:* ED II, 82
15 *ein Junge hätte:* ED II, 82
    Thorvald, der in: ED II, 83

145 *Ein magerer Affe:* Miller: Wendekreis des Krebses, 61 f
   auf der Straße: Miller: Rosy, 8
146 *aus vollem Halse:* Miller: Rosy, 102
147 *Gewaltsamkeit und Obszönität:* Vorwort AN zu Miller: Wendekreis
   des Krebses, 7 f
   Un écrivain: Dearborn, 207
148 *Wenn ich die:* TaBu II, 317
   Die Geschichte des: Bataille, 225
149 *Wer diese:* Foucault, 15 f
   Wenn ich von: TaBu I, 13 f
150 *Doch alle Lust:* Nietzsche, 467
151 *Negation der Isolierung:* Bataille, 15
   völlig benommen: IT, 91 f
152 *sexuelle Odyssee:* Vorwort Pole zu IT, 7
153 *Ist es möglich:* TaBu I, 97
155 *In ‹House›:* TaBu I, 287
   Kann ich das: Spy, 20
   das Eingeständnis: TaBu VII, 281
157 *Pluralität ist:* Welsch, 13 – 16
158 *Deine Vision von:* TaBu I, 160
159 *Wie Du lebte:* Briefe des Vaters an AN, 29. 4. 1933
160 *good or bad:* Inc, zitiert nach dem Originalmanuskript; in der Veröffentlichung ausgespart
   Ich hatte den: Inc, 210
161 *Ich mußte jeden:* Inc, 214
   Mir geht es: Inc, 217
162 *sie entwarf auf:* UG, 154
   Dies ist nicht: LF, 140 f
163 *Das Antlitz meiner:* Inc, 118 f
   Er ist ein: Inc, 199
164 *Der Traum ist:* Artaud: Die Kunst, 121
   Wenn ich Henry: Inc, 150
165 *Montag kommt:* Inc, 153
   Und ich bin: Inc, 185
   Ich habe nicht: Inc, 186
   Er hat meine: Inc, 186
   Alles um mich: Inc, 190
   Ich glaube an: Inc, 194
166 *Wenn ich so:* Inc, 196
   Ich wußte, daß: Inc, 197
   Alraune, geschaffen: Inc, 197
167 *Und ich begann:* Inc, 199

Kann man nicht: Miller an Anaïs, 3. 3. 1963
dem wahren Gärtner: Collages, 5
502 *ich schreibe wie:* Brief an Hugo, 9. 11. 1963
größten Kritiker: Brief an Rupert, 13. 5. 1963
wie gut, daß: Brief an Rupert, 13. 5. 1963
mit Liebe und: Hugo an Anaïs, 14. 7. 1963
‹als ich nach: Hugo an Anaïs, 14. 8. 1963
503 *wirkliche Tränen:* Brief an Hugo, 27. 11. 1963
Es ist wichtig: Brief an Hugo, 4. 12. 1963
Noch stärker als: TaBu VI, 499
504 *Salzburg ist zauberhaft:* TaBu VI, 556
ihre unauffällige: TaBu VI, 557
Fernsehen, Rundfunk: TaBu VI, 557
Ein Interview mit: TaBu VI, 559
508 *wie mein Vater:* Joaquin an Anaïs, 15. 8. 1965
So haben wir: Anaïs an Hugo, 11. 5. 1965
509 *Herausgeber Nr. 1:* Anaïs an Joaquin, 30. 4. 1965
Bis ich den: Anaïs an Hugo, 8. 4. 1965
Ich muß es: TaBu VI, 589
510 *Ich hatte bereits:* TaBu VI, 589
Am 3. November: Anaïs an Shively, undatiert
512 *sich entwickelnden:* Anaïs an Stuhlmann, 7. 12. 1965
Der übliche Alptraum: Hid. 3, 1
513 *mit realitätsgetreuen:* TaBu VI, 613
Ich trug einen: Ferlinghetti: Her, 7
Aber ich gehöre: TaBu VII, 11
514 *Man sagt, daß:* TaBu VI, 616f
das Seelenleben: Typoskript von Renate Druks, Juni 1966
515 *Mir ist, als:* TaBu VII, 25
516 *nicht realistisch im:* Hugo an Anaïs, 4. 6. 1966
517 *niemals mehr eine:* Anaïs an Hugo, 28. 6. 1966
Alles entsprach mir: TaBu VII, 16
519 *1. Februar:* TaBu VII, 44
520 *Liebe von einer:* Jan. 1968, in: Hid. 3, 153
Depressionen, die früher: Jan. 1968, in: Hid. 3, 187
Als du abgereist: Jan. 1968, in: Hid. 3, 191f
521 *Ich erinnere mich:* Nona Balakian an Anaïs, 15. 6. 1967
522 *Als sie auf:* TaBu VI, 617f
Gewöhnliches Leben: TaBu I, 15
523 *Wie kann ich:* TaBu I, 218
manischen Überschwang: Holmes, in: The Hip, 104f
mit Hilfe des: Leary: Neuropolitik, 19f

Bibliographie

1. Unveröffentlichte Manuskripte

Die im Buch zitierten Manuskripte und Briefe wurden eingesehen
im Anaïs Nin Trust, Los Angeles

a) Tagebuchmaterial

No. 48–52: 1934–1937: Fire (641 S.) (enthält: «Revolte», «Drifting»,
«Day and Night», «A story with two faces», «Nanankepichu», «Vive la
Dynamite», «Fire»)

No. 53–61: 1937–1939: Nearer the Moon (490 S.) (enthält: «Journal de
Fatamorgana», «Un Dieu Qui Rit», mit zwei eingeklebten Schamhaa-
ren: «Gonzalos hair found with mine – interwoven! [from between the
legs.»] «Consumation, Collective, Selfabnegation, le Monde, Isolation,
Circles» [so untereinandergeschrieben, daß sich aus den Anfangsbuch-
staben «COSMIC» ergibt], «Maya», «Parenthesis», «Les Mots Flottants», «Nearer the Moon», «Book of my Metamorphoses», «Book of
Maya» [diesen Band wollte Miller veröffentlichen], «La Tubereuse aux
Muqueuses Pleureuses».)

No. 62: Oct. 1939–Nov. 1940: «Kenilworth», «Death of the Mother»
(148 S.)

No. 63: Dec. 1940–June 1941: «House of Death and Escape» (129 S.)

No. 64: July 1941–Aug. 1941: «Intermezzo», «Provincetown», «Climac-
terics», «Edward Graeffe» (99 S.)

No. 65: Nov. 1941–Sept. 1943: «Birth of the Press» (129 S.)

No. 66: Oct. 1942–Oct. 1943: «A La Recherche des Jeux Perdus», «With
Martha Jaeger» (257 S.)

No. 67: Oct. 1943–March 1944: ohne Titel (51 S.)

No. 68: Apr. 1944–Nov. 1945: «Discovery of Joy» (270 S.)

No. 69: Nov. 1945–May 1946: «The Transparent Child» (175 S.)

No. 70: Aug. 1946–Jan. 1947: ohne Titel (29 S.). «Notes On Writing for
Lecture» (8 S.)

No. 71: Febr. 1947–Apr. 1947: ohne Titel (62 S.). Anhang: Tagebucheintragungen von Hugh Guiler: May, June, July 1948 (37 S.)

No. 72: Briefe von Hugh Guiler, May, June, July 1948: ohne Titel (37 S.)

No. 73: May 1948–May 1949: ohne Titel (39 S.). 20. October 1949: «Two
Chambered Heart» (6 S.)

No. 74: Dec. 1949: «Tree of Life» (46 S.)

No. 75: May 1952–Aug. 1952: ohne Titel (63 S.). Apr. 1953–Aug. 1953: «The Pillar» (36 S.), «The Tree and the Pillar Meet» (6 S.)

No. 76: Aug. 1952–Nov. 1952 (32 S.)

No. 77: Apr. 1951: ohne Titel (19 S.)

No. 78: Febr. 1953–March 1953 (17 S.)

No. 79: May 1952–June 1952: ohne Titel (57 S.)

No. 80: Aug.–Sept. 1953: ohne Titel (22 S.)

No. 81: Oct. 1953–March 1954: ohne Titel (78 S.)

No. 82: March / Apr. 1954: ohne Titel (36 S.)

No. 83: Aug. 1954: ohne Titel (95 S.)

No. 84: Oct. 1954–Dec. 1954: ohne Titel (78 S.)

No. 85: March, Apr. 1954–Febr. 1955: ohne Titel (33 S.)

No. 86: Apr., May, June, July 1955: ohne Titel (33 S.)

No. 87: Jan. 1956–Febr. 1957: ohne Titel (39 S.)

No. 88: June, July, Aug. 1955: «Book of Superimpositions and Double Exposures» (28 S.)

No. 89: Nov. 1956–Dec. 1956: ohne Titel (12 S.)

No. 90: March 1956–Aug. 1956: ohne Titel (31 S.)

No. 91: Sept., Oct. 1956: ohne Titel (28 S.)

No. 92: Jan. 1957: ohne Titel (37 S.)

No. 93: Apr., May 1957: ohne Titel (55 S.)

No. 94: May–July 1957: ohne Titel (16 S.)

No. 95: Aug., Sept., Oct. 1957: ohne Titel (25 S.)

Sept. 1958, Folder: 1958 II, USLA Research Library Department of Special Collections (16 S.)

June 1959, Loseblattsammlung, S. 12–50

July 1959

Dec. 1959 (4 S.)

4. Nov. 1960

Im handschriftlichen «Diary Index» von Anaïs Nin laufen die Bandnummern weiter bis Oktober 1964. Sie sind jedoch als Texteinheiten nicht auffindbar.

Der Zeitraum von Januar 1966 bis Dezember 1976 ist in 12 gebundenen Tagebüchern beschrieben, die auch in Los Angeles, Hidalgo Avenue 2335, vorhanden sind (Hid. 1–Hid. 12):

Hid. 1: July 1966: «Diary of Japan» (o. S.)

Hid. 2: July 1966: «Japan July 1966» (o. S.) (weitgehend identisch mit Hid. 1)

Hid. 3: Jan. 1966–Dec. 1966: ohne Titel (o. S.). Jan. to Sept. 1968 (o. S.)

Hid. 4: May 1972–Dec. 1972: ohne Titel (o. S.)
Hid. 5: Aug. 1973: ohne Titel (o. S.)
Hid. 6: Aug. 1973: «Yes Poems» (o. S.) (eingetragen in «Nopoems» by Adele Aldridge)
Hid. 7: Apr. 1973–July 1973: ohne Titel (o. S.)
Hid. 8: Sept. 1973–Febr. 1974: ohne Titel (o. S.)
Hid. 9: Oct. 1974: Paris (o. S.)
Hid. 10: Nov. 1975–Dec. 1976: sog. «Book of Music» (o. S.) (mit Widmung: May this Diary bring Life and Love to the Love of my Life Rupert, November 1., 1975)
Hid. 11: Nov. 1974–Apr. 1976: «The Book of Pain» (184 S.)
Hid. 12: o. J.: «Diary and Note Book» (o. S.)

b) Entwürfe
(Kopien befinden sich in Los Angeles,
Hidalgo Avenue 2335, Originale in der Northwestern University, Illinois)
«Le Compagnon de l'Oublie», 1916 (Original in Los Angeles, Hidalgo)
«Aline's Choice»
«The Rot»
«The Women No Man Can Hold»

2. Werke

a) Bücher
D. H. Lawrence. An Unprofessional Study. Paris (Edward W. Titus) 1932, London (Neville Spearman Limited) 1961
The House of Incest. Paris (Siana Editions) 1936
The Winter of Artifice. Paris (The Obelisk Press) 1939, New York (Gemor Press) 1942
The All-Seeing. New York (Gemor Press) 1944
Under a Glass Bell. New York (Gemor Press) 1945
This Hunger… New York (Gemor Press) 1945
Ladders to Fire. New York (E. P. Dutton & Company) 1946
Realism and Reality. New York (Alicat Book Shop) 1946
A Child born out of the Fog. New York (Gemor Press) 1947
Children of the Albatross. New York (E. P. Dutton & Company) 1947
On Writing. Hanover, New Hampshire (Daniel Oliver Associates) 1947, New York (Gemor Press) 1947
The Four-Chambered Heart. New York (Duell, Sloan and Pearce) 1950
A Spy in the House of Love. New York (The British Book Centre, Inc.) 1954
Solar Barque. Ann Arbor (Edwards Brothers) 1958

Cities of the Interior. Denver (Alan Swallow) 1959

Seduction of the Minotaur. Denver (Alan Swallow) 1961, London (Peter Owen Limited) 1961

Collages. Denver (The Swallow Press, Inc.) 1964, London (Peter Owen Limited) 1964

The Diary of Anaïs Nin (1931–1934). Edited and with an Introduction by Gunther Stuhlmann. New York (The Swallow Press, Inc., and Harcourt, Brace & World, Inc.) 1966, London (Peter Owen Limited) 1966

The Diary of Anaïs Nin (1934–1939). Edited and with a Preface by Gunther Stuhlmann. New York (The Swallow Press, Inc., und Harcourt, Brace & World, Inc.) 1967, London (Peter Owen Limited) 1967

The Novel of the Future. New York (The Macmillan Company) 1968

Unpublished Selections from the Diary. Athens, Ohio (The Duane Schneider Press) 1968

The Diary of Anaïs Nin (1939–1944). Edited and with a Preface by Gunther Stuhlmann. New York (Harcourt, Brace & World) 1969

An Interview with Anaïs Nin. Athens, Ohio (The Duane Schneider Press) 1970

Nuances. Cambridge, Mass. (San Souci Press) 1970

The Diary of Anaïs Nin (1944–1947). Edited and with a Preface by Gunther Stuhlmann. New York (Harcourt Brace Jovanovich, Inc.) 1971

Paris Revisited. Santa Barbara (Capra Press) 1972

The Anaïs Nin Reader. Chicago (The Swallow Press, Inc.) 1973

The Diary of Anaïs Nin (1947–1955). Edited and with a Preface by Gunther Stuhlmann. New York (Harcourt Brace Jovanovich, Inc.) 1974

A Woman Speaks. The Lectures, Seminars and Interviews of Anaïs Nin. Chicago (The Swallow Press, Inc.) 1975

The Diary of Anaïs Nin (1955–1966). Edited and with a Preface by Gunther Stuhlmann. New York (Harcourt Brace Jovanovich, Inc.) 1976

In Favour of the Sensitive Man and Other Essays. New York (Harcourt Brace Jovanovich, Inc.) 1976

Delta of Venus. Erotica. New York (Harcourt Brace Jovanovich, Inc.) 1977

Waste of Timelessness and Other Early Stories. New York (Magical Circle Press) 1977

Linotte. The Early Diary of Anaïs Nin (1914–1920). New York, London (Harcourt Brace Jovanovich, Inc.) 1978

The Diary of Anaïs Nin (1966–1974). Edited and with a Preface by Gunther Stuhlmann. New York (Harcourt Brace Jovanovich, Inc.) 1979

Little Birds. Erotica. New York, London (Harcourt Brace Jovanovich, Inc.) 1979

The Early Diary of Anaïs Nin (1920–1923). San Diego, New York, London (Harcourt Brace Jovanovich, Inc.) 1982

The Early Diary of Anaïs Nin (1923–1927). San Diego, New York, London (Harcourt Brace Jovanovich, Inc.) 1983

The Early Diary of Anaïs Nin (1927–1931). San Diego, New York, London (Harcourt Brace Jovanovich, Inc.) 1985

Henry and June. From the Unexpurgated Diary of Anaïs Nin. San Diego, New York, London (Harcourt Brace Jovanovich, Inc.) 1986 (enthält Tagebücher No. 32–36: 1931–1932: «June», «The Possessed», «Henry», «Apotheosis and Downfall», «Journal of a Possessed»)

Incest. From a Journal of Love. The Unexpurgated Diary of Anaïs Nin. 1932–1934. New York, San Diego, London (Harcourt Brace Jovanovich, Inc.) 1992 (enthält Tagebücher No. 37–46: Oct. 1932–Nov. 1934: «La Folle Lucide», «Equilibre», «Uranus», «Schizoidie and Paranoia», «The Triumph of Magic – White and Black Magic», «Flagellation», «‹And on the Seventh Day He Rested from his Work›. Quoted Negligently from a Book I Never Read», «Audace», «The Definite Appearance of the Demon», «Flow – Childhood – Rebirth»)

b) Artikel, Rezensionen, Vorworte (eine Auswahl)

Why Every Home Should Own a Liberty Bond, in: The Criterion, V, No. 3, März 1918, S. 9

The Password, in: The Criterion, V, No. 3, März 1918, S. 12 f

D. H. Lawrence Mystic of Sex, in: The Canadian Forum. A Monthly Journal of Literature and Public Affaires, XI, No. 121, Okt. 1930, S. 15 ff

Preface to Henry Miller: Tropic of Cancer, Paris 1934

Le Merle Blanc, in: The Booster, II, No. 7, Sept. 1937, S. 17 f

A Boost for «Black Spring», in: The Booster, No. 9, Nov. 1937, S. 27

The Paper Womb (später «The Labyrinth»), in: The Booster, No. 10 / 11, Dez. 1937–Jan. 1938, S. 3 ff

Orchestra, in: The Phoenix, I, No. 2, Juni / Juli / Aug. 1938, S. 95 ff

Fragment of a Diary, in: Seven, No. 1, Sommer 1938, S. 26 f

Creative Principle in Analysis, in: Purpose. A Quarterly Magazine, X, No. 3, Juli–Sept. 1938, S. 147 ff

Rag-Time, in: Seven, No. 2, Herbst 1938, S. 2 ff

Birth, in: Twice a Year, No. 1, Herbst / Winter 1938, S. 132 ff

Fragment from Mon Journal, in: The Phoenix, II, No. 3, 1940, S. 95 ff

Woman in the Myth, in: Twice a Year, No. 5 / 6, Herbst / Winter 1940 / Frühling / Sommer 1941, S. 413 ff

The Story of Pierre, in: Experimental Review, No. 3, Sept. 1941, S. 46 ff

Under a Glass Bell, in: Diogenes, 1, No. 3, Herbst 1941, S. 101 ff (Teil des späteren «Under a Glass Bell»)

From: Diary – Volume One (Age 11–12), in: Twice a Year, No. 7, Herbst/Winter 1941, S. 48 ff

I Shall Never Forgive the King of England, in: Matrix, III, No. 3, 1941, S. 28 ff (später «Houseboat», in «Under a Glass Bell» enthalten)

Through the Streets of My Own Labyrinth, in: Dyn, No. 3, Herbst 1942, S. 40 (später in «Under a Glass Bell»)

The Eye's Journey, in: Dyn, No. 6, Nov. 1944, S. 34 ff

The All-Seeing, in: Circle, 1, No. 4, 1944, S. 4 ff

Preface to C. L. Baldwin: Quinquivara, New York 1944

Preface to Ian Hugo: Five engraved woodblock color prints hand-pulled on chinese rice paper, New York 1945

Sabina, in: The Medusa, 1, No. 1, Herbst 1946, S. 8 ff (später in «Children of the Albatross»)

Children of the Albatross. An Excerpt, in: Portfolio. An Intercontinental Quarterly, V, Frühling 1947, S. 12

The Sealed Room, in: Tiger's Eye, No. 1, Okt. 1947, S. 82 ff

The Writer and the Symbols, in: Two Cities, No. 1, 15. April 1959, S. 33 ff

The Synthetic Alchemist, in: Two Cities, No. 2: La Revue Bilingue de Paris, 15. Juli 1959, S. 38 ff

Untitled selections from Anaïs Nin's diary at age eleven, in: Birth, No. 2, Sommer 1959, S. 6 ff

The Seal Friends, in: Vogue, CXXXVIII, No. 2, 1. Aug. 1961, S. 20 und S. 32 (später in «Collages»)

Excerpts from Seduction of the Minotaur, in: Between Worlds, II, No. 1, Herbst/Winter 1962, S. 118 ff (nicht in «Seduction of the Minotaur»)

The Trees Walk at Night, in: Story, XXXVI, No. 2, März/April 1963, S. 60 ff (später in «Collages»)

Poetics of the Film, in: Film Culture, No. 31, Winter 1963/1964, S. 12 ff

Pierre Brodin: Écrivains américains d'aujourd'hui, in: Books Abroad. An International Literary Quarterly, XXIX, No. 2, Frühling 1965, S. 164 f

Untitled inscription of a book to Harold Norse, in: Ole, No. 5, 1966, S. 49

Alan Swallow, in: The Denver Quarterly, II, No. 1, Frühling 1967, S. 11 ff

Fyodor Dostoevsky: The Notebooks for ‹Crime and Punishment›, in: Saturday Review, I, No. 23, 10. Juni 1967, S. 35 und S. 110

Marguerite Young: Miss MacIntosh, My Darling, in: Open City, No. 52, 1.–14. Mai 1968, S. 5

Otto Rank: Art and Artist, in: Open City, No. 58, 28. Juni–4. Juli 1968, S. 5

Introduction Daniel Mauroc, in: Works, I, No. 4, Sommer 1968, S. 70

Daniel Stern: The Suicide Academy, in: The Village Voice, XIII, No. 52, 10. Okt. 1968, S. 8 und S. 12

The Death of Rank, in: Journal of the Otto Rank Association, III, No. 2, Dez. 1958, S. 42 f

Otto Rank: Art and Artist, in: Journal of the Otto Rank Association, II, No. 2, Dez. 1968, S. 94 ff (andere Besprechung von O. Ranks Buch)

Sandra Hochman: Love Letters from Asia, in: Trace, No. 69, Mai 1969, S. 517 ff

Foreword to Lila Bita: Furies, Torrance (Cal.) 1969

Preface to Bettina L. Knapp: Antonin Artaud. Man of Vision, New York 1969

Preface to Daisy Aldan: The Destruction of Cathedrals and Other Poems, New York 1970 (2. Auflage)

Letter to the Editor, in: The Phoenix, III, No. 1, Winter 1970, S. 201 f

Comments on Neglected Books of the Past Twenty-five Years, in: American Scholar, XXXIX, No. 2, Frühling 1970, S. 337

Marguerite Young: Woman of Our Time, in: Matrix, 1, 1970, S. 13 f

The Poetic Novel-Bridge Between Inner and Outer Reality, in: Journal of the Otto Rank Association, V, No. 1, Juni 1970, S. 25 ff

Hiram Haydn: Report from the Red Windmill, in: Voyages. A National Literary Magazine, III, No. 1 und No. 2, Winter 1970, S. 29 f

Marianne Hauser: A Lesson in Music, in: Rediscoveries. Informal Essays in Which Well-Known Novelists Rediscover Neglected Works of Fiction by One of Their Favorite Authors, ed. by David Madden, New York 1971, S. 116 ff

Jacques Henri Lartigue: Diary of a Century, in: New York Times Book Review, CXX, No. 41, 301, 21. Febr. 1971, S. 4 f

From the Fourth Journal, in: Boston University Journal, XIX, No. 2, Frühling 1971, S. 7 ff

From Diary 4: Varda, in: Under the Sign of Pisces. Anaïs Nin and Her Circle, II, No. 2, Frühling 1971, S. 1 ff

Untitled excerpt from the second Diary, in: The Second Wave, I, No. 1, Frühling 1971, S. 3

Hejda, in: The World of the Short Story. Archetypes in Action, ed. by Oliver Evans and Harry Finestone, New York 1971, S. 388 ff

A D. H. Lawrence Postcript, in: Mankind. The Magazine of Popular History, III, No. 2, Aug. 1971, S. 21

Olga, in: Atrix, No. 2, 1971, S. 10 f

Anna Balakian: André Breton. Magus of Surrealism, in: Under the Sign of Pisces. Anaïs Nin and Her Circle, II, No. 4, Winter 1971, S. 1 f

Preface to Otto Rank: La Volonté du Bonheur, in: Journal of the Otto Rank Association, VI, No. 2, Dez. 1971, S. 74 ff

On Women's Liberation, in: Under the Sign of Pisces. Anaïs Nin and Her Circle, II, No. 1, Winter 1971, S. 1 ff

Untitled piece on Anaïs Nin's reading as a teenager, in: Attacks of Taste, ed. by Evelyn B. Byrne and Otto M. Penzler, New York 1971, S. 33 f

Notes on Feminism, in: The Massachusetts Review, XIII, No. 1 und No. 2, Winter/Frühling 1972, S. 25 ff

Liberation. A Simultaneous Happening, in: The New York Times, CXXI, No. 41, 14. Jan. 1972, S. 31

Excerpts from lecture delivered at Northwestern University, Meryl Gordon, Anaïs Nin: Ending the Years of Silence, in: The Michigan Daily, LXXXII, No. 109, 18. Febr. 1972, S. 5

On Gaston Bachelard, in: Under the Sign of Pisces. Anaïs Nin and Her Circle, III, No. 2, Frühling 1972, S. 14 f

Desolation Trail, in: Eidólons, ed. by Rochelle Holt, Sioux City, Iowa 1972, S. 13

Untitled Review of Henry Jaglom's film «A Safe Place», in: Los Angeles Free Press, Living Arts supplement, IX, No. 40, 6. Okt. 1972, S. 1

Preface to J. Pearson: The Sun's Birthday, Garden City–New York 1973

Introduction to Sharon Spencer: The Space Between, New York 1973

Preface to Mary Lee: The Guest of Tyn-y-Coed Cae, Santa Monica (Cal.) 1973

Feminine Sensibility. A Forum, in: The Harvard Advocate, CVI, No. 2/3, Winter 1973, S. 8 f

Drug Experience, in: Works in Progress, No. 9, 1973, S. 72 ff

On Writing, in: Anaïs. An International Journal, Vol. 8, ed. by Gunther Stuhlmann, Los Angeles 1990

3. Deutsche Erstausgaben

Die Tagebücher der Anaïs Nin (1931–1934), Bd. 1. Übersetzung von Herbert Zand. Hamburg 1968

Die Tagebücher der Anaïs Nin (1934–1939), Bd. 2. Übersetzung von Herbert Zand. Hamburg 1969

Die Tagebücher der Anaïs Nin (1939–1944), Bd. 3. Übersetzung von Maria Dessauer. Hamburg 1970

Sabina (The Spy in the House of Love). Übersetzung von Rolf Helmut Forester. Stuttgart 1970

Die Tagebücher der Anaïs Nin (1944–1947), Bd. 4. Übersetzung von Manfred Ohl und Hans Sartorius. München 1977

Die Tagebücher der Anaïs Nin (1947–1955), Bd. 5. Übersetzung von Manfred Ohl und Hans Sartorius. München 1978

Das Delta der Venus. Übersetzung von Eva Bornemann. Bern, München, Wien 1978

Die Tagebücher der Anaïs Nin (1955–1966), Bd. 6. Übersetzung von Manfred Ohl und Hans Sartorius. München 1979
Die verborgenen Früchte. Übersetzung von Gisela Stege. Bern, München, Wien 1979
Unter einer Glasglocke. Erzählungen. Übersetzung von Manfred Ohl und Hans Sartorius. München 1979
Sanftmut des Zorns – Was es heißt, Frau zu sein. Übersetzung von Germaine Nobis und Gertraude Wilhelm. Bern, München, Wien 1979
Die neue Empfindsamkeit – Über Mann und Frau. Übersetzung von Dieter M. Beer. Bern, München, Wien 1980
Leitern ins Feuer. Roman. Übersetzung von Manfred Ohl und Hans Sartorius. München 1980
Das Kindertagebuch (1914–1919). Übersetzung von Irène Kuhn. München 1981
Das Kindertagebuch (1919–1920). Übersetzung von Irène Kuhn. München 1981
Die Tagebücher der Anaïs Nin (1966–1974), Bd. 7. Übersetzung von Manfred Ohl und Hans Sartorius. München 1982
Kinder des Albatros. Erzählung. Übersetzung von Manfred Ohl und Hans Sartorius. München 1982
Djuna oder Das Herz mit den vier Kammern. Roman. Übersetzung von Manfred Ohl und Hans Sartorius. München 1983
Haus des Inzests (zweisprachig). Übersetzung von Manfred Ohl und Hans Sartorius. München 1984
Labyrinth des Minotaurus. Roman. Übersetzung von Manfred Ohl und Hans Sartorius. München 1985
Tagebücher (1920–1921). Übersetzung von Irène Kuhn. München 1986
Intimes Tagebuch. Henry, June und ich. Übersetzung von Gisela Stege. Bern, München, Wien 1989
Anaïs Nin und Henry Miller: Briefe der Leidenschaft (1932–1954). Übersetzung von Helga Künzel. Bern, München, Wien 1989
Ein gefährliches Parfum. Die frühen Erzählungen. Deutsch von Linde Salber. Reinbek 1993
Wien war die Stadt der Statuen. Übersetzung von Maria Mill. Reinbek 1993
Trunken vor Liebe. Intime Geständnisse. Übersetzung von Gisela Stege. München 1993
D. H. Lawrence. Lektüren der Leidenschaft. Übersetzung von Bernd Samland. Frankfurt, Berlin 1993

Amiel, Henri-Frédéric: Intimes Tagebuch. München 1986

Artaud, Antonin: Die Kunst und der Tod, in: derselbe, Frühe Schriften. München 1983, S. 115 ff

–: Manifest in klarer Sprache, in: derselbe, Surrealistische Texte. Briefe. München 1985, S. 64 ff

–: Das Theater und sein Double. Das Théâtre de Séraphin. Frankfurt a. M. 1989

–: Le Théâtre et son Double. Paris 1938

Barillé, Elisabeth: Une masque si nue. Paris 1991

Barnes, Djuna: New York. Geschichten und Reportagen aus einer Metropole. Berlin 1987

–: Nightwood. New York 1937

Bataille, Georges: Das obszöne Werk. Reinbek 1977

Baudelaire, Charles: Lobrede auf die Schminke, in: derselbe, Ausgewählte Werke. Kritische und nachgelassene Schriften. Nachdr. München o. J., S. 195 ff

–: The Beat Vision. A Primary Sourcebook, ed. by Arthur and Kit Knight. San Francisco 1987

Benjamin, Walter: Marcel Proust, in: Lexikon der Weltliteratur im 20. Jahrhundert, Bd. 2: K–Z, Freiburg i. Br., Basel, Wien 1964, S. 688

Berne, Eric: Spiele der Erwachsenen. Psychologie der menschlichen Beziehungen. Reinbek 1967

Bernfeld, Siegfried: Trieb und Tradition im Jugendalter. Kulturpsychologische Studien an Tagebüchern. Leipzig 1931

Blixen, Karen: Seven Gothic Tales. London 1934

Börner, Peter: Tagebuch. Stuttgart 1969

Bourget, Paul: Psychologische Abhandlung über zeitgenössische Schriftsteller. München 1903

Breton, André: Nadja. Paris 1928

Breton, André und Philippe Soupault: Les champs magnétiques. Die magnetischen Felder. Heidelberg 1990

Burford, William: The Art of Anaïs Nin. New York 1947

Capacchione, Lucia: The Creative Journal (The Art of Finding Yourself). Ohio 1979

Carlyle, Thomas: Sartor Resartus. The Life and Opinions of Herr Teufelsdröckh. In Three Books. New York 1897

Carr, Roy, Brian Case und Fred Dollar (Hg.): The Hip. Hipster, Jazz und die Beat-Generation. Kiel 1989

Céline, Louis-Ferdinand: Reise ans Ende der Nacht. Reinbek 1990

Centing, Richard: «Under the Sign of Pisces. Anaïs Nin and Her Circle», in:

The Nin Newsletter, ed. by Richard Centing and Benjamin Franklin. Ohio 1970

Cherkovski, Neeli: Whitman's Wild Children. Venice, San Francisco 1988

Cowley, Malcolm: Literatur in Amerika. Eine Darstellung der literarischen Situation in den Vereinigten Staaten. Freiburg i. Br. 1963

Culley, Margo: A Day at a Time. The Diary Literature of American Women from 1764 to the Present. New York 1985

Cutting, Rose Marie: Anaïs Nin: A Reference Guide. Boston o. J.

Dearborn, Mary: Henry Miller. Eine Biographie. München 1991

Deduck, Patricia A.: Realism, Reality and the Fictional Theory of Alain Robbe-Grillet and Anaïs Nin. Washington 1982

Durrell, Lawrence: The Alexandria Quartet. London, Boston 1968

–: Justine. Roman. Reinbek 1993

Eakin, Paul John: Fictions in Autobiography. Studies in the Art of Self-Invention. Princeton, N. J. 1985

Emerson, Ralph Waldo: Essays. Zürich 1982

Erskine, John: Adam and Eve. Though He Knew Better. London 1928

–: The Literary Discipline. London 1927

Evans, Oliver: Anaïs Nin. Carbondale, Ill. 1968

Ewers, Hanns Heinz: Alraune. Die Geschichte eines lebenden Wesens. München 1919

–: Faltblatt des Museum of Modern Art. New York o. J.

Feldman, Gene, and Max Gartenberg (Ed.): The Beat Generation and the Angry Young Men. New York 1958

Ferguson, Robert: Henry Miller. Ein Leben ohne Tabus. München 1991

Ferlinghetti, Lawrence: Her. Norfolk, New York 1960

–: Sie. Wiesbaden 1963

Fitch, Noël Riley: Anaïs. The Erotic Life of Anaïs Nin. Boston, New York, Toronto, London 1993

Foucault, Michel: Wir Viktorianer, in: derselbe, Sexualität und Wahrheit, Bd. 1: Der Wille zum Wissen. Frankfurt a. M. 1988, S. 9 ff

Fraenkel, Michael: Werther's Younger Brother. The Story of an Attitude. New York, Paris 1931

France, Anatole: Das Leben der heiligen Johanna. München 1930

Frank, Waldo David: Rahab. New York 1922

Franklin, Benjamin: Anaïs Nin. A Bibliography. The Kent State University Press 1973

Franklin, Benjamin, and Duane Schneider: Anaïs Nin. An Introduction. Athens, Ohio 1979

Frenzel, Elisabeth: Motive der Weltliteratur. Stuttgart 1988

Friedmann, Melvin J.: André Malraux and Anaïs Nin, in: Contemporary Literature II, Winter 1970

García Lorca, Federico: Bluthochzeit. Wiesbaden 1952

Ginsberg, Allen: «Howl» and Other Poems. San Francisco 1956

Gnüg, Hiltrud, und Renate Möhrmann (Hg.): Schreibende Frauen. Frankfurt a. M. 1989

Goleman, Daniel: Vital Lies. Simple Truths. The Psychology of Self-Deception. New York 1985

Görner, Rüdiger: Das Tagebuch. München 1986

Goyen, William: Haus aus Hauch. Roman. Übertragen von Ernst Robert Curtius. München 1952

Grimal, Pierre (Hg.): Mythen der Völker, Bd. 2: Perser, Inder, Japaner, Chinesen. Frankfurt a. M. 1977

Grimm, Gebrüder: Kinder- und Hausmärchen. Vollständige Ausgabe. Stuttgart 1975

Harding, Mary Esther: Woman's Mysteries. Ancient and Modern. A Psychological Interpretation of the Feminine Principles as Portrayed in Myth, Story, and Dream. New York 1955

Harms, Valerie (Hg.): Celebration with Anaïs Nin. New York 1973

–: Stars in My Sky. Maria Montessori, Anaïs Nin, Frances Steloff. New York 1976

Hausmann, Raoul: Texte bis 1933, Bd. 1: Bilanz der Feierlichkeit. Hg. von Michael Erlhoff. München 1982

Hesse, Hermann: Der Steppenwolf. Berlin 1927

Hinz, Evelyn J.: The Mirror and the Garden. Realism and Reality in the Writings of Anaïs Nin. New York 1971 und 1973

Hocke, Gustav René: Das europäische Tagebuch. Wiesbaden, München 1978

Huxley, Aldous: Die Pforten der Wahrnehmung. Meine Erfahrung mit Meskalin. München 1956

Kapralik, Elena: Antonin Artaud. Leben und Werk des Schauspielers, Dichters und Regisseurs. München 1977

Kavan, Anna: The House of Sleep. New York 1947

Kerouac, Jack: On the Road. New York 1973

Klages, Ludwig: Der Geist als Widersacher der Seele. München, Bonn 1950

Knapp, Bettina L.: Anaïs Nin. New York 1978

Kuntz, Paul G.: Art as Public Dream. The Practice and Theory of Anaïs Nin, in: Journal of Aesthetics, CXXXII, 1974

Lawrence, D. H.: Lady Chatterley. Reinbek 1960

–: Lady Chatterley's Lover. New York 1928

–: Liebende Frauen. Leipzig 1927

Leary, Timothy: Meisterführer zum psychedelischen Erlebnis, in: Materialien zu Hermann Hesses «Der Steppenwolf», hg. von Volker Michels. Frankfurt a. M., S. 344ff

–: Neuropolitik. Die Soziologie der menschlichen Metamorphose. Basel 1981

Livi, Grazia: Da una stanza all'altra. Woolf, Austen, Dickinson, Percoto, Mansfield, Nin. 6 maniere diverse di affrontare il conflitto fra vita quotidiana e vocazione alla scritura. Mailand 1984

Maeterlinck, Maurice: Pelléas et Mélisande. 4 Bde. Kopenhagen 1906 bis 1910

Mallon, Thomas: A Book of One's Own. People and Their Diaries. London 1984

Marcinczyk, Reesa: A Checklist of the Writings of Anaïs Nin. 1973–1976, in: Under the Sign of Pisces. Anaïs Nin and Her Circle, ed. by Richard R. Centing and Benjamin Franklin. Ohio 1970

Marcuse, Ludwig: Obszön. Geschichte einer Entrüstung. München 1962

Marin, Peter: The Free People. New York 1969

Martin, Jay: Always Merry and Bright. The Life of Henry Miller. Santa Barbara 1978, London 1979

McCullers, Carson: Reflections in a Golden Eye. London 1967

McEvilly, Wayne: The Bread of Tradition. Reflections of the Diary of Anaïs Nin, in: Prairie Schooner XLV, 1971

Metzger, Deena: Insight, Intuition, Dreams…, in: Los Angeles Free Press, 30. Januar 1970, S. 34

Miller, Henry: The Air-Conditioned Nightmare. New York 1945

–: Aller Retour. New York, Paris 1935

–: Big Sur und die Orangen des Hieronymus Bosch. Reinbek 1958

–: Briefe an Anaïs Nin. Übersetzung von Mark W. Rien. Reinbek 1968

–: Crazy Cock. New York 1991

–: Un Être étoilique, in: The Citerion, 17. Oktober 1937

–: Joey. Ein Porträt von Alfred Perlès sowie einige Episoden im Zusammenhang mit dem anderen Geschlecht. Reinbek 1993

–: Der klimatisierte Alptraum. Reinbek 1990

–: Der Koloß von Maroussi. Reinbek 1965

–: Letter to Anaïs Nin, in: Southern Review VI, Frühjahr 1970

–: Letter to Anaïs Nin Regarding One of Her Books, in: derselbe, Sunday after the War. New York 1944

–: Letters to Emil. Ed. by George Wickes. New York 1989

–: Opus Pistorum. Reinbek 1984

–: Reise nach New York. Zürich 1962

–: Rosy Crucifixion. Paris 1949

–: Schwarzer Frühling. Reinbek 1989

–: Tropic of Cancer. New York 1961

–: Tropic of Capricorn. Paris 1939

–: Verrückte Lust. München 1993

–: What Are You Going to Do About Alf. Paris 1935

–: Wendekreis des Krebses. Reinbek 1988

–: Wendekreis des Steinbocks. Reinbek 1964

Moffat, Mary Jane, and Charlotte Painter: Diaries of Women. New York 1974

Nadeau, Maurice: Geschichte des Surrealismus. Reinbek 1965

Naumann, Uwe: Klaus Mann. Mit Selbstzeugnissen und Bilddokumenten. Reinbek 1984

The Nin Newsletter. Ed. by Benjamin Franklin and Richard R. Centing, in: Under the Sign of Pisces. Anaïs Nin and Her Circle, ed. by Benjamin Franklin and Richard R. Centing. Ohio 1970

Nietzsche, Friedrich: Also sprach Zarathustra. Leipzig 1893

Nin y Castellanos, José Joaquin Miguel: Pour l'Art. Paris 1909

Norden, Marika: The Gentle Men. Paris 1935

Paine, Sylvia: Beckett, Nabokov, Nin. Motives and Modernism. New York 1981

Pierre-Quint, Léon: Marcel Proust. Sa vie, son œuvre. Paris 1925

Progoff, Ira: At a Journal Workshop. New York 1975

Rainer, Tristine: The New Diary (Preface by Anaïs Nin). Los Angeles 1978

Rank, Otto: Art and Artist. Creative Urge and Personality Development. New York, London 1989

–: Der Doppelgänger. Leipzig, Wien, Zürich 1925

–: Die Don Juan-Gestalt. Leipzig, Wien, Zürich 1924

–: Das Inzest-Motiv in Dichtung und Sage. Grundzüge einer Psychologie des dichterischen Schaffens. Leipzig & Wien 1912

Reich, Wilhelm: Die Funktion des Orgasmus. Zur Psychopathologie und zur Soziologie des Geschlechtslebens. Wien 1986

Rexroth, Kenneth: Disengagement. The Art of The Beat Generation, in: New World Writing, No. 11, 1957, S. 28 ff

Salber, Linde. Anaïs Nin. Mit Selbstzeugnissen und Bilddokumenten. Reinbek 1992

–: Artists–The Third Sex, in: Anaïs. An International Journal, Vol. 11, ed. by Gunther Stuhlmann. Los Angeles 1993

–: Life as Provocation–Reflections, of a biographer, in: Anaïs. An International Journal, Vol. 12, ed. by Gunther Stuhlmann. Los Angeles 1994

–: Lou Andreas-Salomé. Mit Selbstzeugnissen und Bilddokumenten. Reinbek 1990

–: Two Lives–One Experiment. Lou Andreas-Salomé and Anaïs Nin, in: Anaïs. An International Journal, Vol. 9, ed. by Gunther Stuhlmann. Los Angeles 1991

Scheugl, Hans, und Ernst Schmidt jr.: Eine Subgeschichte des Films.

Lexikon des Avantgarde-, Experimental- und Undergroundfilms, Bd. 1, 2. Frankfurt a. M. 1974

Scholar, Nancy: Anaïs Nin. Boston 1984

Schultz, Uwe (Hg.): Das Tagebuch und der moderne Autor. Frankfurt a. M., Berlin, Wien 1982

Shapiro, Karl: The Charmed Circle of Anaïs Nin, in: Book Week, 1. Mai 1966

Snyder, Robert: Anaïs. Anaïs Observed. Film Portrait. Chicago 1976

Spencer, Sharon: Collage of Dreams. The Writings of Anaïs Nin. Chicago 1977

–: Delivering the Woman Artist from the Silence of the Womb. Otto Rank's Influence on Anaïs Nin, in: The Psychoanalytic Review, Vol. 69, No. 1, Spring 1982

–: The Space Between. A Novel. Introduction by Anaïs Nin. New York 1973

Spencer, Sharon (Hg.): Anaïs, Art and Artist. A Collection of Essays. Greenwood, Fla. 1986

Stone, Albert E.: Autobiographical Occasions and Original Acts. Versions of American Identity from Henry Adams to Nate Snaw. Philadelphia 1982

Stuhlmann, Gunther (Hg.): Anaïs. An International Journal. Vol. 1–12. Los Angeles 1983–1994

Trilling, Diana: Fiction in Review, in: Nation, 26. Januar 1946

Vidal, Gore: Two Sisters. Boston, Toronto 1970

–: Vorwort zu Peggy Guggenheim: Out of this Century. New York 1979

Vogt, Mirjam (Pseud.) s. Marika Norden

Walker, Derek (Hg.): Los Angeles. Los Angeles 1981

–: We Moderns. Gotham Book Mart 1920–1940. (New York 1940) Catalogue No. 42)

Welsch, Wolfgang (Hg.): Wege aus der Moderne. Schlüsseltexte der Postmoderne – Diskussion. Weinheim 1988

Woolf, Virginia: Die schmale Brücke der Kunst, in: dieselbe, Granit und Regenbogen. Frankfurt a. M. 1960

–: Ein Zimmer für sich allein. Frankfurt a. M. 1992

–: The World of Anaïs Nin. Critical and Cultural Perspectives. Ed. by Evelyn J. Hinz and Wayne Fraser, in: Mosaic, Winter 1978. Winnipeg

Wright, Richard: Native Son. New York 1940

Young, Marguerite: Miss MacIntosh My Darling. New York, London 1979

–: On Anaïs Nin, in: Voyages, Herbst 1967

Zaller, Robert: A Casebook of Anaïs Nin. New York 1974

Quellennachweis der Abbildungen

Mit Ausnahme der unten gesondert aufgeführten Abbildungen stammen alle Bildvorlagen einschließlich des Umschlagfotos aus dem Anaïs Nin Trust, Los Angeles. Unter diesen finden sich Aufnahmen der Photographen José Alemany (13 unten), Soichi Sunami (20 links oben), Robert J. Keller (23 unten), Carl van Vechten (24), Joan Schwartz (27 oben), Joseph C. Whitnah (27 unten rechts), PENN/Vogue Studios (31 oben), Marianne Greenwood (38 unten), Jill Krementz (39 links unten, 46) und Ines Kaiser (41 unten, 43). Keines der Bilder aus dem Anaïs Nin Trust darf ohne vorherige schriftliche Genehmigung des Trusts nachgedruckt oder vervielfältigt werden. Alle Rechte vorbehalten.

Die übrigen Bilder stammen aus folgenden Quellen:

«Hier geht das Leben auf eine sehr merkwürdige Weise weiter...» Zur Geschichte der Psychoanalyse in Deutschland. Hamburg 1985 (Tafel 15 oben)

Anaïs Nin: House of Incest. Photomontages by Val Telberg. Chicago 1958 (16 unten)

Roger-Viollet, Paris (17 oben rechts)

Brassaï, Paris (17 rechts unten)

Ian Hugo: New Eyes on the Art of Engraving. New York 1946 (22 oben links)

Levines lustiges Literarium. Reinbek 1970 (23 links oben)

Joaquin Nin-Culmell, Berkeley (23 unten)

Renate Druks, Los Angeles (32, 33 unten)

Linde Salber, Bergheim (41 oben)

Jan Walker, London (47).

Verlag und Autorin danken Rupert Pole und Gunther Stuhlmann für ihre freundliche Unterstützung bei der Zusammenstellung des Bildmaterials.

Charlotte Chandler
Ich, Fellini *Mit einem Vorwort von Billy Wilder*
(rororo 13774)
«Ich habe nur ein Leben, und das habe ich dir erzählt. Dies ist mein Testament, denn mehr habe ich nicht zu sagen.» *F. Fellini zu C. Chandler*

Werner Fuld
Walter Benjamin
(rororo 12675)
«Ein Versuch, der angesichts der Bedeutung Benjamins wohl längst überfällig war.» *Die Presse, Wien*

Bernard Gavoty
Chopin
(rororo 12706)
«Ich selbst bin immer noch Pole genug, um gegen Chopin den Rest der Musik hinzugeben.» *Friedrich Nietzsche*

Virginia Harrard
Sieben Jahre Fülle *Leben mit Chagall*
(rororo 12364)

Ulrike Leonhardt
Prinz von Baden genannt Kaspar Hauser
(rororo 13039)
«Ulrike Leonhardt scheint das Geheimnis um Kaspar Hauser endgültig gelüftet zu haben.» *Süddeutsche Zeitung*

Linde Salber
Tausendundeine Frau *Die Geschichte der Anaïs Nin*
(rororo 13921)
«Mit leiser Ironie, einem lebhaften Temperament und großem analytischen Feingefühl.» *FAZ*

Donald A. Prater
Ein klingendes Glas. Das Leben Rainer Maria Rilkes
(rororo 12497)
In diesem Buch wird «ein Mosaik zusammengetragen, das als die genaueste Biographie gelten kann, die heute über Rilke zu schreiben möglich ist». *Neue Zürcher Zeitung*

Carola Stern
Der Text meines Herzens *Das Leben der Rahel Varnhagen*
(rororo 13901)
«Ich möchte mir Flügel wünschen» *Das Leben der Dorothea Schlegel*
336 Seiten. Gebunden

«Das Leben eines jeden Menschen ist ein von Gotteshand geschriebenes Märchen.»
Hans Christian Andersen

Literatur

rowohlts monographien